ज्ञान गरिमा के
70 वर्ष

भारतीय
ज्ञानपीठ

णाणं
पयासयं
वीर नि. सं. 2470
भारतीय ज्ञानपीठ
ई. सन् 1944

दिगम्बर जैनाचार्यश्री सुनीलसागर विरचित

सुनील प्राकृत समग्र

(आचार्यश्री सुनीलसागरजी महाराज कृत दस प्राकृत ग्रन्थों का संग्रह)

आचार्य विमलसागर जन्मशताब्दी

(1915-2016 पर प्रकाशित)

: पुण्यार्जक :

श्रीमति निर्मलादेवी सुगनचन्द्र शाह परिवार

पार्ले पाइंट, सूरत (गुजरात)

आयरिय-सुणीलसायर-विरइदं सुणील-पागद-समग्गं

सुनील प्राकृत समग्र

(आचार्यश्री सुनीलसागरजी महाराज कृत दस प्राकृत ग्रन्थों का संग्रह)

संपादक

प्रो. डॉ. उदयचंद जैन, उदयपुर

प्रो. डॉ. दामोदर शास्त्री, लाडनूं

डॉ. महेन्द्रकुमार जैन 'मनुज', इन्दौर

भारतीय ज्ञानपीठ

मूर्तिदेवी ग्रन्थमाला : प्राकृत ग्रन्थांक 30

सुनील प्राकृत समग्र

(आचार्यश्री सुनीलसागरजी महाराज कृत दस प्राकृत ग्रन्थों का संग्रह)

प्रथम संस्करण : 2016
मूल्य : 360 रुपये

ISBN 978-93-263-5473-8

प्रकाशक : **भारतीय ज्ञानपीठ**
18, इन्स्टीट्यूशनल एरिया, लोदी रोड, नयी दिल्ली–110 003

मुद्रक : विकास कम्प्यूटर ऐंड प्रिंटर्स, दिल्ली

आवरण : चन्द्रकान्त शर्मा

SUNEEL PRAKRIT SAMAGRA
(Acharyashree Suneelsagarji Maharaj)

Published by : **Bharatiya Jnanpith**
18, Institutional Area, Lodi Road, New Delhi-110 003

e-mail : bjnanpith@gmail.com, sales@jnanpith.net
website : www.jnanpith.net

First Edition : 2016
Price : Rs. 360

अपनी बात

आदि पुरुष, प्रथम तीर्थंकर, विश्व-धर्म साम्राज्य नायक भगवान ऋषभदेव ने राज्यावस्था में सम्पूर्ण भारत देश को बावन जनपदों में सुनियोजित कर जनता की सुख-समृद्धि के लिए षट्कर्मों का प्रतिपादन किया था। असि, मसि, कृषि, शिल्पकला, विद्या और वाणिज्य के माध्यम से जनता गृहस्थ-जीवन में सुस्थिर हुई। उन्होंने अपने पुत्रों को विविध शिक्षाएँ जनता में प्रसार हेतु प्रदान की। उन्होंने नारी-शिक्षा का सूत्रपात करते हुए ब्राह्मी को अक्षर विद्या का ज्ञान कराया। कालान्तर में वही लिपि ब्राह्मी-लिपि कहलायी। द्वितीय पुत्री सुन्दरी को अंक विद्या का ज्ञान कराते हुए, उन्होंने शून्य का आविष्कार किया। वाम हस्त से उन्होंने सुन्दरी को अंक विद्या का ज्ञान कराया था, जिस कारण आज भी गणित को बायीं तरफ से पढ़ा जाता है।

पुरा-काल की जनभाषा 'प्राकृत' विविध क्षेत्रों में प्रचलित रहने के कारण विविध रूपों में रही है और इसी कारण उसके विविध नाम हुए हैं। इन भाषाओं में 'शौरसेनी प्राकृत' अत्यन्त व्यापक और प्राचीन है। संस्कृत की जन्मदात्री होने का सौभाग्य प्राप्त करने वाली प्राकृत तत्कालीन संस्कृत नाटकों में भी प्रभावक रूप में रही है। समय बदलते भाषाओं की लोकप्रियता बदलती रही, फिर भी प्राकृत के शब्द किसी न किसी रूप में बने ही रहे।

'प्राकृत' प्राचीनतम भारतीय संस्कृति तथा किन्हीं अर्थों में जैनों की मूल भाषा है। प्राकृत को जाने बिना किसी भी भाषा का ज्ञान सम्पूर्णता को प्राप्त नहीं हो सकता है। यूँ तो प्राकृत का सामान्य ज्ञान सभी को होना चाहिए, किन्तु जिनके मन में आदिब्रह्मा ऋषभदेव, नेमिनाथ, कृष्ण, महावीर, बुद्ध आदि महापुरुषों की भाषा जानने की उत्कट अभिलाषा है, उन्हें प्राकृत के अन्तस्तल तक उतरना ही चाहिए। इसके अलावा जो प्राचीनतम साहित्य का आनन्द लेना चाहते हैं, उन्हें भी भाषाओं की प्रकृति का ज्ञान होना आवश्यक है। मुनिकुंजर आचार्यश्री आदिसागरजी (अंकलीकर) के तृतीय पट्टाधीश तपस्वी सम्राट आचार्यश्री सन्मतिसागरजी गुरुदेव के आशीर्वाद से प्रस्तुत कृति इस रूप में आ पाई है।

—आचार्य सुनीलसागर

सम्पादकीय

प्राकृत–साहित्य, सहस्राधिक वर्षों, धार्मिक, सांस्कृतिक एवं सामाजिक दृष्टि से भारतीय जनजीवन का प्रतिनिधि–साहित्य रहा है। इसमें तत्कालीन सामाजिक जीवन के अनेक आरोह अवरोह प्रतिबिम्बित हुएं हैं। जहाँ तक भारतीय इतिहास और संस्कृति का प्रश्न है, प्राकृत–साहित्य इन दोनों का निर्माता रहा है। यद्यपि प्राकृत का अधिकांश साहित्य अभी तक अध्ययन–अनुचिन्तन की प्रतीक्षा में है और उसके तथ्यों का तात्विक उपयोग इतिहास–रचना में नहीं किया जा सका है तथापि वर्तमान में प्राकृत का जो साहित्य उपलब्ध हो पाया है, उसका फलक संस्कृत–साहित्य के समानान्तर ही बड़ा विशाल है। रूपक का सहारा लेकर हम ऐसा कहें कि प्राकृत और संस्कृत साहित्य दोनों ऐसे सदानीर नद हैं, जिनकी निर्मल धाराएँ अनवरत एक–दूसरे में मिलती रही हैं। दोनों ही परस्पर अविच्छिन्न भाव से सम्बद्ध रही हैं। विद्या और विषय की दृष्टि से प्राकृत साहित्य की महत्ता सर्व–स्वीकृत है। भारतीय लोक–संस्कृति के सांगोपांग अध्ययन या उसके उत्कृष्ट रमणीय रूप–दर्शन का अद्वितीय माध्यम प्राकृत–साहित्य ही है।

प्राकृत–भाषा में ग्रन्थ–रचना ईसवी पूर्व छठीं शती से प्रायः वर्तमान काल तक न्यूनाधिक रूप से निरन्तर होती चली आ रही है। यद्यपि, प्राकृतोत्तर काल में हिन्दी एवं तत्सहवर्त्तिनी विभिन्न आधुनिक भाषाओं और उपभाषाओं का युग आरम्भ हो जाने से संस्कृत और प्राकृत में ग्रन्थ–रचना की परिपाटी स्वभावतः मन्दप्रवाह दृष्टिगोचर होती है, किन्तु संस्कृत और प्राकृत में रचना की परम्परा अद्यावधि अविकृत और अक्षुण्ण है। और यह प्रकट तथ्य है कि संस्कृत और प्राकृत दोनों एक–दूसरे के अस्तित्त्व को संकेतित करती हैं। इसलिए दोनों में अविनाभावी सम्बन्ध रहा है।

प्राकृत–साहित्य पिछले ढ़ाई हजार वर्षों की भारतीय विचारधारा का संवहन करता है। इसमें न केवल उच्चतर साहित्य और संस्कृति का इतिहास सुरक्षित है, अपितु मगध से पश्चिमोत्तर भारत (दरद–प्रदेश) एवं हिमालय से श्रीलंका (सिंहलद्वीप) तक के विशाल भूपृष्ठ पर फैली तत्कालीन लोकभाषा का भास्वर रूप भी संरक्षित है। प्राकृत–साहित्य का बहुलांश यद्यपि जैन कवियों और लेखकों द्वारा रचा गया है, तथापि इसमें तद्युगीन जनजीवन का जैसा व्यापक एवं प्राणवान् प्रतिबिम्बन हुआ है, वैसा अन्यत्र दुर्लभ है। न केवल भारतीय पुरातत्त्वेतिहास एवं भाषाविज्ञान अपितु समस्त संस्कृत–वाङ्मय का अध्ययन एवं मूल्यांकन

तब तक अपूर्ण ही माना जायेगा, जब तक प्राकृत-साहित्य में सन्निहित ऐतिहासिक, राजनीतिक, आर्थिक, सामाजिक और सांस्कृतिक प्रतिच्छबियों का, देश और काल के आधार पर, समानान्तर अनुशीलन नहीं किया जायेगा। सहज जन-जीवन और सरल जनभाषाओं की विभिन्न विच्छित्तिपूर्ण झलकियों के अतिरिक्त प्राकृत-साहित्य में भारतीय दर्शन, आचार, नीति, धर्म और संस्कृति की सुदृढ़ एवं पूर्ण विकसित परम्परा के दर्शन होते हैं।

प्राकृत-साहित्य में साहित्य की विभिन्न विधाएँ- जैसे काव्य, कथा, नाटक, चरितकाव्य, चम्पूकाव्य, दूतकाव्य, छन्द, अलंकार, वार्ता, आख्यान, दृष्टान्त, उदाहरण, संवाद, सुभाषित, प्रश्नोत्तर, समस्यापूर्ति, प्रहेलिका प्रभृति पायी जाती है। जन-जीवन की विभिन्न धारणाएँ, जीवन-मरण, रहन-सहन, आचार-विचार आदि के सम्बन्ध में अनेक पुरातन बातों की जानकारी के लिए प्राकृत-साहित्य का तुलनात्मक अध्ययन अनिवार्य है। आचार्य कुन्दकुन्द के अध्यात्म-साहित्य का अध्ययन वैदिक उपनिषदों के अध्ययन में पर्याप्त सहायक है। कुन्दकुन्दाचार्य के प्रसिद्धतम ग्रन्थ समयसार के अध्ययन के बिना अध्यात्म और वेदान्तशास्त्र का तुलनात्मक अध्ययन अपूर्ण ही माना जायेगा। भारतीय चिन्तन का सर्वांगपूर्ण ज्ञान, जो संस्कृत वाङ्मय में निहित है, प्राकृत-साहित्य के ज्ञान के बिना एकपक्षीय ही रह जायेगा।

अनेक कारणों से प्राकृत-साहित्य के निर्माण की प्रक्रिया क्षीण हो गयी थी, उसे पुनरूज्जीवित करने का प्रयास वर्तमान में भी किया जा रहा है-यह प्रसन्नता का विषय है। इस प्रयास में आचार्य श्री सुनीलसागर जी महाराज का विशिष्ट योगदान है। उनके द्वारा रचित प्रस्तुत कृति प्राकृत-साहित्य की बहुमूल्य धरोहर है।

इस कृति का मैंने आद्योपान्त निरीक्षण किया है। मेरी दृष्टि में यह कृति इसलिए महत्त्वपूर्ण है कि इसे पढ़ते समय ऐसा लगता है कि हम जैसे आचार्य कुन्दकुन्द के अष्टप्राभृत व रयणसार को पढ़ रहे हों। यद्यपि आचार्य कुन्दकुन्द के ग्रन्थों की भाषा शौरसेनी है किन्तु अष्टप्राभृत व रयणसार की शौरसेनी में आर्ष प्राकृत की बहुलता है। यही कारण है कि उक्त ग्रन्थों में उत्तरवर्ती प्राकृत व्याकरणों के नियमों का सर्वथा पालन नहीं हुआ है तथा देशी शब्दों का प्रयोग भी सुविधा के अनुरूप किया गया है। संस्कृत साहित्य की परम्परा में भी वैदिक संस्कृत की स्थिति भी कुछ-कुछ ऐसी ही है। इस भाषा के कुछ नियम कषायप्राभृत आदि में प्राप्त भी होते हैं। आचार्य हेमचन्द्र तथा वर्तमान के कुछ विद्वानों ने उस भाषा को आर्ष प्राकृत के नाम से संकेतित किया है। निश्चय ही आधुनिक प्राकृत-अध्येता छात्र आर्ष प्राकृत के उदाहरण के रूप में इसका अध्ययन करेंगे, तो वे अधिक लाभान्वित होंगे।

प्रो. डॉ. दामोदर शास्त्री
लाडनूं

आचार्यश्री आदिसागरजी अंकलीकर के चतुर्थ पट्टाधीश आचार्यश्री सुनीलसागरजी महाराज व्यक्तित्त्व एवं कृतित्त्व

आचार्य अकलंकदेव द्वारा विरचित तत्त्वार्थराजवार्तिक में आचार्य शब्द का निरुक्तार्थ किया है "आचरन्ति यस्मात् व्रतानीत्याचार्यः" अर्थात् जिनसे व्रतों को धारण कर उनका आचरण किया जाता है वे आचार्य हैं। तात्पर्य यह है कि जिन सम्यग्दर्शन ज्ञान आदि गुणों के आधारभूत महापुरुषों से भव्यजीव स्वर्ग मोक्षरूप अमृत के बीजभूत व्रतों को ग्रहण कर अपने हित का आचरण करते हैं, व्रतों का पालन करते हैं तथा अन्य भव्यजीवों को आत्मकल्याण रूप मोक्षमार्ग पर चलने हेतु जैनेश्वरी दीक्षा देते हैं वे आचार्य कहलाते हैं। हमारा सौभाग्य है कि हमारे इस भारतवर्ष में ऐसे अनेक साधु सन्तों ने अपने ज्ञान, ध्यान, तप एवं सदाचरण से आत्मकल्याण के साथ-साथ आसपास के वातावरण को भी विशुद्ध किया तथा एक प्रशस्त मोक्षमार्ग अन्य साधकों के लिए उपदेशित एवं मार्गदर्शित किया।

इसी परम्परा में बीसवीं सदी में महान आचार्यश्री परमपूज्य, मुनिकुंजर, समाधि सम्राट, अप्रतिम उपसर्ग विजेता, आदर्श तपस्वी, महामुनि, दक्षिण भारत के गौरव स्वरूप, दिगम्बर सन्त आचार्य परमेष्ठी श्री 108 आदिसागर जी महाराज अंकलीकर हुए हैं। जिनके द्वारा बीसवीं सदी के प्रतिकूल वातावरण में भी जैनधर्म की अद्भुत प्रभावना की गयी। उनके द्वितीय पट्टाधीश 1910 ईं को फिरोजाबाद नगर में जन्मे, 1943 ई उदगाँव में दीक्षा ग्रहण करने वाले, 1943 में ही अल्प आयु में आचार्य पद से संस्कारित, शास्त्रों के ज्ञाता, विशुद्ध आचरण करने वाले आचार्य श्री 108 महावीरकीर्तिजी हुए हैं। जिनकी समाधि 1972 में गुजरात के महसाना नगर में हुई। इनके पट्टाधीश, अध्यात्म योगी, आचार्यरत्न, भारत गौरव, धर्मदिवाकर, महातपोविभूति, श्रमणराज, वात्सल्य रत्नाकर, महातपस्वी आचार्यश्री 108 सन्मतिसागरजी महाराज हुए हैं। आचार्य श्री ने सिंहनिष्क्रीडित, सहस्रनाम, चारित्रशुद्धि व गणधर व्रत जैसे महान व्रतों सहित कई व्रतों के लगभग दस हजार निर्जल उपवास किए हैं। 50 वर्षों के संयमकाल में प्रायः 32 वर्ष जितना काल तो केवल उपवासों में व्यतीत किया। आपकी इस तपस्या से कई बार तो वैज्ञानिक भी आश्चर्यचकित हो

जाते थे। आचार्यश्री सन्मतिसागरजी महाराज ने अपने आचार्यकाल में 175 दीक्षाएँ प्रदान की हैं। आचार्य श्री के द्वारा दीक्षित कुल 13 साधु तो आचार्य परमेष्ठी होकर स्वपर हित कर रहे हैं।

चतुर्थ पट्टाधीश आचार्यश्री सुनीलसागरजी महाराज का परिचय एवं व्यक्तित्त्व

अश्विन कृष्ण दशमी वि. सं. 2034 तदनुसार 7 अक्टूबर 1977 को मध्यप्रदेश के सागर मंडलान्तर्गत 'तिगोड़ा' (हीरापुर) नामक ग्राम में पूज्य आचार्यश्री का जन्म हुआ। आपके गृहस्थ जीवन के माता-पिता का नाम क्रमशः श्रीमती मुन्नीदेवीजी जैन एवं श्रीमान भागचन्दजी जैन है। आपकी बाल्यावस्था का नाम संदीप कुमार जैन था।

आपकी प्रारम्भिक शिक्षा किशुनगंज (दमोह) में तथा उच्च शिक्षा सागर के श्री गणेश दिगम्बर जैन संस्कृत महाविद्यालय में सम्पन्न हुयी। पूर्व के कई भवों के संस्कार, माता-पिता के सरल व्यक्तित्त्व, अध्ययन के दौरान मिलने वाली सत्संगति तथा आध्यात्मिक रुचि होने से शास्त्री एवं बी.कॉम की परीक्षाओं के मध्य ही वैराग्योन्मुखी हो गए। 20 वर्ष की अल्पायु में ही 20 अप्रैल, 1997 को महावीर जयन्ती के पावन दिन बरुआसागर (झाँसी) में आचार्यश्री सन्मतिसागरजी ने आपके अदभ्र दृढ़संकल्प एवं वैराग्य की उत्कटता को सूक्ष्मदृष्टि से परख कर जैनेश्वरी दिगम्बर दीक्षा अपार जन समूह के बीच प्रदान की गयी। तथा जैन समाज को मुनि सुनीलसागर के रूप में युवा मनीषी मुनिरत्न प्राप्त हुआ।

सरलस्वभावी, मृदुभाषी, अभीक्ष्ण ज्ञानोपयोगी, बहुभाषाविद्, मितभाषी, उत्कृष्ट साधक, मार्मिक प्रवचनकार, सकारात्मक विचारक, समर्पित शिष्य, अनुशासक, आत्मानुशासी आदि विशिष्ट गुणों की गन्ध से आपका व्यक्तित्त्व धीरे-धीरे चहुँ ओर महकने लगा। आपकी इस बहुमुखी प्रतिभा से प्रभावित होकर आचार्यश्री ने अपने जन्म दिवस माघ शुक्ल सप्तमी दिनांक 25 जनवरी, 2007 को औरंगाबाद में आपको अपने ही हाथों से आचार्य पद हेतु संस्कारित किया। आचार्य पद प्रदान करने के बाद अधिक धर्म प्रभावना करने के लिए तथा जीवन में स्वतन्त्र संघ के साथ विहार करते हुए आत्मानुशासन बनाये रखने हेतु गुरुदेव ने आपको अलग विहार करने की आज्ञा प्रदान की। अडूल, सोलापुर, नाते-पूते चातुर्मास व दक्षिण यात्रा के बाद पुनः आपको गुरुदेव के दर्शन करने एवं चरण सानिध्य में रहने का लाभ मिला। 23 मई, 2010 को कुंजवन (उदगाँव) की पंचकल्याणक प्रतिष्ठा में अनन्तवीर्य भगवान की 43 फुट ऊँची प्रतिमा को आपके द्वारा सूरिमन्त्र दिया गया। पश्चात् गुरुदेव की आज्ञा से गोरेगाँव (मुम्बई) चातुर्मास हेतु विहार किया तथा उनके आदेश से चातुर्मास के बाद मुम्बई के उपनगरों में खूब धर्म प्रभावना की। गुरुदेव के अन्तिम समय में जैसे ही उनकी सेवा सुश्रूषा करने के लिए आपने पत्र के माध्यम से अपनी

इच्छा उन तक पहुँचायी, उन्होंने अँधेरी एवं वसई की प्रतिष्ठा का कार्यभार उनके कन्धों पर सौंप दिया। गुरुदेव के इस आदेश से उनके स्वास्थ्य की ओर से आप कुछ निश्चिन्त हुए ही थे कि दूसरे ही दिन (24.12.2010) प्रातः उनके समाधिमरण कर देवलोक गमन की सूचना मिली। समाचार सुनकर मानों एक क्षण के लिए आप गुरु वियोग से खिन्नमना हो गए। किन्तु दूसरे क्षण ही संसारदशा का विचार करते हुए, अनित्य भावना का चिन्तन करते हुए आपने अपने को एवं अपने संघ को स्थिर किया। 26 दिसम्बर 2010 को आचार्यश्री सन्मतिसागरजी महाराज जी की आज्ञा एवं लिखित आदेशानुसार, योग्यतानुसार, योग्यतम शिष्य होने के कारण सारे देश व मुम्बई की विवेकी समाज द्वारा चतुर्थ पट्टाधीश के रूप में विशालतम संघ की जिम्मेदारी आपको सौंपी गयी। आज आचार्य श्री 108 सन्मतिसागरजी की परम्परा को यदि देखा जाए तो आपके पट्टाधीशत्व में दो सौ से अधिक पिच्छी धारी साधु, 12 आचार्य, 3 उपाध्याय, 5 गणिनी आर्यिकाएँ अपनी साधना में रत हैं।

व्यक्तित्त्व की कुछ झलकियाँ—

1. आचार्यश्री की जितनी श्रद्धा, भक्ति तथा निष्ठा अपने गुरुदेव के प्रति थी उतनी ही सरलता, विनम्रता एवं सेवाभाव अपने अधीनस्थ साधुओं के प्रति भी देखा जाता है।
2. आचार्यश्री वैसे तो ध्यानमग्न होकर शुद्धोपयोग में रमण करते हैं किन्तु यदि शुद्धोपयोग से बाहर आते हैं तो शुभोपयोग में अध्ययन, लेखन, प्रवचन आदि करते हैं।
3. भय बिना प्रीति नहीं, इस सूत्र की जगह आपका विश्वास 'प्रीति बिना भय नहीं' पर अधिक है। क्योंकि यदि प्रीति या विश्वास के टूटने का भय शिष्य को बना रहेगा तो वह अनुशासन के प्रति सजग रहेगा।
4. आचार्यश्री यदि किसी से कुछ त्रुटि हो जाए तो उसके लिए उपालम्भ, प्रायश्चित्त, अनुशासन का उपयोग तो करते हैं। किन्तु उसके प्रति शाश्वत अवमानना का भाव बिल्कुल नहीं रखते हैं।
5. आचार्यश्री अनुशासन प्रिय हैं, अतः उनका मानना है कि अनुशासन ही संघ की रीढ़ है। जिस शरीर में रीढ़ की हड्डी स्वस्थ नहीं वह शरीर स्वस्थ नहीं और जिस संघ में अनुशासन नहीं उसका कोई भविष्य नहीं।
6. आचार्यश्री ने जब से पट्टाधीश बनकर संघ का दायित्व सम्भाला है संघ में किसी भी प्रकार का संघर्ष या मनमुटाव नहीं है, यह उनकी संघ के प्रति वात्सल्य दृष्टि मार्गदर्शन एवं उनके अनुशासन का ही फल है।
7. प्राकृत भाषा में ग्रन्थों को लिखने की विलुप्त परम्परा को आपने प्रारम्भ किया है।

हमने उनकी प्राकृत कृतियों को पढ़ा तो हमें आप साक्षात् कुन्दकुन्द के लघुनन्दन लगते हैं। आचार्यश्री सुनीलसागरजी द्वारा विरचित कृतियाँ—

1. इष्टोपदेश (व्याख्या)	2. विश्व का सूर्य (जीवनवृत्त)
3. पथिक (उपन्यास)	4. कालजयी कविताएँ (कविताएँ)
5. मेरी सम्मेदशिखर यात्रा (यात्रा वृत)	6. वसुनन्दि श्रावकाचार (व्याख्या)
7. भावालोयणा (प्राकृत)	8. दूसरा महावीर (जीवनवृत्त)
9. अहिंसावतार (काव्यसंग्रह)	10. जैनाचार विज्ञान (आलेख)
11. काशी दर्शन (यात्रावृत्तान्त)	12. मानवता के आठ सूत्र (निबन्ध)
13. बिना पूँछ का बन्दर (कविताएँ)	14. संक्षिप्त जैन इतिहास (आलेख)
15. यात्रा के संस्मरण (यात्रावृत्तान्त)	16. ब्रह्मचर्य विज्ञान (आलेख)
17. धरती के देवता (वार्ता)	18. भावणासारो (प्राकृत)
19. णीदी संगहो (प्राकृत)	20. थुदी संगहो (प्राकृत)
21. प्राकृत बोध (प्राकृत व्याकरण)	22. अज्झप्पसारो (प्राकृत)
23. तत्त्वार्थ सूत्र (व्याख्या)	24. अध्यात्मसार शतक
25. सौ कविताएँ (कवितासंग्रह)	26. आत्मोदय शतक
27. अनूठा तपस्वी (जीवनवृत्त)	28. भाव निर्झर (मराठी प्रवचन)
29. यात्रा-अर्न्तयात्रा (चिन्तन)	30. मेरी दक्षिण यात्रा (यात्रावृत्त)
31. भद्दबाहुचरियं (चरित्र)	32. दो प्रवचन (प्रवचन)
33. चिन्तन यात्रा (यात्रावृत्त)	34. मौन तपस्वी (जीवनवृत्त)
35. अनुत्तर तपस्वी (जीवनवृत्त)	36. णियप्पज्झाणसारो (प्राकृत)
37. वयणसारो (प्राकृत)	38. सम्मदि-सदी (प्राकृत)
38. धम्मो मंगलं (प्रवचन)	40.जो है सो है (कविताएँ)

आचार्य सुनीलसागरजी महाराज की प्रमुख कृतियों का परिचय—

थुदी संगहो (स्तुति संग्रह)—श्रमण संस्कृति में स्तुति का सातिशय महत्त्व है, क्योंकि यह प्रभुभक्ति का एक सशक्त माध्यम है। साथ ही स्तुति करने वाला स्वयं भी स्तुत्य बन जाता है। स्तुतियों की प्राचीन परम्परा है, जिसे आगे बढ़ाते हुए परम पूज्य आचार्यश्री सुनीलसागरजी ने अपनी काव्य प्रतिभा का प्रभाव छोड़ते हुए शौरसेनी प्राकृत के विभिन्न सरस छन्दों में स्तुतियों की रचना की है। जैसे ऋषभजिन स्तुति, गोम्मटेश अष्टक, शान्तिनाथ स्तुति, पार्श्वनाथ स्तुति, वर्धमान स्तुति आदि स्तुतियाँ एवं अष्टक हैं। अन्त में रत्तिभोयण चाग-पसंसा और जन-जन के हृदय में स्थित पंडित जुगलकिशोर मुख्तार 'युगवीर' द्वारा रचित मेरी भावना का 'मज्झ भावणा' नाम से प्राकृत भाषा के गाथा छन्द में रूपान्तरण किया है, जो मेरी भावना की भाँति ही जन-जन का कल्याण करने में समर्थ है।

आचार्यश्री स्वयं शास्त्री व स्नातक हैं, इसलिए उनका साहित्य की विभिन्न धाराओं, विधाओं, व्याकरण और भाषाओं पर अच्छा अधिकार है। प्रस्तुत कृति 'थुदी संगहो' में उन्होंने छन्दशास्त्र और वैयाकरणिक सिद्धान्तों का ख्याल रखते हुए भी अलंकारों, नवरसों और साहित्य की विभिन्न विधाओं का समावेश किया है। प्राकृतों में मूलतः शौरसेनी प्राकृत का प्रयोग किया गया है। 'थुदी संगहो' के कुछ छन्द प्राचीन गाथाओं श्लोकों का स्मरण करा कर कृति की प्रमाणिकता के प्रहरी बनकर हृदय को अल्हादित कर देते हैं। अन्त में गाथा छन्द में मंगल प्रशस्ति दी गयी है। इस कृति के अनुवादक डॉ. महेन्द्रकुमार जैन 'मनुज' इन्दौर, सम्पादक प्रो. डॉ. उदयचन्द जैन उदयपुर तथा प्रस्तावना लेखक डॉ. ऋषभचन्द जैन फौजदार वैशाली हैं।

णीदि संगहो (नीति संग्रह)– प्राकृतभाषा में प्रणीत इस ग्रन्थ में कुल 161 पद्य हैं, जिसकी विषय वस्तु को दो भागों में विभाजित किया गया है—धम्म णीदि (धर्मनीति) जिसमें 60 पद्य हैं तथा लोग णीदि (लोक नीति) 101 पद्य हैं। धम्म णीदि में जिनेन्द्र भगवान की महिमा, अहिंसा, सत्य, अचौर्य, ब्रह्मचर्य तथा अपरिग्रहरूप पाँच व्रतों की महिमा, धर्मात्मा का लक्षण, धर्म की महिमा, जिनधर्म की विशेषता, सम्यक्त्व की महिमा, ज्ञान की महिमा, चारित्र की महिमा, तप की दुर्लभता आदि विषयों का वर्णन किया गया है। लोक नीति के 101 पद्यों में पंडित कौन? विवेक की महिमा, दानी कौन है? मित्र का लक्षण, बन्ध मोक्ष का कारण मन, शिष्य का लक्षण, चिन्ता से हानि, किसको कैसे जीतें, अनभ्यासे विषं विद्या, किनका विश्वास नहीं करना चाहिए, किससे क्या जाना जाता है? किसके बिना क्या नष्ट हो जाता है? किनमें लज्जा नहीं करना चाहिए? आदि विषयों का सूक्ष्म दृष्टि से विवेचन किया है। कारिकाओं की भाषा अत्यन्त सरल होने से सर्वजनग्राह्य है। अन्त में नीति संग्रह की रचना का उद्देश्य बताया है—

धम्मत्थकाम-पत्तत्थं, कल्लाणत्थं च मोक्खणं।
आइरिय-सुणीलेण, किदं णीदिअ संगहं॥

भावणासारो (भावनासार)—भावना की परिभाषा करते हुए पंचास्तिकाय में कहा है—"ज्ञातेऽर्थे पुनः पुनश्चिंतनं भावना" अर्थात् जाने हुए अर्थ का बार-बार चिन्तन करना। मूलाचार में तपभावना, श्रुतभावना, सत्त्वभावना धृतिभावना, सन्तोषभावना, बारह भावना आदि को सदा भाने की बात कही गयी है। साथ ही क्लेशकारिणी कांदर्पी, सांमोही, आसुरी आदि दुर्भावनाओं से बचने के लिए कहा गया है। व्यक्ति की भावना शुद्धि हेतु आचार्य कुन्दकुन्द ने बारसाणुवेक्खा, आचार्यकुमार स्वामी ने कार्तिकेयानुप्रेक्षा, आचार्य शुभचन्द्र ने ज्ञानार्णव तथा मुनि नागसेन ने तत्त्वानुशासन जैसे स्वतन्त्र ग्रन्थ लिखे। इनके अतिरिक्त और भी कई ग्रन्थ इस दिशा में मार्गदर्शन

हेतु उपलब्ध हैं।

भावनाप्रधान ग्रन्थों की शृंखला में तपस्वी सम्राट आचार्यश्री सन्मतिसागरजी महाराज के योग्यतम शिष्य आचार्यश्री सुनीलसागरजी ने प्राकृतभाषा में 72 पद्यों सहित 'भावणासारो' नामक ग्रन्थ की रचना की है। इसमें उन्होंने अनित्य, अशरण, संसार, एकत्व, अन्यत्व, अशुचित्व, आस्रव, संवर, निर्जरा, लोक, बोधि दुर्लभ और धर्म इन बारह भावनाओं का संक्षिप्त किन्तु सारगार्भित विवेचन किया है। प्रस्तुत ग्रन्थ के मंगलाचरण में सिद्धों की वन्दना के साथ ही ग्रन्थ रचना करने की प्रतिज्ञा की गयी है। ध्यान का प्रभाव, कैसी भावना करनी चाहिए? तथा भावों का फल प्रस्तुत करने वाले क्रमशः तीन पद्य दिये गए हैं। पश्चात् एक सुन्दर-सी कारिका में धर्म का स्वरूप बताया गया है जो वर्तमान समय में सर्वथा प्रासंगिक है-

इच्छसि अप्पणत्तो जं, इच्छ परस्स तं वि य।
णेच्छसि अप्पणत्तो जं, णेज्छ परस्स धम्मो य॥

अर्थात् जो अपने लिए चाहते हो, वह दूसरे के लिए भी चाहो और जो अपने प्रति नहीं चाहते हो, वह दूसरे के लिए भी मत चाहो, यही धर्म है।

इसके बाद क्रमशः बारह भावनाओं का वर्णन करने में आचार्यश्री ने एक के बाद एक सुन्दर गाथाओं को लिखा। प्रस्तुत ग्रन्थ में अलंकारों का भी खूब प्रयोग किया है। दृष्टान्त अलंकार तो पग-पग पर देखने को मिलता है। नव रसों में से मूलतः शान्त रस का प्रयोग किया है, किन्तु आवश्यतानुसार अनायास ही वीर, रौद्र, वीभत्स, करुण, भय और शृंगार रसों का भी सुन्दर प्रयोग हुआ है। आचार्यवर ने कृति के 72 में से 71 छन्दों में अनुष्टुप छन्द का प्रयोग किया है, अन्तिम गाथा छन्द में है। इस ग्रन्थ में पद्य के साथ ही अन्वयार्थ, अर्थ तथा हिन्दी में विस्तृत व्याख्या भी दी गयी हैं, एवं पृष्ठ नम्बर भी प्राप्त हैं। ग्रन्थ का प्राकृत मनीषी प्रो. उदयचन्द जैन उदयपुर ने सम्पादन किया है।

अज्झप्पसारो (अध्यात्मसार)—सन् 2007 में सृजन की समष्टि को प्राप्त हुआ। इसमें 100 प्राकृत पद्य हैं। नामानुकूल विषय है किन्तु अध्यात्म को बहुत ही सरल ढंग से इसमें प्रस्तुत किया गया है, जिससे अध्यात्म जैसा विषय भी सर्वगम्य हो गया है। यह कृति कृतिकार की अनूठी सृजनधर्मिता की द्योतक है।

साहित्यकार की अभिव्यक्ति में काव्य और शास्त्र ये दोनों दृष्टियाँ समाहित होती हैं। शास्त्र में श्रेय रहता है और काव्य में अनुभूतियों का प्रयत्न रहता है। अज्झप्पसारो ग्रन्थ में समयसार जैसी अनुभूतियों का समाकलन किया गया है।

णिय अप्पा परमप्पा, अप्पा अप्पम्मि अत्थि संपुण्णं।
तो किं गच्छदि बहिरे, अप्पा अप्पम्मि सव्वदा झेयो।। 27॥

अर्थात् निज आत्मा ही परमात्मा है, आत्मा अपने आप में सम्पूर्ण है, तो फिर तुम बाहर क्यों जाते हो, आत्मा में आत्मा का हमेशा ध्यान करो।

यह कुन्दकुन्द की साहित्य शृंखला में सम्मिलित करने जैसा ग्रन्थ बन पड़ा है। आचार्यश्री के इस प्राकृत काव्य में रस है, अलंकार है, अनुभूति है और आत्मानुभाव की तीव्र प्रेरणा है।

णियप्पझाण- सारो (निजात्मध्यान सार)—यह प्राकृत भाषा में लिखित लघुकायिक ग्रन्थ है, इसमें कुल 55 पद्य हैं। आत्मध्यान के विषय में लगभग सभी विषयों को स्पष्ट करने वाली यह एक अनुपम कृति है। ध्यान की परिभाषा, भेद, धर्मध्यान के भेद प्रभेद, आत्मा का स्वरूप, आत्मचिन्तन से लाभ, मूढ़ की प्रवृत्ति, शरीरादि की वास्तविकता, निर्ममत्व मोक्षार्थी के गुण आदि विषयों को प्रस्तुत कृति में सरलता से समझाया गया है। आखिर इन सबसे जुड़ने की क्या आवश्यकता है इस पर आचार्यश्री ने प्रश्नात्मक कारिका प्रस्तुत की है—

समभावेण को दड्ढो, जिणवक्केण को हदो।
धम्मज्झाणेण को णट्ठो, तम्हा एदम्हि जुंजह॥

अर्थात् समभाव से कौन जला है? जिन वचन से कौन आहत हुआ है? बताओ कौन धर्मध्यान से नष्ट हुआ है? अर्थात् कोई नहीं, इसलिए इसमें भलीभाँति जुड़ जाओ।

भावालोयणा—25 गाथामय प्राचीन शौरसेनी भाषा में लिखी गयी भावों की आलोचना है। अपने दोषों की निन्दा-गर्हा करते हुए साधक ने सामायिक व निर्ममत्व की प्रार्थना की है। इसके दो संस्करण प्रकाशित हो चुके हैं। सामायिक का साधारण अर्थ है आत्ममिलन। यह जीवात्मा बाहरी पदार्थों में विमोहित होकर स्वयं को भूल गया है। सामयिक से स्व-स्मृति होती है। स्व-स्मृति से स्वकृत दोषों-पापों का बोध होता है और फिर पश्चाताप। पश्चाताप अर्थात् स्वनिन्दा, गर्हा/आलोचना। इस आलोचना/पश्चाताप से प्रायश्चित जन्मता है। प्रायश्चित से आत्मशुद्धि, आत्मशुद्धि से साम्य और मोक्ष का प्रसव होता है।

आचार्य अमितगति के द्वात्रिंशतिका (सामायिकपाठ) की शैली में लिखी गयी यह कृति निश्चित ही भव्यजीवों के भावों को भास्वत करने में सहयोगी होगी।

भद्दबाहु-चरियं (भद्रबाहु चरित)—यह आचार्य श्री सुनीलसागरजी की अनूठी प्राकृत कृति गद्यकाव्य है। इसमें अंतिम श्रुतकेवली भद्रबाहु स्वामी का संक्षेप में पूर्ण चरित्र है। पद्यमय मंगलाचरण के उपरान्त भद्रबाहु का जन्म, उनका बचपन, विलक्षणता, शिक्षा, भद्रबाहु की जिनदीक्षा, चंद्रगुप्त के द्वारा 16 स्वप्न देखा जाना, भद्रबाहु द्वारा

स्वप्नों का फल बतलाना, फल सुनकर चन्द्रगुप्त का वैराग्य व जिनदीक्षा, उत्तरापथ में दुर्भिक्ष, भद्रबाहु की समाधि, संघभेद आदि का कथन किया गया है।

प्राकृत बोध—ईसा की प्रथम शती से 12 शती तक का दिगम्बर जैन साहित्य प्रायः शौरसनी प्राकृत में लिपिबद्ध है, जैसे—आचार्य धरसेन स्वामी का जोणिपाहुड, पुष्पदन्त भूतबलीस्वामी का षट्खण्डागम, गुणधर स्वामी का कषायपाहुड, आचार्य कुन्दकुन्द स्वामी के समयसारादि, आचार्य शिवार्य की मूलाराधना तथा कार्तिकेय स्वामी की कार्तिकेयानुप्रेक्षा आदि अनेक ग्रन्थ। विभिन्न वाचनाओं के माध्यम से ईसा की पाँचवी शती में श्वेताम्बर आचार्यों ने अर्द्धमागधी प्राकृत में अपना साहित्य व्यवस्थित रूप से संकलित कर लिपिबद्ध किया।

प्राचीन साहित्य, दर्शन और इतिहास को समझने के लिए विभिन्न प्राकृतों का बोध आवश्यक है। प्राकृत में प्रवेशकर्ताओं को लक्ष्य कर आचार्यश्री ने इस प्राकृत व्याकरण की रचना की है। इसके संयोजन में संस्कृत शास्त्री, भाषा विज्ञानी, सिद्धहेम शब्दानुशासन व प्राकृत व्याकरण वृत्ति आदि प्राकृत व्याकरणों के गहन अध्येता, अनेक प्राकृत रचनाओं के रचयिता, ज्ञानयोगी आचार्यश्री सुनीलसागरजी का मानों ज्ञान ही छलक पड़ा है। इस व्याकरण ग्रन्थ में वर्ण विचार, स्वर परिवर्तन, व्यंजन परिवर्तन, कृदन्त प्रकरण, तद्धित प्रकरण, समास प्रकरण, अव्यय प्रकरण, लिंग विचार, विशेषण विचार, पर्यायवाची शब्द तथा विविध प्राकृतों की विशेषताएँ क्रमशः वर्णित हैं। प्रत्येक अध्याय के अन्त में अभ्यास हेतु अभ्यास प्रश्न भी दिये गए हैं। तथा कृति के अन्त में सम्पूर्ण अधीत व्याकरण का प्राचीन कृतियों पर अभ्यास करने हेतु वाक्य रचना, प्राकृत में लघु निबन्ध तथा अनेक स्तुतियाँ दी गयी हैं। परिशिष्ट में तीनों लिंगों के संज्ञा शब्द तथा सकर्मक अकर्मक क्रिया शब्द दिये गए हैं। भाषा शैली, विषय की क्रमबद्धता तथा प्रतिपादन शैली की अपूर्व सम्बद्धता के कारण प्राकृत प्रवेशार्थियों के लिए यह प्राकृत बोध कृति अत्यन्त उपयोगी बन पड़ी है। इस कृति के सम्पादक प्रो. प्रेम सुमन एवं डॉ. महेन्द्र कुमार जैन 'मनुज' हैं।

जैनाचार विज्ञान—वर्तमान युग में मानव अधिक प्रयोगधर्मी हो गया है। नित्य किए जाने वाले कार्यों का मानव शरीर पर प्रभाव तथा अन्य प्राकृतिक घटना के पीछे निहित वैज्ञानिक कारणों तथ्यों की विवेचना सम्भव है। वैज्ञानिक आविष्कारों से जैनाचार्यों द्वारा स्थापित मान्यताएँ एवं सिद्धान्त पुष्ट ही हुए हैं। कथंचित् यह लिखना अतिशयोक्ति पूर्ण नहीं होगा कि नवीन वैज्ञानिक ज्ञान के सन्दर्भ में जैनाचार्यों द्वारा प्रतिपादित जीवन शैली ही मानव के लिए सर्वाधिक उपयुक्त वैज्ञानिक, प्रकृति से सामंजस्य रखने वाली जीवन पद्धति सिद्ध हुई। प्रस्तुत कृति में इस जीवन पद्धति को

ही आधुनिक शब्दावली में वैज्ञानिक रीति से समझाया गया है। यह कृति आधुनिक समाज विशेषतः युवावर्ग के लिए अत्यन्त उपयोगी है।

युवाओं के मन में उठने वाली विविध शंकाओं कुशंकाओं, प्रश्न-प्रतिप्रश्नों को वैज्ञानिक तथ्यों के आलोक में विवेचित कर आगम की मान्यताओं को पूर्वाग्रह रहित होकर पुष्ट किया है। इस कृति के कुछ प्रमुख विषय इस प्रकार हैं- अध्यात्म और विज्ञान, कब जागें? चिन्तन का प्रभाव, योग के आठ अंग, दर्शन कैसे एवं क्यों करें? मूर्ति का वैज्ञानिक महत्त्व एवं प्रभाव, पूजन क्यों और कैसे? दीपक से ही आरती क्यों? दिगम्बर साधु की जानकारी, रात्रि भोजन क्यों नहीं? मूड क्यों बिगड़ता है? कैसा हो नजरिया? तैयारी कॉलेज की। इस कृति के विषय इतने प्रभावी एवं ज्ञानवर्धक हैं कि वर्तमान की युवा पीढ़ी को इससे धर्म की ओर उन्मुख किया जा सकता है। इसके सम्पादक डॉ. अनुपम जैन एवं डॉ. महेन्द्र कुमार जैन 'मनुज' हैं।

सौ कविताएँ—आचार्य सुनीलसागरजी बहुमुखी प्रतिभा के धनी हैं, उनकी लेखनी जहाँ संस्कृत, प्राकृत के छन्दों को निर्माण करने में अद्‌भुत है, वहीं हिन्दी की सरल कविताओं को लिखने में भी सिद्धहस्त है। वर्तमान समाज इस प्रकार की छोटी-छोटी हिन्दी गद्य काव्य में भी विशेष रुचि रखता है। फलतः आचार्यश्री ने सौ कविताओं का संकलन प्रस्तुत कृति में किया है। उक्त कविताओं में विषयों की विविधता है। भाषा सरल सुबोध एवं सुगम है।

ब्रह्मचर्य विज्ञान—आचार्यश्री सुनीलसागरजी द्वारा लिखी गयी ब्रह्मचर्य विज्ञान आचार्यश्री के गहन वैज्ञानिक चिंतन की तत्त्वपरक लाभदायक चर्चा है। प्रस्तुत कृति को पाँच भागों में विभाजित किया गया है। प्रथमतः मनुष्य की मानसिकता को बाँधते हुए, वीर्य की उत्पत्ति, संरचना, क्षमता, तेज और प्रभाव की गहन वैज्ञानिक, मनोवैज्ञानिक और तथ्यपरक चर्चा की गयी है। उन्होंने बताया कि तेजस्विता, बुद्धिमत्ता और प्रचण्ड बलवत्ता के पीछे वीर्य की क्या भूमिका है। वीर्य जीवनशक्ति कैसे है? चढ़ती उम्र में ही अंधत्व, कमजोरी बीमारियाँ क्यों? अपंग सन्तानोत्पत्ति क्यों? आदि हृदयोद्वेलक प्रश्नों के सटीक वैज्ञानिक और तथ्यपरक उत्तर दिये हैं। दूसरे चरण में वीर्य क्षरण के कारणों के अन्तर्गत उन्होंने अत्यधिक भोजन, गरिष्ठ तथा तामसिक भोजन, विषय भोगों का चिन्तन, अश्लील साहित्य अध्ययन, अश्लील चित्र चलचित्र देखना और आंखों की फोटोग्राफी जैसे बिन्दुओं पर विमर्श किया है। पुस्तक के तीसरे चरण में जीवन सुरक्षा, ब्रह्मचर्य की परिपालना, वीर्य का संरक्षण कैसे हो? ओज-तेजस कैसे वृद्धिगंत हो? जैसे प्रश्नों के उत्तर में आचार्य श्री ने सत्संकल्प, सत्संगति, स्वाध्याय, दैनिकपुस्तिका लेखन आदि बहुत अच्छे सुझाव

दिये हैं। देह की उत्पत्ति के कारण और उसकी चर्चा करते हुए शरीर की सत्यता को उजागर किया है।

हम जीवन के कई साल गुजार चुके हैं, पर आज तक इस बिन्दु पर चिन्तन नहीं किया कि हमारी समग्र दिनचर्या कैसी हो? यहाँ इस विषय पर न केवल धार्मिक, नैतिक, सामाजिक चर्चा की है, बल्कि वैज्ञानिक मनोवैज्ञानिक और चिकित्सकीय चर्चा भी की है। जो दैनिकचर्या आचार्यश्री ने निर्धारित की है चिकित्सा विज्ञान भी उसकी पुष्टि करता है। नियमित व्यायाम, आसन, प्राणायाम से शरीर पुष्ट होता है, बुद्धि बढ़ती है, ओज बढ़ता है, फेफड़ों को शुद्ध वायु मिलने से रक्तशुद्धि होती है। कहते है 'नित्य दो मिनट रोना (आँसू बहाना) चार मिनट दौड़ना, आठ मिनट हँसना और कम से कम सोलह मिनट मुस्कराना...ये सब प्रकार की बीमारियों का दूर भगाना है।' पुस्तक के अन्तिम पाँचवें चरण में विविध वृत्त शीर्षक से कई प्रेरक बोधक और भावोद्वेलक कथाओं का संयोजन किया है। पुस्तक की विशेषता यह है कि यह एक ऐसे बाल ब्रह्मचारी साधु द्वारा विरचित है जो स्वयं ब्रह्मचर्य का साक्षात् रूप हैं। जहाँ इस पुस्तक की विषय वस्तु शास्त्र समारम्भ है, वहीं इसमें इनके अनुभवों का पुट भी है।

धरती के देवता—आचार्यश्री की यह कृति औपन्यासिक शैली में लिखी गयी है। जो अपने आप में बहुमान्य विधा है। धरती के देवता के रूप में यहाँ आचार्य श्री ने सदैव ज्ञान, ध्यान, तप में लीन रहने वाले तथा समस्त परिग्रहों से रहित 28 मूलगुणों का पालन करने वाले दिगम्बर साधु का लक्ष्य करके लिखा है। एक जैनेतर व्यक्ति को दिगम्बर साधु कैसे होते हैं और ऐसे क्यों रहते हैं? आदि जिज्ञासाओं का समुचित समाधान करने के लिए दुनिया में इससे बेहतर पुस्तक आज तक मैंने तो नहीं देखी।

चिन्तन यात्रा—व्यवस्थित जीवन जीने वाले व्यक्ति, विचारक, लेखक, कवि अपनी दैनन्दिनी अवश्य लिखते हैं। इसी क्रम में चिन्तन यात्रा आचार्यश्री सुनीलसागरजी महाराज की यात्रा के दौरान होने वाले चिन्तन और अनुभवों की संक्षिप्त प्रस्तुति है। यह कृति जहाँ उनके विशुद्ध, पवित्र एवं स्वच्छ विचारों का प्रतीक है वहीं दूसरी ओर तत्कालीन घटित घटनाओं का ऐतिहासिक साक्ष्य भी है। 26 जनवरी गणतन्त्र दिवस के विचार, लम्हों ने खता की सदियों ने सजा पायी, अपने विचार, मित्रता किससे करूँ तथा विविध मुक्तकों का संकलन इस कृति का प्रमुख आकर्षण है। इस कृति को पढ़ने से प्रतिदिन अपनी दैनन्दिनी लिखने की प्रेरणा हमें अवश्य मिलती है। आचार्य गुरुवर सन्मतिसागरजी के साथ बिताये गए क्षणों के प्रसंग दिल को छू जाते हैं।

अनूठा तपस्वी—श्रमण संस्कृति में ऐसे अनेक आचार्य हुए हैं जिन्होंने बहुत तपश्चरण किये ऋद्धियाँ प्राप्त की, अनेकों महत्त्वपूर्ण ग्रन्थ लिखे, किन्तु स्वयं के विषय में उन्होंने कुछ नहीं लिखा। यही कारण है कि अनेक प्राचीन आचार्यों के विषय में हमें अधिक जानकारी नहीं मिलती। तपोधन मुनिकुंजर आचार्यश्री आदिसागरजी अंकलीकर जी ने भी बहुत तपश्चरण किया किन्तु उसे प्रचारित नहीं होने दिया। उनके तृतीय पट्टाचार्य तपस्वी सम्राट आचार्यश्री सन्मतिसागरजी भी उन्हीं के मार्ग पर चलने वाले आचार्य थे। उनके साथ अनेक चमत्कारिक प्रसंग जुड़े हैं। वे वर्ष में तीन बार अष्ट दिवसीय और एक बार दस ग्यारह दिवसीय निर्जल उपवास करते थे। पिछले लगभग 35 वर्षों से उन्होंने अन्न का दाना भी नहीं छुआ था तथा लगभग इतने ही वर्षों से उन्होंने नमक, शक्कर, घी, तेल, दही, आदि का त्याग कर रखा था। एक आम आदमी की तरह गुरुवर सोते नहीं थे, रात्रि 8 से 11 बजे तक योगनिद्रा में रहते थे। 24 घंटे में मात्र 3 या 4 घंटे ही विश्राम लेते थे। सल्लेखना से पूर्व शास्त्रोक्त विधि से सब त्याग कर र्निविकल्प होकर समाधिमरण किया।

आचार्यश्री स्वयं अपने बारे में कभी कुछ बताते नहीं थे। तथा स्वयं का गुणानुवाद भी होने नहीं देते थे, किन्तु इनके भक्तों का, शिष्यों का कर्त्तव्य है कि वे अपने गुरु का गुणानुवाद करें, जिससे भिज्ञ होकर श्रावक सद्मार्ग में लग सकें। इसका प्रथम प्रयास उनके द्वारा दीक्षित और आचार्य पद पर संस्कारित आचार्यश्री सुनीलसागरजी महाराज ने अनूठा तपस्वी नाम की कृति को लिखकर किया है। उन्होंने 1997 से वर्तमान समय (समाधि) तक के संस्मरण तो प्रायः प्रत्यक्ष देखे एवं अनुभव किये, किन्तु 1997 से पूर्व के महत्त्वपूर्ण संस्मरण संघस्थ आर्यिका सुबुद्धिमती एवं ब्रह्मचारिणी मैनाबाई से प्राप्त किये। इस कृति में आचार्यश्री के व्रत एवं उपाधियों के बारे में, उनके द्वारा दीक्षित शिष्य शिष्याओं का, विभिन्न स्थानों पर तप के माहात्म्य से हुए चमत्कारों का, आचार्यश्री द्वारा प्रदत आचार्य पदों का, विहार एवं चातुर्मास के दौरान होने वाली विविध प्रेरणात्मक घटनाओं का उल्लेख, उनके द्वारा करायी गयी समाधियों का तथा उनके सान्निध्य में आयोजित पंचकल्याणक एवं वेदी प्रतिष्ठाओं का सुन्दर एवं यथार्थपरक शैली में उल्लेख किया गया है।

आचार्यश्री आदिसागरजी (अंकलीकर) का जीवन चरित्र 'विश्व का सूर्य' आचार्य श्री महावीरकीर्ति जी महाराज का जीवन चरित्र 'दूसरा महावीर', कालजयी कविताएँ, पथिक, वयणसारो आदि भी महत्त्वपूर्ण ग्रन्थ हैं।

—डॉ. महेन्द्र कुमार जैन 'मनुज'

गुरु परिचय

प. पू. मुनिकुंजर आचार्यश्री आदिसागर जी अंकलीकर
जन्म : भाद्रपद शुक्ल 4, सन् 1866 अंकलीगाँव, महाराष्ट्र;
दीक्षा : मार्गशीर्ष शुक्ल 2, सन् 1913 सिद्ध क्षेत्र कुंथलगिरि
आचार्य पद : ज्येष्ठ शुक्ल 5, सन् 1915, काडगेमळा जयसिंहपुर, महाराष्ट्र;
समाधि : फाल्गुन कृष्ण 13, सन् 1944, कुंजवन उदगाँव,
विशेषता : श्रमण परम्परा के मुकुटमणि, सात दिन बाद आहार करने वाले।

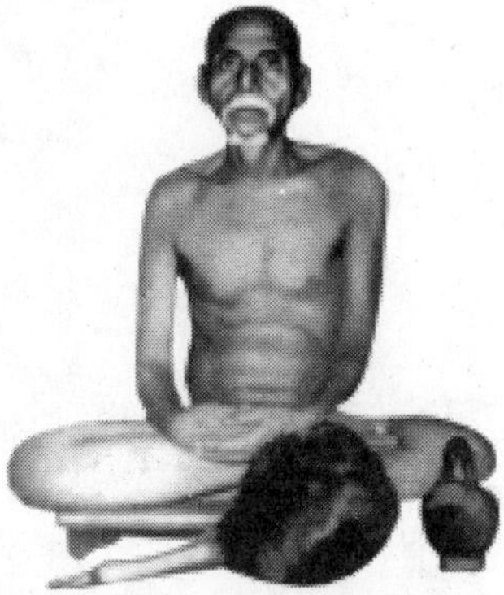

अष्टादश भाषाभाषी आचार्यश्री महावीरकीर्तिजी महाराज
जन्म : बैशाख कृष्ण 9, सन् 1910 फिरोजाबाद, उ.प्र.
दीक्षा : फाल्गुन शुक्ल 11, सन् 1943 उद्गाँव, महाराष्ट्र
आचार्य पद : अश्विन शुक्ल 10, सन् 1943, उद्गाँव, महा.
समाधि : माघ कृष्ण 6, सन् 1972, मेहसाणा, गुजरात
विशेषता : अष्टादश-भाषाभाषी, तीर्थ भक्त शिरोमणि, मंत्रशास्त्र के ज्ञाता।

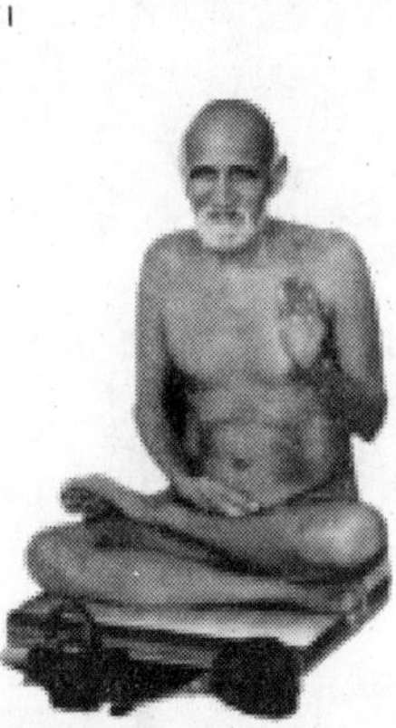

वात्सल्यरत्नाकार आचार्य श्री विमलसागर जी महाराज
जन्म : आश्विन कृष्ण 7, सन् 1915, कोसमा, उ.प्र.
दीक्षा : फाल्गुन शुक्ल 13, सन् 1952 सिद्ध क्षेत्र सोनगिरि
आचार्य पद : मार्गशीर्ष कृष्ण 2, सन् 1960 टुंडला, उ.प्र.
समाधि : पौष कृष्ण 12, सन् 1994, श्री सम्मेदशिखरजी
विशेषता : पराविद्या के माध्यम से लोगों का उपकार करने वाले निमित्तज्ञानी संत।

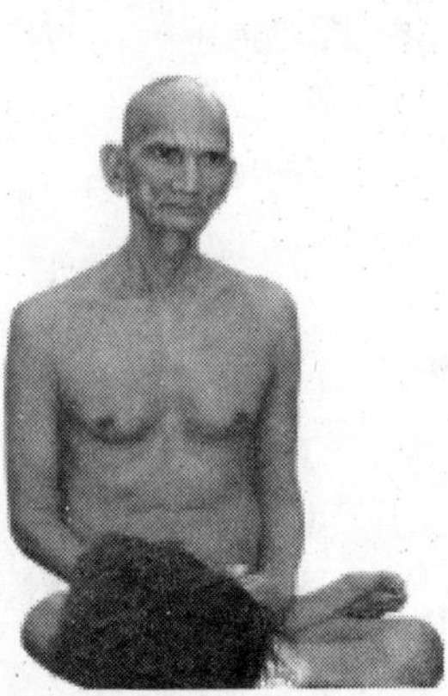

तपस्वी सम्राट आचार्यश्री सम्मतिसागरजी महाराज
जन्म : माघ शुक्ल 7, सन् 1938, फफोतू, उ.प्र.
दीक्षा : कार्तिक शुक्ल 12, सन् 1962 श्री सम्मेदशिखर जी
आचार्य पद : माघ कृष्ण 3, सन् 1972, महसाणा
समाधि : माघ कृष्ण 4, सन् 2010, कुंजवन, महाराष्ट्र
विशेषता : 35 वर्ष तक अन्न, नमक, शक्कर, घी, तेल का त्याग, अन्तिम दस वर्ष केवल मट्ठा जल 48 घंटे में एक बार, दस हजार निर्जल उपवास।

विषयानुक्रमणिका

थुदी-संगहो (स्तुति-संग्रह) 29-126

उसहजिण-त्थुदी (ऋषभजिन स्तुति) • गोम्मटेस-अट्ठगं (गोम्मटेश अष्टक), चंदजिणेसत्थुदी, वासुपूज्जत्थुदी मलिन्दणाहत्थुदी, णेमिणाहत्थुदी • संतिणाह-त्थुदी (शांतिनाथ-स्तुति) • पासणाह-त्थुदी (पार्श्वनाथ स्तुति) • वड्ढ-माण-त्थुदी (वर्धमान-स्तुति) • परमेट्ठी-त्थुदी (परमेष्ठी स्तुति) • जिणिंद-त्थुदी (जिनेन्द्र-स्तुति) • चउवीस-तित्थयर-त्थुदी (चौबीस तीर्थंकर स्तुति) • मंगल-पंचगं (मंगल-पंचक) • वीर-त्थुदी (वीर-स्तुति) • वड्ढ-माण-अट्ठगं (वर्धमान-अष्टक) • महावीर-अट्ठगं • णव-देवदा-त्थुदी (नवदेवता-स्तुति) • पंच-णमोक्कारो (पंच-नमस्कार) • देव-त्थुदी (देव-स्तुति) • विज्जा-त्थुदी (विद्या-स्तुति) • गुरु-त्थुदी (गुरू-स्तुति) • तिमुत्ति-त्थुदी (त्रिमूर्ति-स्तुति) • चउ-आइरिय-त्थुदी (चतु-आचार्य स्तुति) • सम्मदित्थुदी, अंकलेस्सरट्ठगं गुरू-माहप्पं भारदी त्थुदी (भारती स्तुति) • वीदरागवाणी त्थुदी (वीतरागवाणी स्तुति) • रत्तिभोयण-चाग-पसंसा (रात्रि-भोजन-त्याग प्रशंसा) • मज्झ-भावना (मेरी भावना) • मंगलप्पसत्थी (मंगल-प्रशस्ति, गाहा छन्द)

णीदि-संगहो (नीति-संग्रह) 127-184

मंगलाचरण • उद्देश्य एवं प्रतिज्ञा • जिनस्तुति की महिमा • जिनपूजा की महिमा • जिन सेवा का फल • अहिंसा सभी व्रतों की जननी • अहिंसा की महिमा • सारभूत है दया • दया की महिमा • जो करसी सो भोगसी • पाप शीघ्र ही फल देता है • दया बिना मनुष्य कैसा • ऐसे वचन मत बोलो • मौन रहो या सत्य बोलो • सत्य की महिमा • असत्य की महिमा • अचौर्य की महिमा • शील की परिभाषा • शील की महिमा • नि:शील से दुर्दशा • स्त्री संगति दु:खदायी • मोही व सुधी में अंतर • अब्रह्म के परिणाम • अब्रह्म से गुणों का नाश • परिग्रह वर्जन • परिग्रह दु:ख का कारण • मानव जन्म के फल • पुण्य के फल • जिनधर्म के फल • धर्मात्मा के लक्षण • दु:खों से उद्धार करने वाले • जिनशासन के बिना दु:ख

• जिनशासन से पापों का नाश • धर्म में संलग्न हो जाओ • ये धर्म को नहीं जानते • धर्म की महिमा • धर्महीन कब तक सुखी रहेगा • अशक्तों के अपराध से धर्म मलिन नहीं होता • कल्याणकारी धर्म • जिनधर्म की विशेषता • धर्म से सुख • जहाँ धर्म वहाँ जय • धर्म रसायन • सम्यग्दर्शन का लक्षण • सम्यक्त्व की महिमा • सम्यक्त्व का प्रभाव • ज्ञान का लक्षण • ज्ञान की महिमा • ज्ञान की पयोगिता • ज्ञान आचरण सहित हो • मोक्षमार्गस्थ हो • चारित्र बिना ज्ञान की निष्फलता • व्रतहीन की दुर्दशा • तप से आत्मशुद्धि • तपस्वी को सब सुलभ • तप की दुर्लभता • दुर्ध्यानों की सहज उपलब्धि • आत्मसिद्धि के लिए ध्यान जरूरी • अदाता की दशा • कषायी स्वहित नहीं जानते • पंडित कौन है? • पंडित क्या नहीं करते • विवेक की महिमा • पंडित और मूर्ख में अंतर • वृद्ध कौन है • उसका जन्म निष्फल है • दानी कौन है? • इन्हें दूसरे भोगते हैं • मांगना मरण समान है • ये मरे के समान हैं • ये अनर्थकारी हैं • ये सदा रिक्त रहते हैं • दुर्गतिनाशक पाँच सकार • दुर्गति के निवारक पाँच दकार • त्याज्य हैं सात मकार • दुःख के कारण • एक पुत्र भी अच्छा • मित्र का लक्षण • दूरस्थ भी दूर नहीं • यदि अच्छे सम्बन्ध चाहते हो तो • काल को रोकने वाला कोई नहीं • अन्त में कोई काम नहीं आता • धर्म निष्फल नहीं होता • कुछ भी शाश्वत नहीं • देव भी उसके दास हो जाते हैं • उद्यम से कार्य होते हैं • उसे कुछ भी कठिन नहीं • ये बढ़ाने से बढ़ते हैं • इनकी दुर्दशा होती है • सम्पत्ति के हेतुभूत गुण • गुणों से आती है गुरुता • धैर्य है सुखकारी • आत्म प्रशंसा अहितकर • धन क्षय होने पर • ऐसी वाणी बोलिए • बन्ध मोक्ष का कारण मन • इन्हें उत्तर मत दो • मौन के स्थान • ये परोपकारी हैं • चिंता से हानि • यह सोचिए मत • ये देखते नहीं • वहाँ निवास नहीं करें • शिष्य का लक्षण • विद्यार्थी इन्हें छोड़ें • ये स्वर्गगामी होते हैं • गर्व नहीं करना चाहिए • अद्भुत औषधियाँ • बुद्धि कर्मानुसारिणी • वैभव सम्पन्नता के चिह्न • इन्हें नाराज मत करो • ये अति दुर्लभ हैं • किसको कैसे जीतें • अनभ्यासे विषं विद्या • किसका रस क्या है • किसके बिना क्या नष्ट होता है • इनके प्रारम्भ में सुखभाषित होता है • ये मृत्यु के कारण हैं • इनका विश्वास नहीं करना चाहिए • उसे यहीं स्वर्ग है • किसका मूल क्या है • इनसे मैत्री मत करो • कहाँ से क्या ग्रहण कर लेना चाहिए • किससे क्या जाना जाता है • किसको कहाँ जोड़ें • किसको क्या नहीं अखरता • वही जीवित रहता है • उसका जन्म ही व्यर्थ है • किसके बिना क्या नष्ट हो जाता है • किससे क्या रक्षित हो जाता है • किससे क्या नष्ट होता है • ऐसी बातें प्रकाशित नहीं करना चाहिए • इनके समान ये ही हैं • तृण के समान है • इनमें लज्जा मत करो • संतोष-असंतोष • तब तक चाण्डाल है • जैसा अन्न, वैसा मन • मांस के समान हैं • गुणाधिकता • इनसे शीघ्र ही यह होता है • जीभ का प्रमाण करो • पानी की विशेषताएँ • मर्दनं गुण वर्द्धनम् • वह पंडित है • बूँद-बूँद से घट भरे • ये सहज ही संतुष्ट हो जाते हैं • कर्मानुसार फल होता है • स्वयं ही, फैल जाते हैं •

उनका जीवन-मरण समान है • इन्हें प्रकट न करें • ये ठीक से ग्रहण करना चाहिए • इन्हें सोने ही दो • कहीं से आये कहीं है जाना • अस्थित चित्त को सुख कहाँ • जिसके कर्म उसी को फल • हमेशा वैसी मति रहे तो • प्रभु से प्रार्थना • क्यों रचा नीति संग्रह

भावणासारो (भावनासार) **185–244**

मंगलाचरण • ध्यान का प्रभाव • कैसी भावना करना चाहिए? • भावों का फल • धर्म की सामान्य परिभाषा • नित्य विचारणीय • अनित्य-भावना • देहादि की अनित्यता • आत्मकल्याण का अवसर • आत्मा की शाश्वतता • कौन बुद्धिमान धन की रक्षा • करता है • अशरण भावना • संसार भावना • संसार की विचित्रता • एकत्व भावना • देह में आत्मा की स्थिति • आत्मा का योग व वेदों से भी एकत्व नहीं है • मैं एक हूँ • अन्यत्व भावना • बन्धुजन बन्धन तुल्य हैं • अशुचित्व भावना • देह के धोने से चित्त निर्मल नहीं होता • आस्रव भावना • आस्रव पूर्वक बन्ध होता है • संवर भावना • संवर का उपाय • संवर का स्वामी • ध्यान-विज्ञान युक्त योगी • मुक्त के समान है • ज्ञान की महानता • संवर के साधन • संवर का अमोघ उपाय • निर्जरा भावना • निर्जरा का स्वामी • दु:खों का नाश कौन करता है? • कर्म कैसे नष्ट होते हैं • लोक भावना • कर्मवश जीव लोक में भटकते हैं • बोधिदुर्लभ भावना • संसार में रत्नत्रय ही सारभूत है • रत्नत्रय से मुक्ति होती है • अश्रद्धानी नाश को प्राप्त होता है • प्रज्ञा-छैनी से आत्मा-अनात्मा की पृथकता • आत्मध्यान किसे होता है • निजात्मा ही सर्वश्रेष्ठ है • जो आत्मा को जानता है, वह सब जानता है • कषाययुक्त आत्मा तत्त्व नहीं जानता • जब मोह हटता है, तब वैराग्य होता है • धर्म-भावना • धर्म दो प्रकार का है • असंयम से दु:ख व संयम से सुख • किसी को तुच्छ मत समझो • काम अतृप्तिकारक है • अदाता का घर श्मशान • क्षमा-धर्म • मार्दव धर्म • आर्जव धर्म • शौच-धर्म • सत्य धर्म • संयम धर्म • तप धर्म • त्याग धर्म • आकिंचन्य धर्म • ब्रह्मचर्य धर्म • कषायों से हानि ही है • अकषायवान ही संयमी है • कषायवान का त्याग निष्फल है • ज्ञानी का निवास स्थान • ये चार अभूतपूर्व हैं • संसार के चार कारण • वह योगी धन्य है • जीव जुदा, पुद्गल जुदा • ग्रंथकार की लघुता

अज्झप्पसारो (अध्यात्मसार) **245–302**

मंगलाचरण • ग्रन्थ रचना का उद्देश्य • सम्यग्दर्शन का लक्षण • सम्यग्ज्ञान का लक्षण • सम्यग्ज्ञान का कार्य • जिनागम विषय-कषायों का पोषण नहीं करता • सम्यक्चारित्र का लक्षण • श्रावक का लक्षण • श्रमण का लक्षण • सिद्ध कौन होता है • जीव का लक्षण • मूढ़जन सुख-दु:ख भोगते हैं • संकल्प-विकल्प आत्मा को

• अस्थिर करते हैं • रागादि विकल्पों से जीव बंधता है • आत्मस्थिरता ही मोक्षपथ पर बढ़ना है • उपाधियाँ आत्म-स्थिरता में बाधक • ख्याति लाभ की चाह से मोक्ष नहीं • कषाय के बिना बंध नहीं होता • भावकर्म के रोध से द्रव्यकर्म रुकता है • प्रयत्न पूर्वक प्रवृत्ति करो • आत्मा भावों का कर्त्ता है • रागादि भावों का त्याग करो • वैराग्य रहित कौन है • पुण्य-पाप दोनों संसार के कारण हैं • बन्धुता कब तक रहती है • आयु व देह निरंतर क्षीण हो रही है • निज आत्मा ही परमात्मा है • पर अपना नहीं होता • वस्तुत: सभी जीव निर्दोष हैं • क्रोधादि भाव आत्मा के शत्रु हैं • आस्रव अशुभ व दुःखदायी है • दोषी पर भी क्रोध मत करो • जिसकी होनहार भली है • कर्मोदय में मोही मोहित होते हैं • जड़-जड़ है, चेतन-चेतन • ज्ञानी की पहचान • भेदज्ञान की महिमा • आत्मा का स्वरूप • आत्मा में हास्यादि नहीं हैं • पानी पीने से सरल है आत्मानुभव • आत्मा निजस्वरूप से तो प्रगट ही है • ज्ञानी आत्मानुभव कर मोक्ष पाते हैं • मोही मोहित होते हैं • समभाव के बिना सब कुछ निरर्थक • कैसा समभावी निर्वाण पाता है • समता ही सब कुछ है • आत्मध्यान सर्वश्रेष्ठ है • किसी भी स्थिति में भाव मत बिगाड़ो • जनसंसर्ग से बचो • कोई मेरा कुछ नहीं • यह मोक्षमार्ग है • आत्मा ज्ञानस्वभाव सम्पन्न है • मोहभाव का त्याग ही वैराग्य है • परमात्मा समान मनुष्य • शुद्धोपयोग ही निजधर्म है • हे जीव! चूको मत • अहिंसा की परिभाषा • कैसी उपेक्षा अहिंसा है • पद आपद सहित हैं • आत्मघाती कौन है • मिथ्यात्व पोषक कौन है • धन-पद को ऊँचा मानने वाला भी मिथ्यात्वी • श्रेष्ठतम पुरुषार्थ • ज्ञानी परमार्थ साधते हैं • प्रथम ही आत्महित करो • आत्महित आज ही करो • परदोष दृष्टा आत्महित कैसे साधेगा • ज्ञाता-दृष्टा भाव कर्मों को धोता है • ज्ञानी अपनी कथा अपने से करते हैं • ज्ञानी पर में सुख नहीं मानते • ज्ञानी निज में रमते हैं • यदि समता चाहते हो तो पर में आदर छोड़ो • दर्शन-सुखादि जीव में है • पर से अथवा ज्ञान से बंध नहीं होता • निज-स्वरूप की शरण लो • जो दिखता, सो मैं नहीं • आत्मरूप के बोध से त्याग स्वयं होता है • आत्मरूप के बोध से साम्य प्रगटता है • वस्तु उत्पाद व्यय ध्रौव्यात्मक है • राग-द्वेष से सुख-दुःख स्वयं भोगता है • तत्त्वज्ञान सारभूत है • केवल पाठ करने से लाभ नहीं • विषय-कषायों को जीतो • साम्यभाव उत्कृष्ट चारित्र है • परद्रव्य में नहीं ज्ञान में सुख है • जो एक को जानता है, वह सबको जानता है • देह व धन में राग हो तो आत्मचिन्तन करो • निजभावों से जीव का बन्ध-मोक्ष • योग व कषायों को छोड़ो • भूत भविष्य नहीं, वर्तमान में जियो • इच्छा ही आकुलता है • खेद व हर्ष को छोड़ो • आत्मा ज्ञानस्वभाव वाला है • परद्रव्य से भिन्न आत्मरुचि सम्यग्दर्शन है • निजज्ञान स्वरूप को जानना सम्यग्ज्ञान है • राग-द्वेष का त्याग सम्यक् चारित्र है • रत्नत्रय जयवंत हो • मोक्ष के लिए यह करो • आत्म भावना बिना व्रतादि निरर्थक हैं • आत्मानुभव का फल • वह सीखो जिससे कर्म क्षय हो • यह ग्रन्थ स्व-पर के कल्याण के लिए लिखा है

णियप्पज्झाणसारो (निजात्मध्यानसार) 303-320

मंगलाचरण • ध्यान की परिभाषा • ध्यान के भेद • धर्मध्यान के भेद • संस्थान विचय के भेद • पिण्डस्थ आदि की परिभाषा • पिंडस्थ ध्यान के भेद • ध्यान से आत्मा की परमात्मता • आत्मा का स्वरूप • आत्म चिंतन से लाभ • आत्मानुभवी वंदनीय है • शुद्धात्मा के स्मरण से शद्धि • हर दशा में आत्मचिंतन • आत्मध्यान से दुःखों का नाश • संसार सागर सूख जाता है • आत्मतत्त्व को भूलने वाले मूढ़ हैं • परदव्वे णिरासत्ते, • क्लेश से बंध, विशुद्धि से मोक्ष • विशुद्धि के लोभी क्या करते हैं • आत्मध्यान से परमानंद • मूढ़ सुखाभास में जीते हैं • मोही की दशा • वस्तुतः वस्तुएँ मेरी हैं नहीं • निश्चित बुद्धि वाले ही सिद्ध होते है • आत्मध्यान ही उत्तम ध्यान है • वे कल्याणार्थी हैं • वे कल्याणार्थी नहीं हैं • क्योंकि कषायी स्वहित को नही • जानते • मान किसका रहा • जीवन उसीका सार्थक है • संक्लेशयुक्त जीवन से मरना भला • यह शरीर भी नाशवान है • शरीर का संसर्ग भी बुरा • विषय कौन चाहता है ? • विषयेच्छा से नुकसान • उच्छिष्ठ हैं सभी भोग • जीव मोहवश उच्छिष्ठ को भोगता है • विषयजाल में मोही बंधते हैं • वस्तुतः आशा ही दुःखदायी है • आशा तजो, निजको भजो • मूढजन ही विषयासक्त होते हैं • संसारसुख निष्पक्ष नहीं है • सब कुछ परिवर्तन शील है • निर्ममत्व ही शरणभूत है • निर्ममत्व मोक्षार्थी के गुण • निर्ममत्व से ध्यान • ममता से गुणों का नाश होता है • वे धन्य हैं • इन्हें थोड़ा भी शेष मत छोड़ो • वे जीवित भी मरे के समान है • वह सीखना चाहिए • इसलिए इनमें जुड़ जाओ • अंत्य भावना • प्रशस्ति • गुरु-स्मरण

भावालोयणा (भावालोचना) 321-331

गुरु-स्मरण • नवदेवता-स्मरण • जिनागम-स्मरण • प्रतिज्ञा वाक्य • मैं कषायों से पीड़ित हूँ • हिंसादि पापों से भवभ्रमण • पाप किए सो फल भोगे • सुकृत नहीं किए मैंने • कुकृत्यों की आलोचना • और भी कहते हैं • सुमार्ग में चित्त नहीं लगा • भव-भव की कहानी • प्रभुदर्शन में चित्त नहीं रमा • अविशेषता में भी अभिमान • यत्न की विपरीतता • श्रेष्ठ कार्यों में भी यत्न नहीं किया • अनेक भव निरर्थक गये • फिर भव पार कैसे होगा ? • आपसे अपना चरित्र क्या कहूँ • आप ही रक्षा करो • मैं निजात्मशुद्धि चाहता हूँ • व्यवहार भावना • निश्चय भावना • लोकपूजा आदि कल्याण के साधन नहीं हैं • समता धारण करता हूँ • अंतिम भावना

वयणसारो (वचनसार) 333-351

मंगलाचरण • उत्तरोत्तर दुर्लभता • परमार्थ अति दुर्लभ है • सफलता का सूत्र • जीवन की शोभा • लोक उन्नतिकर सूत्र • शान्ति का सूत्र • धर्म का आचरण करो • ज्ञान से सब कुछ • शान्ति का क्रम • सद्गुणों से महत्त्व प्राप्त होता है • उत्तम पुरुष

ऐसा जीवन नहीं चाहते • कुशलव्यक्ति सफल होता है • वह पुरुष उत्तम है • युग नहीं भाव बदलो • ज्ञानियों का चिन्तन • चारित्र से आदर्श • निर्मोहता से शुद्धि होती है • मूल पर ध्यान दो • पहले देख लें • दृष्टि का फेर • अज्ञानी आनन्द नहीं पाता • चिन्ता नहीं चिन्तन करो • व्रतों का पालन करो • आनन्द, सुख व दु:ख • समस्या व दु:ख में अन्तर • महानता दुर्लभ है • मर्यादा आवश्यक है • श्रेष्ठतीर्थ है मन:शुद्धि • तो कार्य सफल होता है • कैसा व्यक्ति सन्मान पाता है? • सिद्धि अन्यथा नहीं होती • योग को साधो • अल्प व शुद्धभोजन हो • आश्चर्य की बात • किससे किसकी शद्धि • धर्मात्मा की प्रवृत्ति • परतन्त्र-स्वतन्त्र • आचार सर्वोपकारी है • सद्भावना श्रेष्ठ है • सुख आत्मास्थित है • वह वांछित फल नहीं पाता • पहले नैतिक बनो • सिद्धि के बिना प्रसिद्धि से क्या लाभ? • प्रवृत्तियों की वृत्ति • आत्मधर्म सुखप्रद है • धर्म आदेय है • बिन्दु से सिन्धु भर जाता है • ध्यान के लिए शान्तचित्त चाहिए • संयम सर्वथा लाभकारी है • सहिष्णुता से एकता होती है • लक्ष्यनिर्धारण के पूर्व • किससे क्या होता है? • यही धर्मप्रभावना है • शान्ति का साधन • कार्यसिद्धि के लिए • वह जगत पूज्य होता है • जैन शासन वर्धमान हो

सम्मदि-सदी (सन्मति-शदी) **353-378**

भद्दबाहु-चरियं (भद्रबाहु चरित्र) **379-400**

मंगलाचरण • भद्रबाहु का जन्म • भद्रबाहु का बचपन • भद्रबाहु की विलक्षणता • भद्रबाहु की शिक्षा • भद्रबाहु की दीक्षा • चन्द्रगुप्त की जिनदीक्षा • चन्द्रगुप्त के द्वारा 16 स्वप्न • उत्तरापथ में दुर्भिक्ष • भद्रबाहु की समाधि • संघभेद • प्रशस्ति

बारह भावणा (बारह-भावना) **401-408**

आइरिय-सुणीलसायरप्पणीदो-

थुदी-संगहो

(स्तुति-संग्रह)

(प्रस्तुत कृति में आचार्यश्री द्वारा रचित प्राकृत भाषामय विभिन्न स्तुतियों का संग्रह किया गया है। ये स्तुतियाँ नित्य पाठ योग्य हैं।)

॥ णमोत्थु वीदमोहाणं ॥

उसहजिण-त्थुदी

(ऋषभजिन स्तुति, उपजाति-छन्द)

जो णाहिरायस्स सुसेट्ठ-पुत्तो, तिणाणजुत्तो मरुदेवि-णंदो।
इक्खागु-वंसी विणिदाइजादो, वंदामि सम्मं उसहं जिणिंदं ॥1॥

अन्वयार्थ—(जो णाहिरायस्स सुसेट्ठपुत्तो) जो महाराज नाभिराय के श्रेष्ठ सुपुत्र हैं (मरुदेवि णंदो) मरुदेवी माता के नन्दन (तिणाणजुत्तो) [जन्म से ही] तीन ज्ञानयुक्त (इक्खागु वंसी) इक्ष्वाकु-वंशी (च) और (विणिदाइजादो) विनीता [अयोध्या] में जन्म लेने वाले हैं [उन] (उसहं जिणिंदं) ऋषभ जिनेन्द्र को (सम्मं) सम्यक् रूप से (वंदामि) वन्दन करता हूँ।

अर्थ—जो महाराज नाभिराय के श्रेष्ठ सुपुत्र हैं, मरुदेवी माता के नन्दन, जन्म से ही तीन ज्ञानयुक्त, इक्ष्वाकु-वंशी और विनीता अर्थात् अयोध्या में जन्म लेने वाले हैं, मैं उन प्रथम जिनेन्द्र श्री ऋषभजिन अर्थात् आदिनाथ भगवान को मन, वचन, काय की एकाग्रता पूर्वक सम्यक् रूप से वन्दन करता हूँ।

णीलुप्पलोव्व णयणाणि जस्स, आजाणुबाहू गयसुंढ-तुल्लं।
अइदिग्घ-कण्णं दिव्वं णडालं, वंदामि सम्मं उसहं जिणिंदं ॥2॥

अन्वयार्थ—(जस्स) जिनके (णयणाणिं) नयन (णीलुप्पलोव्व) नीलकमल के समान है (आजाणुबाहू) आजानुबाहु अर्थात् जंघाओं तक लटकते हुए हाथ (गयसुढतुल्लं) हाथी की सूंड़ के समान हैं, (अइदिग्घ-कण्णं) कान अत्यन्त दीर्घ हैं (णडालं) ललाट (दिव्वं) दिव्य है [उन] (उसहं जिणिंदं) ऋषभ जिनेन्द्र को [मैं] (सम्मं) सम्यक् रूप से (वंदामि) वन्दन करता हूँ।

अर्थ—जिनके नयनों की शोभा नीलकमल के समान है आजानुबाहु अर्थात् जंघाओं तक लटकते हुए हाथ हाथी की सूंड़ के समान हैं, कान अत्यन्त दीर्घ हैं तथा जिनका ललाट दिव्य है, उन प्रथम जिनेन्द्र श्री ऋषभजिन अर्थात् आदिनाथ भगवान को मैं सम्यक् रूप से वन्दन करता हूँ।

जुगादिबंभा तिय-वण्ण-कत्ता, इंदाहिसित्तो पढमो णरेसो।
हा मा धिगंति-दंड-पवत्तओ, वंदामि सम्मं उसहं जिणिंदं ॥3॥

अन्वयार्थ—[जो] (इंदाहिसित्तो) इन्द्रों द्वारा अभिषिक्त (पढमो णरेसो) प्रथम महामंडलीक सम्राट (जुगादिबंभा) युगादि ब्रह्मा (तिय-वण्ण-कत्ता) क्षत्रिय, वैश्य, शूद्र इन तीन वर्णों के कर्त्ता (च) और (हा मा धिगंति) हा, मा, धिक् इन तीन (दंड-पवत्तओ) दंडों का प्रवर्त्तन करने वाले (उसहं जिणिंदं) ऋषभ जिनेन्द्र को मैं (सम्मं) सम्यक् रूप से (वंदामि) वन्दन करता हूँ।

अर्थ—जो इन्द्रों द्वारा अभिषिक्त प्रथम महामंडलीक सम्राट युगादि ब्रह्मा, क्षत्रिय, वैश्य, शूद्र इन तीन वर्णों के कर्त्ता और हा मा धिक् इन तीन दंडों की स्थापना करने वाले हैं, उन विश्वकर्मा स्वरूप प्रथम जिनेन्द्र श्री ऋषभजिन अर्थात् आदिनाथ भगवान को मैं सम्यक् रूप से वन्दन करता हूँ। चौथे ब्राह्मण वर्ण की स्थापना ऋषभदेव के प्रथम पुत्र चक्रवर्ती सम्राट भरत ने की थी। भरत के नाम से ही इस देश का नाम भारत पड़ा है।

गब्भो य जम्मो य तवो य णाणं, कम्मं विघादूण विमोक्खपत्तं।
सोम्मं सरूवं च अप्पम्मि लीणं, वंदामि सम्मं उसहं जिणिंदं ॥4॥

अन्वयार्थ—(गब्भो य जम्मो तवो य णाणं) गर्भ जन्म तप और ज्ञान (च) तथा [इनमें जो] (कम्मं विघादूण) कर्मों को नष्ट कर [प्राप्त होने वाला] (विमोक्खं) मोक्ष है [ऐसे इन पाँच कल्याणकों] को (पत्तं) प्राप्त कर (सोम्मं सरूवं) सौम्य स्वरूप (अप्पम्मि लीणं) आत्मा में स्थित हुए (उसहं जिणिंदं) ऋषभ जिनेन्द्र को [मैं] (सम्मं) सम्यक् रूप से (वंदामि) वन्दन करता हूँ।

अर्थ—गर्भ, जन्म, तप और ज्ञान तथा इनमें जो समस्त कर्मों को नष्ट कर प्राप्त होने वाला प्रधानभूत मोक्ष है, ऐसे इन पाँच कल्याणकों को प्राप्त कर जो आत्मस्वरूप में स्थित हुए हैं, उन प्रथम जिनेन्द्र श्री ऋषभजिन अर्थात् आदिनाथ भगवान को मैं सम्यक् रूप से वन्दन करता हूँ।

छक्कम्मदायार-कुकम्मघादी, जीवाण तादा पढमेसबंभो।
चउम्मुहो विण्हू सिवो गणेसो, वंदामि सम्मं उसहं जिणिंदं ॥5॥

अन्वयार्थ—[राज्यावस्था में प्रजा को] (छक्कम्म दायारो) षट्कर्मों को देने वाले [मुनि अवस्था में] (कुकम्मघादी) कुकर्म का घात करने वाले (जीवाण तादा) जीवों के रक्षक [कैवल्य अवस्था में] (पढमेसो) प्रथमेश (बंभो) ब्रह्मा (चउम्मुहो) चतुर्मुख (सिवो) शिव (विण्हू) विष्णु (गणेसो) गणेश आदि नामों से पूजित (उसहं जिणिंदं) ऋषभ जिनेन्द्र को [मैं] (सम्मं) सम्यक् रूप से (वंदामि) वन्दन करता हूँ।

अर्थ—राज्यावस्था में प्रजा को असि, मसि, कृषि, शिल्पकला, विद्या व वाणिज्य इन षट्कर्मों को देने [सिखाने] वाले, मुनि अवस्था में घाति कर्मों का घात करने वाले तथा जीवों के रक्षक, कैवल्य अवस्था में प्रथमेश, ब्रह्मा, चतुर्मुख, शिव, विष्णु, गणेश आदि नामों से पूजित प्रथम जिनेन्द्र श्री ऋषभजिन अर्थात् आदिनाथ भगवान को मैं सम्यक् रूप से वन्दन करता हूँ।

सायाराणायार-वदादि धम्मो, जेणप्पणीदं रयणत्तयं च।
बंभा अहिंसा य लोगस्सपुज्जं, वंदामि सम्मं उसहं जिणिंदं ॥6॥

अन्वयार्थ—(जेण) जिनके द्वारा (सायार) सागार (अणायार) अनागार (वदादि धम्मं) व्रतादि धर्मों का (रयणत्तयं) रत्नत्रय अर्थात् सम्यग्दर्शन ज्ञान चारित्र का (य) तथा (अहिंसा) अहिंसा ही (लोगस्स पुज्जं) लोक पूज्य (बंभा) ब्रह्मा है [ऐसे] (पणीदं) प्रतिपादन किया गया (तं) उन (उसहं जिणिंदं) ऋषभ जिनेन्द्र को (हं) मैं (वंदामि) वन्दन करता हूँ।

अर्थ—जिनके द्वारा सागार अर्थात् गृहस्थ व अनागार अर्थात् मुनिपद के योग्य व्रतादि धर्मों का, रत्नत्रय अर्थात् सम्यग्दर्शन, सम्यग्ज्ञान, सम्यक्चारित्र का तथा अहिंसा ही श्रेष्ठ पवित्र धर्म है, ब्रह्मा है, ऐसा प्रतिपादन किया गया, उन प्रथम जिनेन्द्र श्री ऋषभजिन अर्थात् आदिनाथ भगवान को मैं सम्यक् रूप से वन्दन करता हूँ।

दोसादु मुत्तं च कल्लाणजुत्तं, सण्णाण-पुण्णं च अण्णाण-रित्तं।
केलास-सेलादु मोक्खं तु पत्तं, वंदामि सम्मं च आदिस्सरं तं ॥7॥

अन्वयार्थ—(दोसादु मुत्तं) सम्पूर्ण दोषों से मुक्त (कल्लाणजुत्तं) कल्याण युक्त (सण्णाण-पुण्णं) सम्यग्ज्ञान से परिपूर्ण (अण्णाण-रित्तं) अज्ञान से रहित (च) और (केलास-सेलादो) कैलाश पर्वत से (मोक्खं तु पत्तं) मुक्ति को प्राप्त (च आदिस्सरं तं) आदीश्वर जिनेन्द्र को [मैं] (सम्मं) सम्यक् रूप से (वंदामि) वन्दन करता हूँ।

अर्थ—जन्म, जरा, राग-द्वेषादि सम्पूर्ण दोषों से मुक्त, कल्याण युक्त, सम्यग्ज्ञान से परिपूर्ण, अज्ञान आदि विभावों से रहित और कैलाश पर्वत से मुक्ति को प्राप्त प्रथम जिनेन्द्र श्री आदिनाथ भगवान को मैं सम्यक् रूप से वन्दन करता हूँ। (यह दोधक छन्द है)

रोगा समंती पसमंति बाही, सोगा य णस्संति खीणंति आही।
घोरोवसग्गं च हरेदि थोत्तं, वंदामि तं हं उसहं जिणिंदं ॥8॥

अन्वयार्थ—[जिनके दर्शन] से (रोगा समंति) रोग शमन हो जाते हैं (बाही) शारीरिक बीमारियाँ (पसमंति) प्रशमित हो जाती हैं (सोगा) शोक (णस्संति) नष्ट

हो जाते हैं (आही) मानसिक बीमारियाँ (खीणंति) क्षीण हो जाती हैं (य) और [जिनका] (थोत्तं) स्तोत्र (घोरोवसग्गं) घोर उपसर्गों को (हरेदि) हरता है (तं) उन (उसहं जिणिंदं) ऋषभ जिनेन्द्र को (हं) मैं (सम्मं) सम्यक् रूप से (वंदामि) वन्दन करता हूँ।

अर्थ—जिनके दर्शन मात्र से रोग शमन हो जाते हैं, शारीरिक बीमारियाँ प्रशमित हो जाती हैं, शोक नष्ट हो जाते हैं, मानसिक बीमारियाँ क्षीण हो जाती हैं और जिनका स्तोत्र घोर उपसर्गों को हरता है, उन प्रथम जिनेन्द्र श्री आदिनाथ भगवान को मैं सम्यक् रूप से वन्दन करता हूँ।

सम्म-भावेण भावेदि, उसहजिण—सं-त्थुदिं।
जो पढेदि सुणेदि सो, सग्ग-मोक्खं च पावदे॥9॥

अन्वयार्थ—(उसहजिण-सं-त्थुदिं) ऋषभजिन संस्तुति को (जो) जो (सम्म-भावेण भावेदि) सच्ची भावना से भाता है (पढेदि) पढ़ता है अथवा (सुणेदि) सुनता है वह (सग्ग-मोक्खं) सभी मोक्ष को (पावदे) पाते हैं।

अर्थ—प्रथम तीर्थंकर ऋषभजिन भगवान की इस श्रेष्ठ स्तुति को जो सम्यक् भावना से भाता है, पढ़ता है अथवा सुनता है, वह सभी प्रकार के सुखों को प्राप्त कर मोक्ष को पाता है।

गोम्मटेस-अट्ठगं

(गोम्मटेश अष्टक, मालिनी-छन्द)

उसहजिण-सुपुत्तं सुणंदाणेत्तरम्मं, णिव-भरह-कणिट्ठं अदि-उत्तुंगदेहं।
पउदणपुर-सामिं साहिमाणिं गिरिव्वं, भुवण-मउडरूवं गोम्मटेसं णमामि॥1॥

अन्वयार्थ—(उसहजिण-सुपुत्तं) ऋषभनाथजिन के सुपुत्र (सुणंदाणेत्त रम्मं) सुनन्दा के नेत्ररम्य (णिव-भरहकणिट्ठं) राजा भरत के छोटे भाई (अदि-उत्तुंगद देहं) अति उच्च देह वाले (पउदणपुर सामिं) पोदनपुर के स्वामी (साहिमाणिं गिरिव्वं) पर्वत के समान स्वाभिमानी (भुवण-मउडरूवं) भुवन के मुकुट स्वरूप (गोम्मटेसं णमामि) गोम्मटेश को मैं नमन करता हूँ।

अर्थ—ऋषभदेव के सुपुत्र, माता सुनंदा की आँखों के रम्य, नृपश्रेष्ठ भरत चक्रवर्ती के छोटे भाई, अति-उत्तुंग देहधारी, पोदनपुर के स्वामी, पर्वत के समान स्वाभिमानी तथा तीन लोक के मुकुट स्वरूप गोम्मटेश्वर बाहुबली जिनेन्द्र को मैं नमन करता हूँ।

लसदि णयणसोहा तिट्ठिदा णासिकग्गे, लसदि य ओट्ठपंती हासजुत्ता सुरम्मा।
लसदि चिउग सेट्ठो कंबुकंठो य कंधो, भुवण-मउडरूवं गोम्मटेसं णमामि॥2॥

अन्वयार्थ—[जिनकी] (णासिकग्गे) नासिकाग्र पर (तिट्ठिदा) स्थित (णयणसोहा) नयन शोभा (लसदि) सुशोभित है (हासजुत्ता सुरम्मा) हास्ययुक्त सुरम्य (ओट्ठपंती) ओष्ठपंक्ति (लसदि) सुशोभित है (चिउग सेट्ठो) श्रेष्ठ चिबुक (य) और (कंबुकंठो य कंधो) शंख के समान कंठ तथा कंधा (लसदि) सुशोभित है [उन] (भुवण-मउड-रूवं) भुवन के मुकुट स्वरूप (गोम्मटेसं णमामि) गोम्मटेश को नमन करता हूँ।

अर्थ—जिनकी नासिका के अग्र भाग में स्थित नयनों की शोभा सुशोभित है, जिनकी ओष्ठ-पंक्ति (रेखा) हास्यभावयुक्त सुरम्य और लसित है, जिनका चिबुक (ठोड़ी), शंख के समान कंठ तथा कंधा (स्कन्ध) अत्यन्त शोभायमान हैं, उन भुवन के मुकुट स्वरूप गोम्मटेश्वर बाहुबली जिनेन्द्र को मैं नमन करता हूँ।

तणु-विहव-अतुल्लं भासुरं सोम-मुद्दा, विलसदि दुवि बाहू हत्थीसुंढव्व दिग्घं।
पिठि-पडलसमीवे इंदवज्जं वि हीणं, भुवण-मउडरूवं गोम्मटेसं णमामि ॥3॥

अन्वयार्थ—(तणु-विहव-अतुल्लं) [जिनके] शरीर का अतुल्य वैभव (भासुरं सोम मुद्दा) भास्वर सौम्य मुद्रा (विलसदि दुवि बाहू हत्थीसुंढव्व दिग्घं) हाथी की सूंड़ के समान दोनों हाथ सुशोभित हैं [तथा जिनके] (पिठि पडल समीवे) पृष्ठपटल के समीप (इंदवज्जं वि हीणं) इन्द्रवज्र भी हीन है (भुवण मउडरूवं) [उन] भुवन के मुकुट स्वरूप (गोम्मटेसं णमामि) गोम्मटेश को नमन करता हूँ।

अर्थ—जिनके शरीर का वैभव अतुल्य है, जिनकी मुखमुद्रा उगते हुए सूर्य के समान सौम्य है, जिनके लटकते हुए दोनों बाहु हाथी की सूड़ के समान लम्बे हैं, जिनके पृष्ठ-पटल के सामने इन्द्र का वज्र भी हीन है, उन भुवनतल के मुकुट स्वरूप गोम्मटेश्वर बाहुबली जिनेन्द्र को मैं नमन करता हूँ।

अगणिदससिलेहा कंतिहीणा भवंति, सुहचरणणहाणं चंदगाणं समीवे।
तह य सयलमुद्दा देदि मोक्खस्स दिट्ठिं, भुवण-मउडरूवं गोम्मटेसं णमामि ॥4॥

अन्वयार्थ—जिनके (सुह चरणणहाणं चंदगाणं समीवे) शुभ चरणनखरूपी चन्द्रकों के समीप (अगणिद ससिलेहा कंतिहीणा भवंति) अगणित चन्द्र किरणें कांति हीन हो जाती हैं (तह य) और (सयल मुद्दा देदि मोक्खस्स दिट्ठी) जिनकी सकलमुद्रा मोक्ष की दृष्टि प्रदान करती है [उन] (भुवणमउडरूवं गोम्मटेसं णमामि) भुवन के मुकुट स्वरूप गोम्मटेश को मैं नमन करता हूँ।

अर्थ—जिनके शुभ चरणों की अंगुलियों में शोभित नखों के पास अगणित चन्द्र किरणें कांतिहीन हो जाती हैं तथा जिनकी सम्पूर्ण मुद्रा मोक्षमार्ग की दृष्टि प्रदान करती है, उन भुवन तल के मुकुट स्वरूप गोम्मटेश्वर बाहुबली जिनेन्द्र को मैं नमन करता हूँ।

दमयदि मयणस्स पंचवाणं समूलं, वितरदि भविजीवं सेट्ठ-सम्मं सुहं च।
दलदि कलुसपुंजं रक्खदे सज्जणाणं, भुवण-मउडरूवं गोम्मटेसं णमामि ॥5॥

अन्वयार्थ—(मयणस्स पंचवाणं) मदन के पंच बाणों को (समूलं) जड़ से (दमयदि) दमित करने वाले (भविजीवं) भव्यजीवों को (सेट्ठ सम्मं सुहं च) श्रेष्ठ और सच्चा सुख (वितरदि) बाँटने वाले (कलुसपुंजं) कालुष्य पुंज को (दलदि) नष्ट करने वाले (सज्जणाणं) सज्जनों की (रक्खदे) रक्षा करते हैं (भुवण-मउडरूवं) भुवन के मुकुट स्वरूप (गोम्मटेसं णमामि) गोम्मटेश को नमन करता हूँ।

अर्थ—जो सेना सहित मदन (कामदेव) को जड़ से दमन करते हैं, भव्य जीवों को श्रेष्ठ व सम्यक् सुख देते हैं, कलुषित कर्मपुंज को नष्ट करते हैं तथा सज्जनों की रक्षा करते हैं, उन भुवन तल के मुकुट स्वरूप गोम्मटेश्वर बाहुबली जिनेन्द्र को मैं नमन करता हूँ।

ण य मद-मल-रेहा णो कसायादि दोसा, ण य मरण-जरा णो जम्मं च णत्थि जस्स।
विसद-विमल-बोहो सम्मदिट्ठीजुदो जो, भुवण-मउडरूवं गोम्मटेसं णमामि ॥6 ॥

अन्वयार्थ—[जिनके] (ण य मद-मल-रेहा) मद-मल की रेखा नहीं है (णो कसायादि दोसा) न कषाय आदि दोष हैं (ण य मरण-जरा णो) न मरण व बुढ़ापा है (जम्मं च जस्स णत्थि) और जन्म भी जिसके नहीं है [किन्तु] (विसद-विमल-बोहो सम्मदिट्ठी जुदो जो) जो विशद विमल बोध युक्त सम्यग्दृष्टि वाले हैं [उन] (भुवण मउडरूवं) भुवन के मुकुट स्वरूप (गोम्मटेसं णमामि) गोम्मटेश को नमन करता हूँ।

अर्थ—जिनके मद रूपी मल की रेखा नहीं है, कषाय आदि दोष नहीं हैं; जन्म, मरण व बुढ़ापा जिनके नहीं हैं, जो स्पष्ट व निर्मल बोध युक्त सम्यग्दृष्टि वाले हैं, उन भुवन तल के मुकुट स्वरूप गोम्मटेश्वर बाहुबली भगवान को मैं नमन करता हूँ।

सुर-णर-णयणेहिं पूजिदा जस्स मुत्ती, णिहिल-मुणिवरेहिं अच्चिदा जस्स कित्ती।
विमल-करुण-भावं रक्खदे जीवलोगं, भुवण-मउडरूवं गोम्मटेसं णमामि ॥7 ॥

अन्वयार्थ—(जस्स मुत्ती) जिनकी मूर्ति (सुरणर-णयणेहिं) सुर-नरों के नयनों से (पूजिदा) पूजित है (जस्स कित्ती) जिनकी कीर्ति (णिहिल मुणिवरेहिं) समस्त मुनिवरों से (अच्चिदा) अर्चित है (विमल करुण भावो) विमल करुण भावों से जो (जीवलोगं रक्खदे) जीवलोक की रक्षा करते हैं [उन] (भुवणमउडरूवं गोम्मटेसं णमामि) भुवन के मुकुट स्वरूप गोम्मटेश को मैं नमन करता हूँ।

अर्थ—जिनकी मूर्ति देव व मनुष्यों के नयनों से पूजित है, जिनकी कीर्ति सम्पूर्ण मुनिवरों के द्वारा अर्चित है, निर्मल करुणाभाव से जो जीवलोक की रक्षा करते हैं, उन भुवन तल के मुकुट स्वरूप गोम्मटेश्वर बाहुबली भगवान को मैं नमन करता हूँ।

पयड-विमल-रम्मं जहाजादं सरूवं, किद-बरिसुववासं अप्पलीणं सहावं।
रहिदसयलसंगं, वीदरागं णिसल्लं, भुवण-मउडरूवं गोमटेसं णमामि ॥8 ॥

अन्वयार्थ—[जिनका] (पयड-विमल-रम्मं) प्रकट विमल रमणीय (जहाजादं सरूवं) यथाजात रूप है (किद बारिसुववासं) जिन्होंने एक वर्ष के उपवास किए (अप्पलीणं सहावं) आत्मलीन स्वभाव वाले (रहिद सयलसंगं) सकलसंग से रहित (वीतरागं णिसल्लं) वीतराग निःशल्य (भुवणमउडरूवं गोम्मटेसं णमामि) भुवन के मुकुट स्वरूप गोम्मटेश को मैं नमन करता हूँ।

अर्थ—जिनका प्रकट, विमल, रमणीय यथाजात रूप है, जिन्होंने एक वर्ष के उपवास किए व जो आत्मलीन स्वभाव वाले हैं, सम्पूर्ण परिग्रह से रहित वीतरागी निःशल्य हैं, उन भुवन के मुकुट स्वरूप गोम्मटेश्वर बाहुबली जिनेन्द्र को मैं नमन करता हूँ।

चंदजिणेस-त्थुदी

(चन्द्रजिनेश स्तुति, वेणु-वर्णी छन्द)

भविग-कामिग-दाणसुर-द्दुमो।
पदणहावलि-णिज्जिद-विद्दुमो॥
सुजससा-परिपुण्णदिसंतरो।
जयदु चंद-जिणेस-महेसरो॥1॥

अन्वयार्थ—(भविग-कामिग-दाणसुर-द्दुमो) भव्य जीवों की इच्छा पूरी करने वाले कल्पवृक्ष के समान, (पदणहावलि-णिज्जिद-विद्दुमो) पाँव के नख की प्रभा से जीत लिया है बिजली को, (सुजससा-परिपुण्णदिसंतरो) जिनके यश से दिशाएँ पूर्ण भर रहीं हैं, वे (महेसरो चंद जिणेस) महेश्वर चन्द्रजिनेश (जयदु) जयवंत हों।

अर्थ—भव्य जीवों की इच्छा पूरी करने वाले कल्पवृक्ष के समान, पाँव के नख की प्रभा से जीत लिया है बिजली को, जिनके यश से दिशाएँ पूर्ण भर रहीं हैं, वे महेश्वर चन्द्र जिनेश जयवंत हों।

ण हि कदावि परेहि पराजिदो।
अवगदाधिग-लोग-परंपरा॥
विणयणम्म-सुरासुर-पूजिदो।
जयदु चंद-जिणेस-महेसरो॥2॥

अन्वयार्थ—(ण हि कदावि परेहि पराजिदो) जो कभी किसी से पराजित नहीं हुए, (अवगदाधिग-लोग-परम्परा) जो अच्छी तरह से लोक परम्परा को जानते हैं तथा (विणयणम्म-सुरासुर-पूजिदो) विनय से विनम्र सुरसुरों से पूजित हैं वे (चंद जिणेस-महेसरो) चन्द्रजिनेश महेश्वर (जयदु) जयवंत हों।

अर्थ—जो कभी किसी से पराजित नहीं हुए, जो अच्छी तरह से लोक परंपरा को जानते हैं तथा विनय से विनम्र सुरासुरों से पूजित हैं वे चन्द्रजिनेश जयवंत हों।

सयल-रज्जरमा-परिचागिदो।
वदरमा-सिदवंत-पहावयो॥
सयल-साधु-जणेहि य पूजिदो।
जयदु चंद-जिणेस-महेसरो॥3॥

अन्वयार्थ—(सयल-रज्जरमा-परिचागिदो) सकल राज्यलक्ष्मी का त्याग करके, (वदरमा-सिदवंत-पहावयो) व्रतरूपी लक्ष्मी का आश्रय लेकर प्रभावक, (सयल-साधु-जणेहि य पूजिदो) सकल साधुजनों से पूजित (चंद जिणेस-महेसरो) चन्द्रजिनेश महेश्वर (जयदु) जयवंत हों।

अर्थ—सकल राज्यलक्ष्मी का त्याग करके, व्रतरूपी लक्ष्मी का आश्रय लेकर प्रभावक सकल साधुजनों से पूजित चन्द्रजिनेश जयवंत हों।

दुरिद-दाव घणाघणतुल्लयं।
गरुडतुल्ल-महाविस-हारयं॥
धवलगत्त-सुधांसुव-उज्जलं।
जयदु चंद जिणेस महेसरो॥4॥

अन्वयार्थ—(दुरिद-दाव घणाघणतुल्लय) पापरूपी आग के लिए सघन मेघ के समान, (गरुडतुल्ल-महाविस-हारयं) मोहरूपी महाविष का हरण करने के लिए गरुड़ के समान, (धवलगत्त-सुधांसुव-उज्जलं) जिनका धवलदेह चन्द्रमा के समान उज्ज्वल है वे (चंद जिणेस-महेसरो) चन्द्रजिनेश महेश्वर (जयदु) जयवंत हों।

अर्थ—पापरूपी आग के लिए सघन मेघ के समान, मोहरूपी महाविष का हरण करने के लिए गरुड़ के समान, जिनका धवलदेह चन्द्रमा के समान उज्ज्वल है वे चन्द्र जिनेश जयवंत हों।

सुचि-वचोरस-सुप्पडिबोहिदा।
सयल-भव्व-समूह-समाहिदा॥
विदलिदाखिल-कम्मकलेवरो।
जयदु चंद जिणेस-महेसरो॥5॥

अन्वयार्थ—(सुचि-वचोरस-सुप्पडिबोहिदा) जिनके वचनरूपी रस से अच्छी तरह प्रतिबोधित होकर, (सयल-भव्व-समूह-समाहिदा) सकल भव्य जीवों का समूह समाधान को प्राप्त हुआ, (विदलिदाखिल-कम्मकलेवरो) जिनने कर्मरूपी कलेवर को धो डाला है, (चंद जिणेस-महेसरो) ऐसे चन्द्रजिनेश महेश्वर (जयदु) जयवंत हों।

अर्थ—जिनके वचनरूपी रस से अच्छी तरह प्रतिबोधित होकर, सकल भव्य जीवों का समूह समाधान को प्राप्त हुआ। जिनने कर्मरूपी कलेवर को धो डाला है, ऐसे चन्द्रजिनेश महेश्वर जयवंत हों।

वासुपुज्ज-त्थुदी

(वासुपूज्य स्तुति, उपजाति छन्द)

जयावदी वा वसुपुज्ज-पुत्तं।
चंपापुरीए य सुजम्म-जादो॥
तत्थेव पंचण्ह-कल्लाण-पत्तं।
तं वासुपुज्जं पणमामि पुज्जं॥1॥

अन्वयार्थ—(जयावदी वा वसुपुज्ज-पुत्तं) जयवती तथा वसुपूज्य राजा के पुत्र, (चंपापुरीए य सुजम्म जादो) जिनका चंपापुरी में श्रेष्ठ जन्म हुआ, (तत्थेव पंचण्ह-कल्लाण-पत्तं) वहीं से पाँचों कल्याण को प्राप्त, (तं वासुपुज्जं पणमामि पुज्जं) उन पूज्य वासुपूज्य भगवान को मैं प्रणाम करता हूँ।

अर्थ—जयवती तथा वसुपूज्य राजा के पुत्र, जिनका चंपापुरी में श्रेष्ठ जन्म हुआ, वहीं से पाँचों कल्याण को प्राप्त उन पूज्य वासुपूज्य को मैं प्रणाम करता हूँ।

पोम्मपहं लच्छी णिवास ठाणं।
पंचक्ख-जेदं महिसंक जुत्तं॥
णिरंबरं सोम-मदीद-मोहं।
तं वासुपुज्जं पणमामि पुज्जं॥2॥

अन्वयार्थ—(पोम्मपहं लच्छी णिवास ठाणं) पद्म के समान प्रभावाले, लक्ष्मी के निवास स्थान, (पंचक्ख-जेदं महिसंक जुत्तं) पंचेन्द्रियों को जीतनेवाले, भैंसा चिह्न से युक्त, (णिरंबरं सोम-मदीद मोहं) निरंबर सौम्य मोहरहित (तं) उन (पुज्जं) पूज्य (वासुपुज्जं पणमामि) वासुपूज्य भगवान को मैं प्रणाम करता हूँ।

अर्थ—पद्म के समान प्रभावाले, लक्ष्मी के निवास स्थान, पंचेन्द्रियों को जीतनेवाले भैंसा चिह्न से युक्त, निरंबर सौम्य मोहरहित उन पूज्य वासुपूज्य भगवान को मैं प्रणाम करता हूँ।

जिदांतगं बम्महमाण-घादं।
भव्वांबुजाणीग-विवोहगं च॥
देविंद-पुज्जं भुवणत्तयेसं।
तं वासुपुज्जं पणमामि पुज्जं॥3॥

अन्वयार्थ—(जिदांतगं) मृत्यु को जीतने वाले, (बम्महमाण-घादं) काम के मान का घात करने वाले, (भव्वांबुजाणीग-विवोहगं च) भव्यरूपी कमल समूह को प्रबोधन करने वाले, (देविंदपुज्जं) देवेन्द्र पूज्य (च) और (भुवणत्तयेसं) तीन भुवन-लोक के स्वामी (तं) उन (पुज्जं) पूज्य (वासुपुज्जं पणमामि) वासुपूज्य भगवान को मैं प्रणाम करता हूँ।

अर्थ—मृत्यु को जीतने वाले, काम के मान का घात करने वाले, भव्यरूपी कमल समूह को प्रबोधन करने वाले, देवेन्द्र पूज्य और तीनभुवन के स्वामी उन पूज्य वासुपूज्य भगवान को मैं प्रणाम करता हूँ।

कुमग्गणिण्णासणं च समत्थं।
पुरत्तयं धंसकरं वरेण्णं॥
णेगंत-विज्जा-पगासगं च।
तं वासुपुज्जं पणमामि पुज्जं॥4॥

अन्वयार्थ—(कुमग्गणिण्णासणं च समत्थं) कुमार्ग को नष्ट करने में समर्थ, (पुरत्तयं) जन्म, जरा, मृत्युरूपी तीन नगरों को (धंसकरं वरेण्णं) ध्वंस करने वाले पूज्यातिपूज्य, (णेगंत-विज्जा पगासगं च) अनेकांत विद्या का प्रकाशन करने वाले (तं) उन (पुज्जं) पूज्य (वासुपुज्जं पणमामि) वासुपूज्य भगवान को (प्रणमामि) प्रणाम करता हूँ।

अर्थ—कुमार्ग को नष्ट करने में समर्थ; जन्म, जरा, मृत्युरूपी तीन नगरों को ध्वंस करने वाले पूज्यातिपूज्य, अनेकांत विद्या का प्रकाशन करने वाले उन पूज्य वासुपूज्य भगवान को मैं प्रणाम करता हूँ।

णिराकिदासेस-विवक्खवग्गं।
पयासिदा सेट्ठ-सुधम्ममग्गं॥
णिरंजणं संत-मणेगमेगं।
तं वासुपुज्जं पणमामि पुज्जं॥5॥

अन्वयार्थ—(णिराकिदासेस-विवक्खवग्गं) संपूर्ण विपक्ष वर्ग का निराकरण करके, (पयासिदा सेट्ठ-सुधम्ममग्गं) श्रेष्ठ सुधर्म मार्ग के प्रकाशक (णिरंजणं संत-मणेगमेगं) निरंजन, शांत, अनेक व एकरूप (णेगंत-विज्जा पगासगं च) अनेकांत विद्या का प्रकाशन करने वाले (तं वासुपुज्जं पणमामि पुज्जं) उन पूज्य वासुपूज्य भगवान को मैं प्रणाम करता हूँ।

अर्थ—सम्पूर्ण विपक्ष का निराकरण करके श्रेष्ठ सुधर्म मार्ग के प्रकाशक, निरंजन, शांत, अनेक व एकरूप श्री वासुपूज्य भगवान को मैं प्रणाम करता हूँ।

मल्लिणाह-त्थुदी

(मल्लिनाथ स्तुति, मालिनी छन्द)

पहदमदणचावं केवलण्णाण-रूवं।
कणयणियर-देहं सोम्मभावाणुगेहं॥
सुचरिद-गुण-पूरं पंचसंसार-दूरं।
विगद-रयकलावं मल्लिणाहं णमामि॥1॥

अन्वयार्थ—(पहदमदणचावं) जिनने कामदेव के धनुष को नष्ट किया, (केवलण्णाण-रूवं) जो केवलज्ञान रूप हैं, (कणयणियर-देहं) स्वर्ण के समान जिनका देह है, (सोम्मभावाणुगेहं) सौम्यभाव के गृह स्वरूप, (सुचरिद-गुण-पूरं) सुचरितगुणों से पूर्ण (पंचसंसार-दूरं) पाँच प्रकार के संसार से दूर, (विगद-रयकलावं) कर्ममल समूह से रहित (मल्लिणाहं णमामि) मल्लिनाथ भगवान को मैं नमन करता हूँ।

अर्थ—जिनने कामदेव के धनुष को नष्ट किया, जो केवलज्ञान रूप हैं, स्वर्ण के समान जिनका देह है, सौम्यभाव के गृह स्वरूप, सुचरितगुणों से पूर्ण, पाँच प्रकार के संसार से दूर, कर्ममल समूह से रहित, मल्लिनाथ भगवान को मैं नमन करता हूँ।

सयल-सुयणसामिं णट्ठणीसेसतावं,
भवभमण-कुढारं सव्वदुक्खावहारिं।
अतुलित-बलजुत्तं कम्मसत्तुप्पमुत्तं,
विगद-रयकलावं मल्लिणाहं णमामिं॥2॥

अन्वयार्थ—(सयल-सुयणसामिं) सकल सुजनों के स्वामी, (णट्ठणीसेसतावं) सर्व संतापों को नष्ट कर देनेवाले, (भवभमण-कुढारं) भवभ्रमण के लिए कुठार, (सव्वदुक्खावहारिं) सर्व दुखों को हरने वाले, (अतुलित बलजुत्तं) अतुल्य बल से युक्त, (कम्मसत्तुप्पमुत्तं) कर्म शत्रु से प्रमुक्त (विगद-रयकलावं) कर्ममल समूह से रहित (मल्लिणाहं णमामि) मल्लिनाथ भगवान को मैं नमन करता हूँ।

अर्थ—सकल सुजनों के स्वामी, सर्व संतापों को नष्ट कर देनेवाले, भवभ्रमण के लिए कुठार, सर्व दुखों को हरने वाले, अतुल्य बल से युक्त, कर्म शत्रु से प्रमुक्त कर्ममल समूह से रहित, मल्लिनाथ भगवान को मैं नमन करता हूँ।

असरिस-महिमाणं पुज्जमाणं पमाणं,
धिद-सुमण-समीसं सुद्धबोधप्पयासं।
गदमदकरमोहं दिव्व-णिग्घोसजुत्तं,
विगद-रयकलावं मल्लिणाहं णमामि ॥3॥

अन्वयार्थ—(असरिस-महिमाणं) असदृश महिमावाले, (पुज्जमाणं पमाणं) पूज्यमान गणधरादि के लिए भी प्रमाणभूत (धिद-सुमण-समीसं) अच्छे मन को धरने वालों के स्वामी, (सुद्धबोधप्पयासं) शुद्धज्ञान के प्रकाशरूप, (गदमदकरमोहं) मदकारक मोह से रहित (दिव्व-णिग्घोसजुत्तं) दिव्यध्वनि युक्त, (विगद-रयकलावं) कर्ममल समूह से रहित (मल्लिणाहं णमामि) मल्लिनाथ भगवान को मैं नमन करता हूँ।

अर्थ—असदृश महिमावाले, पूज्यमान गणधरादि के लिए भी प्रमाणभूत, अच्छे मन को धरने वालों के स्वामी, शुद्धज्ञान के प्रकाशरूप मदकारक मोह से रहित दिव्यध्वनि युक्त, कर्ममल समूह से रहित, मल्लिनाथ भगवान को मैं नमन करता हूँ।

जइणवसहसामिं जोइणं झाणगम्मं,
जणणमरणहीणं सव्वदोसप्पहीणं।
खग-णर-सुरसेव्वं पंचकल्लाणजुत्तं,
विगद-रयकलावं मल्लिणाहं णमामि ॥4॥

अन्वयार्थ—(जइणवसहसामिं) जैनधर्म के स्वामी, (जोइणं झाणगम्मं) योगीजनों के ध्यानगम्य (जणणमरण-हीणं) जन्म-मरण से रहित (सव्वदोसप्पहीणं) सभी अठारह दोषों से रहित (खग-णर-सुरसेव्वं) विद्याधर, मनुष्य, देवों द्वारा सेव्य, (पंचकल्लाणजुत्तं) गर्भादि पंचकल्याणकों से युक्त (विगद-रयकलावं) कर्ममल समूह से रहित (मल्लिणाहं णमामि) मल्लिनाथ भगवान को मैं नमन करता हूँ।

अर्थ—जैनधर्म के स्वामी, योगीजनों के ध्यानगम्य, जन्म-मरण से रहित, सभी अठारह दोषों से रहित, विद्याधर, मनुष्य, देवों द्वारा सेव्य, गर्भादि पंचकल्याणकों से युक्त, कर्ममल समूह से रहित, मल्लिनाथ भगवान को मैं नमन करता हूँ।

समदि-गलिद-मोहं बालबंभोसरूवं,
चउसठ-चमरेहिं पाडिहेरट्ठजुत्तं।
अणुवम-सुहणाणं मोहमल्लप्पमल्लं।
विगद-रयकलावं मल्लिणाहं णमामि ॥5॥

अन्वयार्थ—(समदि-गलिद-मोहं) स्वमति से मोह को नष्ट करने वाले (बालबंभोसरूवं) बालब्रह्म स्वरूप (चउसठ-चमरेहिं) चौंसठ चँवर (पाडिहेरट्ठजुत्तं)

आठ प्रातिहार्यों से युक्त (अणुवम सुहणाणं) अनुपम सुख व ज्ञानवाले, (मोहमल्ल-प्पमल्लं) मोहमल्ल के लिए भारी मल्ल के समान (विगद-रयकलावं) कर्ममल समूह से रहित (मल्लिणाहं णमामि) मल्लिनाथ भगवान को मैं नमन करता हूँ।

अर्थ—स्वमति से मोह को नष्ट करने वाले बालब्रह्म स्वरूप, चौंसठ चँवर, आठ प्रातिहार्यों से युक्त, अनुपम सुख व ज्ञानवाले, मोहमल्ल के लिए भारी मल्ल के समान, कर्ममल समूह से रहित, मल्लिनाथ भगवान को मैं नमन करता हूँ।

णेमिणाह-त्थुदी

(नेमिनाथ स्तुति, वसंततिलका छन्द)

मादा सिवा य जणगो हु समुद्दराया,
सोरीपुरम्मि सुरपूजिद-जम्मजादो॥
धण्णा धरा य जदुवंस य सूरसेणं,
वंदामि मुत्तिपह-णायग-णेमिणाहं ॥1॥

अन्वयार्थ—(मादा सिवा य जणगो हु समुद्दराया) जिनकी माता शिवादेवी व पिता राजा समुद्रविजय हैं, (सोरीपुरम्मि सुरपूजिद-जम्मजादो) शौरीपुर में जिनका सुरपूजित जन्म हुआ है। (धण्णा धरा य जदुवंस य सूरसेणं) जिनके जन्म से धरती यदुवंश व शूरसेन देश धन्य हो गया, (वंदामि मुत्तिपह-णायग-णेमिणाहं) उन मुक्तिपथ के नायक नेमिनाथ भगवान को मैं वंदन करता हूँ।

अर्थ—जिनकी माता शिवादेवी व पिता राजा समुद्रविजय हैं, शौरीपुर में जिनका सुरपूजित जन्म हुआ है। जिनके जन्म से धरती, यदुवंश व शूरसेन देश धन्य हो गया, उन मुक्तिपथ के नायक नेमिनाथ भगवान को मैं वंदन करता हूँ।

राजीमदी सयल-बंधव-संपदं च।
चत्ता गदो विरदि भूसिद! उज्जयंते॥
कंदप्पभूमिरुह-भंजण-मत्तणागं।
वंदामि मुत्तिपह-णायग-णेमिणाहं ॥2॥

अन्वयार्थ—(विरदि भूसिद!) विरक्ति से भूषित प्रभु (राजीमदी सयल-बंधव-संपदं च) राजीमती, सकल बांधव व संपदा को छोड़कर (उज्जयंते) ऊर्जयन्त पर (गदो) चले गए, (उन) (कंदप्पभूमिरुह-भंजण-मत्तणागं) कंदर्परूपी वृक्ष का भंजन करने में मत्त हाथी के समान (मुत्तिपह-णायग-णेमिणाहं) मुक्तिपथ के नायक नेमिनाथ भगवान को (वंदामि) मैं वंदन करता हूँ।

अर्थ—विरक्ति से भूषित प्रभु राजीमती, सकल बांधव व संपदा को छोड़कर ऊर्जयन्त पर चले गए। उन कंदर्परूपी वृक्ष का भंजन करने में मत्त हाथी के समान मुक्तिपथ के नायक नेमिनाथ भगवान को मैं वंदन करता हूँ।

दिक्खं गहीय हु बलेण कुमारकाले।
झाणालणे दलिद-कम्म-कलंक-कक्खं॥
णाणेण भूसिद-किदो तह सव्व-लोगं।
वंदामि मुत्तिपह-णायग-णेमिणाहं॥1॥

अन्वयार्थ—(बलेण कुमारकाले) बलपूर्वक कुमार काल में (दिक्खं गहीय) दीक्षा लेकर (झाणालणे) ध्यानरूपी अग्नि में (दलिद-कम्म-कलंक-कक्खं) कर्मरूपी कलंक समूह को नष्ट किया (तह) तथा (णाणेण) ज्ञान से (सव्व-लोगं) सर्व लोक को (भूसिद) भूषित अर्थात् प्रकाशित किया, (उन) (मुत्तिपह-णायग-णेमिणाहं) मुक्तिपथ के नायक नेमिनाथ भगवान को (वंदामि) मैं वंदन करता हूँ।

अर्थ—जिनने कुमार अवस्था में ही बलपूर्वक दीक्षा लेकर ध्यानरूपी अग्नि में कर्मरूपी कलंक समूह को नष्ट किया तथा ज्ञानरूपी किरणों से सर्वलोक को भूषित अर्थात् प्रकाशित किया, उन मुक्ति उन मुक्तिपथ के नायक नेमिनाथ भगवान को मैं वंदन करता हूँ।

संसार-णीरणिहि-तारण-जाणपत्तं।
णाणादि-णेगगुणपत्त-मणुण्णगत्तं॥
चक्केस-पूजिद-बली-बलभद्द-पुज्जो।
वंदामि मुत्तिपह-णायग-णेमिणाहं॥3॥

अन्वयार्थ—(संसार-णीरणिहि-तारण-जाणपत्तं) संसाररूपी सागर से तारने के लिए जहाज के समान (णाणादि-णेगगुणपत्त-मणुण्णगत्तं) ज्ञानादि अनेक गुणों को प्राप्त मनोज्ञ शरीरवाले, (चक्केस-पूजिद) चक्रेश-पूजित (बली-बलभद्द-पुज्जो) बलवान बलभद्र के द्वारा पूज्य (मुत्तिपह-णायग-णेमिणाहं) मुक्तिपथ के नायक नेमिनाथ भगवान को (वंदामि) मैं वंदन करता हूँ।

अर्थ—संसाररूपी सागर से तारने के लिए जहाज के समान, ज्ञानादि अनेक गुणों को प्राप्त मनोज्ञ शरीरवाले, अर्द्ध-चक्रवर्ती श्रीकृष्ण व बलवान बलभद्र के द्वारा पूज्य मुक्तिपथ के नायक नेमिनाथ भगवान को मैं वंदन करता हूँ।

संतं सिवं सिवपदस्स परं णिहाणं।
सव्वण्हू ईस-ममलं जिद-मोहमाणं॥
संसार-णीर-णिहिमंथण-मंदरव्वं।
वंदामि मुत्तिपह-णायग-णेमिणाहं॥4॥

अन्वयार्थ—(संतं सिवं सिवपदस्स परं णिहाणं) शांत, शिव, मोक्षमार्ग के निधान-खजाने, (सव्वण्हू ईस-ममलं जिद-मोहमाणं) सर्वज्ञ, ईश, अमल, मोह-मान के विजेता, (संसार-णीर-णिहिमंथण-मंदरव्वं) संसाररूपी सागर के मंथन के

लिए मंदराचल के समान, (मुत्तिपह-णायग-णेमिणाहं) मुक्तिपथ के नायक नेमिनाथ भगवान को (वंदामि) मैं वंदन करता हूँ।

अर्थ—शांत, शिव, मोक्षमार्ग के निधान-खजाने सर्वज्ञ, ईश, अमल, मोह-मान के विजेता, संसाररूपी सागर के मंथन के लिए मंदराचल के समान, मुक्तिपथ के नायक नेमिनाथ भगवान को मैं वंदन करता हूँ।

संतिणाह-त्थुदी

(शांतिनाथ-स्तुति, मालिनी-छन्द)

गणहर-किद-पूयं सव्व-लोगस्स सारं, कलिदकरुणभावं संतकामप्पसारं।
सुर- मणुयजणाणं पुज्जपादारविंदं, सयल-गुण-णिहाणं संतिणाहं णमामि ॥1॥

अन्वयार्थ—(सव्व-लोगस्ससारं) सर्वलोक में सारभूत (गणहर-किद पूयं) गणधरकृत पूजा को प्राप्त (कलिद करुण भावं) करुणाभाव से पूरित (संतकामप्पसारं) काम के प्रसार को शांत करने वाले (सुर-मणुयजणाणं) सुर व मनुष्यजनों के द्वारा (पुज्जपादारविंदं) पूजित चरण कमल वाले (सयल-गुण-णिहाणं) समस्त गुणों के निधान (संतिणाहं णमामि) श्री शांतिनाथ भगवान को नमन करता हूँ।

अर्थ—सम्पूर्ण लोक में सारभूत गणधर देवों के द्वारा की गयी पूजा को प्राप्त, करुणाभाव से पूरित, काम के प्रसार को शांत करने वाले, देव तथा मानवजनों के द्वारा पूजित चरण कमल वाले तथा सकलगुणों के निधान श्री शांतिनाथ भगवान को मैं नमन करता हूँ।

णयण-जुअल-सेट्ठं, तिव्व-कारुण्ण-पुण्णं, मणहरमुहसोहं, बाल-आइच्च-वण्णं।
अतुल-विरिय-जुत्तं, दिव्व-रम्मं सुदेहं, सयल-गुणणिहाणं संतिणाहं णमामि ॥2॥

अन्वयार्थ—[जिनके] (णयणजुअल सेट्ठं) श्रेष्ठ नयन युगल (तिव्व कारुण्ण पुण्णं) तीव्र करुणा से पूर्ण हैं (मणहरमुहसोहं) मनोज्ञ मुख की शोभा (बालआइच्च वण्णं) उगते हुए सूर्य के समान है (दिव्वरम्मं सुदेहं) दिव्य रमणीय श्रेष्ठ शरीर (अतुल-विरिय-जुत्तं) अतुल्य बल से युक्त है [ऐसे] (सयल-गुणणिहाणं) समस्त गुणों के निधान (संतिणाहं णमामि) श्री शांतिनाथ को नमन करता हूँ।

अर्थ—जिनके श्रेष्ठ नयन युगल तीव्र करुणा से आपूरित हैं, जिनका मनोज्ञ मुख उगते हुए सूर्य के समान सुशोभित है, जिनका अद्भुत दिव्य परमाणुओं से रचित रमणीय शरीर अतुल्य वीर्य युक्त है तथा जो अनंत ज्ञानादि समस्त गुणों के निधान हैं, उन शांतिनाथ भगवान को मैं नमन करता हूँ।

मयण-णिवदि-सामिं सोलसं तित्थणाहं, भुवण-तिलयरूवं धीर-वीरं गहीरं।
पुण भरहं विजित्ता, अप्परूवे पदिट्ठं, सयल-गुणणिहाणं संतिणाहं णमामि ॥3॥

अन्वयार्थ—(मयण) कामदेव (णिवदि सामी) चक्रवर्ती (सोलसं तित्थणाहं)

सोलहवें तीर्थंकर (भुवण-तिलयरूवं) भुवन के तिलक रूप (धीर-वीरं गहीरं) धीर-वीर-गंभीर (भरहं विजित्ता) भरतक्षेत्र जीतकर (पुण) पुनः (अप्परूवे पदिट्ठं) आत्मरूप में अच्छी तरह लीन [ऐसे] (सयल गुण णिहाणं) समस्त गुणों के निधान (संतिणाहं णमामि) श्री शांतिनाथ को नमन करता हूँ।

अर्थ—बारहवें कामदेव, पाँचवें चक्रवर्ती व सोलहवें तीर्थंकर इन तीन पदों से युक्त भुवन के तिलक स्वरूप, अत्यन्त धीर-वीर व गंभीर, सम्पूर्ण भरतक्षेत्र पर विजय प्राप्त कर राज्य करने के बाद मुनि बनकर आत्मस्वरूप में अच्छी तरह लीन होने वाले तथा सकल-गुणों के निधान श्री शांतिनाथ भगवान को मैं नमन करता हूँ।

विगलिदमद-मोहं ते जहाजादरूवं, णयण-पध-मुपात्तं संतिरासिं ददाति।
चरण-कमल-झाणं छिज्जदे सव्वपावं, सयल-गुणणिहाणं संतिणाहं णमामि ॥4॥

अन्वयार्थ—(विगलिद-मद-मोहं) मद मोह से रहित (ते) आपका (जहाजा-दरूवं) यथाजातरूप (णयणपध-मुपात्तं संतिरासिं ददाति) नयनपथ को प्राप्त होकर शांतिराशि देता है (चरणकमल झाणं) चरण कमलों का ध्यान (छिज्जदि सव्वपावं) सभी पापों को नष्ट करता है। [उन] (सयल गुण णिहाणं) समस्त गुणों के निधान (संतिणाहं णमामि) श्री शांतिनाथ को नमन करता हूँ।

अर्थ—आपका मद व मोह से रहित यथाजात नग्न दिगम्बर रूप देखते ही अपूर्व शांति प्राप्त होती है, आपके चरणों का ध्यान सभी पापों को नष्ट कर देता है, ऐसे सकल गुणों के निधान श्री शांतिनाथ भगवान को मैं नमन करता हूँ।

णिहिलकलुसभावं चित्तदोसेहिं जस्स, ण य गुणगणगीदो भाविदो णो कदावि।
तदपि सरण-पत्तं दुक्खदो रक्खदे जो, सयल-गुणणिहाणं संतिणाहं णमामि ॥5॥

अन्वयार्थ—(जस्स) जिसके (चित्तदोसेहिं) चित्त के दोष से (णिहिल-कलुसभावं) सम्पूर्ण कलुष दोषों का सद्‌भाव है [जिसने आपके] (ण गुणगणगीदो) गुणसमूह का गान नहीं किया (य) और (भाविदो णो कदावि) न कभी गुणों का चिंतन किया (तदपि) फिर भी (सरणपत्तं) शरण प्राप्त की (जो) जो (दुक्खदो रक्खदे) दुःखों से रक्षा करते हैं [उन] (सयल-गुण-णिहाणं) समस्त गुणों के निधान (संतिणाहं णमामि) श्री शांतिनाथ को नमन करता हूँ।

अर्थ—जिस मनुष्य के हृदय में समस्त दोषों का सद्‌भाव है, जिसने आपके गुण समूह का गान नहीं किया और न ही कभी चिंतन किया, यदि ऐसा व्यक्ति भी आपकी शरण को प्राप्त हो जाए तो भी आप उसकी दुःखों से रक्षा करते हैं, ऐसे सकल गुणों के धाम श्री शांतिनाथ भगवान को मैं नमन करता हूँ।

पासणाह-त्थुदी

(पार्श्वनाथ स्तुति, मालिनी छन्द)

भरिद-जलद-वण्णं लक्खणजुत्तदेहं, खविदकलुसकोहं खंतिजुत्तं सुचित्तं।
विजिदमयणकूरं सव्वसंसारमूलं, खविद कमढमाणं पासणाहं णमामि॥1॥

अन्वयार्थ—[जो] (भरिद जलद वण्णं) भरे हुए मेघों के समान वर्ण वाले (लक्खण जुत्तदेहं) लक्षण युक्त देह वाले (खविदकलुसकोहं) कलुष क्रोध का नाश किया है जिन्होंने (खंतिजुत्तं सुचित्तं) क्षांतियुक्त चित्तवाले (सव्वसंसार मूलं) सम्पूर्ण संसार के मूल (विजिद-मयण-कूरं) क्रूर मदन विजयी (खविद कमढ़माणं) नष्ट किया है कमठ का मान जिन्होंने (पासणाहं णमामि) [उन] पार्श्वनाथ भगवान को नमन करता हूँ।

अर्थ—जो भरे हुए मेघों के समान वर्ण व लक्षणयुक्त देह वाले हैं, कलुष क्रोध का नाश करने वाले कमठ के मान को नष्ट करने वाले किन्तु क्षमापूर्ण हृदय वाले हैं, समस्त संसार के मूल क्रूर मदन अर्थात् कामदेव को जीतने वाले पार्श्वनाथ भगवान को नमन करता हूँ।

णयण-जुअल दिव्वं जस्स कारुण्ण-पुण्णं, .लसदि मुह-मणुण्णं पेक्खणिज्जं समोदं।
लसदि करसरोजं पाद-पोम्मं च जुम्मं, खविद-कमढमाण पासणाहं णमामि॥2॥

अन्वयार्थ—(जस्स) जिनके (दिव्वं) दिव्य (णयण-जुअलं) नयन युगल (कारुण्ण-पुण्णं) कारुण्य पूर्ण हैं, (समोदं पेक्खणिज्जं) आनंद पूर्वक देखने योग्य जिनका (मुह-मणुण्णं) मनोज्ञ मुख (लसदि) सुशोभित है (करसरोजं) कर सरोज (पाद-पोम्मं च जुम्मं) और युगल पद कमल (लसदि) सुशोभित हैं (खविद कमढमाणं) नष्ट किया है कमठ का मान जिन्होंने (पासणाहं णमामि) [उन] पार्श्वनाथ भगवान को नमन करता हूँ।

अर्थ—जिनके श्रेष्ठ नयन युगल दिव्य करुणा से पूर्ण हैं, जिनका सुशोभित मनोज्ञ मुख प्रमोद से देखने योग्य है, जिनके कर सरोज अर्थात् हाथ और पाद-पद्म अर्थात् पैर सुशोभित है तथा जिन्होंने कमठ का मान नष्ट किया है उन पार्श्वनाथ भगवान को नमन करता हूँ।

मुणिदसयलतच्चं लोगा-लोगस्स सव्वं, भवियण-कमलाणं पोम्ममित्तस्स तुल्लं।
अगणिदगुणजुत्तं सव्वसुक्खस्स धामं, खविद-कमढमाणं पासणाहं णमामि ॥3॥

अन्वयार्थ—जिन्होंने (लोगालोगस्स सव्वं) सर्व लोकालोक के (मुणिद सयलतच्चं) सकल तत्त्व जान लिए हैं (भवियणकमलाणं) भव्यजनरूपी कमलों के लिए (पोम्ममित्तस्स तुल्लं) सूर्य समान (अगणिदगुणजुत्तं) अगणित गुणों से युक्त (सव्व-सुक्खस्स धामं) सभी सुख के धाम (खविद कमढमाणं) नष्ट किया है कमठ का मान जिन्होंने (पासणाहं णमामि) [उन] पार्श्वनाथ भगवान को नमन करता हूँ।

अर्थ—जिन्होंने समस्त लोक-अलोक के समस्त तत्त्वों को जान लिया है, जो भव्यजनरूपी कमलों के लिए सूर्य के समान हैं, जो अगणित गुणों से युक्त व सर्वसुखों के धाम हैं, संसारी जीवों के भय तथा दुखों को हरने वाले हैं, उन पार्श्वनाथ भगवान को नमन करता हूँ।

विजिद-मरण-जम्मं-रोग-दुक्खादि-दोसं, जिद-णिहिल-कुबोधं पुज्ज-पूजा वरेण्णं।
जिद-बहु-उवसग्गं इंद-णाइंद-वंदं, खविद-कमढमाणं पासणाहं णमामि ॥4॥

अन्वयार्थ—[जिन्होंने] (मरण जम्मं जरादि) जन्म जरा मरण आदि (सयल दोसं विजिद) सकल दोषों को जीत लिया है (जिदणिहिलकुबोधं) निखिल कुबोध को जीत लिया है (पुज्जपूजा वरेण्णं) पूज्यों से भी पूजा के योग्य (जिद बहु उवसग्गं) बहु उपसर्ग जित (इंद णाइंद वंदं) इन्द्र-नागेन्द्र वंद्य (खविद कमढमाणं) नष्ट किया है कमठ का मान जिन्होंने (पासणाहं णमामि) [उन] पार्श्वनाथ भगवान को नमन करता हूँ।

अर्थ—जिन्होंने जन्म जरा मृत्यु आदि सम्पूर्ण दोषों को जीत लिया है, सम्पूर्ण कुबोध को जीत लिया है, जो पूज्यों से भी पूजा के योग्य, बहुत उपसर्ग को जीतने वाले तथा इन्द्र-नागेन्द्र से वन्दनीय हैं, और नष्ट किया है कमठ का मान जिन्होंने उन पार्श्वनाथ भगवान को नमन करता हूँ।

ददतु जिण! सुबुद्धिं किण्हलेस्सादिहीणं, तव-चरणसुसड्ढं सेट्ठसम्मत्तपुण्णं।
जगदि भवदु भद्दं, मंगलं जेणधम्मो, खविद-कमढमाणं पासणाहं णमामि ॥5॥

अन्वयार्थ—(जिण) हे जिनेन्द्र। मुझे (किण्हलेस्सादिहीणं) कृष्ण लेश्या आदि से रहित (सुबुद्धिं ददतु) सुबुद्धि दो (तव चरणसड्ढं सम्मत्त पुण्णं) श्रेष्ठ सम्यक्त्व-पूर्ण तप आचरण व श्रद्धा दो (जगदि) जग में (भद्दं) भद्र (मंगलं) मंगल व (जेणधम्मं) जैनधर्म (भवदु) हो। (खविद कमढमाणं) नष्ट किया है कमठ का मान जिन्होंने (पासणाहं णमो) उन पार्श्वनाथ भगवान को नमस्कार हो।

अर्थ—हे जिनेन्द्र। आप मुझे कृष्णादि लेश्या से रहित सुबुद्धि, श्रेष्ठ सम्यक्त्व से पूर्ण तप आचरण व श्रद्धा प्रदान करें, आपके प्रसाद से जगत में कल्याण हो, मंगल हो तथा जैनधर्म का प्रचार-प्रसार हो। नष्ट किया है कमठ का मान जिन्होंने उन पार्श्वनाथ भगवान को नमस्कार हो।

वड्ढमाण-त्थुदी

(वर्धमान-स्तुति, उपजाति-छन्द)

सिद्धत्थ-णंदं तिसलासुपुत्तं, गब्भादि-पंचेहि कल्लाणजुत्तं।
कुंदप्पहे कुंडपुरे य जादं, णमामि णिच्चं सिरि-वड्ढमाणं ॥1॥

अन्वयार्थ—(सिद्धत्थणंदं) महाराज सिद्धार्थ के नन्दन (तिसला सुपुत्तं) महारानी त्रिशला के सुपुत्र (गब्भादिपंचेहिकल्लाण-जुत्तं) गर्भादि पंचकल्याणकों से युक्त (य) और (कुंदप्पहे कुंडपुरे) कुंदप्रभा वाले कुंडलपुर में (जादं) जन्म लेने वाले (सिरि-वड्ढमाणं) श्री वर्धमान जिनेन्द्र को [मैं] (णिच्चं) नित्य (णमामि) नमन करता हूँ।

अर्थ—महाराज सिद्धार्थ के नन्दन महारानी त्रिशला के सुपुत्र, गर्भादि पंचकल्याणकों से युक्त और कुंदप्रभा वाले, कुंडलपुर में जन्म लेने वाले श्री वर्धमान जिनेन्द्र को मैं नित्य नमन करता हूँ।

अणोवमं णिम्मल-देह-धारिं, अणंत-जीवाण दुहावहारिं।
सुरासुरेहिं मणुजेहिं पुज्जं, णमामि णिच्चं सिरि-वड्ढमाणं ॥2॥

अन्वयार्थ—(अणोवमं णिम्मल देह धारिं) अनुपम निर्मल शरीर के धारी (अणंत जीवाण दुक्खावहारिं) अनंत जीवों के दुःखों को हरने वाले (सुरासुरेहिं मणुजेहि पुज्जं) सुर असुर [तथा] मनुष्यों के द्वारा पूज्य (सिरि वड्ढमाणं) श्री वर्धमान जिनेन्द्र को [मैं] (णिच्चं) नित्य (णमामि) नमन करता हूँ।

अर्थ—जो अनुपम निर्मल शरीर के धारी हैं, अनंत जीवों के दुःखों को हरने वाले हैं सुर-असुर [तथा] मनुष्यों के द्वारा पूज्य हैं, उन श्री वर्धमान जिनेन्द्र को मैं नित्य नमन करता हूँ।

जस्सच्चा-भावेण पमोदजुत्तो, भेगो य आसी य सुरत्तपत्तो।
पहाणुगामी लहदे गुणाणिं, णमामि णिच्चं सिरि-वड्ढमाणं ॥3॥

अन्वयार्थ—(जस्सच्चाभावेण) जिनकी पूजा के भाव से (पमोदजुत्तो) प्रमोद युक्त (भेगो) मेंढक(सुरत्तपत्तो) देवत्व को प्राप्त (आसी) हुआ था (य) और

[जिनके] (पहाणुगामी) पथ के अनुगामी जन (गुणाणि) गुणों को (लहदे) प्राप्त करते हैं [उन] (सिरि वड्ढमाणं) श्री वर्धमान जिनेन्द्र को [मैं] (णिच्चं) नित्य (णमामि) नमन करता हूँ।

अर्थ—जिनकी पूजा के भाव से प्रमोद युक्त मेंढक देवत्व को प्राप्त हुआ था और जिनके पथ के अनुगामी जन गुणों को प्राप्त करते हैं, उन श्री वर्धमान जिनेन्द्र को मैं नित्य नमन करता हूँ।

लोगम्मि अच्चंतपइट्ठिओ जो, संपुण्ण-जीवाण हि दुक्खकारी।
सो कामदेवो वि हदो जिणेण, णमामि तं हं सिरि-वड्ढमाणं ॥4॥

अन्वयार्थ—[जो] जो (लोगम्मि अच्चंत पइट्ठिओ) अत्यन्त प्रतिष्ठित है (संपुण्ण जीवाणहि दुक्खकारी) सम्पूर्ण जीवों को दुःख देने वाला है (सो) वह (कामदेवो वि) कामदेव भी (जिणेण हदो) जिन के द्वारा नष्ट किया गया (तं) उन (सिरि वड्ढमाणं) श्री वर्धमान को (हं) मैं (णमामि) नमन करता हूँ।

अर्थ—जो महाबलशाली है, लोक में प्रतिष्ठा को प्राप्त है और सभी जीवों को दुःख देने वाला है, वह कामदेव भी जिनके द्वारा मारा गया, उन श्री वर्धमान जिनेन्द्र को मैं नित्य नमन करता हूँ।

विस्सट्ट-मोहस्स विघादकारी, समदागुणेण कल्लाणकारी।
णिद्दोसबंधू करुणा-णिहाणं, णमामि णिच्चं सिरि-वड्ढमाणं ॥5॥

अन्वयार्थ—(विस्सट्ट) विस्तृत (मोहस्स) मोह के (आतंकहारी) आतंक को हरने वाले (समत्त-भावेण) समता भाव से (कल्लाणकारी) कल्याण करने वाले (णिद्दोस बंधू) निर्दोष बंधु [तथा] (करुणा-णिहाणं) करुणा के निधान (सिरि वड्ढमाणं) श्री वर्धमान जिनेन्द्र को [मैं] (णिच्चं) नित्य (णमामि) नमन करता हूँ।

अर्थ—जो विस्तृत मोह के आतंक को हरने वाले हैं, समता भाव से कल्याण करने वाले हैं, निरपेक्ष निर्दोष बंधु हैं तथा करुणा के निधान हैं, उन श्री वर्धमान जिनेन्द्र को मैं नित्य नमन करता हूँ।

विरोहिणो जस्स सुसासणं हि, समिक्खिदं वा दरिसिज्ज सव्वं।
सिग्घं सदा खंडिद-माणसिंगा, णमामि तं हं सिरि-वड्ढमाणं ॥6॥

अन्वयार्थ—(जस्स) जिनके (सव्वं) समग्र (सुसासणं) सुशासन को (समिक्खिदं) समीक्षित (दरिसिज्ज) देखकर (च) अथवा सुनकर (विरोहिणो) विरोधी (हि) निश्चयकर (सिग्घं) शीघ्र ही (खंडिद माणसिंगा) खंडित मानश्रृंग अर्थात् मान रहित हो जाते हैं (तं) उन (सिरि वड्ढमाणं) श्री वर्धमान जिनेन्द्र को (हं) मैं (णिच्चं) नमन करता हूँ।

अर्थ—जिनके समग्र जिन शासन को समग्र समीक्षित दृष्टि से देखकर अथवा सुनकर कोई विरोधी जन भी निश्चय कर शीघ्र ही खंडित मानशृंग अर्थात् मान रहित हो जाते हैं, उन श्री वर्धमान जिनेन्द्र को मैं नित्य नमन करता हूँ।

णाभेदमेत्तं ण च भेदमेत्तं, उत्तं पदत्थं तु अभेद-भेदं।
णाणस्स सारं कहिदं हि जेण, णमामि तं हं सिरि-वड्ढमाणं॥7॥

अन्वयार्थ—(पदत्थं) पदार्थ (णाभेदमेत्तं) अभेद मात्र नहीं है (ण भेदमेत्तं) न भेद मात्र है (तु) अपितु (अभेद-भेदं) भेदा-भेदात्मक (उत्तं) कहा है (च) और (णाणस्स सारं) ज्ञान का सार (जेण) जिन्होंने (कहिदं) कहा है (तं) उन (सिरि वड्ढमाणं) श्री वर्धमान जिनेन्द्र को (हं) मैं (णमामि) नमन करता हूँ।

अर्थ—वस्तु भेद मात्र नहीं है और न अभेद मात्र है, अपितु वस्तु को जिन्होंने वस्तुतः भेदाभेदात्मक कहा है तथा ज्ञान का सार जिन्होंने कहा है, उन श्री वर्धमान जिनेन्द्र को मैं नित्य नमन करता हूँ।

जीवा समाणा जगदम्हि सव्वे, गुणेण सेट्ठा अगुणेण हीणा।
धम्मो अहिंसा कहिदं हि जेण, णमामि तं हं सिरि-वड्ढमाणं॥8॥

अन्वयार्थ—(जगदम्हि) जगत में (सव्वे जीवा) सभी जीव (समाणा) समान हैं [कोई भी जीव] (गुणेण सेट्ठा) गुणों से श्रेष्ठ होने पर श्रेष्ठ [तथा] (अगुणेण हीणा) अवगुणों से हीन होता है (धम्मो अहिंसा) अहिंसा धर्म है (जेण कहिदं) जिन्होंने कहा है (तं) उन (सिरि वड्ढमाणं) श्री वर्धमान जिनेन्द्र को (हं) मैं (णमामि) नमन करता हूँ।

अर्थ—जगत में सभी जीव समान हैं। कोई भी जीव गुणों से हीन होने पर हीन अथवा गुणों से श्रेष्ठ होने पर श्रेष्ठ होता है तथा परम अहिंसा धर्म जिन्होंने कहा है, उन श्री वर्धमान जिनेन्द्र को मैं नमन करता हूँ।

वड्ढमाण-त्थुदिं णिच्चं, जो पढदि सुणेदि वा।
ईसरत्तं च पाऊण, सग्गं मोक्खं च पावदि॥9॥

अन्वयार्थ—(जो) जो मनुष्य (वड्ढमाणत्थुदिं) वर्धमान-स्तुति को (पढेदि वा सुणेदि) पढ़ता अथवा सुनता है [वह] (ईसरत्तं च पाऊण) ऐश्वर्य पाकर (सग्गं) स्वर्ग (च) और (मोक्खं) मोक्ष को (पावदि) प्राप्त करता है।

अर्थ—जो कोई मनुष्य तीर्थंकर वर्धमान महावीर की स्तुति को पढ़ता अथवा सुनता है, वह विविध सांसारिक ऐश्वर्य भोगकर क्रमशः स्वर्ग और मोक्ष को प्राप्त करता है।

परमेट्ठि-त्थुदी

(परमेष्ठी स्तुति, उपजाति-छन्द)

घादी चदुक्कं खविदूण कम्मं, अणंत-णाणादिचदुक्कपत्तं।
तिल्लोयणाहं णिरवेक्ख-बंधुं, णमामि तं हं अरहंतदेवं॥1॥

अन्वयार्थ—[जो] (घादी चदुक्कं) चार घातिया, (कम्मं) कर्मों को (खविदूण) नष्ट कर (अणंत-णाणादि-चदुक्क-पत्तं) अनन्त ज्ञानादि चतुष्टय को प्राप्त हैं, (णिरवेक्ख-बंधुं) निरपेक्ष-बन्धु [और] (तिल्लोयणाहं) तीन लोक के स्वामी हैं (तं) उन (अरहंतदेवं) अरहंत देव को (हं) मैं (णमामि) नमन करता हूँ।

अर्थ—जो चार घातिया कर्मों को नष्ट कर अनन्त ज्ञानादि चतुष्टय को प्राप्त हुए हैं, भव्य जीवों के निरपेक्ष-बन्धु और तीन लोक के स्वामी हैं, उन अरहंत देव को मैं नमन करता हूँ।

णट्ठट्ठकम्मं विगदँ-सरीरं, गुणट्ठ-पत्तं थिर-अप्पभावं।
देहप्पमाणं सुविसुद्ध-सत्तं, णमामि सम्मं सिरिसिद्धसिद्धं॥2॥

अन्वयार्थ—[जो] (णट्ठट्ठकम्मं) अष्ट कर्म रहित (विगद-सरीरं) विगत शरीर (गुणट्ठपत्तं) अष्ट गुणों को प्राप्त (थिर अप्पभाव) आत्म-स्वभाव में स्थिर (देहप्पमाणं) शरीर-प्रमाण [शुद्ध आकार वाले] (सुविसुद्ध-सत्तं) अत्यन्त विशुद्ध आत्मा वाले हैं (तं) उन (सिरिसिद्धसिद्धं) श्री सिद्ध भगवान को [मैं] (णिच्चं) नित्य (णमामि) नमन करता हूँ।

अर्थ—जो नष्टाष्ट कर्म अर्थात् ज्ञानावरण आदि आठ कर्मों से रहित हैं, विगत शरीर अर्थात् शरीर रहित हैं, सम्यक्त्व आदि अष्ट गुणों को प्राप्त, आत्म स्वभाव में स्थिर, शरीर-प्रमाण शुद्ध आकार वाले तथा अत्यन्त विशुद्ध आत्मा वाले हैं, उन श्री सिद्ध भगवान को मैं नित्य नमन करता हूँ।

णाणादि-पंचाचरणेसु जुत्तं, सिक्खेदि सत्थं णियसिस्सवग्गं।
दिक्खादिदाणे कुसलं मुणिंदं, कप्पादि-णिट्ठं पणमामि सूरिं॥3॥

अन्वयार्थ—[जो] (णाणादि पंचाचरणे सुजुत्तं) ज्ञान आदि पाँच आचारों में

युक्त हैं (णियसिस्सवग्गं) अपने शिष्य वर्ग को (सत्थं) शास्त्र (सिक्खेदि) सिखाते हैं, (दिक्खादिदाणे) दीक्षादि देने में (कुसलं मुणिंदं) कुशल मुनीन्द्र हैं (कप्पादि-णिट्ठं) आचेलक्य आदि कल्पों में निष्ठ हैं [उन] (सूरिं) आचार्य को [मैं] (पणमामि) प्रणाम करता हूँ।

अर्थ—जो ज्ञान आदि पाँच आचारों में अच्छी तरह से युक्त हैं, अपने शिष्यवर्ग को शास्त्र सिखाते हैं, दीक्षादि देने में कुशल मुनीन्द्र हैं तथा आचेलक्य आदि कल्पों में निष्ठ हैं, उन आचार्य को मैं प्रणाम करता हूँ।

आयार-सुत्ते य ठाणादिअंगे, उप्पाद-पुव्वंगइच्चादि सत्थे।
जुत्तं सयं जुंजदि साहुवग्गं, णमामि सम्मं उवज्झाय-साहुं॥4॥

अन्वयार्थ—[जो] (आयार-सुत्ते) आचारांग सूत्र (ठाणादि-अंगे) स्थानांग सूत्र आदि अंग साहित्य (च) और (उप्पाद-पुव्वंग इच्चादि सत्थे) उत्पाद आदि पूर्वगत साहित्य के शास्त्रों में (सयं) स्वयं (जुत्तं) युक्त हैं और (साहुवग्गं) साधुवर्ग को भी उनके अध्ययन में (जुंजदि) लगाते हैं [उन] (उवज्झाय-साहुं) उपाध्याय साधु को [मैं] (सम्मं) सम्यक् रूप से (णमामि) नमन करता हूँ।

अर्थ—जो आचारांग सूत्र, स्थानांग सूत्र आदि अंग-साहित्य और उत्पाद आदि पूर्वगत साहित्य के शास्त्रों में स्वयं युक्त हैं तथा साधुवर्ग को भी उनके अध्ययन में लगाते हैं, उन उपाध्याय साधु को मैं सम्यक् रूप से नमन करता हूँ।

आसा-कसाया-विसयादु रित्तो, णाणे य झाणे समदाइ जुत्तो।
सुलीण-रयणत्तय-पालणत्थे, तं साहुवग्गं सददं णमामि॥5॥

अन्वयार्थ—[जो] (आसा-कसाया विसयादु) आशा-कषायों, विषय-वासनाओं से (रित्तो) रहित हैं, (णाणे) ज्ञान में (झाणे) ध्यान में (समदाए) समता भाव में (जुत्तो) युक्त हैं, (य) और (रयणत्तयं) रत्नत्रय (पालणत्थे) पालन के प्रयोजन में (सुलीणो) अच्छी तरह से लीन हैं (तं) उन (साहूवग्गं) साधु-वर्ग को [मैं] (सददं) सदैव (णमामि) नमन करता हूँ।

अर्थ—जो आशा-कषायों, विषय-वासनाओं से रहित हैं, ज्ञान-ध्यान तथा समता भाव में स्थित हैं और रत्नत्रय पालन के प्रयोजन में अच्छी तरह से लीन हैं, उन साधु-वर्ग को मैं सदैव नमन करता हूँ।

परमेट्ठिं णमुक्कारं, तिजोगेण करेदि जो।
णासेदि दुक्ख-संदोहं, सव्वं सोक्खं च पावदे॥6॥

अन्वयार्थ—(जो) जो (तिजोगेण) त्रियोगों से (परमेट्ठिं णमुक्कारं) पंच

परमेष्ठियों को नमस्कार (करेदि) करता है [वह] (दुक्ख-संदोहं) दुःख समूह को (णासेदि) नष्ट करता है [तथा] (सव्वं सोक्खं) सर्व सुखों को (पावदि) पाता है।

अर्थ—जो त्रियोगों से पंच परमेष्ठियों को नमस्कार करता है, वह दुःख समूह को नष्ट करता है तथा सभी कल्याणों (सुखों) को पाता है।

जिणिंद-त्थुदी

(जिनेन्द्र-स्तुति, उपजाति-छन्द)

चक्कीहि इंदेहि य पूयणिज्जं, धणोरगिंदेहि य अच्चणिज्जं।
अणंत-जीवाण कल्लाण-कत्तं, सुमग्गदायं अरहं णमामि ॥1॥

अन्वयार्थ—(चक्कीहि इंदेहि य पूयणिज्जं) चक्रवर्ती व इन्द्रों द्वारा पूज्यनीय (धणोरगिंदेहि य अच्चणिज्जं) धनेन्द्र व नागेन्द्रों से अर्च्यनीय (अणंत जीवाण कल्लाण कत्तं) अनंत जीवों का कल्याण करने वाले [तथा] (सुमग्गदायं) सुमार्ग देने वाले (अरहं णमामि) अरहंत भगवान को [मैं] नमन करता हूँ।

अर्थ—चक्रवर्ती व देवेन्द्रों द्वारा पूज्यनीय, धनेन्द्र (कुबेर) व नागेन्द्रों से अर्च्यनीय, अनंत जीवों का कल्याण करने वाले तथा सुमार्ग दिखाने वाले अरहंत भगवान को मैं नमन करता हूँ।

दोसादु रित्तं पडिहेर-जुत्तं, अणंत-णाणग्ग-गुणादि-पत्तं।
जम्मस्स मिच्चुस्स विणासणट्ठं, जिणिंददेवं पणमामि णिच्चं ॥2॥

अन्वयार्थ—(दोसादु रित्तं) दोषों से रहित (पडिहेर-जुत्तं) प्रातिहार्य युक्त (अणंत णाणग्ग गुणादि पत्तं) अग्रणीय अनंत ज्ञान आदि गुणों को प्राप्त (जिणिंददेवं) जिनेन्द्र भगवान को (जम्मस्स मिच्चुस्स विणासणट्ठं) जन्म-मृत्यु के विनाश के लिए [मैं] (णिच्चं पणमामि) नित्य नमन करता हूँ।

अर्थ—अठारह दोषों से रहित, आठ प्रातिहार्य युक्त तथा अग्रणीय अनंतज्ञानादि गुणों को प्राप्त जिनेन्द्र देव को जन्म और मृत्यु के विनाश के लिए मैं नित्य नमन करता हूँ।

विग्घा पणस्संति भया ण जंति, णो छुद्ददेवा परिपीडयंति।
अत्थं जहेच्छं च णरा लहंते, णस्संति पावा जिणदंसणेणं ॥3॥

अन्वयार्थ—(जिणदंसणेण) जिनेन्द्र दर्शन से (विग्घा पणस्संति) विघ्न नष्ट हो जाते हैं(भया ण जंति) भय नहीं आते हैं (णो छुद्ददेवा परिपीडयंति) न क्षुद्रदेव परेशान करते हैं (अत्थं जहेच्छं च णरा लहंते) मनुष्य यथेष्ट धन को पाते हैं (च) और (णस्संति पावा) पाप नष्ट हो जाते हैं।

अर्थ—जिनेन्द्र भगवान के दर्शन से विघ्न नष्ट हो जाते हैं; भय नहीं आते हैं, न छुद्रदेव ही परेशान करते हैं अपितु जिनभक्ति से मनुष्य यथेष्ट धन को पाते हैं और सभी पाप नष्ट हो जाते हैं।

मूगा य बोलंति पंगू चलंति, पस्संति अंधा बहिरा सुणंति।
जस्सप्पसादेण णसंति विग्घा, णमामि तं हं भयवं जिणिंदं ॥4॥

अन्वयार्थ—(जस्सप्पसादेण) जिनके प्रसाद से (मूगा बोलंति) मूक बोलते हैं (पंगू चलंति) पंगु चलते हैं (पस्संति अंधा) अन्धे देखते हैं (बहिरा सुणंति) बहरे सुनते हैं (य) और (णसंति विग्घा) विघ्न नष्ट होते हैं (तं) उन (जिणिंदं भयवं) जिनेन्द्र भगवान को (हं) मैं (णमामि) नमन करता हूँ।

अर्थ—जिनके प्रसाद से मूक मनुष्य बोलते हैं, पंगु चलते हैं, अन्धे देखते हैं, बहरे सुनते हैं तथा समस्त विघ्न नष्ट हो जाते हैं उन जिनेन्द्र भगवान को मैं नित्य नमन करता हूँ।

रोगा ण पस्संति रुट्ठा समाणा, पस्सेदि दूरा चगिदं दलिद्दं।
सत्तूसमाणा-कुगदी णसेदि, णमस्सणेणं जिणदंसणेणं ॥5॥

अन्वयार्थ—(जिण-दंसणेणं) जिनेन्द्र देव के दर्शन से (णमस्सणेणं) नमस्कार करने से (रोगा ण पस्सेदि रुट्ठा समाणा) रोग रुष्ट हुए के समान नहीं देखते हैं (दलिद्दं पस्संति चगिदा हि दूरा) दारिद्र चकित हुए के समान दूर से देखता है (कुगदी णसेदि सत्तू समाणा) कुगति शत्रु के समान नष्ट हो जाती है।

अर्थ—जिनेन्द्र देव के दर्शन से तथा नमस्कार करने से रोग कुपित हुए के समान जिनभक्त को नहीं देखते हैं, दारिद्र चकित हुए के समान दूर से देखता है अर्थात् निर्धनता पास नहीं आती तथा कुगति शत्रु के समान नष्ट हो जाती है।

बंहा य विण्हू सिव-विस्सकम्मा, बुद्धो गणेसो जिणणामजुत्तो।
रामो हरी सव्व-वियारहीणा, णमामि णिच्चं भयवं जिणिंदं ॥6॥

अन्वयार्थ—(सव्ववियारहीणा) सब विकारों से रहित (बंहा विण्हू सिवविस्सकम्मा बुद्धो गणेसो य) ब्रह्मा, विष्णु, शिव, विश्वकर्मा, बुद्ध, गणेश (रामो हरी) राम, हरि (य) और (जिणणामजुत्तो) जिन नाम से युक्त (जिणिंदभयवं) जिनेन्द्र भगवान को [मैं] (णिच्चं णमामि) नित्य नमन करता हूँ।

अर्थ—जिन्होंने नष्ट कर दिए हैं ज्ञानावरणादि समस्त कर्म विकार ऐसे ब्रह्मा, विष्णु, शिव, विश्वकर्मा, बुद्ध, गणेश, राम, हरि और जिन आदि नामों से युक्त जिनेन्द्र भगवान को मैं नित्य नमन करता हूँ।

दिणेक्क-जादो सुहपुण्ण-पुंजो, जिणिंद-देवस्स णमस्सणेणं।
अणंतजम्मेण वि सो ण जादो, णंतेण कज्जेण सुमंगलेणं॥7॥

अन्वयार्थ—(जिणिंद-देवस्स णमस्सणेणं) जिनेन्द्र देव को नमस्कार करने से [जो] (सुहपुण्ण-पुंजो) शुभ पुण्य का पुंज (दिणेक्क जादा) एक दिन में ही उत्पन्न हो जाता है (सो) वह (णंतेण कज्जेण सुमंगलेण) मंगलमय अनन्त कार्यों से (अणंत जम्मेण वि सो ण जादो) अनंत जन्मों में भी नहीं उत्पन्न होता है।

अर्थ—जिनेन्द्र देव को नमस्कार करने से जितना शुभकर्म रूप पुण्य का पुंज एक दिन में ही उत्पन्न हो जाता है, उतना पुण्यपुंज मंगलमय अनन्त कार्यों से अनंत जन्मों में भी नहीं उत्पन्न होता है।

पूजं च कुव्वंति जिणेस्सराणं, झायंति जे भावविसुद्ध-चित्ते।
ते सज्जणा ताव-विणासणट्ठं, पावंति मोक्खं सुह-सग्ग-भुत्ता॥8॥

अन्वयार्थ—(जे) जो (ताव विणासणट्ठं) संसार ताप विनाश के प्रयोजन से (जिणेस्सराणं) जिनेन्द्र भगवंतों की (पूजं) पूजा (कुव्वंति) करते हैं (झायंति भावविसुद्ध चित्ते) अथवा अत्यन्त विशुद्ध भाव युक्त चित्त में ध्यान करते हैं (ते सज्जणा) वे सज्जन (सग्ग-सुह-भुत्ता) स्वर्ग सुख भोगकर (मोक्खं) मोक्ष को (पावंति) प्राप्त करते हैं।

अर्थ—जो श्रेष्ठ मनुष्य संसार-ताप विनाश के प्रयोजन से जिनेन्द्र भगवंतों की अष्टद्रव्य से पूजा करते हैं अथवा अत्यन्त विशुद्ध भाव युक्त चित्त से ध्यान करते हैं, वे सज्जन स्वर्ग सुख भोगकर मोक्ष को प्राप्त करते हैं।

जो जिणिंद-त्थुदिं णिच्चं, पढेदि वा सुणेदि वा।
ईसरत्तं च पाऊण, सग्गं मोक्खं च पावदि॥9॥

अन्वयार्थ—(जो) जो (णिच्चं) नित्य (जिणिंदत्थुदिं) जिनेन्द्र स्तुति को (पढेदि) पढ़ता है (वा) अथवा (सुणेदि) सुनता है (च) वह (ईसरत्तं पाऊण) ऐश्वर्य प्राप्त कर (सग्गं मोक्खं च पावदि) स्वर्ग और मोक्ष को प्राप्त करता है।

अर्थ—जो नित्य ही इस जिनेन्द्र स्तुति को पढ़ता है अथवा सुनता है वह सांसारिक ऐश्वर्य प्राप्त कर क्रमशः स्वर्ग और मोक्ष को प्राप्त करता है।

चउवीस-तित्थयर-त्थुदी

(चौबीस तीर्थंकर स्तुति, उपजाति-छन्द)

जो विस्सकत्ता हर-विस्सकम्मा, बंहा य विण्हू सिव-विस्सपुज्जो।
अणंत-जीवाण सुमग्ग-दाया, तं आदिणाहं पणमामि णिच्चं ॥1॥

अन्वयार्थ—(जो) जो (विस्सकत्ता) विश्वकर्त्ता (हर) हर (विस्सकम्मा) विश्वकर्मा (बंहा) ब्रह्मा (विण्हू) विष्णु (सिव) शिव (विस्सपुज्जो) विश्वपूज्य हैं (य) और (अणंत जीवाण) अनन्त जीवों को (सुमग्ग दाया) सुमार्ग देने वाले हैं (तं आदिणाहं) उन आदिनाथ भगवान को [मैं] (णिच्चं) नित्य (पणमामि) प्रणाम करता हूँ।

अर्थ—जो विश्वकर्त्ता, हर, विश्वकर्मा, ब्रह्मा, विष्णु, शिव, विश्वपूज्य आदि नामों से युक्त हैं और अनन्त जीवों को सुमार्ग देने वाले हैं, उन आदिनाथ भगवान को मैं नित्य प्रणाम करता हूँ।

जिदट्ठकम्मं णिरदं सहावं, अणंतणाणादि-भावं च पत्तं।
दुक्खावहारिं सिवसोक्खयारिं, देविंद-वंदं अजिदं णमामि॥2॥

अन्वयार्थ—(जिदट्ठकम्मं) अष्टकर्मों को जीतकर (णिरदं सहावं) स्वभाव लीन (अणंत णाणादि भावं च पत्त) अनन्त ज्ञानादि भावों को अच्छी तरह से प्राप्त (दुक्खावहारिं) दुःखों को हरने वाले (च) और (सिवसोक्खयारिं) मोक्ष सुख को करने वाले (देविंद-वंदं अजिदं णमामि) देवेन्द्र-वंद्य अजितनाथ भगवान को [मैं] नमन करता हूँ।

अर्थ—जो अष्टकर्मों को जीतकर स्वभाव में लीन हैं, अनन्त ज्ञानादि भावों [गुणों] को अच्छी तरह से प्राप्त हैं, दुःखों को हरने वाले तथा मोक्ष सुख को करने वाले हैं, उन देवेन्द्र-वंद्य अजितनाथ भगवान को मैं नमन करता हूँ।

झाणप्पबंधप्पहवेण जेण, हंतूण कम्मं पयडिं च पुण्णं।
मुत्ती-सरूविं पदविं च पत्ता तं संभवं दिव्वजिणं णमामि॥3॥

अन्वयार्थ—(जेण) जिन्होंने (झाणप्पबंधप्पहवेण) ध्यान-प्रबन्ध के प्रभाव

से (पुण्णं) सम्पूर्ण (कम्मं पयडिं) कर्म प्रकृतियों को (हंतूण) नष्टकर (मुत्ती सरूवी पदविं पत्तं) मुक्ति स्वरूपी पदवी को प्राप्त किया (तं संभवं दिव्वजिणं णमामि) उन संभवनाथ दिव्य जिनदेव को [मैं] नमन करता हूँ।

अर्थ—जिन्होंने शुक्लध्यान रूपी प्रबन्ध के प्रभाव से सम्पूर्ण कर्म प्रकृतियों को नष्टकर मुक्ति स्वरूपी पदवी को प्राप्त किया, उन संभवनाथ दिव्य जिनदेव को मैं नमन करता हूँ।

सुणंदणाणं-अहिणंदणो हि, भव्वाण वा आदहिदंकराणं।
पयासिदो णिम्मल-जेण-धम्मो, देवाहिदेवं पणमामि तं हं॥4॥

अन्वयार्थ—(हि) वास्तव में (अहिणंदणो) अभिनन्दन (सुणंदणाणं) सुनन्दन के लिए हैं, (भव्वाण जीवाण अप्पहिदाणं) भव्य जीवों के लिए आत्म-हित के लिए हैं, जिन्होंने (णिम्मल-जेण-धम्मं) निर्मल-जैनधर्म (पयासिदं) प्रकाशित किया (तं) उन (देवाहिदेवं) देवादिदेव को (हं) मैं (णिच्चं) नित्य (पणमामि) प्रणाम करता हूँ।

अर्थ—वास्तव में अभिनन्दन जिनेन्द्र श्रेष्ठ आनंद देने के लिए हैं, भव्य जीवों के आत्म-हित के लिए हैं तथा जिन्होंने निर्मल-जैनधर्म प्रकाशित किया है, उन देवादिदेव श्री अभिनन्दननाथ भगवान को मैं नित्य प्रणाम करता हूँ।

सम्मत्तदाणे जलदव्व जो य, सण्णाणदाणे पियबंधु-तुल्लो।
पप्पोदि मोक्खो य सुभत्तिए हि, तं देवदेवं सुमदिं णमामि॥5॥

अन्वयार्थ—[जो] (सम्मत्तदाणे जलदव्व) सम्यक्त्वदान में मेघ के समान हैं, (सण्णाणदाणे पियबंधु-तुल्लो) सम्यग्ज्ञानदान में प्रियबन्धु के समान हैं (य) और [जिनकी] (सुभत्तिए) श्रेष्ठ भक्ति से (हि) निश्चित ही (मोक्खो य) मोक्ष (पप्पोदि) प्राप्त होता है (तं देवदेवं सुमदिं णमामि) उन देवों के देव सुमतिनाथ जिनेन्द्र को मैं नमन करता हूँ।

अर्थ—जो सम्यक्त्वदान में मेघ के समान हैं, सम्यग्ज्ञान दान में प्रियबन्धु के समान हैं और जिनकी श्रेष्ठ भक्ति से निश्चित ही चारित्र तथा मोक्ष प्राप्त होता है, उन देवों के देव सुमतिनाथ जिनेन्द्र को मैं नमन करता हूँ।

पोम्मसमं णिम्मल-पोम्मणाहं, पोम्मालयं केवलणाण-गेहं।
सूरेण तुल्लं परमप्पयासिं, पोम्मप्पहं तं भयवं णमामि॥6॥

अन्वयार्थ—(पोम्मसमं) पद्म के समान (पोम्मणाहं) पद्मनाथ(णिम्मल) निर्मल (पोम्मालयं) लक्ष्मी के स्थान (केवलणाण-गेहं) केवलज्ञान के घर (सूरेण तुल्लं परमप्पयासिं) सूर्य के समान परमप्रकाशी हैं (पोम्मप्पहं) पद्मप्रभ (भयवं) भगवान

को (णमामि) नमन करता हूँ।

अर्थ—मैं पद्म के समान निर्मल, लक्ष्मी के स्थान, केवलज्ञान के घर, सूर्य के समान परमप्रकाशी तथा जनता को सुख के मार्ग पर ले जाने वाले पद्मनाथ देव अर्थात् पद्मप्रभ भगवान को नमन करता हूँ।

एगंतधम्मो हि मिच्छत्त-मूलो, रागादि-जम्मो य दुक्खाण हेदू।
सम्मत्तदिट्ठी य सुहाण हेदू, सुपासणाहेण वक्खादमेवं ॥7॥

अन्वयार्थ—(एगंतधम्मो हि मिच्छत्त मूलो) एकान्त धर्म ही मिथ्यात्व का मूल है [वह] (रागादि-जम्मो) राग आदि से उत्पन्न (य) और (दुक्खाण हेदू) दुःखों का हेतु है [इसके विपरीत] (सम्मत्तदिट्ठी) सम्यक्त्व युक्त दृष्टि (सुहाण हेदू) सुखों की हेतु है (एवं) इस प्रकार-(सुपासणाहेण) सुपार्श्वनाथ ने (वक्खादं) व्याख्यान किया।

अर्थ—एकान्त धर्म ही मिथ्यात्व का मूल है, वह राग आदि से उत्पन्न और दुःखों का हेतु है, इसके विपरीत सम्यक्त्व युक्त दृष्टि सुखों की हेतु है, ऐसा सुपार्श्वनाथ भगवान ने व्याख्यान किया।

दिवायरो व्वं जयदप्पयासी, णिसायरो व्वं सियलत्तदायी।
दोसाण हत्ता सुह-संतिकत्ता, चंदप्पहं चंद-जिणं णमामि ॥8॥

अन्वयार्थ—(दिवायरोव्वं जयदप्पयासी) सूर्य के समान जगत्प्रकाशी (णिसायरोव्वं सीयलत्तदायी) चन्द्रमा के समान शीतलता देने वाले (सुह-संतिकत्ता) सुख-शांति कर्ता [तथा] (दोसाण हत्ता) दोषों के हर्ता (चंद-जिणं) चन्द्रजिन (चंदप्पहं) चन्द्रप्रभु भगवान को (णमामि) नमन करता हूँ।

अर्थ—सूर्य के समान जगत्प्रकाशी, चन्द्रमा के समान शीतलता देने वाले, सुख शांति कर्ता तथा दोषों के हर्ता चन्द्रमा के समान सौम्य चन्द्रजिन चन्द्रप्रभु भगवान को मैं बारंबार नमन करता हूँ।

गुत्तित्तियं पंच-महव्वदाणि, पंचोवदिट्ठा समिदीइ जेण।
सम्मं पणीदा णवहा-पयत्था, तं कुंदपुप्फव्व णमामि पुप्फं ॥9॥

अन्वयार्थ—(जेण) जिन्होंने (गुत्तित्तियं) तीन गुप्तियाँ (पंच महव्वदाणि) पाँच महाव्रत (समिदीइ पंच) पाँच समितियों का (उवदिट्ठा) उपदेश दिया [और] (णवहा-पयत्था) नव प्रकार के पदार्थ का (सम्मं पणीदा) अच्छी तरह प्रतिपादन किया (तं) उन (कुंदपुप्फव्व) कुंद-पुष्प के समान (पुप्फं) पुष्पदंत भगवान को (णमामि) नमन करता हूँ।

अर्थ—जिन्होंने तीन गुप्तियाँ, पाँच महाव्रत, पाँच समितियों का उपदेश दिया और नव प्रकार के पदार्थ अच्छी तरह प्रतिपादित किए उन कुंद-पुष्प के समान पुष्पदंत भगवान को मैं नमन करता हूँ।

लोगोवकारी जिणणायगेण, आयारिदं सेट्ठ-खमादि-धम्मा।
सम्मत्त-झाणं दसहा पणीदा, तं सीयलं तित्थयरं णमामि॥10॥

अन्वयार्थ—[जिन] (लोगोवकारी जिणणायगेण) लोकोपकारी जिननायक ने (सेट्ठ खमादि धम्मा आयरिदं) श्रेष्ठ क्षमादि धर्म आचरित किए तथा (सम्मत्त-झाणं- दसहा पणीदा) सम्यक्त्व और ध्यान दस प्रकार प्रतिपादित किया (तं) उन (सीयलं तित्थयरं) शीतलनाथ तीर्थंकर को (णमामि) [मैं] नमन करता हूँ।

अर्थ—जिन जिननायक ने स्व-पर हित के लिए श्रेष्ठ क्षमादि धर्म आचरित किए तथा दस प्रकार के सम्यक्त्व और दस प्रकार के ध्यान का प्रतिपादन किया उन शीतलनाथ तीर्थंकर को मैं नमन करता हूँ।

जेणं पणीदो दुवि-मोक्ख-मग्गा, महव्वदो णाम-अणुव्वदो य।
अणुव्वदे एगदसे य सेण्णी, सेयंकरो सेयणाहं णमामि॥11॥

अन्वयार्थ—(जेण) जिन्होंने (महव्वदो णाम-अणुव्वदो य) महाव्रत और अणुव्रत (दुवि-मोक्ख मग्गा) दो प्रकार का मोक्षमार्ग (पणीदो) प्रतिपादित किया (अणुव्वदे एगदसे य सेण्णी) अणुव्रत में ग्यारह श्रेणी (प्रतिमा) हैं (सेयंकरो) कल्याण करने वाले (सेय-णाहं) श्रेयनाथ [श्रेयांसनाथ] भगवान को [मैं] (णमामि) नमन करता हूँ।

अर्थ—जिन्होंने दो प्रकार का मोक्षमार्ग प्रतिपादित किया, जिसमें महाव्रत पूर्ण मोक्षमार्ग है और अणुव्रत अपूर्ण। अणुव्रत में ग्यारह श्रेणी अर्थात् प्रतिमाओं का उपदेश देने वाले कल्याणकारी श्रेयनाथ भगवान को मैं नमन करता हूँ।

इंदादिणा खीरसिंधु-जलेण, बालत्तणे ण्हादो मेरूगिरीए।
कालंतरे पंचकल्लाण-पत्तो, चम्पापुरीए पणमामि वासुं॥12॥

अन्वयार्थ—(बालत्तणे) बाल्यावस्था में [जिनको] (मेरूगिरीए) मेरू पर्वत पर (इंदादिणा) इन्द्रादि ने (खीर सिंधु-जलेण) क्षीर सिंधु के जल से (ण्हादो) अभिषेक किया था [तथा] (कालतंरे) कालान्तर में (चम्पापुरीए) चम्पापुरी में (पंचकल्लाणपत्तो) पंच-कल्याण प्राप्त (वासुं) वासुपूज्य भगवान को [मैं] (पणमामि) प्रणाम करता हूँ।

अर्थ—बाल्यावस्था में जिनका मेरू पर्वत पर इन्द्रादि देवों ने क्षीर सिंधु के

जल से अभिषेक किया था तथा कालान्तर में चम्पापुरी में ही जिन्होंने क्रमशः पंच-कल्याणक प्राप्त किए उन वासुपूज्य भगवान को मैं प्रणाम करता हूँ।

णाणस्सहावं च अप्पस्सरूवं, झाणव्वदं गुण-संपुण्णधारिं।
मिच्छत्तघादिं सिवसोक्खभोगिं, जिणिंददेवं विमलं णमामि॥13॥

अन्वयार्थ—(णाणस्सहावं) ज्ञान-स्वभावी (अप्पस्सरूवं) आत्मस्वरूपी (झाणव्वदं) ध्यान, व्रत आदि (गुण-संपुण्णधारिं) सम्पूर्ण गुणों के धारी (मिच्छत्तघादी) मिथ्यात्व का घात करने वाले (य) और (सिवसोक्खभोगिं) मोक्षसुख के अधिकारी (जिणिंद देवं विमलं णमामि) जिनेन्द्रदेव विमलनाथ को नमन करता हूँ।

अर्थ—ज्ञानस्वभाव, आत्मस्वरूप, ध्यान, व्रत, सम्पूर्ण गुणों के धारी तथा मिथ्यात्व का घात करने वाले और मोक्षसुख का भोग करने वाले जिनेन्द्र देव विमलनाथ को मैं नमन करता हूँ।

झाणग्गिणा जेण डहिज्ज कम्मं, अप्पसरूवं सुहदं च पत्तं।
अणंत-जीवाण-कल्लाण-कत्तं, वंदे अणंतं गुण-णंत-पत्तं॥14॥

अन्वयार्थ—(जेण) जिन्होंने (झाणग्गिणा) ध्यानाग्नि से (कम्मं डहिज्ज) कर्म जलाकर (सुहदं) सुखद (अप्पसरूवं) आत्मस्वरूप (धम्मं) धर्म को (पत्तं) प्राप्त किया [उन] (अणंत जीवाण) अनंत जीवों का (कल्लाण-कत्तं) कल्याण करने वाले (गुणणंत पत्तं) अनन्त गुणों को प्राप्त (वंदे अणंतं) अनंतनाथ जिनेन्द्र को नमन करता हूँ।

अर्थ—जिन्होंने ध्यानाग्नि से कर्म जलाकर आत्मस्वरूप धर्म को प्राप्त किया है, उन अनंत जीवों का कल्याण करने वाले तथा अनन्त गुणों को प्राप्त अनंतनाथ जिनेन्द्र को मैं नमन करता हूँ।

अब्भिंतरं बज्झमणेग-भेदं, चत्तूण सम्मं च परिग्गहं च।
धम्मोवदिट्ठं च सुमग्गसिट्ठं, धम्मस्स तं धम्मणाहं णमामि॥15॥

अन्वयार्थ—[जिन्होंने] (अब्भिंतरं बज्झमणेग-भेदं) आभ्यन्तर [और] बाह्य के अनेक भेदों से युक्त (परिग्गहं) सभी परिग्रह को (सम्मं चत्तूण) पूरी तरह छोड़कर (धम्मोवदिट्ठं) धर्मोपदेश दिया (च) और (सम्मग्गसिट्ठं) सन्मार्ग रचा (धम्मस्स) धर्म की प्राप्ति के लिए [मैं] (तं) उन (धम्मणाहं) धर्मनाथ जिनेन्द्र को (णमामि) नमन करता हूँ।

अर्थ—जिन्होंने आभ्यन्तर और बाह्य के अनेक भेदों से युक्त सभी परिग्रह

को पूरी तरह छोड़कर धर्मोपदेश देने वाले और सन्मार्ग दिखाने वाले उन धर्मनाथ जिनेन्द्र को धर्म की प्राप्ति के लिए मैं नमन करता हूँ।

भडं सुसेट्ठं सिवसाहणत्थं, कामादि-हंतं दुहणासणत्थं।
णिवाहिवं मयणं तित्थणाहं, णिच्चं णमामि सिरि-संतिणाहं॥16॥

अन्वयार्थ—(सिवसाहणत्थं) शिव-साधन के लिए (य) और (दुहणासणत्थं) दुःख नष्ट करने के लिए (कामादि हंतं) कामादि दुर्भावों को नष्ट करने वाले (सुसेट्ठं भडं) उद्भट भट (णिवाहिवं मयणं तित्थणाहं) चक्रवर्ती, कामदेव, तीर्थंकर [इन पुण्य पदों से युक्त] (सिरि संतिणाहं) श्री शांतिनाथ को [मैं] (णिच्चं) नित्य (णमामि) नमन करता हूँ।

अर्थ—शिव-साधन के लिए और दुःख नष्ट करने के लिए कामादि दुर्भावों को नष्ट करने वाले उद्भट भट अर्थात् महाशक्तिशाली, चक्रवर्ती, कामदेव तथा तीर्थंकर इन पुण्य पदों से युक्त श्री शांतिनाथ भगवान को मैं नित्य नमन करता हूँ।

पसंसिदो तोसदि णो हरिस्सं, विराहिदो जो ण करेदि रोसं।
संपुण्ण-सीलाणि गुणाणि पत्तं, वंदामि णिच्चं सिरि-कुंथुणाहं॥17॥

अन्वयार्थ—(जो) जो (पसंसिदो) प्रशंसा करने पर (तोसदि णो हरिस्सं) न तुष्ट होते हैं न हर्षित [तथा] (विराहिदो) विराधना करने पर (रोसं ण करेदि) रोष नहीं करते हैं [ऐसे] (संपुण्ण सीलाणि गुणाणि पत्तं) सम्पूर्ण शीलों और गुणों को प्राप्त (सिरि-कुंथुणाहं) श्री कुंथुनाथ को [मैं] (णिच्चं) नित्य (वंदामि) वन्दन करता हूँ।

अर्थ—जो प्रशंसा करने पर न तुष्ट होते हैं न हर्षित तथा विराधना करने पर रोष नहीं करते हैं, ऐसे सम्पूर्ण शीलों और गुणों को प्राप्त श्री कुंथुनाथ जिनेन्द्र को मैं नित्य वन्दन करता हूँ।

जो चक्कवट्टी भुवि सत्तमो य, सप्पुण्ण-जुत्तो मयरद्धजो य।
अट्ठारसो तित्थयरो सुदेवो, वंदामि तं हं अरहं जिणिंदं॥18॥

अन्वयार्थ—(जो) जो (भुवि) जग में (सत्तमो) सातवें (चक्कवट्टी) चक्रवर्ती हैं (सप्पुण्ण-जुत्तो मयरद्धजो) सत्पुण्य युक्त मकरध्वज हैं (य) और (अट्ठारसो तित्थयरो) अठारहवें तीर्थंकर हैं (तं) उन (सुदेवं) सच्चे देव (अरहं जिणिंदं) अरहनाथ जिनेन्द्र को (हं) मैं (वंदामि) वन्दन करता हूँ।

अर्थ—जो जग में सातवें चक्रवर्ती हैं, सत्पुण्य युक्त मकरध्वज अर्थात् कामदेव हैं और अठारहवें तीर्थंकर हैं, उन तीन पदों को प्राप्त सच्चे देव अरहनाथ जिनेन्द्र को मैं वन्दन करता हूँ।

मोहारिमल्लं खविऊण सल्लं, संपत्तसम्मं दहिऊण कम्मं।
चारित्त-दिट्ठी-तव-णाणजुत्तं, वंदामि मल्लं सिरि मल्लिणाहं॥19॥

अन्वयार्थ—(सल्लं) शल्य को [वा](मोहारिमल्लं) मोह रूपी मल्ल को (खविऊण) नष्टकर (कम्मं दहिऊण) कर्म को जलाकर (चारित्तदिट्ठीतवणाणजुत्त) सम्यक् चारित्र-दर्शन-तप, ज्ञान युक्त (सिरिमल्लिणाहं मल्लं) श्री मल्लिनाथ रूपी महामल्ल को [मैं] (वंदामि) वन्दन करता हूँ।

अर्थ—माया, मिथ्या, निदान रूप शल्य व मोह रूपी मल्ल को नष्टकर, कर्म को जलाकर, सम्यक् चारित्र-दर्शन-तप और ज्ञान से युक्त श्री मल्लिनाथ रूपी महामल्ल को मैं वन्दन करता हूँ।

वदं णिहाणं मुणिसुव्वदं तं, सम्मत्त-दाणं च महव्वदाणं।
देविंद-विंदेण-वंदं-मुणिंदं, देवाहिदेवं पणमामि णिच्चं॥20॥

अन्वयार्थ—(वदं णिहाणं) सुव्रतों के खजाने (महव्वदाणं सम्मत्तदाणं) महाव्रत [तथा] सम्यक्त्व देने के लिए(देविंद विंदेण वंदं मुणिंदं) देवेन्द्रों के समूह से वन्दनीय मुनीन्द्र (देवाहिदेवं मुणिसुव्वदं) देवाधिदेव मुनिसुव्रत जिनेन्द्र को [मैं] (सिरसा) सिर झुकाकर (वंदामि) वन्दन करता हूँ।

अर्थ—अनेक सुव्रतों के खजाने महाव्रत और सम्यक्त्व देने के लिए तथा देवेन्द्रों के समूह से वन्दनीय मुनीन्द्र देवाधिदेव मुनिसुव्रतनाथ जिनेन्द्र को मैं सिर झुकाकर वन्दन करता हूँ।

पयासिदो जेण णाणेण लोगं, पवोहिदा केवि विमोक्खमग्गे।
गिहत्थमग्गे य विविहा पविट्ठा, णमिं णमामि भावेहि सिरसा॥21॥

अन्वयार्थ—(जेण) जिनने (णाणेण) ज्ञान से (लोगं) लोक को (पयासिदो) प्रकाशित किया (पवोहिदा) उपदेशित किए गए (केवि) कितने ही (विमोक्खमग्गे) मोक्ष मार्ग में [तथा] (विविहा) कितने ही (सुगिहत्थमग्गे) सद्गृहस्थ मार्ग में (पविट्ठा) प्रविष्ट हुए [उन] (णमिं) नमिनाथ जिनेन्द्र को (भावेहि) भावपूर्वक (सिरसा) सिर झुकाकर (णमामि) नमन करता हूँ।

अर्थ—जिनके द्वारा आत्मीय ज्ञानयुक्त बोध से उपदेशित किए गए लोकजन कितने ही मोक्ष मार्ग में तथा कितने ही सद्गृहस्थ मार्ग में प्रविष्ट हुए, उन नमिनाथ जिनेन्द्र को मैं भावपूर्वक सिर झुकाकर नमन करता हूँ।

महाणुभावं सुगुणेहिपुण्णं, हलिंद-देविंद-णरिंदपुज्जं।
कुमारकाले चइदूणं सव्वं, णिग्गंथदेवं पणमामि णेमिं॥22॥

अन्वयार्थ—(कुमारकाले हि) कुमार काल में ही (सव्वं) सब कुछ (चइदूण) छोड़कर [जो] (महाणुभावं) महानुभाव (सुगुणेहिपुण्णं) सद्गुण-निधान (हलिंद-देविंद-णरिंद-पुज्जं) हलीन्द्र-बलभद्र, नरेन्द्र-अर्धचक्रवर्ती [तथा] सौधर्मेन्द्र आदि से पूज्य [हुए उन] (णिग्गंथदेवं) निर्ग्रंथदेव (णेमिं) नेमिनाथ जिनेन्द्र को (पणमामि) प्रणाम करता हूँ।

अर्थ—कुमार काल में ही सब कुछ छोड़कर जो महानुभाव सद्गुण-निधान हलीन्द्र अर्थात् बलभद्र, नरेन्द्र अर्थात् चक्रवर्ती अथवा अर्धचक्रवर्ती श्रीकृष्ण तथा देवेन्द्र अर्थात् सौधर्मेन्द्र आदि से पूज्य हुए उन निर्ग्रंथदेव श्री नेमिनाथ जिनेन्द्र को मैं प्रणाम करता हूँ।

मग्गग्गणिं णाम-जिदोवसग्गं, तं कम्मभेत्तारमणंतणाणिं।
जीवाण दुक्खाणि हत्तारमीसं, विग्घावहारिं पणमामि पासं ॥23॥

अन्वयार्थ—(मग्गग्गणिं) मार्ग अग्रणी (जिदोवसग्गं) उपसर्गजेता (कम्म-भेत्तारं) कर्म का भेदन करने वाले (अणंतणाणिं) अनंतज्ञानी (जीवाण दुक्खाणि हंतारमीसं) जीवों के दुःखों को हरने वाले स्वामी (विग्घावहारिं) विघ्नों को हरने वाले (पासं) पार्श्व को (पणमामि) नमन करता हूँ।

अर्थ—उपसर्ग विजेता, मोक्ष-मार्ग के नेता, कर्मों को भेदने वाले, अनंतज्ञानी और जीवों के दुःखों को नष्ट करने वाले विघ्नहारी महान पार्श्वनाथ भगवान को मैं प्रणाम करता हूँ।

भव्वाण इंदुं णिरवेक्ख-बंधुं, वच्छल्लसिंधुं भवरोग-वेज्जं।
जेणप्पणीदं करुणा-सु-धम्मं, तं वड्ढमाणं पणमामि वीरं ॥24॥

अन्वयार्थ—(णिरबेक्ख बंधुं) निरपेक्ष बंधु (भव्वाण-इंदुं) भव्य जीव रूपी कमलों के लिए चन्द्रमा (भवरोग वेज्जं) भव रोग शमनार्थ वैद्य (वच्छल्ल सिंधुं) वात्सल्य के महासागर [तथा] (जेण) जिन्होंने (करुणा-सु-धम्मं पणीदं) करुणामय सुधर्म अर्थात् अहिंसाधर्म का प्रतिपादन किया (तं) उन (वीरं वड्ढमाणं) वीर वर्धमान को (पणमामि) प्रणाम करता हूँ।

अर्थ—जगत के निरपेक्ष बंधु, भव्य जीव रूपी कमलों के लिए चन्द्रमा के समान, भव रोग शमनार्थ वैद्य, वात्सल्य के महासागर तथा जिन्होंने करुणामय सुधर्म अर्थात् परम अहिंसा धर्म का प्रतिपादन किया उन वीर-वर्धमान जिनेन्द्र को मैं प्रणाम करता हूँ।

इणं त्थुदिं च जो णिच्चं, पढदि तह चिंतदि।
सग्ग-मोक्खं च पावेदि, सुलीणो ण हि संसओ ॥25॥

अन्वयार्थ—(इणं थुदिं) इस स्तुति को (जो) जो (णिच्चं) नित्य (पढेदि) पढ़ता है (चिंतदि) चिंतन करता है (वा) अथवा [इसमें] (सुलीणो) अच्छी तरह लीन होता है [वह] (हि) निश्चय से (सग्ग-मोक्खं च) स्वर्ग और मोक्ष को (पावेदि) पाता है [इस वचन में] (ण संसयो) संशय नहीं है।

अर्थ—इस चौबीस तीर्थंकर स्तुति को जो नित्य पढ़ता है, सुनता है अथवा इसमें अच्छी तरह लीन होता है, वह निश्चय से स्वर्ग और मोक्ष को पाता है, इस वचन में संशय नहीं है।

मंगल-पंचगं

(मंगल-पंचक, बसन्ततिलका-छन्द)

घादी चदुक्क खविदूण कढोर-कम्मं, णाणं च दंसण-सुहादि गुणे य पत्तं।
अट्ठारसं सयल-दोस-विमुत्त-पुज्जं, देवाधिदेव-अरहंत-महं णमामि ॥1॥

अन्वयार्थ—(घादी चदुक्क खविदूण कढोर-कम्मं) [जो] घाति-चतुष्क कठोर कर्मों को नष्टकर (णाणं दंसणं सुहादि) अनंतज्ञान दर्शन सुख आदि (गुणे य) गुण को (पत्तं) प्राप्त (अट्ठारसं सयल-दोस-विमुत्तं) समस्त अठारह दोषों से रहित (च) तथा (पुज्जं) जगत-पूज्य हैं [उन] (देवाधिदेव-अरहंतं) देवाधिदेव अरहंत को (अहं णमामि) मैं नमन करता हूँ।

अर्थ—जिन्होंने ज्ञानावरण, दर्शनावरण, मोहनीय व अंतराय इन चार घातिया कर्मों को नष्टकर अनंतज्ञान, अनंतदर्शन, अनंतसुख व अनंतवीर्य इन चार चतुष्टयों को प्राप्त किया है, जो समस्त अठारह दोषों से रहित तथा जगतपूज्य हैं, उन देवाधिदेव अरहंत भगवान को मैं नमन करता हूँ।

सम्मत्त-णाण-सुहुमे बलदिट्ठीजुत्ते, ओगाहणागुरुलहुत्तवबाध पुण्णे।
णट्ठट्ठकम्म-णिय-सुद्धसरूव-पत्ते, णिच्चं णमामि किदकिच्च-अणूव-सिद्धे॥ 2॥

अन्वयार्थ—(सम्मत्त-णाण-सुहुमे बलदिट्ठीजुत्ते) सम्यक्त्व, ज्ञान, सूक्ष्मत्व, बल [वीर्य] दर्शन (ओगाहणागुरुलहुत्तवबाधपुण्णे) अवगाहना, अगुरुलघुत्व, अव्याबाध पूर्ण (णट्ठट्ठकम्म-णिय-सुद्धसरूव-पत्ते) अष्टकर्मों को नष्टकर निज शुद्ध-स्वरूप को प्राप्त (किदकिच्च अणूव-सिद्धे) कृतकृत्य, अनूप सिद्धों को [मैं] (णिच्चं णमामि) नित्य नमन करता हूँ।

अर्थ—सम्यक्त्व, ज्ञान, दर्शन, वीर्य, अव्याबाधत्व, अवगाहनत्व, अगुरुलघुत्व, सूक्ष्मत्व आदि गुणों से युक्त, ज्ञानावरण आदि आठ कर्मों को पूरी तरह से नष्टकर निजस्वरूप को प्राप्त, कृतकृत्य, अनुपम सिद्धों को मैं नित्य नमन करता हूँ।

णाणं सुदंसण-चरित्त-तवं च वीरं, आचार-गुत्ति-दसलक्खण-धम्म-पुण्णं।
सिस्साण संगह-सुणिग्गह सेट्ठ-बुद्धिं, कप्पादि-णिट्ठ-विमलं पणमामि सूरिं॥3॥

अन्वयार्थ—(णाणं सुदंसण चरित्त तवं च वीरं आचार-गुत्ति-दसलक्खण-धम्म-पुण्णं) ज्ञान, सुदर्शन, चारित्र, तप और वीर्य इन पाँच आचारों से युक्त, गुप्ति व दशलक्षणधर्म से पूर्ण, (सिस्साण संगह-सुणिग्गह सेट्ठ-बुद्धिं) शिष्यों के संग्रह-निग्रह में श्रेष्ठ बुद्धि वाले (कप्पादि-णिट्ठ-विमलं) कल्पादि निष्ट मलरहित (सूरिं पणमामि) आचार्य को प्रणाम करता हूँ।

अर्थ—ज्ञानाचार, दर्शनाचार, चारित्राचार, तपाचार और वीर्याचार इन पाँच आचारों से युक्त, गुप्ति व उत्तमक्षमादि दशलक्षणधर्म से पूर्ण, शिष्यों के अच्छी तरह संग्रह-निग्रह में श्रेष्ठ बुद्धि वाले आचेलक्य आदि कल्पों के आचरण में निष्ट, दोष रहित आचार्यों को मैं प्रणाम करता हूँ।

सज्झाय-वायण-सुपुच्छण-आमणाए, धम्मोवदेस-अणुपेहण-भावणाए।
जुंजेदि जो स-पर-बारस-अंग सत्थे, तं पाढगं समणसीहमहं णमामि ॥4 ॥

अन्वयार्थ—(सज्झाय-वायण-सुपुच्छण-आमणाए) स्वाध्याय, वाचना, पृच्छना, आम्नाय (धम्मोवदेस-अणुपेहण-भावणाए) धर्मोपदेश, अनुप्रेक्षण भावना में (वा) अथवा (बारस-अंग सत्थे) द्वादशांग के शास्त्रों में (जो) (स-पर) स्व-पर को (जुंजेदि) जोड़ते हैं (तं) उन (समणसीह) श्रमणसिंह (पाढगं) उपाध्याय को (अहं) मैं (णमामि) नमन करता हूँ।

अर्थ—स्वाध्याय के वाचना, पृच्छना, अनुप्रेक्षा, आम्नाय व धर्मोपदेश रूप पाँच भेदों में अथवा द्वादशांग रूप जिनवाणी के शास्त्रों की भावना में जो स्वयं को तथा अन्य साधुओं, जिज्ञासुओं को जोड़ते हैं, उन श्रमणसिंह उपाध्याय परमेष्ठी को मैं नमन करता हूँ।

आसा-कसाय-विसयादु य विप्पमुत्तं, णाणं च झाण-अणुपेहण-णिच्चजुत्तं।
आरंभ-संग-विरदं तव-भाव-पूदं, लीणं-सहाव पणमामि सु-साहुवग्गं ॥5 ॥

अन्वयार्थ—(आसा-कसाय-विसयादु य विप्पमुत्तं) आशा, कषाय और विषयों से मुक्त (णाणं च झाण अणुपेहण णिच्चजुत्तं) ज्ञान-ध्यान व अनुप्रेक्षण में नित्य युक्त, (आरंभ-संग-विरदं) आरंभ-परिग्रह से विरक्त (तव-भाव-पूदं) तप की भावना से पवित्र (लीणं-सहाव) स्वभाव लीन (सु-साहुवग्गं) श्रेष्ठ साधुवर्ग को मैं (पणमामि) प्रणाम करता हूँ।

अर्थ—आशा, (इच्छा), क्रोधादि कषाय और इन्द्रिय विषयों की वासना से रहित, ज्ञान-ध्यान व अनुप्रेक्षाओं में नित्य ही जुड़े रहने वाले हैं, आरंभ-परिग्रह से रहित, तप की भावना से पवित्र और निज स्वभाव में लीन, श्रेष्ठ साधु-संघों को मैं प्रणाम करता हूँ।

लोगस्स-पुज्ज-अरहंत-विसुद्ध-सिद्धं, आयारपूद-सयलाइरियं च सेट्ठं।
अज्झावयं पद-पडिट्ठिद-पाढगं च, वंदामि मंगल-सरूव सु-सव्वसाहुं॥6॥

अन्वयार्थ—(लोगस्स-पुज्ज-अरहंत) लोकपूज्य अरहंत (विसुद्ध-सिद्धं) विशुद्ध सिद्ध, (आयारपूद-सयलाइरियं च सेट्ठं) आचरण से पवित्र समस्त श्रेष्ठ आचार्य (अज्झावयं पद-पडिट्ठिद-पाढगं च) तथा अध्यापक के पद पर प्रतिष्ठित उपाध्याय (मंगल-सरूव सु) और मंगल स्वरूप (सव्वसाहुं) सर्वसाधु को [मैं] (वंदामि) वन्दन करता हूँ।

अर्थ—इन्द्रादि लोकमान्य विभूतियों द्वारा पूजा को प्राप्त अरहंतों, सम्पूर्ण कर्मों को नष्टकर विशुद्धता को प्राप्त सिद्धों, पंचाचारों से पवित्र श्रेष्ठ आचार्यों, अध्यापक के पद पर प्रतिष्ठित उपाध्यायों तथा लोक में मंगल स्वरूप समस्त साधुओं को मैं वन्दन करता हूँ।

वीर-त्थुदी

[वीर-स्तुति, शिखरणी छन्द]

अदीदाभूदं वा विविह-पज्जय-वत्थु-सयलं, अलोगागासं वा सदद-सहजं पायड-परं।
अपुव्वं सण्णाणं सयल-तम दुब्भाव- हणणं, णमामो तं वीरं सहज-करुणा-पुण्ण- हिदयं ॥1॥

अन्वयार्थ—[जिनका] (अपुव्वं सण्णाणं) अपूर्व सम्यग्ज्ञान (सयल-तम दुब्भाव- हणणं) सकल दुर्भाव रूपी अंधकार को नष्ट करने वाला है, (अदीदाभूदं वा) भविष्य, भूत व वर्तमान (वत्थु विविह-पज्जय-सयलं,) वस्तु की विविध समस्त पर्यायों को (वा) तथा (अलोगागासं वा) अलोकाकाश व लोकाकाश को (सदद) निरंतर (सहजं) सहज ही (पायड परं) प्रकट करने वाला है (तं) उन (सहज करुणा पुण्ण- हिदयं) सहज करुणा पूर्ण हृदय (वीरं) वीर भगवान को [हम] (णमामो) नमन करते हैं।

अर्थ—जिनका अपूर्व केवलज्ञान सम्पूर्ण दुर्मतों के प्रभावरूप अंधकार को नष्ट करने वाला है, भविष्य, भूत व वर्तमान काल संबन्धी विविध वस्तुओं की समस्त पर्यायों को तथा लोक-अलोक को निरंतर सहज ही प्रकट करने वाला है, उन सहज करुणा से पूर्ण हृदय वीर भगवान को हम नमन करते हैं।

विचित्तं चारित्तं सयल-भुवणे मोलि-रयणं, सदा सच्चाहिंसा-सुहद-पह-कहणे य कुसलं।
सरूवे तल्लीणं वयण-समभावाणुकलिदं, णमामो तं वीरं सहज-करुणा-पुण्ण- हिदयं ॥2॥

अन्वयार्थ—[जो] (विचित्तं चारित्तं) विचित्र चारित्र वाले, (सयल-भुवणे मोलि-रयणं) सकल जगत के मौलि-मणि (सदा सच्चाहिंसा सुहद-पह कहणे य कुसलं) सदा सत्य अहिंसा के सुखद पंथ के कथन में कुशल (सरूवे तल्लीणं) स्वरूप में तल्लीन, (वयण समभावाणुकलिदं) समभावों से अनुकलित मुखमुद्रा वाले हैं, (तं) उन (सहज करुणा पुण्ण- हिदयं) सहज करुणा पूर्ण हृदय (वीरं) वीर भगवान को [हम] (णमामो) नमन करते हैं।

अर्थ—अद्भुत चरित्र वाले, सकल विश्व के मुकुट-मणि, निरन्तर सत्य अहिंसा के सुखकारी मार्ग के कथन में कुशल, आत्मस्वरूप में तल्लीन, साम्यभावों से पूरित मुखमुद्रा युक्त, उन सहज करुणा से पूर्ण हृदय वाले श्री वीर भगवान को हम नमन करते हैं।

जहा गंगा तावं हरदि जगदि खादि-पगडं, तहा वीरो पावं भवभयकरं कम्महणदि।
तमापुण्णे पंथे वि य भविय जीवाण सरणं, णमामो तं वीरं सहज-करुणा-पुण्ण- हिदयं ॥3॥

अन्वयार्थ—(जहा गंगा तावं हरदि) जैसे गंगा ताप को हरती है [ऐसी] (जगदि खादि पगडं) जगत में ख्याति प्रगट है (तहा) वैसे ही (वीरो पापं भवभयकरं कम्महणदि) वीर भगवान भवभयकारी पाप को नष्ट करते हैं, (पंथे) मुक्ति पथ (तमापुण्णे) अज्ञान रूप अन्धकार से पूर्ण है (विय) फिर भी [जो] (भविय जीवाण सरणं) भव्यजीवों को शरणभूत है (तं) उन (सहज करुणा पुण्ण- हिदयं) सहज करुणा पूर्ण हृदय (वीरं) वीर भगवान को [हम] (णमामो) नमन करते हैं।

अर्थ—जैसे लोक में यह प्रसिद्ध है कि गंगा ताप को हरती है, वैसे ही वीर भगवान भयंकर संसार में भ्रमण कराने वाले पापों को नष्ट करते हैं। वर्तमान में मुक्ति का मार्ग अज्ञान रूप अन्धकार से व्याप्त है फिर भी भव्यजीवों के लिये जो शरणभूत हैं उन सहज करुणा से पूर्ण हृदय वीर भगवान को हम नमन करते हैं।

अहो! मुद्धा वाणी तव चरिदगीदे ण णिउणा, अहो! रुद्धं णाणं मम तव रहस्सं ण विदितं।
अहो! चागो तुम्हं तदवि अतुलो भादि विभवो, णमामो तं वीरं सहज-करुणा-पुण्ण- हिदयं ॥4॥

अन्वयार्थ—(अहो! मुद्धा वाणी) अहो! यह मुग्ध वाणी (तव चरिदगीदे ण णिउणा) आपका चरित्र गाने में निपुण नहीं है, (अहो! मम रुद्धं णाणं) अहो! यह मेरा अवरुद्ध ज्ञान (तव रहस्सं ण विदितं) आपका रहस्य नहीं जानता (अहो! चागो तुम्हं) अहो! यह आपका अद्भुत त्याग (तदवि) फिर भी (अतुलो भादि विभवो) अतुल्य वैभव शोभित है [ऐसे] (तं) उन (सहज करुणा पुण्ण- हिदयं) सहज करुणा पूर्ण हृदय (वीरं) वीर भगवान को [हम] (णमामो) नमन करते हैं।

अर्थ—हे भगवन्! मेरी यह वाणी आपके गुणों पर मुग्ध जरूर है, पर उनके कहने में निपुण नहीं है, यह ज्ञानावरण कर्म के उदय से अवरुद्ध ज्ञान आपके रहस्य को नहीं जानता है, आपका त्याग अद्भुत है, फिर भी आप अतुल्यगुण रूपी वैभव अथवा समवशरण आदि वैभव से सुशोभित हैं, यह आश्चर्य की बात है, ऐसे आश्चर्यों के निधान सहज करुणा से पूर्णहृदय वीर भगवान को हम नमन करते हैं।

ण मे कावि वंछा विविहसुरभोगेसु महदं, ण वा चित्तं दिण्णं किमवि वसुधावैभव-सुहं।
तुवं दिव्वदिट्ठिं सुहद-विमलं केवल-गुणं, णमामो तं वीरं सहज-करुणा-पुण्ण- हिदयं ॥5॥

अन्वयार्थ—[हे भगवन्!] (विविह सुरभोगेसु महदं) विशाल विविध स्वर्गीय भोगों में (मे) मेरी (कावि वंछा ण) कोई भी वांछा नहीं है, (ण वा) न ही (किमवि) किसी भी (वसुधा वैभव-सुहं) पृथ्वी के वैभव सुख में (चित्तं दिण्णं) मन लगा है मुझे तो केवल (तुवं) आपकी (सुहद विमलं दिव्वदिट्ठिं) सुखद निर्मल दिव्यदृष्टि

[तथा] (केवल-गुणं) केवलज्ञान चाहिए [इसलिए] (तं) उन (सहज करुणा पुण्ण- हिदयं) सहज करुणा पूर्ण हृदय (वीरं) वीर भगवान को [हम] (णमामो) नमन करते हैं।

अर्थ—हे भगवन्! विशाल विविध दैविक भोगों में मेरी कोई चाहना नहीं है और न ही मेरा मन पृथ्वी के किसी भी वैभव को चाहता है, मुझे तो आपकी सुखदायी निर्मल दिव्यदृष्टि तथा केवलज्ञान चाहिए; इसीलिए हम आप सहज करुणापूर्ण हृदय वीर भगवान को नमन करते हैं।

वड्ढमाणो महावीरो, अदिवीरो य सम्मदी।
वीरो त्ति णाम-जुत्तं च, णमोक्करोमि सोक्खदं॥6॥

अन्वयार्थ—(सोक्खदं) सुख देने वाले (वड्ढमाणो महावीरो, अदिवीरो सम्मदी वीरोत्ति) वर्धमान, महावीर, अतिवीर, सन्मति और वीर [इन] (णाम-जुत्तं च) पाँच नामों से युक्त वीर भगवान के लिए (णमोक्करोमि) मैं सदा नमस्कार करता हूँ।

अर्थ—सुख देने वाले वर्धमान, महावीर, अतिवीर, सन्मति और वीर इन पाँच नामों से युक्त वीर भगवान को मैं नमस्कार करता हूँ।

वड्ढमाण-अट्ठगं

[वर्धमान-अष्टक, बसंततिलका-छन्द]

तिल्लोय-सव्व-विसयं च अलोग-लोगं, हत्थंगुलीय-तय-रेह-समं हि दिट्ठं।
रागादि-दोस-मद-मोह-विमुत्त-सुद्धं, तं वड्ढमाण-जिणणाह-महं णमामि ॥1॥

अन्वयार्थ—[जिनने] (अलोग-लोगं) लोक अलोक सहित (तिल्लोय-सव्व-विसयं) तीन लोक के सभी विषय को (हत्थंगुलीय) हस्तांगुली की (तय रेह समं हि दिट्ठं) तीन रेखा के समान ही देखा है (च) और (रागादि- दोस-मद-मोह-विमुत्त) रागादि दोष, मद, मोह से विमुक्त (शुद्धं) शुद्ध हैं (तं वड्ढमाण-जिणणाहमहं णमामि) उन वर्धमान जिननाथ को मैं नमन करता हूँ।

अर्थ—जिन्होंने लोक-अलोक सहित तीन लोक के सभी द्रव्यों की सभी पर्यायों को हाथ की अंगुली की तीन रेखाओं के समान स्पष्ट देखा है, जो रागादि दोषों तथा मद-मोह से अच्छी तरह मुक्त हैं, उन वर्धमान जिनेश्वर को मैं नमन करता हूँ।

पीऊस-पुण्ण-दिवसे अदि-पुण्णसीले, सग्गा चुदो णयर-कुंडपुरम्मि जादो।
वीरो य तेरस-तिहिम्मि चेत्त-मासे, तं वड्ढमाण-जिणणाह-महं णमामि ॥2॥

अन्वयार्थ—(अदिपुण्णसीले) अतिपुण्यशील (तेरस-तिहिम्मि) तेरस तिथि (चेत्त-मासे) चैत्र मास (पीऊस-पुण्ण-दिवसे) अमृतपूर्ण दिवस में (सग्गा चुदो) स्वर्ग से च्युत होकर (वीरो) वीर (णयर कुंडल पुरम्मि) कुंडलपुर नगर में (जादो) जन्म हुआ [ऐसे महिमाशाली] (तं वड्ढमाण-जिणणाहमहं णमामि) उन वर्धमान जिननाथ को मैं नमन करता हूँ।

अर्थ—वह त्रयोदशी तिथि, शुभ चैत्र मास, अमृतपूर्ण दिवस अत्यन्त पुण्यशाली है, जिसमें कि स्वर्ग से च्युत होकर वीर भगवान ने कुंडलपुर नगर में जन्म लिया, ऐसे अपूर्व महिमाशाली उन वर्धमान जिनेश्वर को मैं नमन करता हूँ।

सिद्धत्थराय खलु सिद्धमणोरही सो, जादी य णाह-सुह-वंस-अतीव-सुद्धो।
सुज्जो समाण वर जस्स सुपुत्तजादो, तं वड्ढमाण-जिणणाह-महं णमामि ॥3॥

अन्वयार्थ—(अतीव-सुद्धो) अत्यन्त शुद्ध (जादी) जाति (य) और (सुहणाह

वंस) शुभ नाथ वंश वाले (सो) वह (सिद्धत्थराय) सिद्धार्थ राजा (खलु) निश्चित ही (सिद्धमणोरही) सिद्ध मनोरथी हैं (जस्स) जिनके (सुज्जो समाण वर सुपुत्त-जादो) सूर्य के समान श्रेष्ठ सुपुत्र उत्पन्न हुआ (तं वड्ढमाण-जिणणाहमहं णमामि) उन वर्धमान जिननाथ को मैं नमन करता हूँ।

अर्थ—अत्यन्त शुद्ध जाति और शुभ नाथवंश वाले वे राजा सिद्धार्थ निश्चित ही सिद्ध मनोरथ वाले हैं, जिनके सूर्य के समान श्रेष्ठ सुपुत्र उत्पन्न हुआ, जिनके जन्म लेने से उस जाति, वंश और पिता की महिमा बढ़ी उन श्री वर्धमान जिनेश्वर को मैं नमन करता हूँ।

रण्णी सुसेट्ठ-तिसला अदि-पुण्णवंती, बालं जणेज्ज जग-तारग-दुक्ख-हंता।
जस्सप्पसाद-पियकारिणि-णाम-जादं, तं वड्ढमाण-जिणणाह-महं णमामि ॥4॥

अन्वयार्थ—(रण्णी सुसेट्ठ तिसला) अति श्रेष्ठ रानी त्रिशला (अदि-पुण्णवंती) अति पुण्यवती हैं [जिनने] (जग-तारग) जग तारक (य) और (दुक्ख-हंता) दुःख-नाशक (बालं जणेज्ज) बालक उत्पन्न किया (जस्सपसाद-पियकारिणि णाम जादं) जिनके प्रसाद से प्रियकारिणी नाम हुआ (तं वड्ढमाण-जिणणाहमहं णमामि) उन वर्धमान जिननाथ को मैं नमन करता हूँ।

अर्थ—वे अतिश्रेष्ठ महारानी त्रिशला अत्यन्त पुण्यवती हैं जिन्होंने जग उद्धारक और जीवों के दुःखों को नष्ट करने वाला श्रेष्ठ पुत्र उत्पन्न किया। जिनके प्रसाद से माता का प्रियकारिणी नाम अत्यन्त शोभा को प्राप्त हुआ, उन वर्धमान जिनेश्वर को मैं नमन करता हूँ।

धण्णा धरा सयल-जीव-समूह-धण्णो, जादम्मि जंसि भुवि धाम-सुधण्ण-पुण्णं।
धण्णा जणा णयर-रट्ठय - रज्ज-धण्णं, तं वड्ढमाण-जिणणाह-महं णमामि ॥5॥

अन्वयार्थ—(जंसि) जिनके (जादम्मि) उत्पन्न होने पर (धण्णा धरा) धरा धन्य हुई (सयल जीव समूह धण्णो) सकल जीव समूह धन्य हुआ (भुवि धाम सुधण्ण पुण्णो) पृथ्वी महलों, सुधान्यों से पूर्ण हुई (धण्णाजणा) मनुष्य धन्य हुए (णयर-रट्ठ-य-रज्ज-धण्णं) नगर, राष्ट्र और राज्य धन्य हुआ (तं वड्ढमाण-जिणणाहमहं णमामि) उन वर्धमान जिननाथ को मैं नमन करता हूँ।

अर्थ—जिन महावीर भगवान के उत्पन्न होने पर धरा धन्य हुई, समस्त जीवों का समूह धन्य हुआ; पृथ्वी, महलों (घरों) व श्रेष्ठ धान्यों से पूर्ण हुई, मनुष्य धन्य हुए; भ्रष्टाचार, भेदभाव व हिंसा के मिट जाने से नगर, राज्य और समस्त राष्ट्र धन्य हुआ, उन वर्धमान जिनेश्वर को मैं नमन करता हूँ।

संपुण्ण-सारद-णिसायर-कंति-सोहं, जुत्तं सया हि परि वेट्ठिद-भूवइंदं।
राजेदि-बाल-अरुण व्व सुवण्ण-देहं, तं वड्ढमाण-जिणणाह-महं णमामि ॥6 ॥

अन्वयार्थ—जो (संपुण्ण-सारद-णिसायर-कंति-सोहं) सम्पूर्ण शारदीय चन्द्र-कांति की शोभा से (जुत्तं) युक्त हैं (सदा परिवेट्ठिद-भूव-इंदा) राजा व इन्द्रों से सदा परिवेष्ठित है (च) तथा (बाल अरुणव्व सुवण्ण देहं) बालसूर्य के समान देह (राजेदि) सुशोभित है जिनकी (तं वड्ढमाण-जिणणाहमहं णमामि) उन वर्धमान जिननाथ को मैं नमन करता हूँ।

अर्थ—जो शारदीय पूर्णिमा के चन्द्र की कांति से संयुक्त हैं, राजाओं व इन्द्रों से परिवेष्ठित (घिरे) हैं तथा उगते हुए बालसूर्य के समान स्वर्ण देह युक्त हैं उन श्री वर्धमान जिनेश्वर को मैं नमन करता हूँ।

जोइंद-पुज्ज-जगणाह-पबोहजुत्तं, साहाविगं सय-सहस्स-गुणेहि जुत्तं।
गंभीर-धीर-खमभाव-विसाल-भूमिं, तं वड्ढमाण-जिणणाह-महं णमामि ॥7 ॥

अन्वयार्थ—(जोइंद-पुज्ज-जगणाह-पबोहजुत्तं) योगीन्द्रपूज्य, जगन्नाथ, प्रबोधयुक्त, (साहाविगं सय-सहस्स-गुणेहि जुत्तं) लाखों स्वाभाविक गुणों से युक्त (गंभीर-धीर-खमभाव-विसाल-भूमिं) गंभीरता, धीरता व क्षमाभाव की विशाल भूमि (तं वड्ढमाण-जिणणाहमहं णमामि) उन वर्धमान जिननाथ को मैं नमन करता हूँ।

अर्थ—योग धारण करने वाले श्रेष्ठ मुनियों में प्रधान, योगीन्द्रों से पूज्य, जगत्पति, श्रेष्ठ ज्ञानयुक्त अथवा स्वकीय ज्ञान से प्रबोध को प्राप्त, स्वाभाविक सैक्रडों-हजारों गुणों से युक्त तथा गंभीरता, धीरता व क्षमाभाव की विशाल भूमि के समान उन श्री वर्धमान जिनेश्वर को मैं नमन करता हूँ।

तुंगत्तणे गिरिसमो अहिराजदे जो, वा ईसरत्त-गुण-इंद-णरिंद-पुज्जो।
कल्लाण-पत्त-णिरवेक्ख-जणाण-बंधू, तं वड्ढमाण-जिणणाह-महं णमामि ॥8 ॥

अन्वयार्थ—(जो) जो (तुंगत्तणे गिरिसमो अहिराजदे) ऊँचे पर्वत के समान अधिराजित है (ईसरत्त-गुण) जिनका ऐश्वर्य गुण (इंद-णरिंद-पुज्जो) इन्द्र-नरेन्द्र द्वारा पूज्य हैं (जो) (कल्लाण-पत्त) कल्याण प्राप्त (वा) तथा (णिरबेक्ख जणाण-बंधू) मनुष्यों के निरपेक्ष बंधु हैं (तं वड्ढमाण-जिणणाह-महं णमामि) उन वर्धमान जिननाथ को मैं नमन करता हूँ।

अर्थ—जो अत्यन्त ऊँचे पर्वत के समान सुशोभित हैं, अनेक ऋद्धियों से सम्पन्न जिनका ऐश्वर्य गुण इन्द्रों व नरेन्द्रों से पूज्य है, जो पंचकल्याणकों को प्राप्त तथा भव्य मनुष्यों (जीवों) के निरपेक्ष बंधु हैं, उन श्री वर्धमान जिनेश्वर को मैं नमन करता हूँ।

वड्ढमाणट्ठगं होदु, सव्वकल्लाण-कारगं।
जाव चंदो य सूरो य, वड्ढदु जिणसासणं ॥9 ॥

अन्वयार्थ—[यह] (वड्ढमाणट्ठगं) वर्धमान अष्टक (सव्वकल्लाण-कारगं) सर्वकल्याण कारक (होदु) हो, (य) तथा (जाव) जब तक (सूरो य चंदो) सूर्य और चन्द्र है [तब तक] (वड्ढदु जिणसासणं) जिनशासन वृद्धिंगत हो।

अर्थ—यह वर्धमान अष्टक स्तोत्र सभी जीवों के सभी कल्याणों को करने वाला हो तथा जब तक इस लोक में सूर्य और चन्द्रमा है तब तक जिनेन्द्र भगवान का अहिंसा व स्याद्वादमय शासन वृद्धिंगत हो। दयामय जैनधर्म की प्रभावना और वीतराग स्याद्वादमय जिनवाणी का निरंतर प्रचार-प्रसार हो।

महावीर-अट्ठगं

(महावीर अष्टक, मालिनी छन्द)

जणणजलहिसेदू दुक्खविद्धंसहेदू,
णिहदमयरकेदू वारिदाणिट्ठहेदू।
समरसभरचेदा णट्ठणीसेसधादू,
जयदु जगदि णिच्चं वड्ढमाणो जिणिंदो ॥1॥

अन्वयार्थ—(जणणजलहिसेदू) जन्मरूपी समुद्र के लिए सेतु के समान (दुक्ख विद्धंस हेदू) दुःख का नाश करने वाले हेतु (णिहदमयरकेदू) कामदेव के नाशक (वारिदाणिट्ठ हेदू) अनिष्ट हेतु के निवारक (समरसभरचेदू) समरस से भरे हुए चेता (णट्ठणीसेसधादू) शरीर स्थित रसादि धातुओं के नाशक (जगदि) जगत में (वड्ढमाणो जिणिंदो) वर्धमान जिनेन्द्र (णिच्चं) नित्य (जयदु) जयवंत हों।

अर्थ—जन्मरूपी समुद्र के लिए सेतु, दुःखनाशक हेतु, कामदेव के नाशक, अनिष्ट हेतु के निवारक, समरस से भरे हुए चेता (ज्ञाता) शरीर स्थित रसादि धातुओं के नाशक वर्धमान जिनेन्द्र जगत में नित्य जयवंत हों।

सम-दम-जम-धत्ता मोहसंतावहत्ता,
सयलभुवणभत्ता सव्वकल्लाणकत्ता।
परमसुहसुजुत्ता सव्वसंदेहहंता,
जयदु जगदि णिच्चं वड्ढमाणो जिणिंदो ॥2॥

अन्वयार्थ—(समदम-जम-धत्ता) सम-दम-यम-धर्त्ता (मोहसंताव हत्ता) मोह संताप हर्त्ता (सयल भुवणभत्ता) सकल भुवन के स्वामी (सव्वकल्लाणकत्ता) सबका कल्याण करने वाले (परम सुह सुजुत्ता) परम सुख संयुक्त (सव्वसन्देह हन्ता) सर्व सन्देह के हर्त्ता (वड्ढमाणो जिणिंदो) वर्धमान जिनेन्द्र (जगदि) जगत में (णिच्चं) नित्य (जयदु) जयंवन्त हों।

अर्थ—सम-दम-यम के धारक व उपदेशक, मोह सन्ताप के हरने वाले, सकल जगत के स्वामी, सबका कल्याण करने वाले, परम सुख संयुक्त, सर्व सन्देह के हर्त्ता वर्धमान जिनेन्द्र जगत में जयवंत हों।

कुगदिपधणियंता मोक्खमग्गस्स भत्ता,
पयडिगहणहंता सव्वसंतावसंता।
गयणगमण-गंता मुत्तिरामाहिमंता,
जयदु जगदि णिच्चं वड्ढमाणो जिणिंदो॥3॥

अन्वयार्थ—(कुगदिपध णियंता) कुगतिपथ के नियंत्रक (मोक्खमग्गस्स भत्ता) मोक्षमार्ग के स्वामी (पयडि गहण हंता) गहन प्रकृतियों के हंता (सत्त-संताव संता) जीवों के संताप को शांत करने वाले (गयणगमणगंता) गगन गमन करने वाले (मुत्तिरामाहिमंता) मुक्तिरूपी स्त्री के लिए अभीष्ट (वड्ढमाणो जिणिंदो) वर्धमान जिनेन्द्र (जगदि) जगत में (जयदु) जयवंत होवें।

अर्थ—कुगतिपथ के नियंत्रक, मोक्षमार्ग के स्वामी, गहन-कठिन कर्म प्रकृतियों के नाशक जीवों के संताप को शांत करने वाले, गगन (आकाश) में गमन करने वाले, मुक्तिरूपी स्त्री के लिए अभीष्ट, वर्धमान जिनेन्द्र जगत में जयवंत होवें।

सजलजलदणादो णिज्जिदासेसवादो,
णरवदिणुदपादो वत्थु-तच्चत्थणादा।
जिदभवि-भववुंदो णट्ठकोवारिकंदो,
जयदु जगदि णिच्चं वड्ढमाणो जिणिंदो॥4॥

अन्वयार्थ—(सजलजलदणादो) जल से पूर्ण मेघ के समान दिव्यध्वनि वाले (णिज्जिदासेसवादो) सकल वादों को जीतने वाले (णरवदिणुपादो) नरपति से नमस्कृत चरण वाले (वत्थु तच्चत्थणादो) वस्तु तत्त्वार्थ के ज्ञाता (जिदभवि भववुंदो) भव्यजीवों के भवसमूह को जीतने वाले (णट्ठकोवारिकंदो) क्रोधसमूह का नाश करने वाले (वड्ढमाणो जिणिंदो) वर्धमान जिनेन्द्र (जगदि) जगत में (जयतु) जयवंत होवें।

अर्थ—जल से पूर्ण मेघ के समान दिव्यध्वनिवाले, सकलवादों को जीतने वाले, नरपति से नमस्कृत चरण वाले वस्तु तत्त्वार्थ के ज्ञाता , भव्यजीवों के भवसमूह को जीतने वाले क्रोधसमूह का नाश करने वाले वर्धमान जिनेन्द्र जगत में जयवंत होवें।

सुबल-बल विसालो मुत्तिकंतारसालो,
विमलगुणसरालो णिच्चकल्लोलमालो।
विगदसरणसालो धारिदो सच्छभालो,
जयदु जगदि णिच्चं वड्ढमाणो जिणिंदो॥5॥

अन्वयार्थ—(सुबल बल विसालो) अनंतवीर्य रूप विशाल बल वाले, (मुत्तिकंता रसालो) मुक्ति रूपी स्त्री के रसाल, (विमलगुणसरालो) निर्मलगुण के

वन (णिच्च-कल्लोलमालो) नित्य आनंदमाला के धारी (विगदसरणसालो) अशरणों को घर समान (धारिदो सच्छ भालो) स्वच्छभाल के धारी (वड्माणो जिणिंदो) वर्धमान जिनेन्द्र (जगदि) जगत में (जयदु) जयवंत होवें।

अर्थ—अनंतवीर्य रूप विशाल बल वाले, मुक्तिरूपी स्त्री में आसक्त, निर्मलगुण के उपवन, नित्यानंद माला के धारी अशरणों को घर समान, स्वच्छभालधारी, वर्धमान जिनेन्द्र जगत में जयवंत होवें।

मयणमदविदारी चारुचारित्तधारी,
कुगदिभयणिवारी सेट्ठसग्गावदारी।
विदिदभुवणसारो केवलण्णाणधारी,
जयदु जगदि णिच्चं वड्ढमाणो जिणिंदो ॥6 ॥

अन्वयार्थ—(मयण मद विदारी) मदन का मद विदारण करने वाले (चारुचारित्त धारी) श्रेष्ठतम चारित्र के धारी (कुगदिभय णिवारी) कुगदिभय निवारक (सेट्ठ सग्गावदारी) श्रेष्ठ स्वर्ग से अवतरित (विदिद भुवणसारो) संपूर्ण लोक के ज्ञाता (केवलण्णाणधारी) केवलज्ञान के धारी (वड्ढमाणो जिणिंदो) वर्धमान जिनेन्द्र (जगदि) जगत में (जयदु) जयवंत होवें।

अर्थ—मदन का मद विदारण करने वाले, सुंदर चारित्र के धारी, कुगतिभय निवारक,श्रेष्ठ स्वर्ग से अवतरित, संपूर्ण लोक के ज्ञाता, केवलज्ञानधारी, वर्धमान जिनेन्द्रजगत में जयवंत होवें।

विसयविसविणासी, सव्वभासाणिवासो,
गदभवभयपासो, दित्ति-वल्लीविगासो।
सयलसुहणिवासो कंतिसंपूरितासो,
जयदु जगदि-णिच्चं वड्ढमाणो जिणिंदो ॥7 ॥

अन्वयार्थ—(विसय-विस-विणासी) विषय-विष विनाशक (सव्वभासा णिवासो) सभी भाषाओं के निवास स्थान (गद भव भय पासो) भव भय पास से रहित (दित्ति-बल्ली विकासो) दीप्तिबेल के विकाशक (सयल सुहणिवासो) सकलसुख के निवास स्थान (संपूरितासा) स्व वर्ण से दिशाओं को भर देने वाले (वड्ढमाणो जिणिंदो) वर्धमान जिनेन्द्र (जगदि) जगत में (जयदु) जयवंत होवें।

अर्थ—विषय वासनाओं रूपी विष (जहर) के विनाशक, सभी भाषाओं के निवास स्थान, संसार-भय के बंधन से रहित, दीप्ति को भी दीप्तिमान करने वाले, सकल सुखों के निवास स्थान, परमौदारिक शरीर की कान्ति से दिशाओं को व्याप्त कर देने वाले श्री वर्धमान जिनेन्द्र जगत में जयवंत हों।

वयणरयणपूरो पावधूलीसमीरो,
कणयणियरगोरो दुट्ठकम्मारिसूरो।
कलुसदहणधीरो पाडिदाणंगवीरो,
जयदु जगदि णिच्चं वड्ढमाणो जिणिंदो ॥8॥

अन्वयार्थ—(वयणरयणपूरो) वचन रत्नों के पूर (पावधूलिसमीरो) पापरूपी धूली के लिए समीर (कणयणियर गोरो) स्वर्ण समूह के समान गौर वर्ण वाले (दुट्ठ कम्मारि सूरो) दुष्ट कर्मरूप शत्रुओं के लिए शूर (कलुसदहणधीरो) कलुषता के दहन में धीर (पाडिदाणंगवीरो) कामरूपी वीर को नष्ट करने वाले (वड्ढमाणो जिणिंदो) वर्धमान जिनेन्द्र (जगदि) जगत में (जयदु) जयवंत होवें।

अर्थ—वचन रत्नों के पूर, पापरूपी धूली के लिए वायु समान, स्वर्णसमूह के समान गौर वर्ण वाले, दुष्टकर्मरूपी शत्रुओं के लिए शूर योद्धा, रागादि कलुषता के जलाने में धीर, कामदेवरूपी वीर को नष्ट करने वाले वर्धमान जिनेन्द्र जगत में जयवंत होवें।

सव्व-कल्लाणकत्तारं हत्तारंदुक्खकारणं।
पणमामि महावीरं तित्थयरं च अंतिमं ॥9॥

अन्वयार्थ—(सव्वकगाण-कत्तारं) सर्व कल्याणकर्त्ता (हत्तारं-दुक्खकारणं) जन्मादि दुःख कारणों के हर्त्ता (अंतिमं) अंतिम (तित्थयरं) तीर्थंकर (महावीरं) महावीर स्वामी को (पणमामि) प्रणाम करता हूँ।

अर्थ—सब जीवों का कल्याण करने वाले, जन्म-जरा-मृत्यु आदि दोषों के कारण का नाश करने वाले, चौबीस तीर्थंकरों में अंतिम तथा श्रेष्ठ तीर्थंकर श्री महावीर स्वामी को मैं प्रणाम करता हूँ।

णव-देवदा-त्थुदी

(नवदेवता-स्तुति गाहा छन्द)

अरहंत

पाडिहेरजुत्ताणं, कल्लाणादिसयादि-संपण्णाणं।
पत्तं चदुट्ठयाणं, णमोत्थु सव्वारिहंताणं ॥1॥

अन्वयार्थ—(पाडिहेरजुत्ताणं) प्रातिहार्य युक्त (कल्लाणादिसयादि संपण्णाणं) कल्याणातिशय आदि संपन्न [चदुट्ठयाणं पत्तं] चतुष्टयों को प्राप्त (सव्वारिहंताणं) सर्व अरहंतों के लिए (णमोत्थु) नमस्कार हो।

अर्थ—अष्ट प्रातिहार्यों से युक्त, पंचकल्याणक, आदि से सम्पन्न तथा अनंत चतुष्टय को प्राप्त सभी अरहंतों के लिए नमस्कार हो।

सिद्ध

अट्ठसुगुणजुत्ताणं, णट्ठट्ठकम्मरयपुंजाणं।
सयल-सीलसहियाणं, णमो सया सव्वसिद्धाणं ॥2॥

अन्वयार्थ—(णट्ठट्ठकम्मरय पुंजाणं) अष्टकर्मरज पुंज को नष्टकर (अट्ठसुगुणजुत्ताणं) अष्टगुणसंपन्न (सयल-सील सहियाणं) सकल शील संयुक्त (सव्वसिद्धाणं) सभी सिद्धों के लिए (सया) सदा (णमो) नमस्कार हो।

अर्थ—अष्टकर्म रूपी रज पुंज को नष्ट कर अष्ट गुणों को प्राप्त करने वाले, सकल गुण संपन्न तथा शील संयुक्त सभी सिद्धों के लिए सदा नमस्कार हो।

आचार्य

पंचाचार-जुदाणं, पवयण-कहणे सुजुत्ति- कुसलाणं।
धीराण-सुसीलाणं, आयरियाणं णमो लोए ॥3॥

अन्वयार्थ—(पंच-आयार जुदाणं) पाँच आचार युक्त (पवयण कहणे) प्रवचन-कथन में (सुजुत्ति-कुसलाणं) सुयुक्ति कुशल (धीराणं-सुसीलाणं) धीर सुशील (लोए) लोक के (आयरियाणं) आचार्यों के लिए (णमो) नमस्कार हो।

अर्थ—ज्ञानाचार, दर्शनाचार, चारित्राचार, तपाचार व वीर्याचार इन पाँच आचार युक्त प्रवचन-कथन में, युक्ति देने में अत्यन्त कुशल धीर-गंभीर तथा सुशील श्रेष्ठ आचार्यों को नमस्कार हो।

उपाध्याय

बारस-अंग-सुजुत्तं, चउदह-पुव्वंग-विउल-वित्थरणं।
स-पर-सत्थसंजोयग-मुवज्झाय-महं वंदामि ॥4॥

अन्वयार्थ—(बारस-अंग सुजुत्तं) बारह अंग सहित (चउदहपुव्वंगविउल वित्थरणं) चौदह पूर्वांगों का विपुल विस्तार करने वाले [तथा] (स-परसत्थसंजोयगम्) स्व-पर को शास्त्रों में जोड़ने वाले (उवज्झायं) उपाध्यायों को (अहं) मैं (वंदामि) वन्दन करता हूँ।

अर्थ—बारह अंग सहित चौदह पूर्वांगों का विपुल विस्तार करने वाले तथा स्व-पर को शास्त्रों में जोड़ने वाले अर्थात् अध्ययन-अध्यापन कराने वाले उपाध्याय को मैं वन्दन करता हूँ।

साधु

विसय-कसाय-विरत्तं, झाणज्झयणे सुजोइय अप्पं।
सुतिण्णमुच्छारंभं, विगदासं साहुं वंदामि ॥5॥

अन्वयार्थ—(विसय-कसाय-विरत्तं) विषय कषाय से विरक्त (झाणज्झयणे) ध्यान अध्ययन में (सुजोइय अप्पं) अच्छी तरह से युक्त आत्मा [तथा] (सुतिण्णमुच्छारंभं) मूर्च्छा-आरम्भ से पार (विगदासं) आशा से रहित (साहुं) साधु को [मैं] (वंदामि) वन्दन करता हूँ।

अर्थ—विषय कषाय से विरक्त, ध्यान-अध्ययन में अच्छी तरह से युक्त आत्मा, मूर्च्छा व आरंभ तथा आशा से रहित साधुओं को मैं वन्दन करता हूँ।

जिनधर्म

अहिंसासच्चरूवं, सुहदायगं च जीवहिदकारिणं।
तित्थयरधरिदं सुहं, जिणोवदिट्ठधम्ममहं वंदामि ॥6॥

अन्वयार्थ—(अहिंसासच्च रूवं) अहिंसा सत्य रूप (सुहदायगं) सुखदायक (जीवहिदकारिणं) जीव हित करने वाले तथा (तित्थयरधरिदं) तीर्थंकरों के द्वारा धारित (सुहं) शुभ (जिणोवदिट्ठधम्म-महं वंदामि) जिनेन्द्र भगवान द्वारा उपदिष्ट जिनधर्म को मैं वन्दन करता हूँ।

अर्थ—सत्य-अहिंसा रूप सुख के उत्पत्ति स्थान, जीवों का उत्कृष्ट हित करने वाले तीर्थंकरों के द्वारा धारित तथा जिनेन्द्र भगवान द्वारा उपदिष्ट जिनधर्म को मैं वन्दन करता हूँ।

जिनागम

सियावादचिणहजुत्तं गंभीरं सत्थविरोह-रहिदं च।
जिणिंद-भासिद-सुत्तं, तिलोगमहिदं सुहकरं वंदामि॥7॥

अन्वयार्थ—(सियावादिचिण्हजुत्तं) स्याद्वाद चिह्न युक्त (गम्भीरं) गंभीर (सत्थविरोह-रहिदं) शास्त्र-विरोध रहित (च) और (तिलोगमहिदं) त्रिलोकपूज्य (सुहकरं) सुखकर (जिणिंद-भासिदसुत्तं) जिनेन्द्रभाषित सूत्र को वन्दन करता हूँ।

अर्थ—स्याद्वाद चिह्न युक्त, शास्त्र-विरोध रहित और त्रिलोकपूज्य सुखकर जिनेन्द्रभाषित सूत्र को मैं वन्दन करता हूँ।

जिनचैत्य

सोम्मंगं सुहरूवं, पसंतवयणं च पाडिहेरजुदं।
अप्पाणंद-फुरंतं, जिणिंद-बिंबं सया वंदे॥8॥

अन्वयार्थ—(सोम्मंगं) सौम्यांग (सुहरूवं) शुभरूप (पसंतवयणं) प्रशांत मुख (पाडिहेरजुदं) प्रातिहार्य युक्त (अप्पाणंद फुरंतं) आत्मानद को स्फुरायमान करती हुई (जिणिंद-बिंबं) जिनेन्द्र प्रतिमा को (सया वन्दे) सदा वन्दन करता हूँ।

अर्थ—सौम्य अंगों वाली, शुभरूप, प्रशांत मुद्रा वाली, अष्ट प्रातिहार्य युक्त तथा आत्मीय आनंद को स्फुरायमान करती हुई जिन प्रतिमाओं को मैं सदा वन्दन करता हूँ।

जिन चैत्यालय

घंटा-तुरहि-पडाणं, सुह-सद्देहिं च णीर-गंधेहिं।
जत्थ जिणाणं पूजा, होदि य तं जिणगिहं वंदे॥9॥

अन्वयार्थ—(जत्थ) जहाँ पर (घंटा-तुरहि-पडाणं) घंटा, तुरही, पटह से (सुह-सद्देहिं च णीर गंधेहिं) शुभ शब्दों तथा नीर-गंध से (जिणाणं पूजा होदि) जिन पूजा होती है (तं) उस (जिणगिहं वंदे) जिनगृह को वन्दन करता हूँ।

अर्थ—जहाँ पर घंटा, तुरही, पटह, गीत, स्तुति-पूजा आदि के शुभ शब्दों से तथा जल-गंध आदि अष्टद्रव्यों से वीतरागी जिनेन्द्र भगवान की पूजा होती है, उन जिनमंदिरों को मैं वन्दन करता हूँ।

णवदेवों की संयुक्त स्तुति

(उपजाति-छन्द)

जिणिंददेवं च सिद्धं किदत्थं, णिस्संग-सूरिं उवज्झाय-साहुं।
जिणालयं धम्मरहं च सत्थं, णमामि सव्वं जिणचेइयं च ॥10॥

अन्वयार्थ—(सव्वं) सभी (जिणिंद देवं) अरहन्त देव (सिद्धं किदत्थं) कृतार्थ सिद्ध (णिस्संग-सूरिं उवज्झाय-साहुं) निःसंग आचार्य, उपाध्याय, साधु (जिणमंदिरं) जिनमन्दिर (धम्मरहं) धर्मरथ (सत्थं) शास्त्र (च) और (जिणचेइयाणं) जिनचैत्यों को (णमामि) नमन करता हूँ।

अर्थ—मैं सभी अरहंत भगवंतों, कृतार्थ सिद्धों, परिग्रह रहित आचार्य, उपाध्याय, साधुओं, जिनमन्दिर, जैनधर्म रूपी रथ, जैनशास्त्र तथा समस्त जिन प्रतिमाओं को नमन करता हूँ।

पंच-णमोक्कारो

(पंच-नमस्कार, अनुष्टुप छन्द)

अरिहंत-नमस्कार

णट्ठघादिचदुक्काणं, पत्ताणंत-चदुट्ठयं।
पाडिहेरसुजुत्ताणं, अरिहंताण मे णमो ॥1॥

अन्वयार्थ—(णट्ठघादिचदुक्काणं) चार घातिया कर्मों को नाशकर (पत्ताणंत-चदुट्ठयं) अनंत चतुष्टयों को प्राप्त करने वाले [तथा] (पाडिहेरसुजुत्ताणं) आठ प्रातिहार्यों से युक्त (अरहंताण) अरहन्तों को (मे) मेरा (णमो) नमस्कार हो।

अर्थ—चार घातिया कर्मों को नाशकर अनन्त चतुष्टयों को प्राप्त करने वाले तथा आठ प्रातिहार्यों से युक्त अरहंतों को मेरा नमस्कार हो।

सिद्ध-नमस्कार

अट्ठकम्म-विघादाणं, पत्ताणंतगुणाण हि।
पुरिसायारजुत्ताणं, सुद्धसिद्धाण मे णमो ॥2॥

अन्वयार्थ—(अट्ठकम्मविघादाणं) आठ कर्मों को नष्ट कर (पत्ताणंतगुणाण हि) अनंत गुण को प्राप्त [तथा] (पुरिसायारजुत्ताण) पुरुषाकार युक्त (सुद्ध-सिद्धाणं मे णमो) शुद्ध सिद्ध भगवंतों को मेरा नमस्कार हो।

अर्थ—आठ कर्मों को नष्टकर अनन्त गुणों को प्राप्त तथा पुरुषाकार युक्त शुद्ध सिद्ध भगवन्तों को मेरा नमस्कार हो।

आचार्य-नमस्कार

णाणायारादिजुत्ताणं, अणुप्पेहादि-पेहणं।
ट्ठिदिकप्पादि-धम्माणं, आयरियाण मे णमो ॥3॥

अन्वयार्थ—(णाणायारादिजुत्ताणं) ज्ञानाचारादि संयुक्त (अणुप्पेहादि पेहणं) अनुप्रेक्षा आदि का प्रेक्षण करने वाले (ट्ठिदिकप्पादि) स्थिति कल्पादि [तथा] (धम्माणं) धर्म आदि संयुक्त (आयरियाण) आचार्यों के लिए (मे) मेरा (णमो) नमस्कार हो।

अर्थ—ज्ञानादि पाँच आचार, अनित्यादि बारह अनुप्रेक्षा, आचेलक्य आदि

दस स्थितिकल्प तथा उत्तम क्षमादि दशधर्म संयुक्त आचार्यों के लिए मेरा नमस्कार हो।

उपाध्याय-नमस्कार

आयारादिसु अंगेसु, समकालसुदेसु वा।
पारंगदाण मुक्खाणं, उवज्झायाण मे णमो ॥4॥

अन्वयार्थ—(आयारादिसु अंगेसु) आचारादि अंगों में (वा) अथवा (समकाल-सुदेसु) समकालीन श्रुत में (पारंगदाण) पारंगत (मुक्खाणं) मुख्य (उवज्झायाण) उपाध्यायों के लिए (मे) मेरा (णमो) नमस्कार हो।

अर्थ—आचारादि अंगों में अथवा समकालीन श्रुत में जो पारंगत हैं और संघ में मुख्य हैं, उन उपाध्यायों के लिए मेरा नमस्कार हो।

साधु-नमस्कार

सम्मद्दंसण-सण्णाण, चारित्त-तव-साहणा।
झाणज्झयण-जुत्ताणं, साहूणं णाणिणं णमो ॥5॥

अन्वयार्थ—(सम्मद्दंसण-सण्णाण च चारित्त-तव-साहणा) सम्यग्दर्शन, ज्ञान, चारित्र और तप साधना (झाणज्झयण-जुत्ताणं) ध्यान-अध्ययन से सम्पन्न (साहूणं णाणिणं णमो) ज्ञानी साधुओं को (णमो) नमस्कार हो।

अर्थ—सम्यग्दर्शन, ज्ञान, चारित्र और तप साधना से संयुक्त, ध्यान-अध्ययन सम्पन्न ज्ञानी साधु-भगवन्तों को नमस्कार हो।

देव-त्थुदी

(देव-स्तुति, अनुष्टुप-छन्द)

णेत्ताणि मे किदत्थाणि, जम्मं जादं च सप्फलं।
विलीणं दुरितं सव्वं, जिणस्स दंसणेण य॥1॥

अन्वयार्थ—(जिणस्स दंसणेण य) जिनदेव के दर्शन से (अज्ज) आज (मे) मेरे (णेत्ताणि किदत्थाणि) नेत्र कृतार्थ हो गये (जम्मं जादं) जन्म (सप्फलं) सफल हो गया (च) तथा (दुरितं सव्वं विलीणं) सभी पाप नष्ट हो गए।

अर्थ—जिनदेव के दर्शन से आज मेरे नेत्र कृतार्थ हो गए, जन्म सफल हो गया तथा सभी पाप नष्ट हो गए।

अणंतफलं-पावंति, त्थुदिं कुव्वंता सण्णरा।
ण हि जिणिंद-भत्तीए, किंचि सेट्ठयरं जगे॥2॥

अन्वयार्थ—(थुदिं कुव्वंता) स्तुति करते हुए (सण्णरा) श्रेष्ठ मनुष्य (अणंतफलं-पावंति) अनंत फल पाते हैं (हि) वस्तुतः (जिणिंद-भत्तीए) जिनेन्द्र भक्ति से (जगे) जगत में (सेट्ठयरं) श्रेष्ठतर (किंचि) कुछ (ण) नहीं है।

अर्थ—स्तुति करते हुए श्रेष्ठ मनुष्य अनंत फल पाते हैं, वस्तुतः जिनेन्द्र भक्ति से श्रेष्ठतर लोक में कोई दूसरी वस्तु नहीं है।

वुड्ढी हवेदि णाणस्स जसो फुरदि णिम्मलो।
मोहतमो विणस्सेदि, भावेण दंसणेण य॥3॥

अन्वयार्थ—(भावेण दंसणेण) भावपूर्वक जिनेन्द्र भगवान का दर्शन करने से (णाणस्स वुड्ढी हवेदि) ज्ञान की वृद्धि होती है (णिम्मलो जसो फुरदि) निर्मल यश स्फुरायमान होता है (मोहतमो च विणस्सेदि) और मोहरूपी अंधकार नष्ट हो जाता है।

अर्थ—भावपूर्वक जिनेन्द्र भगवान का दर्शन करने से ज्ञान की वृद्धि होती है, निर्मल यश स्फुरायमान होता है और मोहरूपी अंधकार नष्ट हो जाता है।

जिणिंद त्थुदि-सीलस्स, णिच्चं वंदणकारिणो।
गुणा चत्तारि वड्ढंते, आऊ विज्जा बलं जसो॥4॥

अन्वयार्थ—(जिणिंद त्थुदि-सीलस्स) जिनेन्द्र देव की स्तुति करने के स्वभाव वाले के [तथा] (णिच्चं वंदणकारिणो) नित्य वन्दना करने वाले के (चत्तारि गुणा) चार गुण (आऊ विज्जा बलं जसो) आयु विद्या बल और यश (वड्ढंते) बढ़ते हैं।

अर्थ—जिनेन्द्र देव की स्तुति करने के स्वभाव वाले के तथा नित्य वन्दना करने वाले के चार गुण निरंतर बढ़ते हैं-आयु, विद्या, बल और यश।

सव्वे रोगा भया सव्वे, सव्वदुक्खस्स संतदी।
सव्वण्हू-त्थुदि-मेत्तेण, णस्संति णत्थि संसयो॥5॥

अन्वयार्थ—(सव्वे रोगा) सभी रोग (सव्वे भया) सभी भय (य) और (सव्वदुक्खस्स संतदी) सभी दुःखों की परंपरा (सव्वण्हूत्थुदी-मेत्तेण) सर्वज्ञ देव की स्तुति मात्र से (णस्संति) नष्ट हो जाती है [इसमें] (संसयो) संशय (णत्थि) नहीं है।

अर्थ—सभी रोग, सभी भय और सभी दुःखों की परंपरा सर्वज्ञ देव की स्तुति मात्र से नष्ट हो जाती है, इसमें संशय नहीं है।

उवसग्गा खयं जंति, णस्सदि विग्घबल्लरी।
मणे उवसमो एदि, वंदमाणे जिणेस्सरे॥6॥

अन्वयार्थ—(जिणेस्सरे वंदमाणे) जिनेश्वर की वन्दना करने पर (उवसग्गा) उपसर्ग (खयं जंति) क्षय को प्राप्त हो जाते हैं (विग्घबल्लरी णस्सदि) विघ्नरूपी बेल नष्ट हो जाती है [तथा] (मणे उवसमो एदि) मन में प्रशम-भाव आता है।

अर्थ—जिनेश्वर की वन्दना करने पर उपसर्ग क्षय को प्राप्त हो जाते हैं, दुःख-शोक दारिद्र्य आदि विघ्नरूपी बेल नष्ट हो जाती है तथा मन में प्रशम [शांति] भाव आता है।

भत्तिजुत्त-सहावो य, महिमंडल मंडणो।
सुरासुरेहि पुज्जेदि, भत्तो मोक्खं च गच्छदि॥7॥

अन्वयार्थ—(भत्तिजुत्तसहावो) भक्तियुक्त स्वभाव वाला (च) और (महिमंडल मंडणो) पृथ्वीतल का आभूषण [ऐसा] (भत्तो) जिनेन्द्रभक्त (सुरासुरेहि पुज्जेदि) सुर-असुरों के द्वारा पूजा जाता है (च) तथा (मोक्खं गच्छदि) मोक्ष जाता है।

अर्थ—भक्तियुक्त स्वभाव वाला और पृथ्वीतल का आभूषण ऐसा जिनेन्द्र भगवान का भक्त सुर-असुरों के द्वारा पूजा जाता है तथा मोक्ष जाता है।

जो करेदि जिणिंदाणं, पूयणं ण्हवणं जवं।
ईसरत्तं च भोत्तूण, पावदि सस्सदिं महिं॥8॥

अन्वयार्थ—(जो) जो मनुष्य (जिणिंदाणं) जिनेन्द्र भगवंतों का (पूयणं ण्हवणं जवं करेदि) पूजन, अभिषेक, जाप्य करता है [वह] (ईसरत्तं च भोत्तूण) विविध ऐश्वर्यों को भोगकर (सस्सदिं महिं पावदि) शाश्वत पृथ्वी अर्थात् मोक्ष को पाता है।

अर्थ—जो मनुष्य जिनेन्द्र भगवंतों का पूजन, अभिषेक, जाप्य करता है, वह विविध ऐश्वर्यों को भोगकर शाश्वत ईषत्प्रागभार नामक पृथ्वी अर्थात् मोक्ष को पाता है।

विज्जा-त्थुदी

(विद्या-स्तुति, अनुष्टुप-छन्द)

विज्जा बंधू य मित्तं च, विज्जा कल्लाणकारिणी।
सहगामी-धणं विज्जा, विज्जा सव्वट्ठसाहिणी॥1॥

अन्वयार्थ—(विज्जा बन्धू य मित्तं) विद्या बन्धु है, मित्र है (विज्जा कल्लाण-कारिणी) विद्या कल्याणकारिणी है (विज्जा सहगामी धणं) विद्या सहगामी धन है (च) और (विज्जा सव्वट्ठ साहिणी) विद्या सर्वार्थ-साधिनी है अर्थात् सभी प्रयोजनों को सिद्ध करने वाली है।

अर्थ—विद्या बन्धु है, मित्र है, विद्या कल्याणकारिणी है, विद्या सहगामी धन है और विद्या सर्वार्थ-साधिनी है अर्थात् सभी प्रयोजनों को सिद्ध करने वाली है।

विज्जा कामदुहाधेणू, विज्जा चिंतामणिसमा।
सग्ग-मोक्खं च साहेदि, णरस्स देदि सम्पदं॥2॥

अन्वयार्थ—(विज्जा कामदुहा धेणू) विद्या कामधेनु के समान है (विज्जा चिंतामणि समा) विद्या चिन्तामणि के समान है (सग्ग-मोक्खं साहेदि) स्वर्ग, मोक्ष को साधती है (च) और (णरस्स) आराधक मनुष्य को (संपदं देदि) संपदा प्रदान करती है।

अर्थ—विद्या कामधेनु के समान है, विद्या चिन्तामणि के समान है; स्वर्ग, मोक्ष को साधती है और आराधक मनुष्य को इह-पर लोक में संपदा प्रदान करती है।

विज्जा जसकरी पुंसं, विज्जा सेयंकरी सदा।
सम्मं आराहिदा विज्जा, पुत्तं मादा व रक्खदि॥3॥

अन्वयार्थ—(पुंसं) मनुष्यों को (विज्जा) विद्या (जसकरी) यश देने वाली है, (विज्जा सेयंकरी सदा) विद्या हमेशा श्रेयस्कारी है, (सम्मं आराहिदा विज्जा) सम्यक् प्रकार से आराधित विद्या (पुत्तं मादा व रक्खदि) पुत्र की माता के समान रक्षा करती है।

अर्थ—मनुष्य को विद्या यश देने वाली है, विद्या हमेशा श्रेयसकारी अर्थात् कल्याणकारी है, सम्यक् प्रकार से आराधित विद्या विद्यार्थी की उसी प्रकार रक्षा करती है जिस प्रकार माता अपने प्रिय पुत्र की रक्षा करती है।

गुरुसेवाहि जा विज्जा, णाणीणं संगमेण वा।
अब्भासेण हि भावेण, चउत्थेणं ण पप्पदे ॥4॥

अन्वयार्थ—(गुरुसेवाहि जा विज्जा) यह विद्या गुरु सेवा से (णाणीणं संगमेण) ज्ञानियों की संगति करने से (वा) अथवा (अब्भासेण भावेण) भावपूर्वक अभ्यास से (पप्पदे) प्राप्त होती है [अन्य किसी] (चउत्थेणं ण) चौथे उपाय से प्राप्त नहीं होती है।

अर्थ—यह विद्या गुरु सेवा से, ज्ञानीजनों की संगति करने से अथवा भावपूर्वक अभ्यास करने से प्राप्त होती है, अन्य किसी चौथे उपाय से प्राप्त नहीं होती है।

विज्जा य विज्जमाणेमा, दाणेण हि विवड्ढदि।
चोरादिहि हरेज्जा ण, पुच्छीअदि मणीसिहिं ॥5॥

अन्वयार्थ—(इमा विज्जमाण विज्जा) यह विद्यमान विद्या (हि) वस्तुतः (दाणेण विवड्ढदि) दान से ही बढ़ती है (चोरादिहि हरेज्जा ण) चोर आदि के द्वारा हरी नहीं जाती (मणीसीहिं) बुद्धिमानों के द्वारा (पुच्छीअदि) पूछी जाती है।

अर्थ—यह विद्यमान विद्या वस्तुतः दान से ही बढ़ती है, चोर आदि के द्वारा हरी नहीं जाती किन्तु बुद्धिमानों के द्वारा पूछी जाती है।

रूव-जोव्वण-संपण्णा, विसालकुल-संभवा।
विज्जाहीणा ण सोहंते, णिग्गंधा इव किंसुगा ॥6॥

अन्वयार्थ—(रूव-जोव्वण संपण्णा) रूप-यौवन संपन्न [और](विसाल कुल संभवा) विशाल कुल में उत्पन्न मनुष्य भी (विज्जाहीणा ण सोहंते) विद्याहीन शोभित नहीं होते (णिग्गंधा किंसुगा इव) जैसे सुंदर वर्ण वाला किन्तु गंधरहित किंसुक (ढाक) का फूल।

अर्थ—रूप-यौवन सम्पन्न और विशाल कुल में उत्पन्न मनुष्य भी विद्याहीन शोभित नहीं होते जैसे कि सुंदर वर्णवाला किन्तु गंधरहित कंसुक (पलास) का फूल।

गेहे धाराहिरूढा वि, सहाए णो पवट्टदे।
ताए विज्जाए किं कज्जं, आयारे वा ण वट्टदे ॥7॥

अन्वयार्थ—(गेहे धाराहिरूढा वि) घर में धाराभिरूढ़ होने पर भी (सहाए णो पवट्टदे) यदि सभा में प्रवर्तित नहीं होती है (वा आयारे ण वट्टदे) अथवा आचरण में प्रवर्तन नहीं करती है [तो] (ताए विज्जाए किं कज्जं) उस विद्या से क्या काम?

अर्थ—घर में धाराभिरूढ़ और अजस्र प्रवाही होने पर भी यदि सभा में प्रवर्तित नहीं होती है अथवा आचरण में प्रवर्तन नहीं करती है, तो उस विद्या से क्या काम?

संसारे विविहा विज्जा, भवब्भमण-कारणा।
सा विज्जा दुल्लहा णेया, भवबंधाण-भेदिणी ॥8॥

अन्वयार्थ—(संसारे) संसार में (भवब्भमण-कारणा) भवभ्रमण कराने में कारणभूत (विविहा विज्जा) विविध विद्याएं हैं [किन्तु] (सा विज्जा दुल्लहा णेया) वह विद्या दुर्लभ जानो [जो] (भव-बन्धाणं भेदिणी) भव बंधन का भेदन करती है।

अर्थ—संसार में भवभ्रमण कराने में कारणभूत विविध विद्याएँ हैं, किन्तु वह विद्या दुर्लभ जानो जो भव बंधन का भेदन करती है अथवा मोक्ष प्रदान करती है। अर्थात् मोक्ष सुख प्रदान करने वाली विद्या सम्पूर्ण लोक में अत्यन्त दुर्लभ है।

गुरु-त्थुदी

(गुरु-स्तुति, अनुष्टुप-छन्द)

सुदे वदे पचक्खाणे, संजमे णियमे तवे।
जस्स बुद्धी सदा जुत्ता, सो हि गुरु पकित्तिदो॥1॥

अन्वयार्थ—(सुदे वदे पचक्खाणे संजमे णियमे तवे) श्रुत, व्रत, प्रत्याख्यान, संयम, नियम और तप में (जस्स बुद्धी सदा जुत्ता) जिनकी चेतना सदा युक्त रहती है (सो हि गुरु पकित्तिदो) वस्तुतः वह ही गुरु कहा गया है।

अर्थ—श्रुत, व्रत, प्रत्याख्यान, संयम, नियम और तप में जिनकी चेतना सदा युक्त रहती है वस्तुतः वह ही गुरु कहा गया है।

णिरीहो णिव्वियारो य, राय-दोस विमुत्तओ।
हिदोवदेसगो सुद्धो, किवालू दुल्लहो गुरु॥2॥

अन्वयार्थ—(णिरीहो) निरीह (णिव्वियारो) निर्विकार (राय-दोसेहि हीणओ) राग-द्वेष से रहित (हिदोवदेसगो) हितोपदेशक (सुद्धो) शुद्ध (य) और (किवालू) कृपालु (गुरु) गुरु (दुल्लहो) दुर्लभ है।

अर्थ—निरीह, निर्विकार, राग-द्वेष से रहित हितोपदेशक शुद्ध और कृपालु गुरु दुर्लभ है।

भिक्खं चरंति जे सुण्णे, जिणालए रमंति वा।
बहुजप्पंति ण णिंदं, कुणंति ते तवोधणा॥3॥

अन्वयार्थ—(जे) जो (भिक्खं चरन्ति) भिक्षापूर्वक चर्या करते हैं (सुण्णे जिणालए वा रमंति) शून्य घर, उपवन अथवा जिनालय में रमते हैं (बहुजप्पंति ण णिंदं कुणंति) बहुत बोलते नहीं, निंदा करते नहीं (ते) वे (तपोधणा) तवोधन [साधु] कहलाते हैं।

अर्थ—जो भिक्षापूर्वक चर्या करते हैं; शून्य घर, उपवन अथवा जिनालय में रमते [रहते] हैं, बहुत बोलते नहीं, किसी की निन्दा करते नहीं, वे तपोधन (साधु) कहलाते हैं।

दंसण-णाण-चारित्त-तवेहिं सम्म-संजुदो।
पण्णो पण्हसहो साहू, सत्ताणं करुणापरो॥4॥

अन्वयार्थ—(सम्म-दंसण-णाण-चारित्त-तवेहिं संजुदो) सम्यग्दर्शन-ज्ञान-चारित्र और तप संयुक्त (पण्णो) प्रज्ञावान (पण्हसहो) प्रश्नसह (सत्ताणं करुणापरो) जीवों के हित के लिए करुणा के भंडार (साहू) साधु होते हैं।

अर्थ—सम्यग्दर्शन, ज्ञान, चारित्र और तप संयुक्त, प्रज्ञावान, प्रश्नसह, जीवों के हित के लिए करुणा के भंडार अर्थात् दयाभाव से युक्त जीवों की रक्षा में सदा तत्पर साधु होते हैं।

संसार-सायरे साहू, जीवाणं तरणी मदो।
भव्वपोम्मस्स सूरो व, दह-धम्माण-संजुदो॥5॥

अन्वयार्थ—(दह-धम्माण संजुदो साहू) उत्तम क्षमादि दश धर्मों से युक्त साधु (भव्वपोम्मस्स सूरो व) भव्य जीव रूपी कमलों के लिए सूर्य के समान [तथा] (जीवाणं) जीवों के लिए (संसार-सायरे) संसार-सागर में (तरणी) नौका के समान (मदो) माने गए हैं।

अर्थ—उत्तम क्षमादि दश धर्मों से युक्त साधु भव्य जीव रूपी कमलों के लिए चन्द्रमा के समान तथा जीवों के लिए संसार-सागर में नौका के समान तारने वाले माने गये हैं।

दिगंबरो णिरारंभो, झाणज्झयण-संजुदो।
अप्पसहाव-सल्लीणो, सो जोगी लहदे सुहं॥6॥

अन्वयार्थ—(दिगंबरो) दिगम्बर (णिरारंभो) आरंभ रहित (झाणज्झयण-संजुदो) ध्यान-अध्ययन संयुक्त (अप्पसहाव-सल्लीणो) आत्म स्वभाव में अच्छी तरह लीन (सो) वह (जोगी) योगी (सुहं लहदे) सुख पाता है।

अर्थ—जो दिगम्बर, आरंभ रहित, ध्यान-अध्ययन संयुक्त, आत्म-स्वभाव में अच्छी तरह लीन है, वह योगी सुख पाता है।

मादा पिदा कुडुंबादि, सव्वे दु दुक्खदायगा।
गुरुणो तारेंति जीवे, धम्म-हत्थावलंबणा॥7॥

अन्वयार्थ—(मादा-पिदा-कुडुम्बादि) माता-पिता कुटुम्ब आदि (सव्वे दु दुक्खदायगा) दुःख देने वाले हैं किन्तु (धम्म हत्थावलंबणा) धर्मरूपी हाथ का अवलम्बन देकर (जीवे) जीवों को (गुरुणो) सच्चे गुरु (तारेंति) संसार से तारते हैं।

अर्थ—माता-पिता, कुटुम्ब आदि सभी अकल्याण करने वाले व दुःख देने

वाले हैं किन्तु धर्मरूपी हाथ का अवलम्बन देकर जीवों को सच्चे गुरु संसार से तारते हैं।

णिग्गंथ-सेवगो धीरो, अप्पकल्लाण-इच्छुगो।
ईसरत्तं च पाऊण, सग्ग-मोक्खं च पावदि॥8॥

अन्वयार्थ—(णिग्गंथ-सेवगो) निर्ग्रंथ-सेवक(धीरो) धीर (च) तथा (अप्प-कल्लाण इच्छुगो) आत्मकल्याण का इच्छुक जीव (ईसरत्तं पाऊण) विविध ऐश्वर्य को पाकर (सग्ग-मोक्खं च पावदि) स्वर्ग और मोक्ष को पाता है।

अर्थ—निर्ग्रंथ-सेवक अर्थात् दिगम्बर गुरुओं का सेवक धीर तथा आत्मकल्याण का इच्छुक जीव विविध ऐश्वर्य को पाकर, स्वर्ग और मोक्ष को पाता है।

तिमुत्ति-त्थुदी

(त्रिमूर्ति-स्तुति, उपजाति-छन्द)

आइच्चवण्णं पढमं जिणिंदं, छक्कम्मदाया-सिरि-विस्सकम्मं।
बंभा य विण्हू सिव-णामजुत्तं, तं आदिणाहं पणमामि सम्मं॥1॥

अन्ववार्थ—[जो] (पढमं जिणिंदं) प्रथम जिनेन्द्र (आइच्चवण्णं) आदित्य वर्ण (छक्कम्म दाया) षट्कर्म दाता (सिरि विस्सकम्मं) श्री विश्वकर्मा (बम्भा य विण्हू सिव णाम जुत्तं) ब्रह्मा, विष्णु और शिव नाम युक्त हैं (तं) उन (आदिणाहं) आदिनाथ को [मैं] (सम्मं) सम्यक्तया (पणमामि) प्रणाम करता हूँ।

अर्थ—जो प्रथम जिनेन्द्र, आदित्य-वर्ण अर्थात् सूर्य के समान वर्ण वाले, षट्कर्म दाता श्री विश्वकर्मा, ब्रह्मा, विष्णु और शिव आदि नाम युक्त हैं उन आदिनाथ जिनेन्द्र को मैं सम्यक् रूप से प्रणाम करता हूँ।

पुण्णेण पत्तं च चक्कं विचित्तं, अतुल्ल-विहवं तो वि विरत्तं।
खणेण केवल्लविहूदि-पत्तं, तं आदिपुत्तं भरहं णमामि॥2॥

अन्वयार्थ—[जो] (पुण्णेण) पुण्य से (चक्कंविचित्तं पत्तं) विचित्र चक्रवर्तित्व को प्राप्त हुए, (अतुल्लविहवं तो वि विरत्तं) अतुलनीय वैभव के धारक फिर भी विरक्त [तथा] (खणेण केवल्ल विहूदि पत्तं) क्षणमात्र में केवलज्ञानरूपी विभूति को प्राप्त हुए (तं) उन (आदिपुत्तं) आदिनाथ पुत्र (भरहं) भरत को [मैं] (णमामि) नमन करता हूँ।

अर्थ—जो पुण्य से प्रथम विचित्र चक्रवर्तित्व को प्राप्त हुए, अतुलनीय वैभव के धारक फिर भी विरक्त रहे तथा क्षणमात्र में केवलज्ञानरूपी विभूति को हुए प्राप्त उन महाराज आदिनाथ के पुत्र भगवान भरत को मैं नमन करता हूँ।

चक्की विजेदा मयरद्धजो य, चक्कित्त-चत्तं सिवमग्ग-णेदा।
उत्तुंगदेहो बरिसेग-तत्तो, बाहुबलिं तं पणमामि देवं॥3॥

अन्वयार्थ—[जो] (मयरद्धजो) मकरध्वज अर्थात् कामदेव (चक्की विजेदा) चक्रवर्ती को जीतने वाले (चक्कित्तचत्तं) चक्रवर्त्तित्व छोड़कर (सिवमग्गणेदा) मोक्षमार्ग

के नेता (उत्तुंगदेहो) उत्तुंग देहधारी तथा (बरिसेग-तत्तो) एक वर्ष तक तपस्या तपने वाले (तं) उन (बाहुबलिं देवं) बाहुबली देव को (पणमामि) प्रणाम करता हूँ।

अर्थ—जो मकरध्वज अर्थात् कामदेव, चक्रवर्ती को जीतने वाले, चक्रवर्तित्व अर्थात् राज्य संपदा छोड़कर मोक्षमार्ग के नेता, उत्तुंग देहधारी तथा एक वर्ष तक तपस्या तपने वाले हैं, उन भगवान बाहुबली देव को मैं प्रणाम करता हूँ।

चउ-आयरिय-त्थुदी

(चतु-आचार्य स्तुति, उपजाति-छन्द)

गणिंद-सेट्ठं पढमं मुणिंदं, सम्मत्त-चारित्त-सुणाण-चंदं।
तच्चोवदेसिं च सत्तोववासिं, सूरिं णमामि मुणिकुंजरं तं॥1॥

अन्वयार्थ—[जो] (सम्मत्त-चारित्त-सण्णाणचंदं) सम्यग्दर्शन, सम्यग्ज्ञान और सम्यक्चारित्र रूपी चन्द्र हैं (तच्चोवदेसिं) तत्त्वोपदेशी (य) और (सत्तोववासिं) सप्तोपवासी हैं (तं) उन (मुणिकुंजरं) मुनिकुंजर (गणिंद) गणीन्द्र (सेट्ठं) श्रेष्ठ (पढमं-मुणिंदं) प्रथम मुनीन्द्र को (णमामि) नमस्कार करता हूँ।

अर्थ—जो सम्यग्दर्शन, सम्यग्ज्ञान और सम्यक्चारित्र रूपी चन्द्रमा हैं, तत्त्वोपदेशी और सप्तोपवासी हैं उन मुनिकुंजर गणीन्द्र श्रेष्ठ आचार्य आदिसागर (अंकलीकर) मुनीन्द्र को मैं नमस्कार करता हूँ। (अंकली गांव में जन्म लेने के कारण आचार्य श्री अंकलीकर कहलाते हैं।)

विस्सट्टकित्तिं महावीरकित्तिं, धीरं-गहीरं य सुझाण-तित्तिं।
अट्ठारहभासाधारगं च, जिदोवसग्गं च सूरिं णमामि॥2॥

अन्वयार्थ—(विसट्टकित्तिं) विस्तारित कीर्ति वाले (धीरं) धीर (गहीरं) गंभीर (सुझाणतित्तिं) सच्चे ध्यान से तृप्त (अट्ठारहभासाधारगं) अठारह भाषाओं को धारण करने वाले (च) और (जिदोवसग्गं) उपसर्ग विजयी (सूरिं) आचार्य (महावीरकित्तिं) महावीर कीर्ति को [मैं] (णमामि) नमस्कार करता हूँ।

अर्थ—विस्तारित कीर्ति वाले, धीर-गंभीर, सच्चे ध्यान से तृप्त अठारह श्रेष्ठ भाषाओं को धारण करने वाले और उपसर्ग विजयी आचार्य महावीर कीर्ति को मैं नमस्कार करता हूँ।

वच्छल्लमुत्तिं समभावजुत्तं, कारुण्ण-पुण्णं अभयप्पदायं।
लोगाण-तित्थुद्धरणादिकत्तं, सम्मग्गदायं विमलं णमामि॥3॥

अन्वयार्थ—(वच्छल्लमुत्तिं) वात्सल्यमूर्ति (समभावजुत्तं) समभावयुक्तं (कारुण्ण-पुण्णं) करुणापूर्ण (अभयप्पदायं) अभयप्रदाता (लोगाण-तित्थुद्धरणादिकत्तं) लोगों व तीर्थों का उद्धार करने वाले (सम्मग्गदायं) सन्मार्गदाता (विमलं) विमलसागर

को (णमामि) नमन करता हूँ।

अर्थ—वात्सल्यमूर्ति, समावयुक्त, करुणापूर्ण, अभयप्रदाता, लोकजनों व तीर्थों का उद्धार करने वाले सन्मार्गदाता आचार्यश्री विमलसागरजी को नमन करता हूँ।

सुद्धप्पलीणंतुअलीणदेहं, महातवस्सिं उववासजुत्तं।
धणं च धण्णं च रसं च चागिं, सूरिं हि सम्मइसिंधुं णमामि॥4॥

अन्वयार्थ—[सुद्धप्पलीणंतुअलीणदेहं] शुद्धात्मा में लीन किन्तु देह में अलीन (महातवस्सिं) महातपस्वी (उववासजुत्तं) उपवासयुक्त (धणं च धण्णं च रसं च चागिं) धन धान्य व रसों के त्यागी (सूरिं सम्मइसिंधुं) आचार्य सन्मतिसागर को (णमामि) नमन करता हूँ।

अर्थ—शुद्धात्मा में लीन किन्तु देह में अलीन (विरक्त), महातपस्वी, उपवासयुक्त, धन-धान्य व रसों के त्यागी आचार्य सन्मतिसागर को नमन करता हूँ।

सूरिंद-मादिसायर-मुणिंदं, महावीर-कित्तिं सण्णाण-चंदं।
सूरिं च विमलं समणेहि वंदं, सूरिं णमामि सम्मइ-जइंदं॥5॥

अन्वयार्थ—(सूरिंदं) आचार्य श्रेष्ठ (आदिसायर मुणिंदं) आदिसागर मुनीन्द्र (सण्णाणचंदं) सम्यग्ज्ञान रूपी चन्द्रमा महावीरकीर्ति (सूरिं विमलं) आचार्य विमल-सागर (च) और (समणेहि वंदं) श्रमणों से वंदनीय (सूरिं सम्मइ-जइंदं) आचार्य सन्मतिसागर यतीन्द्र को (णमामि) नमन करता हूं।

अर्थ—आचार्य श्रेष्ठ आदिसागर मुनीन्द्र, सम्यग्ज्ञान रूपी चन्द्रमा महावीरकीर्ति, आचार्य विमलसागर और श्रमणों के द्वारा वन्दनीय आचार्य सन्मतिसागर यतीन्द्र को मैं नमन करता हूँ।

सम्मदि-थुदी
(सम्मति-स्तुति)

जो वीदराग-णिय-अप्प-सरूव झाणे,
रम्मेदि णिच्चमक्खय जिणमग्ग ठाणे।
जुत्तं सुदंसण-तवे य चरित्त-णाणे,
सूरिं णमामि सिरि-सम्मदिसागरं तं ॥1॥

जो वीतराग निज आत्मस्वरूप के ध्यान में व अक्षय जिनमार्ग के स्थान में नित्य रमते हैं तथा सम्यग्दर्शन, तप, चारित्र व ज्ञान में युक्त हैं उन आचार्यश्री सन्मतिसागर को मैं नमन करता हूँ।

णिद्दोस-मग्ग-गमणे य पयत्त-चित्तो,
अण्णे य णिप्पिह सहाव-समत्त-जुत्तो।
तारेदि अण्ण-जण-धम्म-सुमग्ग दिण्णं,
सूरिं णमामि सिरि-सम्मदिसागरं तं ॥2॥

निर्दोष मार्ग पर गमन में प्रयत्नचित्त, अन्य में निस्पृह स्वभाव युक्त, अन्य जनों को धर्म का सुमार्ग देकर तारने वाले आचार्यश्री सन्मतिसागर को मैं नमन करता हूँ।

मूलुत्तरेहि गुणजुत्त विरत्तदोसा,
णिग्गंथ लोग सयलं हिदकारगं वा।
सिंहव्व जो विचरदे इह भूमि देसे,
सूरिं णमामि सिरि-सम्मदिसागरं तं ॥3॥

मूलोत्तर गुणों से युक्त, दोषों से विरक्त, निर्ग्रंथ, सकल लोक के हितकारक व जो सिंह के समान इस भूमि पर विचरते हैं, उन आचार्य सन्मतिसागर को मैं नमन करता हूँ।

गंभीर धीर कुसलो दिढ-चित्त वीरो,
सज्झाय वायण रदो उवदेसगो जो।
चारित्त-चक्कवहणे अवि सूरिचक्कि,
सूरिं णमामि सिरि-सम्मदिसागरं तं ॥4॥

गंभीर, धीर, कुशल, दृढचित्त, वीर, स्वाध्याय, वाचना व उपदेश में लीन तथा चारित्र- चक्र के वहन करने में चक्रवर्ती के समान आचार्य सन्मतिसागर को मैं नमन करता हूँ।

सत्तू य मित्त-समभाव-पसंत सीलो,
णिंदा-थुदी य समभाव समत्तजुत्तो।
सुक्खं च दुक्ख-मरणं अह जीवणं च।
सूरिं णमामि सिरि-सम्मदिसागरं तं ॥5॥

शत्रु व मित्र में समभाव, प्रशान्त शील युक्त, निन्दा-स्तुति, सुख-दुख, जीवन-मरण आदि में समता भावयुक्त आचार्य सन्मतिसागर को मैं नमन करता हूँ।

अज्झप्पसायर सुसत्थ सुपारपत्तो,
झाणस्स मग्ग-णिरदं दुवि-गंथमुत्तो।
संसार-सिंधू तरणे तरणीसमाणं,
सूरिं णमामि सिरि-सम्मदिसागरं तं ॥6॥

अध्यात्म के सागररूप श्रेष्ठ शास्त्रों के पार को प्राप्त, ध्यानमार्ग में निरत, द्विविध ग्रंथमुक्त अर्थात् अन्तरंग व बहिरंग परिग्रह रहित, संसार सिन्धु से तरने में नौका के समान आचार्य सन्मतिसागर को मैं नमन करता हूँ।

वच्छल्लमुत्ती विमलं विमलस्स सिस्सं,
सिद्धंतपारग-गुणी विदितं रहस्सं।
लोए तवस्सी णिवरूव य सुप्पसिद्धं,
सूरिं णमामि सिरि-सम्मदिसागरं तं ॥7॥

वात्सल्यमूर्ति, विमलरूप विमलसागर के शिष्य, सिद्धान्त पारगामी-गुणी, रहस्य शास्त्रों के ज्ञाता, लोक में 'तपस्वी सम्राट' के रूप में सुप्रसिद्ध आचार्य सन्मतिसागर को मैं नमन करता हूँ।

सूरिंद-सेट्ठ-मुणिकुंजर-आदिसिंधू,
तप्पट्टसिस्स महदो महावीर-कित्ती।
पट्टेसु तस्स णियदं आदिसोहिदं वा,
सूरिं णमामि सिरि-सम्मदिसागरं तं ॥8॥

आचार्य श्रेष्ठ मुनिकुंजर आदिसागर उनके पट्ट शिष्य महान महावीरकीर्ति उनके पट्ट पर नियत व अत्यंत शोभित आचार्य सन्मतिसागर को मैं नमन करता हूँ।

अंकलेस्सट्ठगं

(अंकलेश्वराष्टक, गाथा-छन्द)

अंकलेस्सरणयरो य, गुज्जरदेसे भरुच सण्णियडे।
धण-धण्णेहिं पुण्णो, धम्मप्पेहिं सोहिदो अत्थि॥1॥

अन्वयार्थ—(अंकलेस्सरणयरो) अंकलेश्वर नगर (गुज्जरदेसे) गुर्जर देश में (भरुच सण्णियडे) भरुच के सन्निकट (धण-धण्णेहिं पुण्णो) धन-धान्य से पूर्ण (य) और (धम्मप्पेहिं सोहिदो अत्थि) धर्मात्माओं से शोभित है।

अर्थ—अंकलेश्वर नगर गुर्जर देश अर्थात् गुजराज राज्य में भरुच के सन्निकट धन-धान्य से पूर्ण और धर्मात्माओं से शोभित है।

रयणत्तयं व अत्थि तयजिणगेहा अतीव-उत्तुंगा।
धवल-सिहरेहि भांति, चूलियाजुत्तो मेरूव॥2॥

अन्वयार्थ—(रयणत्तयं व) रत्नत्रय के समान (अतीव-उत्तुंगा) अत्यन्त ऊँचे (तय जिणगेहा) तीन जिनगृह (अत्थि) हैं (जो) जो (धवल-सिहरेहि) धवल शिखरों से (चूलियाजुत्तो मेरूव) चूलिका युक्त मरु के समान (भाँति) शोभित होते हैं जैसे चूलिका युक्त मेरु पर्वत हों।

अर्थ—रत्नत्रय के समान अत्यन्त ऊँचे तीन जिनगृह हैं जो धवल शिखरों से ऐसे शोभित होते हैं जैसे चूलिका युक्त मेरु पर्वत हों।

पढमे जिणिंदगेहे जिण्णुद्धरिए तिखंडसंजुत्ते।
कमसो आदि जिणिंदो वीरो चंदादि सोहंति॥3॥

अन्वयार्थ—(जिण्णुद्धरिए) जीर्णोद्धारित (तिखंडसंजुत्ते) तीनखंड युक्त (पढमे जिणिंदगेहे) प्रथम जिनेन्द्रगृह में (कमसो) क्रमशः (आदि जिणिंदो) आदिजिनेन्द्र, (वीरो) वीर जिनेन्द्र (चंदादि) चन्द्रप्रभ आदि के जिनबिंब (सोहंति) सुशोभित हैं।

अर्थ—जीर्णोद्धारित तीनखंड युक्त प्रथम जिनेन्द्रगृह में क्रमशः आदिजिनेन्द्र, वीर जिनेन्द्र व चन्द्रप्रभ आदि के जिनबिंब सुशोभित हैं।

विदिए जिणिंदभवणे, जुण्णे उच्चे य तिखंडमए।
अदिसयवंतो पासो, पोम्मो पासादि सोहंति॥4॥

अन्वयार्थ—(जुण्णे उच्चे य तिखंडमए) पुराने, ऊँचे व तीन खंड वाले (विदिए) दूसरे (जिणिंदभवणे) जिनेन्द्रभवन में (अदिसयवंतो पासो) अतिशयकारी पार्श्वनाथ (पोम्मो) पद्मप्रभ (पासादि) पार्श्वनाथ आदि के जिनबिंब (सोहंति) शोभित है।

अर्थ—पुराने, ऊँचे व तीन खंड वाले दूसरे जिनालय में क्रमशः अतिशयकारी पार्श्वनाथ, पद्मप्रभ व पार्श्वनाथ आदि के जिनबिंब शोभित है।

अस्स विदीए खंडे अणेगबिंबेसु अत्थि मुणिमुत्ती।
दक्खिणभागे एगो अइपाईणो जिणिंद-बिंबोत्ति ॥5॥

अन्वयार्थ—(अस्स) इस दूसरे जिनालय के (विदीए खंडे) दूसरे खंड पर (अणेगबिंबेसु) अनेक जिनबिंबों के मध्य (मुणिमुत्ती) मुनिराज की मूर्ति (अत्थि) है (दक्खिणभागे) दक्षिणभाग में (एगो अइपाईणो) एक अतिप्राचीन (जिणिंद-बिंबोत्ति) जिनेन्द्रबिंब है।

अर्थ—इस दूसरे जिनालय के दूसरे खंड पर अनेक मूर्तियों के बीच एक मुनिराज की मूर्ति है, दक्षिणभाग में एक अतिप्राचीन जिनेन्द्रबिंब भी है।

कट्ठबिरइदे तिदिए जिणिंदभवणम्मि णेमिणाहादि।
भूदवलिस्स य मुत्ती अधरे चदुम्मुहो बिंबो ॥6॥

अन्वयार्थ—(कट्ठबिरइदे तिदिए) तीसरे लकड़ी से निर्मित तीसरे (जिणिंद-भवणम्मि) जिनालय में (णेमिणाहादि) नेमिनाथ आदि (य) और (भूदवलिस्स मुत्ती) आचार्य भूतबलि की मूर्ति तथा (अधरे चदुम्मुहो बिंबो) अधर में चतुर्मुख जिनबिंब विराजमान हैं।

अर्थ—लकड़ी से निर्मित तीसरे जिनालय में नेमिनाथ आदि और आचार्य भूतबलि की मूर्ति हैं तथा अधर में चतुर्मुख जिनबिंब विराजमान हैं।

छक्खंडागमगंथं अस्सिं णयरम्मि विरइदं सेट्ठं।
पुप्फस्स पेरणादो भूदबलिणा पण्णभावेण ॥7॥

अन्वयार्थ—(छक्खंडागमगंथं सेट्ठं) श्रेष्ठ षट्खंडागम ग्रन्थ (अस्सिं णयरम्मि) इसी नगर में (पुप्फस्स पेरणादो) आचार्य पुष्पदन्त की प्रेरणा से (भूदबलिणा पण्णभावेणं) आचार्य भूतबलि द्वारा प्रज्ञभावों से (विरइदं) रचा गया।

अर्थ—श्रेष्ठ षट्खंडागम ग्रंथ इसी नगर में आचार्य पुष्पदंत की प्रेरणा से आचार्य भूतबलि द्वारा प्रज्ञभावों से रचा गया।

अज्ज वि जुण्णो थंभो, अत्थत्थि हत्थलिहिदगंथो वि।
अदो जिणवयणस्स खेत्तं, पुज्जदु वंददु सदा भव्वा ॥8॥

अन्वयार्थ—(अत्थ) यहाँ (अज्ज वि जुण्णो थंभो) आज भी पुराना स्तम्भ (हत्थलिहिदगंथो) हस्तलिखित ग्रन्थ भी है (अदो) अत: (जिणवयणस्स खेत्तं) जिनवचन के इस क्षेत्र की (सदा) हमेशा (भव्व) हे भव्य (पुज्जदु वंददु) पूजा व वन्दना करो।

अर्थ—यहाँ अंकलेश्वर में आज भी पुराना स्तम्भ और हस्तलिखित ग्रन्थ भी विद्यमान हैं, अत: जिनवाणी रचना के इस क्षेत्र की हे भव्यों सदा पूजा व वन्दना करो।

यह अष्टक आचार्यश्री सुनीलसागर (ससंघ) के अंकलेश्वर प्रवास के अवसर पर 2-12-2014 को रचा गया। आचार्य पुष्पदल-भूतबलि भवन का शिलान्यास भी किया गया।

गुरु-माहप्पं

(गुरु-माहात्म्य, गाथा-छन्द)

रयणत्तेहिं सुद्धो, पंच-महव्वद-तिगुत्ति-संजुत्तो।
विसय-कसाया दूरो, णाणी झाणी व सेट्ठगुरु ॥1॥

अन्वयार्थ—(रयणत्तोहिं सुद्धो) रत्नत्रय से शुद्ध (पंच-महव्वद-तिगुत्ति) पाँच महाव्रत, तीन गुप्ति संयुक्त, (विसय-कसाया दूरो) विषय-कषायों से दूर (णाणी झाणी व सेट्ठगुरु) ज्ञानी और ध्यानी ही श्रेष्ठ गुरु हैं।

अर्थ—रत्नत्रय से शुद्ध, पाँच महाव्रत, तीन गुप्ति सहित, विषय-कषायों से दूर, ज्ञानी और ध्यानी ही श्रेष्ठ गुरु हैं।

गुरु आणाए मुक्खो, गुरुप्पसाएहिं अत्थसिद्धीअ।
गुरुभत्तीए विज्जा-साफल्लं होई णियमेण ॥2॥

अन्वयार्थ—(गुरु आणाए मुक्खो) गुरु आज्ञा से मुख्य होता है, (गुरुप्पसाएहिं अत्थसिद्धीअ) गुरु प्रसाद से अर्थ सिद्धि होती है, (गुरुभत्तीए विज्जा-साफल्लं) गुरुभक्ति से विद्या की सफलता (णियमेण होई) नियम से होती है।

अर्थ—गुरु आज्ञा से मुख्य होता है, गुरु प्रसाद से अर्थ सिद्धि होती है, गुरुभक्ति से विद्या की सफलता नियम से होती है।

गुरुचरणे वि वसंता अणुकूला जे ण होंति दुस्सीला।
ते हदभग्गा पत्ता कप्परुक्खेण किंचि ण पावंति ॥3॥

अन्वयार्थ—(गुरुचरणे वि वसंता) गुरुचरणों में रहते हुए भी (जे) जो (दुस्सीला) दु:शील (अणुकूला ण होंति) अनुकूल नहीं होते (ते हदभग्गा) वे हतभाग्य (पत्ता कप्परुक्खेण किंचि ण पावंति) प्राप्त हुए कल्पवृक्ष से कुछ नहीं पाते हैं।

अर्थ—गुरुचरणों में रहते हुए भी जो दु:शील शिष्य गुरु के अनुकूल नहीं होते वे हतभागी मानों प्राप्त हुए कल्पवृक्ष से कुछ नहीं पाते हैं।

पच्चक्खमह-परोक्खे अवणणवादं गुरुस्स जो कुणइ।
जम्मंतरे वि दुल्लहं जिणिदवयणं पुणो तस्स ॥4॥

अन्वयार्थ—(जो) जो (गुरुस्स) गुरु का (पच्चक्खमह-परोक्खे) प्रत्यक्ष अथवा परोक्ष में (अवण्णवादं) अवर्णवाद (कुणइ) करता है, (तस्स) उसे (पुणो) फिर (जम्मंतरे वि) जन्मान्तर में भी (जिणिंदवयणं) जिनवचन (दुल्लहं) दुर्लभ है।

अर्थ—जो मनुष्य गुरु का प्रत्यक्ष अथवा परोक्ष में अवर्णवाद करता है, उसे फिर जन्मान्तर में भी जिनवचन प्राप्त नहीं होते हैं।

जो पालेदि आणं वेज्जावच्चत्थी सो हि सुसिस्सो।
जो णियतुल्लं मण्णदि सो मूढो दीहसंसारी ॥5॥

अन्वयार्थ—(जो) जो (आणं) आज्ञा का (पालेदि) पालन करता है, (वेज्जावच्चत्थी) वैयावृत्ति की भावना वाला (सो हि सुसिस्सो) वह ही सुशिष्य है, (जो णियतुल्लं मण्णदि) जो अपने समान मानता है (सो मूढो दीहसंसारी) वह मूढ़ दीर्घ संसारी है।

अर्थ—जो गुरु आज्ञा का पालन करता है, वैयावृत्ति की भावना रखता है, वह सुशिष्य है, जो अपने समान मानता है वह मूढ दीर्घसंसारी है।

छट्ठट्ठदसमदुवालसेहिं मासद्धमासखमणेहिं।
अकरंतो गुरुवयणं अणंतसंसारियो भणिओ ॥6॥

अन्वयार्थ—(छट्ठट्ठदसमदुवालसेहि) षष्ठभक्त, अष्टभक्त, दसभक्त (मासद्धमासखमणेहि) मास व अर्द्धमास के उपवास वाला भी (गुरुवयणं अकरंतो) गुरुवचनों का पालन नहीं करता है तो (अणंतसंसारियो भणिओ) वह अनंत संसारी कहा गया है।

अर्थ—षष्ठभक्त, अष्टभक्त, दसभक्त व द्वादशभक्त अर्थात् दो, तीन, चार, पाँच उपवास तथा मास व अर्द्धमास के उपवासों से समय यापन करने वाला भी यदि गुरुवचनों का पालन नहीं करता है तो वह भी अनंत संसारी कहा है।

पढमं चिय गुरुवयणं मुम्मुर जलणुव्व दहइ भण्णंतं।
परिणामे पुणो तं खु मुणालदल-सीयलं होई ॥7॥

अन्वयार्थ—(पढमं चिय गुरुवयणं) प्रथमतः जो गुरुवचन (भण्णंतं) कहते समय (मुम्मुर जलणुव्व दहइ) स्फुलिंगे वाली अग्नि के समान जलाता है, (किन्तु) (परिणामे पुणो तं खु) परिणाम में वह ही (मुणालदल-सीयलं होई) मृणालदल के समान शीतल होता है।

अर्थ—प्रथमतः जो गुरुवचन स्फुलिंगे वाली अग्नि के समान जलाता है, वहीं गुरुवचन परिणामकाल में मृणालदल अर्थात् कमलनाल के समान शीतल होता है।

हत्था ते सुकयत्था जे किदियम्मं कुणंति गुरुचरणे।
वाणी बहुगुणखाणी सुगुरुगुण-वण्णिदा जीए॥8॥

अन्वयार्थ—(हत्था ते सुकयत्था) वे हाथ सुकृतार्थ हैं (जे किदियम्मं कुणंति गुरुचरणे) जो गुरुचरणों में कृतिकर्म करते हैं (जीए) जिसके द्वारा (सुगुरुगुण-वण्णिदा) सद्गुरुओं के गुण वर्णन किये जाते हैं (वाणी बहुगुणखाणी) वह वाणी बहुत गुणों की खान हैं।

अर्थ—वे हाथ सुकृतार्थ हैं जो गुरुचरणों कृतिकर्म करते हैं, वह वाणी बहुत गुणों की खान है जिसके द्वारा श्रेष्ठ गुरु के गुणों का वर्णन किया जाता है।

सो देसो सो णयरो सो गामो सो य मन्दिरो धण्णो।
जत्थ गुरुवरचरणा विहरंति सदा वि सुपसण्णा॥9॥

अन्वयार्थ—(सो देसो) वह देश, (सो णयरो) वह नगर, (सो गामो) वह ग्राम (सो य मन्दिरो) और वह-मन्दिर (धण्णो) धन्य हैं (जत्थ) जहाँ (गुरुवरचरणा) गुरुवर चरण (सदा वि) हमेशा ही (सुपसण्णा) प्रसनन्नतापूर्वक (विहरंति) विहार करते हैं।

अर्थ—वह देश, नगर, ग्राम और मन्दिर (घर) धन्य हैं, जहाँ श्रेष्ठ गुरु के चरण हमेशा प्रसन्नतापूर्वक विहार करते हैं।

भारदी-त्थुदी

(भारती-स्तुति, गायन शैली-जयतु संस्कृतम्)

जयदु भारदी, जयदु भारदी।
जिणवाणी सारदा, सुयदेवी सरस्सदी॥1॥

अन्वयार्थ—(जिणवाणी सारदा सुयदेवी सरस्सदी) जिनवाणी, शारदा, श्रुतदेवी, सरस्वती [आदि नामों से युक्त] (भारदी जयदु) भारती जयवंत हो (भारती जयदु) भारती जयवंत हो।

अर्थ—जिनवाणी, शारदा, श्रुतदेवी तथा सरस्वती आदि नामों से युक्त भारती जयवन्त हो, भारती जयवन्त हो।

वीरमुह-णिग्गदा, गोदमादि-गंथिदा, सुद-सूरि-भासिदा, गुणधरादि-विरइदा।
कुन्दकुन्द-भारदी, सुदधरादि-धारिदा, जिणवाणी सारदा, सुयदेवी सरस्सदी॥ जयदु 2॥

अन्वयार्थ—(वीरमुह णिग्गदा) वीरमुख से निर्गत (गोदमादि गंथिदा) गौतम आदि द्वारा ग्रंथित (सुद-सूरि भासिदा) श्रुतसूरिभाषित (गुणधरादि विरइदा) गुणधर आदि द्वारा विरचित (सुदधरादि धारिदा) श्रुतधरों द्वारा धारित (कुन्दकुन्द भारदी) कुन्दकुन्द भारती (जिणवाणी सारदा सुददेवी सरस्सदी) जिनवाणी, शारदा, श्रुतदेवी, सरस्वती आदि नामों से युक्त (भारदी जयदु) भारती जयवंत हो।

अर्थ—वीर जिनेन्द्र के मुख से निर्गत, गौतमादि गणधरों द्वारा द्वादशांग रूप से ग्रंथित, श्रुत केवलियों द्वारा कथित, गुणधर, पुष्पदन्त-भूतबली आदि आचार्यों द्वारा विरचित, कुन्दकुन्द-भारती तथा श्रुतधराचार्यों द्वारा धारण की गयी जिनवाणी शारदा, श्रुतदेवी तथा सरस्वती आदि नामों से युक्त भारती जयवन्त हो, भारती जयवन्त हो।

अण्णाण-तम-हारिणी, सण्णाण-सुद-कारिणी, सदद-संतिदाइणी, बारसंग-धारिणी।
मिच्छत्तअंध-णासिणी, सम्मत्त-सम्म-सासिणी, जिणवाणी सारदा, सुयदेवी सरस्सदी॥ जयदु 3॥

अन्वयार्थ—(अण्णाण तम हारिणी) अज्ञानतम को हरने वाली (सण्णाण सुद कारिणी) सद्ज्ञान श्रुत को करने वाली (सदद संतिदायिणी) निरंतर शांति देने वाली

(बारसंग धारिणी) बारह अंगों को धारण करने वाली (मिच्छत्तंध-णासिणी) मिथ्यात्वरूप अधंकार को नष्ट करने वाली (सम्मत्त सम्म सासिणी) सम्यक्त्व का सम्यक् रूप से शासन करने वाली (जिणवाणी सारदा सुयदेवी सरस्सदी) जिनवाणी शारदा श्रुतदेवी सरस्वती आदि नामों से युक्त (भारदी जयदु) भारती जयवंत हो।

अर्थ—अज्ञान तम को हरने वाली, सद्ज्ञान श्रुत को करने वाली, सतत-शान्ति देने वाली, द्वादशांगरूप बारह अंगों को धारण करने वाली, मिथ्यात्व-अंधकार को नाशने वाली, सम्यक्त्व का अच्छी तरह शासन कराने वाली, जिनवाणी, शारदा, श्रुतदेवी तथा सरस्वती आदि नामों से युक्त भारती जयवन्त हो, भारती जयवन्त हो।

विसय-विस-रेइया, जम्ममरण-छेत्तिया, जिणवयण-ओसही, पोत्थया सुहारसा।
कम्मपुंज-दाहिगा, भवजलहि-तारिगा, जिणवाणी सारदा, सुयदेवी सरस्सदी॥ जयदु. 4॥

अन्वयार्थ—(विसय-विस-रेइया) विषय विष रेचन (जम्ममरण छेत्तिया) जन्म मरण का छेदन करने हेतु (जिणवयण-ओसही) जिनवचन औषधि है (पोत्थया सुहारसा) शास्त्र ही सुधारस है [जो] (कम्मपुंज दाहिगा) कर्मपुंज को जलाती है (य) और (भवजलहि तारिगा) भवजलधि से तारती है [ऐसी] (जिणवाणी सारदा सुयदेवी सरस्सदी) जिनवाणी शारदा श्रुतदेवी सरस्वती आदि नामों से युक्त (भारदी जयदु) भारती जयवंत हो।

अर्थ—विषयरूपी विष का विरेचन करने हेतु, जन्म-मरण का छेदन करने हेतु जिनवचन ही औषधि है, वस्तुतः शास्त्र ही सुधारस हैं। जो कर्म पुंज को जलाती है, और संसाररूप समुद्र से तारती है, ऐसी जिनवाणी शारदा, श्रुतदेवी तथा सरस्वती आदि नामों से युक्त भारती जयवन्त हो, भारती जयवन्त हो।

वीदरागवाणी-त्थुदी

(वीतरागवाणी-स्तुति)

णाण-णिज्झरी सव्वदा, वीदरागवाणी सदा।
कण्णंजली पेज्जा सुधा, जयदु भारदी सारदा॥1॥

अर्थ—जो हमेशा ज्ञानरूपी निर्झरों को बहाती है, कर्णरूपी अंजलि से पीने योग्य अमृत स्वरूप है, वह भारती, शारदा आदि नामों से युक्त वीतरागवाणी सदा जयवन्त हो।

उसहादि-जिणवरेहि कहिदा, गणहरमुणीहि गंथिदा।
सुदकेवलीणं मुह-विराजिदा, अंगधारिणा वंदिदा॥
भद्दबाहु-मुणि-पुप्फ-भूदबलि-गुणधरादिणा पूजिदा।
सरणदाइणी णिच्चमभयदा, जयदु भारदी सारदा॥
णाण-णिज्झरी सव्वदा.॥1॥

अन्वयार्थ—(उसहादि जिणवरेहि कहिदा) ऋषभादि जिनवरों द्वारा कथित (गणहरमुणीहि गंथिदा) गणधर मुनियों द्वारा ग्रंथित (सुदकेवलिणं मुह विराजिदा) श्रुत केवलियों के मुख में विराजित (अंगधारिणा धारिदा) अंगधारियों के द्वारा धारित (भद्दबाहु मुणि पुप्फ भूदबलि गुणधरादिणा पूजिदा) भद्रबाहु मुनि, पुष्पदंत भूतबली गुणधर आदि द्वारा पूजित (सरणदायिणी) शरण देने वाली (णिच्चमभयदा) नित्य अभय देने वाली (भारती सारदा जयदु) भारती शारदा जयवंत हो।

अर्थ—जो ऋषभदेव आदि जिनवरों द्वारा कही गयी है, गणधर-मुनियों द्वारा गूंथी गयी है, श्रुतकेवलियों के मुख में विराजित रहने वाली, अंगधारियों द्वारा वंदित, भद्रबाहु, पुष्पदंत, भूतबली, गणधर आदि श्रेष्ठ मुनियों द्वारा पूजित, नित्य ही शरण और निर्भयता प्रदान करने वाली, भारती तथा शारदा आदि नामों से युक्त वीतराग वाणी जयवन्त हो।

तिसिद-सावगेहिं परिपीदा, सुर-मणुजाणं वंदिदा।
समिदि गुत्ति महव्वदपूदा, रयणत्तयेण मंडिदा॥

भव्वजणाणं कल्लाणत्थं, गुरुमुह-पव्वद-णीसरिदा।
जरा-मरण-जर-दुक्खहारिणी, जयदु भारदी सारदा॥
णाण-णिज्झरी सव्वदा. ।।3 ॥

अन्वयार्थ—(तिसिद सावगेहिं परिपीदा) तृषित श्रावकों द्वारा सब तरह से पी गयी (सुर-मणुजाणं वंदिदा) देवों मनुष्यों द्वारा वंदित (समिदि गुत्ति महव्वदपूदा) समिति गुप्ति व महाव्रतों से पवित्र (रयणत्तयेण मंडिदा) रत्नत्रय से मंडित (भव्वजणाणं कल्लाणत्थं) भव्यजनों के कल्याणार्थ (गुरु मुह पव्वद णीसरिदा) गुरु के मुखरूपी पर्वत से निसृत (जरा मरण जर दुक्ख-हारिदा) जन्म, जरा व मृत्यु के दुख को हरने वाली (भारदी सारदा) भारती शारदा (जयदु) जयवंत हो।

अर्थ—धर्म की प्यास से पिपासित श्रावकों के द्वारा पी गयी, सुर-मनुजों से वंदित, समिति-गुप्ति-महाव्रत से पवित्र तथा रत्नत्रय से मंडित गुरुओं के मुखरूपी पर्वत से भव्य जीवों के कल्याण हेतु निकलने वाली, जन्म-जरा-मृत्यु आदि दुःखों को हरने वाली, भारती-शारदा आदि नामों से युक्त वीतराग वाणी सदा जयवन्त हो।

सुददेवी अइवच्छलहिदया, धम्ममई सुहकारिणी।
तमहरणी दिट्ठिप्पगासिणी, मोक्खज -सुह -संचारिणी॥
पुण्णक्खर-लिहिदा सुदंसणा, आद-पुट्ठ-उट्टंकिदा।
मुणिविंदाणं जणणी सुहदा, जयदु भारदी सारदा॥
णाण-णिज्झरी सव्वदा. ।।4 ॥

अन्वयार्थ—(सुददेवी सुदवच्छल हिदया) श्रुतवात्सल्य हृदय वाली श्रुतदेवी (धम्ममयी) धर्ममयी (सुहकारिणी) सुखकारी (तमहरणी) तमहारिणी (दिट्ठिप्प-गासिणी) दृष्टि प्रकाशनी (मोक्खज सुह संचारिणी) मोक्ष से उत्पन्न सुख का संचार करने वाली है (पुण्णक्खर लिहिदा) पुण्याक्षरों से लिखित (सुदंसणा) सुदर्शना (आद पुट्ठ उट्टंकिया) आत्मपृष्ठ पर उत्कीर्ण (मुणिविंदाणं) मुनिवृन्दों को (सुहदा) सुख देने वाली (जणणी) माता के समान (भारदी सारदा जयदु) भारती शारदा जयवंत हो।

अर्थ—श्रुतदेवी अत्यन्त वात्सल्यपूर्ण हृदय वाली, धर्ममय सुख को करने वाली, मोहरूपी अंधकार का हरण कर सम्यक्त्व रूपी दृष्टि को प्रकाशित करने वाली, सभी कर्मों से मुक्ति रूपी सुख का संचरण करने वाली, अत्यन्त सुंदर पुण्याक्षरों से लिखित, आत्म-पृष्ठ पर उत्कीर्ण करने योग्य, मुनियों को सुख देने वाली माता के समान है, ऐसी भारती तथा शारदा आदि नामों से युक्त वीतराग वाणी सदा जयवन्त हो।

रत्तिभोयण-चाग-पसंसा

(रात्रि-भोजन-त्याग-प्रशंसा)

अहिंसा-वद-रक्खट्ठं, मूल-गुण-विसोहिए।
वज्जेज्जा भोयणं रत्तिं, जिणिंदेण पइत्तिदं ॥1॥

अन्वयार्थ—(अहिंसा-वद रक्खट्ठं) अहिंसा व्रत की रक्षा के लिए [और](मूलगुण विसोहिए) मूलगुणों की विशुद्धि के लिए (जिणिंदेण पइत्तिदं) जिनेन्द्र भगवान द्वारा कहा गया (रत्तिं भोयणं वज्जेज्जा) रात्रि भोजन छोड़ना चाहिए।

अर्थ—अहिंसा व्रत की रक्षा के लिए और मूलगुणों की विशुद्धि के लिए जिनेन्द्र भगवान द्वारा कहा गया रात्रि भोजन छोड़ना चाहिए।

चउव्विहं ण रत्तीए, भुंजंति करुणापरा।
णिच्छ्यं अहिगच्छंति, सग्गं मोक्खं च सज्जणा ॥2॥

अन्वयार्थ—[जो] (करुणापरा) करुणायुक्त (सज्जणा) सज्जन (चउव्विहं) चार प्रकार के भोजन को (रत्तीए) रात में (ण भुंजंति) नहीं खाते हैं [वे](णिच्छ्यं) निश्चित ही (सग्गं मोक्खं च) स्वर्ग और मोक्ष (अहिगच्छंति) जाते हैं।

अर्थ—जो करुणायुक्त सज्जन चार प्रकार के भोजन को रात में नहीं खाते हैं, वे निश्चित ही स्वर्ग और मोक्ष जाते हैं।

धणवंता गुणजुत्ता, सुरूवा दिग्घजीविणो।
पहाणपद-सण्णाण-जुत्ता दिणासण-फलं ॥3॥

अन्वयार्थ—[जो] (धणवंता) धनवान (गुण-जुत्ता) गुणयुक्त (सुरूवा) रूपवान (दिग्घजीविणो) दीर्घजीवी (पहाणपद-सण्णाणजुत्ता) प्रधानपद और सम्यग्ज्ञान युक्त जीव इस लोक में दिखते हैं वह (दिणासण-फलं) दिवस भोजन का फल है।

अर्थ—जो धनवान, गुणयुक्त रूपवान, दीर्घजीवी, प्रधानपद और सम्यग्ज्ञान युक्त जीव इस लोक में दिखते हैं, वह दिवस भोजन का फल है।

अंजणा सुप्पहा णीली, चेलणा चंदणा तहा।
सीदा व होंति इत्थीओ, रत्ति-भोयण-वज्जणा ॥4॥

अन्वयार्थ—(रत्ति-भोयण वज्जणा) रात्रि भोजन त्याग से (इत्थीओ) स्त्रियाँ (अंजणा सुप्पहा णीली चेलणा चन्दणा तहा सीदा व होंति) अंजना, सुप्रभा, नीली, चेलना, चन्दना तथा सीता के समान होती हैं।

अर्थ- रात्रि भोजन त्याग से स्त्रियाँ अंजना, सुप्रभा, नीली, चेलना, चन्दना तथा सीता के समान होती हैं।

आइच्चे विलयं जादे, जे भुंजंति य भोयणं।
मणुयत्त विहीणा हि, पसूओ ते ण संसओ ॥5॥

अन्वयार्थ—(आइच्चे विलयं जादे) सूर्य के छिप जाने पर (जे) जो (भोयणं) भोजन (भुंजंति) खाते हैं (ते) वे (मणुयत्त विहीणा) मनुष्यपने से रहित (पसूओ) पशु ही हैं (ण संसओ) इसमें संशय नहीं है।

अर्थ—सूर्य के छिप जाने पर जो मनुष्य भोजन खाते हैं, वे मूढ़ मनुष्यपने से रहित पशु ही हैं, इसमें संशय नहीं है।

रोग-दालिद्दसंजुत्ता, धण-बंधूविवज्जिदा।
अंगहीणा कुही कोही, भवंति रत्ति-भोयणा ॥6॥

अन्वयार्थ—[मनुष्य] (रोग-दालिद्द संजुत्तं) रोग, दारिद्र्य संयुक्त (धणबंधू विवज्जिदं) धन-बंधु विवर्जित (अंगहीणं) अंगहीन (कुही) खोटी बुद्धि वाले [तथा] (कोही) क्रोधी (रत्तिभोयणा) रात्रि भोजन करने से (भवंति) होते हैं।

अर्थ—मनुष्य रोग, दारिद्र्य संयुक्त, धन-बंधु विवर्जित, अंगहीन, खोटी बुद्धि वाले तथा क्रोधी रात्रि भोजन करने से होते हैं।

रत्ति-भोयणपावेण, दुग्गदिं जंति जंतुणो।
कुक्कुर-घूग-मज्जार, कीड-कागादि जोणीसु ॥7॥

अन्वयार्थ—(जंतुणो) जीव समूह (रत्तिभोयणपावेण) रात्रि भोजन के पाप से (कुक्कुर-घूग-मज्जार कीड-कागादि जोणीसु) कुत्ता, उल्लू, बिल्ली, कीट, कौआ आदि योनियों में जाते हैं।

अर्थ—जीव समूह रात्रि भोजन के पाप से कुत्ता, उल्लू, बिल्ली, कीट, कौआ आदि योनियों में तथा नरक-तिर्यंच आदि दुर्गति को जाते हैं।

डागिणी-भूदसप्पादि, पेतादिसु कुजोणीसु।
ते जायंति जे भुंजंति, रत्तीए भोयणं णरा ॥8॥

अन्वयार्थ—(जे णरा) जो मनुष्य (रत्तीए भोयणं) रात में भोजन खाते हैं (ते) वे (हि) निश्चित ही (डागिणी भूद सप्पादि पेतादिसु कुजोणीसु जाएदि)

डाकिनी, भूत, सर्पादि, प्रेतादि अथवा नरक-तिर्यंचादि कुयोनियों में जन्म लेते हैं।

अर्थ—जो मनुष्य रात में भोजन खाता है वह निश्चित ही डाकिनी, भूत, सर्पादि, प्रेतादि अथवा नरक-तिर्यंचादि कुयोनियों में जन्म लेता है।

मक्खीओ कीड-केसे य, पयंगे किमि-मच्छरे।
ते भुंजुंति कुणंति जे, रत्तीए भोयणं कुही ॥9॥

अन्वयार्थ—(जे) जो (कुही) कुधी (रत्तीए भोयणं भुंजुंति) रात में भोजन करते हैं (ते) वे (मक्खीओ-कीड-केसे पयंगे किमि-मच्छरे भुंजुंति) मक्खियां, कीट, बाल, पतंगा, कृमि और मच्छर खाते हैं।

अर्थ—जो खोटी बुद्धि वाले मनुष्य रात में भोजन करते हैं, वह मक्खियाँ, कीट, बाल, पतंगा, कृमि और मच्छर खाते हैं।

सुज्ज-किरण-हीणं च, णाणा जीवेहि संजुदं।
रोगकरं च उच्छिट्ठं, रत्तीए को हि भुंजदे ॥10॥

अन्वयार्थ—(सुज्ज-किरण हीणं) सूर्य किरण से रहित (य) और (णाणा जीवेहि संजुदं) नाना जीवों से संयुक्त (रत्तीए) रात में (हि) वस्तुतः (रोगकरं उच्छिट्ठं) रोग करने वाले उच्छिष्ट को (को) कौन बुद्धिमान (भुंजदे) खाता है?

अर्थ—सूर्य किरण से रहित और नाना जीवों से संयुक्त रात में वस्तुतः उच्छिष्ठ [वमन] के समान रोग करने वाले भोजन को कौन बुद्धिमान खाता है?

पडंति बहुसो जीवा, अण्णभायण-अग्गिसु।
रत्तीए मंसदोसा हि, तो चएज्ज णिसासणं ॥11॥

अन्वयार्थ—(रत्तीए) रात्रि में (अण्णभायण-अग्गिसु) अन्नपात्र वा आग में (बहुसो जीवा पडंति) बहुत से जीव गिरते हैं [जिससे] (मंसदोसा) मांस का दोष दोष लगता है (तो) इसलिए (णिसासणं) रात्रि भोजन (चएज्ज) छोड़ो।

अर्थ—रात्रि में अन्नपात्र में वा आग में बहुत से जीव गिरते हैं, जिससे मांस का दोष तथा हिंसा का दोष लगता है, इसलिए रात्रि भोजन का त्याग करो।

अधम्मो रत्तिआहारो, धम्मो जो मण्णदि इमं।
अज्जेइ पाव-कम्मं सो, णिप्फलं तस्स जीवणं ॥12॥

अन्वयार्थ—वस्तुतः (रत्ति-आहारो अधम्मो) रात्रि भोजन अधर्म है किन्तु (जो इणं धम्मो मण्णदि) जो इसे धर्म मानता है [सो] वह (पावकम्मं) पाप कर्म को (अज्जेइ) अर्जित करता है (तस्स जीवणं णिप्फलं) उसका जीवन निष्फल है।

अर्थ—वस्तुतः रात्रि भोजन अधर्म है किन्तु जो इसे धर्म मानते हैं, वे कठोर पाप कर्मों, भयंकर दुःखदायी कर्मों को अर्जित करते हैं और उनका जीवन निष्फल होता है।

रत्ति-दिवं च भुंजेदि, खादमाणो खु चिट्ठदि।
सिंग-पुच्छादु हीणो सो, पसू इव हि णिच्छयं ॥13॥

अन्वयार्थ—(रत्ति-दिवं भुंजेदि) जो रात-दिन खाता रहता है (च) और (खादमाणो खु चिट्ठदि) खाते हुए ही काम करता रहता है (सो) वह (सिंग-पुच्छादु हीणो) सींग-पूछ से रहित (पसू इव हि णिच्छयं) निश्चित ही पशु के समान है।

अर्थ—जो रात-दिन खाता रहता है और खाते हुए ही काम करता रहता है, वह सींग-पूछ से रहित निश्चित ही पशु के समान है।

आइच्चे विलयं जादे, णीरं रुहिरसण्णिहं।
अण्णं मांस-समं उत्तं, अमियचंद-सूरिणा ॥14॥

अन्वयार्थ—(आइच्चे विलयं जादे) सूर्य के अस्त हो जाने पर (अमियचंद सूरिणा) अमृतचन्द्र आचार्य के द्वारा (णीरं रुधिर-सण्णिहं) पानी खून के समान तथा (अण्णं मांस-समं उत्तं) अन्न मांस के समान कहा गया है।

अर्थ—सूर्य के अस्त हो जाने पर पुरुषार्थसिद्ध्युपाय ग्रन्थ में अमृतचन्द्र आचार्य के द्वारा पानी खून के समान तथा अन्न मांस के समान कहा गया है।

सदा रत्तिम्मि आहारं जे ण खादंति सज्जणा।
तेसिं पक्खुववासस्स, फलं मासेसु जायदे ॥15॥

अन्वयार्थ—(जे सज्जणा) जो सज्जन (सदा) हमेशा (रत्तिम्मि) रात में (आहारं) सभी प्रकार के भोजन को (ण खादंति) नहीं खाते हैं (तेसिं) उनको (मासेसु) माह में (पक्खुववासस्स) पक्ष के उपवास का (फलं) फल (जायदे) होता है।

अर्थ—जो सज्जन हमेशा रात में सभी प्रकार के भोजन को नहीं खाते हैं, उनको माह में पक्ष के उपवास का फल होता है।

रयणत्तय-संपुण्णा, पंचाणुव्वद-संजुदा।
झाणलीणा य दीसंते, दिवा-भोयणस्स फलं ॥16॥

अन्वयार्थ—[लोक में जो मनुष्य] (रयणत्तय संपुण्णा) रत्नत्रय से सम्पूर्ण (पंचाणुव्वद संजुदा) पंचाणुव्रतों से संयुक्त (च) तथा आत्मध्यान में (सुलीणं) अच्छी तरह लीन (दीसंते) देखे जाते हैं [वह] (दिवा-भोयणस्स फलं) दिवस में किए भोजन का फल है। अर्थात् रात्रि भोजन त्याग का फल है।

अर्थ—लोक में जो मनुष्य रत्नत्रय से सम्पूर्ण, पंचाणुव्रतों से संयुक्त तथा आत्मध्यान में अच्छी तरह लीन देखे जाते हैं, वह दिवस में किए भोजन का फल है।

अर्थात् रात्रि भोजन त्याग का फल है। यह रात्रिभोजन त्याग व्रत परंपरा से मुक्ति का भी कारण कहा गया है। इस व्रत के प्रभाव से सोमा सती ने नाग का हार बना दिया। चाण्डालिनी जागरिका नागश्री नाम की सुंदर कन्या बन गयी। श्याल प्रीतिंकर नाम का राजकुमार बन गया। इस प्रकार की अनेक कथाएँ शास्त्रों में आती हैं।

मज्झ-भावना

(मेरी भावना का प्राकृत गाहा छन्द में रूपान्तरण)

जित्ता रायद्देसा, णादं जेण तिलोय-सव्वं हि।
उवदेसित्ता जीवा णिप्पिहवुत्ती य, मोक्खमग्गस्स ॥1॥

जिसने राग द्वेष कामादिक जीते, सब जग जान लिया।
सब जीवों को मोक्षमार्ग का, निस्पृह हो उपदेश दिया॥

बुद्ध-जिण-हरि-हरो वा, बंभा साहीणो हवदु को वि सो।
मे भत्तिजुत्त-चित्तं, हवदु णिमग्गं हि तच्चरणे ॥2॥

बुद्ध-वीर-जिन-हरि-हर-ब्रह्मा, या उसको स्वाधीन कहो।
भक्ति भाव से प्रेरित हो यह, चित्त उसी में लीन रहो॥

विसयासा रहिदा जे, समदा-भावं हि धारयंति मुदा।
णिय-परहिदे णिमग्गा, हवंति ते तप्परा सददं ॥3॥

विषयों की आशा नहिं जिनके, साम्यभाव-धन रखते हैं।
निज-पर के हित-साधन में जो, निश दिन तत्पर रहते हैं॥

सट्ठ-चागस्स तवो, खेदेण विणा हि आयरंति खलु।
ते साहुणो हरंति य, दुक्ख-समूहे खणे एव ॥4॥

स्वार्थ त्याग की कठिन तपस्या, बिना खेद जो करते हैं।
ऐसे ज्ञानी साधु जगत के, दुख समूह को हरते हैं॥

सद-संग-होदु तेसिं, तज्झाणं अह-णिसं च मे होदु।
तेसिं चरिया सुद्धा, मणोणुरत्तं हवे णिच्चं ॥5॥

रहे सदा सत्संग उन्हीं का, ध्यान उन्हीं का नित्य रहे।
उन ही जैसी चर्या में यह, चित्त सदा अनुरक्त रहे॥

पीडेज्ज णो कदावि, जीवे उत्तेज्ज अलीयवयणं णो।
परधण-णारिं णेच्छे, पिबेज्ज संतोस-पीऊसं ॥6॥

नहीं सताऊँ किसी जीव को, झूठ कभी नहिं कहा करूँ।
पर धन वनिता पर न लुभाऊँ, सन्तोषामृत पिया करूँ॥

गव्विट्ठो णो हवे हं, णो य कुप्पेह कदावि इदरेसिं।
अण्णेसिं पगदीए, होमि णो कदावि ईसालू॥7॥

अहंकार का भाव न रक्खूँ, नहीं किसी पर क्रोध करूँ।
देख दूसरों की बढ़ती को, कभी न ईर्ष्या-भाव धरूँ॥

गुणीण पासियं चित्तं, होदु सदा पेम्म-पूरिदं मे हि।
किच्चा सेवं तेसिं, होदु सुही मम मणो णिच्चं॥8॥

गुणी जनों को देख हृदय में, मेरे प्रेम उमड़ आवे।
बने जहाँ तक उनकी सेवा, करके यह मन सुख पावे॥

मम भावणा अत्थु सदा, ववहरिदुं वंकरहिद-हियएणं।
जाव-जीवं जहसत्ती, परोवयारी वि सदा होमु॥9॥

रहे भावना ऐसी मेरी, सरल-सत्य-व्यवहार करूँ।
बने जहाँ तक इस जीवन में, औरों का उपकार करूँ॥

मित्ती-भावो मज्झं, हवेज्ज लोएसु सव्वजीवेसु।
पसरदु करुणासोदं, हिदयादो दीण-दुहिएसु॥10॥

मैत्री भाव जगत् में मेरा, सब जीवों से नित्य रहे।
दीन दु:खी जीवों पर मेरे, उर से करुणा स्रोत बहे॥

छुब्भं हं णो कदावि, कुमग्गचरिदेसु दुट्ठ-कूरेसु।
धरेमु समदाभावं, णिरंतरं तेसु जीवेसु॥11॥

दुर्जन-क्रूर-कुमार्गरतों पर, क्षोभ नहीं मुझको आवे।
साम्य भाव रक्खूँ मैं उन पर, ऐसी परिणति हो जावे॥

होमि णेव किदग्घो, णेव च दोहं मं उरे होदु।
गुणग्गाही खलु होमि, दोसण्णेसी णो कदावि॥12॥

होऊँ नहीं कृतघ्न कभी मैं, द्रोह न मेरे उर आवे।
गुण-ग्रहण का भाव रहे नित, दृष्टि न दोषों पर जावे॥

णिंदंतु पसंसंतु व, लच्छी एदि वा णो हि एदि वा।
जीवेमि लक्खवासं, जायदु मिच्चू वा अज्जेव॥13॥

कोई बुरा कहे या अच्छा, लक्ष्मी आवे या जावे।
लाखों वर्षों तक जीऊँ या, मृत्यु आज ही आ जावे॥

अहवा भावेदु कोवि, लोह-भएणं च अण्णदोसेहिं।
तदवि चुदो णो होमि, णयमग्ग-पमाददो कदावि॥14॥

अथवा कोई कैसा ही भय, या लालच देने आवे।
तो भी न्याय मार्ग से मेरा, कभी न पद डिगने पावे॥

णो होमि सुहे तुट्ठो, भीदो दुक्खे कदावि णो होमि।
पव्वद-णदी मसाणे, भयभीदो मणाग णो होमि॥15॥

होकर सुख में मग्न न फूलें, दुःख में कभी न घबरावें।
पर्वत-नदी-श्मशान भयानक, अटवी से नहीं भय खावें॥

होदु सदा मणो मे, अविचलमवि णिच्चलं जहा मेरू।
इट्ठ-वियोगे णिट्ठे जोगे णिच्चं समत्तं भावेमि॥16॥

रहे अडोल-अकम्प निरन्तर, यह मन दृढ़तर बन जावे।
इष्ट वियोग-अनिष्ट योग में, सहनशीलता दिखलावे॥

सव्वे वि संतु सुहिणो, मा णं बीभेज्ज एगजीवो वि।
चत्ता वेरं गव्वं, मंगल-गीदं सदेव गायंतु॥17॥

सुखी रहें सब जीव जगत् के, कोई कभी न घबरावे।
वैर-पाप-अभिमान छोड़ जग, नित्य नये मंगल गावे॥

सव्वत्थ-धम्म-वत्ता, पचलदु दुक्कडं च होज्ज फलहीणं।
उण्णदी-णाणचरित्ते, मणुय-जम्मफलं च पावेज्ज॥18॥

घर-घर चर्चा रहे धर्म की, दुष्कृत दुष्कर हो जावे।
ज्ञान-चरित उन्नत कर अपना, मनुज-जन्म-फल सब पावें॥

जगे ण पसरदु ईदी भीदी वरिसदु सकाल-मेहो वि।
राया वि धम्मणिट्ठो, होऊण णयेज्ज सो रट्ठं॥19॥

ईति भीति व्यापे नहिं जग में, वृष्टि समय-पर हुआ करे।
धर्मनिष्ठ होकर राजा भी, न्याय प्रजा का किया करे॥

रोगो मच्चु-अकालो, पसरदु णो हवेज्ज सुहं लोए।
अहिंसा परमधम्मो, सव्वत्थ-वित्थरदु सव्वहिदे॥20॥

रोग-मरी-दुर्भिक्ष न फैले, प्रजा शान्ति से जिया करे।
परम अहिंसा धर्म जगत् में, फैल सर्व-हित किया करे॥

लोए पसरदु पेम्मं, मोहो कुज्जेह पलायणं दूरा।
अप्पिय-परुसो सद्दे, ण कोवि णियमुहेण उत्तेज्ज॥21॥

फैले प्रेम परस्पर जग में, मोह दूर ही रहा करे।
अप्रिय-कटुक-कठोर शब्द नहिं, कोई मुख से कहा करे॥

वीरा य होंति सव्वे, देसुण्णदि-परायणं च तहा।
वत्थुसरूवं णच्चा, सहंतु दुहाणि पमोदेणं॥22॥

बनकर सब 'युगवीर' हृदय से, देशोन्नति-रत रहा करें।
वस्तु स्वरूप विचार खुशी से, सब दुःख संकट सहा करें॥

मंगलप्पसत्थी

(मंगल-प्रशस्ति, गाहा-छन्द)

उसहादि-वड्ढमाणं पज्जंतं च गणहरे देवे।
केवलि-सुदकेवलिणं, सुदधारिणं आयरियं वंदे॥1॥

अर्थ—वृषभदेव से लेकर वर्धमान पर्यंत समस्त तीर्थंकरों, गणधर देवों, केवली, श्रुतकेवली तथा श्रुतधारी आचार्यों को मैं वन्दन करता हूँ।

धरसेणं मुणिणाहं, सुयधारिणमप्परूवतल्लीणं।
सुदस्स चिंता-जुत्तं, वंदेहं धीर-आइरियं॥2॥

अर्थ—मैं मुनियों के नाथ, श्रुतधारी, आत्मस्वरूप में तल्लीन तथा श्रुतोद्धार की चिंता से युक्त आचार्य धरसेन की वन्दना करता हूँ।

पुप्फं भूदबलिं वा, सुदपत्तं विणय-संजुत्तं।
छक्खंडागं वंदे, तेण कदं गंथरायं वा॥3॥

अर्थ—श्रुतपात्र अथवा श्रुत को प्राप्त तथा विनय संयुक्त आचार्य श्री पुष्पदन्त व भूतबलि को और उनके द्वारा रचित ग्रन्थराज 'श्री षट्खंडागम' को वन्दन करता हूँ।

सूरिं गुणधरणामं, सुदंसजुत्तं च अप्पझाण-रदं।
तेण य लिहिदं गंथं, पेज्जदोस पाहुडं वंदे॥4॥

अर्थ—श्रुतांशयुक्त, आत्मध्यानरत, गुणधर नामक आचार्य को तथा उनके द्वारा रचित ग्रन्थ 'पेज्जदोस-पाहुड' को मैं वन्दन करता हूँ।

भव्वकुमुदाण इंदुं, पवयणसारादि-गंथ-कत्तारं।
अप्पज्झाणेसु रदं, वंदामि कुन्दकुन्दायरियं॥5॥

अर्थ—भव्यजीवरूपी कमलों के लिए चन्द्रमा के समान, प्रवचनसारादि ग्रन्थों के कर्त्ता तथा आत्मध्यान में लीन आचार्य शिरोमणि कुन्दकुन्ददेव की मैं वन्दना करता हूँ।

कुन्दकुन्दस्स सिस्सं, गिद्ध-पिच्छाइरियं त्ति णामजुदं।
सुत्तस्स य कत्तारं, गणप्पहाणं च सामिणं वंदे॥6॥

अर्थ—कुन्दकुन्द के शिष्य, गृद्धपिच्छाचार्य नाम विशेषण युक्त, तत्त्वार्थ-सूत्र के कर्त्ता तथा गणप्रधान उमास्वामी को मैं वन्दन करता हूँ।

समंतभद्दं भद्दं, कइ-तित्थयरं च तक्क-चक्किं वा।
पढमत्थुदि-कत्तारं, वादिगयाणं सीहं इव वंदे॥7॥

अर्थ—भद्रता की मूर्ति, कवि तीर्थंकर, तर्क चक्रवर्ती, प्रथम स्तुतिकार और वादी-रूपी हाथियों के लिए सिंह के समान आचार्य समंतभद्र को मैं वन्दन करता हूँ।

जिणिंद-बुद्धिं सेट्ठं, सुपुज्जपादं च देवणंदि-गुरुं।
तिय-णाम-जुदं सूरिं, वंदे सव्वट्ठसिद्धि-कत्तारं॥8॥

अर्थ—ज्ञानी जिनेन्द्र बुद्धि, श्रेष्ठ पूज्यपाद और देवनंदी गुरु, इन तीन नाम युक्त सर्वार्थसिद्धि के कर्त्ता को मैं नमस्कार करता हूँ।

जोइंदुं अकलंकं, जडासीहं वीर-जिणसेणं।
अमिदं च पहाचंदं, माणिक्कादिसूरिणो वंदे॥9॥

अर्थ—योगीन्द्रदेव, अकलंक, जटासिंहनंदी, वीरसेन, जिनसेन, अमृतचंद, प्रभाचंद और माणिक्यनंदी आदि समस्त श्रेष्ठ आचार्यों को मैं वन्दन करता हूँ।

आदिसायर-सूरिं, सूरिं महावीरकित्तिं मुणिपवरं।
सम्मदिसायर-विमलं, मुत्तिपहं णायगं वंदे॥10॥

अर्थ—मुक्ति पथ के नायक आचार्य आदिसागर, आचार्य महावीरकीर्ति, मुनिप्रवर विमलसागर अथवा विमलरूप सन्मतिसागर को मैं वन्दन करता हूँ।

॥ इदि आइरिय सुणीलसायरेण किदो थुदी संगहो समत्तो॥

इस प्रकार आचार्य सुनीलसागर द्वारा रचित स्तुति संग्रह समाप्त हुआ॥

आइरिय सुनीलसागरकिदो

णीदि-संगहो

(नीति-संग्रह)

(जगतगुरु रामानंदाचार्य राजस्थान संस्कृत विश्वविद्यालय जयपुर के शास्त्री परीक्षा के पाठ्यक्रम में निर्धारित है।)

णीदि-संगहो
(नीति-संग्रह)

धम्म-णीदि (धर्म-नीति)

मंगलाचरण

वीयराएण णिदि्दट्ठं, जिणधम्मं विणिम्मलं।
सव्वण्हुणो य सत्थाणिं, तिजोएण णमामि हं॥1॥

अन्वयार्थ—(वीयराएण णिद्दिट्ठं) वीतराग द्वारा निर्दिष्ट (विणिम्मलं) निर्मल (जिणधम्मं) जिनधर्म (सव्वण्हुणो) सर्वज्ञों (च) और (सत्थाणिं) शास्त्रों को (हं) मैं (तिजोएण) त्रियोगों से (णमामि) नमन करता हूँ।

भावार्थ—जन्म-जरा-मुत्यु आदि सम्पूर्ण दोषों से रहित वीतराग जिनेन्द्र द्वारा प्रतिपादित (प्रसारित) जिनधर्म को, सम्पूर्ण ज्ञान को प्राप्त सर्वज्ञ परमात्माओं और उनके द्वारा प्रदर्शित मार्ग पर चलने वाले साधुओं तथा उनकी वाणी के अनुसार रचे गए समस्त शास्त्रों को मैं मन-वचन-कायरूप तीनों योगों से नमस्कार करता हूँ।

उद्देश्य एवं प्रतिज्ञा

जाणित्ता जहा सत्थं, जाणंति अप्पणं णरा।
तहा णीदि-सुसत्थं च, कज्जाकज्जं कहेज्ज हं॥2॥

अन्वयार्थ—(जहा) जिस प्रकार (सत्थं) शास्त्र को (जाणिज्जा) जानकर (णरा) मनुष्य (अप्पणं) आत्मा को (जाणंति) जानते हैं (तहा) उसी प्रकार (णीदी सुसत्थाणं) नीति के सुशास्त्र को [जानकर] (कज्जाकज्जं) कार्य-अकार्य को जानते हैं, [अतः] (हं) मैं [नीति-संग्रह को] (कहेज्ज) कहूँगा।

भावार्थ—जिस प्रकार सच्चे शास्त्रों का अध्ययन कर मनुष्य अपने आत्मतत्त्व को जीवादि पदार्थों को तथा हेय-उपादेय को जानते हैं, उसी प्रकार अच्छे नीतिशास्त्रों को अध्ययन कर लौकिक कार्य-अकार्य को भी जानते हैं, अतः मै 'नीति-संग्रह' को कहता हूँ।

जिनस्तुति की महिमा

सव्वे रोगा भया सव्वे, सव्वे दुक्खा य दुग्गहा।
जिणिंदत्थुदिमत्तेण, णस्संति णत्थि संसओ॥3॥

अन्वयार्थ—(सव्वे रोगा) सभी रोग (भया सव्वे) सभी भय (सव्वे दुक्खा) सभी दुःख (य) और (दुग्गहा) दुर्ग्रह (जिणिंदत्थुदिमत्तेण) जिनेन्द्र स्तुति मात्र से (णस्सेंति) नष्ट हो जाते हैं [इसमें] (संसओ) संशय (णत्थि) नहीं है।

भावार्थ—सभी रोग (बीमारियाँ), सभी भय, सभी दुःख और सभी दुर्ग्रह (खोटे ग्रह) वीतरागी जिनेन्द्र भगवान की स्तुति करने से ही नष्ट हो जाते हैं, इसमें किसी प्रकार का संशय नहीं करना चाहिए।

जिनपूजा की महिमा

जो करेदि जिणिंदाणं, पूयणं ण्हवणं जवं।
सो पाऊण महारिद्धिं, सग्गं मोक्खं च पावदे॥4॥

अन्वयार्थ—(जो) जो मनुष्य (जिणिंदाणं) जिनेन्द्र भगवान का (पूयणं) पूजन (ण्हवणं) अभिषेक (जवं) जाप (करेदि) करता है, (सो) वह (महारिद्धिं) महारिद्धि को (पाऊण) प्राप्त कर (सग्गं) स्वर्ग (च) और (मोक्खं) मोक्ष को (पावदे) पाता है।

भावार्थ—जो विवेकी मनुष्य प्रतिदिन अत्यन्त भक्तिभाव से जिनेन्द्र भगवान का दर्शन, पूजन, स्तवन, अभिषेक और जप करता है, वह निश्चित ही धन-सम्पत्ति, ख्याति-पूजा आदि महावैभव को प्राप्त करके उत्तम स्वर्ग सुख को और कालान्तर में मोक्ष को प्राप्त करता है।

जिन सेवा का फल

जिण-वंदण-सीलस्स, णिच्चं वुड्ढोवसेविणो।
चत्तारि तस्स वड्ढंते आऊ विज्जा बलं जसो॥5॥

अन्वयार्थ—(जिण-वंदण-सीलस्स) जिनेन्द्र-वन्दना के स्वभाव वाले के (णिच्चं) हमेशा (वुड्ढोवसेविणो) वृद्धजनों की सेवा करने वाले (तस्स) उसके (आऊविज्जाबलं जसो) आयु, विद्या, बल [और] यश [ये] (चत्तारि) चार (वड्ढंते) बढ़ते हैं।

भावार्थ—वीतरागी जिनेन्द्र भगवान के दर्शन-पूजन में जो निरन्तर लीन रहते हैं तथा जो ज्ञानवृद्ध, चारित्रवृद्ध, तपवृद्ध तथा वयोवृद्ध जनों की हमेशा यथायोग्य-यथाशक्य सेवा करते हैं; उनकी आयु, विद्या, बल और यश ये चार वृद्धि को प्राप्त होते रहते हैं।

अहिंसा सभी व्रतों की जननी

सयलव्वद-मज्झम्मि, अहिंसा जणणी मदा।
खाणी सव्वगुणाणं च, भूमी धम्मतरुस्स हि॥6॥

अन्वयार्थ—(सयलव्वद-मज्झम्मि) सभी व्रतों में [हि] वस्तुतः (अहिंसा जणणी) अहिंसा व्रत माता के समान (सव्वगुणाणं) सभी गुणों की (खाणी) खान (च) और (धम्मतरुस्स) धर्मरूपी वृक्ष की (भूमी) भूमि (मदा) कहा गया है।

भावार्थ—सभी श्रेष्ठ व्रतों में अहिंसा व्रत को ही वस्तुतः सभी व्रतों को उत्पन्न करने में माता के समान, समस्त गुणों की खान और धर्मरूपी वृक्ष की भूमि कहा गया है। अहिंसा व्रत के बिना अन्य व्रतों का, तपों का निश्चयतः कुछ भी महत्त्व नहीं है। अतः अहिंसा व्रत के परिपालन पर विशेष जोर देना विवेकीजनों का कर्त्तव्य है।

अहिंसा की महिमा

आऊ बलं सुरूवं च, सोहग्गं कित्ति-पूयणं।
अहिंसा-महप्पेण य, सग्गो मोक्खो भवंति हि॥7॥

अन्वयार्थ—(अहिंसा-महप्पेण य) अहिंसा व्रत के माहात्म्य से (आऊ बलं सुरूवं) आयु, बल, सुन्दर-रूप (सोहग्गं कित्ति-पूयणं) सौभाग्य, कीर्ति, पूजा, (सग्गो) स्वर्ग (य) तथा (मोक्खो) मोक्ष (भवंति) [प्राप्त] होते हैं।

भावार्थ—सभी व्रतों की जड़स्वरूप अहिंसा व्रत के सम्यक् परिपालन के माहात्म्य से मनुष्य आयु, बल, सुन्दर रूप, सौभाग्यशीलता, ख्याति, पूजा-सम्मान तथा मृत्यु के पश्चात् स्वर्ग और मोक्ष के उत्तम सुखों को प्राप्त करता है।

सारभूत है दया

संसारे माणुसं सारं, कुलत्तं चावि माणुसे।
कुलत्ते धम्मिकत्तं च, धम्मिकत्ते य सद्दया॥8॥

अन्वयार्थ—(संसारे माणुसं) संसार में मनुष्यता (माणुसे) मनुष्यत्व में (कुलत्तं) कुलीनत्व (कुलत्ते) कुलीनत्व में (धम्मिकत्तं) धार्मिकत्व (च) और (धम्मिकत्ते) धार्मिकता में (चावि) भी (सद्दया) सच्ची दया (सारं) सारभूत है।

भावार्थ—इस अनंत संसार में चौरासी लाख योनियों में मनुष्य योनि ही सार भूत है, उसमें भी कुलीनता (आचरणशीलता) सारभूत है, कुलीनता में भी धार्मिकता सारभूत है और धार्मिकता में भी सच्ची दया-करुणा सारभूत है।

दया की महिमा

सव्वदाणं कयं तेण, सव्वे जण्णा य पूयणं।
सव्व-तित्थाहिसेगं जो, सव्वंसि कुणदे दयं॥9॥

अन्वयार्थ—(तेण) उसने (सव्वदाणं) सभी दान (सव्वे जण्णा य पूयणं) सभी यज्ञ और पूजन (च) तथा (सव्व-तित्थाहिसेगं) सभी तीर्थों का अभिषेक (कयं) किया (जो) जो (सव्वंसि) सभी पर (दयं) दया (कुणदे) करता है।

भावार्थ—जो व्यक्ति सभी जीवों पर दया करता है, मानना चाहिए कि उसने ही सभी प्रकार के दान, सभी प्रकार के सात्विक यज्ञ और पूजन तथा सभी तीर्थों की वन्दना अथवा तत्रस्थ जिनबिम्बों का अभिषेक किया है।

जो करसी सो भोगसी

बलिट्ठो जो णरो लोए, घादं करेदि णिब्बले।
सो परत्थ वि पप्पोदि, तम्हा दुक्खमणेगसो॥10॥

अन्वयार्थ—(लोए) लोक में (जो) जो (बलिट्ठो णरो) बलवान मनुष्य (णिब्बले) निर्बलों का (घादं) घात (करेदि) करता है (सो) वह (परत्थ वि) परलोक में भी (तम्हा) उससे (अणेगसो दुक्खं) अनेकों दुःखों को (पप्पोदि) प्राप्त करता है।

भावार्थ—इस लोक में जो बलवान मनुष्य, निर्बल जीव-जन्तु, पशु-पक्षियों अथवा मनुष्यों को सताते हैं, मारते हैं, वे इस पाप के फल से उनके द्वारा परलोक में अनेक दुःख पाते हैं। अतः किसी भी जीव को दुःख नहीं पहुँचाना चाहिए।

पाप शीघ्र ही फल देता है

सामीत्थी-बालहंताणं, सिग्घं फलदि पादगं।
इह लोए परे लोए, पावंति दुक्ख-दारुणं॥11॥

अन्वयार्थ—(सामीत्थी-बालहंताणं) स्वामी, स्त्री और बालकों को मारने वालों का (पादगं) पातक (सिग्घं) शीघ्र (फलदि) फलता है [जिससे वे] (इह लोए) इस लोक में [और] (परे लोए) परलोक में (दारुणं-दुख) भयंकर दुःखों को (पावंति) पाते हैं।

भावार्थ—स्वामी अर्थात् आजीविका देने वाला मालिक, स्त्री, अर्थात् कोई भी महिला तथा बालक, चाहे वह गर्भ में ही क्यों न हो, इनकी हत्या करने वाले अतिशीघ्र ही इस लोक में तथा परलोक में किए हुए पाप के महानफल को भयंकर दुःख पाते हुए भोगते हैं।

दया बिना मनुष्य कैसा

बाल-बुड्ढेसु हीणेसु, इत्थीजणे य दुब्बले।
बाहिजुत्तेसु मूढेसु, जेसिं दया ण ते पसू॥12॥

अन्वयार्थ—(बाल-बुड्ढेसु) बालकों में, वृद्धों में (हीणेसु) हीन अंग धारियों में (इत्थीजणे) स्त्रीजनों में (दुब्बले) दुर्बल में (बाहिजुत्तेसु) व्याधियुक्तजनों में (य) और (मूढेसु) मूर्खों में (जेसिं) जिनकी (दया ण) दया नहीं है (ते) वे (पसू) पशु हैं।

भावार्थ—बालकों पर, वृद्धजनों पर, लंगड़े-लूले-अंधे-बहरे मनुष्यों पर, महिलाओं पर, दुर्बल अर्थात् कमजोर मनुष्यों पर, पशुओं पर, विभिन्न रोगों से ग्रस्त दुःखी जनों पर और मूर्ख अर्थात् मानसिक बीमारी से युक्त मंदबुद्धिजनों पर जिनके मन में दया नहीं उमड़ती वे मनुष्य देहधारी होकर भी पशु हैं।

ऐसे वचन मत बोलो

असच्चं अहिदं गव्वं, कक्कसं मम्मभेदगं।
जिणसत्थ-विरुद्धं च, णो भणेज्ज बुहो वयं॥13॥

अन्वयार्थ—(असच्चं) असत्य (अहिदं) अहितकर (गव्वं) गर्वयुक्त (कक्कसं) कर्कश (मम्मभेदगं) मर्मभेदी (च) और (जिणसत्थ-विरुद्धं) जिनशास्त्रों के विरुद्ध (वयं) वचन (बुहो) बुद्धिमान (णो) नहीं (भणेज्ज) बोलें।

भावार्थ—दूसरों का अहित करने वाले, अत्यन्त अभिमान सहित, कठोर, मर्म को भेदने वाले और जिनेन्द्र भगवान की आज्ञा के विरुद्ध अर्थात् सच्चे शास्त्रों से विपरीत वचन बुद्धिमान मनुष्य नहीं बोलें।

मौन रहो या सत्य बोलो

मोणमेव हिदं पुंसं, सुह-सव्वत्थसिद्धीए।
भासं भासेज्ज सच्चं हि, सव्वसत्तोवयारी जा॥14॥

अन्वयार्थ—(सुहसव्वत्थसिद्धीए) सुख, सर्वार्थसिद्धि के लिए (पुंसं) पुरुष को (मोणमेव) मौन ही (हिदं) हितकर है [यदि बोलना पड़े तो] (जा) जो (सव्वसत्तोवयारी) सब जीवों का हित करने वाला है [ऐसा] (सच्चं) सत्य (भासं) वचन (हि) ही (भासेज्ज) बोलना चाहिए।

भावार्थ—वास्तविकता तो यह है कि मनुष्य को सब सुख और सब कार्यों की सिद्धि कराने वाला एक शान्त-भावों से मौन रहना ही श्रेयस्कर है, किन्तु यदि बोलना ही पड़े तो हित-मित-प्रिय वचन ही बोलना चाहिए।

सत्य की महिमा

णाणं विज्जं विवेगं हि, सुस्सरत्तं च धारणं।
वादित्तं सुकवित्तं च, सच्चादो पावदे णरो ॥15॥

अन्वयार्थ—(णाणं विज्जं विवेगं) ज्ञान, विद्या, विवेक (सुस्सरत्तं) सुस्वरत्व (धारणं) धारणा (वादित्तं) वादित्व (च) और (सुकवित्तं) सुकवित्व (सच्चादो) सत्य से (हि) वस्तुतः (णरो) मनुष्य (पावदे) पाता है।

भावार्थ—ज्ञान-शास्त्रज्ञान, विद्या-विशेष गूढ़ज्ञान, विवेक-प्रयत्नशीलता युक्त बुद्धि, सुस्वरत्व, धारणा, वादित्व, सुकवित्व अर्थात् अच्छी कविता बनाने की क्षमता ये सभी बातें एक मात्र सत्य धर्म के प्रभाव से ही मनुष्य प्राप्त करता है।

असत्य के दोष

मूगत्तं मदिवेयल्लं, लोयणिंदं च मूढदं।
बहिरत्तं च रोगत्तं, असच्चादो हि देहिणं ॥16॥

अन्वयार्थ—(मूगत्तं) मूकपना (मदिवेयल्लं) बुद्धि की मन्दता (मूढदं) मूर्खपना, (लोयणिंदं) लोकनिन्द्यता (बहिरत्तं) बधिरता (च) और (रोगत्तं) रोगग्रस्तता (हि) वस्तुतः (असच्चादो) असत्य से ही (देहिणं) देहधारियों को होती है।

भावार्थ—मूकपना-बोल नहीं पाना, बुद्धि की मन्दता-पागलपन, मूर्खता, ज्ञानहीनता, बहिरापन और हमेशा रोग ग्रस्तता ये सभी दोष मनुष्यों को असत्य बोलने से प्राप्त होते हैं।

अचौर्य की महिमा

धण-धण्णं सुइत्थी य, गेह-वत्थादि-वेहवं।
तेसिं हवंति बाहुल्लं, अत्थेयं जेसु णिम्मलं ॥17॥

अन्वयार्थ—(धण-धण्णं) धन-धान्य (सुइत्थी) सुन्दर सुशील स्त्री (गेह-वत्थादि वेहवं) मकान, वस्त्रादि, वैभव (तेसिं) उनके (बाहुल्लं) बहुलता से (हवंति) होते हैं, (जेसु) जिनमें (णिम्मलं) निर्मल (अत्थेयं) अस्तेय [होता है]।

भावार्थ—धन, धान्य, सुन्दर सुशील स्त्री, आलीशान बंगला, घर-मकान, खेत-खलिहान, सोना-चाँदी तथा वस्त्रादि वैभव उनके यहाँ बहुलता से होते हैं, जो निर्मल अस्तेय-अचौर्यव्रत का पालन करते हैं।

शील की परिभाषा

सीलं हि सु-सहावो य, सीलं च वद-रक्खणं।
बंभचेर-मयं सीलं, सीलं सग्गुण-पालणं ॥18॥

अन्वयार्थ—(हि) वस्तुतः (सु-सहावो) सुस्वभाव (सीलं) शील है (वद-रक्खणं) व्रत-रक्षण (सीलं) शील है (बंभचेर-मयं) ब्रह्मचर्य-मय (सीलं) शील है (य) और (सग्गुण-पालणं) सद्‌गुणों का पालन (सीलं) शील है।

भावार्थ—निश्चयदृष्टि से स्वात्मलीनता-स्वभाव परिणति को ही शील कहा है, यह शील स्वभाव सिद्ध भगवंतों को प्राप्त है। व्रतों की रक्षा में हमेशा तत्पर रहना शील (मर्यादा) है, यह सविकल्प साधकों में मुख्यतः पाया जाता है। ब्रह्मचर्य अर्थात् आत्मचारित्रमय होकर रहना शील है, यह मुख्यतः निर्विकल्प साधकों में होता है और सद्‌गुणों की रक्षा करना भी शीलव्रत कहलाता है, यह विवेकी गृहस्थों में, साधकों में होता है, होना चाहिए।

शील की महिमा

देवा समीवमायंति, पूजेंति य भूभुजा।
सुग्गदी य परे जम्मे, सीलेण णिम्मलो जसो ॥19॥

अन्वयार्थ—(सीलेण) शील से (णिम्मलो जसो) निर्मल यश होता है (देवा समीवमायंति) देवगण पास में आते हैं (भूभुजा) राजागण (पूजेंति) पूजते हैं (य) और (परे जम्मे) परभव में (सुग्गदी) अच्छी गति (होदि) होती है।

भावार्थ—निर्मल शीलव्रत (ब्रह्मचर्य) के पालन करने से देवगण पास आते हैं, राजा लोग पूजा-सम्मान करते हैं, परभव अर्थात् मरण के बाद दूसरे जन्म में सुगति होती है और इस भव तथा परभव में यश फैलता है।

निःशील की दुर्दशा

णिस्सीला पुरिसा णारी, इहेव कुक्करा इव।
लहंते वध-बंधादि, परत्थे णिरयं परं ॥20॥

अन्वयार्थ—(णिस्सीला) शील रहित (पुरिसा-णारी) पुरुष-स्त्रियाँ (कुक्करा इव) कुत्ते के समान हैं [वे] (इहेव) यहीं पर ही (वध-बंधादि) वध-बंधन आदि (लहंते) पाते हैं [तथा] (परत्थ) परगति में (परं) भयंकर (णिरयं) नरक को [पाते हैं।]

भावार्थ—जो पुरुष और स्त्रियाँ शील (एकदेश ब्रह्मचर्य) रहित हैं, वे कुत्तों के समान जिस किसी से भी सम्बन्ध बनाते रहते हैं अथवा सदाचारी लोगों की दृष्टि में वे कुत्तों के समान गिने जाते हैं। वे इस भव में यहाँ पर तो वध-मारपीट, बंधन-कैद की सजा आदि पाते ही हैं तथा मरकर भी वे दूसरे भव में भयंकर नरक को पाते है।

स्त्री संगति दुःखदायी

जो तवस्सी वदी मोणी, णाण-जुत्तो जिदिंदिओ।
कलंकेदि हि अप्पाणं, इत्थीसंगेण सो वि य ॥21॥

अन्वयार्थ—(जो) जो (तवस्सी) तपस्वी, (वदी) व्रती (मोणी) मौनी, (णाणजुत्तो) ज्ञानयुक्त, (य) और (जिदिंदिओ) जितेन्द्रिय हैं (सो वि) वह भी (इत्थीसंगेण) स्त्री-संगति से (अप्पाणं) आत्मा को (कलंकेदि) कलंकित करता है।

भावार्थ—जो घोर तपस्वी है, व्रती है, मौन धारण करने वाला है, ज्ञानयुक्त और इन्द्रियों को जीतने वाला है, यदि ऐसा गुण सम्पन्न साधक भी स्त्रियों की निरन्तर संगति करता है, तो वह भी अपने आत्मा को कलंकित करता है अर्थात् लोकापवाद का पात्र होता है, साधारण जनों की तो बात ही क्या है।

मोही व सुधी में अंतर

असुचिमय-देहम्मि, दुग्गंधे मेज्जमंदिरे।
रमंति राइणो थीए, विरज्जंति सुही-जणा ॥22॥

अन्वयार्थ—(थीए) स्त्रियों के (दुग्गंधे) दुर्गन्धित (मेज्जमंदिरे) मलमूत्र के घर (असुचिमय-देहम्मि) अशुचिमय देह में (राइणो) रागीजीव (रमंति) रमते हैं [तथा] (सुही-जणा) सुधीजन (विरज्जंति) विरक्त होते हैं।

भावार्थ—स्त्रियों के तथा खुद के अत्यन्त दुर्गन्ध युक्त, मलमूत्र, खून पीब से भरे हुए निम्नतम घृणित अशुचिमय शरीर में मूढ-मोही जीव राग करते हैं, किन्तु इसके विपरीत विवेकीजन उससे विरक्त होते है तथा ममत्व का त्याग कर देते है।

अब्रह्म के परिणाम

मुच्छा-घिणा-भमो-कंपो, समो सेदंगविक्किया।
खयरोगादि दोसा य, मेहुणेणं सरीरिणं ॥23॥

अन्वयार्थ—(सरीरिणं) शरीरधारियों को (मेहुणेणं) मैथुन से (मुच्छाघिणाभमो-कंपो समो सेदंगविक्किया) मूर्च्छा, घृणा, भ्रम, कंप, श्रम, स्वेद, अंग विकृति (य) और (खयरोगादि) क्षयरोगादि [अनेक] (दोसा) दोष [होते हैं]।

भावार्थ—शरीरधारी जीवों को मैथुन करने से अनेक हानियाँ उठानी पड़ती हैं, जिनमें मूर्च्छा आना, भ्रम-मन की अस्थिरता, शरीर कंपन, श्रम-शारीरिक थकान, पसीना आना, अंग विकृत हो जाना और क्षयरोग आदि अनेक बीमारियाँ और अनेक दोष शामिल हैं।

अब्रह्म से गुणों का नाश

आऊ तेजो बलं विज्जा, पण्णा धणं महाजसो।
पुण्णं सुपीदिमंतं च, णस्संति हि अबंभदो ॥24॥

अन्वयार्थ—(अबंभदो) अब्रह्मचर्य से, (आऊ तेजो बलं विज्जा पण्णा धणं महाजसो पुण्णं) आयु, तेज, बल विद्या, प्रज्ञा, धन, संपत्ति महायश-पुण्य (च) और

(सुपीदिमंतं) अत्यन्त प्रीतिमत्ता (हि) निश्चित ही (णस्संति) नष्ट हो जाते हैं।

भावार्थ—अब्रह्मचर्य अर्थात् मैथुन सेवन (कुशील) से आयु, तेज, शारीरिक शक्ति, विद्या, प्रज्ञा, धन-सम्पत्ति, महायश महान् ख्याति, पुण्य और लोक से प्राप्त अत्यन्त प्रेम पात्रता का निश्चित ही विनाश हो जाता है। अत: मैथुन सेवन से बचना चाहिए। यदि ऐसी क्षमता नहीं है तो कम से कम परस्त्रियों से तो दूर रहना ही चाहिए।

परिग्रह वर्जन

मणे मुच्छाकरं माया-चिंतादि-दुह-सायरं।
तिण्हाबल्लीइ णीरं व, चएज्जा हि परिग्गहं॥25॥

अन्वयार्थ—(मणे मुच्छाकरं) मन में मूर्च्छा करने वाले, (माया) माया को बढ़ाने वाले (चिंतादि-दुह-सायरं) चिंतादि दु:खों के सागर (च) और (तिण्हाबल्लीइ णीरं व) तृष्णारूपी बेल को बढ़ाने के लिए जल के समान (परिग्गहं) परिग्रह को (चएज्जा हि) छोड़ो।

भावार्थ—मन में ममत्व, माया-चंचलता, दुष्कृत्य करने की भावना उत्पन्न करने वाले, चिंता, शोक आदि दु:खों के समुद्र के समान और लोभरूपी बेल को बढ़ाने के लिए पानी के समान परिग्रह को अवश्य ही छोड़ देना चाहिए। यदि कोई परिग्रह का पूरी तरह त्याग नहीं कर सकता है तो उसे कम से कम परिग्रह परिमाण अणुव्रत लेकर मर्यादा तो बना ही लेना चाहिये।

परिग्रह दु:ख का कारण

दुहेण पप्पदे लच्छी, ठिदा दुक्खेण रक्खदे।
तण्णासेण महादुक्खं, लच्छिं दुक्खणिहिं च धी॥26॥

अन्वयार्थ—(लच्छी) लक्ष्मी (दुहेण) दु:ख से (पप्पदे) प्राप्त होती है, (दुक्खेण) दु:ख से (ठिदा) ठहरती है (रक्खदे) रक्षित होती है (तण्णासेण) उसके नाश से (महादुक्खं) महादु:ख होता है [ऐसी] (दुक्खणिहिं) दु:खनिधि (लच्छिं) लक्ष्मी को (धी) धिक्कार है।

भावार्थ—लक्ष्मी, दु:ख से प्राप्त होती है, दु:ख से ठहरती है, कष्ट से रक्षित होती है, उसके नाश से महादु:ख होता है, ऐसी दु:ख की खान धन-संपत्ति रूपी लक्ष्मी को धिक्कार है।

मानव जन्म के फल

देवपूया दया दाणं, तित्थजत्ता जवो तवो।
सुदं परोवगारित्तं, णरजम्मे फलट्ठगं॥27॥

अन्वयार्थ—(देवपूजा दया दाणं) देवपूजा, दया, दान (तित्थजत्ता) तीर्थयात्रा (जवो-तवो) जप-तप (सुदं) श्रुत [तथा] (परोवगारित्तं) परोपकार की भावना [य] (णरजम्मे) मनुष्य जन्म में (फलट्ठगं) आठ फल हैं।

भावार्थ—जिनेन्द्र देव की पूजा करना, सभी जीवों पर दया भाव रखना, सुपात्रों को दान देना, तीर्थयात्रा करना, जप करना, तप करना, निरन्तर शास्त्राभ्यास करना और परोपकार करने की भावना रखना ये मनुष्य जन्म की सार्थकता के आठ फल हैं।

पुण्य के फल

देवसत्थ-गुरुसेवा, संसारा णिच्चभीरुदा।
पुण्णेण जायदे पुंसं, किरिया सुक्ख-पुण्णदा ॥28 ॥

अन्वयार्थ—(देव-सत्थ-गुरुसेवा) सच्चे देव-शास्त्र-गुरु की सेवा (संसारा णिच्चभीरुदा) संसार से नित्य भयभीतपना [और](सुक्ख-पुण्णदा) सुख तथा पुण्य प्रदान करने वाली (किरिया) क्रियाएँ (पुंसं) मनुष्य को (पुण्णेण) पुण्य से (जायदे) प्राप्त होती है।

भावार्थ—मनुष्य को सच्चे देवशास्त्र गुरु की सेवा, संसार से भय भीरूता, सच्चा सुख अथवा स्वर्ग-मोक्ष का सुख तथा पुण्य अर्थात् सम्यग्दर्शन प्रदान कराने वाला आचरण अत्यन्त पुण्य के योग से प्राप्त होता है।

जिनधर्म के फल

रज्जं च संपदा भोगा, सुकुलं च सुरूवदा।
पंडित्तं आऊ मोक्खो य, जिणधम्मस्स सप्फलं ॥29 ॥

अन्वयार्थ--(रज्जं) राज्य (संपदा) संपत्ति (भोगा) भोग (सुकुलं) सुकुल (सुरूवदा) सुरूपता (पंडित्तं) पाण्डित्य (आऊ) आयु (च) और (मोक्खो य) मोक्ष [यह] (जिणधम्मस्स) जिनधर्म के (सप्फलं) अच्छे फल हैं।

भावार्थ—राज्य, संपदा, सुकुल में जन्म, सुंदर-शरीर, शास्त्रों में पारगामिता, लम्बी आयु और मोक्ष ये जिनधर्म का अच्छी तरह पालन करने से प्राप्त होने वाले श्रेष्ठ फल हैं अथवा सारी सुख-सुविधाएँ श्रेष्ठ जैनधर्म के पालन करने से प्राप्त होती हैं।

धर्मात्मा के लक्षण

सच्चं सोचं दया-दाणं, चागो संजम-पालणं।
तवं परोवगारित्तं, धम्मियस्स हि लक्खणं ॥30 ॥

अन्वयार्थ—(हि) वस्तुतः (सच्चं सोचं दया-दाणं-चागो-संजमपालणं) सत्य, शौच, दया, दान, त्यागशीलता, संयम का पालन करना, (तवं) तप [और](परोवगारित्तं)

परोपकारिता [ये] (धम्मियस्स) धर्मात्मा के (लक्खणं) लक्षण हैं।

भावार्थ—सत्यवादिता, निर्लोभता, निर्मलता, दयाभावना, दानशीलता, त्यागमय जीवन, संयम का परिपालन, यथायोग्य तप और परोपकार करने की सतत प्रवृत्ति ही धर्मात्माजनों के लक्षण हैं, न कि बाह्य वेषभूषा, प्रदर्शन और आडम्बर।

दु:खों से उद्धार करने वाले

णाणादुहादु उद्धत्तुं, लोयम्मि को समत्थो हि।
मोत्तूण जिणधम्मं च, जिणदेवं च सग्गुरुं ॥31॥

अन्वयार्थ—(लोयम्हि) लोक में, (जिणदेवं) जिनेन्द्र भगवान (सग्गुरुं) सच्चे गुरु (च) और (जिणधम्मं) जैनधर्म को (मोत्तूण) छोड़कर (णाणादुहादु उद्धत्तुं) विविध दु:खों से उद्धार करने के लिए (हि) वस्तुतः (को) कौन (समत्थो) समर्थ हैं?

भावार्थ—इस संसार में वीतरागी जिनेन्द्र भगवान, वीतरागी गुरु और जैनधर्म को छोड़कर विविध दु:खों से दु:खी होते हुए जीवों का उद्धार करने में वस्तुतः कौन समर्थ है? अर्थात् कोई नहीं।

जिनशासन के बिना दु:ख

विगदेअणंतकाले, जीवेण भमिदं भवे।
काणि दुक्खाणि णो पत्ता, विणा जिणिंद-सासणं ॥32॥

अन्वयार्थ—(विगदेअणंतकाले) बीते हुए अनंतकाल में (भवे) संसार में (भमिदं) घूमते हुए (जीवेण) जीव ने (जिणिंद-सासणं विणा) जिनेन्द्रशासन के बिना (काणि दुक्खाणि) किन दु:खों को (णो) नहीं (पत्ता) प्राप्त किया?

भावार्थ—अनादि काल से संसार में भटकते हुए इस जीव ने जिनेन्द्र भगवान के शासन को जैनधर्म को नहीं पाकर संसार के कौन से भयंकर दु:ख नहीं भोगे? अर्थात् जिनेन्द्रशासन को प्राप्त किए बिना इस जीव ने सभी प्रकार के सभी दु:ख भोगे हैं।

जिनशासन से पापों का नाश

जिणिंदस्स मदं पत्ता, णिच्चं जो तम्मि चेट्ठदे।
संपुण्णं किब्बिसं चत्ता, सुट्ठाणं सो हि गच्छदि ॥33॥

अन्वयार्थ—(जिणिंदस्स मदं पत्ता) जिनेन्द्र के मत को पाकर (जो) जो (तम्मि) उसमें ही (चेट्ठदे) चेष्टा करता है (सो) वह (संपुण्णं) सम्पूर्ण (किब्बिसं) पाप को (चत्ता) छोड़कर (सुट्ठाणं) सुस्थान को (हि) निश्चित ही (गच्छदि) जाता है।

भावार्थ—जिनेन्द्र देव द्वारा कथित धर्म को प्राप्त करके जो मनुष्य उसमें कहें गए व्रत-नियमों का पालन करता है, सम्यग्दर्शन-ज्ञान-चारित्र की प्राप्ति हेतु निरन्तर पुरुषार्थ करता है, सच्चे देव-शास्त्र-गुरु की भक्ति करता है, वह निश्चित ही सम्पूर्ण पाप-कर्मों को नष्ट कर सर्वोत्तम स्थान मोक्ष को पाता है।

धर्म में संलग्न हो जाओ

जोव्वणं जीविदं सोक्खं, चित्तं लच्छी य चंचला।
णच्चा धम्मे रदो होज्जा, णिच्चलं सोक्ख-कारणं॥34॥

अन्वयार्थ—(जोव्वणं-जीविदं-सोक्खं चित्तं लच्छी) यौवन, जीवन, सुख, मन और लक्ष्मी [ये] (चंचला) चंचल है, (णच्चा) ऐसा जानकर, (णिच्चलं) निश्चल (सोक्खकारणं) सुख के कारणभूत (धम्मे) धर्म में (रदो) रत (होज्जा) हो जाओ।

भावार्थ—यौवन (जवानी), लौकिक इन्द्रियजन्य सुख मन और लक्ष्मी अर्थात् धन-संपत्ति ये सभी चंचल अर्थात् नाशवान हैं, किन्तु एक स्वभावभूत धर्म ही निश्चल और शाश्वत है, ऐसा जानकर ज्ञानियों को चाहिए कि वे धर्म मार्ग में ही प्रवृत्ति करें। क्योंकि यह धर्म ही सच्चे सुख का कारण है। धर्म के बिना तीन काल में भी सुख- शांति नहीं मिल सकती, अतः सच्चे धर्म मार्ग में सतत पुरुषार्थ करो।

ये धर्म को नहीं जानते

मत्तप्पमत्त-उम्मग्गी, लोही कोही य कामुगो।
दुहिदो छुहिदो मूढो, भीदो धम्मं ण जाणदि॥35॥

अन्वयार्थ—(मत्तप्पमत्त-उम्मग्गी) मत्त-प्रतत्त, उन्मार्गी (लोही) लोभी (कोही) क्रोधी (कामुगो) कामी, (दुहिदो) दुःखी (छुहिदो) क्षुधातुर, (मूढो) मूढ (य) और (भीदो) भयभीत [मनुष्य] (धम्मं) धर्म को (ण) नहीं (जाणदे) जानता है।

भावार्थ—मत्त अर्थात् पागल या मतवाला, प्रमत्त अर्थात् शराब आदि के नशे से उन्मत्त, उन्मार्गी अर्थात् खोटे कार्यों में प्रवृत्ति करने वाला, अति लोभी, अति क्रोधी, कामुक अर्थात् विषय-वासना में पड़ा हुआ, दुःखों से युक्त, भूखा, मूढ़ अर्थात् अज्ञानी अथवा नास्तिक तथा किसी भय से अति भयभीत व्यक्ति धर्म को नहीं जानते हैं।

धर्म की महिमा

दुहिणो दुहणासस्स, मोक्खस्स भवभीरुणो।
पाविणो पाव-णाणस्स, जाणेज्ज धम्म-उत्तमं॥36॥

अन्वयार्थ—(दुहिणो दुहणासस्स) दुःखी के दुःख का नाश करने के लिए (पाविणो पाव-णाणस्स) पापी के पाप नष्ट करने के लिए [तथा] (भवभीरुणो)

भवभीतों को (मोक्खस्स) मोक्ष के लिए (उत्तमं धम्म) उत्तम धर्म (जाणेज्ज) जानो।

भावार्थ—दुःखीजनों के दुःखों का नाश करने वाला, पापीजनों के पाप नष्ट करने वाला तथा संसार दुःखों से डरे हुए भव्य जीवों को मोक्ष प्रदान करने वाला एकमात्र उत्तम धर्म अहिंसा ही है, अन्य कोई नहीं, ऐसा जानो।

धर्महीन कब तक सुखी रहेगा

छिण्णमूलो जहा रुक्खो, गदसीसो भडो तहा।
धम्महीणो णरो लोए, कइ-कालं सुखेज्जदे ॥37॥

अन्वयार्थ—(लोए) लोक में (जहा) जैसे, (छिण्णमूलो) जड़रहित (रुक्खो) वृक्ष, (गद सीसो भडो) शीश रहित योद्धा, (तहा) वैसे, (धम्महीणो णरो) धर्म रहित मनुष्य (कइ-कालं) कितने समय तक (सुखेज्जदे) सुखी रहते हैं?

भावार्थ—लोक में यह देखा जाता है कि जड़ रहित बड़ा भारी वृक्ष भी शीघ्र नष्ट हो जाता है, सिर रहित होने पर महासुभट योद्धा भी धराशायी हो जाता है, इसी प्रकार धर्म रहित जीवन जीने वाला मनुष्य भी कितने काल तक सुखी रह सकता है अर्थात् शीघ्र ही नष्ट हो जाता है, अतः जीवन में धर्म का होना अनिवार्य है।

अशक्तों के अपराध से धर्म मलिन नहीं होता

असक्कस्सावराहेण, किं धम्मो मलिणो हवे।
णो मण्डूगे मडे जादे, समुद्दे पूदिगंधदा ॥38॥

अन्वयार्थ—(असक्कस्सावराहेण) अशक्त के अपराध से, (किं) क्या, (धम्मो) धर्म (मलिणो) मलिन (हवे) होता है (समुद्दे) समुद्र में (मण्डूगे मडे जादं) मेढ़क के मर जाने पर (पूदिगंधदा) दुर्गंधता (णो) नहीं होती।

भावार्थ—यहाँ यह प्रश्न उपस्थित हुआ है कि यदि कमजोर व्यक्ति धर्म का पालन करते हुए कुछ दोष कर बैठता है तो क्या धर्म मलिन हो जाता है? इसका उत्तर भी प्रस्तुत अनुष्टुप में दिया गया है कि जिस प्रकार समुद्र में मेढ़क के मर जाने पर पूरा समुद्र दुर्गन्धित नहीं हो जाता है, उसी प्रकार किसी अशक्त साधक से दोष होने पर पूरा धर्म मलिन नहीं हो जाता है।

कल्याणकारी धर्म

अहिंसा सच्चमत्थेयं, बंभं खमाअलोहदा।
जीवपेम्मं हिदेच्छा य, धम्मो कल्लाणकारगो ॥39॥

अन्वयार्थ—(अहिंसा सच्चमत्थेयं बंभं खमा अलोहदा जीवपेम्मं हिदेच्छा य) अहिंसा, सत्य, अचौर्य, ब्रह्मचर्य, क्षमा, अलोभता और जीवों के प्रति प्रेम तथा हितेच्छा रूप (धम्मो) धर्म (कल्लाण कारगो) कल्याणकारक है।

भावार्थ—अहिंसा, सत्य, अचौर्य, ब्रह्मचर्य, अपरिग्रह, क्षमाभावना, संसार के सभी जीवों के प्रति प्रेमभाव और अपने तथा अन्य जीवों के हित की निरन्तर इच्छा रखने रूप धर्म ही कल्याणकारक है।

जिनधर्म की विशेषता

जत्थ अत्थि सियावाओ, पक्खवादो ण विज्जदे।
अहिंसाए पहाणत्तं, जिणधम्मो कहिज्जइ ॥40॥

अन्वयार्थ—(जत्थ सियावाओ अत्थि) जहाँ स्याद्वाद है (पक्खवादो ण विज्जदे) पक्षपात नहीं है (अहिंसाए पहाणत्तं) अहिंसा की प्रधानता है वह (जिणधम्मो) जिनधर्म (कहिज्जइ) कहलाता है।

भावार्थ—जहाँ पर स्याद्वाद वाणी विद्यमान है। किसी प्रकार का एकान्तवाद, पक्षपात जहाँ नहीं है तथा जिसमें अहिंसाधर्म की प्रधानता है, वह जिनेन्द्रदेव द्वारा कथित जैन धर्म कहलाता है।

धर्म से सुख

सुहं देवणिगाएसु, माणुसेसु च जं सुहं।
कम्मक्खए समुव्वण्णे, तं सव्वं धम्म-संभवं ॥41॥

अन्वयार्थ—(जं) जो (देवणिगाएसु) देवसमूह में (सुहं) सुख है (माणुसेसु) मनुष्य पर्याय में (सुहं) सुखं है (च) और (कम्मक्खए समुव्वण्णे) कर्मक्षय से उत्पन्न सुख है (तं सव्वं) वह सब (धम्म-संभवं) धर्म से उत्पन्न है।

भावार्थ—देवताओं में जो विविध प्रकार का उत्तमोत्तम सुख है, मनुष्य पर्याय में धनपतित्त्व, चक्रवर्तित्व आदि का जो महान सुख है तथा तपस्या कर कर्मनाश से उत्पन्न जो अनंत सुख है, वह सभी सच्चे धर्म से उत्पन्न हुआ है, ऐसा समझना चाहिए क्योंकि बिना धर्म के सहज प्राप्त वस्तु भी नहीं प्राप्त होती है और धर्म के प्रभाव से दुर्लभ वस्तु भी प्राप्त हो जाती है।

जहाँ धर्म वहाँ जय

रावणो खयराहीसो, रामो य भूमिगोयरो।
विजिदो सो वि रामेण, जदो धम्मो तदो जओ ॥42॥

अन्वयार्थ—(रावणो) रावण (खयराहीसो) विद्याधरों का स्वामी था (य) और (रामो) राम (भूमिगोयरो) भूमिगोचरी थे (सो वि) वह भी (रामेण) राम के द्वारा (विजिदो) जीता गया [क्योंकि] (जदो धम्मो तदो जओ) जहाँ धर्म होता है, वहीं जय होती है।

भावार्थ—त्रिखंडाधिपति रावण बड़े-बड़े विद्याधर राजाओं का स्वामी था,

स्वयं भी महान राजनीतिज्ञ और विद्याओं से सम्पन्न था, इसके विपरीत राम वनवासी और साधारणजनों से सेवित थे, फिर भी उन्होंने रावण को पराजित कर दिया। सच ही है कि 'जहाँ धर्म होता है, वहीं विजय होती है।' इस सूक्ति के सिद्ध होने में देर हो सकती है, पर अन्धेर नहीं।

धर्म रसायन

सद्दिट्ठिणाण-चारित्तं, धम्मं जो सेवदे सुही।
रसायणं व सिग्घं सो, सग्गं मोक्खं च पावदि॥43॥

अन्वयार्थ—(रसायणं व) रसायन के समान (सद्दिट्ठि-णाण-चारित्तं) सम्यग्दर्शन-ज्ञान-चारित्र [रूप](धम्मं) धर्म को (जो) जो (सुही) बुद्धिमान (सेवदे) सेवता है (सो) वह (सिग्घं) शीघ्र ही (सग्गं -मोक्खं च) स्वर्ग और मोक्ष को (पावदि) पाता है।

भावार्थ—जो बुद्धिमान व्यक्ति रसायन-श्रेष्ठ औषधि के समान सम्यग्दर्शन, सम्यग्ज्ञान और सम्यक्चारित्र रूप धर्म का निरन्तर सेवन करता है, वह शीघ्र ही जन्म-मरण-रूपी रोगों का नाश कर स्वर्ग और मोक्ष के सुखों को पाता है।

सम्यग्दर्शन का लक्षण

अत्तागम-मुणिंदाणं, सद्दहणं सु-दंसणं।
संकादि-दोस-णिक्कंतं, अट्ठगुणेहि भूसिदं॥44॥

अन्वयार्थ—(संकादि दोस) शंका आदि दोष (च) और आठ मद, तीन मूढ़ता, छह अनायतन (णिक्कंतं) रहित (अट्ठगुणेहि भूसिदं) और आठ गुणों से विभूषित होकर (अत्तागम-मुणिंदाणं) आप्त-आगम-मुनीन्द्रों का (सद्दहणं) श्रद्धान करना (सुदंसणं) सम्यग्दर्शन है।

भावार्थ—शंकादि आठ दोषों से रहित, ज्ञानादि आठ मदों से रहित और तीन मूढता तथा छह अनायतन से रहित एवं आठ अंगों से युक्त होकर सच्चे देव- शास्त्र-गुरु का श्रद्धान करना सम्यग्दर्शन है। गाथा में आया हुआ 'च' अक्षर आठ मद, तीन मूढ़ता और छह अनायतन का वाचक है।

सम्यक्त्व की महिमा

सम्मत्तं दुल्लहं लोए, सम्मत्तं मोक्ख-साहणं।
णाण-चरित्त बीयं व, मूलं धम्म-तरुस्स य॥45॥

अन्वयार्थ—(लोए) लोक में, (सम्मत्तं) सम्यक्त्व (दुल्लहं) दुर्लभ है (सम्मत्तं) सम्यक्त्व (मोक्ख-साहणं) मोक्ष का साधन है (णाण-चरित्त बीयं व) ज्ञान-चारित्र का बीज है (य) और (धम्म-तरुस्स) धर्मरूपी वृक्ष का (मूलं) मूल है।

भावार्थ—लोक में सम्यग्दर्शन का प्राप्त होना बहुत दुर्लभ है, जबकि यह सम्यग्दर्शन ही मोक्ष का साधन हैं; सम्यग्ज्ञान तथा सम्यक्चारित्र का बीज है और धर्मरूपी वृक्ष की जड़ भी यह ही है, अतः सम्यग्दर्शन की प्राप्ति का पुरुषार्थ करना चाहिए।

सम्यक्त्व का प्रभाव

णिगोदे णिरए थीए, तिरिए वाण-विंतरे।
णीचट्ठाणे भमेदि णो, जीवो सम्मत्त-जोगदो ॥46॥

अन्वयार्थ—(सम्मत्त-जोगदो) सम्यक्त्व के योग से (जीवो) जीव (णिगोदे णिरए थीए तिरिए वाण-विंतरे) निगोद, नरक, स्त्री, तिर्यंच, भवनत्रिक [तथा] (णीचट्ठाणे) नीच पर्यायों में (णो) नहीं (भमेदि) भटकता।

भावार्थ—सम्यग्दर्शन से संयुक्त जीव निगोद, नरक (प्रथम नरक बिना), स्त्री-पर्याय, तिर्यंच, भवनवासी, व्यंतर, ज्योतिषी देवों तथा अन्य और भी नीच पर्यायों- निंद्यस्थलों में उत्पन्न नहीं होता है। इसके विपरीत मिथ्यात्व से जीव संसार के अनंत दुःख पाता है।

ज्ञान का लक्षण

तच्चबोहो मणोरोहो, विरदी विसयादु हि।
अप्पसोही रदी सेट्ठे, तं णाणं जिणसासणे ॥47॥

अन्वयार्थ—(हि) वस्तुतः [जिससे] (तच्चबोहो मणोरोहो) तत्त्वबोध, मनोरोध (रदी सेट्ठे) श्रेष्ठ में रति (अप्प-सोही) आत्म-शुद्धि (विसयादु विरदी) विषयों से विरक्ति होती है (तं) वह (जिणसासणे) जिनशासन में (णाणं) ज्ञान [कहा गया है]।

भावार्थ—वस्तुतः जिस ज्ञान से तत्त्वों का सम्यक् बोध हो, मन का निरोध हो, कल्याण मार्ग में प्रीति हो, कषायों की उपशांतता से आत्मा में निर्मलता प्रकट हो और विषय भोगों से विरक्ति हो उसे ही जिनेन्द्र भगवान के शासन में ज्ञान कहा गया है।

ज्ञान की महिमा

णाणेण णिम्मला कित्ती, णाणेण सग्ग-इड्ढिओ।
णाणेण केवलं णाणं, मोक्ख-सुहं च होदि हि॥48॥

अन्वयार्थ—[जीव] (णाणेण णिम्मला कित्ती) ज्ञान से निर्मल कीर्त्ति (णाणेण सग्ग-इड्ढिओ) ज्ञान से स्वर्ग ऋद्धियाँ (णाणेण केवलं णाणं) ज्ञान से केवलज्ञान (च) और (मोक्ख-सुहं) मोक्ष-सुख (पावदे) पाता है।

भावार्थ—संसारी भव्य जीवात्मा सम्यग्ज्ञान से विस्तृत निर्मल ख्याति स्वर्ग

धन-संपत्ति, विद्या आदि ऋद्धियों तथा केवलज्ञान को और अधिक क्या कहें, विनय और विवेकपूर्वक सम्यग्ज्ञान की आराधना करने से मोक्ष सुख को भी प्राप्त कर लेता है।

ज्ञान की उपयोगिता

णाणेण णायदे विस्सं, सव्वं तच्चं हिदाहिदं।
सेयासेयं च बंधं वा, मोक्खं धम्मं किदाकिदं ॥49॥

अन्वयार्थ—[ज्ञानी] (णाणेण) ज्ञान से (विस्सं) विश्व को (सव्वं-तच्चं) सभी तत्त्वों को (हिदाहिदं) हित-अहित को, (सेयासेयं) श्रेय-अश्रेय को (बंधं मोक्खं) बंध मोक्ष को (धम्मं वा) धर्म-अधर्म को (च) और (किदाकिदं) कृत-अकृत को (णायदे) जानता है।

भावार्थ—ज्ञानी जीव ज्ञान के माध्यम से संसार के सभी तत्त्वों को अपने हित-अहित को, कल्याणकारी-अकल्याणकारी मार्ग को, बन्धन-मुक्ति को, धर्म-अधर्म को और करने तथा न करने योग्य कार्यों को अच्छी तरह जानता है और तदनुसार आचरण भी करता है।

ज्ञान आचरण सहित हो

बहुणा किं अधीदेण, णडस्सविव दुरप्प!।
तेणाधीदं सुदं सेट्ठं, जो किरियं वि कुव्वदि ॥50॥

अन्वयार्थ—(दुरप्प!) हे दुरात्मा (णडस्सविव) नट के समान (बहुणा अधीदेण) बहुत पढ़ने से (किं) क्या? (तेणाधीदं) उसके द्वारा पढ़ा गया (सुदं) श्रुतज्ञान (सेट्ठं) श्रेष्ठ है (जो) जो (किरिया वि कुव्वदि) क्रिया भी करता है।

भावार्थ—हे दुरात्मा! नट के समान बहुत पढ़ने से क्या लाभ, यदि उसका आचरण नहीं किया जाता है तो। वस्तुतः उसके द्वारा अर्जित किया गया श्रुतज्ञान ही श्रेष्ठ है जो पढ़कर उसे आचरण में भी लाता है। बिना क्रिया के ज्ञान गधे के बोझ के समान है।

मोक्षमार्गस्थ होओ

पाऊण सम्म-णाणं च, छित्तूण मोहकम्मणिं।
सु-चारित्त समाजुत्तो, होज्ज मोक्ख-पहे ट्ठिदो ॥51॥

अन्वयार्थ—(सम्म-णाणं च) सम्यग्ज्ञान (पाऊण) प्राप्तकर (मोहकम्मणिं) मोह कर्म को (छित्तूण) छेद कर (सु-चारित्त समाजुत्तो) सम्यक्चारित्र में अच्छी तरह जुड़कर (मोक्खपहे) मोक्षमार्ग में (ट्ठिदो) स्थित (होज्ज) होओ।

भावार्थ—सम्यग्दर्शन और सम्यग्ज्ञान प्राप्तकर, मोहकर्म को छेदकर अर्थात् राग-द्वेष नष्ट कर सम्यक्चारित्र से अच्छी तरह युक्त होकर मोक्ष मार्ग में स्थित होओ। इस प्रकार का रत्नत्रय ही मोक्ष का मार्ग है।

चारित्र बिना ज्ञान की निष्फलता

जहा सिद्धरसो सुद्धो, भग्गहीणम्मि णिप्फलो।
तहा चारित्तहीणम्मि, तच्चणाणं तवोफलं॥52॥

अन्वयार्थ—(जहा) जैसे (सुद्धो सिद्धरसो) शुद्ध सिद्धरस (भग्गहीणम्मि) भाग्यहीन में, (णिप्फलो) निष्फल रहता है (तहा) वैसे ही (चारित्तहीणम्मि) चारित्रहीन में (तच्चणाणं) तत्त्वज्ञान [तथा] (तवोफलं) तप का फल [निष्फल होता है]।

भावार्थ—जैसे भाग्यहीन व्यक्ति के हाथ में आया हुआ लोहे को सोना बनाने में समर्थ शुद्ध सिद्धरस (एक प्रकार का रसायन) निष्फल, (बेकार) हो जाता है अर्थात् उससे कुछ भी कार्य सिद्धि नहीं होती है, उसी प्रकार चारित्र-रहित व्यक्ति में बहुत-सा ज्ञान और तप का फल निष्फल होता है अथवा चारित्रहीन व्यक्ति का ज्ञान और ज्ञानहीन व्यक्ति के तप का फल निष्फल रहता है।

व्रतहीन की दुर्दशा

दुब्भग्गवं हवे णिच्चं, धण-धण्णादि-वज्जिओ।
भीय-मुत्ती दुही लोए, वदहीणो य माणुसो॥53॥

अन्वयार्थ—(वदहीणो) व्रतहीन (माणुसो) मनुष्य (णिच्चं) हमेशा (दुब्भग्गवं) दुर्भाग्यवान (धण-धण्णादि-वज्जिओ) धन-धान्य आदि संपदा से रहित (भीय-मुत्ती) भय मूर्ति (य) और (लोए दुही) लोक में दुःखी (हवे) होता है।

भावार्थ—व्रत-चारित्र से रहित मनुष्य ही वस्तुतः दुर्भाग्यवान, हमेशा धन-रुपया पैसा आदि, धान्य-गेहूँ चना चावल आदि सम्पदा से रहित, हमेशा डरते रहने वाला-डरपोक, संसार में निरन्तर दुःखी और कष्टों को भोगने वाला होता है। यदि इस प्रकार के दुःखों से बचना है तो व्रत नियम-संयम का विवेक एवं पुरुषार्थ पूर्वक पालन करो।

तप से आत्मशुद्धि

अग्गीए विहिणा तत्तं, जहा सिज्झदि कंचणं।
तहा कम्ममलिणप्पा, सिग्घं तवेण सिज्झदि॥54॥

अन्वयार्थ—(जहा) जैसे (अग्गीए विहिणा तत्तं) अग्नि में विधिपूर्वक तपाया हुआ (कंचणं) सोना (सिज्झदि) सिद्ध हो जाता है (तहा) वैसे ही (कम्ममलिणप्पा) कर्मों से कलंकित आत्मा (तवेण) तप के द्वारा (सिग्घं) शीघ्र (सिज्झदि) सिद्ध हो जाता है।

भावार्थ—जैसे अग्नि में विधिपूर्वक तपाये जाने पर स्वर्ण-पाषाण में से सोना एकदम पृथक होकर चमचमाता हुआ प्राप्त हो जाता है, वैसे ही कर्मों से कलंकित यह संसारी आत्मा विधिपूर्वक सम्यक् तप से अपने को तपाकर शीघ्र ही निज शुद्ध स्वभाव को प्राप्त कर लेता है।

तपस्वी को सब सुलभ

तवं करेदि जो णाणी, मुत्तीए रंजिदासओ।
सग्गो गिहंगणं तस्स, रज्ज-सोक्खस्स का कहा ॥55॥

अन्वयार्थ—(जो णाणी) जो ज्ञानी (मुत्तीए) मुक्ति में (रंजिदासओ) रंजित आशय वाला होकर (तवं करेदि) तप करता है (तस्स) उसके लिए (सग्गो गिहंगणं) स्वर्ग घर का आँगन ही है [तो फिर] (रज्ज-सोक्खस्स) राज्य सुख की (का कहा) क्या बात करना।

भावार्थ—जो विवेकी सम्यग्दृष्टि जीव मुक्ति में अनुरंजित आशय वाला होता हुआ तप करता है, उसके लिए तो उत्तम स्वर्ग भी घर के आँगन के समान सहज प्राप्त होता है, फिर राज्य-सुख, ख्याति-लाभ-पूजा की क्या बात करना अर्थात् वह तो उसे अनायास ही प्राप्त हो जाते है।

तप की दुर्लभता

माणुस्सं दुल्लहं लोए, पंडित्तं अइदुल्लहं।
जिणसासण-मच्चंतं, तिलोए दुल्लहो तवो ॥56॥

अन्वयार्थ—(लोए) लोक में (माणुस्सं) मानुषत्व (दुल्लहं) दुर्लभ है (पंडित्तं) पाण्डित्य (अइदुल्लहं) अति दुर्लभ है (जिणसासण-मच्चंतं) जिनशासन अत्यन्त दुर्लभ है [तथा] (तवो) तप (तिलोए) तीन लोक में (दुल्लहो) दुर्लभ है।

भावार्थ—इस लोक में चौरासी लाख योनियों में भटकते हुए जीव को मनुषत्व अर्थात् मनुष्य पर्याय प्राप्त होना दुर्लभ है, कदाचित् मनुष्य पर्याय प्राप्त भी हो जाये तो शास्त्रों में पारंगतता रूप पाण्डित्य प्राप्त होना अतिदुर्लभ है, उससे भी अत्यन्त दुर्लभ है जिनेन्द्र भगवान का शासन अर्थात जैनधर्म का प्राप्त होना और तीनों लोकों में सबसे दुर्लभ है सम्यक् तप का प्राप्त होना।

दुर्ध्यानों की सहज उपलब्धि

सयमेव पजायंते, विणा जत्तेण देहिणं।
अणादि-दिढ-सक्कारा, दुज्झाणं भव-कारणं ॥57॥

अन्वयार्थ—(देहिणो) शरीरधारियों के (विणा जत्तेण) बिना प्रयत्न के (अणादि दिढ सक्कारा) अनादिकालीन दृढ़ संस्कारों के बल से (भव-कारणं) संसार के कारणभूत (दुज्झाणं) दुर्ध्यान (सयमेवप्पजायंते) स्वयं ही उत्पन्न हो जाते हैं।

भावार्थ—संसारी जीवों के अनादिकालीन दृढ़ कुसंस्कारों के प्रभाव से बिना किसी प्रयत्न के संसार सागर में भटकाने वाले आर्त्त-रौद्र ध्यान रूप दुर्ध्यान-खोटे ध्यान स्वयं ही उत्पन्न होते रहते हैं। जब तक इन खोटे ध्यानों की परम्परा चलती रहेगी तब तक जीव अपने वास्तविक स्वरूप को प्राप्त नहीं कर सकता।

आत्मसिद्धि के लिए ध्यान जरूरी

अविक्खित्तं जदा झाणी, स-तच्चाहिमुहं हवे।
झाणीणं णिव्विग्घ-झाणं, अप्पसिद्धीइ उच्चदे॥58॥

अन्वयार्थ—(जदा) जब (झाणी) ध्याता (अविक्खित्तं) अविक्षिप्त होकर (स-तच्चाहिमुहं) स्वतत्त्वाभिमुख (हवे) होता है तब (झाणीणं) ध्यानी का (णिव्विग्घ) निर्विघ्न (झाणं) ध्यान (अप्पसिद्धीइ) आत्मसिद्धि के लिए (उच्चदे) कहा गया है।

भावार्थ—जब ध्याता-ध्यान करने वाला मन-वचन-काय से अविक्षिप्त अर्थात् अचंल होकर निज आत्म-तत्त्व के अभिमुख होता है, तब उस ध्यानी का वह निर्विघ्न अर्थात निश्चल धर्म-शुक्ल ध्यान आत्मसिद्धि अर्थात् मुक्ति की प्राप्ति कराने वाला कहा गया है।

अदाता की दशा

दाणं जे ण पयच्छंति, णिग्गंथेसु य गच्छए।
जाल व्व हि गिहं तेसिं, मज्जंति हि भवण्णवे॥59॥

अन्वयार्थ—(णिग्गंथेसु) निर्ग्रन्थों में (य) और (गच्छए) गच्छ में (जे) जो (दाणं) दान (ण-पयच्छंति) नहीं देते हैं (हि) वस्तुतः (तेसिं गिहं) उनका घर (जाल व्व) जाल के समान है, [वे] (भवण्णवे) संसाररूपी सागर में (मज्जंति) डूबते हैं।

भावार्थ—जो गृहस्थ निर्ग्रन्थ वीतरागी मुनियों को तथा चतुर्विध संघ को औषधि, शास्त्र, अभय और आहार दान अथवा यथायोग्य दान नहीं देते, उनका घर जाल के समान है। ऐसे लोग मरण कर संसाररूपी समुद्र में डूबते हैं। जिस प्रकार जाल में फँसा हुआ पक्षी अपना हित नहीं कर पाता, अपितु तड़प-तड़प कर संक्लेश भावों से मरकर संसार में भटकता है, उसी प्रकार लोभी गृहस्थ की दशा होती है।

कषायी स्वहित नहीं जानते

कोह-माणग्गहो जुत्तो, माया-लोह-विडंबिदो।
स-हिदं णेव जाणादि, सुधम्मं जिणभासिदं॥60॥

अन्वयार्थ—(कोह-माणग्गहं जुत्तो) क्रोध-मान ग्रहों से युक्त (माया-लोह-विडंबिदो) माया-लोभ से विडंबित [जीव] (जिण भासिदं सुधम्मं) जिन-भाषित सुधर्म को [और](स-हिदं) स्वहित को (णेव) नहीं (जाणादि) जानता है।

भावार्थ—क्रोधकषाय व मानकषाय रूपी खोटे-ग्रहों से ग्रसित तथा मायाकषाय व लोभकषाय (तृष्णा) रूप भाव से विडंबना को प्राप्त जीव जिनेन्द्र भगवान द्वारा कहे गए जैन तत्त्व को अथवा श्रेष्ठतम जैनधर्म को तथा अपनी आत्मा के हित को नहीं जानते हैं। जो अपनी आत्मा को ही नहीं जानते हैं, वे अपना हित कैसे कर

सकते हैं? अर्थात् कैसे भी नहीं कर सकते। जिन जीवों को अपनी आत्मा का हित करना है, उन्हें चाहिए कि वे जिनेन्द्रदेव द्वारा कथित सुधर्म-सुतत्त्व को अपनाकर अपना हित-अहित जानें; पश्चात् हितरूप कार्यों में प्रवृत्तिकर आत्मा का कल्याण करें।

लोग-णीदी

(लोक नीतियाँ)

पंडित कौन है?

सिद्धमट्ठ-गुणोवेदं, णिव्वियारं णिरंजणं।
तं सरिसं णियप्पाणं, जो जाणेदि स पंडिदो॥61॥

अन्वयार्थ—(अट्ठ-गुणोवेदं) आठ-गुणों को प्राप्त (णिव्वियारं) निर्विकार (णिरंजणं) निरंजन (सिद्धं) सिद्ध हैं (तं सरिसं) उनके समान (णियप्पाणं) निज आत्मा को (जो) जो मनुष्य (जाणेदि) जानता है (स) वह (पंडिदो) पंडित है।

भावार्थ—आठ कर्मों के नाश से सम्यक्त्व, ज्ञान, दर्शन, वीर्य, सूक्ष्मत्व, अवगाहनत्व, अगुरुलघुत्व और अव्याबाधत्व इन आठ गुणों को प्राप्त, निर्विकार अर्थात् ज्ञानावरणादि, राग-द्वेषादि कर्म रूप अंजन से रहित सिद्ध भगवान के समान जो अपनी आत्मा को जानता है, वेदन करता है, वह पंडित है।

पंडित क्या नहीं करते

लिंगिणं च गुरुं इत्थिं, दुज्जणं णिवइं तहा।
मुक्खं बालं च सप्पं च, कोहेंति णो हि पंडिदा॥62॥

अन्वयार्थ—(लिंगिणं) लिंगधारी (गुरुं) गुरु (इत्थिं) स्त्री (दुज्जणं) दुर्जन (णिवइं) राजा (तहा) तथा राज-सेवक (मुक्खं) मूर्ख (बालं) बालक (च) और (सप्पं) सर्प को (पंडिदा) बुद्धिमान लोग (णो कोहेंति) कुपित नहीं करते हैं।

भावार्थ—समझदार लोग भेषधारी साधु, गुरु, स्त्री, दुर्जन, राजा, तथा राज-सेवक, मूर्ख, बालक और सर्प को क्रोधित नहीं करते हैं, अर्थात् इनके सम्बन्ध में कोई भी ऐसी चेष्टा नहीं करते जिससे कि ये कुपित हो जायें, क्योंकि इनके रुष्ट हो जाने पर कई प्रकार की परेशानियों का सामना करना पड़ सकता है। कभी-कभी तो प्राण जाने का भी खतरा रहता है।

विवेक की महिमा

णरत्तं सुउले जम्मं, लच्छी बुद्धी सुसीलदा।
विवेगेणं विणा सव्वे, गुणा दोसा व णिप्फला॥63॥

अन्वयार्थ—(णरत्तं) मानुषत्व (सुउले जम्मं) सुकुल में जन्म (लच्छी) लक्ष्मी (बुद्धी) बुद्धि (सुसीलदा) सुशीलता [आदि] (विवेगेणं विणा) विवेक के बिना (सव्वे) सभी (गुणा) गुण (दोसा व) दोषों के समान (णिप्फला) निष्फल हैं।

भावार्थ—मनुष्यता-दयालुता, अच्छे कुल में जन्म, बहुत सारी धन-सम्पत्ति, और सुशीलता आदि सभी गुण विवेक अर्थात् सोच-विचार की अच्छी क्षमता के बिना निष्फल दोषों के समान ही निष्फल हैं।

पंडित और मूर्ख में अंतर

णट्ठं गदं अपत्तव्वं, णो हि सोचंति पंडिदा।
पंडिदाणं च मुक्खाणं, विसेसो अत्थि दोण्ह वि॥64॥

अन्वयार्थ—(णट्ठं) नष्ट हुए (गदं) गए हुए [तथा] (अपत्तव्वं) अप्राप्ति के योग्य [पदार्थ के विषय में] (पंडिदा) बुद्धिमान जन (णो सोचंति) शोक नहीं करते (हि) वस्तुतः (पंडिदाणं च मुक्खाणं) पंडित और मूर्ख (दोण्ह) दोनों के बीच (वि) यही (विसेसो) विशेषता (अत्थि) है।

भावार्थ—नष्ट हुए, गए हुए और अप्राप्ति के योग्य पदार्थों के विषय में विवेकीजन शोक नहीं करते, अधिक विचार नहीं करते अपितु जिससे वर्तमान जीवन और भविष्य सुखमय हो ऐसा यत्न करते हैं, इसके विपरीत अज्ञानीजन नष्ट हुए, मरे हुए, चोरी गए हुए और अति-दुर्लभ भौतिक पदार्थों के सम्बन्ध में ही विचार करते हुए आर्त्त-रौद्रध्यान करते रहते हैं। वस्तुतः पंडित और मूर्ख में यही अन्तर है।

वृद्ध कौन है

तवे सुदे धिदिज्झाणे, विवेगे संजमे हि य।
जे वुड्ढा सुट्ठु ते वुड्ढा, सेड-केसेहि णो पुणो॥65॥

अन्वयार्थ—(तवे सुदे धिदिज्झाणे विवेगे संजमे य) तप, श्रुत, धृति, ध्यान, विवेक और संयम में (जे) जो (सुट्ठु) अच्छी तरह से (वुड्ढा) वृद्ध हैं (हि) वस्तुतः (ते वुड्ढा) वे ही वृद्ध हैं (णो पुणो सेड-केसेहि) न कि सफेद बालों से।

भावार्थ—जो तप, श्रुत-ज्ञान, धृति-धैर्य, ध्यान, विवेक शीलता, संयमसाधना आदि अनेक गुणों से युक्त हैं, वस्तुतः वे ही वृद्ध हैं; चाहे उनकी उम्र छोटी ही क्यों न हो। गुणों से वृद्ध ही वृद्ध है, न कि केवल सफेद बालों युक्त वृद्ध व्यक्ति।

उसका जन्म निष्फल है

धम्मत्थ-काम-मोक्खं च, उच्चकित्तिं दएज्ज जा।
सा विज्जा जेण णाधीदा, तस्स जम्मो हि णिप्फलो॥66॥

अन्वयार्थ—(जो) जो (धम्मत्थ-काम-मोक्खं) धर्म-अर्थ-काम-मोक्ष (च) और (उच्चकित्तिं) उच्चकीर्ति को (दएज्ज) देती है (सा विज्जा) वह विद्या (जेण) जिसने (ण अधीदा) नहीं पढ़ी (हि) वस्तुतः (तस्स) उसका (जम्मो) जन्म (णिप्फलो) निष्फल है।

भावार्थ—जो धार्मिक-पारमार्थिक विद्या (ज्ञान) धर्म, अर्थ काम और मोक्ष तथा उत्तम कीर्ति को प्रदान करती है, वह विद्या जिसने नहीं पढ़ी अर्थात् जिसने धार्मिक जैन-शास्त्रों का अच्छी तरह अध्ययन नहीं किया उसका जीवन ही निष्फल हो गया ऐसा समझो।

दानी कौन है?

अदायार-णरो चागी, धणं चइय गच्छदि।
दायारं किविणं मण्णे, पर-भवे ण मुंचदि॥67॥

अन्वयार्थ—[मैं] (अदायार-णरो) अदाता पुरुष को (चागी) त्यागी (मण्णे) मानता हूँ [क्योंकि वह] (धणं चइय गच्छदि) धन छोड़कर के चला जाता है [तथा] (दायारं किविणं मण्णे) दाता को कृपण मानता हूँ [क्योंकि वह] (पर-भवे ण मुंचदि) पर-भव में नहीं छोड़ता है।

भावार्थ—मैं अदाता-कंजूस मनुष्य को त्यागी मानता हूँ, क्योंकि जब वह मरता है तो सब कुछ यहीं का यहीं छोड़ जाता है तथा दाता अर्थात् निरन्तर दान दे देकर अगले भव में महान वैभव, धन-सम्पदा को प्राप्त करने वाले दाता को कंजूस मानता हूँ।

इन्हें दूसरे भोगते हैं

कीडेहिं संचिदं धण्णं, मक्खीए संचिदं महुं।
किविणोवज्जिदा लच्छी, परेण हि विभुज्जदे॥68॥

अन्वयार्थ—(कीडेहिं संचिदं धण्णं) कीड़ों के द्वारा संचित धान्य (मक्खीए संचिदं महू) मक्खियों द्वारा संचित मधु [और](किविणोवज्जिदा लच्छी) कृपण द्वारा उपार्जित लक्ष्मी (हि) निश्चय से (परेण) दूसरे के द्वारा ही (विभुज्जदे) भोगी जाती है।

भावार्थ—कीड़े-मकोड़ों द्वारा अपने-अपने स्थान में एकत्रित किया हुआ गेहूँ- चावल आदि धान्य, मधु-मक्खियों द्वारा संचित मधु (और) कृपण द्वारा उपार्जित लक्ष्मी निश्चय से दूसरे के द्वारा ही भोगी जाती है।

मांगना मरण समान है

दाएज्ज वयणं सोच्चा, देहट्ठा पंच-देवदा।

णस्सेंति तक्खणे कित्ती, धिदी सिरी हिरी य धी॥69॥

अन्वयार्थ—(दाएज्ज) दीजिए [यह] (वयणं सोच्चा) वचन सुनकर (कित्ती, धिदी सिरी य धी) कीर्ति, धृति, लक्ष्मी, लज्जा और बुद्धि [ये] (देहट्ठा पंच-देवदा) देहस्थित पाँच देवता (तं खणे) उसी क्षण (णस्सेंति) नष्ट हो जाते हैं।

भावार्थ—किसी से कोई वस्तु माँगते समय जब 'दीजिए' यह वचन कहा जाता है तब शरीर में आत्मा के आश्रय से रहने वाले कीर्ति-ख्याति, धृति-धैर्य, लक्ष्मी-श्रीमंतता, ह्री-लज्जा और धी-बुद्धि ये पाँच देवता (गुण) उसी समय नष्ट हो जाते हैं। अत: किसी से कभी कुछ नहीं माँगना चाहिए।

ये मरे के समान हैं

जीवंता वि मडा पंच, भासंते सयलागमे।
दलिद्दो बाहिओ मूढो, पवासी णिच्च-सेवगो॥70॥

अन्वयार्थ—(दलिद्दो बाहिओ मूढो पवासी णिच्चसेवगो) दरिद्र, व्याधि-युक्त, मूर्ख, प्रवासी, नित्यसेवक [ये] (पंच) पाँच (सयलागमे) सम्पूर्ण शास्त्रों में (जीवंता वि मडा) जीते हुए भी मृत (भासंते) कहे गए हैं।

भावार्थ—दरिद्र-धनहीन, हमेशा बीमार रहने वाला, अत्यन्त मंद बुद्धि वाला अथवा पागल, प्रवासी-विदेश में रहने वाला तथा हमेशा दूसरों की चाकरी करने वाला, ये पाँच प्रकार के मनुष्य जीवित रहते हुए भी मरे के समान कहे गए हैं।

ये अनर्थकारी हैं

वेरो वेस्साणरो बाही, वादो वसणलक्खणो।
महाणत्थस्स जायंते, वकारा पंच वज्जिदा॥71॥

अन्वयार्थ—(वेरो वेस्साणरो बाही, वादो वसणलक्खणो) वैर, वैश्वानर, व्याधि, वाद, व्यसन-शीलता (महाणत्थस्स जायंते) महा अनर्थ के लिए होते हैं [इसलिए] (वकारा पंच वज्जिदा) ये पाँच 'व'कार वर्जित हैं।

भावार्थ—वैर-द्वेष भाव, वैश्वानर-अग्नि, बीमारी, वाद-विवाद और व्यसनों में तल्लीनता ये पाँच 'व'कार महा-अनर्थ की जड़ हैं, अत: विवेक-विचार पूर्वक इनका त्याग कर देना चाहिए। इन पाँचों में से एक भी मनुष्य के जीवन को नष्ट कर डालता है। ये पाँचों 'व' अक्षर से प्रारम्भ होते हैं, इसलिए इन्हें पंच-वकार कहा गया है।

ये सदा रिक्त रहते हैं

जामादा जढरं जाया, जादवेदा जलासओ।
पूरिदा णेव पूरंते, जकारा पंच दुब्भरा॥72॥

अन्वयार्थ—(जामादा जढरं जाया जादवेदा जलासओ) दामाद, जठर, पुत्री, अग्नि, जलाशय (पूरिदा णेव पूरंते) भरने पर भी नहीं भरते [ये] (पंच जकारा दुब्भरा) पाँच जकार दुर्भर हैं।

भावार्थ—दामाद-जमाई, जठर-पेट, जाया-पुत्री अथवा संतान, जातवेदस्-अग्नि अथवा तृष्णा और जलाशय-समुद्र अथवा तालाब ये पाँच 'जकार' दुर्भर है। कितना ही भरते जाओ पर ये कभी पूर्ण रूपसे नहीं भरे जा सकते। 'ज' अक्षर से शुरू होने के कारण इन्हें 'पंच-जकार' कहा गया है।

दुर्गतिनाशक पाँच सकार

सच्चं सोजण्ण-संतोसो, समदा साहु-संगदी।
सकारा पंच वट्टंते, दुग्गदिं णेव एदि सो॥73॥

अन्वयार्थ—जिसके(सच्चं सोजण्ण-संतोसो, समदा साहु-संगदी) सत्य, सौजन्य, सन्तोष, समता, साधु-संगति (पंच सकारा वट्टंते) पाँच सकार वर्तते हैं (सो) वह (दुग्गदिं) दुर्गति को (णेव एदि) प्राप्त नहीं करता है।

भावार्थ—सत्य-सत्यवादिता, सौजन्य-मिलनसारिता, संतोष-संतुष्टता समता और साधुजनों की संगति करना इन पाँच सकारों में जिसकी प्रवृत्ति है वह दुर्गति को नहीं पाता। 'स' अक्षर से प्रारम्भ होने के कारण ये पाँच 'सकार' कहलाते हैं।

दुर्गति के निवारक पाँच दकार

दाणं दया दमोसेट्ठो, दंसणं देवपूयणं।
दकारा जाण विज्जंते, गच्छंते ते ण दुग्गदिं॥74॥

अन्वयार्थ—(दाणं दया दमो सेट्ठो दंसणं देवपूयणं) दान, दया, श्रेष्ठ दमन, देवदर्शन, देवपूजन (दकारा जाण विज्जंते) [ये] दकार जिसके पास रहते हैं, (ते) वे (दुग्गदिं) दुर्गति को (ण) नहीं (गच्छंते) जाते हैं।

भावार्थ—सुपात्रों में दान देना, जीवों पर दया करना, इन्द्रियों का श्रेष्ठ दमन करना, दर्शन तथा जिनेन्द्र-देव की पूजन करना। ये पाँच दकार जिन मनुष्यों में विद्यमान रहते है, वे दुर्गति-खोटी गति में नहीं जाते है। दर्शन शब्द के यहाँ दो अर्थ किए हैं—1. सच्चे-देव का प्रतिदिन दर्शन करना, 2. सम्यग्दर्शन प्राप्त होना या प्राप्त करने का प्रयास करना।

त्याज्य हैं सात मकार

मज्जं मंसं महुं मूलं, मक्खणं माण-मूढदा।
णिच्चं भव्वेहि चत्तव्वा, मकारा सत्त दुक्खदा॥75॥

अन्वयार्थ—(मज्जं मंसं महुं मूलं मक्खणं-माण-मूढदा) मद्य, मांस, मधु, कंदमूल, मक्खन, मान, मूढता (दुक्खदा) दुःख देने वाले (सत्त मकारा) सप्त मकार (णिच्चं) हमेशा (भव्वेहि) भव्यों के द्वारा (चत्तव्वा) त्यागने योग्य हैं।

भावार्थ—मद्य-शराब, मांस-जीवों का कलेवर, मधु-शहद, मूल-कंदमूल (आलू, गाजर, मूली आदि), मक्खन-नवनीत, मान-अभिमान और मूढ़ता अर्थात् कुदेव-शास्त्र-गुरु के प्रति श्रद्धा ये सात मकार अति-दुःखदायी हैं; अतः आत्म हित की इच्छा करने वाले भव्य जीवों के द्वारा त्यागने-छोड़ने योग्य हैं।

दुःख के कारण

परसेवा य दालिद्दं, चिंता-सोगादि-संभवं।
तहावमाणदो दुक्खं, णरस्स णारगायदे ॥76॥

अन्वयार्थ—(परसेवा) दूसरों की सेवा (दालिद्दं) दरिद्रता (य) और (चिंता-सोगादि-संभवं) चिंता-शोकादि से उत्पन्न (तहा अवमाणदो) तथा अपमान से उत्पन्न (दुक्खं) दुःख (णरस्स) मनुष्यों को (णारगायदे) नारकियों जैसा दुःखी कर देता है।

भावार्थ—निरन्तर दूसरों की सेवा-चाकरी करना, दरिद्रता-अत्यन्त गरीबी, चिन्ता-तनाव, शोक आदि से तथा अपमान से उत्पन्न दुःख (भीतरी कष्ट) मनुष्यों को नारकियों के समान दुःखों का अनुभव करा देता है। अर्थात् उपरोक्त दुःख मनुष्य को महाकष्टकारी हैं।

एक पुत्र भी अच्छा

एगो चेव वरं पुत्तो, जो सम्मग्गपरायणो।
विचार-कुसलो धीरो, पियराणं सुहप्पदो ॥77॥

अन्वयार्थ—(जो सम्मग्ग परायणो) जो सन्मार्ग में लगा हुआ (विचार-कुसलो) विचार-कुशल (धीरो) धीर [तथा] (पियराणं सुहप्पदो) माता-पिता को सुखप्रद हो [ऐसा] (एगो चेव) एक पुत्र ही (वरं) श्रेष्ठ है।

भावार्थ—जो अच्छे आचरण वाला, सच्चे धर्म (व्रत-नियमों) का पालन करने वाला, विचार करने में कुशल, धैर्यवान्, शूरवीर, साहसी, माता-पिता को सुख-प्रदान करने वाला तथा उनकी आज्ञानुसार चलने वाला हो ऐसा एक पुत्र (पुत्री) ही अच्छा है।

मित्र का लक्षण

सोग-सत्तु-भयत्ताणं, पीदी-विस्सास-भायणं।
गुणेहिं जुंजदे णिच्चं, सेट्ठ-मित्तस्स लक्खणं ॥78॥

अन्वयार्थ—(सोग-सत्तु-भयत्ताणं) शोक, शत्रु तथा भय से रक्षा करना, (पीदी-विस्सास-भायणं) प्रेम, विश्वास का पात्र होना (गुणेहिं जुंजदे णिच्चं) हमेशा गुणों में जोड़ना [ये] (सेट्ठ-मित्तस्स लक्खणं) श्रेष्ठ मित्र के लक्षण हैं।

भावार्थ—शोक के आने पर, शत्रुओं से सामना होने पर अथवा अन्य भयों के प्राप्त होने पर साथ रहने वाला, सुरक्षा करने वाला, प्रीति व विश्वास का पात्र तथा जो हमेशा गुणों में जोड़े, ये श्रेष्ठ मित्र के लक्षण हैं।

दूरस्थ भी दूर नहीं

दूरत्थो वि ण दूरत्थो, जो जस्स हियए ट्ठिदो।
हिदयादो य णिक्कंतो, समीवत्थो वि दूरगो॥79॥

अन्वयार्थ—(जो जस्स हियए ट्ठिदो) जो जिसके हृदय में स्थित है वह (दूरत्थो वि) दूर होता हुआ भी (ण दूरत्थो) दूर स्थित नहीं है (य) और (हिदयादो) हृदय से (णिक्कंतो) निकला हुआ (समीवत्थो वि दूरगो) पास रहता हुआ भी दूर है।

भावार्थ—जो व्यक्ति, वस्तु, भगवान या अन्य कोई पदार्थ जिसके हृदय में बसा हुआ है, वह कितना ही दूर क्यों न हो पर वस्तुतः दूर नहीं है, क्योंकि उसमें मन लगा हुआ है, इसके विपरीत जो व्यक्ति, वस्तु या अन्य पदार्थ हृदय में नहीं है अथवा किसी कारणवश हृदय से निकल गया है, वह पास होता हुआ भी दूर है क्योंकि उसके प्रति कोई लगाव नहीं है।

यदि अच्छे सम्बन्ध चाहते हो तो

जदि इच्छसि सम्बन्धं, णिम्मलं कलहं विणा।
सम्बन्धो धण-धण्णस्स, मुंचह दार-दंसणं॥80॥

अन्वयार्थ—(जदि) यदि (कलहं विणा) कलह रहित(णिम्मलं) निर्मल (सम्बन्धं) सम्बन्ध (इच्छसि) चाहते हो [तो] (धण-धण्णस्य सम्बन्धो) धन-धान्य का सम्बन्ध (च) तथा (दार-दंसणं) स्त्री का दर्शन (मुंचह) छोड़ो।

भावार्थ—किसी भी व्यक्ति से आप यदि अच्छे सम्बन्ध बनाना चाहते हैं तो इन तीन बातों का अवश्य ध्यान रखो, 1. उससे किसी भी विषय पर कलह मत करो, 2. धन-रुपया-सम्पत्ति, धान्य-अनाज आदि का लेन-देन मत रखो और 3. उसकी स्त्री को खोटी नजर से मत देखो तथा एकान्त में बात मत करो।

काल को रोकने वाला कोई नहीं

णोवाओ विज्जदे कोवि, णो भूदो णो भविस्सदि।
जेण रुंधिज्जइ कालो, जीवाणं हिंसगो सदा॥81॥

अन्वयार्थ—(कोवि उवाओ ण विज्जदे) कोई उपाय नही है (णो भूदो) न भूत में था [और](णो भविस्सदि) न भविष्य में होगा(जेण) जिससे (सदा) सदा (जीवाणं हिंसगं) जीवों का घात करने वाले (कालो) काल को (रुंधिज्जइ) रोका जा सके।

भावार्थ—जो यमराज अथवा मृत्युरूपी काल (शत्रु, समय) जीवों को मारता हुआ प्रवर्त रहा है, वह अनादि काल से ऐसा कर रहा है, किन्तु आज तक कोई भी ऐसा उपाय हाथ नहीं लगा जिसके द्वारा उसे रोका जा सके। न तो भूतकाल में उसका निवारण करना सम्भव था, न वर्तमान में है और न भविष्य में होगा। काल का निवारण तो असम्भव है, पर यदि जीव अपनी आत्मा को विशुद्ध कर लें तो वह जन्म-मरण के फन्दे से जरूर छूट सकता है।

अन्त में कोई काम नहीं आया

णो मादा णो पिदा बंधू, णो पुत्ता ण य भारिया।
मिच्चुकाले पजादम्मि, कम्ममेव हि गच्छदि॥82॥

अन्वयार्थ—(मिच्चुकाले पजादम्मि) मृत्युकाल के आने पर (कम्ममेव हि) कर्म ही (गच्छदि) [साथ] जाते हैं (णो मादा णो पिदा बंधू णो पुत्ता ण य भारिया) न माता, न पिता, न बन्धुजन, न पुत्र और न पत्नी।

भावार्थ—मरणकाल के आने पर अर्थात् मृत्यु होने पर माता-पिता, भाई-बन्धु, पुत्र-पुत्रियाँ, पत्नी और रिश्तेदार कोई भी साथ नहीं जाते हैं; वस्तुतः एक स्वयं के द्वारा अर्जित किए गए पुण्य और पाप-कर्म ही साथ जाते हैं, अन्य कुछ भी नहीं।

धर्म निष्फल नहीं होता

जत्थ कामत्थ-उज्जोया, किदा वि णिप्फला हवे।
तत्थ धम्म-समारंभो, संकप्पो णो हि णिप्फलो॥83॥

अन्वयार्थ—(जत्थ) जहाँ (कामत्थ-उज्जोया) काम-अर्थ का उद्योग (किदा वि) किया हुआ भी (णिप्फला) निष्फल (हवे) हो जाता है (तत्थ) वहाँ (धम्म-समारंभो) धर्म का समारम्भ (संकप्पो) संकल्प (हि) निश्चयतः (णिप्फलं णो) निष्फल नहीं होता है।

भावार्थ—लोक में यह आए दिन देखा जाता है कि काम अर्थात् विषय-वासनाओं तथा धन प्राप्ति के सन्दर्भ में किया गया महान उद्योग भी मृत्यु हो जाने से, शरीर रोगी होने से, घर नष्ट हो जाने से, छापा पड़ जाने से निष्फल हो जाता है; किन्तु किए गए धर्म-कार्य और व्रत-नियम के संकल्प कभी भी निष्फल नहीं होते।

उनका शुभ फल कालान्तर में अवश्य ही प्राप्त होता है।

कुछ भी शाश्वत नहीं

अणिच्चं च सरीरादिं, विहवो णेव सस्सदो।
णिच्चं सण्णिहिदो मिच्चू, कादव्वो धम्म-संगहो ॥84॥

अन्वयार्थ—(अणिच्चं च सरीरादिं) शरीर आदि अनित्य हैं (विहवो सस्सदो णेव) वैभव शाश्वत नहीं है (मिच्चू णिच्चं सण्णिहिदो) मृत्यु हमेशा पीछे लगी हुई है, [इसलिए] (धम्म-संगहो) धर्म-संग्रह (कादव्वो) करना चाहिए।

भावार्थ—ये दिखने वाले सुन्दर शरीर आदि नष्ट होने वाले हैं, धन-सम्पत्ति, घर-परिवार और विशाल वैभव ये भी शाश्वत नहीं है तथा जन्म से ही मृत्यु हमेशा पीछे लगी हुई है, इसलिए बुद्धिमानों को चाहिए कि वे सच्चे धर्म का संग्रह करें। सच्ची-धार्मिक क्रियाओं के साथ आत्मस्वरूप की पहचान भी करें।

उसके देव भी दास हो जाते हैं

उज्जमं साहसं धीरं, बलं बुद्धी परक्कमो।
छ एदे जस्स विज्जंते, तस्स देवो वि किंकरो ॥85॥

अन्वयार्थ—(उज्जमं साहसं धीरं बलं बुद्धी परक्कमो) उद्यम, साहस, धैर्य, बल, बुद्धि, पराक्रम (जस्स छएदे विज्जंते) जिसके पास ये छह रहते हैं (तस्स देवो वि किंकरो) उसके देव भी किंकर हो जाते हैं।

भावार्थ—जिस श्रेष्ठ पुण्यवान मनुष्य में उद्यम-परिश्रम, साहस-निडरता, धैर्य-धीरता, बल-ताकत, बुद्धि-विवेकज्ञान और पराक्रम-कार्य के प्रति सन्नद्धता, ये छह गुण (विशेषताएँ) पाये जाते हैं, उसके साधारण मनुष्य तो ठीक, देव भी किंकर-नौकर बन जाते हैं, सेवा और सहायता करने लग जाते हैं।

उद्धम से कार्य होते हैं

उज्जमेण हि सिज्झंति, कज्जाणि णो मणेण हि।
उज्जमेण दु कीडा वि, भिंदंते महदं दुमं ॥86॥

अन्वयार्थ—(उज्जमेण हि कज्जाणि सिज्झंति) कार्य उद्यम से ही सिद्ध होते हैं। (णो मणेण हि) न कि केवल मन से (उज्जमेण दु कीडा वि) उद्यम से कीड़े भी (महदं दुमं) बड़े-वृक्ष को (भिंदंते) भेद डालते हैं।

भावार्थ—वस्तुतः सभी कार्य योग्य पुरुषार्थ से ही सिद्ध होते हैं, केवल मन में विचार करते रहने से कोई कार्य सिद्ध नहीं होता है। निरन्तर उद्यम (पुरुषार्थ) कर छोटे-छोटे कीड़े भी बड़े भारी वृक्ष को नष्ट कर डालते हैं। पुरुषार्थी व्यक्ति ही धन,

सम्मान और ख्याति पाता है, किन्तु निरुद्योगी व्यक्ति केवल मृत्यु ही पाता है और कुछ नहीं।

सरीर-णिरवेक्खस्स, दक्खस्स ववसाइणो।
पुण्णजुत्तस्स धीरस्स, णत्थि किंचि वि दुक्करं ॥87॥

अन्वयार्थ—(सरीर-णिरवेक्खस्स) शरीर से निरपेक्ष (दक्खस्स) दक्ष (ववसाइणो) उद्योग-शील (पुण्णजुत्तस्स) पुण्य-युक्त [और] (धीरस्स) धीर व्यक्ति के लिए (किंचि वि) कुछ भी (दुक्करं) दुष्कर नहीं है।

भावार्थ—जो शरीर से निरपेक्ष (शरीर के नष्ट होने की भी चिन्ता नहीं करता), दक्ष अर्थात् अत्यन्त चतुर, निरन्तर उद्यम-शील, पुण्य-कर्म से युक्त तथा धैर्य-गुण से युक्त हैं, उसके लिए कोई भी कार्य असम्भव नहीं है। उच्च-पद, अकूत धन-सम्पत्ति और ख्याति-लाभ की इच्छा रखने वाले में ये गुण अवश्य होने चाहिए।

ये बढ़ाने से बढ़ते हैं

उज्जोगो कलहो कण्डू, जूओ मज्जं परत्थी य।
आहारो मेहुणं णिद्दा, वड्ढंते सेवमाणा हि ॥88॥

अन्वयार्थ—(उज्जोगो कलहो कण्डू जूओ मज्जो परत्थी य आहारो मेहुणं णिद्दा) उद्योग, कलह, खुजली, जुआ, शराब-सेवन, पर-स्त्री सेवन, आहार, मैथुन और निद्रा (सेवमाणा) सेवन करते हुए (वड्ढंते) बढ़ते हैं।

भावार्थ—उद्योग-व्यापार, कलह-झगड़ा, खाज-खुजली, जुआ-लाटरी अर्थात कोई भी हार-जीत का खेल, शराब अथवा कोई भी नशीली वस्तु, पर-स्त्री का सेवन, भोजन, मैथुन और निद्रा इनका जितना सेवन करते जाओ, उतनी ही इनके सेवन की इच्छा बढ़ती जाती है, घटती नहीं है।

इनकी दुर्दशा होती है

देवणिंदी दलिद्दो हि, गुरु-णिंदी य पादगी।
सामी-णिंदी हवे कुट्ठी, गोद-णिंदी कुलक्खयी ॥89॥

अन्वयार्थ—(देवणिंदी) देव-निन्दक (दलिद्दो) दरिद्र (गुरु-णिंदी) गुरु-निन्दक (पादगी) पातकी (सामी-णिंदी) स्वामी-निन्दक (कुट्ठी) कुष्ठी (य) और (गोद-णिंदी) गोत्र-निन्दक (कुलक्खयी) कुल-क्षयी (हि) निश्चित ही (हवे) होता है।

भावार्थ—सच्चे देव की निन्दा अथवा साधारण देव की निन्दा करने वाला

दरिद्री-निर्धन, सच्चे गुरु अथवा शिक्षा गुरु की निन्दा करने वाला पातकी-पापी, स्वामी अथवा अत्यन्त निकटवर्ती व्यक्ति की निन्दा करने वाला कुष्ठी-कोढ़ी तथा अपनी जाति, धर्म या गोत्र की निन्दा करने वाला कुल का नाश करने वाला निश्चित ही होता है।

सम्पत्ति के हेतुभूत गुण

स-हाव-सुचिदा मित्ती, चागो सच्चं अणालसं।
सोजण्णं सूरदा एदे, गुणा संपयहेउणो॥90॥

अन्वयार्थ—(स-हाव-सुचिदा) स्वभाव की शुचिता, (मित्ती) मैत्री-भाव (चागो सच्चं अणालसं सोजण्णं सूरदा) त्याग, सत्य अनालस्य, सौजन्य [तथा] शूरता (एदे गुणा) ये सब गुण (संपयहेउणो) सम्पत्ति के हेतु हैं।

भावार्थ—स्वभाव की निर्मलता, सभी जीवों के प्रति मैत्री भाव होना, त्यागशीलता, सत्यवादिता, आलस्य (प्रमाद) की रहितता; सुशीलता-नियमित जीवन शैली और शूरवीरता ये सब गुण धन-सम्पत्ति, मान-सम्मान और पर-भव में भी सुख प्राप्त कराने वाले हैं।

गुणों से आती है गुरुता

जेट्ठत्तं जम्मणा णेव, जेट्ठो गुणेहिं वुच्चदे।
गुणेहिं गुरुदा एदि, दुद्धं दहिं घिदं जहा॥91॥

अन्वयार्थ—(जेट्ठत्तं जम्मणा णेव) ज्येष्ठत्व जन्म से नहीं होता [अपितु] (गुणेहिं जेट्ठो वुच्चदे) गुणों के द्वारा ज्येष्ठता कही गयी है [क्योंकि] (गुणेहिं गुरुदा एदि) गुणों से गुरुता जन्मती है (जहा) जैसे (दुद्धं दहिं घिदं) दूध, दही [और]घी।

भावार्थ—ज्येष्ठत्व-बड़प्पन जन्म से नहीं अपितु गुणों से होता है, क्योंकि गुणों से ही गुरुता का जन्म होता है। पहले जन्म, दीक्षा, शिक्षा, प्रवेश लेने से कोई बड़ा नहीं होता, वस्तुतः गुणों से ही बड़प्पन आता है। जो गुणों में बड़ा है, वही बड़ा है। जैसे क्रमशः दूध, दही और घी। चूंकि इनका जन्म बाद-बाद में हुआ है फिर भी दूध से दही और दही से घी श्रेष्ठ (बड़ा) माना जाता है।

धैर्य है सुखकारी

पुत्त-दारा-गिहेहिं च, विजुत्तेहिं धणादु वा।
बहुलके दुक्खे जादे, एगा सेय-करी धिदी॥92॥

अन्वयार्थ—(पुत्त-दारा-गिहेहिं) पुत्र-स्त्री-घर (च) और (धणादु) धन से

(विजुत्तेहिं) वियुक्त होने पर (वा) अथवा (बहुलके दुक्खे जादे) बहुत दुःख के उत्पन्न होने पर (एगा) एक (धिदी) धृति (सेयकरी) कल्याणकारी है।

भावार्थ—पुत्र-पुत्रियाँ, स्त्री, सम्बन्धियों और धन से वियुक्त अर्थात् रहित हो जाने पर अथवा एक साथ भयंकर दुःख आ पड़ने पर एक धृति भावना अर्थात् धैर्य धारण करना ही कल्याणकारी सुखकारी है, अन्य कोई नहीं।

आत्म प्रशंसा अहितकर

परेण परिविक्खादो, णिग्गुणो वि गुणी हवे।
सक्को वि लहुगं जादि, स-गुण-गाणेहि सयं ॥93॥

अन्वयार्थ—(परेण परिविक्खादो) दूसरों के द्वारा प्रशंसा किए जाने से (णिग्गुणो वि गुणी हवे) निर्गुणी भी गुणी हो जाता है [तथा] (सयं) स्वयं (स-गुणगाणेहिं) स्व-गुणों का कथन करने से (सक्को वि) इन्द्र भी (लहुगं जादि) लघुता को प्राप्त हो जाता है।

भावार्थ—दूसरे लोगों के द्वारा बार-बार प्रशंसा किए जाने से निर्गुण मनुष्य भी गुणवानों की श्रेणी में गिना जाने लगता है, किन्तु इसके विपरीत स्वयं अपने मुख से अपनी प्रशंसा करने से महागुण सम्पन्न इन्द्र भी लघुता को प्राप्त हो जाता है। अतः अपने मुख से अपनी प्रशंसा नहीं करनी चाहिए।

धन क्षय होने पर

तेजो लज्जा मदी माणं, सच्चं णाणं च पोरिसं।
खाई पूया कुलं सीलं, पजहंति धणक्खए ॥94॥

अन्वयार्थ—(तेजो लज्जा मदी माणं सच्चं णाणं च पोरिसो खाई पूया कुलं सीलं) तेज, लज्जा, मति, मान, सत्य, ज्ञान, पौरुष, ख्याति, पूजा, कुल और शील [मनुष्य को] (धणक्खए) धनक्षय होने पर (पजहंति) छोड़ देते हैं।

भावार्थ—मनुष्य का धन क्षय होने पर उसके तेज, लज्जा, बुद्धि, स्वाभिमान, सत्यवादिता, ज्ञानशीलता, पौरुष, ख्याति, पूजा, कुल और शील आदि गुण धीरे-धीरे नष्ट हो जाते हैं। धन के सद्भावमें जिस तरह गुण-सम्पन्नता सम्भव है, धन के अभाव में उस तरह की गुणसम्पन्नता अत्यन्त दुर्लभ है।

ऐसी वाणी बोलिए

कज्जं हिदं मिदं सेट्ठं, सव्वसत्त-सुहायरं।
मधुरं वच्छलं वक्कं, वत्तव्वं सज्जणेहि य ॥95॥

अन्वयार्थ—(कज्जं हिदं मिदं सेट्ठं) कार्यकारी, हित, मित, श्रेष्ठ (सव्वसत्त

सुहायरं) सब जीवों को सुखकारी (मधुरं) मधुर (य) और (वच्छलं वक्कं) वात्सल्य युक्त वाक्य (सज्जणेहि) सज्जनों के द्वारा (वत्तव्वं) बोले जाना चाहिए।

भावार्थ—सज्जन-पुरुषों के द्वारा कार्यकारी, हितकारी, सीमित, श्रेष्ठ-आगम सम्मत, सभी सुनने वाले जीवों को सुखकारी, मधुर और वात्सल्य, भाव युक्त वचन ही बोले जाने चहिए। यूँ तो हमेशा सत्य ही बोलना चाहिए, परन्तु ऐसा सत्य भी नहीं बोलना चाहिए जिससे किसी को बहुत दुःख उठाना पड़े।

बंध मोक्ष का कारण मन

मणमेव मणुस्साणं, कारणं बंधमोक्खणे।
गेहासत्तो च बंधस्स, मोक्खस्स संजमे ठिदो॥96॥

अन्वयार्थ—(मणुस्साणं) मनुष्यों का (मणमेव) मन ही (बंधमोक्खणे) बन्ध-मोक्ष में (कारणं) कारण है (गेहासत्तो बंधस्स) घर में आसक्त बन्ध का (च) और (संजमे ट्ठिदो) संयम में स्थित (मोक्खस्स) मोक्ष का।

भावार्थ—मनुष्य का मन ही उनके बन्ध और मोक्ष में कारण है। घर-गृहस्थी में आसक्त मन कर्मबन्ध का कारण है तथा राग-द्वेष से रहित संयम में स्थित मन मोक्ष का अर्थात् संसार से मुक्ति का कारण है। अतः मन को वश में कर आत्मकल्याण का पुरुषार्थ करना चाहिए।

इन्हें उत्तर मत दो

भू-विज्जा-अत्थ-सामिम्मि, तवजुत्ते महा-जणे।
मुक्खे सत्तु-गुरुम्मि य, दायव्वं णेव उत्तरं॥97॥

अन्वयार्थ—(भू-विज्जा-अत्थ-सामिम्मि) विद्या के स्वामी, धन के स्वामी, धरती के स्वामी (तवजुत्ते) तप में युक्त (महा-जणे) महा समूह में (मुक्खे) मूर्ख में (सत्तु-गुरुम्मि य) शत्रु और गुरु में (उत्तरं णेव दायव्वं) उत्तर नहीं देना चाहिए।

भावार्थ—विद्यावान, धनवान, धरती के स्वामी-राजा अथवा जमींदार, तपस्वी, महाजन अर्थात् मान्य व्यक्ति अथवा बहुत सारे लोग, मूर्ख, शत्रु और गुरु को उत्तर नहीं देना चाहिए। उत्तर नहीं देने से तात्पर्य है कि ऐसे वाद-विवाद से बचना चाहिए, जो उन्हें क्रोधित कर दे। इनके सामने प्रायः मौन ही रहना चाहिए।

मौन के स्थान

भोयणे वमणे ण्हाणे, मेहुणे मलमोयणे।
सामाइगे जिणच्चाए, सुहीणं मोण-सत्तगं॥98॥

अन्वयार्थ—(भोयणे वमणे ण्हाणे मेहुणे मलमोयणे) भोजन, वमन, स्नान, मैथुन, मल-त्याग (सामाइगे जिणच्चाए) सामायिक [तथा] जिनार्चना में (सुहीणं)

सुधीजनों का (मोण-सत्तगं) मौन सप्तक है।

भावार्थ—भोजन करते समय, वमन (उल्टी, कै) होते समय, स्नान करते समय, मैथुनकाल में, मल-मूत्र का त्याग करते समय, सामायिक तथा जिनेन्द्र भगवान की पूजा करते समय मौन रहना चाहिए। बुद्धिमानों ने यह मौन सप्तक कहा है।

ये परोपकारी हैं

चंदो सुज्जो घणो रुक्खो, णदी धेणू य सज्जणो।
एदे परोवगारस्स, वट्टंते पत्थणं विणा ॥99॥

अन्वयार्थ—(चंदो सुज्जो घणो रुक्खो णदी धेणू य सज्जणो) चन्द्रमा, सूर्य, मेघ, वृक्ष, नदी, धेनु और सज्जन (एदे) ये (परोवगारस्स) परोपकार के लिए (पत्थणं विणा) प्रार्थना बिना (वट्टंते) प्रवृत्ति करते हैं।

भावार्थ—चन्द्रमा, सूर्य, जल वरसाने वाले मेघ, नदी, गाय और सज्जन मनुष्य ये बिना प्रार्थना के ही लोक का उपकार करते रहते हैं। इनमें उपकार करने की महान सामर्थ्य है और ये बिना किसी अपेक्षा के जगत का सतत उपकार करते हैं।

चिंता से हानि

चिंतादो णस्सदे णाणं, चिंतादो णस्सदे बलं।
बाही होदि य चिंतादो, तम्हा चिंतं करेज्ज णो ॥100॥

अन्वयार्थ—(चिंतादो णस्सदे णाणं) चिंता से ज्ञान नष्ट होता है (चिंतादो णस्सदे बलं) चिंता से बल नष्ट होता है (य) और (चिंतादो) चिंता से (बाही होदि) व्याधि होती है (तम्हा) इसलिए (चिंतं) चिंता (णो) नहीं (करेज्ज) करो।

भावार्थ—चिन्ता करने से ज्ञान, बल-शारीरिक तथा मानसिक बल नष्ट हो जाता है और अत्यधिक चिन्ता करने से ही बड़ी-बड़ी बीमारियाँ होती हैं, इसलिए व्यर्थ ही खून को जलाने वाली और कर्मों का बन्ध कराने वाली खोटी चिन्ताओं का त्याग कर देना चाहिए।

यह सोचिए मत

एगल्लो असहेज्जो हं, किसो य अवरिच्छिदो।
सुविणे वि ण चिंतेंति, वणराओ दिवायरो ॥101॥

अन्वयार्थ—(वणराओ दिवायरो) वनराज, [तथा] सूर्य (किसो हं) मैं कृष् हूँ (असहेज्जो) असहाय हूँ (अवरिच्छिदो) उपकरणों से रहित (य) और (एगल्लो) अकेला हूँ [ऐसे] (सुविणे वि) स्वप्न में भी (ण चिंतेंति) नहीं सोचते हैं।

भावार्थ—प्रस्तुत छन्द स्व-पराक्रम का महत्त्व दर्शाते हुए कहा गया है।

वनराज-सिंह तथा दिवाकर-सूर्य स्वप्न में भी यह नहीं सोचते हैं कि मैं कृष्-दुबला हूँ, असहाय हूँ, सहायक सामग्री से रहित और अकेला हूँ। इसका यह भाव है कि पराक्रमी मनुष्य समय आने पर पराक्रम पूर्ण चेष्टा करते ही हैं। किसी सहयोगी की अपेक्षा नहीं करते।

ये देखते नहीं

कामी कोही तहा लोही, मज्जपा विसणाउरो।
एदे सम्मं ण पस्संति, पच्चक्खे वि दिवायरे॥102॥

अन्वयार्थ—(कामी कोही तहा लोही मज्जपा विसणाउरो) कामी, क्रोधी, लोभी, शराबी तथा व्यसनासक्त व्यक्ति (एदे) ये (पच्चक्खे वि दिवायरे) सूर्य के प्रत्यक्ष होने पर भी (सम्मं) अच्छी तरह (ण पस्संति) नहीं देखते हैं।

भावार्थ—कामी, क्रोधी, लोभी, शराबी और व्यसनासक्त अर्थात् खोटे आचरण में लगा हुआ मनुष्य, ये सूर्य प्रकाश रहते हुए भी अच्छी तरह नहीं देखते हैं, क्योंकि इनके भीतर विविध प्रकार की वासनाएँ भड़कती रहती हैं, अत: इनसे हमेशा बचना चाहिए।

वहाँ निवास नहीं करें

जत्थ विज्जागमो णत्थि, धणागमो य बंधू य।
सम्माणं तित्थ-वित्ती य, वासं तत्थ करेज्ज णो॥103॥

अन्वयार्थ—(जत्थ) जहाँ (विज्जागमो धणागमो बंधू य सम्माणं तित्थ च वित्तिं) विद्यागम, धनागम, बन्धुजन, सम्मान, तीर्थ और आजीविका (णत्थि) न हो (तत्थ) वहाँ (वासं) निवास (णो) नहीं (करेज्ज) करना चाहिए।

भावार्थ—जहाँ पर ज्ञान की प्राप्ति, धन की प्राप्ति, बन्धुजनों का संसर्ग, सम्मान, तीर्थ-यात्रा तथा आजीविका के साधन, इनमें से एक भी नहीं हो; वहाँ निवास कभी नहीं करना चाहिए। इनमें से एक-दो का भी यदि भली-भाँति योग हो जाए तो वहाँ निवास किया जा सकता है।

शिष्य का लक्षण

गुरुभत्तो भवा-भीदो, विणीदो धम्मिगो सुही।
संतो-दंतो अतंदालू, सिस्सो हि सहलो हवे॥104॥

अन्वयार्थ—(गुरुभत्तो) गुरु-भक्त (भवा-भीदो) संसार से भयभीत (विणीदो धम्मिगो सुही संतो-दंतो अतंदालू) विनीत, धार्मिक, सुधी, शान्त, दान्त [तथा] अतंद्रालु (सिस्सो हि) शिष्य ही (सहलो) सफल (हवे) होता है।

भावार्थ—गुरु की भक्ति करने वाला, संसार के दु:खों से भयभीत, विनयशील, धार्मिक, सुधी-विवेकी, शान्त-उपसमभाव युक्त अर्थात् मन्दकषायी, शान्त- इन्द्रियजयी और अतंद्रालू अर्थात् आलस्य से रहित शिक्षार्थी-शिष्य ही सफल होता है, अन्य नहीं।

विद्यार्थी इन्हें छोड़ें

कामं कोहं तहा लोहं, सादं सिंगारकोदुगं।
अइणिद्दाइ-सेवं च, विज्जत्थी अट्ठ मुंचदु ॥105॥

अन्वयार्थ—(कामं कोहं तहा लोहं, सादं सिंगार कोदुगं अइणिद्दा) काम, क्रोध, लोभ, स्वाद, श्रृंगार, कौतुक, अतिनिद्रा (च) और (अइ-सेवं) अति सेवा [य] (अट्ठ) आठ (विज्जत्थी) विद्यार्थी (मुंचदु) छोड़ दे।

भावार्थ—काम, क्रोध, लोभ, स्वाद-लोलुपता, सजने-संवरने की चेष्टा, टी.वी., सिनेमा आदि कौतुक, बहुत सोना और हमेशा दूसरों की सेवा करते रहना ये आठ दोष विद्यार्थी अवश्य ही छोड़ दें। यदि कोई इन दोषों में प्रवर्तता हुआ भी विद्याध्ययन करना चाहे तो उसका सफल होना संदेहास्पद ही रहेगा।

ये स्वर्गगामी होते हैं

पत्तत्थं भोयणं पाणं, दाणत्थं च धणज्जणं।
धम्मत्थं जीविदं जेसिं, ते णरा सग्ग-गामिणो ॥106॥

अन्वयार्थ—(पत्तत्थं भोयणं पाणं) पात्र के लिए भोजन-पान (दाणत्थं धणज्जणं) दान के लिए धनार्जन (च) और (धम्मत्थं) धर्म के लिए (जेसिं) जिनका (जीविदं) जीवन है (ते णरा) वे मनुष्य (सग्ग-गामिणो) स्वर्गगामी होते हैं।

भावार्थ—जो मनुष्य सु-पात्रों को भोजन-पान देने में सदैव तत्पर रहते हैं, दान करने के उद्देश्य से ही धन कमाते हैं और धर्म के लिए ही, निज आत्मोन्नति के लिए ही जीवन जीते हैं, वे निश्चित ही स्वर्ग में जाने वाले हैं। ऐसे जीव परम्परा से मुक्ति भी प्राप्त करते हैं।

गर्व नहीं करना चाहिए

दाणे तवम्मि सूरम्मि, विण्णाणे विणए जए।
माणं हु णो य कादव्वं, विविहा रयणा मही ॥107॥

अन्वयार्थ—(दाणे तवम्मि सूरम्मि विण्णाणे विणए जए) दान, तप, शूरता, विज्ञान, विनय (य) और विजय में (माणं) मान (णो) नहीं (कादव्वं) करना चाहिए [क्योंकि] (विविहा रयणा मही) धरती विविध रत्नों से युक्त हैं।

भावार्थ—दान, तप, शूरवीरता, विशिष्ट ज्ञान, विनय करने की कला और दूसरों को जीतने की क्षमता में अभिमान नहीं करना चाहिए; तथा 'वा' पद से यदि दूसरे मनुष्य इन गुणों से युक्त दिखते हैं तो उसमें आश्चर्य नहीं करना चाहिए; क्योंकि यह धरती विविध प्रकार के रत्नों से भरी हुई है।

अद्‌भुत औषधियाँ

रोगे पत्थं खले दोसं, सामिम्मि सच्च-दंसणं।
णाणे झाणं धणे दाणं, थीए मद्‌दवमोसहं॥108॥

अन्वयार्थ—(रोगे पत्थं) रोग में पथ्य (खले दोसं) खल में दुष्टता (सामिम्मि सच्च-दंसणं) स्वामी में सत्य दर्शन (णाणे झाणं) ज्ञान में ध्यान (धणे दाणं) धन में दान [तथा] (थीए मद्‌दवं) स्त्री में मार्दवता (ओसहं) औषधि है।

भावार्थ—रोग होने पर उसके पथ्य का पालन करना, खल के सामने दुष्टता से पेश आना, स्वामी-गुरु अथवा पूज्यजनों को सही बात बताना, ज्ञान बढ़ने पर ध्यान बढ़ाना, धन होने पर दान देना और स्त्री से प्रेम व्यवहार रखना, ये इनकी औषधि है अर्थात् दवा के समान गुणकारी हैं।

बुद्धि कर्मानुसारिणी

उज्जोगसारिणी लच्छी, कित्ती चागाणुसारिणी।
समाणुसारिणी विज्जा, बुद्धी कम्माणुसारिणी॥109॥

अन्वयार्थ—(उज्जोगसारिणी लच्छी) लक्ष्मी उद्योगानुसारिणी (कित्ती चागाणुसारिणी) कीर्त्ति त्यागानुसारिणी (समाणुसारिणी विज्जा) विद्या श्रमानुसारिणी [तथा] (बुद्धी कम्माणुसारिणी) बुद्धि कर्मानुसारिणी [होती है]।

भावार्थ—जितना जैसा उद्योग किया जाएगा उतनी वैसी लक्ष्मी होगी, क्योंकि लक्ष्मी उद्योग के अनुसार होती है। इसी तरह जितना दान किया जाएगा उतनी ख्याति होगी क्योंकि ख्याति (कीर्ति) त्याग के अनुसार होती है। विद्या श्रम अथवा अभ्यास के अनुसार घटती-बढ़ती है और बुद्धि पूर्वकृत तथा सत्ता में स्थित कर्मों के अनुसार अच्छी-बुरी हो जाती है। इन्हें प्रयत्न पूर्वक उर्ध्वमुखी कर सकते हैं।

वैभव संपन्नता के चिह्न

भोयणं पुत्तसंकिण्णं, मित्त-संकिण्णमासणं।
अप्पा य सत्थसंकिण्णो, बंधू-संकिण्णमालयं॥110॥

अन्वयार्थ—(भोयणं पुत्तसंकिण्णं) भोजन पुत्रों से संकीर्ण (मित्त-संकिण्णमासणं) मित्रों से संकीर्ण आसन (अप्पा य सत्थसंकिण्णो) शास्त्रों से संकीर्ण

आत्मा [तथा] (बंधू-संकिण्णमालयं) बन्धुओं से संकीर्ण घर होना वैभव की निशानी हैं।

भावार्थ—भोजन पुत्रों के साथ बैठकर करना चाहिए, अच्छे मित्र इतने होने चाहिए कि जिससे आसन कम पड़ जाएँ, शास्त्राभ्यास इतना होना चाहिए कि राग-द्वेष आदि विकारों के लिए आत्मा में जगह कम पड़ जाए और बन्धु अर्थात् कुटुम्बीजनों से घर भरा रहना चाहिए। यह वैभव-सम्पन्नता के चिह्न हैं।

इन्हें नाराज मत करो

भोजगाराण वेज्जाणं, सेवग-सत्थपाणीणं।
सामिधणिग-मूढाणं, णाणीणं णेव कुप्पदु॥111॥

अन्वयार्थ—(भोजगाराण वेज्जणं, सेवग-सत्थपाणीणं सामिधणिग-मूढाणं, णाणीणं णेव कुप्पदु) भोजकार, वैद्य, सेवक, शस्त्रयुक्त, स्वामी, धनिक, मूर्ख [तथा] ज्ञान-सम्पन्न को कुपित नहीं करना चाहिए।

भावार्थ—भोजन बनाने वाले रसोइया, वैद्य-डॉक्टर, सेवक-नौकर, हाथ में शस्त्र लिए हुए व्यक्ति, मालिक (गुरु), धनवान, मूर्ख और ज्ञान सम्पन्न व्यक्ति को किन्ही कारणों से कभी-भी कुपित नहीं करना चाहिए, क्योंकि ये क्रोधित होने पर महाअनर्थ कर सकते हैं।

ये अति दुर्लभ हैं

सुवक्केण जुदं दाणं, सूरत्तं खम-संजुदं।
अगव्व-संजुदं णाणं, लोगम्हि अइदुल्लहं॥112॥

अन्वयार्थ—(सुवक्केण जुदं दाणं) सुवाक्यों से युक्त दान (सूरत्तं खम-संजुदं) क्षमा युक्त शूरता (अगव्व-संजुदं णाणं) अगर्व युक्त ज्ञान (लोगम्हि अइदुल्लहं) लोक में अति-दुर्लभ है।

भावार्थ—अच्छे वचन बोलते हुए दान का देना, क्षमाभाव युक्त शूर-वीरता और अभिमान रहित ज्ञान संसार में अत्यन्त दुर्लभ हैं। दानवीरता, शूरवीरता और ज्ञानयुक्तता ये ऐसे गुण है, जिनके आने पर मनुष्य के अभिमान आदि दोष बढ़ जाते हैं; इसलिए इनकी निर्दोष प्राप्ति तीन लोक में भी दुर्लभ कही है।

किसको कैसे जीतें

लुद्धमत्थेण गेण्हेज्ज, माणिं अंजलिकम्मुणा।
मुक्खं छन्दाणुवत्तीए, जहट्ठत्तेण पंडिदं॥113॥

अन्वयार्थ—(लुद्धमत्थेण) लोभी को धन से (माणिं अंजलिकम्मुणा) मानी

को हाथ-जोड़कर (मुक्खं छन्दाणुवत्तीए) मूर्ख को छन्दानुवृत्ति से [तथा] (पंडिदं) पण्डित को (जहट्ठत्तेण) यथार्थता से (गेण्हेज्ज) ग्रहण करना चाहिए।

भावार्थ—लोभी मनुष्य को धन देकर, परोपकारी, गुरु, मालिक, हठी आदि अभिमानी मनुष्य को हाथ-जोड़कर अर्थात् विनय से, मूर्ख-मन्दबुद्धि मनुष्य को उसके अनुसार प्रवृत्ति कर तथा बुद्धिमान व्यक्ति को यथार्थ का परिचय कराकर अर्थात् सत्य व्यवहार करके ग्रहण अर्थात् अपने वश में करना चाहिए।

अनभ्यासे विषं विद्या

अणब्भासे विसं विज्जा, अजिण्णे भोयणं विसं।
विसं गोट्ठी दलिद्दस्स, वुड्ढस्स तरुणी विसं॥114॥

अन्वयार्थ—(अणब्भासे विसं विज्जा) अभ्यास नहीं करने पर शास्त्र विष है (अजिण्णे भोयणं विसं) अजीर्ण होने पर भोजन विष है (दलिद्दस्स गोट्ठी विसं) दरिद्र के लिए गोष्ठी विष है (बुड्ढस्स तरुणी विसं) वृद्ध के लिए तरुणी विष है।

भावार्थ—बार-बार अभ्यास नहीं करने पर शास्त्रज्ञान विष जैसा हो जाता है अर्थात् कुछ का कुछ प्रतिपादन होने लगता है। अजीर्ण होने पर भोजन जहर हो जाता है। सामाजिक-धार्मिक सभा दरिद्र के लिए जहर है, क्योंकि एक तो उसकी आजीविका कमाने का समय नष्ट होगा, दूसरा उसे अपमान भी सहन करना पड़ सकता है तथा बूढ़े मनुष्य के लिए तरुणी-स्त्री जहर के समान शीघ्र मारने वाली होती है।

किसका रस क्या है

पाणीए हि रसो सीदो, भोयणस्सादरो रसो।
अणुकूलो रसो बंधू, मित्तस्सावंचणं रसो॥115॥

अन्वयार्थ—(हि) वस्तुतः (पाणीए रसो सीदो) पानी का रस शीत है (भोयणस्सादरो रसो) भोजन का रस आदर है (अणुकूलो रसो बंधू) बन्धुओं का रस अनुकूलता है [और](मित्तस्सावंचणं रसो) मित्र का अवंचना रस है।

भावार्थ—वास्तविक बात यह है कि पानी शक्कर से नहीं अपितु अपनी शीतलता से ही मीठा लगता है, भोजन पकवानों से नहीं आदर पूर्वक कराए जाने पर अच्छा लगता है, बंधुजन बहुत होने से नहीं अपितु अनुकूल होने पर अच्छे लगते हैं तथा मित्र धनवान होने पर नहीं अपितु निष्कपट व्यवहार करने से अच्छा लगता है, शोभित होता है।

किसके बिना क्या नष्ट होता है

मेहहीणो हदो देसो, पुत्तहीणं हदं धणं।
विज्जाहीणं हदं रूवं, हदो देहो अचारिदो॥116॥

अन्वयार्थ—(मेहहीणो) मेघ रहित (देसो) देश (हदो) नष्ट हो जाता है (पुत्तहीणं हदं धणं) पुत्रहीन का धन नष्ट हो जाता है (विज्जाहीणं हदं-रूवं) विद्याहीन का रूपवान होना बेकार है [तथा] (हदो देहो अचारिदो) बिना आचरण के शरीर नष्ट के समान है।

भावार्थ—जिन देशों में बहुत समय तक पानी नहीं गिरता वे देश अकाल पड़ने से नष्ट हुए के समान हैं, पुत्रहीन व्यक्ति का धन भी नष्ट हुए के समान है, विद्या-ज्ञानरहित मनुष्य का सुन्दर रूप बेकार है और अच्छे आचरण अर्थात् व्रत-नियमों से रहित शरीर नष्ट के समान ही है।

इनके प्रारंभ में सुखभाषित होता है

अहियारो य गब्भो य, रिणं च साण-मेहुणं।
सुहं भासंति आरंभे, णिग्गमे दुक्खमेव हि॥117॥

अन्वयार्थ—(अहियारो य गब्भो य रिणं च साण-मेहुणं) अधिकार, गर्भ, ऋण और श्वान-मैथुन [इनके] (आरंभे) प्रारम्भ में (सुहं भासंति) सुख मालूम पड़ता है (णिग्गमे) निर्गम के समय [ये] (दुक्खमेव हि) दुःखरूप ही है।

भावार्थ—अधिकार प्राप्त होते समय बहुत अच्छा लगता है, अपने आप पर गर्व महसूस होता है, किन्तु जब छूटता है तब दुःख होता है। गर्भ जब धारण किया जाता है तब अच्छा लगता हैं, किन्तु प्रसूति के समय महान दुख होता है। ऋण-कर्ज लेते समय अच्छा मालूम पड़ता है किन्तु जब चुकाने (देने) का समय आता है तब बड़ा कष्ट होता है। ऐसे ही जब कुत्ता मैथुन सेवन करता है तब अपने को सुखी मानता है किन्तु तुरन्त ही कष्ट महसूस करने लगता है। कहने का तात्पर्य है कि ये कार्य शुरू में अच्छे मालूम पड़ते हैं पर कालान्तर में दुःख-दायक ही हैं, अतः बुद्धिमानों को इनसे बचना चाहिए।

ये मृत्यु के कारण हैं

दुट्ठा णारी सढं मित्तं, भिच्चो उत्तर-दायगो।
ससप्पे य गिहे वासो, मिच्चूहेदू ण संसओ॥118॥

अन्वयार्थ—(दुट्ठा णारी) दुष्टा स्त्री, (सढं मित्तं) मूर्ख मित्र (उत्तर दायगो भिच्चो) उत्तर देने वाला भृत्य (य) और (ससप्पे गिहे वासो) सर्प सहित घर में निवास (मिच्चू-हेदू ण संसओ) मृत्यु हेतु हैं इसमें संशय नहीं करना चाहिए ॥58॥

भावार्थ—खोटे स्वभाव वाली क्रोधमुखी दुष्टा स्त्री, मूर्ख मित्र, उत्तर देने वाला नौकर और सर्प जिस घर में रहता हो उसमें निवास करना; ये चार निश्चित ही मृत्यु के कारण हैं। इनसे बचने का निरन्तर प्रयास करो।

इनका विश्वास नहीं करना चाहिए

णखाणं च णईणं च, सिंगीणं सत्थ-पाणिणं।
विस्सासो णेव कादव्वो, इत्थीणं णिवदीण वा॥119॥

अन्वयार्थ—(णखाणं) नखवालों का (णईणं) नदियों का (सिंगीणं) सींगवालों का (सत्थ-पाणिणं) शस्त्र-वालों का (इत्थीणं) स्त्रियों का (च) और (णिवदीण वा) राजा, राज-नेताओं अथवा अधिकारियों का (विस्सासो) विश्वास (णेव) नहीं (कादव्वो) करना चाहिए।

भावार्थ—नख वाले पशु जैसे-सिंह, बन्दर, भालू आदि का, नदी में अचानक भी बाढ़ आ जाती है, वह कहीं बहुत गहरी हो सकती है अतः नदी का, सींग वाले पशु जैसे-गाय, बैल, भैंस आदि का, हाथ में हथियार लिए हुए व्यक्ति का, स्त्रियाँ कुपित होने पर अनर्थ कर सकती हैं इसलिए स्त्रियों का, राजनेताओं अथवा अधिकारियों का 'चकार' से दाँत वाले पशुओं का तथा शत्रु-पक्ष का कभी भी विश्वास नहीं करना चाहिए।

उसे यहीं स्वर्ग है

जस्स पुत्तो वसीभूदो, णारी छन्दाणुवट्टिणी।
संतुट्ठो पत्त-विहवे, तस्स सग्गो इहेव हि॥120॥

अन्वयार्थ—(जस्स) जिसका (पुत्तो वसीभूदो) पुत्र वशीभूत है (णारी छन्दाणुवट्टिणी) स्त्री अनुसरण करने वाली है [और जो] (पत्त-विहवे) प्राप्त वैभव में (हि) अच्छी तरह (संतुट्ठो) सन्तुष्ट है (तस्स सग्गो इहेव) उसके लिए स्वर्ग यहीं है।

भावार्थ—जिसका पुत्र आज्ञाकारी है, समर्पित है, स्त्री इच्छानुसार प्रवृत्ति करने वाली है तथा जो प्राप्त हुई धन-सम्पत्ति में ही सन्तुष्ट है, ऐसे मनुष्य के लिए यहीं स्वर्ग है, क्योंकि उसके लिए बहुत सी अनुकूलता और अनाकुलता यहीं प्राप्त हो जाती है। वस्तुतः अनाकुलता ही सुख है।

किसका मूल क्या है

लोह-मूलाणि पावाणि, बाहिणो रसमूलगा।
णेहमूलाणि दुक्खाणि, णिम्ममत्तं हि वा सुहं॥121॥

अन्वयार्थ—(हि) वस्तुतः (लोह-मूलाणि पावाणि) लोभ पापों का मूल है, (बाहिणो रसमूलगा) बीमारियाँ रस-मूलक हैं, (णेहमूलाणि दुक्खाणि) स्नेह दुःख का मूल है (वा) और (णिम्ममत्तं) निर्ममत्व (सुहं) सुख का मूल हैं।

भावार्थ—लोभ सब पापों की जड़ है, यदि लोभ नष्ट हो जाए तो पाप न हो। विविध प्रकार के स्वादिष्ट व्यंजनों का निरन्तर सेवन बीमारियों की जड़ है, यदि मनुष्य सादा-सीमित एवं शुद्ध भोजन करें तो कभी बीमार पड़ने की नौबत ही नहीं आए। दुख का मूल कारण राग (प्रेम) है, यदि राग न हो तो विकल्प भी न हों और

जब विकल्प नहीं होंगे तो दुख कहाँ से होगा। इन सबसे विपरीत प्रत्येक पदार्थ के प्रति निर्मत्वता ही सच्चे सुख की जननी है। अतः लोभ, रस तथा राग-भाव छोड़कर निर्ममत्व होने की चेष्टा करनी चाहिए।

इनसे मैत्री मत करो

दुराचारीहि दुद्दिदट्ठी-इत्थी-चोर-खलेहि वा।
मित्तिं करेदि जो सेट्ठो, सो वि सिग्घं विणस्सदि॥122॥

अन्वयार्थ—(जो) जो (दुराचारीहि-दुद्दिदट्ठी-इत्थी-चोर-खलेहि वा) दुराचारी, दुर्दृष्टि, स्त्री, चोर अथवा दुष्ट से (मित्तिं करेदि) मित्रता करता है (सो) वह (सेट्ठो वि) श्रेष्ठ होते हुए भी (सिग्घं विणस्सदि) शीघ्र नष्ट हो जाता है।

भावार्थ—कोई श्रेष्ठ आचरण वाला, ज्ञानवान, धनवान मनुष्य भी यदि दुराचारी-खोटे आचरण वाले व्यक्ति से, दुर्दृष्टि-दुर्जन से, स्त्रियों से और चोर अथवा दुष्टों से मित्रता करता है, तो वह भी शीघ्र ही नष्ट हो जाता हैं, बदनाम तथा निर्धन हो जाता है। अतः इनकी मित्रता से बचना चाहिए।

कहाँ से क्या ग्रहण कर लेना चाहिए

विसा वि अमिदं गेज्झं, अमेज्झादो वि कंचणं।
णीचा वि उत्तमा विज्जा, थी-रयणं वि णिद्धणा॥123॥

अन्वयार्थ—(विसा वि अमिदं) विष से भी अमृत (अमेज्झादो वि कंचणं) शौच से भी सोना (णीचा वि उत्तमा विज्जा) नीच मनुष्यों से भी उत्तम विद्या (थी-रयणं वि णिद्धणा) निर्धन कुल से भी स्त्री रत्न (गेज्झं) ग्रहण करना चाहिए।

भावार्थ—बुद्धिमान गृहस्थ वही है जो विष में से भी अमृत, शौच-विष्टा में से भी स्वर्ण, नीच मनुष्य से भी उत्तम विद्या तथा निर्धन कुलीन परिवार से भी उत्तम आचरण तथा गुणों से युक्त कन्या-रत्न ग्रहण कर लेता है। केवल सफेद चमड़ी और धन देखकर जाति-कुल का ध्यान रखे बिना जो विवाह सम्बन्ध करते हैं, वे प्रायः पछताते हैं।

किससे क्या जाना जाता है

कुलं जाणेदि आयारो, देसं जाणेदि भासणं।
संभमो जाणदे णेहं, देहं जाणेदि भोयणं॥124॥

अन्वयार्थ—(आयारो कुलं जाणेदि) आचार से कुल जाना जाता है (देसं जाणेदि भासणं) भाषा से देश जाना जाता है (संभमो जाणदे णेहं) हाव-भावसे स्नेह तथा (देहं जाणेदि भोयणं) भोजन से शरीर जाना जाता है।

भावार्थ—मनुष्य के आचरण अर्थात् आचार-विचार से उसका कुल, भाषा से

उसका देश, हाव-भाव रूप व्यवहार से उसका स्नेह और भोजन की मात्रा तथा शैली से उसकी शारीरिक क्षमता का ज्ञान हो जाता है।

किसको कहाँ जोड़ें

जुंजेह सुउले पुत्तिं, पुत्तं विज्जासु जुंजह।
जुंजह वसणे सत्तुं, मित्तं धम्मे य जुंजह॥125॥

अन्वयार्थ—(पुत्तिं सुउले जुंजेह) पुत्री को सुकुल में जोड़ो (पुत्तं विज्जासु जुंजह) पुत्र को विद्या में जोड़ो (वसणे जुंजहे सत्तुं) शत्रु को व्यसनों में लगा दो (य) और (मित्तं धम्मे जुंजहे) मित्र को धर्म में लगाओ।

भावार्थ—समझदार गृहस्थों को अपनी पुत्री धार्मिक आचरण वाले सुकुल में देनी चाहिए, पुत्र को अच्छी विद्या के अध्ययन में लगाना चाहिए, शत्रु से लड़ने की बजाय उसे कोई खोटा व्यसन लगा देना चाहिए जिससे वह खुद ही बर्बाद हो जाएगा, तथा मित्र को धर्मशास्त्र में लगाना चाहिए जिससे उसका जीवन सुख-शान्तिमय हो जाएगा।

किसको क्या नहीं अखरता

किं हि भारो समत्थाणं, किं दूरं ववसाइणं।
किं विदेसो य विज्जाणं, को परो पियवादिणं॥126॥

अन्वयार्थ—(हि) वस्तुतः (समत्थाणं) समर्थ के लिए (किं हि भारो) भार क्या है (ववसाइणं) व्यवसायी के लिए (किं दूरं) दूर क्या है (विज्जाणं) विद्वान के लिए (किं विदेसो) विदेश क्या है (य) और (पियवादिणं) प्रियवादियों को (को परो) पर कौन है।

भावार्थ—समर्थ मनुष्यों के लिए भार क्या है? निरन्तर उद्यम करने वाले व्यक्ति के लिए दूर क्या है? शास्त्रों में पारंगत, देश-काल-परिस्थितियों को जानने वाले विद्वान के लिए विदेश क्या चीज है? कुछ भी नहीं। और प्रिय वचन बोलने वाले के लिए दूसरा (पर) कौन है? कोई भी नहीं। वस्तुतः ये सभी अपने-अपने कार्यों को साधने में पारंगत होते हैं।

वही जीवित रहता है

उवसग्गे य आतंके, दुब्भिक्खे य भयावहे।
असाहुजण-संसग्गे, पलायदे स जीवदि॥127॥

अन्वयार्थ—(भयावहे) भयंकर (उवसग्गे) उपसर्ग के आने पर (आतंके) आतंक के होने पर (दुब्भिक्खे) दुर्भिक्ष के पड़ने पर (य) और (असाहुजण-संसग्गे)

दुर्जनों का संसर्ग होने पर [जो] (पलायदे) पलायन कर लेता है (स) वह (जीवदे) जीता है।

भावार्थ—भयंकर उपसर्ग आने पर, गुण्डा-बदमाश द्वारा आंतकित किए जाने पर अथवा भयंकर बीमारी फैलने पर, भयंकर दुर्भिक्ष के समय तथा दुष्टजनों से तकरार होने पर जो पलायन कर जाता है, वही जीवित बचता है।

उसका जन्म ही व्यर्थ है

धम्मत्थकाम-मोक्खाणं, जस्सेगोवि ण विज्जदि।
णिप्फलं तस्स जम्मं च, जीविदं मरणं समं॥128॥

अन्वयार्थ—(जस्स) जिसके (धम्मत्थकाम-मोक्खाणं) धर्म, अर्थ, काम, मोक्ष में से (एगो वि णो विज्जदि) एक भी विद्यमान नहीं है (तस्स जम्मं) उसका जन्म (णिप्फलं) निष्फल है (च) और (जीविदं मरणं समं) जीवन मरण के समान है।

भावार्थ—जिस मनुष्य के जीवन में धर्म-धार्मिक आचरण, अर्थ-धन-सम्पत्ति, काम-भोग-सामग्री तथा मोक्ष अर्थात् मोक्ष प्राप्ति हेतु तीव्र पुरुषार्थ, इन चारों में से एक भी नहीं है, उसका जीवन निष्फल और जीवन मरण के समान है। मनुष्य में चारों पुरुषार्थ होना आवश्यक हैं, किन्तु उसे कम से कम धर्म पुरुषार्थ को तो अच्छी तरह सम्पन्न कर ही लेना चाहिए क्योंकि धर्म ही कल्याणकारी है।

किसके बिना क्या नष्ट हो जाता है

आलस्सोवगदा विज्जा, परहत्थगदं धणं।
अप्पबीयं हदं खेत्तं, णट्ठा सेणा अणायगा॥129॥

अन्वयार्थ—(आलस्सोवगदा विज्जा) आलस्य को प्राप्त विद्या, (परहत्थगदं धणं) दूसरे के हाथ में गया हुआ धन (अप्पबीयं खेत्तं) अल्प-बीज युक्त खेत [और] (अणायगा सेणा) नायक रहित सेना (णट्ठा) नष्ट हो जाती है।

भावार्थ—आलस्य करने से विद्या, दूसरे के हाथ में जाने से धन, कम बीज बोने से फसल और नायक रहित होने से सेना नष्ट हो जाती है। विद्या निरन्तर अभ्यास से, धन अपने पास रहने से, बीज पर्याप्त मात्रा में बोने से और सेना नायक-सहित होने से सुरक्षित रहती है।

किससे क्या रक्षित हो जाता है

वित्तेण रक्खदे धम्मो, विज्जा जोगेण रक्खदे।
लज्जाए रक्खदे सीलं, णारीए रक्खदे गिहं॥130॥

अन्वयार्थ—(वित्तेण रक्खदे धम्मो) धन से धर्म रक्षित होता है (विज्जा जोगेण रक्खदे) अभ्यास से विद्या रक्षित होती है (लज्जाए रक्खदे सीलं) लज्जा से शील रक्षित होता है [तथा] (णारीए रक्खदे गिहं) नारी से घर रक्षित होता है।

भावार्थ—धन से धर्म की, अभ्यास करने से विद्या की, लज्जाशीलता से शील की और सुशीला स्त्री से घर की रक्षा होती है। इनके बिना ये नष्ट हो जाते है।

किससे क्या नष्ट होता है

दालिद्दणासणं दाणं, सीलं दुग्गदि-णासणं।
अण्णाण-णासिणी पण्णा, भावणा भवणासिणी ॥131॥

अन्वयार्थ—(दालिद्द णासणं दाणं) दान दारिद्र्य नाशक है (सीलं दुग्गदि णासणं) शील दुर्गति नाशक है (अण्णाण-णासिणी पण्णा) प्रज्ञा अज्ञान नाशिनी है [तथा] (भावणा भवणासिणी) भावना भवनाशिनी है।

भावार्थ—दान देने से दरिद्रता का नाश होता है, शील-ब्रह्मचर्य आदि व्रतों का पालन दुर्गति का नाश करने वाला है, निरन्तर ज्ञानाभ्यास तथा कर्मों के क्षयोपशम से उत्पन्न प्रज्ञा अज्ञान-नाशिनी है और हमेशा शुभभाव-शीलता भवभ्रमण का नाश करने वाली है।

ऐसी बातें प्रकाशित नहीं करना चाहिए

अत्थणासं मणोदावं, गेहिणीचरिदं तहा।
वंचणं अवमाणं णो, मदिमंतो पयासदे ॥132॥

अन्वयार्थ—(अत्थणासं मणोदावं) अर्थनाश, मनो-ताप (गेहिणीचरिदं तहा) स्त्री का चरित्र (वंचणं) वंचना (य) और (अवमाणं) अपमान (मदिमंतो) बुद्धिमान (णो पयासदे) प्रकाशित नहीं करते हैं।

भावार्थ—धन का नष्ट हो जाना, मन का संताप, अपनी स्त्री का खोटा चरित्र, वंचना-ठगे जाने की कथा तथा पूर्व में हुए अपने अपमान को बुद्धिमान लोग प्रकाशित नहीं करते हैं अर्थात् दूसरों को ये सब बातें नहीं बताते हैं; क्योंकि ये बातें दूसरों को बताने से लाभ कुछ भी नहीं होगा, उल्टे निन्दा और बदनामी ही हाथ लगेगी।

इनके समान ये ही हैं

णत्थि मेहसमं णीरं, णत्थि अप्पसमं बलं।
णत्थि चक्खुसमं तेयं, णत्थि धण्णसमं पियं ॥133॥

अन्वयार्थ—(णत्थि मेहसमं णीरं) मेघ के समान पानी नहीं है (णत्थि अप्पसमं बलं) अपने बल के समान बल नहीं है (णत्थि चक्खुसमं तेयं) आँख के

समान तेज नहीं है (णत्थि धण्णसमं पियं) धान्य के समान प्रिय वस्तु नहीं है।

भावार्थ—संसार में बरसते हुए मेघों के जल के समान कोई जल नहीं है। बाहुबल-स्वशक्ति के समान कोई दूसरा बल नहीं, क्योंकि समय आने पर अपनी शक्ति ही काम आती हैं, स्वस्थ आँखों के समान कोई भी प्रकाश नहीं हैं क्योंकि आँख के अभाव में सारे प्रकाश बेकार हैं तथा धान्य-अनाज के समान प्रिय पदार्थ इस धरती पर और कोई नहीं हैं, क्योंकि अनाज से ही वस्तुतः प्राणियों का देह-पोषण होता है।

इनके समान ये ही हैं

णत्थि कामसमो बाही, णत्थि मोहसमो रिऊ।
णत्थि कोवसमो अग्गी, णत्थि णाणसमं सुहं॥134॥

अन्वयार्थ—(णत्थि कामसमो बाही) काम के समान व्याधि नहीं है (णत्थि मोहसमो रिऊ) मोह के समान शत्रु नहीं है (णत्थि कोवसमो अग्गी) क्रोध के समान अग्नि नहीं है [और](णत्थि णाणसमं सुहं) ज्ञान के समान सुख नहीं है।

भावार्थ—संसार में कामोद्रेक के समान बीमारी नहीं है, क्योंकि कामी मनुष्य जघन्यतम पाप भी कर डालता है। मोह के समान शत्रु नहीं हैं, क्योंकि लौकिक शत्रु को शत्रुबुद्धि से दिखाने वाला यह मोह ही है। क्रोध के समान अग्नि नहीं है क्योंकि लोक प्रसिद्ध अग्नि तो दिखते हुए पदार्थों को जलाती है, किन्तु यह क्रोधरूपी अग्नि बिना स्पष्ट दिखे जीव के गुणों को जला डालती है। तथा सच्चे ज्ञान के समान कोई सुख नहीं, क्योंकि ज्ञान बढ़ने से ही अनाकुलता बढ़ती है और अनाकुलता ही सच्चा सुख है।

तृण के समान हैं

तिणं बंभविदं सग्गो, तिणं सूरस्स जीविदं।
जिदक्खस्स तिणं णारी, णिप्फिहस्स तिणं जगं॥135॥

अन्वयार्थ—(तिणं बंभविदं सग्गो) आत्मज्ञानी को स्वर्ग तृण समान है (तिणं सूरस्स जीविदं) शूर के लिए जीवन तृण समान है (जिदक्खस्स तिणं णारी) इन्द्रियजयी के लिए स्त्री तृण समान है (च) तथा (णिप्फिहस्स तिणं जगं) निस्पृह मनुष्य के लिए सम्पूर्ण जगत तृण समान है।

भावार्थ—आत्मज्ञान सम्पन्न साधक को स्वर्ग, शूरवीर योद्धा के लिए जीवन, इन्द्रिय-विजयी योगी के लिए सुन्दर स्त्री तथा वीतरागी निस्पृह साधक के लिए सम्पूर्ण जगत तृण के समान तुच्छ जान पड़ता है।

इनमें लज्जा मत करो

धण-धण्णप्पओगेसु, विज्जा-संगहणेसु वा।

आहारे ववहारम्मि, चत्तलज्जा सुही हवे॥136॥

अन्वयार्थ—(धण-धण्णप्प ओगेसु) धन-धान्य के प्रयोग में (विज्जा-संगहणेसु) विद्या के संग्रह में (वा) अथवा (आहारे) आहार में (ववहारम्मि) व्यवहार में (चत्तलज्जा सुही हवे) लज्जा त्यागी ही सुखी होता है।

भावार्थ—धन-धान्य के लेन-देन में, विद्या के संग्रह करने में, आहार करने में तथा लोक- व्यवहार सम्बन्धी क्रियाओं में जो मनुष्य लज्जा छोड़ प्रवृत्ति करता है वह ही सुखी होता है।

संतोष-असंतोष

संतोसो तिसु कादव्वो, सदारे भोयणे धणे।

तिसु चेव ण कादव्वो, सज्झाए तवदाणेसु॥137॥

अन्वयार्थ—(सदारे भोयणे धणे) स्वदार, भोजन [तथा] धन (तिसु) [इन] तीन में (संतोसो कादव्वो) सन्तोष करना चाहिए (सज्झाए तवदाणेसु) स्वाध्याय तप दान [इन] (तिसु) तीन में (ण कादव्वो) नहीं करना चाहिए।

भावार्थ—बुद्धिमान गृहस्थ को अपनी स्त्री, भोजन तथा धन, इन तीन में सन्तोष धारण करना चाहिए, किन्तु स्वाध्याय, तप और दान इन तीन में सन्तोष कभी भी नहीं करना चाहिए। निरन्तर स्वाध्याय करने से ज्ञान, तप से संतोष तथा दान से धन बढ़ता है।

तब तक चांडाल है

तेल्लण्हाणे चिदा-धूमे, मेहुणे छोर-कम्मणे।

ताव हवदि चंडालो, जाव ण्हाणं करेदि णो॥138॥

अन्वयार्थ—(तेल्लण्हाणे) तेल से स्नान करने पर (चिदा-धूमे) शवदाह में जाने पर (मेहुणे) मैथुन करने पर (छोर-कम्मणे) बाल-कटाने पर [मनुष्य] (ताव) तब तक (चंडालो हवदि) चाण्डाल होता है (जाव) जब तक (ण्हाणं णो करेदि) स्नान नहीं करता है।

भावार्थ—तैलादि प्रसाधनों से स्नान करने पर अथवा बहुत सजने-संवरने पर, शव-दाह क्रिया में जाने पर, मैथुन से निवृत्त होने पर और बाल काटने अथवा कटवाने पर मनुष्य तब तक अस्पृश्य की श्रेणी में गिना जाता है, जब तक कि वह स्नान नहीं कर लेता है। इन कार्यों के बाद स्नान अवश्य करना चाहिए।

जैसा अन्न, वैसा मन

दीवो हि भक्खदे अंधं, कज्जलं हि पसूयदे।
जारिसं भक्खदे अण्णं, बुद्धी हवदि तारिसी ॥139॥

अन्वयार्थ—(दीवो हि अंधं भक्खदे) दीपक अन्धकार खाता है (हि) इसलिए (कज्जलं पसूयदे) काजल उत्पन्न करता है [क्योंकि] (जारिसं भक्खदे अण्णं) जिस प्रकार का अन्न खाता है (बुद्धी हवदि तारिसी) बुद्धि उसी प्रकार की हो जाती है।

भावार्थ—यहाँ दीपक का उदाहरण देते हुए समझाया गया है कि दीपक अन्धकार को खाता है इसलिए काजल (काला धुआँ) उगलता है। यही बात मानव जाति पर लागू होती हैं कि मानव जैसा भोजन करता है वैसी ही उसकी बुद्धि हो जाती है। एक लोकोक्ति भी है जैसा खावे अन्न, वैसा होवे मन; जैसा पीवे पानी, वैसी बोले बानी। अतः आत्महितेच्छुओं को भोजन और पानी की शुद्धता का भी विशेष ध्यान रखना चाहिए।

...मांस के समान हैं

मंसं व णवणीदं च, हट्ट-भोयण-भक्खणं।
रत्तं वागालिदं णीरं, मंसंव णिसिभोयणं ॥140॥

अन्वयार्थ—(णवणीदं) नवनीत (च) और (हट्ट-भोयण भक्खणं) बाजार का भोजन खाना (मंसंव) मांस के समान है (रत्तं वागालिदं णीरं) अनछना जल खून के समान है [तथा] (मंसंव णिसिभोयणं) रात्रि भोजन मांस के समान है।

भावार्थ—तैयार होने के अन्तर्मुहूर्त (अड़तालीस मिनिट) बाद नवनीत-मक्खन मांस के समान हो जाता है, क्योंकि उसमें अनन्त जीव राशि उत्पन्न हो जाती है। बाजार का भोजन इसलिए मांस के समान है क्योंकि उसमें शुद्धि-अशुद्धि, शाकाहार-मांसाहार और जीवों की रक्षा का बिल्कुल ध्यान नहीं रखा जाता है। बिना छने जल में अनन्तानन्त सूक्ष्म कीटाणु होते हैं, अतः वह खून के समान कहा गया है। रात्रि में अनन्त छोटे-छोटे जीव- कीटाणुओं का संचार अत्यधिक बढ़ जाता है तथा सूर्यास्त के कारण पर्यावरण भी बदल जाता है, इसलिए रात्रि-भोजन मांस के समान है। इनका भलीभाँति त्याग करना चाहिए।

...गुणाधिकता

मंसा दसगुणं धण्णं, धण्णा दसगुणं फलं।
फला खीरं च खीरादो, घिदं जलं गुणाहियं ॥141॥

अन्वयार्थ—(मंसा दसगुणं धण्णं) मांस से धान्य में दस गुण (धण्णा दसगुणं फलं) धान्य से फल में दस गुण (फला खीरं) फल से दूध में (खीरादो घिदं) दूध से घी में [तथा] (जलं) जल में (गुणाहियं) गुणाधिक होता है।

भावार्थ—कुछ मूढ़ लोग मांस को ताकत देने वाला मानते हैं किन्तु ऐसा है नहीं। मांस से धान्यों-अनाजों में दस गुणा अधिक ताकत होती है, धान्य से फल में, फल से दूध में, दूध से घी में तथा घी से पानी में अधिक-अधिक गुण पाये जाते हैं। पानी सबसे गुणवान इसलिए कहा गया है, क्योंकि पानी के बिना प्राणी जीवित नहीं रह सकते। पानी के पर्यायवाची नामों में इसे जीवन और अमृत भी कहा है। अतः पानी की एक बूँद का भी मूल्य समझना चाहिए।

इनसे शीघ्र ही यह होता है

झत्ति पण्णाहरी तुंडी, झत्ति पण्णाकरी वचा।
झत्ति सत्तीहरी इत्थी, झत्ति सत्तीकरो जलं॥142॥

अन्वयार्थ—(झत्ति पण्णाहरी तुंडी) तुण्डी शीघ्र बुद्धि को हरती है (झत्ति पण्णाकरी वचा) बच शीघ्र बुद्धि बढ़ाने वाली है (झत्ति सत्तीहरी इत्थी) स्त्री शीघ्र ही शक्ति को हरने वाली है [और](झत्ति सत्तीकरं जलं) पानी शीघ्र शक्ति-कर है।

भावार्थ—तुंडी-कुंदरू (एक प्रकार की वनस्पति) शीघ्र बुद्धि का नाश करने वाली है। बच (एक प्रकार की काष्ठ औषध में काम आने वाली सूखी लकड़ी) शीघ्र बुद्धि बढ़ाने वाली है। स्त्री सेवन शीघ्र शक्ति हरने वाला तथा जल शीघ्र शक्ति प्रदान करने वाला है।

जीभ का प्रमाण करो

पमाणं जाणह जिब्भे! भोयणे भासणे वि य।
अइ-भुत्ती अइ-उत्ती, झत्तिं पाणावहारिणी॥143॥

अन्वयार्थ—(जिब्भे!) हे जिह्वा! (भोयणे) भोजन में (य) और (भासणे) भाषण में (पमाणं जाणह) प्रमाण को जानो (वि) क्योंकि (अइ-भुत्ती अइ-उत्ती) अधिक खाना, अधिक बोलना (झत्तिं पाणावहारिणी) शीघ्र प्राणनाशक है।

भावार्थ—हे जीभ! तुम भोजन करने में और भाषण करने में प्रमाण को जानो अर्थात् कम खाओ और कम बोलो; क्योंकि अधिक भोजन करना तथा अधिक बोलना कभी अचानक प्राणघातक भी बन जाता है। कम खाना-गम खाना, न हकीम के जाना न हाकिम के जाना।

पानी की विशेषताएँ

अजिण्णे भेसजं णीरं, जिण्णे णीरं बलप्पदं।
भोयणे अमिदं णीरं, भोयणंते विसं हवे॥144॥

अन्वयार्थ—(अजिण्णे भेसजं णीरं) अजीर्ण में पानी औषधि है (जिण्णे णीरं बलप्पदं) जीर्ण में पानी बलप्रद है (भोयणे अमिदं णीरं) भोजन में पानी अमृत है [और] (भोयणंते विसं हवे) भोजन के अन्त में विष होता है।

भावार्थ—अजीर्ण-पेट की खराबी होने पर पानी पीना औषधि का काम करता है। जीर्ण-भोजन पच जाने के बाद पानी पीना बल-बढ़ाने वाला है। भोजन के मध्य में पानी पीना अमृत के समान लाभकारी है तथा भोजन के अन्त में खूब पानी पीना जहर के समान हानिकारक है।

मर्दनं गुण वर्धनं

इक्खुदंडो तिलो छुद्दो, कंता हेमो य मेदणी।
चंदनं दहि-तंबूलो, मद्दणं गुण-वड्ढणं॥145॥

अन्वयार्थ—(इक्खुदंडो तिलो छुद्दो कंता हेमो य मेदणी चंदनं दहि तंबूलो) इक्षुदण्ड, तिल, क्षुद्र, स्त्री, स्वर्ण, धरती, चन्दन, दही और पान [इनके] (मद्दणं गुण-वड्ढणं) मर्दन से गुण बढ़ते हैं।

भावार्थ—गन्ना-ईख, तिल-एक प्रकार का तेल वाला धान्य, क्षुद्र-नीच मनुष्य, कान्ता-स्त्री, सोना, खेत, चन्दन, दही और ताम्बूल-पान; इनको जितना-जितना मर्दित किया जाता है, उतने इनके गुण बढ़ते जाते हैं।

वह पंडित है

मादा व पर-णारीओ, परदव्वाणि लोट्ठिव।
अप्पा व सव्वभूदाणि, जो पासदि स पंडिदो॥146॥

अन्वयार्थ—(मादा व पर-णारीओ) परस्त्री को माता के समान (परदव्वाणि लोट्ठिव) परधन को पत्थर के समान (अप्पा व सव्वभूदाणि) अपने समान सभी जीवों को (जो) जो (पासदि) देखता है (स) वह (पंडिदो) पण्डित है।

भावार्थ—जो बुद्धिमान गृहस्थ दूसरों की स्त्रियों को माता के समान अथवा अपने से उम्र में बड़ी स्त्रियों को माँ के समान, बराबर वाली को बहिन के समान और छोटी को पुत्री के समान देखता (मानता) है, दूसरों के धन को पत्थर के समान मानता है अर्थात् उस पर अधिकार नहीं करता है, तथा अपनी आत्मा के समान ही सभी जीवों की आत्मा को मानता है, वह पंडित है, ज्ञानी है।

बूँद-बूँद से घट भरे

जलबिंदु-णिवादेण, कमसो पूरिदि घडो।
तहेव सव्वविज्जाओ, धम्मं धणं च जाणह॥147॥

अन्वयार्थ—[जिस प्रकार] (कमसो) क्रमशः (जलबिंदु-णिवादेण) जलबिन्दु गिरने से (पूरिदि घडो) घड़ा भर जाता है (तहेव) उसी प्रकार (सव्वविज्जाओ) सभी विद्याओं को (धम्मं) धर्म को (च) और (धणं) धन को (जाणह) जानो।

भावार्थ—जिस प्रकार एक-एक बूँद पानी से घड़ा भर जाता है, उसी प्रकार परिश्रम से अर्जित अक्षर-अक्षर ज्ञान से मनुष्य महा-विद्वान, थोड़े-थोड़े धर्माचरण से धार्मिक तथा थोड़े-थोड़े धन के संग्रह से धनवान बन जाता है।

ये सहज ही संतुष्ट हो जाते हैं

सहावेण हि तुस्संति, देवा सप्पुरिसा पिदा।
जादीओ अण्ण-पाणेहिं, वक्कदाणेण पंडिदा॥148॥

अन्वयार्थ—(देवा सप्पुरिसा पिदा) देव सत्पुरुष पिता (सहावेण हि) स्वभाव से ही (जादीओ अण्ण-पाणेहिं) जाति-बन्धु अन्न-पान से (वक्कदाणेण पंडिदा) वाक्यदान से पंडितजन (तुस्संति) संतुष्ट होते हैं।

भावार्थ—देव, सत्पुरुष और पिता तो अपने भक्त-प्रशंसक-पुत्र पर स्वभाव से ही प्रसन्न रहते हैं, सजातीय भाई-बन्धु भोजन-पानी के द्वारा तथा सुवचनों के प्रयोग पूर्वक चर्चा करने से पंडित जन प्रसन्न होते हैं।

कर्मानुसार फल होता है

कम्मा एदि फलं पुंसं, बुद्धी कम्माणुसारिणी।
तहावि सुविचारेहिं, चरियं चरदे सुही॥149॥

अन्वयार्थ—(पुंसं कम्मा एदि फलं) मनुष्य को कर्मानुसार फल [प्राप्त होता है] (च) और (बुद्धी कम्माणुसारिणी) बुद्धि कर्मानुसार होती (तहावि) फिर भी (सुही) बुद्धिमान (सुविचारेहिं, चरियं चरदे) विचार पूर्वक आचरण करते हैं।

भावार्थ—मनुष्यों को कर्म के उदय से ही अच्छा-बुरा, सुख-दुःख रूप कर्मफल प्राप्त होता है और बुद्धि भी कर्मों के अनुसार होती है, फिर भी बुद्धिमान जन अच्छी तरह सोच-विचार कर ही कोई क्रिया करते हैं, आचरण करते हैं।

स्वयं ही फैल जाते हैं

जले तेल्लं खले गुज्झं, पत्ते दाणं मणाग वि।
पण्णे सत्थं सयं जादि, वित्थरं वत्थुसत्तिदो॥150॥

अन्वयार्थ—(जले तेल्लं) जल में तेल (खले गुज्झं) खल में रहस्य (पत्ते दाणं) पात्र में दान (पण्णे सत्थं) प्रज्ञावान में शास्त्र (मणाग वि) थोड़ा भी (सयं) स्वयं (वत्थुसत्तिदो) वस्तुशक्ति से (वित्थरं) विस्तार को (जादि) प्राप्त हो जाता है।

भावार्थ—वस्तु शक्ति से जल में गिरा हुआ तेल, दुष्ट व्यक्ति में गया हुआ थोड़ा-सा गुप्त रहस्य, सुपात्र में दिया गया थोड़ा-सा दान तथा प्रज्ञावान मनुष्य को प्राप्त हुआ थोड़ा-सा ज्ञान विस्तार को प्राप्त हो जाते हैं। ये थोड़े होते हुए भी इनके

आश्रय से स्वयं विस्तार को प्राप्त हो जाते हैं।

उनका जीवन-मरण समान है

सो जीवदि गुणा जस्स, धणं धम्मो स जीवदि।
गुण-धम्म-विहीणस्स, जीविदं मरण-समं॥151॥

अन्वयार्थ—(जस्स गुणा) जिसमें गुण हैं (सो जीवदि) वह जीवित है (धणं धम्मो) जिसमें धन और धर्म है (स जीवदि) वह जीवित है (गुण-धम्म-विहीणस्स) गुण धर्म विहीन का (जीविदं मरण-समं) जीवन मरण समान है।

भावार्थ—जिस बुद्धिमान मनुष्य में ज्ञान, विवेकता, निर्लोभता, संयम, सम्यग्दर्शन, निरभिमानता, क्षमाशीलता आदि अनेक गुण हैं, वह जीवित है तथा जिसमें सतत् धर्म भावना प्रवाहित है, आत्म-तत्त्व के प्रति गहरा समर्पण है, वह जीवित है। शेष मनुष्य जो किसी भी अच्छे गुण और धर्मभावना से रहित हैं, उनका जीवन और मरण समान है। उनका जीवित रहना भी मरे हुए के समान है। गुणवान-धर्मी जीव मरने के बाद भी जीवित के समान स्मरण किए जाते हैं।

इन्हें प्रकट न करें

सुसिद्धमोसहं धम्मं, गिहच्छिद्दं च मेहुणं।
कुभुत्तं कुस्सुदं णेव, मदिमंतो पयासदि॥152॥

अन्वयार्थ—(सुसिद्धमोसहं) सुसिद्ध औषधि (धम्मं) धर्म (गिहच्छिद्दं) घर का छिद्र (मेहुणं) मैथुन (कुभुत्तं) कुभोजन (च) और (कुस्सुदं) कुश्रुत (मदिमंतो) बुद्धिमान (णेव) नहीं (पयासदि) प्रकाशित करते हैं।

भावार्थ—अच्छी तरह से सिद्ध कार्यकारी औषधि, आचरण में लाये जा रहे व्रत-नियम आदि धर्माचरण, घर का छिद्र अथवा आपातकालीन दरवाजा, मैथुन-सेवन, गरीबी के कारण किया जा रहा मोटा-सस्ता भोजन तथा सुने गए खोटे-अपमानजनक शब्द बुद्धिमान मनुष्य दूसरों को नहीं बताते हैं, क्योंकि ये सब बातें दूसरों को बताने से कभी-कभी बहुत हानिकारक सिद्ध होती हैं।

ये ठीक से ग्रहण करना चाहिए

धम्मं धणं च धण्णं च, गुरु वयण-मोसहं।
सु-गहिदं च कादव्वं, अण्णहा णो दु जीवदि॥153॥

अन्वयार्थ—(धम्मं धणं च धण्णं च, गुरु वयण-मोसहं) धर्म, धन, धान्य, गुरुवचन और औषधि (सु-गहिदं) अच्छी तरह ग्रहण करना चाहिए (अण्णहा णो दु जीवदि) अन्यथा जीवित नहीं बचता।

भावार्थ—धर्म, धन, धान्य, गुरुवचन और औषधि इन्हें विवेकपूर्वक, सोच समझकर अच्छी तरह ग्रहण करना चाहिए अन्यथा जीवन भी संकट में पड़ जाता है।

'चकार' से मन्त्र-तन्त्र और ज्योतिष का ग्रहण भी विवेकपूर्वक करना चाहिए।

इन सोते हुओं को जगा देना चाहिए

विज्जत्थी सेवगो पहिओ, छुहत्तो भयकादरो।
भंडारी पडिहारी य, सत्त-सुत्ता य बोद्धउ॥154॥

अन्वयार्थ—(विज्जत्थी) विद्यार्थी (सेवगो) सेवक (पहिओ) पथिक (छुहत्तो) क्षुधातुर (भयकादरो) भयभीत (भंडारी) कोषाध्यक्ष (य) और (पडिहारी) [इन] (सत्त-सुत्ता बोद्धउ) सात सोते हुओं को जगा देना चाहिए।

भावार्थ—विद्यार्थी, सेवक-नौकर, पथिक-राहगीर, भोजन करने के लिए क्षुधातुर, भयमुक्त करने हेतु भयभीत मनुष्य, कोष की सुरक्षा हेतु कोषाध्यक्ष को तथा देश की, नागरिकों की सुरक्षा के लिए पुलिस-सैनिक, इन सात को यदि ये सो रहे हों तब भी जगा देना चाहिए।

इन्हें सोने ही दो

सप्पो णिवो य दुट्ठो य, विंहिं बालगो तहा।
गामसिंहो विमूढो य, सत्त-सुत्ता ण बोद्धउ॥155॥

अन्वयार्थ—(सप्पो) सर्प (णिवो) राजा (दुट्ठो) दुष्ट (विंहिं) बर्र (बालगो) बालक (तहा) तथा (गामसिंहो) ग्रामसिंह [कुत्ता] और (विमूढो) मूर्ख [इन] (सत्त-सुत्ता ण बोद्धउ) सात सोते हुओं को नहीं जगाना चाहिए।

भावार्थ—सर्प, राजा, दुर्जन व्यक्ति, बर्र-ततैया, बालक, दूसरों का कुत्ता तथा मूर्ख अथवा पागल मनुष्य इन सात सोते हुओं को जगाना नहीं चाहिए, क्योंकि ये जागकर महा-अनर्थ भी कर सकते हैं।

कहीं से आये कहीं है जाना

एगरुक्खे समारूढा, णाणावण्णा विहंगमा।
दिसदिसासु उड्डेंति, ऊसाए इदि णिच्छयं॥156॥

अन्वयार्थ—(एगरुक्खे समारूढा) एक वृक्ष पर बैठे हुए (णाणावण्णा विहंगमा) नाना वर्ण के पक्षी (ऊसाए) प्रात:कालीन बेला में (दसदिसासु) दश दिशाओं में (उड्डेंति) उड़ जाते हैं (इति) यह (णिच्छयं) निश्चित है।

भावार्थ—एक वृक्ष पर बैठे हुए विविध वर्णों के विविध पक्षी प्रात:काल होते ही विविध दिशाओं में उड़कर चले जाते हैं, यह निश्चित है, अब इसमें दु:ख की क्या बात है अर्थात् ऐसा तो होता ही रहता है। जहाँ संयोग होगा, वहाँ वियोग भी अवश्य होगा। इसलिए किसी के वियोग में क्या दु:ख करना।

अस्थिर चित्त को सुख कहाँ

अणवट्ठिद-कज्जस्स, णो जणे णो वणे सुहं।
जणे दहदि संसग्गो, वणे संगविवज्जणं ॥157॥

अन्वयार्थ—(अणवट्ठिद-कज्जस्स) अनवस्थित कार्य वाले को (णो जणे णो वणे सुहं) न मनुष्यों में, न वन में सुख होता है (जणे दहेदि संसग्गो) मनुष्यों में संसर्ग [तथा] (वणे संग विवज्जणं) वन में संग विवर्जन (दहदि) जलाता है।

भावार्थ—जिसका मन स्थिर नहीं है अथवा जो स्थिर मन से कोई भी कार्य नहीं करता, वह मनुष्य न तो मनुष्यों के बीच ग्राम, नगर आदि में रहता हुआ सुखी हो सकता है और न ही वन में; क्योंकि मनुष्यों के बीच में उसे अच्छा-बुरा संसर्ग-संपर्क जलाता है, तो जंगल में संग विवर्जन भी भीतर-भीतर जलाता रहता है। स्थिरमन वाला मनुष्य हर जगह हमेशा सुखी रहता है।

जिसके कर्म उसी को फल

जहा धेणूसहस्सेसु, वच्छो गच्छदि मायरं।
तहा जेण कयं कम्मं, कत्तारमणुगच्छदि ॥158॥

अन्वयार्थ—(जहा) जैसे, (धेणू सहस्सेण) हजारों गायों में (वच्छो) बछड़ा (मायरं) माता को (गच्छदि) प्राप्त करता है (तहा) वैसे ही (जेण कयं कम्मं) जिसका किया कर्म है (कत्तारमणुगच्छदि) कर्त्ता का अनुसरण करता है।

भावार्थ—जिस प्रकार हजारों गायों के बीच भी बछड़ा अपनी माँ को ढूंढ लेता है, उसका अनुसरण करता है, उसी प्रकार जिसके द्वारा किया गया कर्म है वह उसी को शुभाशुभ फल देता है। किसी अन्य का कर्म किसी अन्य को तीन काल में भी फल नहीं दे सकता है। अपने दुःख-सुख के जिम्मेदार हम स्वयं हैं।

हमेशा वैसी मति रहे तो

धम्मट्ठाणे मसाणे य, रोगीसुं जारिसी मदी।
सा णिच्चं जइ चिट्ठेज्ज, को ण णस्सदि बंधणं ॥159॥

अन्वयार्थ—(धम्मट्ठाणे) धर्मस्थान में, (मसाणे) श्मशान में (य) और, (रोगीसुं) रोगियों में [उन्हें देखने पर] (जारिसी मदी) जो बुद्धि होती है, (जइ) यदि (सा) वह (णिच्चं) हमेशा (चिट्ठेज्ज) रहे (तो) (को) कौन (बंधणं ण णस्सदि) कर्म बन्धन को नष्ट नहीं कर देता।

भावार्थ—धर्मसभा, मंदिर आदि धर्मस्थान में, शव जलाने के स्थान और रोगियों को देखकर श्मशान में जैसी बुद्धि होती है, यदि वैसी बुद्धि हमेशा बनी रहे तो फिर संसार में ऐसा कौन-सा मनुष्य है जो संयम धारण कर, तपस्या के द्वारा

कर्म-बन्धनों को नष्ट न कर डालता?

प्रभु से प्रार्थना

णिराउलेण धम्मेणं, साहिमाणेण जीविदं।
अंते समाहि-मिच्चुं च, दाएज्ज णाहिणंदणो॥160॥

अन्वयार्थ—(णिराउलेण) निराकुलतापूर्वक (धम्मेणं) धर्म युक्त (साहिमाणेण) स्वाभिमान सहित (जीविदं) जीवन (च) और (अंते) अंत में (समाहि-मिच्चुं) समाधिमरणं (णाहिणंदणो) नाभिनन्दन (दाएज्ज) देवें।

भावार्थ—निराकुलता पूर्वक, धर्मयुक्त, स्वाभिमान सहित जीवन और जीवन के अंतिम क्षणों में श्री नाभिनन्दन ऋषभदेव भगवान (मुझे) समाधिपूर्वक/समताभाव सहित मरण प्रदान करें।

क्यों रचा नीति संग्रह

धम्मत्थकाम-पत्तत्थं, कल्लाणत्थं च मोक्खणं।
आयरिय-सुणीलेण, किदो य णीदि-संगहो॥161॥

अन्वयार्थ—(मनुष्यों को) (धम्मत्थकाम-पत्तत्थं) धर्म, अर्थ, काम की प्राप्ति के लिए [निज के] (कल्लाणत्थं) कल्याण के लिए (च) और [दोनों के] (मोक्खणं) मोक्ष के लिए (आयरिय-सुणीलेण) आचार्य सुनीलसागर ने [यह] (णीदि संगहो) नीतियों का संग्रह (किदो) किया है।

भावार्थ—सभी मनुष्यों को धर्म, अर्थ, तथा काम की प्राप्ति के प्रयोजन से, अपने (आत्म) कल्याण के प्रयोजन से और सभी भव्य जीवों को मोक्ष प्राप्ति के प्रयोजन से; आचार्य सुनीलसागर मुनि ने यह नीतियों का संग्रह किया है।

॥ इदि आयरिय-सुणीलसायरेण किदो णीदि संगहो समत्तं॥

॥ इस प्रकार आचार्य सुनीलसागर कृत नीति-संग्रह समाप्त हुआ॥

आइरिय सुनीलसागरकिदो

भावणासारो

(भावनासार)

॥ णमोत्थु वीदरायाणं ॥

भावणासारो

(भावनासार)

मंगलाचरण

णिच्चं अणोवमं सुद्धं, णिक्कम्मं गुणसंजुदं।
वोच्छामि भावणासारं, सिद्धे य णमिऊण हं॥1॥

अन्वयार्थ—(णिच्चं अणोवमं सुद्धं) नित्य, अनुपम, शुद्ध (णिक्कम्मं गुणसंजुदं) निष्कर्म, गुणसंयुक्त (सिद्धे य णमिऊण) सिद्धों को नमनकर (हं) मैं (भावणासारं) भावनासार को (वोच्छामि) कहूँगा।

अर्थ—नित्य, अनुपम, शुद्ध, निष्कर्म गुणसंयुक्त सिद्धों को नमनकर मैं भावनासार ग्रन्थ को कहूँगा।

व्याख्या—प्रस्तुत मंगलाचरण में ग्रन्थकार (आचार्य श्री सुनीलसागर जी) ने निजात्मानुभव की सिद्धि के लिए संसारातीत, सदा स्वात्मा में तल्लीन तथा आत्मलीनता को उपलब्ध होकर संसारीजनों को वैसे होने की मंगल प्रेरणा देने वाले सिद्ध भगवंतों को स्मरण करते हुए मुख्यरूप से उनके पाँच विशेषणों का उल्लेख करते हुए नमन किया है।

गुणस्थानातीत, संसारातीत होने से, वैभाविक परिणमन से रहित होने से 'नित्य' अथवा स्वात्मद्रव्य के ध्रुवत्व की अपेक्षा 'नित्य'; समस्त उपाधियों और उपमाओं से उत्कृष्ट 'अनुपम'; राग-द्वेषादि समस्त संकल्प- विकल्पों से शून्य होने के कारण 'शुद्ध'; ज्ञानावरणादि समस्त कर्मसमूह के नष्ट होने पर वैभाविक गुणों का अभाव होने से समस्त गुणों की स्वाभाविक पर्याय प्रगट होने से 'गुणसंजुदं'; ये गुण अनंत होते हैं तथा अपना-अपना कार्य करते हैं। इन पाँच विशेषणों को यहाँ विशेषरूप से कहा है। सिद्धों में तो अनंत विशेषताएँ हैं पर उन सबको छद्मस्थों द्वारा आसानी से न तो कहा ही जा सकता है और न ही समझा ही जा सकता है। हाँ! आत्मानुभव के काल में कदाचित सम्पूर्ण गुण संयुक्त आत्मा का अनुभव जरूर किया जा सकता है।

अशरीरी, अनंतगुणवाले सिद्धों के स्वरूप को जानकर ऐसा ही मेरा स्वरूप है। अंततः इस आत्मानुभव के बल से मेरी भी वैसी ही परमदशा प्रकट होगी। मैं जन्म-

मरण के प्रपंच से रहित होकर स्वभाव द्रव्य व्यंजन पर्याय सहित सदा के लिए शांत व स्थिर हो जाऊगा। शीघ्र ही मुझे सिद्धभगवंतों, पंच-परमेष्ठियों जैसी परमदशा उपलब्ध हो, इसलिए समस्त सिद्धों को ध्यानपूर्वक नमस्कार करके भावणा सारो (भावनासार) नामक ग्रन्थ को कहूँगा। 'नित्यानुपम-शुद्धनिष्कर्मगुण संयुक्तोऽहम्' ॥1॥

ध्यान का प्रभाव

जेण भावेण जं रूवं, झाणी झायदि तच्चदो।
तेणेव तम्मओ जादि, सोवाहिफलिहो जहा॥2॥

अन्वयार्थ—(झाणी) ध्यानी (तच्चदो) तत्त्वतः (जेण भावेण) जिस भाव से (जं रूवं) जिस रूप को (झायदि) ध्याता है (तेणेव तम्मओ जादि) उसमें ही तन्मय हो जाता है (जहा) जैसे (सोवाहिफलिहो) सोपाधि स्फटिक मणि।

अर्थ—ध्यानी तत्त्वतः जिस भाव से जिस रूप को ध्याता है, उसमें ही तन्मय हो जाता है; जैसे उपाधि सहित स्फटिक मणि।

व्याख्या—प्रस्तुत गाथा में ध्यान, ध्याता, ध्येय तथा ध्यान का फल इन चार का विचार किया गया है। 1. ज्ञान का किसी ज्ञेय में स्थिर होना ध्यान है। प्रस्तुत गाथा में 'जेण भावेण' पद ध्यान की परिभाषा दर्शाता है। 2. ध्यान करने वाले को ध्याता कहते है, इस अर्थ में 'झाणी' पद रखा गया है। 3. ध्यान के विषय को ध्येय कहते है, यहाँ 'जं रूवं' पद ध्येय अर्थ में आया है। 4. ध्यान से होने वाली निष्पत्ति (लाभ) को ध्यान- फल कहते हैं, यहाँ इस अर्थ में 'तेणेव तम्मयं जादि' पद रखा गया है। उपाधि सहित स्फटिकमणि उदाहरण है।

ध्यान के मूलतः चार भेद हैं—1. आर्त्तध्यान- इसमें दुःखरूप भाव होते हैं। जैसे कि इष्ट वियोग में, अनिष्ट संयोग में, पीड़ा के चिंतन में व भोगों की चाहना रूप दुःख करना। 2. रौद्रध्यान—इसमें पापरूप भाव होते हैं। जैसे कि पाँच पाप करना कराना व किसी को करते हुए देखकर खुश होना। 3.धर्मध्यान—इसमें शुभ (शुद्ध) भाव होते हैं। जैसे तत्त्वश्रद्धा, देवशास्त्रगुरु की श्रद्धा का भाव होना। 4. शुक्लध्यान—यह परम विशुद्ध ध्यान आत्मतल्लीनता रूप है।

ध्याता मुख्यतः तीन प्रकार के होते हैं—1.अशुभोपयोगी—ये प्रायः आर्त्त-रौद्रध्यान रूप खोटा भाव रखते हैं। 2. शुभोपयोगी—ये प्रायः धर्मध्यान रूप भाव रखते हैं, कभी-कभी आत्मानुभाव भी करते हैं। 3. शुद्धोपयोगी—ये प्रायः शुक्लध्यान रूप भाव रखते हैं, कदाचित धर्मध्यान में भी होते हैं।

ध्येय—लोक के समस्त पदार्थ हैं। ध्येयों के प्रति जैसी दृष्टि होती है, वैसा ध्यान व उसका फल होता है। ध्येयों में अशुभ भाव करने पर दुःखमय चतुर्गति भ्रमण होता है, शुभ भाव करने पर स्वर्गादि सुख प्राप्त होता है तथा बाह्य ज्ञेयों का

आलंबन छोड़ निजात्मानुभव करने पर मोक्षरूप फल प्राप्त होता है।

ध्याता जिस समय जैसे ध्यान का आलंबन लेता है, उस समय वह उसी रूप परिणमन कर जाता है। जैसे लाल या पीले पुष्पों के संग से स्फटिक मणि भी लाल या पीला भासने लगता है। आचार्य कुन्दकुन्द देव ने समयसार में लिखा है—

सुद्धं तु वियाणंतो सुद्धं चेवप्पयं लहदि जीवो।
जाणंतो दु असुद्धं, असुद्धमेवप्पयं लहदि॥186॥

शुद्धात्मा को जानता हुआ जीव शुद्धात्मा को ही प्राप्त करता है, जबकि अशुद्धात्मा को जानता हुआ अशुद्ध आत्मा को ही पाता है। अतः उपयोग को निर्मल रखना ही लाभकारी है। 'निरुपाधि स्वरूपोऽहम्'॥2॥

कैसी भावना करना चाहिए?

अभाविदं हि भावेह, णेव भावेह भाविदं।
भावेह एरिसं भावं, जम्हा णस्सदु बंधणं॥3॥

अन्वयार्थ—(अभाविदं हि भावेह) अभावित को ही भाओ (भाविदं) भावित को (णेव) नहीं (भावेह) भाओ, (एरिसं) इस प्रकार (भावं) भाव को (भावेह) भाओ (जम्हा) जिससे (वंधणं णस्सदु) कर्मबंधन नष्ट हो।

अर्थ—अभावित को ही भाओ, भावित को नहीं भाओ, इस प्रकार भावना भाओ, जिससे कर्म बंधन नष्ट हो जावे।

व्याख्या—यह जीव अनादिकाल से अपने भावों की अशुद्धि से ही संसार में परिभ्रमण कर रहा है। इन्द्रिय-विषयों के वश होकर बार-बार दृष्ट, श्रुत व अनुभूत विषयों की ही भावना करता है, जो कि अत्यन्त सुलभ है, जबकि दुर्लभ निज एकत्व विभक्त आत्मतत्त्व की ओर लक्ष्य नहीं करता है। आचार्य श्री कुन्दकुन्द ने समयसार में कहा है—

सुद परिचिदाणुभूदा, सव्वस्स वि काम-भोग-बंध-कहा।
एयत्तस्सुवलंभो, णवरि ण सुलहो विहत्तस्स॥4॥

वस्तुतः निज की शुभ, अशुभ या शुद्ध परिणति का कर्त्ता-भोक्ता यह जीव स्वयं ही है। जिसका परिणाम विशुद्ध होगा, उसकी परिणति भी विशुद्ध होगी। जिसका परिणाम निर्मल नहीं है, उसकी वृत्ति कैसे निर्मल हो सकती है। कदाचित बक-वेशवत् वृत्ति में निर्मलता दिखे तो भी उसकी अंतरंग परिणति मैली होने से उसे परमार्थतः कुछ भी लाभ नहीं होता।

किसी विषय या वस्तु का बार-बार अनुप्रेक्षण (चिंतन) करना अनुप्रेक्षा है।

बार-बार भाव करना भावना है। कहा है- अनु भूयोभूय: प्रकर्षेण ईक्षणं अनुप्रेक्षा:। इसलिए जैसी भावना आज तक नहीं की वैसी भावना करो, जिससे कर्मबंध नाश को प्राप्त हो जाते हैं। 'अभावित भावस्वरूपोऽहम्'॥3॥

भावों का फल

सुद्धभावेहि मोक्खो य, सग्गो सुहभावेहि वा।
दुग्गदी असुहेहिं च, तम्हा सुद्धं च चिंतह॥4॥

अन्वयार्थ—(सुद्धभावेहि मोक्खो) शुद्धभावों से मोक्ष (सुहभावेहि) शुभभावों से (सग्गो) स्वर्ग (य) और (असुहेहिं) अशुभभावों से (दुग्गदी) दुर्गति [होती है] (तम्हा) इसलिए (सुद्धं च चिंतह) शुद्ध का ही चिंतन करो।

अर्थ—शुद्धभावों से मोक्ष, शुभभावों से स्वर्ग तथा अशुभभावों से दुर्गति होती है, इसलिए शुद्ध का ही चिंतन करना चाहिए।

व्याख्या—जीवों के परिणाम मुख्यत: तीन प्रकार के होते हैं—1. शुद्ध 2.शुभ, 3. अशुभ। प्रवचनसार में कहा है—

सुहपरिणामो पुण्णं, असुहो पावं ति भणिदमण्णेसु।
परिणामो णण्णगदं, दुक्खक्खय कारणं समए॥181॥

अर्थात् शुभ परिणाम पुण्य, अशुभ परिणाम पाप कहे गए है, जबकि शुभाशुभ से रहित आत्मगत परिणाम आगम में दु:ख क्षय के कारण कहे गए है।

प्रवचनसार (11-12) में और भी कहा है कि धर्म से परिणत आत्मा यदि शुद्ध संप्रयोग सहित है, तो मोक्षसुख को पाता है; और यदि शुभसंप्रयोग सहित है तो स्वर्गसुख को पाता है। अशुभोपयोग से सहित आत्मा कुमानुष, तिर्यंच तथा नारकी होकर सहस्त्रों दु:खों को भोगता हुआ संसार में भटकता है।

गृद्धपिच्छाचार्य उमास्वामी ने तत्त्वार्थसूत्र में लिखा है—कायवाङ्मन: कर्मयोग: ॥1॥ स: आस्त्रव: ॥2॥ शुभ: पुण्यस्याशुभ: पापस्य ॥3॥ काय, वचन व मन के कर्म को योग कहते हैं। वही आस्त्रव है। शुभयोग पुण्य तथा अशुभ पाप का कारण है।

मन, वचन, काय की अशुभ प्रवृत्ति से अशुभोपयोग होता है, जिससे अशुभ कर्मास्त्रव होता है, इससे जीव को संसार में भ्रमण करते हुए दु:ख भोगना पड़ता है। मन वचन काय की शुभ प्रवृत्ति से शुभोपयोग होता है, जिससे शुभास्त्रव होता है, इससे जीव को सांसरिक सुख मिलते हैं। इन दोनों प्रकार के उपयोग से रहित जो आत्मानुभवरूप शुद्धोपयोग है, वह मोक्ष का कारण है।

कर्मों के क्षय का कारण होने से शुद्धोपयोग ही आदरणीय है। आत्म-

अस्थिरता के काल में अशुभोपयोग की अपेक्षा शुभोपयोग भी आदरणीय है। क्योंकि शुभोपयोग से पुण्यास्रव तो होता है, किन्तु पाप की निर्जरा भी होती है। शुद्धोपयोग से निर्जरा ही होती है। शुभोपयोग से सर्वथा निर्जरा नहीं होती, ऐसा नहीं मानना चाहिए, क्योंकि उस काल में परिणाम विशुद्धि होने से पापकर्म का संवर निर्जरा विशेष होती है।

इस सम्बन्ध में कुछ आगम प्रमाण देखिए-'सुह-सुद्ध परिणामेहिं कम्म-क्खयाभावे तक्खयाणुववत्तीदो (जयधवल पु. 1, पृ. 6)। अर्थात शुभ व शुद्ध परिणामों से कर्मों का क्षय नहीं मानने पर कर्मों का क्षय नही बनेगा।

धर्मध्यान दसवें गुणस्थान तक होता है और यह शुभोपयोग का अपर नाम है, इसलिए दसवें गुणस्थान तक शुभोपयोग माना जा सकता है। (धवल पु. 10, पृ. 289)। अरहंत भगवान को नमस्कार करने मात्र से तात्कालिक बंध की अपेक्षा असंख्यात गुणी कर्मों की निर्जरा होती है (जयधवल पु. 1, पृ. 9 मूलाचार)।

शुभोपयोग से सर्वथा कर्मों की निर्जरा नही होती है या होती है, इस प्रकार का विवाद करने की अपेक्षा यहाँ 'अर्पितानर्पित सिद्धेः' सूत्र का प्रयोग करना चाहिए। 'शुद्धभावसहितोऽहम्' ॥4॥

धर्म की सामान्य परिभाषा

इच्छसि अप्पणत्थं जं, इच्छ परस्स तं वि य।
णेच्छसि अप्पणत्थं जं, णेच्छ परस्स धम्मो य॥5॥

अन्वयार्थ—(जं) जो (अप्पणत्थं) अपने लिए (इच्छसि) चाहते हो (तं) वह (परस्स) दूसरे के लिए (वि) भी (इच्छ) चाहो (य) और (जं) जो (अप्पणत्थं) अपने लिए (णेच्छसि) नहीं चाहते हो [वह] (परस्स) दूसरे के लिए (णेच्छ) नहीं चाहो [यही] (धम्मो) धर्म है।

अर्थ—जो अपने लिए चाहते हो, वह दूसरे के लिए भी चाहो और जो अपने प्रति नहीं चाहते हो, वह दूसरे के लिए भी मत चाहो। यही धर्म है।

व्याख्या—जिस प्रकार का वचन व्यवहार, कायिक चेष्टा तथा मानसिक भावना हम अपने लिए दूसरों से चाहते हैं, वैसा ही दूसरों के प्रति करें। जो वचन, व्यवहार या चेष्टा हमें पसंद नहीं है, वैसा हम दूसरे के प्रति भी न करें। सभी जीव योग्य स्नेह पूर्ण, कोमल व्यवहार चाहते हैं, अतः कोमल व स्नेहमयी बनें। सुप्रसिद्ध राजनीतिज्ञ चाणक्य ने कहा है—

प्रियवाक्य प्रदानेन, सर्वे तुष्यंति जन्तवः।
तस्मात्तदेव वक्तव्यं, वचने का दरिद्रता॥

अर्थात् प्रियवचन व्यवहार से सभी जीव संतुष्ट होते हैं, इसलिए प्रिय ही बोलना चाहिए, वचनों में क्या दरिद्रता करना। सभी के प्रति मैत्री, प्रमोद, करुणा व व्यवहार व्यवहार रखना यही सामान्यतः धर्म का लक्षण है। 'मैत्रीप्रमोदकारुण्य-माध्यस्थगुणसहितोऽहम्' ॥5॥

नित्य विचारणीय

को कालो काणि मित्ताणि, किं धम्मो को ममं हिदू।
को हं का य मे सत्ती, लक्खं चिंतेह सव्वदा॥6॥

अन्वयार्थ—(कालो) काल (को) कौन हैं? (य) और (मित्ताणि) मित्र (काणि) कौन हैं? (किं धम्मो) धर्म क्या है? (को ममं हिदू) मेरा हितकारक कौन है? (को हं) मैं कौन हूँ? (का य मे सत्ती) और मेरी शक्ति क्या है? (लक्खं) लक्ष्य को (सव्वदा) हमेशा (चिंतेह) चिंतन करो।

अर्थ—काल कौन है? मेरे मित्र कौन हैं? धर्म क्या है? मेरा हितचिंतक कौन है? मैं कौन हूँ और मेरी शक्ति क्या है तथा मेरा लक्ष्य क्या है? इसका निरंतर चिंतन करना चाहिए।

व्याख्या—मनन करना मनुष्य का लक्षण है। अहितकारी प्रपंचों का तो प्रत्येक जीव सदा से ही चिंतन करता रहा है। इस पर्याय में अब कुछ विशेष होना चाहिए। काल कौन है? समय ही काल है। अतः समय का सदुपयोग करना चाहिए अथवा काल के अनुसार, वय के अनुसार आत्मकल्याण का विचार करना चाहिए।

मित्र कौन हैं? संसारी स्नेहीजन वास्तव में मित्र नहीं हैं। हमारे श्रेष्ठतम भाव अथवा पंचपरमेष्ठी ही हमारे सच्चे मित्र हैं। धर्म क्या है? वस्तु का स्वभाव अर्थात् आत्मलीनता ही धर्म है अथवा आत्मकल्याण का साधन होने से श्रेष्ठ धार्मिक आचरण भी धर्म है। जिससे हिंसादि पाप व रागादि की वृद्धि हो, वह कोई धर्म नहीं है। मेरा हितकारक कौन है? वस्तुतः स्वधर्म, जिनधर्म ही मेरा हित करने वाला है।

मैं कौन हूँ? मैं ज्ञान-दर्शन लक्षण वाला चैतन्य आत्मा हूँ। मेरी शक्ति क्या है? निजात्मानुभव के बल से शुद्धात्मोपलब्धि की शक्ति मुझमें है। मेरा प्रातव्य क्या है? मुझे शुद्ध निजात्मा ही प्राप्त करने योग्य है। इस प्रकार का श्रेष्ठ चिंतन नित्य करना चाहिए। चिंतन से चरित्र का निर्माण होता है। बारह भावनाओं के चिंतन से मनुष्य का जीवन वैराग्यमय बन जाता है। इसलिए अनुप्रेक्षाओं का अनुप्रेक्षण नित्य करना चाहिए। 'अचिन्त्य-ज्ञानस्वरूपोऽहम्' ॥6॥

अनित्य-भावना

अथिरं मित्त-लावण्णं, कलत्तं सजणो तहा।
धण-धण्णादि गेहं च, सव्वं हि जलबुब्बदं॥7॥

अन्वयार्थ—(मित्त-लावण्णं) मित्र लावण्य (कलत्तं) स्त्री (सजणो) स्वजन (तहा) तथा (धण-धण्णादि) धन-धान्यादि (च) और (गेहं) घर (सव्वं हि) सब ही (जलबुब्बदं) जल के बुलबुले के समान (अथिरं) अस्थिर है।

अर्थ—मित्र, लावण्य, सुंदर स्त्री, स्वजन तथा धन-धान्यादि और घर सब कुछ ही वस्तुतः जल के बुलबुले के समान अस्थिर है।

व्याख्या—सम्पूर्ण विश्व में पर्याय स्वभाव से कुछ भी नित्य नहीं हैं। क्योंकि पर्याय कहते ही उसे हैं,जो निरंतर परिणमनशील हो। प्रत्येक द्रव्य में प्रतिसमय तीन घटनाएँ घटती हैं-1. उत्पाद 2. व्यय और 3.ध्रौव्य। एक ही वस्तु एक ही समय में अन्यपर्याय रूप से उत्पन्न, पिछली पर्याय रूप से विनष्ट तथा वस्तु स्वभाव से ध्रौव्यरूप रहती है।

समय के फेर से मित्र भी अमित्र हो जाते हैं। यौवनावस्था का लावण्य (तेज) सदा नहीं रहता, एक दिन शरीर पर झुर्रियाँ पड़ती ही हैं। स्त्री भी शाश्वत नहीं है। स्वजन-परिजन भी परिवर्तन शील हैं अथवा कभी स्वजन भी शत्रु बन जाते हैं। हिरण्य-स्वर्ण, .रुपया-पैसा आदि धन तथा धान्यादि पदार्थ भी अशाश्वत ही हैं। जिस माटी के घर को बनाने में सारा जीवन बर्बाद कर दिया, वह भी शाश्वत नहीं है।

कोयले की दलाली में हाथ ही काले होते हैं। लाभ कुछ भी नहीं। यह लोकोक्ति अज्ञानीजनों पर खूब फबती है। क्योंकि अज्ञानतावश मनुष्य जिंदगी भर बाह्य पदार्थों के संग्रह, सुरक्षा, वृद्धि आदि में लगा रहकर अपने योग व उपयोग को ही मलिन करता रहता है। वह पदार्थों में तो क्या परिवर्तन करेगा? क्योंकि पदार्थों का परिणमन तो पदार्थों के आधीन है।

अनित्य भावना के भाने से यह दृढ़ता आती है कि ध्रुवदृष्टि से आत्मतत्त्व ही शाश्वत है, शेष सब अशाश्वत। अपने निजध्रुवतत्त्व की दृष्टि करने पर ही जीव को संवर निर्जरा व मोक्ष की प्राप्ति होती है। 'शाश्वतस्वरूपोऽहम्'॥7॥

देहादि की अनित्यता

पडिक्खणं सरीराऊ, छिज्जदि जोव्वणादिगं।
तदो सिग्घं च कादव्वं, अप्पकल्लाण सोक्खदं॥8॥

अन्वयार्थ—(सरीराऊ) शरीर-आयु (च) और (जोव्वणादिगं) यौवनादिक (पडिक्खणं) प्रतिक्षण (छिज्जदि) क्षीण होते हैं (तदो) इसलिए (सोक्खदं) सुख देने वाला (अप्पकल्लाण) आत्मकल्याण (सिग्घं) शीघ्र (कादव्वं) करना चाहिए।

अर्थ—शरीर, आयु और यौवन आदि प्रतिक्षण क्षीण होते हैं, इसलिए सुख देने वाला आत्म-कल्याण शीघ्र कर लेना चाहिए।

व्याख्या—'शीर्यते इति शरीरः' जो शीर्ण होता है, वह शरीर पुद्गल की

संरचना है। पुद्गल की परिभाषा ही है कि जो पूरण-गलन स्वभाव वाला हो वह पुद्गल है। जिसके उदय से संसारावस्था में जीव जीवत्वदशा को प्राप्त होता है अथवा एक सुनिश्चित शरीर में रहता है, उसे आयुकर्म कहते हैं। आयुकर्म भी पुद्गलों का ही एक विशेष प्रकार का संचय है, यह भी धीरे-धीरे क्षय को प्राप्त हो जाता है। जिस अवस्था विशेष में धर्म, अर्थ, काम और मोक्ष पुरुषार्थ को साधने की विशिष्ट योग्यता होती है, उसे यौवन कहते हैं। पर्याय दृष्टि से शरीर, आयु व यौवन अमूल्य हैं। इनका विनाश होने के पहले ही आत्मकल्याण कर लेना चाहिए। आत्मकल्याण मुक्ति प्राप्त कर लेने में है, और मुक्तात्मा ही अनंत ज्ञान-दर्शनानंदादि गुणों से संयुक्त है। 'अनंतचतुष्टय सहितोऽहम्' ॥8॥

आत्मकल्याण का अवसर

छिज्जदि जाव आऊ णो, सत्ती य जोव्वणादिगं।
ताव कुज्जा तवं छिन्द, मोहजालं मुमुक्खुओ॥9॥

अन्वयार्थ—(जाव) जब तक (आऊ) आयु (सत्ती) शक्ति (य) और (जोव्वणादिगं) यौवनादिक (णो छिज्जदि) क्षीण नहीं होते (ताव) तब तक (मुमुक्खुओ) मुमुक्षुजन (तवं) तप (कुज्जा) करें [तथा] (मोहजालं) मोहजाल को (छिन्द) छेद डालें।

अर्थ—जब तक आयु, शक्ति और यौवन आदि क्षीण नहीं होते, तब तक मुमुक्षुजन तप करके मोहजाल को छेद डालें।

व्याख्या—यह मानव देह पाकर आत्मकल्याण ही करने योग्य कार्य है। यह बात लक्ष्य में लेना कि यह जीव सिद्धसदृश अनंत गुणसंपन्न परमात्मा है। किन्तु अपने अपने स्वभाव की ओर दृष्टि न होने से यह दुःख-संताप भोगता हुआ, भवभ्रमण कर रहा है। यदि अपने ध्रुवस्वभाव की ओर यह लक्ष्य देवे तो संसार बंधन टूटते देर नही लगे।

इस मानव पर्याय की सार्थकता तभी है, जब कम से कम अपने मोक्ष जाने के कार्यक्रम का सम्यग्दर्शन प्राप्तकर उद्घाटन कर दिया जाए। यह तभी ज्यादा संभव है जब शारीरिक, मानसिक व वाचनिक शक्ति हो, युवावस्था हो, साहस हो, धैर्य तथा तर्कबुद्धि हो।

युवावस्था तथा धन व पद पाकर मनुष्य प्रायः अहंकार में डूब जाते हैं, उन्हें होश नहीं रहता कि ये सब क्षणिक और वैभाविक हैं। अरे! उत्तमोत्तम सामग्री प्राप्तकर तो निज विज्ञानघन, आनंदस्वरूप की साधना कर तप के द्वारा मोह (मिथ्यात्व) रूपी जाल छेद डालने योग्य है। 'मोहजालछेदकोऽहम्' ॥9॥

आत्मा की शाश्वतता

जादस्स हि धुवो मिच्चू, धुवं जम्मं मडस्स य।
तम्हा चत्ता वियप्पाणि, णियप्पम्मि थिरो भव॥10॥

अन्वयार्थ—(हि) वस्तुतः (जादस्स) उत्पन्न हुए की (मिच्चू) मृत्यु (धुवो) निश्चित हैं (य) और (मडस्स) मरे हुए का (जन्मं) जन्म (धुवं) निश्चित है (तम्हा) इसलिए (वियप्पाणि) विकल्पों को (चत्ता) छोड़कर (णियप्पम्मि) निज आत्मा में (थिरो भव) स्थिर होओ।

अर्थ—जन्म लेने वाले का मरण निश्चित है और मरे हुए का जन्म निश्चित है। इसलिए विकल्पों को छोड़कर निजात्मा में ही स्थिर होओ।

व्याख्या—संसार में मुख्यतः सात प्रकार के भय हैं—1. इहलोकभय 2. परलोकभय 3. अगुप्तिभय 4. अरक्षाभय 5.मरणभय, 6. वेदनाभय, 7. आकस्मिक भय। जिन्हें सम्यग्दृष्टि प्राप्त हुई है, वे इन भयों से रहित होते हैं। क्योंकि वे जानते है कि यह मैं जीवात्मा वस्तुतः मरण वाला नहीं, अपितु निज ज्ञान चैतन्य से सदा जीवन वाला हूँ। जब मैं ज्ञान-दर्शन-सुखमय शाश्वत अमूर्तिक चैतन्य द्रव्य हूँ, तब भय कैसा?

संसार में मरण भय सबसे बड़ा है। सूक्ष्म निगोदिया एकेन्द्रिय जीव से लेकर पंचेन्द्रिय संज्ञी मनुष्य तक कोई भी सहजतः मरना नहीं चाहता, किन्तु यह अटल सत्य है कि पर्याय स्वरूप से कोई अमर नहीं है, मरना सबको पड़ता है। जो इस मरण तथा निजचैतन्य के अनंत जीवन को समझ लेते हैं, वे समस्त प्रपंच त्यागकर, समाधिपूर्वक देह विसर्जन कर आत्मोपलब्धि की दिशा में बढ़ते हैं।

संसारदशा में जन्म-मरण की अटल सत्ता को जानकर बुद्धिमंत आत्मस्वरूप का लक्ष्य कर समस्त विकल्पों को छोड कर निजात्मा में ही स्थिर होते हैं, क्योंकि व्यवहार से पंचपरमेष्ठी व निश्चय से एक निजात्मा ही शाश्वत है। 'शाश्वत-स्वरूपोहम्'॥10॥

कौन बुद्धिमान धन की रक्षा करता है

धणं रयोणिभं णिंदं, दुहं-चिंतादि सायरं।
महारंभा य पावादो, पत्तं को रक्खदे सुही॥11॥

अन्वयार्थ—(धणं रयोणिभं णिंदं) धन धूल के समान निन्दनीय (दुहं-चिंतादिसायरं) दुःख चिंतादि का सागर [और](महारंभा य पावादो) महान आरंभ व पाप से (पत्तं) प्राप्त [धन की] (को) कौन (सुही) सुधी (रक्खदे) रक्षा करता है।

अर्थ—धन धूल के समान निन्द्य, दुःख चिंतादि का सागर तथा महान आरंभ व पाप से प्राप्त होता है, ऐसे धन की कौन बुद्धिमान रक्षा करता है।

व्याख्या—धन-संपत्ती, सोना-चाँदी, रुपया -पैसा आदि सभी पुद्गल की पर्याएँ हैं। क्योंकि इनकी रचना पुद्गल स्कंधों से हुई है। फिर भी गृहस्थ जीवन में इसकी उपयोगिता रहती है। श्रावकाचारों में गृहस्थ श्रावकों को न्यायपूर्वक धनार्जन करने का परामर्श दिया गया है। धन उतना होना ही अच्छा है, जिससे भलीप्रकार कुटुंब परिवार का पालन-पोषण हो तथा सच्चे देवशास्त्रगुरु की आराधना में विघ्न न पड़े। धर्म को छोड़कर मात्र धन कमाने के लिए अपने जीवन के अमूल्य क्षणों का दुरुपयोग करना मूर्खता है। अर्थार्जन की ओर उतना लक्ष्य ही उचित है, जिससे अर्थ अनर्थ का कारण न बने।

धन का सर्वथा नहीं होना तो गृहस्थ जीवन में दुःख का कारण है ही, किन्तु अधिक धन होना भी दुःख और चिंता का कारण बन जाता है। एक व्यक्ति के अधिक धन संचय कर लेने से राष्ट्र में विषम स्थिति उत्पन्न हो जाती है। एक महापरिग्रही व्यक्ति यदि धन का सही नियोजन नहीं करता है, तो वह महापापी है, क्योंकि उसके धन-धान्यादि संग्रह कर लेने से अनेक लोग दुःख उठाते हैं।

धन दुःख-संताप, आर्त्त-रौद्रध्यान तथा परिग्रहानंदी ध्यान का मुख्य कारण है। इस ध्यान के वश होकर प्रायः धनिकजन मरकर अपने ही कोष (घर) में सर्प हो जाते हैं या कुत्ते की पर्याय पाकर वहीं रहने लगते हैं। महान आरंभ व पापों से प्राप्त धन दुःख का ही कारण होता है। अतः पापकर्मों से बचो।

पुण्योदय से यदि ऐश्वर्य प्राप्त हुआ है, तो उसका सदुपयोग करो। जिनप्रतिमा निर्माण, तीर्थ निर्माण, जीर्णोद्धार, प्रतिष्ठा, तीर्थयात्रा, साधुसेवा, दीन-दुःखियों की सेवा में धन व्यय करने से कदाचित परमार्थ सधता है। यदि आपने औषधालयों और विद्यालयों का निर्माण कराकर व्यवस्थित संचालन किया है, तब तो आपने अनेक जीवों का उपकार कर अतिशय पुण्य कमाया है।

धन शाश्वत नहीं है। उसको निकालते जाने में लाभ है। किसी के संभालने से धन संभलता नहीं। लक्ष्मी तो पुण्य की दासी है। ऐसा जानकर ज्ञानीजन संसार, शरीर व भोगों से विरक्त रहते हुए निजात्मा में रुचि बढ़ाते हैं। 'सम्यग्ज्ञानधन स्वरूपोऽहम्'॥11॥

अशरण भावना

मिच्चुकाले य जीवाणं, को समत्थो हि रक्खणे।
तंतो मंतो य देवो किं, वेज्जो इंदो धणिंदो वा॥12॥

अन्वयार्थ—(मिच्चुकाले) मृत्युकाल में (जीवाणं) जीवों की (रक्खणे) रक्षा करने में (हि) वस्तुतः (को) कौन (समत्थो) समर्थ है? (तंतो-मंतो) तंत्र-मंत्र (य) और (देवों किं) क्या देव (वेज्जो इंदो धणिंदो वा) वैद्य, इन्द्र अथवा धनेन्द्र?

अर्थ—मृत्यु आने पर जीवों की रक्षा करने में वस्तुतः कौन समर्थ है? क्या तंत्र-मंत्र, देव, वैद्य, इन्द्र अथवा धनेन्द्र?

व्याख्या—संसार में दो प्रकार की शरण मानी गयी है—1. लौकिक शरण, 2. पारलौकिक शरण। ये दोनों ही शरण जीव, अजीव व मिश्र के भेद से तीन-तीन प्रकार की मानी गयीं हैं। देव, राजा, मंत्री, वैद्य, माता-पिता तथा कुटुंबीजन लौकिक जीव शरण हैं। दुर्ग, गुप्त किला, दृढ़महल, अस्त्र-शस्त्र आदि लौकिक अजीव शरण हैं। गाँव, नगर आदि लौकिक मिश्र शरण हैं।

पंचपरमेष्ठी पारलौकिक जीव शरण हैं। शास्त्र, पिच्छी-कमंडलु तथा संयम के अन्य उपकरण पारलौकिक अजीव शरण हैं। उपकरण युक्त साधुवर्ग, उपाध्याय से युक्त आश्रम पारलौकिक मिश्र शरण है।

आयु कर्म का क्षय अथवा तीव्र असाता वेदनीय कर्म का उदय होने पर इस जीव के लिए कोई भी शरण नहीं बचा सकती। धर्म और धर्मात्माओं की शरण में उसे कल्याण का मार्ग तो मिल सकता है, किन्तु देहादि की सुरक्षा सर्वदा नहीं हो सकती।

जब मरण समय निकट होता है, तब अज्ञानी जन अत्यन्त दुःखी होते हैं। देहादि तथा गृहादि पदार्थों में ममत्व होने के कारण उनका मरण अत्यन्त दयनीय दशा में होता है। वे माता-पिता, कुटुंबीजनों, वैद्यों तथा देवी-देवताओं की गुहार लगाते है, तब भी कोई बचा नहीं सकता। क्योंकि मरण से तो इन्द्र भी बचता नहीं।

जिस प्रकार महासागर में जहाज से उड़ा पंछी कहीं शरण नहीं पाता; भयानक जंगल में सिंह के पंजे के नीचे आया हिरण का बच्चा बच नहीं सकता; उसी प्रकार आयु का अंत होने पर इस देह में जीव को कोई रोक नहीं सकता।

जहाँ अज्ञानीजन मरण आदि से भयभीत व दुःखी होते हैं, वहाँ ज्ञानीजन व्यवहारमें पंचपरमेष्ठी व निश्चय में निजात्मस्वरूप की शरण ग्रहण कर पर्याय को पर्याय समझकर, अपने को शाश्वत, ज्ञायक जानकर समाधिपूर्वक देह त्यागते हैं। वे जानते हैं कि वस्तुतः आत्मा का तो कभी अन्त होता नहीं। मैं तो शाश्वत शरणभूत आत्मद्रव्य हूँ। 'शाश्वतशरण-स्वरूपोऽहम्'॥12॥

संसार भावना

चउग्गदी य संसारे, णाणा जोणीकुलासिदो।
दुक्खस्स य भयट्ठाणे, जीवो कम्मेहि हिंडदे॥13॥

अन्वयार्थ—(दुक्खस्स य भयट्ठाणे) दुःख और भय के स्थान (णाणा जोणी) नाना योनि (य) और (कुलासिदो) कुलाश्रित (चउग्गदी संसारे) चतुर्गति रूप संसार में (कम्मेहि) कर्मों के द्वारा (जीवो) जीव (हिंडदे) घूमता है।

अर्थ—दु:ख और भय के स्थान, नाना योनि और कुलों के आश्रित चतुर्गति रूप संसार में कर्मों के द्वारा जीव घूमता है।

व्याख्या—'संसरणं संसार:' संसरण करना ही संसार है। जहाँ जन्म-मरण, राग-द्वेष, सुख-दु:ख, तथा पुण्य-पाप के वशीभूत होकर जीवगण भ्रमण करते हैं, उसका नाम है संसार। अनादिकाल से संसार है तथा अनादि काल से ही अशुद्धदशा के वशवर्ती हुए जीव इसमें संसरण (भ्रमण) कर रहे हैं।

अपने स्वरूप की पहचान न होने से अज्ञानी जीव मिथ्यात्वादि के वशीभूत हुए नरक, तिर्यंच, मनुष्य व देवगतिरूप चार गतियों, चौरासी लाख योनियों तथा एक सौ साढ़े निन्यानवे लाख कुलकोटियों में परिभ्रमण करते हुए दु:ख भोगते हैं।

आगम में संसार के पाँच भेद कहें हैं—1.द्रव्यसंसार, 2. क्षेत्रसंसार, 3.कालसंसार, 4. भवसंसार, 5. भावसंसार। इसमें प्रत्येक द्रव्य, क्षेत्र, काल, भव तथा भावों का ग्रहण हो जाता है, इतने एक समूह को पंच परावर्तन कहते हैं। अज्ञानी जीव निजात्म वैभव को न जानकर इस पंच परार्वतन रूप संसार में भटकते हैं। आत्म-स्वरूप का यथार्थ बोध होने पर यह जीव संसारोच्छेद कर शुद्धदशा प्राप्त कर सिद्धालय में विराजमान हो जाता है। 'पंचपरावर्तनस्वभावरहितोऽहम्' ॥13॥

संसार की विचित्रता

मादा वि बहिणी होदि, बहिणी होदि भारिया।
भारिया बहिणी पुत्ती, विचित्तो इणमो भवो॥14॥

अन्वयार्थ—(मादा वि) माता भी (बहिणी) बहिन (होदि) हो जाती है, (बहिणी) बहिन (भारिया) पत्नी (होदि) हो जाती है [और](भारिया) पत्नी (बहिणी पुत्ती) बहिन-पुत्री हो जाती है, (इणमो) यह (भवो) संसार (विचित्तो) विचित्र है।

अर्थ—माता भी बहिन हो जाती है, बहिन पत्नी हो जाती है और पत्नी बहिन-पुत्री हो जाती है; यह संसार विचित्र है।

व्याख्या—संसार में ऐसा कोई भी जीव नहीं है, जिसके प्राय: सभी जीवों के साथ अनेक सम्बन्ध नहीं बने हों। जो जीव आज तक नित्य-निगोद से निकले ही नहीं हैं, उनके अलावा प्राय: सभी जीवों के साथ सब प्रकार के सम्बन्ध हो चुके हैं। एक भव में जो जीव माँ बनता है, दूसरे भव में वह बहिन-पत्नि अथवा अन्य कुछ भी बन सकता है। जो पिता बनता है, वह भाई या पुत्र भी बन सकता है। पति पुत्र और पुत्र भी पर्यायान्तर में पति बन सकता है।

एक जीव अन्य जीवों से कैसे अनेक सम्बन्ध बना लेता है, इसका दृष्टान्तात्मक विवेचन प्रथमानुयोग के शास्त्रों में अनेक जगह पाया जाता है। कार्तिकेयानुप्रेक्षा की संस्कृत टीका में आई हुई अठारह नातों की कथा तथा प्रद्युम्न-चरित्र में आयी हुई

सुदृष्टिसुनार की कथा तो जगत्प्रसिद्ध है। बज्रजंघ व श्रीमति तथा अन्य जीव भी दश-भवों तक किस-किस प्रकार के नातों में प्रगट होते हैं, यह महापुराण से भलीभांति जाना जा सकता है।

इस तथ्य को जानकर किसी से वैर विरोध रखने का भाव समाप्त हो जाता है। मन में इन समस्त सम्बन्धों से मुक्त होने का भाव बनता है। निज आत्मा के आश्रय से समस्त नातों से मुक्ति मिलती है तथा शाश्वत निजस्वरूप से अविनाशी सम्बन्ध हो जाता है। 'सांसारिक सम्बंधशून्योऽहम्' ॥14॥

एकत्व भावना

एगो मरदि जाएदि, सुह-दुक्खं च भुंजदे।
एगो भमदि संसारे, एगल्लो सिज्झदि सयं ॥15॥

अन्वयार्थ—यह जीव (एगो मरदि जाएदि) एक ही मरता-जीता है (सुह-दुक्खं च भुंजदे) सुख-दुःख भोगता हैं (एगो भमदि संसारे) एक ही संसार में घूमता है [तथा] (सयं) स्वयं (एगल्लो) अकेला ही (सिज्झदि) सिद्ध होता है।

अर्थ—यह जीव संसार में अकेला ही जीता-मरता है, सुख-दुःख भोगता है, संसार में भ्रमण करता है तथा अकेला ही सिद्ध होता है।

व्याख्या—जीव का स्व-स्वरूप से सदाकाल एकत्व व पर-स्वरूप से सदा विभक्तपना है। यह जीव स्वयं ही अपने हित-अहित, बंध-मोक्ष का जिम्मेदार है। इसने अज्ञानता वश ऐसी मान्यता बना रखी है कि जीवन-मरण, सुख-दुःख देने वाला कोई अन्य है। वस्तुतः आत्मा ही आत्मा का बंधु या शत्रु है। व्रत-संयम से संपन्न आत्मा स्वयं का बंधु तथा विषय-कषाय युक्त आत्मा स्वयं का शत्रु है।

यह जीव अकेला ही कर्म करता है, अकेला संसार में भटकता है, एक ही जन्मता-मरता है, एक ही पुण्य-पाप का फल भोगता है तथा भेद विज्ञान के बल से यह एक ही सिद्ध होता है। जैसा कि कार्तिकेयानुप्रेक्षा में कहा है—

एक्को करेदि कम्मं, एक्को हिंडदि दीह-संसारे।
एक्को जायदि मरदि, तस्स फलं भुंजदे एक्को॥

कदाचित अनेक जीवों का जन्म-मरण अथवा सुख-दुःख साथ-साथ देखा जावे, तो भी उसके काल में, वेदन के भाव में अंतर होता है तथा भोगते तो सभी अपने-अपने ही कर्मों का फल हैं। अतः अपने एकत्वविभक्त निजात्मा में ही स्थिति करो। आत्मतत्त्व की प्रतीति ही आत्मानुभव है। 'एकत्वविभक्तस्वरूपोहम्' ॥15॥

देह में आत्मा की स्थिति

खीरे घिदं तिले तेल्लं, कट्ठेग्गी सुरही सुमे।
चंदक्कंते पिऊसव्व, अप्पा देहे हि संजुदो ॥16॥

अन्वयार्थ—(खीरे घिदं) दूध में घी (तिले तेगं) तिल में तैल (कट्ठेग्गी) काष्ठ में अग्नि (सुमे सुरही) सुमन में सौरभ [तथा] (चंदक्कंते पिऊसव्व) चन्द्रकांत मणि में सुधा के समान (अप्पा देहे हि संजुदो) आत्मा देह से संयुक्त है।

अर्थ—जैसे दूध में घी, तिल में तैल, काष्ठ में अग्नि, सुमन में सौरभ तथा चन्द्रकांत मणि में अमृत के समान आत्मा देह से संयुक्त है।

व्याख्या—विश्व में मुख्यतः छह द्रव्य हैं। वे एक-दूसरे में मिलकर रहते हुए भी एकमेक नहीं हो जाते, अपने स्वभाव को नहीं छोड़ते हैं। जीव व पुद्‌गल ये दोनों पृथक्-पृथक् द्रव्य हैं, किन्तु अनादि काल से संसारदशा में दोनों मिले हुए हैं। ठीक उसी तरह जिस तरह कि दूध में घी, तिल में तैल, काष्ठ में अग्नि, पुष्प में सुगंध तथा चन्द्रकांतमणि में अमृत। यह एकमेक होते हुए भी अपने स्वरूप का त्याग नहीं करते। जैसे दूध में घी व्याप्त है, किन्तु वह सम्यक् पुरुषार्थ से पृथक् हो जाता है; वैसे ही देह में आत्मा है, वह भी सम्यक् पुरुषार्थ से पृथक्-पृथक् हो सकते हैं।

चार आराधनाओं के बल से आत्मस्वरूप में गहन स्थिरता करने पर यह नित्य-निरंजन, परमशुद्ध, अतीन्द्रिय, केवलज्ञान संपन्न आत्मा कर्म-नोकर्म से पृथक् होकर स्वयं ही प्रकाशमान होता है। 'कर्म-नोकर्मशून्योऽहम्'॥16॥

आत्मा का योग व वेदों से भी एकत्व नहीं है

णाहं मणो ण वाणी वा, णो वण्णो णो सरीरयं।
ण इत्थी पुरिसो ण ण संढो एए हि पोग्गला॥17॥

अन्वयार्थ—(अहं) मैं (मणो) मन (ण) नहीं हूँ. (ण वाणी) वाणी नहीं हूँ (णो वण्णो) न वर्ण हूँ (णो सरीरयं) न शरीर हूँ, (ण इत्थी ण संढो) न स्त्री हूँ, न नपुंसक हूँ (ण पुरिसो) न पुरुष हूँ (हि) वस्तुतः (एए) ये सब (पोग्गला) पुद्‌गल हैं।

अर्थ—मैं मन, वचन, काय रूप, वर्ण वाला नहीं हूँ, मैं स्त्री, पुरुष अथवा नपुंसक भी नहीं हूँ, वस्तुतः ये सब पुद्‌गल की रचनाएँ हैं।

व्याख्या—निर्विकार, चिच्चमत्कार लक्षण वाले आत्मद्रव्य से स्पर्श, रस, गंध व वर्ण स्वभाव वाले पुद्‌गल द्रव्य एकदम पृथक् हैं। स्वर्ण पाषाण के समान इन दोनों का अनादि काल से संश्लेष सम्बंध बना हुआ है, किन्तु इनके लक्षणों की पहचान से इनके सम्बन्ध को मिटाया जा सकता है। क्योंकि इनका तादात्म्य अथवा समवाय सम्बन्ध नहीं, अपितु संश्लेष सम्बन्ध है। संश्लेष का अर्थ है दो पृथक्-पृथक् द्रव्य जिनका मजबूत सम्बन्ध हो गया है। तीसरा संयोग सम्बन्ध होता है।

टंकोत्कीर्ण, चिद्घन, निरामय, निजात्म चैतन्य द्रव्य का ध्रुवदृष्टि से अवलंबन करने पर योग, वेद व अन्य समस्त वैभाविक भाव पृथक् भासने लगते हैं। योग व वेद जीवात्मा में पुद्‌गल कर्मों के विपाक से प्रगट होते हैं, वे जीव का स्वभाव नहीं हैं। आचार्य नेमिचन्द्र सिद्धान्तचकवर्ती ने गोम्मटसार जीवकांड में लिखा है—

पुग्गलविवाइ देहोदयेण, मण-वयण-कायजुत्तस्स।
जीवस्स जा हु सत्ती, कम्मागम-कारणं जोगो ॥216॥

पुद्‌गल विपाकी देह कर्म के उदय से, मन, वचन, व कायरूप जो जीव की शक्ति है, वह कर्मों के आगमन में कारणभूत योग जानो।

वस्तुतः जो पुद्‌गल की रचना है, उसे पौद्गलिक तथा स्व को स्व जानकर शाश्वत निजात्म द्रव्य में ही लीन होना कल्याणकारी है। 'योग-वेद-रहितोऽहम्' ॥17॥

मैं एक हूँ

सासदो सुद्धएगो हं, णाणजोदी सणादणो।
अप्पभावादु अण्णं जो, मज्झत्तो बाहिरो सदा ॥18॥

अन्वयार्थ—(हं) मैं (एगो) एक (सासदो) शाश्वत (सुद्ध) शुद्ध (णाणजोदी) ज्ञानज्योति (सणादणो) सनातन आत्मा हूँ (जो) जो (अप्पभावादु अण्णं) आत्मभाव से अन्य है [वह] (मज्झत्तो) मुझसे (सदा) हमेशा (बाहिरो) बाह्य है।

अर्थ—मैं एक, शाश्वत, शुद्ध, ज्ञानज्योति, सनातन आत्मा हूँ, जो आत्मस्वभाव से अन्य है वह मुझसे हमेशा बाह्य है।

व्याख्या—छह द्रव्यों में प्रथम क्रम पर जीव आता है। जीवत्व की अपेक्षा अनंतानंत जीवों को एक जीव द्रव्य में गर्भित कर लिया जाता है। वस्तुतः जीवराशि अक्षयानंत है और प्रत्येक जीव स्वतंत्र है। एक जीव किसी अन्य द्रव्य अथवा दूसरे जीव से बंधा हुआ नहीं है। इसलिए अन्यद्रव्यों से पृथक् 'एक'। वस्तुस्वभाव से यह जीव कर्म-नोकर्म आदि से शून्य होने के कारण 'शुद्ध'। जीव की सत्ता कभी किसी प्रकार से नष्ट नहीं हो सकती, अतः 'शाश्वत्'। ज्ञान जीव का लक्षण है, वह जीव के अलावा अन्यत्र नहीं पाया जाता इसलिए जीव ही 'ज्ञानज्योति' है। इसलिए इस निजात्मा के अलावा और अन्य जो भी कर्म-नोकर्म के वैभाविक परिणाम हैं, वह मुझसे वस्तुदृष्ट्या पृथक् ही हैं, बाह्य हैं। आचार्य पूज्यपाद ने इष्टोपदेश में लिखा है—

एकोऽहं निर्ममः शुद्धो, ज्ञानी योगीन्द्र गोचरः।
बाह्याः संयोगजः भावाः, मत्ताः सर्वेऽपि सर्वथा ॥27॥

अर्थात् मैं एक हूँ, निर्मम हूँ, शुद्ध हूँ, ज्ञानी व योगीन्द्रगोचर हूँ; बाह्य संयोगी भाव मुझसे सर्वथा पृथक् हैं।

निज स्वसंवेदन ज्ञान के बल से निश्चय रत्नत्रयात्मक निजात्म-तत्त्व का ही आलंबन लेने से 'एकत्व भावना' सार्थक होती है। 'बाह्य संयोग रहित एकत्व स्वरूपोऽहम्' ॥18॥

अन्यत्व भावना

जत्थ देहो णियो णत्थि, तत्थ बंधु-कुलेहि किं।
गिहं धणं णियं णत्थि, ईसरत्तं च वेहवं ॥19॥

अन्वयार्थ—(जत्थ देहो णियो णत्थि) जहाँ शरीर अपना नहीं (तत्थ बंधु-कुलेहि किं) वहाँ बंधु व कुटुम्ब से क्या? (गिहं धणं) गृह, धन (ईसरत्तं च वेहवं) ईश्वरत्व व वैभव (णियं णत्थि) आत्मीय नहीं है।

अर्थ—जहाँ शरीर ही अपना नहीं है, वहाँ बंधुजन व कुटुम्ब का क्या कहना? गृह, धन, ऐश्वर्य व वैभव वस्तुत: आत्मीय नहीं हैं।

व्याख्या—तैजस व कार्माण ये दो शरीर अनादिकाल से जीव के साथ लगे हुए हैं। इनके अलावा अधिकतम तीन समय का अंतर देकर औदारिक या वैक्रियक शरीर भी जीव के साथ संबद्ध होते हैं। इतना दीर्घकालीन संबन्ध होने के बाद भी वे शरीर जीव नहीं हैं। एक पर्याय के बाद दूसरी पर्याय में निश्चित समय तक रहने वाले ये शरीर तो पुद्‌गल कर्म की संरचना होने से जीव के हैं ही नहीं। भले ही अज्ञानता वश कोई इन्हें अपना मानता रहे।

जहाँ देह ही अपनी नहीं वहाँ बंधुजन व कुटुंबीजन कैसे अपने हो सकते हैं? अर्थात् कैसे भी नहीं। इसी प्रकार घर, धन, खेत आदि तथा ऐश्वर्य और वैभव भी जीव के नहीं हैं। क्योंकि ये शरीरादि अचेतन हैं, जबकि जीव सचेतन। देहादि ऐन्द्रियिक हैं, जबकि जीव अतीन्द्रिय। देहादि मूर्तिक हैं, जबकि जीव अमूर्त्त।

जिस प्रकार तलवार म्यान से पृथक है, उसी प्रकार यह जीव शरीर से पृथक् है। एकत्वभावना में विध्यात्मक तथा अन्यत्व भावना में निषेधात्मक कथन होता है। वस्तुत: ग्रहण तो पर से पृथक् एक आत्मा का ही करना है। 'देहादिरहित अन्यत्व स्वरूपोऽहम्' ॥19॥

बंधुजन बंधन तुल्य हैं

बंधुणो बंधण एव, भारिया णिगडोवमा।
दुस्सिंखला समं पुत्ता, कुडुंबो जालसण्णिहो ॥20॥

अन्वयार्थ—(बंधुणो) बंधुजन (बंधण) बंधन (भारिया) पत्नी (णिगडोवमा) बेड़ी के समान (पुत्ता) पुत्र (दुस्सिंखला समं) खोटी सांकल के समान [तथा] (कुडुंबो जालसण्णिहो) कुटुम्ब जाल के समान (एव) ही है।

अर्थ—बंधुजन बंधन, पत्नी बेड़ी के समान, पुत्र कठोर श्रृंखला के समान तथा कुटुम्ब जाल के समान ही है।

व्याख्या—संसार में मोह का बंधन सबसे बड़ा है। कठोर लकड़ी में भी छेद कर डालने की सामर्थ्य रखने वाला भ्रमर कमल की पराग में मस्त हो कर प्राण तक दे देता है। उसी प्रकार मोह के वशीभूत हुए संसारीजन घर-परिवार में दु:ख और

अपमान सहते हुए भी उसका त्यागकर तथा रत्नत्रय प्राप्त कर आत्महित नहीं साधते हैं।

भेदविज्ञान प्राप्तकर कदाचित कोई भव्यात्मा गृह-कुटुम्ब आदि का त्याग करना चाहे तो बंधुजन बन्धन के समान उसे रोकते हैं। स्त्री बेड़ी के समान आड़े आ जाती है। पुत्र भी कठोर शृंखला के समान बनकर उसके कल्याण में बाधक बनते हैं। कदाचित कुछ अनुकूलता बनती हो तो कुटुंबी जाल के समान बनकर उसे गृह में ही फँसाए रखना चाहते है।

आत्मार्थी को बंधुवर्ग का त्याग करके, शरीरादि से भी ममत्व का त्यागकरके आत्मकल्याण में संलग्न होना परम आवश्यक है। 'कुटुंबजाल विरहितोऽहम्' ॥20॥

अशुचित्व भावना

सत्तधादुमओ देहो, सम्भूदो सुक्कसोणिदा।
मलमुत्तादिदुग्गंधो, अणिच्चं रोग-मंदिरं ॥21॥

अन्वयार्थ—(सुक्क-सोणिदा संभूदो) शुक्र-शोणित से उत्पन्न (देहो) शरीर (सत्तधादुमयं) सप्तधातुमय (मलमुत्तादि दुग्गंधो) मलमूत्रादि से दुर्गन्धित (अणिच्चं) अनित्य (रोग-मंदिरं) रोगों का घर है।

अर्थ—शुक्र-शोणित से उत्पन्न यह शरीर सप्तधातुमय, मलमूत्रादि से दुर्गन्धित, अनित्य व रोगों का घर है।

व्याख्या—आगम में पाँच प्रकार के शरीर कहे गए है—1. औदारिक, 2. वैक्रियिक, 3. आहारक, 4. तैजस व 5. कार्मण। औदारिक के अलावा शेष चार शरीरों की संरचना सूक्ष्म-पुद्गलों से हुई है। यों तो इस जीव को पाँचों ही शरीर कर्म-नोकर्म की रचना होने से अशुचि हैं, किन्तु यहाँ प्रकरण औदारिक शरीर का है।

मनुष्य का यह औदारिक शरीर माता-पिता के संयोग से उत्पन्न हुआ। नौ माह तक माँ के उदर में इसकी क्रमशः रचना होती है। यह देह रोगों का घर है। एक अंगुल शरीर में 96 तथा पूरे शरीर में 56899584 रोग पाए जाते हैं।

यह शरीर माता-पिता के रज-वीर्य से रचित होने के कारण मलबीज; मल-मूत्र, खून-पीव झराने वाला होने से मलयोनि; सड़न-गलन स्वभाव वाला, अत्यन्त दुर्गन्धित है। इसकी त्वचा निकाल दी जावे तो यह अत्यन्त भयानक दिखने लगेगा। इसमें खून, मांस, मज्जा, मेदा, कफ-पित्तादि अत्यन्त वीभत्स पदार्थ भरे हुए हैं। यह हड्डियों का पिंजरा है। माँ के पेट में नौ माह तक मल-मूत्र के बीच पड़े रहकर, लार पीकर इसकी वृद्धि हुई है। ऐसे शरीर से कौन ज्ञानी मोह करेगा।

वस्तुतः शरीर जीव से पृथक् स्वभाव वाला है। दोनों के लक्षण भिन्न-भिन्न हैं, शरीर पूरण-गलन स्वभाव वाला है, जबकि जीव चैतन्यमय है। स्वरूपस्थ होने से ही पौद्गलिक अशुचि शरीरों का संग छूटेगा। 'अत्यन्तशुचि स्वभाव-सहितोऽहम्' ॥21॥

देह के धोने से चित्त निर्मल नहीं होता

देहं च धुव्वमाणं वि, चित्तं हवे ण णिम्मलं।
णिक्कलुस्सं च चित्तं जं, तं णिम्मलं च णिच्चलं॥22॥

अन्वयार्थ—(देहं च धुव्वमाणं वि) देह के धोते हुए भी (चित्तं) चित्त (णिम्मलं) निर्मल (ण हवे) नहीं होता (य) किन्तु (जं) जो (णिक्कलुस्सं) निष्कलुष (चित्तं) चित्त है (तं णिम्मलं च णिच्चलं) वह निर्मल और निश्चल है।

अर्थ—देह को धोते हुए भी चित्त निर्मल नहीं होता, किन्तु जो निष्कलुष चित्त है, वह निर्मल और निश्चल है।

व्याख्या—शरीर स्वभाव से ही अपवित्र है, क्योंकि इसमें रक्त, मांस, मेदा, हड्डी, वसा तथा वीर्य जैसे घृणित पदार्थ भरे हुए है। विश्व में सबसे अधिक अपवित्र कहलाने वाले पदार्थ इस शरीर से ही निकलते हैं। पवित्र स्वादिष्ट पदार्थ भी शरीर के संयोग से अपवित्र और दुर्गन्धित हो जाते हैं। अनेक बार अनेक प्रसाधनों से धोने और शृंगारित करने पर भी यह अपने अशुचि स्वभाव को नहीं छोड़ता; फिर भी संसारीजन देह ही धोते रहते हैं, जबकि देह के धोने से चित्त पवित्र नहीं होता है।

शरीर का मल धोने से कुछ भी लाभ नहीं होता, क्योंकि वह तो समुद्रभर पानी से धोने के बाद भी अपने स्वभाव को नहीं छोड़ता। और तन के धोने से मन भी पवित्र नहीं हो जाता। अपितु चित्त के विषय-कषायादि भावों से रहित निष्कलुष होने पर ही चित्त (आत्मा) निर्मल और निश्चल होता है। महाभारत का एक सुप्रसिद्ध श्लोक है—

आत्मा नदी संयम तोय पूर्णा:, सत्यावहा शीलतटा दयोर्मि:।
तत्राभिषेकं कुरू पाण्डुपुत्र!, न वारिणा शुद्ध्यति चान्तरात्मा॥

अर्थात् आत्मारूपी नदी जो संयम जल से पूर्ण है, सत्य जिसका प्रवाह है, शीलरूपी तट है, दया जिसकी लहरें हैं, उसमें हे पाण्डुपुत्र! स्नान करों क्योंकि पानी से अंतर आत्मा शुद्ध नहीं होती है।

वस्तुत: राग-द्वेषादि भावों से रहित आत्मा का जो शुद्ध परिणाम है, वह ही जीव के लिए कल्याणकारी है, कर्म निर्जरा का साधन है। इसलिए पुद्गलमय देह से निरपेक्ष होकर अपने अत्यन्त पवित्र स्वरूप का स्मरण करना चाहिए। 'अत्यन्तपवित्रोऽहम्' ॥22॥

आस्रव भावना

तिजोगेहिं च जीवस्स, जं पदेसम्मि फंदणं।
मोहोदएण जुत्तेण, तेण कम्मासवो हवे॥23॥

अन्वयार्थ—(तिजोगेहिं) तीन योगों के द्वारा (जीवस्स) जीव के (पदेसम्मि) प्रदेशों में (जं) जो (फंदणं) स्पंदन (मोहोदएण जुत्तस्स) मोह के उदय से युक्त के (हवे) होता है (तेण) उससे (कम्मास्सवो) कर्मास्रव होता है।

अर्थ—तीनों योगों के द्वारा मोहोदय से युक्त जीव के प्रदेशों में जो स्पंदन होता है, उससे कर्मास्रव होता है।

व्याख्या—मन, वचन, कायरूप तीन योगों के माध्यम से आत्मप्रदेशों में परिस्पंदन होने का नाम योग है। अथवा परिस्पंदन में सहायक जीव का उपयोग भी योग है। तीनों योगों की चंचलता से आत्मप्रदेशों में परिस्पन्दन होने से कर्मास्रव होता है। योगों से प्रकृति और प्रदेश बंध ही होता है, किन्तु मोहोदय की युक्तता से अर्थात् कषायों से स्थिति व अनुभाग बंध होता है।

यह आस्रव अत्यन्त दुःखदायी है। आस्रव भी जीव के निजी भावों पर ही निर्भर है, इसलिए जीव ही इसका जिम्मेदार है। जीव यदि शुभयोगरूप प्रवृत्ति करता है, तो शुभफलदायक पुण्यास्रव करता है और यदि अशुभयोगरूप प्रवृत्ति करता है, तो अशुभफलदायक पापबंध करता है। शुभाशुभ से रहित जब निजात्मा का अवलंबन करता है, तब आस्रव का निरोध करता है। अशुभास्रव संसार का कारण है, शुभास्रव कथंचित परंपरा से मोक्ष का कारण है, जबकि शुद्धभावों से मोक्ष की प्राप्ति होती है।

आस्रव के दूसरे दो भेद—1. भावास्रव, 2. द्रव्यास्रव। जिन मिथ्यादर्शनादि भावों से सूक्ष्मपुद्गल स्कंध कर्मरूप होकर आते हैं, उसे भावास्रव तथा जो पुद्गल कर्म आते हैं उसे द्रव्यास्रव कहते हैं।

इनके अलावा जो कषाय सहित आस्रव है, उसे सांपरायिक तथा कषायरहित आस्रव को ईर्यापथ आस्रव कहते हैं। आस्रव के 4,5,32,57 तथा 108 भेद भी होते हैं। नाना जीवों की अपेक्षा आस्रव के असंख्यात भेद हैं।

जैसे अनेक रत्नों से भरा हुआ जहाज सछिद्र होने से किनारे के नगर तक नहीं पहुँचकर समुद्र में ही डूब जाता है; वैसे ही यह जीव रूपी जहाज जो कि सम्यग्दर्शन-ज्ञान-चारित्रादि रत्नों से भरा हुआ है, इसमें जब इन्द्रिय, कषाय, असंयम तथा प्रमाद आदि छिद्रों से कर्मरूपी जल भरने लगता है तब यह भी संसार समुद्र के किनारे वाले मोक्षनगर को प्राप्त नहीं करता हुआ डूब जाता है।

आस्रव अशुचि, अशरण व दुःखदायक हैं, ऐसा विचारकर आत्म-स्थिरता के बल से उसका निरोध करना चाहिए। 'मनवचनकायरूप-योगत्रय-रहितोऽहम्' ॥23॥

आस्रव पूर्वक बंध होता है

राएण बज्झदे कम्मं, विराएण विमुंचदे।
तम्हा रागं च मोहं च, मुंचसु बंधकारणं॥24॥

अन्वयार्थ—(राएण) रागसे (कम्मं) कर्म (वज्झदे) बंधता है (विराएण

विमुंचदे) विराग से छूटता है (तम्हा) इसलिए (रागं च मोहं च) राग-द्वेष व मोह-क्षोभ [इन] (बंधकारणं) बंधकारणों को (मुंचसु) छोड़ो।

अर्थ—राग से कर्म बंधता है, विराग से छूटता है, इसलिए बंध के कारणभूत राग-द्वेष व मोह-क्षोभ को छोड़ो।

व्याख्या—आस्रव व बंध संसार परिभ्रमण के आधार हैं। आस्रव के बिना बंध नहीं होता। बंध के निरोध के लिए आस्रव को जानना परम आवश्यक है। आस्रव की समझ होने पर बंध की भी समझ होगी। आस्रव का निरोध होगा तो बंध का भी निरोध होगा। आस्रव द्वार है तो बंध भीतरी भाग; द्वार बंद हो जाने पर भीतरी भाग स्वतः ही सुरक्षित हो जाता है। इसलिए अलग से बंध भावना नहीं कही गयी है।

मूलतः स्निग्धरूप रागभावों से युक्त जो आस्रव है, उससे ही बंध होता है। वीतराग भावों से बंध नहीं होता। इसलिए राग-द्वेष व मोह-क्षोभ का त्याग करों। राग और मोह तथा द्वेष और क्षोभ एकार्थवाची दिखते जरूर हैं, पर इनमें महान अंतर है। राग तो दसवें गुणस्थान तक संभव है, किन्तु मोह (मिथ्यात्व) प्रथम गुणस्थान से आगे नहीं होता। पदार्थों में शत्रुता का भाव द्वेष है, जबकि परिणामों की अस्थिरता को क्षोभ कहते हैं। ये सभी वैभाविक भाव हैं, अतः त्याज्य हैं। आत्मस्थिरतारूप वीतराग भाव ही जीव के लिए उपादेयभूत है। 'राग-द्वेषादिविभावशून्योऽहम्' ॥24॥

संवर भावना

संवरो आसव-रोहो, गुत्ती समिदि-धम्मो य।
भावणा य परिसहो, चारित्तेण भवंति हि ॥25॥

अन्वयार्थ—(आसव-रोहो) आस्रव-रोध (संवरो) संवर है [वह] (गुत्ती समिदि-धम्मो य) गुप्ति, समिति व धर्म (भावणा) भावना (परिसहो) परिषहजय (य) तथा (चारित्तेण भवंति हि) चारित्र से होता है।

अर्थ—आस्रव का निरोध संवर है, वह गुप्ति, समिति, धर्म, भावना, परिषहजय तथा चारित्र से होता है।

व्याख्या—मिथ्यात्व, अविरति, प्रमाद, कषाय तथा योग आदि जिन-जिन कारणों से आस्रव (बंध) होता हैं, उनका निरोध कर देने से अथवा उनके रुक जाने से संवर होता है। कर्मास्रव को रोकने में समर्थ जो शुद्धात्मा की निर्मल भावना है, उसके बल से भोगाकांक्षा रूप निदान बंध आदि विभाव भावों से रहित, जो आत्मानुभूति है, उसे भावसंवर कहते हैं। तथा कर्मों का आगमन रुक जाना द्रव्यसंवर कहलाता है।

वह संवर गुप्ति, समिति, धर्म, अनुप्रेक्षा, परिषहजय तथा चारित्र से होता है। इनमें जो प्रवृत्ति है, वह अशुभकर्मों का संवर तथा शुभ कर्मों का आस्रव कराती है,

जबकि इनके रहते हुए जो आत्मलीनता है, वह शुभाशुभ सभी कर्मों का संवर ही करती है।

संवर के 6, 7,57 तथा 108 भेद होते हैं। वस्तुतः आत्मानुभूति के काल में ही संवर की श्रेष्ठ दशा सधती है। संवर अपेक्षाकृत दूसरे गुणस्थान से प्रारंभ हो जाता है, किन्तु इसके मुख्य अधिकारी अप्रमत्तादि गुणस्थानवर्ती मुनि हैं। 'ज्ञानस्वरूपस्थ-संवरभाव-सहितोऽहम्' ॥25॥

संवर का उपाय

संकप्पपभवे कामे, चत्ता सव्वे असेसदो।
मणसा इंदियग्गामं, संयमेज्ज य सव्वदो ॥26॥

अन्वयार्थ—(संकप्पपभवे) संकल्पों से उत्पन्न (सव्वे) सभी (कामे) इच्छाओं को (असेसदो) पूरी तरह से (चत्ता) छोड़कर (मणसा) मन के द्वारा (इंदियग्गामं) इन्द्रिय समूह को [सव्वदो] सभी तरफ से (संयमेज्ज) संयमित करें।

अर्थ—यदि संवर की इच्छा है तो संकल्पों से उत्पन्न सभी इच्छाओं को पूरी तरह से छोड़कर, मन के द्वारा इन्द्रिय समूह को सभी तरफ से संयमित करें।

व्याख्या—राग-द्वेष के वशवर्ती होकर आत्मा में जो संकल्प-विकल्प होते हैं। वे ही सभी आस्रवों की जड़ हैं। यदि इन संकल्प-विकल्पों से उत्पन्न होने वाली समस्त इच्छाओं का त्याग कर दिया जाए, तो संवर सधे। आचार्य अकलंक देव 'स्वरूप-संबोधन' में तो यहाँ तक कहते हैं कि जिसे मोक्ष की भी इच्छा नहीं है, वह मोक्ष जाता है; इसलिए कहीं भी कांक्षा मत जोड़ों। यथा—

मोक्षेऽपि यस्य नाकांक्षा, स मोक्षमधिगच्छति।
इत्युक्त्वा हितान्वेषी, कांक्षा न कोऽपि योजयेत् ॥21॥

संकल्प-विकल्प उत्पत्ति का मूलकारण हैं इन्द्रियाँ। स्पर्शन, रसना, घ्राण, चक्षु व कर्ण तथा नोइन्द्रिय मन, इनके द्वारा विषयों के प्रति आकर्षण होने से विकल्प होते हैं। जीव की तो अनादिकाल से मोह करने की,विषयों में आसक्त होने की आदत पड़ी हुई है। जब तक इच्छाओं का निरोधकर जीव की इस आदत को नहीं सुधारा जाता, तब तक कैसे भी आत्मा का हित नहीं हो सकता।

विषयों की चिंता में तो यह जीव अनादि काल से पड़ा है, किन्तु उस प्रकार की चिंता से इसका नुकसान ही नुकसान हुआ है, लाभ कुछ भी नहीं। विषय-कषायों से संतापित होकर यह जीव जितना कष्ट अनुभवता है, उतना डंडों की मार पड़ने पर भी नहीं मालूम पड़ता।

चिंता से यह जीव जलता है, जबकि चिंतन से फलता है। चिंता से कुछ भी

लाभ नहीं, जबकि चिंतन से आत्मोपलब्धि जैसा महान लाभ होता है। अत: विषयों की इच्छा से इन्द्रिय समूह को रोककर आत्मकल्याण में लगना चाहिए। अपने अमूर्तिक,निरंजन, चैतन्यघन आत्मा का लक्ष्य बनाकर निरंतर आत्मानुभव करना चाहिए। 'संकल्प-विकल्प शून्योऽहम्' ॥26॥

संवर का स्वामी

जोगजुत्तो विसुद्धप्पा, सण्णाणी विजितिंदिओ।
सव्वभूदप्प-भूदव्व, मण्णंतो वि ण बज्झदे॥27॥

अन्वयार्थ—(जोगजुत्तो) योगयुक्त (विसुद्धप्पा) विशुद्धात्मा (सण्णाणी) सम्यग्ज्ञानी (विजितिंदिओ) जितेन्द्रिय (सव्वभूदप्प-भूदव्व) सभी जीवों को अपने समान (मण्णंतो वि ण बज्झदे) मानता हुआ भी नहीं बंधता है।

अर्थ—योगयुक्त, विशुद्ध आत्मा, सम्यग्ज्ञानी, जितेन्द्रिय साधु सभी जीवों को अपने समान मानता हुआ भी कर्मों से नहीं बँधता है।

व्याख्या—जो मन, वचन, कायरूप योगों से सहित होता हुआ भी योगयुक्त अर्थात् साधनायुक्त अथवा वृक्षमूलयोग, अभावाकाशयोग तथा आतापन आदि योगों से सहित है। विशुद्धात्मा अर्थात् जिसका आत्मा प्राय: शुभ अथवा शुद्धोपयोग में ही प्रवृति करता है। सम्यग्ज्ञान के बल से जिसने भेद विज्ञान प्रगट किया है तथा जो जितेन्द्रिय अर्थात पंचेन्द्रियों को जीतने वाला है। ऐसा श्रमण संवरतत्त्व का स्वामी अथवा मूल-अधिकारी माना गया है।

जो इन गुणों से सहित तथा वस्तुनिष्ट-विज्ञान से परिचित है। वह समस्त जीव समूह को निजात्मा के तुल्य समझता हुआ, ज्ञानादिगुणों से युक्त शक्ति अपेक्षा सिद्ध-सदृश समझता हुआ भी कर्म-बंधन का कर्त्ता नहीं होता है। 'योगयुक्त विजितेन्द्रियोऽहम्' ॥27॥

ध्यान-विज्ञान युक्त योगी मुक्त के समान है

झाण-विण्णाणसंतुट्ठा, णियट्ठा वीयरागिणो।
मुत्ता व जोगिणो जेसिं, समं लोट्ठं च कंचणं॥28॥

अन्वयार्थ—(झाण-विण्णाण संतुट्ठा) ध्यान-विज्ञान तृप्त (णियट्ठा) आत्मस्थ (वीयरागिणो) वीतरागी (जेसिं) जिन्हें (समं लोट्ठं च कंचणं) पत्थर और स्वर्ण समान है (वे) (जोगिणो) योगी (मुत्ता व) मुक्त के समान कहे गए हैं।

अर्थ—ध्यान-विज्ञान तृप्त, आत्मस्थ, वीतरागी योगी जिन्हें पत्थर व स्वर्ण समान भासते हैं, वे मुक्त के समान कहे गए हैं।

व्याख्या—आचार्य कुन्दकुन्द देव ने कहा है—'झाणज्झयणं मुक्खं, जइधम्मं' (रयणसार-11) अर्थात् यतिधर्म ध्यान और अध्ययन की मुख्यता वाला है। ध्यान

मुनियों का प्राण कहा गया है। ध्यान और विज्ञान बिना एक श्रेष्ठ साधु की कल्पना ही नहीं की जा सकती। आचार्य समंतभद्र ने भी साधु में ये गुण अनिवार्य माने हैं, यथा—

विषयाशावशातीतो, निरारंभो-परिग्रहाः।
ज्ञान-ध्यान तपो रक्तः, तपस्वी स प्रशस्यते॥1॥

अर्थात् जो विषय व आशा के वश में नहीं है, निरारम्भ व निस्परिगृही है, ज्ञान-ध्यान व तप में लीन है, वह तपस्वी सुशोभित होता है।

यहाँ ज्ञान-ध्यान मुख्य गुण हैं, शेष उसके साधक हैं। विषय व आशावान तथा आरंभी-परिग्रही साधक सच्चे ज्ञान व ध्यान की साधना नहीं कर सकता। ध्यान के विषय में एक सुप्रसिद्ध श्लोक है—

वैराग्यं तत्त्व-विज्ञानं, नैर्ग्रथ्यं वशचित्तता।
परिषहजयश्चेति, पंचैते ध्यान हेतवाः॥

अर्थात् वैराग्य, तत्त्वविज्ञान, निर्ग्रंथता, पंचेन्द्रियों व मन का वश में होना तथा परिषहजय करना, ये पाँच ध्यान के साधन हैं। ज्ञानकी एकाग्रता ही ध्यान है

ध्यानी ही आत्म-संतुष्ट हो सकता है। आत्मसंतुष्ट ही आत्मस्थ हो सकता है और आत्मस्थ ही वीतरागी हो सकता है। तथा जो वीतरागी है, वही पत्थर और स्वर्ण को समान समझ सकता है। साम्यभाव के सम्बन्ध में प्रवचनसार (241) में लिखा है—

सम सत्तु-बंधु वग्गो, सम सुह-दुक्खो पसंस णिंद समो।
सम लोट्ठ कंचणे पुण, जीविद-मरणे समो समणो॥241॥

अर्थात् जो शत्रु व वंधुवर्ग में, सुख-दुख में, प्रशंसा-निंदा में, पत्थर व स्वर्ण में तथा जीवन व मरण में समभावी रहता है, वह श्रमण है।

उपरोक्त लक्षणों वाले योगी संसार में रहते हुए भी मुक्त के समान कहे गए हैं। ऐसे पापास्त्रव से रहित मुनियों को ध्यान भावना निरंतर रहती है। पापवृत्ति वालों के लिए तो ध्यान की वार्ता भी नहीं है। यथा—

सर्वपापास्त्रवे क्षीणे, ध्याने भवति भावना।
पापोपहतवृत्तीनां, ध्यानवार्ता पि दुर्लभाः॥

मिथ्यात्व, अविरति, कषाय तथा रस-ऋद्धि व सात गारव सहित पुरुषों को ध्यान नहीं होता। ध्यानी तो नित्य ही 'जल से भिन्न कमल' की भांति, अपने

आत्मतत्त्व को समस्त विभावों से रहित समझता है। 'ध्यान-विज्ञान संतुष्टोऽहम्' ॥28॥

ज्ञान की महानता

णाणजालं वरं णेयं, पंचक्ख मच्छ-बंधणे।
णाणसीहो समत्थो हि, कामदंती विघादणे॥29॥

अन्वयार्थ—(पंचक्ख मच्छ-बंधणे) पंचेन्द्रियरूपी मच्छ को बांधने में (णाणजालं) ज्ञानरूपी जाल को (वरं) श्रेष्ठ (णेयं) जानो, (कामदंती विघादणे) कामरूपी हाथी का घात करने में (णाणसीहो हि) ज्ञानरूपी सिंह ही (समत्थो) समर्थ है।

अर्थ—पंचेन्द्रियरूपी मच्छों को बांधने में ज्ञानरूपी जाल श्रेष्ठ जानो तथा कामरूपी हाथी का घात करने में ज्ञानरूपी सिंह ही समर्थ है।

व्याख्या—संसार में परिभ्रमण करते हुए मनुष्य भव पाना अत्यन्त कठिन है। निगोद से निकलकर स्थावर, स्थावरों से त्रस और त्रसों में भी मनुष्य हो पाना अतिदुर्लभ है। मनुष्य भव पाकर भी आर्यक्षेत्र, उत्तम कुल, व्यवस्थित शरीर, श्रेष्ठ बुद्धि और जिनधर्म पाना उत्तरोत्तर दुर्लभ है।

यह मानव तन और व्यवस्थित जीवन पाकर भी यदि इसे विषय-कषायों में खो दिया तो आत्महित कब होगा। आत्मसिद्धि के लिए सम्यग्ज्ञान की प्राप्ति परम आवश्यक है, क्योंकि ज्ञानरूपी जाल में ही पंचेन्द्रियरूपी मच्छों को फँसाया जा सकता है। अर्थात् ज्ञानस्वरूपी निजात्मा का आलम्बन लेकर ही इन्द्रिय-विषयों के आकर्षण से बचा जा सकता है। इन्द्रियों को जीतने का इससे श्रेष्ठ कोई उपाय नहीं है। समयसार (31) में कहा है कि 'इन्द्रिय विजयी वह है, जो इन्द्रियों को जीतकर अपने ज्ञानस्वरूप आत्मा को उनसे अधिक जानता है।

कामरूपी हाथी का घात करने में ज्ञानरूपी सिंह ही समर्थ है। ज्ञान के अभाव में जबरदस्ती तो हो सकती है, पर विकारों का नाश नहीं हो सकता और जब तक विकारों का अभाव नहीं होता, तब तक कर्मों का संवर भी नहीं होता। आचार्य पूज्यपाद ने समाधितंत्र में कहा है—

सर्वेन्द्रियाणि संयम्य, स्तिमितेनान्तरात्मना।
यत्क्षणं पश्यतो भाति, तत्तत्वं परमात्मनः॥30॥

सभी इन्द्रियों को संयमित करके, अन्तरात्मा में स्थित होकर जो देखा जाता है, वह परमात्म तत्त्व है।

जीव यदि अपने ज्ञानस्वभाव में ही स्थित रहने का प्रयत्न करे तो निश्चित ही संवर होता है। यह ज्ञान अत्यन्त धीर और उदात्त है, जो कि अनादिकाल से अनेक

ज्ञेयों को जानता हुआ भी, न तो उन्हें स्व-रूप करता है और न स्वयं को पररूप करता है। 'धीरोदात्तज्ञानरूपोऽहम्' ॥29॥

संवर के साधन

कसाओ णाणदो णत्थि, जप्पादो णत्थि पावगं।
मोणादो कलहो णत्थि, णत्थि जागरदो भयं॥30॥

अन्वयार्थ—(णाणदो) ज्ञान से (कसाओ) कषाएँ (णत्थि) नहीं होतीं, (जप्पादो) जाप से (पावगं) पाप (णत्थि) नहीं होते (मोणादो) मौन से (कलहो णत्थि) कलह नहीं होती, (जागरदो भयं) जागने से भय (णत्थि) नहीं होता।

अर्थ—ज्ञान से कषाएँ नहीं होती, जाप से पाप नहीं होते, मौन से कलह नहीं होती तथा जागने से भय नहीं रहता है।

व्याख्या—जब तक यह जीवात्मा स्व-पर भेदविज्ञानरूप ज्ञान प्राप्त नहीं करता ,तब तक ही कषायों में स्वामित्व कर काषायिक भावों सहित प्रवृत्ति करता है। किन्तु जब यह जीव वस्तुतत्त्व को भली प्रकार जान लेता है, तब कदाचित् अप्रत्यख्यानादि जनित कषाय भाव हो भी जाए ,तो भी उसमें स्वामित्व नहीं करता है। अतः ज्ञान से कषाएँ नहीं होती हैं। यह संसार का श्रेष्ठतम साधन है। 'ज्ञानस्वरूपोऽहम्।'

णमोकार महामंत्र, ॐ ह्रीं नमः, ॐ ह्रीं अर्हं असिआउसा नमः, ज्ञानानंद स्वरूपोऽहम्, चिच्चमत्कार स्वरूपोऽहं इत्यादि मंत्रों का जाप्य करने से मन, वचन, काय की शुभता बनी रहती है। यह शुभ योग पुण्यकर्म का आस्रव कराता है। अतः जाप्य करते हुए साधक के पाप नहीं होता हैं। आत्म तल्लीनता से पुण्य-पाप दोनों नहीं होते, अपितु शुद्धोपयोग होता है। 'शांतस्वरूपोऽहम्।'

मौन से कलह नहीं होता। जब किसी प्रकार का वचनोच्चारण ही नहीं होगा, तब कलह के लिए जगह किधर है। कलह तो कषायादि से आविष्ट वचनों से होती है। इसलिए 'मौन को सब प्रयोजनों को सिद्ध करने वाला भी कहा जाता है। मौन अत्यन्त शांति और निराकुलता प्रदान करता है। मौन रहने वाले साधक से कोई निंदक इतना ही कहेगा कि इसे कुछ नहीं आता' किन्तु इससे मौनी का कुछ भी नहीं बिगड़ता है। 'मौनस्वरूपोऽहम्'।

जागते रहने से भय नहीं होता। गृहस्थों को भय रहता है कि वे यदि सो गए तो चोरी हो सकती, कोई शत्रु अनर्थ कर सकता है अथवा कोई अवसर चूक सकते हैं, किन्तु यथोचित जागते रहने से भय नहीं रहता। साधुओं को भय रहता है कि वे यदि सो गए तो व्रतों में दोष लग सकता है, ध्यान- अध्ययन में बाधा पड़ सकती है अथवा अकस्मात् कोई बाधा हो सकती है, किन्तु जागृत रहने से कोई भय नहीं रहता है। 'जागृतस्वरूपोऽहम्' ॥30॥

संवर का अमोघ उपाय

राय-दोसा दुवे पावा, सव्व-पावप्पवत्तणे।
जो सुही रुंधदि दोण्णि, तिलोए सो ण हिंडदे ॥31॥

अन्वयार्थ—(राय-दोसा दुवे पावा) राग-द्वेष दो पाप (सव्व-पावप्पवत्तणे) सभी पापों में प्रवृत्ति कराने वाले हैं (जो) जो (सुही रुंधदि दोण्णि) सुधी दोनों को रोक देता है (सो) वह (तिलोए) तीन लोक में (ण हिंडदे) नहीं भटकता।

अर्थ—राग व द्वेष ये दो पाप, सभी पापों में प्रवृत्ति कराने वाले हैं, जो सुधी इन दोनों को रोक देता है वह तीन लोक में नहीं भटकता।

व्याख्या—प्रायः समस्त संसारी जीव पापों से ग्रसित हैं। यह जीव अनादिकाल से राग-द्वेष रूप पापों के वश में होकर सभी पापों में प्रवृत्ति करता है। हिंसा, झूठ, चोरी, कुशील व परिग्रह आदि जो भी पाप हैं, वह राग-द्वेष से ही होते है। इन दोनों में राग-द्वेष मुख्य है, क्योंकि जहाँ राग होता है, वहाँ द्वेष अवश्य होता है। जैसा कि ज्ञानार्णव में कहा है—

यत्र रागः पदं धत्ते, द्वेषं तत्रेति निश्चयः।
उभावेतौ समालम्ब्य, विक्रमत्यधिकं मनः॥

जो वस्तु जैसी है वैसी ही है अथवा जिसका जैसा परिणमन होना है, सो होता है; ऐसी समझरूप भेदज्ञान के बल से जो इन दोनों पापों को रोक देता है, वह बुद्धिमान कर्मों का संवर करता है। बार-बार संवरभावना का चिंतन अवश्य करना चाहिए। ऐसा करने से कर्मों का संवर होगा, संवर से निर्जरा और निर्जरा से मोक्ष होगा। 'रागद्वेषवर्जितसंवर-स्वरूपोऽहम्' ॥31॥

निर्जरा भावना

कम्माणं सडणं णेयं, तवेण संवरेण य।
वेरग्ग सम्मजुत्तस्स, णिज्जरा होदि उत्तमा ॥32॥

अन्वयार्थ—(कम्माणं सडणं) कर्मों का गलना (निर्जरा) (णेयं) जानो, (उत्तमा) उत्तम (णिज्जरा) निर्जरा (तवेण य संवरेण) तप से और संवर से (वेरग्ग-सम्मजुत्तस्स) वैराग्य व सम्यक्त्व युक्त जीव के (होदि) होती है।

अर्थ—कर्मों का गलना निर्जरा है। वह उत्तम निर्जरा तप से और संवर से वैराग्य व सम्यत्वक्युक्त जीव के होती है।

व्याख्या—जैसे किसी मनुष्य को अजीर्ण दोष से मलसंचय हो जावे तो वह भोजन को छोड़कर, उदराग्नि को तीव्र करने वाले हरड़ (हरीतिका), हींग अथवा गर्म दूध में थोड़ा एरण्ड (अंडी) का तेल मिलाकर लेना, आदि औषधियों का सेवन करके स्वस्थ होता है। वैसे ही अनादि कर्मबंधन से बद्ध कोई जीव सम्यग्ज्ञान के बल

से कर्मों (विकारों) के संचय को जानकर मिथ्यात्व, कषाय आदि का निरोधकर, औषध के रूप में समता-भाव,ध्यानादि कर्म मल को पचानेवाली औषध को ग्रहणकर स्वस्थ होता है अर्थात् कर्ममल को गला (सड़ा) कर आत्मस्थ होता है। इस कर्म झड़ने की पद्धति को ही सर्वज्ञदेव निर्जरा कहते हैं।

निर्जरा दो प्रकार की है—1. सविपाक निर्जरा, 2. अविपाक निर्जरा। जो कर्म जिस स्थिति व अनुभाग को लेकर बंधा है, उसका उतने काल के बाद स्वतः गल जाना अर्थात् फल देकर झड़ जाना सविपाक निर्जरा है। यह निर्जरा प्रत्येक संसारी जीव को निरंतर होती है, किन्तु इस बंधपूर्विका निर्जरा से जीवों का कुछ भी हित नहीं सधता।

जो कर्म जिस स्थिति (कालमर्यादा) को लेकर बंधा है, उसे तप-संयम, आत्मस्थिरतारूप तपन आदि के माध्यम से उस समय के पूर्व ही नष्ट कर देना, उसकी उदीरणा कर देना अविपाक निर्जरा है। यह निर्जरा असंयत सम्यक्दृष्टि आदि गुणस्थानों में क्रमशः बढ़ती हुई होती है। मोक्षमार्ग में यही निर्जरा उपादेय भूत है। यह निर्जरा रत्नत्रय सहित तप से मुख्यरूप से होती है। आत्मस्वरूप में प्रतपन (तल्लीनता) ही वस्तुतः तप है। बाह्य साधना मात्र तप नहीं है। तप के मूलतः दो भेद हैं—1. अंतरंग तप, 2. बाह्य तप।

जो बाह्य में प्रदर्शित न हों अथवा लौकिकजनों द्वारा न पाले (देखे) जाते हों, वे अंतरंग तप हैं। इसके छह भेद हैं—1. प्रायश्चित, 2. विनय, 3. वैयावृत्य, 4. स्वाध्याय, 5. व्युत्सर्ग और 6. ध्यान।

जो बाह्य में प्रदर्शित हों अथवा लौकिक जनों द्वारा देखें (पाले) जाते हों, वे बाह्य तप हैं। इसके भी छह भेद हैं—1. अनशन, 2. अवमौदर्य, 3. वृत्तिपरिसंख्यान, 4. रसपरित्याग, 5. विविक्तशय्यासन और 6. कायक्लेश। सम्यग्दृष्टि के बाह्य तप अंतरंग विशुद्धि में कारण होते हैं। मिथ्यादृष्टि तो केवल मनमाने ढंग से तप करता रहता है, उसे परिणामों की कुछ भी समझ नहीं होती है। 'अंतरंग-बाह्यतपसंयुक्ततज्ञान स्वरूपोऽहम्' ॥32॥

निर्जरा का स्वामी

एगल्लो णिप्पिहो संतो, पाणिपत्ती दियंबरो।
झाण-ज्झयण संपण्णो, साहू करोदि णिज्जरं॥33॥

अन्वयार्थ—(एगल्लो) एकाकी (णिप्पिहो) निस्पृह (संतो) शांत (पाणिपत्ती दियंबरो) पाणीपात्री दिगम्बर (झाण-ज्झयण संपण्णो) ध्यान-अध्ययन संपन्न (साहू) साधु (णिज्जरं) निर्जरा (करोदि) करता है।

अर्थ—एकाकी, निस्पृह, शांत, पाणीपात्री, दिगम्बर तथा ध्यान-अध्ययन संपन्न साधु निर्जरा करता है।

व्याख्या—मूलत: निर्जरा का अधिकारी कौन है? इस प्रश्न के उत्तर में यहाँ कुछ विशेषण देते हुए कहा है कि इन विशेषणों से युक्त साधु निर्जरा करता है।

कुटुंब-परिवार आदि सम्बन्धों से रहित, चतुर्विध संघ के बीच में रहता हुआ भी निरंतर एकत्व-विभक्त निजात्मा का अवलंबन लेने वाला सम्यग्दृष्टि साधु एकाकी है। निस्पृह-धन-धान्यादि, वस्त्र-गृहादि, शिष्य-भक्तादि, ख्याति-पूजादि की स्पृहा (इच्छा) से रहित। शांत-विषय कषायों से रहित अत्यन्त शांत। पाणिपात्री-समस्त भाजनों (पात्रों) का त्यागकर हस्तपुट (अंजुलि) में एक बार दिन में खड़े होकर व्यवस्थित रीति से आहार करने वाला।

समस्त परिग्रहों का त्यागी होने से जिसने सभी प्रकार के वस्त्रों का भी त्याग कर दिया है अथवा दिशाएँ ही जिसके वस्त्र हैं, ऐसे यथाजात बालक सदृश साधु दिगम्बर हैं। ये केशलोंच, अस्नान तथा अहिंसादि महाव्रतों से संयुक्त होते हैं। ऐसे वीतरागी संतों की वेद-पुराण तथा गीता-कुरान में भी प्रशंसा की गयी है।

जो निस्परिगृही होता है, वही सच्चे ध्यान-अध्ययन से संपन्न हो सकता है। परिग्रही को ध्यान की विशेषता संभव नहीं है। ध्यान-अध्ययन को आचार्य कुन्दकुन्द देव ने साधु का विशेष गुण कहा है। इन गुणों से युक्त साधु ही वस्तुत: कर्मों की निर्जरा करता है, अन्य नहीं। कर्म-निर्जरार्थी को इन गुणों की प्राप्ति, वृद्धि व स्थिरता का अभिलाषी होना ही चाहिए। 'एकाकी-निस्पृह-शांत-शुद्धात्म-ध्यान संपन्नोऽहम्' ॥33॥

दु:खों का नाश कौन करता है?

जुत्ताहार-विहारस्स, जुत्तचेट्ठस्स कम्मसु।
जुत्तणिद्दाव-बोहस्स, जोगो होदि दुहंतगो ॥34॥

अन्वयार्थ—(जुत्ताहार-विहारस्स) युक्ताहार विहार वाले का (जुत्तचेट्ठस्स कम्मसु) कार्यों में योग्य चेष्टा करने वाले का (जुत्तणिद्दाव-बोहस्स) योग्य निद्रा व जागने वाले का (जोगो) योग (दुहंतगो) दु:खों का नाशक (होदि) होता है।

अर्थ—युक्ताहार विहार वाले का, कर्त्तव्यों में योग्य चेष्टा करने वाले का योग्य निद्रा व जागने वाले का योग दु:खों का नाशक होता है।

व्याख्या—आकुलता ही दु:ख है। यदि युक्ताहार-विहार, कर्त्तव्यों का पालन, निद्रा व जागरण नहीं किया जाता है, तो आकुलता की संभावना रहती है और आकुलता ही दु:ख है। प्रवचनसार में कहा है—

इह लोग णिरावेक्खो, अप्पडिबद्धो परम्मि लोगम्मि।
जुत्ताहार-विहारो, रहिदकसाओ हवे समणो ॥226॥

जो इस लोक में निरपेक्ष, परलोक में अप्रतिबद्ध, युक्ताहार-विहार वाला तथा कषायों से रहित है, वह श्रमण है।

युक्त अर्थात् प्रयत्नरत अथवा योगरत। युक्त का आहार युक्ताहार तथा युक्त का गमन युक्तविहार है। इस तरह प्रयत्न पूर्वक आगमानुसार आहार-विहार करने वाले, कर्त्तव्यों का यथायोग्य पालन करने वाले तथा योग्य निद्रा लेकर सदा जागृत रहने वाले श्रमण की साधना, योगी का योग समस्त दुःखों को नाश करने वाला होता है। 'शुद्धोपयोग-युक्तोऽहम्' ॥34॥

कर्म कैसे नष्ट होते है

सुदज्झाणं च साहूसु, विप्फुरदि जहा-जहा।
तहा-तहा विणस्सेदि, कम्मट्ठ-पुंज णिच्चयं॥35॥

अन्वयार्थ—(सुदज्झाणं च साहूसु) साधुओं में श्रुत व ध्यान (जहा-जहा) जैसे-जैसे (विप्फुरदि) स्फुरित होता है, (तहा-तहा) वैसे-वैसे (कम्मट्ठ-पुंज) आठ कर्मों का समूह (णिच्चयं) निश्चित ही (विणस्सेदि) विनाश को प्राप्त हो जाता है।

अर्थ—साधुजनों में जैसे-जैसे श्रुतज्ञान और ध्यान स्फुरित होता है, वैसे-वैसे आठ कर्मों का समूह निश्चित ही विनाश को प्राप्त हो जाता है।

व्याख्या—आत्मस्वरूप की आराधना करने वाले मुनिराजों में ज्यों-ज्यों श्रुतज्ञान बढ़ता है, त्यों-त्यों भेद-भावना में विशेषता आती है। प्रायः सर्वज्ञदेव की वाणी से आए हुए शास्त्रज्ञान को श्रुतज्ञान कहा जाता है, किन्तु यहाँ अभिप्राय उस श्रुत की भाव-भासना से भी है। क्योंकि यदि भाव-भासना सहित ज्ञान है, तो अष्टप्रवचन मातृका के ज्ञान वाला साधु भी केवलज्ञान प्राप्त कर सकता है। जबकि भाव-भासना से रहित ग्यारह अंग नौ पूर्व का ज्ञान भी केवलज्ञान प्राप्त नहीं करा सकता।

जैसे-जैसे श्रुतज्ञान की भावना बढ़ती है, वैसे-वैसे ध्यान में स्थिरता आती है, आत्म-संवेदन स्फुरित होता है। जैसे-जैसे आत्म-संवेदन की काल-मर्यादा बढ़ती है, वैसे-वैसे ज्ञानावरणी, दर्शनावरणी, वेदनीय, मोहनीय, आयु, नाम, गोत्र व अंतराय ये आठ कर्म प्रभेद सहित विनाश को प्राप्त होते जाते हैं। 'श्रुत-ध्यानसहितोऽहम्' ॥35॥

लोक भावना

रज्जू चोद्दस उत्तुंगो, पुरिसायार-सुट्ठिदो।
अणाहि-णिहणो लोगो, छ दव्वेहिं च संजुदो॥36॥

अन्वयार्थ—(चोद्दस रज्जू उत्तुंगो) चौदह राजू ऊँचा (पुरिसायार-सुट्ठिदो) पुरुषाकार रूप से सुस्थित (अणाहि-णिहणो) अनादि-निधन (च) और (छ दव्वेहिं)

छह द्रव्यों से (संजुदो) संयुक्त (लोगो) लोक है।

अर्थ—यह लोक चौदह राजू ऊँचा पुरुषाकार रूप से सुस्थित अनादि-निधन और छह द्रव्यों से संयुक्त है।

व्याख्या—जहाँ पर जीवादि छह द्रव्य देखे जाते हैं, उसे लोक कहते हैं। जीव, पुद्गल, धर्म, अधर्म, आकाश व काल ये छह द्रव्य सम्पूर्ण लोक में व्याप्त हैं। ऊर्ध्व, अधो व मध्य से भाजित होने के कारण लोक त्रिलोक अथवा तीन लोक कहलाता है।

यह लोक कमर पर हाथ रखकर, पैरों को फैलाकर खड़े हुए पुरुष के समान है। धनोदधि वातवलय, घन वातवलय तथा तनु वातवलय रूप तीन वलयों से घिरा हुआ यह लोक नीचे से ऊपर चौदह राजू ऊँचा है। विस्तार में सबसे नीचे सात राजू, ऊपर की ओर घटते हुए मध्यलोक की संधि पर एक राजू, फिर बढ़ते हुए ब्रह्मस्वर्ग की संधि पर पाँच राजू, उसके ऊपर घटते हुए सिद्धलोक पर एक राजू विस्तृत है। लोक के बीचों-बीच चौदह राजू ऊँची तथा एक राजू विस्तार वाली त्रसनाली है। इसके बाहर त्रस जीव नहीं पाए जाते। इसलिए इसे त्रसनाली कहते हैं।

यह लोक अनादि—निधन है अर्थात् न तो इसे किसी ने बनाया ही है और न ही कोई इसका नाश ही कर सकता है। यह छह द्रव्यों से स्वयं व्यवस्थित है। जिन क्षेत्रों में काल परिवर्तन होता है, वहाँ हीनाधिकता अथवा उत्पाद-व्यय स्पष्टतया देखा जाता है, तो भी वह स्व-व्यवस्थित है, किसी के द्वारा किया गया नहीं।

न तो इसे किसी विष्णु आदि ने बनाया है और न ही शेषनाग अथवा कच्छप आदि पर अवस्थित है, अपितु वातवलयों के आधार से इस लोक की अवस्थिति है। शरीर में स्थित जीव निज चिल्लोक है, अतः इसकी निरंतर भावना करनी चाहिए। 'निज चिल्लोक स्वरूपोऽहम्' ॥36॥

कर्मवश जीव लोक में भटकते हैं

तिरिए णर-देवे य, णिरयगदि-संजुदे।
लोए भमंति कम्मेहिं, जीवा किलेसमाणा हि॥37॥

अन्वयार्थ—(तिरिए णर-देवे) तिर्यंच, मनुष्य, देव (य) और (णिरयगदि-संजुदे) नरकगति संयुक्त (लोए) लोक में (कम्मेहिं) कर्मों से (किलेसमाणा) दुःखी होते हुए (जीवा) जीव (भमंति) भटकते हैं।

अर्थ—तिर्यंच, मनुष्य, देव और नरकगति संयुक्त लोक में कर्मों से दुःखी होते हुए जीव भ्रमण करते हैं।

व्याख्या—संसारी जीव मुख्यतः चार गतियों में विभक्त हैं—1. तिर्यंचगति, 2. मनुष्यगति 3. देवगति तथा 4. नरकगति। तिर्यंचगति की बासठ लाख, मनुष्यगति की चौदह लाख, देवगति की चार लाख तथा नरकगति की चार लाख, इस प्रकार

संसारी जीवों की कुल चौरासी लाख योनियाँ हैं। जीव कुलों की अपेक्षा एक सौ साढ़े निन्यानवें लाख करोड़ प्रकार के हैं। इन विभिन्न गतियों, योनियों तथा कुल-कोटियों में ये जीव ज्ञानावरणादि कर्मों के वशीभूत होकर भ्रमण करते हैं।

लोक का निचला आधा भाग अर्थात् सात राजू लोक अधोलोक कहलाता है। यहाँ सात नरक भूमियाँ अवस्थित हैं। पहली भूमि के तीन भाग हैं। जिसके पहले खर भाग में नौ प्रकार के भवनवासी तथा सात प्रकार के व्यंतरों का निवास है, दूसरे पंक भाग में भवनवासी के असुर कुमारों तथा व्यंतरों के राक्षस जाति के देवों का निवास है। तीसरे अब्बहुल भाग में नारकी जीव है। क्रमशः दूसरी से सातवीं पृथ्वी तक नारकी जीव रहते हैं। उसके नीचे एक राजू प्रमाण कलकल भूमि में अनंतानंत निगोदिया जीव एक श्वास में अठारह बार जन्म-मरण करते हुए अवस्थित हैं।

लोक के उपरले सात राजू क्षेत्र को ऊर्ध्वलोक कहते हैं। यहाँ ऊपर-ऊपर की तरफ देवों के विमान हैं। देवों का सर्वोच्च विमान सर्वार्थसिद्धि क्षेत्र है, उसके ऊपर सिद्धक्षेत्र है। सिद्धलोक में अनंतानंत सिद्ध जीव स्वभाव में स्थित विराजमान हैं।

अधो व ऊर्ध्वलोक की संधि में स्थित एक लाख योजन प्रमाण मोटे तथा एक राजू विस्तृत क्षेत्र को मध्यलोक कहते है। मध्यलोक में सभी प्रकार के तिर्यंच तथा मनुष्य रहते हैं। एकेंद्रिय तिर्यंच तो सम्पूर्ण लोक में व्याप्त हैं, किन्तु द्विन्द्रियादि तिर्यंच तथा सभी मनुष्य मध्यलोक में ही पाए जाते हैं।

मध्यलोक के असंख्यात द्वीप-समुद्रों में मनुष्यों की अवस्थिति केवल प्रारंभ के ढ़ाई-द्वीपों में ही पाई जाती है। शेष सभी द्वीपों में जघन्य भोगभूमि जैसी रचना है, जहाँ विकलत्रयों के अलावा तिर्यंच पशु पाए जाते हैं। अंतिम स्वयंभूरमण द्वीप के उस तरफ वाले आधे द्वीप तथा सम्पूर्ण समुद्र में कर्मभूमियाँ सदृश तिर्यंच पाए जाते हैं। जिनमें असंख्यात तिर्यंच सम्यग्दृष्टि व देशव्रती हैं।

जब तक यह जीव आदि मध्य व अंत रहित, शुद्ध-बुद्ध एक स्वभाव वाले, आनंदमय निज चिल्लोक को नहीं जानता, नहीं अनुभवता है; तब तक अनंत दुःखों को भोगता हुआ इस विस्तृत संसार में परिभ्रमण करता है। यदि यह जीव दुःखों से बचना चाहता है, तो स्व-रूप को जानकर उसमें ही अवस्थित होना चाहिए। स्व-रूप मय निज चित् लोक अनंत गुणों का गोदाम, कषायादि से रहित परमानंद स्वरूप है, शाश्वत शरणभूत है। इस शाश्वत निजात्मा की शरण ही जीव को स्थायी रूप से संसार परिभ्रमण से बचा सकती है। 'चतुर्गतिभ्रमणरहित ज्ञानस्वरूपोऽहम्' ॥37॥

बोधिदुर्लभ भावना

णिगोदे वियलेसु य, गदो कालो अणंतिमो।
सुकुलं माणुसत्तं च, पत्तं ण बोहिदुल्लभा॥38॥

अन्वयार्थ—(णिगोदे) निगोद में (वियलेसु) विकलत्रयों में (य) तथा अन्य पर्यायों में [इस जीव निश्चित ही] (अणंतिमो) अनंत (कालो) काल (गदो) बीत गया [पर इसने] (सुकुलं माणुसत्तं) सुकुल मानुषत्व (च) और (दुल्लभा) दुर्लभ (बोहि) बोधि को (ण) नहीं (पत्तं) पाया।

अर्थ—निगोद में, विकलत्रयों में तथा अन्य पर्यायों में इस जीव का निश्चित ही अनंत काल बीत गया, पर इसने सुकुल, मानुषत्व और बोधि को नहीं प्राप्त किया।

व्याख्या—सामान्यतः ज्ञान को बोध कहते है तथा विशेषतः भेद-विज्ञान को बोधि कहते है। ज्ञान और भेदविज्ञान में बड़ा अंतर है। ज्ञान तो संसार के समस्त जीवो में हीनाधिक रूप में रहता ही है, क्योंकि ज्ञान जीव का स्वभाव (लक्षण) है। किन्तु भेदविज्ञान पंचेन्द्रिय संज्ञी भव्य विवेकी जीवों को ही होता है। भेद-विज्ञान होने का अर्थ है सम्यग्दर्शन की प्राप्ति। सम्यग्दर्शन की प्राप्ति से जीव का संसार-सागर चुल्लू भर बचता है।

बोधिलाभ सम्यग्दर्शन से भी आगे की बात है। बोधि का अर्थ है—सम्यग्दर्शन, सम्यग्ज्ञान तथा सम्यक्चारित्र रूप रत्नत्रय की प्राप्ति। रत्नत्रय की आराधना कर जीव थोड़े ही भवों में संसार से पार हो जाता है। इस प्रकार की बोधि-अत्यन्त दुर्लभ है। वह उपलब्ध कैसे हो? बोधिदुर्लभ भावना में इस बात का विचार किया जाता है।

चतुर्गतिरूप संसार के निगोद शरीरों में ही इस जीव का अनंत काल बीता है। निगोद से निकलकर स्थावरों तथा स्थावरों से निकलकर त्रसकायों में जन्म पाना अति दुर्लभ है।

आचार्य पूज्यपाद ने सर्वार्थसिद्धि (9/7) की टीका में लिखा है कि बालू के समुद्र में गिरी हुई रत्नकणिका को पुनः प्राप्त करना जितना कठिन है, उससे भी कठिन है स्थावरों से निकल कर त्रस होना। त्रसों में पंचेन्द्रिय संज्ञी पर्याय प्राप्त करना, गुणों में कृतज्ञता गुण की प्राप्ति के समान अत्यन्त कठिन है। उसमें भी मनुष्य भव पाना वैसे ही है, जैसे चौराहे पर रखा हुआ रत्नों का ढेर पाना। मानव तन पाकर आर्य देश, व्यवस्थित राज्य, श्रेष्ठ कुल, सांगोपांग निरोग शरीर, तीक्ष्ण बुद्धि, सच्चे देव-शास्त्र-गुरु तथा व्रतों में आदर भाव होना अत्यन्त कठिन है।

वीतरागी मुनियों से उपदेश प्राप्तकर व्रत प्राप्त करना दुर्लभ है और व्रत प्राप्त भी हो जाएँ तो उनका निरतिचार पालन होना कठिन है। श्रेणी आरोहण कर केवलज्ञान प्राप्त करना महादुर्लभ है। केवलज्ञान से मोक्ष की प्राप्ति अनिवार्यतः होती है। आत्मस्वरूप का लक्ष्य रखकर यह सब सिद्ध किया जा सकता है। अत्यन्त सुलभ है निजानुभव, यदि लक्ष्य किया जावे। 'अत्यन्त-सुलभ-स्वरूपोऽहम्' ॥38॥

संसार में रत्नत्रय ही सारभूत है

ण किंपि दिस्सदे सारं, संसारे य विणस्सरे।
मुत्ता तिरयणं मोक्खं, दिट्ठम्मि णाण चक्खुणा ॥39॥

अन्वयार्थ—(णाणचक्खुणा) ज्ञानचक्षु से (दिट्ठम्मि) देखने पर (तिरयणं) रत्नत्रय (य) और (मोक्खं) मोक्ष को (मुत्ता) छोड़कर (विणस्सरे) विनश्वर(संसारे) संसार में (किंवि) कुछ भी (सारं) सार (ण) नहीं (दिस्सदे) दिखता है।

अर्थ—ज्ञान चक्षु से देखने पर रत्नत्रय और मोक्ष को छोड़कर विनश्वर संसार में कुछ भी सार नहीं दिखता है।

व्याख्या—द्रव्यों में धर्म, अधर्म, आकाश व काल की केवल अर्थ पर्याएँ ही होती है। जबकि जीव, पुद्गल में अर्थ-व्यंजन के अलावा समान जातीय तथा असमान जातीय पर्याएँ भी होती हैं। शुद्ध जीव तथा पुद्गल में केवल शुद्ध व समानजातीय पर्याएँ ही होती हैं। जबकि अशुद्ध दशा में असमान जातीय पर्यायें होती हैं।

ज्ञाननेत्र से देखने पर पर्याय रूप से कुछ भी शाश्वत नहीं है। शुद्ध जीव द्रव्य की समानजातीय पर्याएँ दुःखदायक न होने से तथा अशुद्ध रूप परिणमित न होने से कथंचित सारभूत कही हैं। रत्नत्रय मोक्ष का साधन तथा जीव का निजी गुण होने से सारभूत कहा है।

संसार में धन-वैभव, स्त्री-पुत्रादि, राज्य-सम्पदा आदि भौतिक संयोग यदि शाश्वत व सारभूत होते तो तीर्थंकर जैसे महापुरुष क्यों इसका त्याग करते। वस्तुतः रत्नत्रय ही सारभूत तथा निजात्मा का गुण है, और वह रत्नत्रय ही मोक्ष का अर्थात् असमानजातीय पर्यायों से मुक्त होने का साधन है।

असमान जातीय पर्याय का अर्थ जीव तथा पुद्गल की मिली हुई पर्याय है। ये पर्याएँ संसारदशा में ही संभव है, मुक्तदशा में तो जीव की समानजतीय अर्थात् निजी पर्याएँ होती हैं। अतः मुक्ति प्राप्ति का प्रयत्न करना चाहिए। 'रत्नत्रय-स्व-रूपोऽहम्' ॥39॥

रत्नत्रय से मुक्ति होती है

सम्मत्ता दुग्गदि-णासो, णाणादो कित्ति-विस्सुदं।
चरित्तादो पुज्जदा य, तीहिं च मुंचीअदि ॥40॥

अन्वयार्थ—(सम्मत्ता दुग्गदि-णासो) सम्यक्त्व से दुर्गति का नाश (णाणादो कित्ति-विस्सुदं) ज्ञान से विश्रुत कीर्ति (चरित्तादो पुज्जदा य) चारित्र से जग में पूज्यता (च) तथा (तीहिं) तीनों की एकता से (मुंचीअदि) विमुक्त होता है।

अर्थ—सम्यक्त्व से दुर्गति का नाश, ज्ञान से विश्रुतकीर्ति, चारित्र से जगत में

पूज्यता तथा तीनों की एकता से यह जीव मुक्त होता है।

व्याख्या—सम्यग्दर्शन प्राप्त कर लेने से यह जीव दुर्गतियों में नहीं जाता है। जैसा कि वादीभ-केशरी आचार्य समंतभद्र ने रत्नकरण्ड श्रावकाचार में लिखा है—

सम्यग्दर्शन-शुद्धाः नारकतिर्यङ्-नपुंसक-स्त्रीत्वानि।
दुष्कुल-विकृताल्पायुः दरिद्रतां च व्रजन्ति नाप्यव्रतिकाः ॥35॥

अर्थात् सम्यग्दर्शन से शुद्ध जीव नरक, तिर्यंच, नपुंसक, स्त्रीवेदी, दुष्कुल, विकृतांग, अल्पायु तथा दरिद्रकुलों में अव्रती होने पर भी जन्म नहीं लेता।

यदि आयु बंध करने के बाद सम्यग्दर्शन प्राप्त किया है, तो ऐसा जीव प्रथम नरक तक, भोगभूमियाँ तिर्यंच अथवा मनुष्यों में जाता है। किन्तु यदि सम्यग्दर्शन दृढ़ रहा तो वह थोड़े ही भवों में मुक्त हो जाता है।

ज्ञान से संसार-व्यापी कीर्ति होती है। एक प्रसिद्ध लोकोक्ति है—

'स्वदेशे पूज्यते राजा, विद्वान् सर्वत्र पूज्यते' अर्थात् राजा तो अपने राज्य में ही पूजा जाता है, जबकि विद्वान सर्वत्र पूजा जाता है। आचार्य माणिक्यनंदी ने परीक्षामुख 1/2 में लिखा-'हिताहितप्राप्ति परिहार समर्थं हि प्रमाणं ततो ज्ञानमेव तत्। अर्थात् हित की प्राप्ति तथा अहित का परिहार करने में जो समर्थ है, वह प्रमाण है; ऐसा तो ज्ञान ही है, इसलिए ज्ञान ही प्रमाण है।

जिससे आत्महित न हो उस ज्ञान को यहाँ प्रमाणभूत नहीं माना है। आचरण व आत्मानुभव के बिना ज्ञानाभ्यास तथा प्रवचनादि करना मात्र मुख की खुजली मिटाना है। अतः ज्ञानार्जन-प्रवचन आत्कल्याणार्थ होना चाहिए।

चारित्र से जगत में पूज्यता होती है। चारित्र का अर्थ है अनाकुलता- वीतरागता। पंचमहाव्रतादि धारण कर आत्मलीन होना ही श्रेष्ठ चारित्र है। इन तीनों अर्थात् सम्यग्दर्शन, सम्यग्ज्ञान तथा सम्यक्चारित्र की एकता से जीव संसार से मुक्त हो जाता है। 'विमुक्त-स्वरूपोऽहम्' ॥40॥

अश्रद्धानी नाश को प्राप्त होता है

मूढो असद्दहाणी य, संसयप्पा विणस्सदि।
णायं लोगो परो णत्थि, सुहं च संकियत्तणं ॥41॥

अन्वयार्थ—(मूढो) मूढ़ (असद्दहानी) अश्रद्धानी (य) और (संसयप्पा) संशयालु (विणस्सदि) विनाश को प्राप्त होता है (संकियत्तणं) संशयात्मा को (णायं लोगो परो णत्थि सुहं च) न यह लोक और न परलोक सुखकर है।

अर्थ—मूढ़, अश्रद्धानी और संशयालु व्यक्ति विनाश को प्राप्त होता है। संशयात्मा को न यह लोक सुखकर होता है और न ही परलोक ।

व्याख्या—पढ़कर-लिखकर भी अविवेकी, योग्य-अयोग्य को न समझने वाला अथवा शास्त्र को जानकर या न जानकर मात्र लोकरूढ़ी का अनुगमन करने वाला व्यक्ति मूढ़ कहलाता है, यह मिथ्यात्वी ही होता है।

अश्रद्धानी अर्थात् मिथ्यादृष्टि। मिथ्यात्व अर्थात् विपरीत श्रद्धा। वस्तु-तत्त्व की सही समझ और श्रद्धान न होना ही मिथ्यात्व है। मिथ्यात्व के 1. गृहीत, व 2. अगृहीत ऐसे दो; 1. गृहीत, 2. अगृहीत, 3. संशय ऐसे तीन अथवा 1. विपरीत, 2. एकान्त, 3. विनय 4. संशय तथा 5. अज्ञान ऐसे पाँच भेद हैं।

गृहीत मिथ्यात्व वह कहलाता है जो खोटे देवशास्त्रगुरु के संसर्ग से तत्त्वों के प्रति अश्रद्धा अथवा विपरीत श्रद्धा बनी हुई है। अगृहीत मिथ्यात्व वह है, जिसमें शरीरादि के प्रति सहज एकत्वबुद्धि बनी रहती है। यह मिथ्यात्व जीवों का अनिष्ट करने वाला है। किन्तु यह स्वयं की विपरीत श्रद्धा से हुआ है, अतः इसे मिटाया जा सकता है।

संशयालु व्यक्ति बहुत जानकर भी संशय में रहता है, कि ऐसा है या नहीं। जैनधर्म को प्राप्तकर संयमादि का पालन करने वालों में भी ऐसे जीव रह सकते हैं। उनकी दृष्टि वस्तु-तत्त्व पर नहीं रहती। वे सात तत्त्व, छह द्रव्य आदि की चर्चा भले जोर-शोर से करते हों, पर उनके मन में यह बात बनी रहती है कि ऐसा है या नहीं? आत्मा है या नहीं? क्या आत्मा की स्वतंत्र सत्ता है? मुझे तो नहीं लगता कि ऐसी साधारण संसारी आत्माएँ भगवान बनती होगीं, भगवान जरूर कोई सर्वशक्तिमान होना चाहिए? इतने बड़े विश्व की रचना बिना बनाएँ कैसे हो सकती है? यदि संसारी जीव निरंतर मोक्ष जाते रहे तो संसारी खाली हो जाएगा? इत्यादि प्रकार के संशयवान मनुष्य को तो न यह लोक सुखकारी है और न ही परलोक सुखकारी है। अतः संशय बुद्धि त्यागना ही हितकारी है। 'सदानंदामूर्त्तस्वरूपोऽहम्' ॥42॥

प्रज्ञा-छैनी से आत्मा-अनात्मा की पृथकता

मोहोदएण जीवो हि, परदव्वेसु मोहदि।
पण्णाबलेण छेणि व्व, अप्पाणप्पा य भासदे॥42॥

अन्वयार्थ—(जीवो) जीव (मोहोदएण) मोह के उदय से (परदव्वेसु मोहदि) परद्रव्यों में मोहित होता है (हि) किन्तु (छेणि व्व) छैनी के समान (पण्णाबलेण) प्रज्ञाबल से (अप्पाणप्पा य भासदे) आत्मा और अनात्मा भासित होता है।

अर्थ— यह जीव मोह के उदय से परद्रव्यों में मोहित होता है, किन्तु छैनी के समान प्रज्ञाबल से आत्मा व अनात्मा में अंतर मालूम पड़ता है।

व्याख्या—बहिरात्मा जीव दर्शन मोहनीय कर्म के उदय से आत्मा-अनात्मा को न जानता हुआ स्वदेह, स्त्री पुत्रादि, धन-धान्यादि, दुःख-सुख आदि में एकत्व-

ममत्व धारण करता हुआ परद्रव्यों में आसक्त होता है। उनके अनुकूल-प्रतिकूल परिणमित होने पर सुख-दु:ख का वेदन करता है। देहादि के नाश को स्वयं का नाश मानता है। निज शाश्वत स्वरूप की इसे किंचित भी चिंता नही, समझ नहीं।

किन्तु, जैसे योग्य शिल्पी के परामर्श से पत्थर के बीच में पटकी हुई छैनी से पत्थर मूर्ति का रूप ले लेता है, वैसे ही आत्मार्थी सच्चे गुरुओं के उपदेश से प्रज्ञारूपी छैनी के बल से यह बहिरात्मा देह व आत्मा को पृथक-पृथक करके अंतरात्मा तथा परमात्मा होता है। आत्मा की ये तीन अवस्थाएँ समाधितन्त्र में भी बताई हैं—

बहिरन्तः परश्चेति, त्रिधात्मा सर्वदेहिषु।
उपेयात्तत्र परमं, मध्योपायाद् बहिस्त्यजेत् ॥4॥

अर्थात् बहिरात्मा, अन्तरात्मा तथा परमात्मा ये तीन प्रकार की आत्माएँ सर्वदेहधारियों में कही गयी हैं। उनमें परमात्मा उपादेय है, अंतरात्मा उपाय है तथा बहिरात्मा त्याज्य है।

आचार्य कुन्दकुन्द देव ने समयसार (296) में कहा है कि प्रज्ञारूपी छैनी के बल से जीव व बंध के लक्षणों को जानकर दोनों को पृथक करना चाहिए। फिर आगे शिष्य के यह पूछने पर कि 'आत्मा को कैसे ग्रहण करना?' तो उत्तर में कहा है कि जैसे प्रज्ञारूपी छैनी से दोनों को अलग किया है, वैसे ही प्रज्ञा से ग्रहण करना चाहिए। प्रज्ञारूपी छैनी से ही आत्मा-अनात्मा को अलग किया जाना संभव है, अन्य कोई मार्ग नहीं। 'प्रज्ञाछेत्री सहितोऽहम्' ॥42॥

आत्मध्यान किसे होता है

णिक्कसायस्स दंतस्स, सूरस्स समभाविणो।
संसार भयभीदस्स, अप्पज्झाणं सुहं हवे ॥43॥

अन्वयार्थ—(णिक्कसायस्स) निष्कषाय (दंतस्य) इन्द्रियों को जीतने वाले (सूरस्स) धैर्यवान, (समभाविणो) समभावी [तथा] (संसार भयभीदस्स) संसार से भयभीत के (अप्पज्झाणं) आत्मध्यान [और](सुहं) सुख (हवे) होता है।

अर्थ—निष्कषाय, इन्द्रियों को जीतने वाले, धैर्यवान, समभावी तथा संसार से भयभीत साधक के आत्मध्यान और सुख होता है।

व्याख्या—भेदविज्ञान के बल से कषायों को अपने स्वरूप से पृथक् जानकर जो निष्कषाय हुआ है, ज्ञानस्वभाव को इन्द्रियों से अधिक जानकर जिसने इन्द्रियों पर विजय प्राप्त की है, धैर्यवान, प्रत्येक स्थिति में साम्यभाव धारण करने वाले समभावी तथा संसार, शरीर, व भोगों से विरक्त अथवा जन्म, मरण व बुढ़ापा रूप संसार की दशाओं से भयभीत महानुभाव के आत्मध्यान होता है।

बृहद्द्रव्य संग्रह में आचार्य नेमिचन्द्र ने ध्यानकर्ता का लक्षण इस प्रकार लिखा है—

तव-सुद-वदवं चेदा, ज्झाण-रह-धुरंधरो हवे जम्हा।
तम्हा तत्तिय णिरदा, तल्लद्धीए सदा होह॥57॥

अर्थात् तप, श्रुत तथा व्रतों से युक्त साधक ध्यानरूपी रथ की धुरा को धारण करने में जिस कारण समर्थ होता है, उस कारण इनकी उपलब्धि करने के लिए सदा तत्पर होओ।

इस कथन से इतना तो पूर्णतः स्पष्ट है कि तप, श्रुत तथा व्रतों के सर्वथा अभाव में कोई भी आत्मध्यानी नहीं हो सकता है। अतः निज-निरंजन आत्मा के ध्यान की वांछा रखने वाले भव्यजीवों को तप, व्रत व श्रुत का जीवन में अभ्यास तथा वृद्धिंगत करने का पुरुषार्थ निरंतर करना चाहिए। बार-बार भोजन-पानी ग्रहण करके शरीर को सुखिया स्वभाव वाला बनाकर, व्रतादि के अभाव में, मात्र कोरी चर्चाओं से कम से कम आत्मानुभव तो नहीं होगा। यदि संयम धारण करना कठिन प्रतीत होता हो, तो संयम व संयमधारियों के प्रति बहुमान तो सम्यग्दृष्टि को होता ही है। 'निष्कषाय-दांत-धैर्ययुक्त-समभावस्वरूपोऽहम्' ॥43॥

निजात्मा ही सर्वश्रेष्ठ है

सरीरादु वरं इंदी, इंदियत्तो वरं मणो।
मणसा य वरं बोही, अप्पा हि बोहिए वरं॥44॥

अन्वयार्थ—(सरीरादु वरं इंदी) शरीर से इन्द्रियाँ श्रेष्ठ हैं (इंदियत्तो वरं मणो) इन्द्रियों से मन श्रेष्ठ है (मणसा वरं बोही) मन से बोधि श्रेष्ठ है (य) और (बोहिए) बोधि से (अप्पा वरं) निज आत्मा श्रेष्ठ है॥44॥

अर्थ—शरीर से इन्द्रियाँ श्रेष्ठ हैं, इन्द्रियों से मन श्रेष्ठ है, मन से बोधि श्रेष्ठ है और बोधि से आत्मा श्रेष्ठ है।

व्याख्या—संयम का साधन होने से मानव शरीर को श्रेष्ठ माना जाता है। संयम मनुष्य गति में ही संभव है, मनुष्य गति में ही सकल महाव्रत संभव हैं, मनुष्य गति में ही सम्पूर्ण ज्ञान तथा मनुष्यगति में ही निर्वाण संभव है। ऐसा कार्तिकेयानुप्रेक्षा में कहा है—

मणुग्गदीए वि तवो, मणुग्गदीए महव्वदं सयलं।
मणुग्गदीए झाणं, मणुग्गदीए वि होदि णिव्वाणं॥

यहाँ मनुष्यगति का अर्थ मनुष्य शरीर करना चाहिए। शरीर से भी श्रेष्ठ इन्द्रियाँ है, क्योंकि इन्द्रियाँ पूर्ण व व्यवस्थित नहीं है; तो सुन्दर शरीर वाला भी मुनि नहीं बन सकता। ऐसे लोग भी देखने में आते है कि सम्पूर्ण शरीर सुन्दर है, आँख भी है पर

दिखता नहीं। अतः शरीर से श्रेष्ठ इन्द्रियाँ हैं। इन्द्रियों से श्रेष्ठ मन है। मन से वस्तुतः इन्द्रियों का संचालन होता है। मन के चंचल होने से इन्द्रियविषयों में लोलुपता बढ़ती है, जबकि मन के शांत होने से इन्द्रियाँ भी शान्त हो जाती हैं। मन से बोधि श्रेष्ठ है, क्योंकि सम्यग्दर्शन, सम्यग्ज्ञान, सम्यक्चारित्र रूप बोधि जीव के निजी गुणों की विकासशील दशा है। बोधि के प्राप्त होने पर जीव को समाधि की प्राप्ति सहज ही हो जाती है।

बोधि से निज आत्मा श्रेष्ठ है, क्योंकि यह बोधि तथा सुखादि गुण इस आत्मा के आधार से ही रहते हैं। अतः निज आत्मा की ही आराधना करनी चाहिए। 'बोधिस्वरूपोऽहम्'॥44॥

जो आत्मा को जानता है, वह सब जानता है

जो जाणादि णियप्पाणं, सो जाणादि चराचरं।
जो ण जाणादि अप्पाणं, सो ण जाणादि किंचि वि॥45॥

अन्वयार्थ—(जो) जो (णियप्पाणं) निजात्मा को (जाणादि) जानता है (सो) वह (चराचरं) चराचर को (जाणादि) जानता है, (जो) जो (अप्पाणं) आत्मा को (ण) नहीं (जाणादि) जानता है (सो) वह (किंचि वि) कुछ भी (ण जाणादि) नहीं जानता है।

अर्थ—जो निजात्मा को जानता है, वह चराचर को जानता है तथा जो निजात्मा को नहीं जानता है, वह कुछ भी नहीं जानता है।

व्याख्या—आठ दुष्ट कर्मों से रहित, अनुपम, ज्ञानशरीरी, नित्य और शुद्ध जो आत्मद्रव्य है, उसे जिनेन्द्र भगवान ने स्वद्रव्य कहा है। जो ऐसे स्वद्रव्य को जानता है, वह भेदविज्ञान व श्रुतज्ञान के बल से स्व को स्व तथा पर को पर अथवा सभी चराचर को क्षयोपमानुसार हीनाधिक भले जाने लेकिन यथार्थ जानता है। जबकि जो निजात्मा को नहीं जानता, वह यथार्थ ज्ञानी न होने से क्षयोपशमिक ज्ञान से बहुत बातों को जानता हुआ भी कुछ नहीं जानता है। आचार्य कुन्दकुन्द स्वामी ने मोक्षपाहुड में कहा है—

दुक्खे णज्जइ अप्पा, अप्पा णाऊण भावणा दुक्खं।
भाविय सहाव पुरिसो, विसएसु विरज्जए दुक्खं॥65॥

अर्थात् आत्मा दुःख से जाना जाता है, फिर जानकर उसकी भावना दुःख से होती है और फिर भावना करने वाला दुःख से विषयों में विरक्त होता है। (यहाँ दुःख का अर्थ 'कठिन' कर सकते हैं)

आत्मा ज्ञानस्वभावी है किन्तु अनादि काल से यह ज्ञानधारा परज्ञेयों में ही बहती आई है, इसलिए स्वज्ञेय की दृष्टि कठिन मालूम पड़ती है। लेकिन यह

निश्चित है कि परद्रव्यरत जीवों की दुर्गति होती है, जबकि स्वद्रव्यरत जीवों की सुगति होती है। अतः यह जानकर स्वद्रव्य में ही रति करना चाहिए (मोक्ष पाहुड 16)।

स्वद्रव्य के आश्रय से ही यह जीव रत्नत्रय रूप बोधि तथा चराचर को देखने-जानने की क्षमता अर्थात् केवलदर्शन व केवलज्ञान को प्राप्त करता है। अतः स्वद्रव्यदृष्टि ही सब प्रकार से कल्याण-कारिणी है। 'स्वद्रव्यज्ञायकस्वभाव-स्वरूपोऽहम्' ॥45॥

कषाययुक्त आत्मा तत्त्व नहीं जानता

कसाय-संजुदं चित्तं, तच्चं णो अवगाहदे।
जहा णीलंबरे रत्ते, सेडवण्णो ण रंजदि॥46॥

अन्वयार्थ—(कसाय-संजुदं चित्तं) कषाय संयुक्त चित्त (तच्चं) तत्त्व को (णो अवगाहदे) ग्रहण नहीं करता है (जहा) जैसे (णीलंबरे रत्ते) नीले व लाल वस्त्र पर (सेडवण्णो) श्वेतवर्ण (ण) नहीं (रंजदि) चढ़ता॥46॥

अर्थ—कषायभाव संयुक्त मन तत्त्व को नहीं समझता, न ही ग्रहण करता है। जैसे कि नीले व लालवस्त्र पर सफेद रंग नहीं चढ़ता है।

व्याख्या—जो आत्मा को कषे, कर्मों से बांधें उसे कषाय कहते हैं। कषाय यह संसारी जीव के चारित्र गुण की वैभाविक दशा है। जब तक मोह कर्म का उदय है, तब तक कषायों का उदय बना रहता है। कषाय की सबसे हीन अवस्था दसवें सूक्ष्मसांपराय गुणस्थान तक पाई जाती है। शक्ति अपेक्षा कषाय के 1. अनंतानुबंधी 2. अप्रत्यख्यान 3. प्रत्यख्यान व संज्वलन ये चार भेद हैं।

जो व्यक्ति जितना मंदकषायी है, वह उतना ही शांतस्वभावी व तत्त्व को समझने वाला होता है। जो अनंतानुबंधी (मिथ्यात्व) से ग्रसित है, वह तत्त्व को नहीं समझता, जैसे कि नीले या लाल कपड़े पर श्वेत रंग नही चढ़ता है। तत्त्व को सुनना, समझना, भावना व धारण करना क्रमशः कषायों की मंदता पर निर्भर करता है। इसे कार्त्तिकेयानुप्रेक्षा में इस प्रकार कहा है—

बिरला णिसुणहि तच्चं, बिरला जाणेदि तच्चदो तच्चं।
बिरला भावदि तच्चं, बिरलाणं धारणा होदि॥279॥

विरले जीव तत्त्व सुनते हैं, बिरले जीव तत्त्व जानते हैं, बिरले जीव तत्त्व की भावना करते हैं तथा तत्त्व की धारणा तो अत्यन्त बिरले जीवों को होती है। 'कषायभावशून्योऽहम्' ॥46॥

जब मोह हटता है, तब वैराग्य होता है

जदा हि मोह-पंकं च, बुद्धी सुट्ठु तरिस्सदि।
तदा होहिदि णिव्वेदं, भोग-देहादु लोगदो॥47॥

अन्वयार्थ—(हि) वस्तुतः (जदा) जब (बुद्धी) बुद्धि (सुट्ठु) अच्छी तरह (मोह-पंकं) मोह पंक को (तरिस्सदि) तर जाएगी (तदा) तब (भोग-देहादु लोगदो) भोग, देह व लोक से (णिव्वेदं) वैराग्य (होहिदि) हो जाएगा।

अर्थ—वस्तुतः जब बुद्धि अच्छी तरह मोह रूपी कीचड़ को अच्छी तरह तर जाएगी, तभी भोग, देह व संसार से वैराग्य होता।

व्याख्या—मोह अर्थात् मिथ्यात्व। जब तक तत्त्वज्ञान के बल से जीव की बुद्धि इस मिथ्यात्व रूपी कीचड़ से पार नहीं हो जाती है, पर पदार्थों में एकत्व करती है, कर्तृत्व व भोक्तृत्व में आसक्त होती है; तब तक संसार, शरीर व भोगों से वैराग्य नहीं हो सकता। आचार्य पूज्यपाद ने इष्टोपदेश में कहा है—

मोहेन संवृतं ज्ञानं, स्वभावं लभते नहि।
मत्ता पुमान् पदार्थानां, यथा मदन-कौद्रवैः ॥8॥

अर्थात् मोह से ढका हुआ ज्ञान स्वभाव को नहीं पाता। जैसे कि मदन कोदों खाकर अथवा शराब पीकर मतवाला होकर पुरुष पदार्थों को ठीक तरह नहीं जानता है। जब तक जीव की अनंतानुबंधी कषाय तथा मिथ्यात्वादि कषाय तीन प्रकृतियों का उपशम, क्षय, क्षयोपशम नहीं होता है, तब तक वह तत्त्वनिर्णय कर वैराग्य धारण नहीं कर सकता है।

मिथ्यात्व नष्ट होने पर जब जीव संसार, शरीर व भोगों को असार समझने लगता है, तब उसे आचार्य समंतभद्र ने दर्शन प्रतिमाधारी दार्शनिक श्रावक कहा है।'मोहपंकरहित ज्ञानस्वरूपोऽहम्' ॥47॥

धर्म-भावना

गेहं धणं कलत्तादि, रायसुहं ण दुल्लहो।
इक्को हि दुल्लहो धम्मो, बोहिं मोक्खस्स दायगो ॥48॥

अन्वयार्थ—(गेहं धणं कलत्तादि) गृह, धन, कलत्रादि [तथा] (रायसुहं ण दुल्लहो) राजसुख दुर्लभ नहीं है (हि) वस्तुतः (इक्को) एक (बोहिं मोक्खस्स दायगो) बोधि व मोक्षदायक (धम्मो) धर्म (दुल्लहो) दुर्लभ है।

अर्थ—गृह, धन, स्त्री आदि तथा राजसुख दुर्लभ नहीं है, अपितु एक बोधि तथा मोक्षदायक धर्म ही दुर्लभ है।

व्याख्या—बोधिदुर्लभ भावना में एकेन्द्रियादि पर्यायों को क्रमशः दुर्लभ बताते हुए बोधि को अत्यन्त दुर्लभ कहा है। यहाँ धर्म भावना में यह कहा जा रहा है कि यदि कोई जीव बालतप, अकामनिर्जरा, शुभयोगों के बल से कदाचित उत्तम गृह, अपार धन-धान्य, सुंदर स्त्री-पुत्रादि तथा राज्यसुख आदि को प्राप्त कर ले, तो

यह कोई बहुत दुर्लभ उपलब्धि नहीं है। क्योंकि इस जीव ने अनेक बार राजा, देव आदि की विस्तृत संपदा को प्राप्त किया है, किन्तु उससे इसका कुछ भी हित नहीं हुआ। अंततः सब पर-पदार्थ, औपाधिकभाव छूटते ही हैं। अतः एक रत्नत्रयात्मक बोधि तथा मोक्षदायक आत्मानुभूति रूप धर्म ही दुर्लभ है। 'बोधि-मोक्ष प्रदायक-धर्मस्वरूपोऽहं।'

धर्म दो प्रकार का है

सो धम्मो दुविहो णेयो, सायारो अणयारो य।
अणुव्वद-महव्वदो, जुत्तो कमेण भासिदो ॥49॥

अन्वयार्थ—(सो धम्मो दुविहो णेयो) वह धर्म दो प्रकार जानो (सायारो) सागार (य) और (अणयारो) अनगार [वे] (कमेण) क्रम से (अणुव्वद-महव्वदो, जुत्तो) अणुव्रत-महाव्रत युक्त (भासिदो) कहे गए हैं।

अर्थ—वह धर्म दो प्रकार जानो, सागार और अनगार। वे क्रम से अणुव्रत तथा महाव्रत युक्त कहे गए हैं।

व्याख्या—भगवान महावीर ने मोक्षसाधना हेतु दो प्रकार की व्यवस्था कही है। उसमें अत्यन्त धैर्यशाली, परिपक्व वैराग्यवान, भेदविज्ञानी जीवों को मुनि अवस्था में पालन करने के लिए पाँच महाव्रतों का तथा हीनसत्व, सामान्यज्ञानी किन्तु मोक्षमार्ग इच्छा रखने वाले गृहस्थ साधकों को पंचाणुव्रतों का उपदेश दिया है। इस विषय को सर्वज्ञवाणी के संवाहक आचार्य कुन्दकुन्द स्वामी ने चारित्र पाहुड में इस प्रकार कहा है—

दुविहं संजम-चरणं, सायारं तह हवे णिरायारं।
सायारं सग्गंथं, परि-गह-रहियं खलु णिरायारं ॥21॥

अर्थात् सागार और अनगार के भेद से संयमाचरण चारित्र दो प्रकार का है। अहिंसादि पंचाणुव्रतों का पालन करने वाला सागार परिग्रह सहित होता है। जबकि महाव्रतों का पालन करने वाला परिग्रह रहित होता है।

'वत्थु सहावो धम्मो' वस्तु के स्वभाव को धर्म कहते है। वस्तुतः वस्तुस्वभावत्मक धर्म के दो भेद नहीं हैं, अपितु उसके साधनभूत व्यवहार धर्म के दो भेद कहे गए हैं। सागार अर्थात् घर में रहने वाला गृहस्थ पंचाणुव्रत तीन गुणव्रत तथा चार शिक्षाव्रत रूप बारह व्रतों का पालन करता हुआ आत्मस्थिरता को वृद्धिंगत करता है और क्रमसे व्रतों को बढ़ाता हुआ मोक्ष के साक्षात् कारणभूत महाव्रतों को धारण करता है।

अनगार अर्थात् घर आदि से रहित महाव्रती मुनि। मुनिराज अट्ठाईस मूलगुणों

का पालन करते हुए आत्मस्थिरता रूप चारित्र को बढ़ाते हैं। वे पर से निरपेक्ष हो शुभोपयोग की दशा में पाँच महाव्रत, पाँच समिति, पंचेन्द्रिय निरोध, षडावश्यक तथा सप्त विशेष गुणों का परिपालन करते हैं तथा क्षण- क्षण में शुद्धोपयोग में जाकर आत्मानुभव करते हैं। यह आत्मानुभूति ही सच्चा धर्म है। 'आत्मानुभव धर्मस्वरूपोऽहम्' ॥49॥

असंयम से दुःख व संयम से सुख

चत्ता असंजमं सव्वं, संजमे हि पवट्टणं।
एगेण दुक्खसंसारो, अण्णेण सग्ग-मोक्खो य॥50॥

अन्वयार्थ—(सव्वं) सब (असंजमं) असंयम को (चत्ता) छोड़कर (हि) निश्चय से (संजमे) संयम में (पवट्टणं) प्रवर्तन करना चाहिए [क्योंकि] (एगेण) एक से (दुक्खसंसारो) संसार में दुःख (य) और (अण्णेण सग्ग-मोक्खो) एक से स्वर्ग व मोक्ष होता है।

अर्थ—सभी प्रकार के असंयम को छोड़कर निश्चय से संयम में ही प्रवर्तन करना चाहिए, क्योंकि एक असंयम से संसार में दुःख और एक संयम से स्वर्ग तथा मोक्ष मिलता है।

व्याख्या—श्री इन्द्रभूति गौतम गणधर स्वामी ने प्रतिक्रमणसूत्र में कहा है—

धम्मो मंगल-मुक्किट्ठं, अहिंसा संजमो तवो।
देवा वि तस्स पणमंति, जस्स धम्मे सया मणो॥

अर्थात् अहिंसा, संयम व तप रूपी धर्म ही उत्कृष्ट मंगल है। जिसके मन में धर्म सदा रहता है, उसे देव भी प्रणाम करते हैं।

जैनशासन में सम्यक्त्व सहित संयम को पूज्य कहा है। असंयमी कितना ही प्रभावशाली हो उसे पूज्य नहीं कहा। आचार्य कुन्दकुन्द के शब्दों में देखिए—

असंजदं ण वंदे, वत्थविहीणो वि तो ण वंदिज्ज।
दोण्णि वि होंति समाणा, एगो वि ण संजदो होदि॥26॥

णवि देहो वंदिज्जइ, ण वि कुलो णवि जादि संजुत्तो।
को वंदमि गुण हीणो, ण हु सवणो णेव सावगो होदि॥ दं.पा.27॥

अर्थात् असंयमी को वन्दना नहीं करना चाहिए, वस्त्रविहीन है किन्तु असंयमी है तो भी वन्दना नहीं करना चाहिए; क्योंकि वे दोनों ही समान हैं, एक भी संयमी नहीं हैं। देह की वन्दना नहीं की जाती,न ही कुल या जाति की; बताओ गुणहीन की वन्दना कौन करता है? क्योंकि गुणहीन न तो श्रमण ही है और न ही श्रावक।

(दर्शनपाहुड)

अतः आत्महितेच्छुओं को सब प्रकार का असंयम छोड़कर संयम में प्रवृत्ति करना चाहिए। क्योंकि असंयम सांसारिक दुःख का कारण है,जबकि संयम से स्वर्ग व मोक्ष प्राप्त होता है। संयम से जीवन में आनंद झरता है। 'संयमस्वभाव-सहितोऽहम्' ॥50॥

किसी को तुच्छ मत समझो

एगेंदियादि जीवे य, मा तुच्छे मण्ण सज्जणा।
अप्पा सव्वेसु जीवेसु, णिवसेदि गुणी सदा ॥51॥

अन्वयार्थ—(सज्जणा) हे सज्जनों! (एगेदियादि जीवेय) एकेन्द्रिय आदि जीवों को (तुच्छे) तुच्छ (मा) मत (मण्ण) मानो [क्योंकि] (सव्वेसु जीवेसु) सभी जीवों में (गुणी) गुणवान (अप्पा) आत्मा (सदा) हमेशा (णिवसन्ति) निवास करता है।

अर्थ—हे सज्जनों! एकेन्द्रियादि जीवों को तुच्छ मत मानो, क्योंकि सभी जीवों में गुणवान आत्मा सदा निवास करता है।

व्याख्या—भो ज्ञानियों! संसार के छोटे से छोटे जीव को भी हीन मत समझो। क्योंकि शरीर छोटा-बड़ा होने से आत्मा के स्वभावभूत गुण कम- ज्यादा नहीं हो जाते। एकेन्द्रियादि सभी पर्यायों में द्रव्यदृष्टि से प्रत्येक स्वतंत्र-स्वतंत्र आत्मा अपने अनंत गुणों सहित विराजित है।

भगवती आराधना टीका में उल्लेख आता है कि 923 जीव नित्यनिगोद से निकलकर भरत चक्रवर्ती के पुत्र होकर आदिनाथ भगवान से दीक्षा लेकर उसी भव से मोक्ष चले गए। अब वह सिद्ध भगवान हैं। निगोदिया जैसी हीन पर्याय से निकल उन्होंने सिद्धावस्था प्राप्त कर ली। आचार्य पूज्यपाद स्वामी ने इष्टोपदेश में कहा है—

योग्योपादान योगेन, दृषदः स्वर्णता मता।
द्रव्यादि स्वादि संपत्ता, वात्मनोप्यात्मता मता ॥2॥

अर्थात् जैसे योग्य उपादान के योग से स्वर्ण पाषाण में स्वर्णता मानी गयी है, वैसे ही स्वद्रव्यादि चतुष्टय के योग से आत्मा में परमात्मता मानी गयी है।

हे आत्मन्! अभी जीव पर्यायों में कैसे भी परिणमन कर रहे हों, पर हैं तो बीजभूत सिद्धात्मा। अतः आलू-मूली से लेकर सभी जीवों पर दया करो। उनमें कई ऐसे जीव हो सकते हैं, जो तुमसे पहले मोक्ष चले जाएंगे। संसार में ऐसे अनेक जीव हो गए हैं, जिनसे हमारे शत्रुता-मित्रता, पत्नी-पुत्रता आदि के सम्बन्ध रहे, किन्तु वे

अपनी परिणति सुधारकर सिद्ध हो गए और हम आज भी संसारी हैं।

हमारे मन में जब तक जीवों के प्रति जीवत्व (सिद्धत्व) भाव प्रगट नही होता, तब तक अहिंसादि व्रतों का सम्यक्तया परिपालन नहीं हो सकता। 'जिन सो जीव, जीव सो जिनवर' ऐसी बुद्धि प्रगटाना ही कल्याणकारी है। 'सर्वबंधुताकारकज्ञान-स्वरूपोऽहम्' ॥51॥

काम अतृप्तिकारक है

अतित्तिजणगं कामं, तावकारिणं दुक्खदं।
देहकदत्थेणुव्वण्णं, किंचि को सेवदे बुहो॥52॥

अन्वयार्थ—(तावकारिणं) तापकारी (अतित्तिजणगं) अतृप्तिजनक (देहकदत्थेण-उव्वण्णं) देहकदर्थन से उत्पन्न (य) और (दुक्खदं) दु:खदायी (कामं) काम को (को) कौन (बुहो) बुध (किंचि सेवदे) किंचित भी सेवन करता है।

अर्थ— तापकारी, अतृप्तिजनक, देह के कदर्थित होने से उत्पन्न और दु:खदायी काम को कौन बुद्धिमान किंचित भी सेवन करता है।

व्याख्या—सबसे पहले आँखों में विकार आता है, फिर मन में विकार आता है, फिर शरीर में विकार आता है और यदि ये विकार बढ़ते रहे तो पूरा जीवन ही बिगड़ जाता है। जब किसी सुंदर वस्तु, स्त्री को देखते हैं तो अज्ञानीजन उसे बार-बार देखने की इच्छा करते है, उसे चाहते है, कैसे प्राप्त हो? ऐसा विचार करते हैं, इत्यादि प्रकार से संतापित होते हैं, अत: कामभावना को तापकारी कहा है।

कदाचित इष्ट स्त्री आदि का संयोग भी कर लिया जाए तो भी तृप्ति नहीं होती, इसलिए काम को अतृप्तिजनक कहा है। वह काम देह के कदर्थन (थकान) से उत्पन्न होता है तथा दु:खदायी हैं। उससे ऐन्द्रियिक सुख भासता जरूर है, पर यह शाश्वत व वास्तविक सुख नहीं है।

स्पर्शनादि इन्द्रियों के विषयों में सुख मानना ही अज्ञानता है। यह तो अनादिकाल से चल ही रहा है। मूलाचार में कहा है—

जिब्भोवत्थ णिमित्तं, जीवो दुक्खं अणादि संसारे।
पत्तो अणंतसो तो, जिब्भोवत्थे जयह दाणिं॥990॥

अर्थात् जिह्वा व उपस्थ (लिंग) के निमित्त यह जीव अनादि काल से अनंत दु:ख भोग रहा है, इसलिए जिव्हा और उपस्थ को इस समय जीतो। समयसार (4) की आत्मख्याति टीका में स्पर्शन व रसना इन्द्रिय को कामेन्द्रिय तथा शेष को भोगेन्द्रिय कहा है।

ये इन्द्रियाँ (देह) पुद्गल की संरचना व नाशवान हैं, जबकि यह आत्मा ज्ञायक व शाश्वत है; ऐसा जानकर आत्मस्वरूप का लक्ष्य करने वाला कौन बुद्धिमान

काम का किंचित् भी सेवन करता है अर्थात् कोई नहीं। 'कामविकार रहित ज्ञायक स्वरूपोऽहम्' ॥52॥

अदाता का घर श्मशान

दाणं जे ण पयच्छंति, सुपत्तेसु चउव्विहं।
मसाणो हि गिहो ताणं, वासिणो तम्मि विंतरा ॥53॥

अन्वयार्थ—(जे) जो (चउव्विहं) चतुर्विध (सुपत्तेसु) सुपात्रों में (दाणं) दान (ण) नहीं (पयच्छंति) देते (ताणं) उनका (गिहो) गृह (हि) वस्तुतः (मसाणो) श्मशान है (य) और (तम्मि वासिणो) उसमें रहने वाले (विंतरा) व्यंतर हैं।

अर्थ—जो चार प्रकार के सुपात्रों में दान नहीं देते उनका घर वस्तुतः श्मशान है और उसमें रहने वाले व्यंतर हैं।

व्याख्या—रयणसार (11) में कहा है—'दाणं पूया मुक्खं सावय धम्मं, ण सावया तेण विणा' अर्थात् दान व पूजा ये श्रावक के मुख्य धर्म हैं, इनके बिना श्रावकधर्म नहीं होता। आगे गाथा 15 में कहा है- श्रावक भोजनमात्र दान देकर धन्य होता है। आगे गाथा 16 में कहा है— सुपात्रों में दान देने से श्रावक भोगभूमि व स्वर्ग को प्राप्त करता हुआ क्रमशः निर्वाण सुख को प्राप्त करता है।

आचार्य समन्तभद्र स्वामी ने रत्नकरण्ड श्रावकाचार में दान, दान के प्रकार व दान फल का संक्षिप्त किन्तु सांगोपांग विवेचन किया है। उन्होंने आहार, औषधि, उपकरण व आवास ये चार दान सत्पात्रों में देने का विधान किया है। दान देने से श्रावक के द्वारा गृहकार्यों में हुए पाप भी धुल जाते हैं।

आचार्य पद्मनंदी ने कहा है- सौभाग्य, शूरवीरता, सुख, सुंदरता, विवेक, विद्या, बुद्धि, विभिन्न प्रकार की कलाएँ, शरीर, धन, महल और उच्चकुल ये सब निश्चय से सुपात्र दान के द्वारा ही प्राप्त होते हैं। फिर हे भव्यजनों! तुम इस सुपात्र- दान के विषय में प्रयत्न क्यों नहीं करते? अर्थात् सच्चे साधकों को दान यत्न पूर्वक दो।

दान की ऐसी महिमा होने के बाद भी जो स्व-पर उपकारार्थ दान नहीं देता, वह नासमझ है। क्रियाकोष नामक ग्रन्थ में लिखा है—

जानों गृद्धसमान, ताके सुत दारादिका।
जो नहीं करे सुदान, ताके धन आमिष समा ॥1986॥

अर्थात् जो सत्पात्रों में आहारादि दान नहीं करता है, उसका धन मांस के समान है और उस कमाई को खाने वाले पुत्र स्त्री आदि गृद्ध मंडली के समान हैं। अतःदान अवश्य ही करना चाहिए। 'दानादानरहित ज्ञायक स्वरूपोऽहम्' ॥53॥

क्षमा-धर्म

कोहाणले समुप्पण्णे, महादाहो सरीरिणं।
णिद्दहदि तवं वित्तं, जोगी दीवायणादि व॥54॥

अन्वयार्थ—(कोहाणले समुव्वण्णे) क्रोधाग्नि के उत्पन्न होने पर (सरीरिणं) शरीरधारियों को (महादाहो) महादाह होती है [वह क्रोधाग्नि] (जोगी दीवायणादि व) योगी द्वीपायन के समान (तवं वित्तं) तपरूपी धन को (णिद्दहदि) जला देती है।

अर्थ—क्रोधाग्नि के उत्पन्न होने पर शरीरधारियों को महादाह उत्पन्न होती है, वह क्रोधाग्नि योगी द्वीपायन की तरह तपरूपी धन को जला देती है।

व्याख्या—क्रोध कषाय को आग की उपमा दी गयी है। जिस प्रकार आग सन्ताप पैदा करती है, उसी प्रकार क्रोध रूपी आग से भी सन्ताप पैदा होता है। वैज्ञानिक कहते हैं कि एक मिनिट के क्रोध करने से मनुष्य के बारह घंटे कार्य करने जितनी शक्ति (खून) नष्ट हो जाती है।

क्रोधी मनुष्य राक्षस जैसा दिखता है। बड़ी-बड़ी लाल आँखे, फड़कते होंठ, काँपते हाथ-पैर, धधकता चेहरा और कुछ भी शब्दों का उच्चारण करता हुआ क्रोधी, अपने वश में भी नहीं रहता। कभी तो क्रोधी अपनी ही हानि तथा आत्महत्या तक कर लेते हैं।

द्वैपायन मुनि का उदाहरण आगम में प्रसिद्ध है कि उन्होंने यादवों के उत्पातों से परेशान होकर भयंकर क्रोध किया, जिससे उनके शरीर से अशुभ तैजस (शक्ति) निकला और उसने धन-जन सहित बारह योजन विस्तृत द्वारिका को जला डाला। बाद में उनका देह भी उसी तैजस से भस्म हो गया और उनकी दुर्गति हुई।

जब तक जीव अपने क्षमागुण को नहीं जानता, क्रोध को कर्मों की उपज नहीं मानता तब तक जीवन में क्षमाधर्म नहीं आ सकता। अपने क्षमास्वरूप को जानते ही अनंतानुबंधी क्रोध, मान, माया, लोभ कषाएँ तत्क्षण नष्ट हो जाती हैं, फिर अप्रत्यख्यान व संज्वलन भी धीरे-धीरे नष्ट हो जाती हैं। अतः अपने क्षमास्वरूप का लक्ष्य करना चाहिए, यही उत्तम क्षमा है। 'क्षमाधर्मसहितोऽहम्'॥54॥

मार्दव धर्म

को अत्थो बहुमाणेण, णीचत्तणं वि भुंजिदं।
उच्चत्तं हि अणिच्चं च, णीचत्तं णावि सुट्ठिदं॥55॥

अन्वयार्थ—बहुतमान से क्या प्रयोजन है। [क्योंकि इस जीव ने](णीचत्तणं वि भुंजिदं) नीचत्व भी भोगा है (उच्चत्तं हि अणिच्चं) उच्चत्व निश्चित ही अनित्य है (च) और (णीचत्तं णावि सुट्ठिदो) नीचत्व भी सुस्थित नहीं है।

अर्थ—यहाँ पर बहुत सम्मान मिले तो भी क्या प्रयोजन है? क्योंकि इस जीव

ने नीचत्व भी भोगा है। उच्चत्व निश्चित ही अनित्य है और नीचत्व भी सुस्थित नहीं है।

व्याख्या—सम्यग्ज्ञानी बहुत सम्मान प्राप्त होने पर विचारते है कि पुण्योदय से प्राप्त वंश, धन आदि के कारण अथवा क्षायोपशिक ज्ञान आदि के कारण मुझे जो यह बहुत सा सम्मान, सत्कार-पुरस्कार आदि मिल रहा है, यह मेरे लिए कुछ भी नहीं है। क्योंकि इस जीव ने चतुर्गति रूप संसार में अनेक बार नीचता प्राप्त कर कष्ट भोगे है, अपमान भोगा है।

नरक गति में तो शुद्ध अपमान और दु:ख ही हैं। तिर्यंचगति में कुछ पशुओं के अलावा प्राय: सभी अपमान और कष्ट ही भोगते है। मनुष्यगति में सम्मान-अपमान वा उच्चत्व-नीचत्व प्राय: सभी मनुष्यों में अपेक्षाकृत पाया जाता है। देवों में भी कुछ देवों के अलावा प्राय: यही स्थिति है। ऐसी दशा में वर्तमान की उच्चता का क्या घमंड करना। क्योंकि यह उच्चता निश्चित नाशवान है और किसी जीव की नीचता भी सदैव नहीं बनी रहती।

देखो अनेक ऋद्धियों संपन्न देव भी मरकर एकेन्द्रिय वृक्ष हो जाता है। एक राजा भी मरकर अपने विष्टागृह में कीड़ा हो गया। प्रथमानुयोग के ग्रन्थों में ऐसे अनेक कथानक देखे जाते हैं। अत: धन, पद, वंश, परिवार आदि की उच्चता का अहंकार छोड़कर निजात्मस्वरूप का विचार करना चाहिए। 'उत्तममार्दव धर्म स्वरूपोऽहम्' ॥55॥

आर्जव धर्म

मुत्ता कुडिल्ल भावं च, सच्छ भावेण चेट्ठदे।
अज्जवधम्मी णाणी सो, लोगे सव्वत्थ पुज्जदे ॥56॥

अन्वयार्थ—[जो] (कुडिल्ल भावं) कुटिल भाव को (मुत्ता) छोड़कर (च) और (सच्छ भावेण चेट्ठदे) स्वच्छभाव से चेष्टा करता है (सो) वह (णाणी) ज्ञानी (अज्जवधम्मी) आर्जवधर्मी (लोगे सव्वत्थ पुज्जदे) लोक में सर्वत्र पूजा जाता है।

अर्थ—जो कुटिलभाव को छोड़कर स्वच्छभाव से चेष्टा करता है, वह आर्जवधर्मी ज्ञानी लोक में सर्वत्र पूजा जाता है।

व्याख्या—मन, वचन काय की कुटिल प्रवृत्ति का नाम माया है। अथवा मन में कुछ, वचन में कुछ तथा करना कुछ और ही; इस प्रकार की प्रवृत्ति को मायाचारी कहते हैं। आचार्य गृद्धपिच्छ ने तत्त्वार्थसूत्र (6/16) में माया को तिर्यंचगति का कारण कहा है—'मायातैर्यग्योनस्य।'

जो कुटिलता, वक्रता, निकृति, वंचना आदि नाम वाली इस माया महाठगनी को छोड़कर सहज-सरल भाव से प्रवृत्ति करता है, वह आर्जवधर्म वाला ज्ञानी जीव समस्त लोक में सज्जनों द्वारा पूज्यता को प्राप्त होता है। 'उत्तमआर्जवधर्म-स्वरूपोऽहम्' ॥56॥

शौच-धर्म

धोदि लोह-मलं पुंजं, सु-संतोस-जलेण जो।
भोयणे वि अगिद्धीए, सउचं तस्स णिम्मलो ॥57॥

अन्वयार्थ—[जो] (सु-संतोस जलेण) सम्यक् संतोषरूपी जल से (लोहमलं पुंजं) लोभमल समूह को (धोदि) धोता है (च) और (भोयणे वि) भोजन में भी (अगिद्धीए) अगृद्धिवान है (तस्स) उसके (णिम्मलो) निर्मल (सउचं) शौचधर्म होता है।

अर्थ—जो निर्मल संतोषरूपी जल से लोभमल के समूह को धोता है तथा भोजन में भी आसक्ति नहीं रखता उसके निर्मल शौच धर्म होता है।

व्याख्या—लोभ कषाय के अभाव अथवा मंदता में शौच धर्म होता है। 'शुचि से भाववाच्य में शौच शब्द बनता है। इसका अर्थ है पवित्रता। जैसे लोभ को मल कहा है वैसे ही शुचिता को निर्मलता कहा है।

यदि वस्तुतत्त्व का बोध नहीं है, तो भिखारी भी लोभी (परिग्रही) है और यदि सम्यक्बोध है तो चकवर्ती भी निर्लोभी (अपरिग्रही) है। वस्तुओं को चाहना ही लोभ है। इस शरीर में ममत्वबुद्धि रखना भी लोभ है। क्योंकि इस पुद्गल द्रव्य की संरचना में तुम अपनत्व मान रहे हो। अतः इच्छाओं को रोकना चाहिए। सूत्रपाहुड में कहा है—

'इच्छा जाहु णियत्ता, ताह णियत्ताइं सव्व दुक्खाइं' जिसने इच्छाओं को नियंत्रित किया, उसने सभी दुःखों को नियंत्रित कर लिया। 'परमपवित्रोऽहम्' ॥57॥

सत्य धर्म

सच्चमेव वरं लोगे, सच्चं लोगेसु पुज्जदे।
सच्चं धम्मस्स मूलं च, सच्चादो ण वरं पदं॥58॥

अन्वयार्थ—(लोगे) लोक में (सच्चमेव) सत्य ही (वरं) श्रेष्ठ है (लोगेसु) लोक में (सच्चं) सत्य (पुज्जदे) पूजा जाता है (सच्चं धम्मस्स मूलं) धर्म का मूल सत्य है (च) और (सच्चदो ण वरं पदं) सत्य से श्रेष्ठ कोई पद नहीं है।

अर्थ—लोक में सत्य ही श्रेष्ठ है, लोक में सत्य पूजा जाता है, धर्म का मूल सत्य है और सत्य से श्रेष्ठ कोई पद नहीं है।

व्याख्या—'सत्यमेव जयते' अंततः सत्य ही जयवंत होता है। लोक में सत्य पूजा जाता है, सत्यवादी का विश्वास किया जाता है। धर्म सत्य बिना नहीं चल सकता है। धर्म की जड़ सत्य है अथवा सत्स्वरूप वस्तु ही धर्मी अर्थात् गुणवान है, असत् स्वरूप वस्तु है ही नहीं।

'वत्थु सहावो धम्मो' अर्थात् वस्तु का सत्स्वभाव ही धर्म है, किन्तु उसमें भ्रांति करना असत्यता है, अधर्म है। जो वस्तु जैसी है, उसे वैसा कहना यह व्यवहार सत्य के बिना लोक व्यवहार भी नहीं चलता है। विद्यमान वस्तु को अविद्यमान व अवधिज्ञान वस्तु को विद्यमान, कुछ को कुछ कहना तथा अरति, भीति, खेद, शोक, बैर तथा कलहकारी वचनों का बोलना असत्य की श्रेणी में आता है।

भरतचक्रवर्ती के पुत्र अर्ककीर्ति के वंशज राजा हरिश्चन्द्र सत्य-वादियों में प्रसिद्ध हुए हैं, जबकि जीवन में सिर्फ एक कपटपूर्ण शब्द बोलने से युधिष्ठिर के सत्य पर दाग लग गया। वसु राजा एक झूठ बोलकर नरक गया। वस्तुतः सत्य से श्रेष्ठ कोई पद नहीं है। 'सत्यस्वरूपोऽहम्।'

संयम धर्म

संजमादो विहीणो जो, पसुरूवो ण संसओ।
सेयासेयं ण जाणादि, भेओ तेसु कधं हवे॥59॥

अन्वयार्थ—(जो) जो मनुष्य (संजमादो विहीणो) संयम से विहीन है [वह] (पसुरूवो) पशु-रूप है [इसमें] (संसओ ण) संशय नहीं है क्योंकि (सेयासेयं) श्रेय-अश्रेय को (ण जाणादि) नहीं जानता है [तब] (तेसु) उनमें (भेओ कधं हवे) भेद कैसे होता है।

अर्थ—जो मनुष्य संयम से विहीन है, वह पशुरूप है, इसमें संशय नहीं है। क्योंकि श्रेय-अश्रेय [उचित-अनुचित] को नहीं जानता है, तो उनमें भेद कैसे होता है?

व्याख्या—'सम्यक्-रूपेण यमो संयमः' अर्थात् सम्यक् प्रकार से नियंत्रण, उपरम होना संयम है। किससे उपरमित होना? आचार्यों ने संयम के दो भेद कहे हैं- 1. इन्द्रिय संयम और 2. प्राणी संयम। पाँच इन्द्रिय और मन को संयमित रखना इन्द्रिय संयम कहलाता है। स्थावर पाँच तथा त्रस एक, ऐसे छह निकाय के जीवों की रक्षा करना प्राणी संयम है। यह व्यवहार संयम है, इसके माध्यम से जो आत्मस्थिरता होती है, वह निश्चय संयम है। संयम मनुष्य ही धारण कर सकते है, अन्य नहीं। आचार्य नेमीचन्द्र सिद्धांत चक्रवर्ती ने गोम्मटसार जीवकांड (465) में कहा है—

वद समिदि कसायाणं, दंडाणं तहिंदियाण पंचण्हं।
धारण पालण णिग्गह, चाग जओ संजमो भणिदो॥

अर्थात् व्रतों का धारण, समितियों का पालन, कषायों का निग्रह, त्रयदंडों का त्याग तथा पंचेन्द्रियों पर विजय करना संयम कहा गया है।

उन्होंने (गो.जी.गा.149) में कहा है कि जो मनन करता है, मन से निपुण है

तथा मनुओं की संतति है, उसे मनुष्य कहते हैं। जिसमें मनन करने की शक्ति नहीं है, वह तो पशुतुल्य है। सही मनन करने से जीवन में संयम आता ही है। जो उचित-अनुचित को न जानकर कैसी भी प्रवृत्ति करे उसे मनुष्य कैसे कहा जा सकता है। एक प्रसिद्ध नीति है—

येषां न विद्या न तपो न दानं, ज्ञानं न शीलं न गुणो धर्मः।
ते मर्त्य लोके भुवि भार भूताः, मनुष्यरूपेण मृगाश्चरन्ति॥

अर्थात् जिनमें न विद्या है, न तप है, न दान है, न ज्ञान है, न शील है, न गुण हैं और न ही धर्म है, वे मर्त्यलोक में पृथ्वी के भार के समान मनुष्यरूप में पशु ही हैं। अतः जीवन में संयम तो होना ही चाहिए। 'संयमस्वरूपोऽहम्'॥59॥

तप धर्म

कम्ममल-विणासस्स, णाणिणा कीरदि तवं।
बज्झं तवं च काएण, मणो रोहो अभिंतरं॥60॥

अन्वयार्थ—(कम्ममलं विणासस्स) कर्ममल विनाश के लिए (णाणिणा कीरदि तवं) ज्ञानियों के द्वारा तप किया जाता है, [वह] (बज्झं तवं च काएण) बाह्य तप काय से (च) और (मणो रोहो अभिंतरं) मननिरोध भीतरी तप है।

अर्थ—कर्ममल विनाश के लिए ज्ञानियों के द्वारा तप किया जाता है। बाह्य तप शरीर से और अभ्यंतर तप मन के निरोध से होता है।

व्याख्या—समस्त परभावों की इच्छा का त्याग कर स्वरूप में प्रतपन करना अर्थात् आत्मस्वरूप में तल्लीन होना, रागादि का लक्ष्य न होना ही उत्तम तप है। सम्यग्ज्ञानी जन ज्ञानावरणादि कर्मों के नाश के लिए जैनशासन में कहे गए सम्यक् तप करते हैं। जिनवाणी में जो तप कहे हैं, वे स्वरूप में तल्लीनता का कारण होने से व्यवहार तप कहे जाते हैं। वस्तुतः इच्छा निरोध ही तप है, जैसा कि आचार्य पूज्यपाद ने सर्वार्थसिद्धि में कहा है—इच्छा निरोधः तपः (9।3)

तप के मुख्यतः दो भेद हैं—1. बाह्य तप, व 2. अभ्यंतर तप। बाह्य तप मुख्यतः शरीर पर निर्भर करता है, बाहर में दिखता है तथा अन्य मतावलंबी भी इसे करते है, इसलिए यह बाह्य तप कहलाता है। अभ्यंतर तप मुख्यतः मन पर निर्भर करता है, कदाचित बाह्य में दिखता है किन्तु बहिर्जन इसे साध नहीं पाते। वस्तुतः आभ्यंतर तप की वृद्धि के लिए ही बाह्य तप किया जाता है, ऐसा आचार्य समंतभद्र ने स्वयंभू स्त्रोत में कहा है—

बाह्यं तपः परं दुश्चरमाचरंस्त्वमाध्यात्मिकस्य तपसः परिबृंहणार्थम्।
ध्यानं निरस्य कलुष-द्वयमुत्तरेस्मिन, ध्यान-द्वये ववृतिषेऽतिशयोपपन्ने॥83॥

हे कुंथनाथ भगवान! आध्यात्मिक तप की वृद्धि के लिए आपने घोर बाह्य तपश्चरण किया। आर्त्त व रौद्र दोनों खोटे ध्यानों के निराकरण के लिए आपने धर्म व शुक्लध्यान को अतिशय रूप से बढ़ाया है।

जिस बाह्य तप से आध्यात्मिक विशुद्धि नहीं बढ़ती वह मोक्षमार्ग में कार्यकारी नहीं है। वस्तुतः वह तप ही सच्चा तप है, जिससे कषायों का शमन, इन्द्रियों का दमन, साम्यभावों में वृद्धि व ज्ञानकी विशुद्धि बढ़ती हो। ऐसा तप ही तपने योग्य है। 'शुद्धात्मरूप-प्रतपन-स्वरूपोऽहम्' ॥60॥

त्याग धर्म

मेहं विणा कुदो वुट्ठी, णो सस्सं वीयवज्जियं।
जीवाणं च विणा चागं, कुदो सुहं च होदि हि॥61॥

अन्वयार्थ—(मेहं विणा) मेघ बिना (वुट्ठी कुदो) वृष्टि कहाँ? (वीयवज्जियं) बीजरहित (सस्सं) धान्य (णो) नहीं (च) और (विणा चागं) बिना त्याग के (हि) निश्चयतः (जीवाणं) जीवों को (सुहं) सुख (कुदो) कहाँ (होदि) होता है।

अर्थ—जैसे बिना मेघ के वृष्टि, बिना बीज के धान्य नहीं होता, वैसे ही बिना त्याग के जीवों को सुख कहाँ होता है?

व्याख्या—सम्यक् तत्त्वबोध होने पर जो त्याग किया जाता है, वह कार्यकारी है। जो वस्तु हमारे काम की नहीं अथवा किसी के उपयोग मे नहीं आ सकती है, उसका दान अथवा त्याग कार्यकारी नहीं है। वैसे तो यह जीव बाह्य वस्तुओं का त्याग ही क्या करेगा? क्योंकि वे इसकी है ही नहीं। किन्तु जीव के अध्यवसान में कारण होने से उनका त्याग कराया जाता है। अध्यवसान ही मूलतः बंध का कारण है।

कर्मोदय वश यह जीव रागादिरूप परिणमित होता है। जबकि वस्तुतः वे आत्मा के नहीं हैं, अपितु कर्म के संयोग से हुए हैं। अतः त्याज्य है। समस्त बाह्य वस्तुओं तथा वैभाविक भावों का त्याग किए बिना जीव को उसी प्रकार सुख नहीं हो सकता, जिस प्रकार बिना मेघ के वर्षा तथा बिना बीज के धान्य नहीं हो सकता। 'विभावभावशून्योऽहम्' ॥61॥

आकिंचन्य धर्म

इणं मम इणं तुम्हं, वा जगे किंचि अत्थि मं।
इच्चादि भावणं चत्ता, आकिंचणं हि भावह॥62॥

अन्वयार्थ—(इणं मम इणं तुम्हं) यह मेरा है, यह तेरा है (वा) अथवा (जगे) जग में (किंचि) कुछ भी (मं अत्थि) मेरा है (इच्चादि भावणं चत्ता) इत्यादि भावना छोड़कर (आकिंचणं हि भावह) आकिंचन को ही भाओ।

अर्थ—यह मेरा है, यह तेरा अथवा जगत में कुछ भी मेरा है इत्यादि भावना

छोड़कर आकिंचन्य धर्म को ही भाओ।

व्याख्या—यह वस्तु मेरी है अथवा यह वस्तु तेरी है तथा जगत का किंचित मात्र भी पदार्थ मेरा है, ऐसी भावना छोड़कर अपने ज्ञायक आकिंचन्य स्वरूप की ही भावना करना चाहिए। आचार्य गुणभद्र ने आत्मानुशासन में कहा है—

अकिंचनोऽहमित्यास्व, त्रैलोक्याधिपतिर्भवेः।
योगिगम्यं तव प्रोक्तं, रहस्यं परमात्मनः ॥110॥

अर्थात् मैं अकिंचन्य हूँ (मैं किसी का नहीं और कोई मेरा नहीं) ऐसी भावना करने से त्रैलोक्याधिपति हो जाते हैं। यह योगीगम्य परमात्मा का रहस्य तुमको कहा है। समयसार में कहा है—

परमाणु मेत्तयं पि हु, रागादीणं तु विज्जदे जस्स।
ण वि सो जाणदि अप्पाणयं तु सव्वागम धरो वि ॥201॥

अर्थात् जिसके परमाणु मात्र भी राग विद्यमान है, वह सम्पूर्ण आगम का धारी होने पर भी आत्मा को नहीं जानता। अतः अपने ज्ञायक, एक, अखंड, चिन्मात्र स्वरूप को समस्त परद्रव्यों से पृथक अनुभव करना चाहिए। 'अकिंचनोऽहम्' ॥62॥

ब्रह्मचर्य धर्म

इत्थीए सव्व-अंगाइं, पेच्छंतो वि ण मुज्झदे।
सो बंभचेरभावो य, अप्परूवे ट्ठिदो सुही ॥63॥

अन्वयार्थ—(इत्थीए सव्व-अंगाइं पेच्छंतो वि) स्त्री के सर्व अंगों को देखते हुए भी [जो] (ण मुज्झदे) मोहित नहीं होता (सो) वह (अप्परूवे) आत्मरूप में (ट्ठिदो) स्थित (सुही) सुधी (बंभचेर भावो) ब्रह्मचर्य भाव वाला है।

अर्थ—स्त्री के सभी अंगों को देखता हुआ भी जो मोहित नहीं होता है, वह आत्मरूप में स्थित सुधी ब्रह्मचर्य भाव युक्त है।

व्याख्या—आत्मतत्त्व के बोध से जो सभी जीवों को देहदृष्टि से नहीं देखता है, वह कदाचित् स्त्री के सुदंर अंगोपांग युक्त शरीर को देख भी ले तो भी मोहित नहीं होता। अध्यात्मक्षेत्र में क्या, लौकिक क्षेत्र में क्या, सर्वत्र ब्रह्मचर्य (संयम) को प्रधानगुण माना जाता है। व्यभिचारी नही अपितु ब्रह्मचारी सर्वत्र सम्मान्य होता है। कातंत्ररूपमाला में 'ब्रह्मचारी को सदा पवित्र माना है (ब्रह्मचारी सदा शुचिः)।

मन, वचन, काय से स्त्री सेवन का त्याग करना ब्रह्मचर्य है। आत्मस्वरूप में रमण करना, तल्लीन होना अथवा स्त्रियों को माँ, बहिन, पुत्री तुल्य समझना ब्रह्मचर्य है। कुल मिलाकर परभावों से उपयोग हटाकर निज में स्थिर होना ही ब्रह्मचर्य है।

स्त्री के मनमोहक अंगों को न देखना पूर्वकृत क्रीड़ा को याद न करना, उनके अत्यन्त निकट नहीं रहना, स्व-शरीर संस्कार त्याग करना, स्त्रियों में राग बढ़ाने वाली कथाएं न करना तथा उत्तेजक असीमित व गरिष्ट भोजन का त्याग करने से ब्रह्मचर्य का पालन करने में सरलता होती है।

आचार्य कुन्दकुन्द ने संयमरहित तप को निरर्थक कहा है। शील (ब्रह्मचर्य) की प्रशंसा करते हुए सील पाहुड में कहा है—

सीलं तवो विसुद्धी, दंसणसुद्धी य णाणसुद्धी य।
सीलं विसयाण अरी, सीलं मोक्खस्स सोवाणं॥20॥

अर्थात् शील से तपविशुद्ध होता है, दर्शन शुद्धि तथा ज्ञानशुद्धि होती है। शील विषयों (इन्द्रियों) का शत्रु है और यह शील (ब्रह्मचर्य) ही मोक्ष का सोपान (सीढ़ी) है।

वस्तुतः ब्रह्मचर्य आत्मकल्याण तो साधता ही है, इससे लोक कल्याण भी सधता है। सच्चे ब्रह्मचारी को कई ऋद्धि-सिद्धियाँ प्रगट हो जाती हैं। वीर्य (ऊर्जा) की रक्षा से उसका शरीर तेजवान व पुष्ट होता है। कुरूप व्यक्ति भी ब्रह्मचर्य के बल से सुंदर तथा ताकतवर हो जाता है। अतः ब्रह्मचर्य का पालन अवश्य ही करना चाहिए। 'ब्रह्मचर्य स्वरूपोऽहम्'॥63॥

कषायों से हानि ही है

कोहो पीदिं विणासेदि, माणो करेदि दुग्गदिं।
माया वड्ढेदि संसारं, लोहा दुःख-भयं हवे॥64॥

अन्वयार्थ—(कोहो पीदिं विणासेदि) क्रोध प्रीति को विनष्ट करता है (माणो दुग्गदिं करेदि) मान दुर्गति करता है (माया संसारं वड्ढेदि) माया संसार को बढ़ाती है [तथा] (लोहा दुख-भयं हवे) लोभ से दुःख व भय होता है॥॥64॥

अर्थ—क्रोध प्रीति को नष्ट करता है, मान दुर्गति करता है, माया संसार को बढ़ाती है और लोभ से दुःख व भय होता है।

व्याख्या—क्रोध, मान, माया व लोभ ये चारों कषाएँ आत्म का वैभाविक परिणमन होने से दुःखदायी ही है। ये आत्मा के निजी भाव नही हैं, अपितु कर्मोदय से उत्पन्न हुए हैं। यह आत्मा को तो कषते ही है, कर्मबंध भी कराते हैं तथा लोकव्यवहार को भी बिगाड़ते हैं।

अत्यधिक क्रोधी व्यक्ति न तो स्वयं किसी से प्रेम करता है और न उसे ही कोई प्रेम करता है। अहंकार दुर्गति का कारण है, इस लोक में भी अहंकारी को कोई सम्मान नहीं देता है। माया से संसार बढ़ता है, मायावी से लोग सावधान रहते हैं। लोभ से दुःख व भय होता है, लोभी का धन चोर- उचक्के उड़ाते हैं।

वस्तुतः ये चारों ही कषाएँ दुःखदायक, बंधकारक, संतापकारक व अनेक विपत्तियों को लाकर संसार में भ्रमाने वाली हैं। अतः इनको त्यागकर क्षमा, मार्दव, आर्जव, शौचादि उत्तम गुणों को वृद्धिंगत करना चाहिए। 'कषायरहितोऽहम्'॥64॥

अकषायवान ही संयमी है

अकसाए दु चारित्तं, कसाए दु असंजमं।
पसमभावजुत्तो जो, सो णाणी सो य संजमी॥65॥

अन्वयार्थ—(अकसाए दु चारित्तं) अकषाय में ही चारित्र है (कसाए दु असंजमं) कषायों में असंयम है, (जो) जो (पसमभावजुत्तो) प्रशमभाव युक्त है (सो णाणी) वह ज्ञानी है (सो य संजमी) और वही संयमी है।

अर्थ—अकषाय में ही चारित्र है, जबकि कषायभाव में असंयम ही है। इसलिए जो प्रशमभाव सहित है, वह ज्ञानी है और वही संयमी है।

व्याख्या—कषाय अर्थात् जीव के कलुषित परिणाम। इन कलुषित भावों का नाम ही कषाय है। जहाँ कलुषितभावरूप कषाय नहीं है, वहाँ ही चारित्र (संयम) है, किन्तु जहाँ कलुषित भाव हैं, वहाँ संयम नहीं है। इसलिए प्रशम भाव से युक्त जीव ही ज्ञानी और संयमी है।

अपने कलुषित अथवा विशुद्धभावों का जिम्मेदार यह जीव व स्वयं ही है। यदि यह परिणामों को संभालने का पुरूषार्थ करे, तो सदा उपशम (शांत) भाव सहित रह सकता है, क्योंकि शांतता इसका निजी गुण है। जैसे जल का स्वभाव शीतलता है किन्तु अग्नि के संयोग से वह गर्म हो जाता है और अग्नि का संयोग हटने पर स्वतः शांत हो जाता है, वैसे ही जीव का स्वभाव अनाकुलता है किन्तु कर्मोदय से, संकल्प-विकल्प से वह अस्थिर हो जाता है। यदि यह संयोग समाप्त हो जाएँ तो आत्मा सदा आनंद स्वभाव वाला ही है।

आचार्य समंतभद्र ने रत्नकरण्डश्रावकाचार में कहा है—

गृहस्थो मोक्षमार्गस्थो, निर्मोहो नैव मोहवान्।
अनगारो गृही श्रेयान्, निर्मोहो मोहिनो मुनेः॥33॥

निर्मोही गृहस्थ मोक्षमार्गी है, जबकि मोही अर्थात् मिथ्यात्व सहित मुनि मोक्षमार्गी नहीं है। मोही मुनि की अपेक्षा निर्मोही गृहस्थ श्रेष्ठ है।

वस्तुतः अकषाय भाव सहित व्रतधारण करना ही मोक्षमार्ग में कल्याणकारी है। क्योंकि कषाएँ बंधका ही कारण हैं, मोक्ष का नहीं। 'अकषायभावसहितोऽहम्'॥65॥

कषायवान का त्याग निष्फल है

धणं गेहं कुडुंबं च, चत्ता वि जो ण मुंचदे।
राय-दोसे कसायं च, चागो सो तस्स णिप्फलो॥66॥

अन्वयार्थ—(धणं गेहं कुडुंबं च चत्ता वि) धन, गृह, कुटुम्ब छोड़कर भी (जो) जो (राय-दोसे) राग-द्वेष (च) और (कसायं) कषाय को (ण मुंचदे) नहीं छोड़ता (तस्स) उसका (सो) वह (चागो) त्याग (णित्फलो) निष्फल है।

अर्थ—धन, गृह, कुटुम्ब आदि छोड़कर भी जो राग-द्वेष और कषाय को नहीं छोड़ता उसका वह त्याग निष्फल है।

व्याख्या—संसारी जीव मोहवश धन-गृह आदि को एकत्रित करने में ही अपना अमूल्य समय खो देता है। शरीर की सेवा में व्यस्त रहता है, इसकी सुरक्षा के लिए विविध वस्तुओं का अर्जन, संरक्षण और संस्कार करता है। ऐसे में कोई जीव धन-गृह, कुटुम्ब आदि का त्याग करके भी यदि उसमें ही राग अर्थात् आसक्तिरूप प्रेमभाव, द्वेष अर्थात् घृणारूप अरतिभाव तथा क्रोध, मान, माया व लोभादि कषायभावों का त्याग नहीं करता है तो उसका समस्त त्याग निष्फल है।

बाह्य वस्तुओं का त्याग अभ्यंतर विशुद्धि के लिए किया जाता है। भावों की अशुद्धि बनी रहे तो बाह्य वस्तुओं का त्याग करना या न करना बराबर है। बाह्य त्याग मात्र से कदाचित अकाम निर्जरा तो हो सकती है। किन्तु मोक्ष की प्राप्ति नहीं। प्रवचनसार में कहा है—

चत्ता पावारंभं समुट्ठिदो वा सुहम्मि चरियम्मि।
ण जहदि जदि मोहादि ण लहदि सो अप्पगं सुद्धं ॥79॥

अर्थात् पापारंभ त्यागकर तथा शुभचर्या में तल्लीन होकर भी यदि कोई मोह का त्याग नहीं करता है, तो वह शुद्ध आत्मा को प्राप्त नहीं करता है। मोक्षमार्ग में मोह का त्याग अनिवार्य है। 'सकलबाह्यविभव-रहितोऽहम्' ॥66॥

ज्ञानी का निवास स्थान

गामे वणे य उज्जाणे, णिवासो मूढ-बोहिणं।
दिट्ठप्पाणं णिवासो दु, णिय-अप्पे हि णिच्चले ॥67॥

अन्वयार्थ—(गामे वणे य उज्जाणे) ग्राम, वन और उद्यान में (मूढ-बोहिणं) मूढ़बुद्धियों का (णिवासो) निवास है (दु) किन्तु (दिट्ठप्पाणं) दृष्टात्माओं का (णिवासो) निवास (णिय-अप्पे हि णिच्चले) निश्चल निज आत्मा में ही है।

अर्थ—ग्राम, वन या उद्यान में निवास मूढ़बुद्धियों का होता है, किन्तु जिनने निज आत्मा को देख लिया है ऐसे भव्यों का निवास तो निजात्मा में ही होता है।

व्याख्या—मैं गांव, नगर, वन, उपवन, धर्मशाला अथवा मंदिर में रहता हूँ अथवा जहाँ मैं रहता हूँ, वह ही रहने योग्य उत्तम स्थान है; जिसकी ऐसी ही मान्यता है। वह वस्तुतत्त्व से अनभिज्ञ मूढ़बुद्धि है। किन्तु जो बाह्य में कहीं भी एकांत स्थानों

में रहता हुआ, स्वात्मा में स्थित रहता है, ऐसे आत्मज्ञानियों का निवास स्थान निश्चल निजात्मा ही है।

आचार्य पूज्यपाद स्वामी ने समाधितंत्र में कहा है कि 'ग्राम अथवा वन का निवास तो अनात्मदर्शियों का विषय है, किन्तु आत्मा को जानने वाला तो कहीं भी रहे, निजात्मा में ही रहता है।' निजात्म-निलय-सुस्थितोऽहम्'॥67॥

ये चार अभूतपूर्व हैं

णत्थि विज्जा समं चक्खू, णत्थि सच्चसमं तवो।
णत्थि रायसमं दुक्खं, णत्थि चागसमं सुहं॥68॥

अन्वयार्थ—(णत्थि विज्जा समं चक्खू) विद्या के समान आँख नहीं है (णत्थि सच्चसमं तवो) सत्य के समान तप नहीं है (णत्थि रायसमं दुक्खं) राग के समान दुःख नहीं है [और] (णत्थि चागसमं सुहं) त्याग के समान सुख नहीं है।

अर्थ—इस लोक में विद्या के समान आँख, सत्य के समान तप, राग के समान दुःख तथा त्याग के समान सुख नहीं है।

व्याख्या—सम्यग्ज्ञान रूपी नेत्र से जीव हिताहित का विवेक करता है, निश्चय-व्यवहार तथा आत्मिक कल्याण को जानता है, इसलिए विद्या(ज्ञान) ही श्रेष्ठ आँख है। प्रवचनसार में आगम को साधु की आँख कहा है। सत्य के समान कोई तप नहीं। राग अत्यधिक संताप तथा आकुलता कराने वाला है, इसलिए राग ही दुःख व कर्मबंध की जड़ है। तथा त्याग यदि विवेक व वैराग्यपूर्वक किया है, तो उसके जैसा संसार में कोई सुख नहीं; यही आत्मोत्थसुख मुक्ति का कारण होता है। ये चार बातें अभूतपूर्व हैं। 'विद्याचक्षुसंपन्नोऽहम्'॥68॥

संसार के चार कारण

ण वरं बंधणं णेहा, ण विसं विसया परं।
ण कोपा अवरो सत्तू, ण दुहं जम्मदो परं॥69॥

अन्वयार्थ—(ण वरं बंधणं णेहा) स्नेह से बड़ा बंधन नहीं है, (ण विसं विसया परं) विषयों से बढ़ा विष नहीं है (ण कोपा अवरो सत्तू) क्रोध से अन्य कोई शत्रु नहीं है [तथा] (ण दुहं जम्मदो परं) जन्म से बड़ा दुःख नहीं है।

अर्थ—लोक में स्नेह से बड़ा बंधन, विषयों से भयंकर विष, क्रोध के अलावा शत्रु तथा जन्म से अधिक दुःख दूसरा नहीं है।

व्याख्या—बेड़ी या अर्गल से भी स्नेह का बंधन महान है। संसार में जो भी रिश्ते-नाते है, वे सब केवल स्नेह-पाश से ही बँधे हैं। मोह का बंधन ऐसा है कि हजारों कोष दूर बैठे जीव भी आपस में बंधे रहते हैं। चाणक्य ने कहा है कि 'जो

जिसके मन में बैठा है, वह उससे कितना ही दूर हो, पास ही है और जो जिसके मन में नहीं है, वह एकदम पास में बैठा हो, तब भी दूर ही है।' तो मोह से बड़ा बंधन इस लोक में दूसरा नहीं है। इसके कारण ही यह जीव संसार दशा में विद्यमान है। अतः मोह का त्याग करो।

पंचेन्द्रिय विषयों को बिष की उपमा दी गयी है। जिस प्रकार बिष का सेवन करने से मरण हो जाता है, उसी प्रकार विषय रूप बिष का सेवन करने वाले का भी संसार में पतन हो जाता है, भावमरण हो जाता है। भगवती आराधना में कहा है कि विषभक्षण से तो एक बार मरण होता है, किन्तु विषय-विष का भक्षण करने वाले को बार-बार जन्म-मरण करना पड़ता है। अतः विषय वासनाओं से दूर रहो।

क्रोध के अलावा संसार में जीव का कोई दूसरा शत्रु नही हैं। क्रोध के वशीभूत होकर यह जीव बड़े-बड़े अनर्थ कर डालता है। क्रोधी जीव माता-पिता, गुरु-शिष्य, भाई-बंधु किसी को कुछ नहीं गिनता। इस क्रोध के साथ ही शेष कषाएँ भी जीव को संत्रास देती है। अतः क्रोध को विभाव जानकर इसका त्याग करना चाहिए

जन्म, जरा और मृत्यु, ये संसार के सबसे बड़े दुःख (रोग) हैं। कोई भी संसारी जीव इनसे अछूता नहीं है। जन्म होता है तो मरण भी होता है, मरण के बाद फिर अन्यत्र जन्म होता है, बुढ़ापा भी आता है। यदि जीव का जन्मोच्छेद हो जाए तो सारे दुःखों का अभाव तुरंत हो जाएगा। जन्म-मरण से बचने का उपाय है आत्मलीनता। 'विषय-कषाय रहितोऽहम्।'

वह योगी धन्य

दिस्समाणं ण दिस्सेदि, सुणमाणं सुणेदि णो।
राग-दोसादि कत्तारं, लोगं धण्णो य जोगी सो॥70॥

अन्वयार्थ—[जो] (राग-दोसादि कत्तारं लोगं) राग-द्वेषादि के कर्त्ता लोक को (दिस्समाणं ण दिस्सेदि) देखता हुआ नहीं देखता (य) और (सुणमाणं सुणेदि णो) सुनता हुआ नहीं सुनता (सो) वह (जोगी) योगी (धण्णो) धन्य है।

अर्थ—जो राग-द्वेष करने वाले लोकजनों को देखता हुआ भी नहीं देखता और सुनता हुआ भी नहीं सुनता वह योगी धन्य है।

व्याख्या—अज्ञानता वश लोकजन प्रायः राग-द्वेष से परिपूर्ण प्रवृत्ति किया करते हैं। वे राग-द्वेष करते हुए वर्तते हैं, किन्तु उन्हें लाभ कुछ भी नहीं होता, दुःख ही उठाना पड़ता है। सुख तो राग-द्वेष के अभाव में है। ऐसा जानने वाले योगीजन राग-द्वेष के कर्त्ता जीवों की विविध चेष्टाएँ देखते हुए भी नहीं देखते और उनके शब्दादि सुनते हुए भी नहीं सुनते। क्योंकि रागी-द्वेषी जीवों की चेष्टा व वचनोच्चारण रागादि का ही वर्धक होता है। इसलिए राग-द्वेष से बचने की चेष्टा करने वाले

योगीजन लोक से कैसे प्रभावित हो सकते हैं? वस्तुतः ऐसे योगयुक्त साधु ही धन्य हैं, कल्याणकारी हैं। 'योग-युक्तोऽहम्'॥70॥

जीव जुदा, पुद्गल जुदा

जीवो य पुग्गलो भिण्णो, इच्चेव तच्च संगहो।
जं अण्णं उच्चदे किंचि, सो दु अस्सेव वित्थरो॥71॥

अन्वयार्थ—(जीवो य पुग्गलो भिण्णो) जीव और पुद्गल अन्य हैं (इच्चेव तच्च संगहो) इतना ही संग्रहभूत तत्त्व है (जं अण्णं किंचि उच्चदे) जो अन्य और कुछ कहा है (सो दु अस्सेव वित्थरो) वह इसका ही विस्तार है।

अर्थ—जीव और पुद्गल अन्य-अन्य हैं, इतना ही तत्त्व का सार है। अन्य और जो भी कुछ शास्त्रों में कहा है, वह इसका ही विस्तार है।

व्याख्या—संसार में मूलतः दो तत्त्व हैं—जीव और अजीव। इन दोनों को एक मानने की भ्रमबुद्धि से यह जीव संसार दुःख भोगता हुआ भ्रमण करता है। इन्हें पृथक-पृथक जानना, अनुभव तथा श्रद्धान करना ही वस्तुतः सारभूत बात है। शास्त्रों में इन दोनों के लक्षण तथा प्रकिया विस्तार से इन्हें ही समझाने के लिए कहे हैं। जीव जुदा, पुद्गल जुदा यह जानना ही संग्रहरूप से तत्त्वज्ञान है। शेष शास्त्र इस तथ्य के विस्तार में ही लिखे गए हैं। यही बात इष्टोपदेश (50) में कही है। 'चैतन्यज्योतिस्वरूपोऽहम्'॥71॥

ग्रन्थकार की लघुता

अप्पसुदेण दु सहिदो, झाणज्झयणं च मोक्खमग्ग रदो।
मए भावणा-सारो, किदो सोधयंतु सुदपुण्णा॥72॥

अन्वयार्थ—(अप्पसुदेण सहिदो) अल्पश्रुत सहित (दु) किन्तु (झाणज्झयणं च मोक्खमग्ग रदो) ध्यान-अध्ययन और मोक्षमार्गरत (मए) मेरे द्वारा (भावणा सारो किदो) भावनासार किया गया है [इसे] (सुदपुण्णा) श्रुतपूर्ण जन (सोधयंतु) सोधें।

अर्थ—अल्पश्रुत सहित किन्तु ध्यान-अध्ययन और मोक्षमार्गरत मेरे द्वारा यह भावना-सार नामक ग्रन्थ लिखा गया है। इसे श्रुतपूर्ण जन शोधन करें।

व्याख्या—यह उपसंहार गाथा है। ग्रन्थकार ने अपनी लघुता प्रगट करते हुए, ग्रन्थ का नाम प्रगटकर श्रुतपूर्ण आचार्यों से इसके संशोधन की प्रर्थना की है। यहां ग्रन्थकर्त्ता आचार्य श्री सुनीलसागर जी कहते हैं कि अल्पश्रुत सहित किन्तु जो मुनि का मुख्य लक्षण है 'ध्यान-अध्ययन युक्त मेरे द्वारा यह श्रेष्ठ 'भावनासार' ग्रन्थ रचा गया है। इसमें बारह भावनाओं का संक्षिप्त वर्णन है। यह बारह भावनाएं संवेग व वैराग्य की जननी हैं। कार्तिकेयानुप्रेक्षा में इन्हें 'भविय जणाणंद जणणीओ' कहा है।

॥ समत्तं भावणासारो॥

आयरिय-सुणीलसायरविरइदो

अज्झप्पसारो

(अध्यात्मसार)

॥ णमोत्थु वीदरायाणं ॥

अज्झप्पसारो

(अध्यात्मसार)

मंगलाचरण

झाणेण जिणिंदाणं, अप्पसरूवस्स होदि सण्णाणं।
जिणो व णिय- विहवत्थं, 'णमो जिणाणं' तिजोगेणं ॥1॥

अन्वयार्थ—(जिणिंदाणं) जिनेन्द्र भगवंतों के (झाणेण) ध्यान से (अप्पसरूवस्स) आत्मस्वरूप का (सण्णाणं) सम्यग्ज्ञान (होदि) होता है, [इसलिए] (जिणो व णियविहवत्थं) जिनेन्द्र के समान निज वैभव के लिए (तिजोगेणं) तीनों योगों से (जिणाणं) जिनों को (णमो) नमस्कार हो।

अर्थ—श्री जिनेन्द्र भगवंतों का ध्यान करने से निज-आत्मस्वरूप का भान होता है, इसलिए जिनेन्द्र भगवान के समान निज वैभव की प्राप्ति के लिए मन, वचन, काय रूप तीनों योगों से जिनेन्द्र भगवंतों को नमस्कार हो।

व्याख्या—जिन्होंने इन्द्रियों व कषायों को जीता है तथा जन्म-मरण आदि अठारह दोषों से रहित हैं वे जिन कहलाते हैं। जिनों में भी जो प्रमुख हैं ऐसे तीर्थंकर देव जिनेन्द्र कहलाते हैं अथवा विषय-कषायों पर विजय करने वाले मुनियों में जो प्रमुख हैं ऐसे अरिहंत जिनेन्द्र कहलाते हैं। ऐसे जिनेन्द्रों का ध्यान करने से निजात्मस्वरूप का भलीभांति बोध होता है, जैसा कि प्रवचनसार ग्रन्थ में आचार्य कुन्दकुन्द देव ने कहा है—

जो जाणदि अरिहंतं दव्वत्त गुणत्त पज्जयत्तेहिं।
सो जाणदि अप्पाणं मोहो खलु जादि तस्सलयं ॥80॥

अर्थात् जो द्रव्य, गुण, पर्यायों सहित अरिहंत भगवान को जानता है वह अपने आत्मस्वरूप को भी जानता है, इस कारण उसका मोह विलय को प्राप्त हो जाता है।

इसलिए निज-आत्मा के अनंतगुणरूपी वैभव की उपलब्धि के लिए मैं मन-वचन-कायरूप तीनों योगों को एकाग्रकर जिनेन्द्र भगवंतोंको नमस्कार करता हूँ। 'मंगलस्वरूपोऽहम्।'

ग्रन्थ रचना का उद्देश्य

जिणदेवो परदेवो, णियअप्पा णिच्छएण णियदेवो।
झाऊण जिणिंदे य, अप्पा अप्पम्मि थिरो होदु ॥2॥

अन्वयार्थ—(जिणदेवो) जिनदेव (परदेवो) परदेव हैं (णियअप्पा णिच्छएण णियदेवो) निज आत्मा निश्चय से निजदेव हैं [इसलिए] (जिणिंदाणं झाऊण) जिनेन्द्रों का ध्यान करके (अप्पा अप्पम्मि थिरो होदु) आत्मा से आत्मा में स्थिर होओ।

अर्थ—निजात्मद्रव्य की अपेक्षा वीतरागी जिनदेव भी पर-देव हैं, वस्तुतः निजात्मा ही निजदेव है, इसलिए जिनेन्द्र भगवन्तों का ध्यान करके निज आत्मा से निजात्मा में ही स्थिर होओ।

व्याख्या—सम्पूर्ण जगत में मुख्यतः छह द्रव्य हैं—1. जीव, 2. पुद्गल, 3.धर्म, 4. अधर्म. 5. आकाश, 6. काल। जीव के अलावा शेष द्रव्य अजीव (अचेतन) हैं। जीव द्रव्य चैतन्यगुण युक्त असंख्यात प्रदेशी है, अनंतानंत जीव इस लोक में हैं, प्रत्येक जीव की पृथक्-पृथक् सत्ता है। पुद्गल द्रव्य पूरण-गलन स्वभाव वाला अथवा स्पर्श रस गंध व वर्ण गुण से युक्त, अचेतन, उदासीन, संख्यात-असंख्यात-अनंत प्रदेशी क्रियावान द्रव्य है। धर्मद्रव्य जीव-पुद्गल के गमन में उपकारक, अचेतन, उदासीन, असंख्यात प्रदेशी द्रव्य है। आकाश द्रव्य समस्त द्रव्यों को अवगाह देने वाला अनंत (लोकापेक्षा असंख्यात) प्रदेशी, अचेतन, उदासीन एक द्रव्य है.। कालद्रव्य सभी द्रव्यों की वर्तना में उपकारक अचेतन, उदासीन, एक प्रदेशी (अप्रदेशी) द्रव्य है।

इन छहों द्रव्यों की स्वतंत्र-स्वतंत्र सत्ता है। ये एक-दूसरे का उपकार करते हुए भी एकमेक नहीं होते। धर्म, अधर्म तथा आकाश ये अविभागी एक-एक द्रव्य हैं; काल अनंत समय रूप अप्रदेशी द्रव्य है; पुद्गल एक प्रदेशी, द्विप्रदेशी आदि संख्यात, असंख्यात, अनंत तथा अनंतानंत प्रदेशी रूप है; जीव अनंतानंत हैं।

प्रत्येक जीव ज्ञान-दर्शन आदि अनंत गुणों से युक्त स्वतंत्र सत्ता वाला क्रियावान चैतन्य द्रव्य है। जो जीव अपने पुरुषार्थ से कर्ममल से रहित शुद्ध हो गए हैं, वे अरहंत-सिद्ध शुद्ध हैं, शेष अशुद्ध जीव हैं। यह संसारी साधारण जीव ही जिनेन्द्र-रूप श्रेष्ठ शुद्धदशा को प्राप्त करता है। अब तक जो जिनदेव हो गए, वे इस आराधक जीव की अपेक्षा से तो अन्य ही हैं। यह स्वयं ही उन जैसे स्वरूप को उपलब्ध कर सकने की संभावना वाला होने से स्वयं के लिए निजदेव है। अतः बाह्य में जिनेन्द्र के स्वरूप को जानकर, ध्यानकर निजस्वरूप में ही लीन होना चाहिए। 'आत्मदेवोऽहम्।'

सम्यग्दर्शन का लक्षण

अप्पस्स य सद्दहणं, तच्चस्स य देव गुरु सु-सत्थाणं।
पंचत्थिकायाणं, छ दव्वाणं च अत्थि सम्मत्तं ॥3॥

अन्वयार्थ—(अप्पस्स) आत्मा का (तच्चस्स) तत्त्वार्थ का (देव गुरु सुसत्थाणं) सुदेव-गुरु-शास्त्र का (पंचत्थिकायाणं) पंचास्तिकाय का (च) अथवा (छद्दव्वाणं) छहद्रव्यों का (सद्दहणं) श्रद्धान करना (सम्मत्तं) सम्यक्त्व (अत्थि) है।

अर्थ—आत्मा का, तत्त्वार्थ का, परमार्थभूत देवशास्त्रगुरु का, पंचास्तिकाय अथवा छह द्रव्यों का श्रद्धान करना सम्यग्दर्शन है।

व्याख्या—ज्ञान-दर्शन आदि अनंतगुण वाले आत्मतत्त्व का; जीव, अजीव, आस्रव, बंध, संवर, निर्जरा व मोक्ष इन सात तत्त्वार्थों का; सच्चे वीतरागी जिनदेव, निर्ग्रंथ गुरु व अहिंसा के प्रतिपादक शास्त्रों का; जीव, पुद्गल, धर्म, अधर्म, व आकाश इन पंचास्तिकायों का; तथा जीव, पुद्गल, धर्म, अधर्म, आकाश व काल इन छह द्रव्यों का श्रद्धान करना सम्यग्दर्शन है। उपरोक्त विषय को भलीभांति जानकर, श्रद्धानकर निज आत्म-स्वरूप को सबसे पृथक ज्ञायक स्वरूप श्रद्धान करना सम्यग्दर्शन है।

सम्यग्दर्शन के क्षायिक, औपशमिक व क्षायोपशमिक ये तीन अथवा निसर्गज व अधिगमज की अपेक्षा दो भेद हैं। सम्यग्दर्शन की प्राप्ति में क्षयोपशम, विशुद्धि, देशना, प्रायोग्य व करणलब्धि की अनिवार्यता है।

ज्ञान, पूजा, कुल, जाति, बल, ऋद्धि, तप व शरीर इन आठ मदों (मानों); शंका, कांक्षा, विचिकित्सा, मूढ़दृष्टि, अनुपगूहन, अस्थितिकरण, अवात्सल्य व अप्रभावना इन आठ दोषों; कुदेव, कुशास्त्र व कुगुरु तथा इनके सेवक रूप छह अनायतनों तथा देव-गुरु व पाखंडी मूढ़ता रूप तीन मूढ़ताओं (25 दोष) के त्याग से सम्यग्दर्शन शुद्ध होता है। 'सम्यग्दर्शन-सहितोऽहम्।'

सम्यग्ज्ञान का लक्षण

जारिसं अत्थि वत्थुं, णाणं जाणादि तारिसं णिच्चं।
तं णाणं सण्णाणं, अप्पाणप्पा य जेण भासंते ॥4॥

अन्वयार्थ—(जारिसं अत्थि वत्थुं) वस्तु जैसी है (णाणं जाणादि तारिसं णिच्चं) ज्ञान हमेशा वैसी ही जानता है, (जेण) जिससे (अप्पाणप्पा य भासंते) आत्मा-अनात्मा का ज्ञान होता है (तं णाणं सण्णाणं) वह ज्ञान सम्यग्ज्ञान है।

अर्थ—वस्तु जैसी है, ज्ञान वैसी ही जानता है, जिससे आत्मा-अनात्मा का ज्ञान होता है; वह सम्यग्ज्ञान कहलाता है।

व्याख्या—जो वस्तु-तत्त्व का संशय, विपर्यय और अनध्यवसाय रहित ज्ञान है तथा जिससे वस्तु का यथावत निर्णय होता है, वह सम्यग्ज्ञान कहलाता है।

संशय—अपने तथा पर के स्वरूप को समझे बिना मैं जीव हूँ या शरीर इस प्रकार का द्वि-कोटि स्पर्शी ज्ञान संशय कहलाता है।

विपर्यय—वस्तु स्वरूप के सम्यग्ज्ञान बिना मैं शरीर हूँ, ऐसी विपरीत

मान्यता रखना विपर्यय ज्ञान कहलाता है।

अनध्यवसाय—सम्यग्ज्ञान न होने से मैं जीव हूँ, या शरीर हूँ, कर्म हूँ, बंध, उदय, सत्व, अध्यवसान या अन्य कुछ और हूँ, ऐसी जो अनेक कोटि-स्पर्शी मान्यता है, वह अनध्यवसाय है।

इन तीनों दोषों से रहित सप्ततत्त्व तथा आत्मस्वरूप का यथार्थ ज्ञान होना सम्यग्ज्ञान है। इसके पाँच भेद हैं—1. मतिज्ञान, 2. श्रुतज्ञान, 3. अवधिज्ञान, 4. मनःपर्ययज्ञान, 5. केवलज्ञान। 'सम्यग्ज्ञानसम्पन्नोऽहम्।'

सम्यग्ज्ञान का कार्य

रागो जेण विणस्सदि, मित्ती सेओ धिदी य पुस्सदि हि।
अत्ता वाचा सुज्झदि, जिणिंद-कहिदं हि तं णाणं॥5॥

अन्वयार्थ—(जेण) जिससे (रागो विणस्सदि) राग विनष्ट होता है, (मित्ती सेओ धिदी य पुस्सदि) मैत्री, श्रेय व धृति पुष्ट होती है, (अत्ता वाचा सुज्झदि) आत्मा व वचन विशुद्ध होता है (हि) वस्तुतः (तं) वह (जिणिंद-कहिदं णाणं) जिनेन्द्र-कथित ज्ञान है।

अर्थ—जिससे राग नष्ट होता है, मैत्री, श्रेय व धृति पुष्ट होती है तथा आत्मा व वचन विशुद्ध होता है, वस्तुतः वह ही जिनेन्द्र कथित ज्ञान है।

व्याख्या—जिस श्रेष्ठ आत्मानुभवरूप ज्ञान से वस्तुस्वरूप का, समस्त द्रव्य-गुण-पर्यायों का सम्यग्ज्ञान होने से परवस्तुओं के प्रति आसक्तिरूप राग नष्ट होकर वीतरागता प्रगट होती है; जगत के समस्त जीवों के प्रति मैत्री भाव, स्व-पर के श्रेय (कल्याण) की भावना व धैर्य अथवा धारणा अत्यन्त पुष्ट होकर निर्भयता आती है तथा आत्मतत्त्व की कर्मों से रहितता रूप शुद्धि व वचन की भाषा समिति युक्त प्रवृत्ति रूप विशुद्धि होती है; वस्तुतः ऐसा जो जिनेन्द्र कथित ज्ञान है वह ही सम्यग्ज्ञान है। 'ज्ञानस्वरूपोऽहम्।'

जिनागम विषय-कषायों का पोषण नहीं करता

जिणागमो ण पोसदि, विसय-कसायं च भोग-अण्णाणं।
पढिदूण य भमदि भवे, अमिदं पिबिऊण सो मरदि॥6॥

अन्वयार्थ—(जिणागमो) जिनागम (विसय-कसायं च भोग-अण्णाणं) विषय, कषाय, भोग और अज्ञान को (ण पोसदि) नहीं पोषता [किन्तु जो मनुष्य जिनवाणी] (पढिदूण य) पढ़कर (भवे भमदि) संसार में भ्रमण करता है [सो] वह (अमिदं पिबिऊण) अमृत पीकर (मरदि) मरता है।

अर्थ—जिनागम विषय, कषाय, भोग और अज्ञान का पोषण नहीं करता;

किन्तु जो मनुष्य जिनवाणी पढ़कर संसार में भटकता है, उसे ऐसा समझो कि वह अमृत पीकर मरता है।

व्याख्या—सर्वज्ञ, वीतरागी, हितोपदेशी जिनेन्द्र भगवान के द्वारा कहे गए अनुलंघ्यनीय, दृष्ट व इष्ट तत्त्व के अविरोधी, विषय-कषायादि कुपथ को नष्ट करने वाले वचनों से रचित ग्रन्थों को जिनागम कहते हैं। जैसा कि आचार्य समन्तभद्र स्वामी ने कहा है—

आप्तोपज्ञमनुलंघ्य-मदृष्टेष्टऽ विरोधकम्।
तत्त्वोपदेशकृत् सार्वं, शास्त्रं कापथघट्टनम्॥9॥

वर्तमान के उपलब्ध आगमग्रन्थों में आचार्य गुणधर का कसाय पाहुड, आचार्य पुष्पदंत भूतबली का षट्खंडागम, आचार्य कुन्दकुन्द के समयसारादि, आचार्य वट्टकेर का मूलाचार, आचार्य शिवार्य की मूलाराधना तथा आचार्य गृद्धपिच्छ का तत्त्वार्थसूत्र आदि कुछ ही ऐसे ग्रन्थ हैं, जिनका सीधा सम्बंध द्वादशांग श्रुत से है। इनके अलावा भवभीरू दिगम्बर जैनाचार्यों ने गुरु परम्परा से प्राप्त हुए जिस श्रुतज्ञान से ग्रन्थों की रचना की है, वे भी जिनागम कहलाते हैं।

दिगम्बर परम्परा के अधिकांश श्रेष्ठतम ग्रन्थ ईसा की दूसरी शताब्दी के पूर्व के हैं, जबकि श्वेताम्बर ग्रन्थ पाँचवी शताब्दी या इसके बाद के हैं। अन्य सम्प्रदायों के ग्रन्थ आगम की कोटि में नहीं आते।

वस्तुतः जैनागम पंचेन्द्रियों के विषयभोग या क्रोधादि कषायों का पोषण नहीं करता, क्योंकि ये आत्मा को दुर्गति में ले जाने वाले हैं। जिनवाणी तो जीवों के विषय-कषाय व अज्ञान को नष्ट करती है। इसके विपरीत समयसार आदि श्रेष्ठ ग्रन्थों को पढ़कर कोई मनुष्य स्वच्छंदी होकर 'ज्ञानी को बंध नहीं होता' ऐसा कहकर विषयासक्त होता है; तो कहते हैं कि वह अमृत पीकर भी मरने वाले के समान है।

जैसे लोक में अमृत को अमर करने वाला कहा जाता है, वैसे ही जिनवाणी मोक्ष देती है, दुःख व अज्ञान से छुड़ाकर सुखी करती है; किन्तु कोई मनुष्य शास्त्र पढ़कर भी अनर्गल प्रवृत्ति करे, तो समझो कि वह अमृत पीकर भी मर रहा है। 'विषय-कषायशून्योऽहम्।'

सम्यक्चारित्र का लक्षण

सुहे पवित्ती चरणं ववहारा णिच्छएण चारित्तं।
एगोहं सुद्धोहं, णादा-दट्ठा य अणुहवणं॥7॥

अन्वयार्थ—(सुहे पवित्ती) शुभ में प्रवृत्ति (ववहारा) व्यवहार से (चरणं) चारित्र है, (च) तथा (एगोहं सुद्धोहं, णादा-दट्ठा य अणुहवणं) मैं एक हूँ, मैं शुद्ध हूँ,

मैं ज्ञाता-दृष्टा हूँ, ऐसा अनुभव करना (णिच्छएण) निश्चय से (चारित्तं) चारित्र है।

अर्थ—शुभ में प्रवृत्ति करना व्यवहार नय से चारित्र कहलाता है। मैं एक हूँ, शुद्ध हूँ, ज्ञाता-दृष्टा हूँ, ऐसा अनुभव करना निश्चय चारित्र कहलाता है।

व्याख्या—अहिंसा, सत्य, अचौर्य, ब्रह्मचर्य व अपरिग्रह इन पाँच व्रतों से युक्त होकर देव-पूजा, गुरु-उपासना, दान, स्वाध्याय, तप तथा संयम आदि में विवेक पूर्वक प्रवृत्ति करना शुभ प्रवृत्ति; व्यवहार चारित्र कहलाती है। मैं शुद्धबुद्ध, एक, ज्ञाता-दृष्टा आत्मा हूँ, ऐसा इस प्रकार अनुभव करना निश्चय चारित्र कहलाता है। 'चारित्रसंपन्नोऽहम्'।

श्रावक का लक्षण

जिण-पूयं मुणि-दाणं, करेदि पालेदि अणुव्वयादिं च।
सो सावगो त्ति भणिदो, छक्कम्म-परायणो बुद्धो॥8॥

अन्वयार्थ—(जो) जो (जिण-पूयं मुणि दाणं, करेदि) जिन पूजा, मुनि-दान करता है (पालेदि अणुव्वयादिं) अणुव्रतादि का पालन करता है [तथा] (छक्कम्म परायणो) षट्कर्म परायण (बुद्धो) विवेकी (सो सावगो त्ति भणिदो) वह श्रावक कहा गया है।

अर्थ—जो जिनेन्द्र देव की पूजा करता है, मुनियों को आहारादि दान देता है, अणुव्रतादि का पालन करता है तथा षट्कर्म परायण है, वह बुद्धिमान श्रावक कहा गया है।

व्याख्या—जो विवेकी गृहस्थ श्री वीतराग जिनेन्द्र भगवान; सच्चे, देव, शास्त्र, गुरु और परमेष्ठियों की पूजा करता है; मुनिराजों तथा त्यागी-व्रतियों को आहार, औषधि, शास्त्र व अभयदान देता है; अहिंसाणुव्रत, सत्याणुव्रत, अचौर्याणुव्रत ब्रह्मचर्याणुव्रत तथा परिग्रह परिमाण अणुव्रत का पालन करता है तथा षट्कर्मों में परायण है, वह श्रावक कहलाता है।

देवपूजा, गुरु-उपासना, स्वाध्याय, संयम, तप व दान ये श्रावक के षट्कर्त्तव्य कहलाते हैं। जैसा कि आचार्य सोमदेव ने कहा है—

देव पूजा गुरुपास्ति, स्वाध्यायः संयमस्तपः।
दानश्चेति गृहस्थानां, षट्कर्माणि दिने-दिने॥

गृहस्थ श्रावक की अपेक्षा कदाचित् षट्कर्मों में असि, मसि, कृषि, शिल्पकला, विद्या व वाणिज्य को भी लिया जा सकता है। क्योंकि इन षट्कर्मों से आजीविका करता हुआ भी गृहनिरत श्रावक धर्मात्मा हो सकता है। गृहविरत श्रावक के यह कर्म नहीं पाए जाते हैं। कुन्दकुन्द देव ने रयणसार (11) में दान व पूजा श्रावक का मुख्य

कर्त्तव्य कहा है। जो इन कर्त्तव्योंसे रहित है, उसे श्रावक कैसे कहा जा सकता है? 'षट्कर्मपरायणोऽहम्।'

श्रमण का लक्षण

विसय-कसाया रित्तो, झाणज्झयणे रदो य णिग्गंथो।
पंचमहव्वदजुत्तो, समणो सो मोक्खमग्ग-रदो ॥9॥

अन्वयार्थ—[जो] (विसय-कसाया रित्तो) विषय-कषायों से रहित (झाणज्झयणे रदो) ध्यान-अध्ययन में रत (णिग्गंथो) निर्ग्रंथ (य) तथा (पंचमहव्वद-जुत्तो) पाँच महाव्रत युक्त है (सो) वह (मोक्खमग्ग-रदो) मोक्षमार्गरत (समणो) श्रमण है।

अर्थ—जो विषय-कषायों से रहित, ध्यान-अध्ययन में लीन, नग्न-दिगम्बर तथा पाँच महाव्रत युक्त है, वह मोक्षमार्गस्थ श्रमण [साधु] है।

व्याख्या—जो महान धैर्ययुक्त महानुभाव पंचेन्द्रियों के स्पर्शादि विषयों की वासना व क्रोधादि कषायों की ज्वाला से रहित हैं; पंचपरमेष्ठी व आत्मध्यान में तल्लीन, अध्ययन-अध्यापन में संलग्न; बाह्य व अभ्यंतर परिग्रह से रहित नग्न दिगम्बर तथा अहिंसा आदि पाँच महाव्रतों से संयुक्त हैं, वे सच्चे श्रमण (साधु) कहलाते हैं।

जो आत्मशुद्धि हेतु श्रम करते हैं, आत्मलीनता रूप पुरुषार्थ करते हैं, वे श्रमण कहलाते हैं। अथवा जो आत्मा की साधना करते हैं, वे साधु कहलाते हैं। दिगम्बर मुनि अट्ठाईस मूलगुणों का पालन करते हैं। 'श्रमणोऽहम्।'

सिद्ध कौन होता है

इत्थी-विसए अंधो, मूगो बहिरो असण्णीतुल्लो जो।
णाणी साहू य गिही, मोक्खपहे सो हि सिज्झेदि ॥10॥

अन्वयार्थ—(जो) जो महानुभाव (इत्थी-विसए) स्त्री के विषय में [अंधो, मूगो बहिरो असण्णीतुल्लो) अंधा, मूक, बधिर व असंज्ञीतुल्य है (सो) वह (णाणी साहू य गिही) ज्ञानी साधु व गृही (हि) ही (मोक्खपहे) मोक्षमार्ग में (सिज्झेदि) सिद्ध होता है।

अर्थ—जो महानुभाव स्त्री का रूप देखने में अंधा, अनावश्यक बात करने में मूक, व्यर्थ के शब्द सुनने में बधिर तथा रूपादि का विचार करने में असंज्ञी के समान आचरण करता है, वह ज्ञानी साधु तथा गृहस्थ परंपरा से निश्चित ही मोक्षमार्ग में सिद्ध होते हैं।

व्याख्या—जो धैर्यवान, स्थिरचित्त महानुभाव स्त्री का रूप देखने में अंधे के

समान, उनसे अनर्गल बातचीत करने में मूक (गूंगे) के समान, गीत या आकर्षक शब्द सुनने में बहिरे के समान तथा स्त्रियों के प्रति आकर्षण बढ़ाने वाले विचारों में असंज्ञी के समान व्यवहार (आचरण) करते हैं, वे ज्ञानी मुनिजन उसी भव या अन्य भव से तथा गृहस्थ जन मुनिव्रत धार उसी भव या परंपरा से मोक्षमार्ग में सिद्ध होते हैं अर्थात मुक्ति प्राप्त करते हैं। 'चांचल्यरहितोऽहम्।'

जीव का लक्षण

उवओगमओ जीवो, सुद्धासुद्धेहिं भासिदो दुविहो।
वीओ सुहो य असुहो, सुद्धुवओगो उवादेज्जो ॥11॥

अन्वयार्थ—(जीवो उवओगमओ) जीव उपयोगमय है [उपयोग] (सुद्धासुद्धेहिं) शुद्ध व अशुद्ध के भेद से (दुविहो) दो प्रकार का (भासिदो) कहा गया है (वीओ सुहो य असुहो) दूसरा शुभ व अशुभ है [जबकि] (सुद्धुवओगो उवादेओ) शुद्धोपयोग उपादेय है।

अर्थ—उपयोग जीव का लक्षण है। वह शुद्धोपयोग व अशुद्धोपयोग के भेद से दो प्रकार का है। दूसरा अशुद्धोपयोग शुभ व अशुभ भेद वाला है, जबकि शुद्धोपयोग उपादेय है।

व्याख्या—ज्ञान-दर्शन रूप चैतन्य का अनुविधायी परिणाम उपयोग कहलाता है (सर्वार्थसिद्धि)। उपयोग जीव का लक्षण है, जैसा कि आचार्य गृद्धपिच्छ ने तत्त्वार्थ सूत्र में कहा है-'उपयोगो लक्षणं (2/8)। ज्ञान-दर्शन वाला ही जीव है, इनसे युक्त ही जीव की भाव-दशा पाई जाती है।

शुद्धोपयोग व अशुद्धोपयोग की अपेक्षा उपयोग दो प्रकार का है। शुद्धोपयोग निज शुद्धात्मा के अनुभव रूप है। अशुद्धोपयोग दो प्रकार का है- 1. शुभोपयोग, 2. अशुभपयोग।

1. शुभोपयोग—देवपूजा, गुरु उपासना, स्वाध्याय, आत्मचिंतन रूप शुभ परिणामों (भावों) को शुभोपयोग कहते हैं, इससे सुखदायक पुण्यबंध होता है।

2. अशुभोपयोग—विषय-कषायरूप अशुभ परिणामों को अशुभोपयोग कहते हैं, इससे दुःखदायक पाप का आस्रव-बंध होता है। ये दोनों संसार के कारण हैं। अशुभोपयोग सर्वथा हेय है। हेय होते हुए भी शुभोपयोग कथंचित उपादेय है। मोक्ष का साक्षात् कारण होने से शुद्धात्मानुभूतिरूप शुद्धोपयोग ही उपादेय है। कर्म व कर्मफल चेतना हेय है, ज्ञान चेतना उपादेय है। 'उपयोगस्वरूपोऽहम्।'

मूढ़जन सुख-दुःख भोगते हैं

पस्स! पहूणो णाणे, लोगालोगं च भासदे सम्मं।
तो वि पहू णियलीणो, मूढा भुंजंति सुह-दुक्खं ॥12॥

अन्वयार्थ—(पस्स!) देखो! (पहूणो णाणे) प्रभु के ज्ञान में (लोगालोगं च) लोक व अलोक (सम्मं) अच्छी तरह (भासदे) प्रतिभाषित होता है(तो वि) फिर भी (पहू णियलीणो) प्रभु निजलीन हैं [जबकि] (मूढ़ा भुंजंति सुह-दुक्खं) मूढ़जन सुख-दु:ख भोगते हैं।

अर्थ—देखो! प्रभुजी के ज्ञान में समस्त लोकालोक भासित होता है, फिर भी वे निज में लीन हैं, जबकि थोड़ा सा जानकर भी मूढ़जन सुख-दु:ख को भोगते हैं।

व्याख्या—हे भव्यजीवों! अंतस की आँखों से देखो कि वीतरागी सर्वज्ञ प्रभु के केवलज्ञान में, ज्ञानावरण आदि कर्मों के नष्ट हो जाने से लोकालोक के समस्त द्रव्यों की सभी गुण-पर्याएँ एक ही काल में एक साथ प्रतिभासित होती हैं, झलकती हैं। सम्पूर्ण चराचर को जानने के बाद भी मोहनीय आदि कर्मों के अभाव हो जाने से आत्मस्थिरता को प्राप्त हो जाने के कारण प्रभु निज में ही लीन हैं। उनमें किंचित् भी अस्थिरता (चंचलता) नहीं है, क्योंकि उन्होंने शुद्धात्मानुभव के माध्यम से अस्थिर करने वाले ज्ञानावरणी, दर्शनावरणी, वेदनीय, मोहनीय, आयु, नाम, गोत्र व अंतराय आदि सभी कर्मों का नाश कर दिया है, इसलिए वे निज में लीन रहते हुए, अनंतज्ञान, अनंतदर्शन, अनंतसुख व अनंतवीर्य आदि अनेक गुणों का भोग करते हैं।

उनके विपरीत संसारी मूढ़ जीव थोड़ी-सी वस्तुओं को जानकर अपने ही राग-द्वेष परिणामों से सुख अथवा दु:ख भोगते हैं। वस्तु में अथवा वस्तु के जानने में सुख-दु:ख नहीं है। सुख-दु:ख अपनी मान्यता से उत्पन्न होता है। अत: मान्यता सुधारो, अपने को ज्ञायक तथा वस्तुओं को ज्ञेय समझो व सुखी हो लो। 'रत्यरतिरहितोऽहम्।'

संकल्प-विकल्प आत्मा को अस्थिर करते हैं

संकप्पे वियप्पे य, अथिरे कुव्वंति णिच्च-अप्पाणं।
जदि णासिज्ज वियप्पा, तो पुण दुक्खस्स किं हेदू॥13॥

अन्वयार्थ—(अप्पाणं) आत्मा को (संकप्पे य वियप्पे) संकल्प व विकल्प (णिच्चं) नित्य (अथिरे कुव्वंति) अस्थिर करते हैं (जदि णासिज्ज वियप्पा) यदि विकल्प नष्ट हो जावें (तो पुण दुक्खस्स किं हेदू) तो फिर दु:ख का क्या कारण?

अर्थ—संकल्प और विकल्प आत्मा को निरंतर अस्थिर करते हैं। यदि ये विकल्प नष्ट हो जावें तो फिर दु:ख का क्या कारण?

व्याख्या—यह धन, परिवार, देह आदि मेरा है, इस प्रकार का विचार संकल्प है। क्रोध-मान आदि मेरे हैं, इस प्रकार का भाव विकल्प है। आत्मज्ञान के अभाव में परपदार्थों से एकत्व करना, उन्हें अपना मानना ही भूल है। 'मैं और मेरा' के कारण ही यह जीव तरह-तरह के अच्छे-बुरे संकल्प-विकल्प करता है। जिससे आकुलता

बनी रहती है, इस आकुलता में कभी जीव सुखानुभव भी करता है, किन्तु यह दुःख ही है। ये विभाव ही आत्मा को अस्थिर करते हैं। यदि ये नष्ट हो जावें तो फिर दुःख का क्या कारण शेष रहता है? कुछ भी नहीं। 'संकल्प-विकल्पशून्योऽहम्।'

रागादि विकल्पों से जीव बंधता है

रागादिवियप्पेहिं, जीवो बज्झदि बहुविह-कम्माइं।
रागादिणिरोहेण, सुक्खं वेदेदि अप्पभवं॥14॥

अन्वयार्थ—(रागादिवियप्पेहिं) रागादि विकल्पों से (जीवो) जीव (बहुविहं कम्माइं बज्झदि) बहुविध कर्म बांधता है [जबकि] (रागादिणिरोहेण) रागादि के निरोध से (अप्पभवं सुक्खं वेदेदि) आत्मा से उत्पन्न सुख भोगता है।

अर्थ—यह जीव रागादि विकल्पों से बहुविध कर्मबंध करता है, जबकि रागादि के निरोध से आत्मोत्पन्न सुख का वेदन करता है।

व्याख्या—यह संसारी चैतन्य आत्मा अज्ञानदशा में राग, द्वेष, क्रोधादि, कषाय, हास्यादि नौकषाय तथा असंख्यात लोक प्रमाण रागादि भावों से ज्ञानावरणादि बहुत प्रकार के भवभ्रमणकारी दुःखदायक कर्मों का आस्रव-बंध करता है; किन्तु जब इसे आत्मस्वभाव तथा परभावों का स्वरूप प्रतिभासित होता है, तब आत्मस्वरुप के आलम्बन से रागादि विकल्पों का निरोध कर आत्मा से उत्पन्न अनाकुलतारूप आनंद का वेदन करता है। यह आत्मानुभव की स्थिति ही शुद्धोपयोग कहलाती है। यह ही आत्मस्थिरता और संवरदशा है। 'रागादिविकार रहितोऽहम्।'

आत्मस्थिरता ही मोक्षपथ पर बढ़ना है

जह जह वड्ढदि थिरदा, वियप्प-रहिदं अणाकुलत्तं वा।
तह तह वड्ढदि अप्पा, मोक्खपहे णिम्मले सम्मं॥15॥

अन्वयार्थ—(जह जह) जैसे-जैसे (थिरदा) स्थिरता (वा) अथवा (वियप्प-रहिदं अणाकुलत्तं) विकल्प रहित अनाकुलता (वड्ढदि) बढ़ती है (तह तह) वैसे-वैसे (अप्पा) आत्मा (णिम्मले मोक्खपहे) निर्मल मोक्षमार्ग में (सम्मं) अच्छी तरह (वड्ढदि) बढ़ता है।

अर्थ—आत्मस्वरूप में जैसे-जैसे स्थिरता अथवा विकल्प रहित अनाकुलता बढ़ती है, वैसे-वैसे आत्मा निर्मल मोक्षमार्ग में अच्छी तरह बढ़ता है।

व्याख्या—तेरह प्रकार का चारित्र अथवा अट्ठाईस मूलगुण आदि ज्ञान-ध्यान के साधन हैं। ज्ञान-ध्यान आत्मस्थिरता के साधन हैं। आचार्य श्री आदिसागर जी (अंकलीकर) कहते हैं कि 'व्रत-संयम परिणामों की विशुद्धि के साधन हैं; जिन व्रतों के पालन में परिणाम संक्लेशित होते हों, वे कर्म-निर्जरा के साधन कैसे हो

सकते हैं?' ख्याति-लाभ या पूजा-प्रतिष्ठा के लिए व्रत धारण करना, भूसे के लिए धान्य बोने के समान है। आचार्य कुन्दकुन्द भावपाहुड में कहते हैं—

भंजसु इंदियसेणं, भंजसु मणोमक्कडं पयत्तेण।
मा जणरंजण-करणं, बाहिर-वय-वेस तं कुणसु॥90॥

अर्थात् इन्द्रियसेना को भग्न करो, मन-मर्कट को प्रयत्नपूर्वक भग्न करो तथा लोगो के मनोरंजन के लिए व्रत-संयम को धारण मत करो। आत्मस्वरूप में तल्लीनता बढ़ना ही वस्तुतः अच्छी तरह से मोक्षमार्ग में बढ़ना कहलाता है। 'आत्मस्वरूप-स्थिरोऽहम्।'

उपाधियाँ आत्म-स्थिरता में बाधक

जदि अत्थि णिरुवाही, उवाहीभावेण किंच मा रज्ज।
सरीर-विहवोवाहिं, अथिरत्तस्स कारणं मुंच॥16॥

अन्वयार्थ—(जदि) यदि [तुम] (णिरुवाही अत्थि) निरुपाधि हो [तो] (उवाही भावेण) उपाधि भाव से (किंच) किंचित भी (मा रज्ज) रंजित मत होओ [अपितु] (सरीर-विहवोवाहिं) शरीर व वैभवोपाधि रूप (अथिरत्तस्स कारणं) अस्थिरता के कारण को (मुंच) छोड़ो।

अर्थ—हे जीव! यदि तुम निरुपाधि हो तो उपाधियों के भावों से किंचित भी रंजित मत होओ, देह व वैभव की उपाधि अस्थिरता के कारण है, इन्हें छोड़ो।

व्याख्या—हे चैतन्य आत्मन्! यदि तुम देह, गृह, समाज, राष्ट्र अथवा धर्मसंघ आदि की उपाधि (पद) से रहित हो तो उपाधियों के अर्थ रंजित मत होओ। उपाधियों को प्राप्त करने का भाव (पुरुषार्थ) तथा तत्संबधी अहंकार मत करो। अस्थिरता के कारण भूत देह में ममत्व अथवा सुंदर बनाए रखने रूप उपाधि तथा वैभव प्रदर्शित करने वाली पद-प्रतिष्ठा या धन आदि की उपाधि का त्याग करो।

आत्मस्वरूप को समझ कर सामाजिक, राजनैतिक अथवा धर्मसंघ से सम्बंधित उपाधियाँ ग्रहण करने से बचो, क्योंकि इनसे संकल्प-विकल्पों की वृद्धि होती है। कदाचित उपाधियाँ प्राप्त हैं, तो उनमें अहंकार/ममकार मत करो। 'उपाधिवर्जितोऽहम्'।

ख्याति लाभ की चाह से मोक्ष नहीं

इच्छदि खादिं लाहं, सुहकम्मं जो हि मण्णदे सेट्ठं।
ण य जाणदि णियरूवं, पावहि किह णिम्मलं मोक्खं॥17॥

अन्वयार्थ—(जो) जो (खादिं लाहं) ख्याति-लाभ चाहता है, (हि) सर्वथा (सुहकम्मं) शुभकर्म को (सेट्ठं) श्रेष्ठ (मण्णदे) मानता है (य) और (णियरूवं

ण जाणदि) आत्मस्वरूप को नहीं जानता है [वह] (णिम्मलं मोक्खं) निर्मल मोक्ष को (किह) कैसे (पावहि) पाएगा?

अर्थ—जो साधु ख्याति-लाभ की चाहना रखता है, सर्वथा शुभकर्म को उपादेय मानता है तथा निजात्मस्वरूप को नहीं जानता है, वह मोक्ष कैसे पावेगा?

व्याख्या—उपाधियों के रहते हुए भी कोई महानुभव निरुपाधि हो सकते हैं, तथा कोई अल्पज्ञ उपाधियों के अयोग्य होने पर भी विकल्पों में रचे रह सकते हैं।

प्रस्तुत गाथा में यह कहा जा रहा है कि जिसको पूजा-प्रतिष्ठा की चाहना रूप विकल्प है, पुण्यकर्म ही श्रेष्ठ है ऐसी आत्मानुभव के अभाव में नित्य धारणा है तथा जिसने शुभाशुभ कर्मोपाधि से रहित निजस्वरूप को नहीं जाना है, बताओ उसे निर्मल आत्मोपलब्धि रूप मोक्ष कैसे मिलेगा? अर्थात् कैसे भी नहीं। 'ख्यातिलाभेच्छा-रहितोऽहम्।'

कषाय के बिना बंध नहीं होता

जत्थ ण अत्थि कसाया, तत्थ मणे किह हवेज्ज कालुस्सं।
बंधेज्ज केण कम्मं, केण दु जीवो भवे भमिहिदि॥18॥

अन्वयार्थ—(जत्थ) जहाँ (कसाया) कषाएं (ण अत्थि) नहीं हैं (तत्थ मणे किह हवेज्ज कालुस्सं) वहाँ मन में कालुष्य कैसे होगा [तब] (कम्मं) कर्म (केण) किससे (बंधेज्ज) बंधेगा (केण दु जीवों भवे भमिहिदि) तथा किससे जीव संसार में भ्रमेगा?

अर्थ—जहाँ कषायभाव नहीं है, वहाँ मन में कलुषता कैसे होगी? तब कर्म किससे बंधेगा और किससे जीव संसार में भ्रमण करेगा?

व्याख्या—प्रकृति, स्थिति, अनुभाग व प्रदेशबंध के भेद से बंध चार प्रकार का है। योग से प्रकृति व प्रदेश तथा कषाय से स्थिति व अनुभाग बंध होता है। जैसा कि द्रव्यसंग्रह में कहा है—

पयडिट्ठिदि-अणुभागपदेसभेदादु चदुविधो बंधो।
जोगा पयडि पदेसा, ठिदी अणुभागा कसायदो होंति॥

मन-वच-काय रूप योगों से प्रकृति व प्रदेश बंध होता है, जबकि कषायों से स्थिति (मर्यादा) व अनुभाग (फल) बंध होता है। जैसे तीव्र-मंद कषायभाव होगें स्थिति व अनुभाग बंध उसी तीव्रता से बंधेंगे। कषायों के बिना प्रकृति और प्रदेश बंध कुछ काम नहीं कर पाते हैं। अत: बंध का मूलकारण कषाय है।

जहाँ कषाय न हो, वहाँ उपयोग (मन) में कलुषता (मैलापन) क्यों होगी और जहाँ उपयोग में कलुषता नहीं होगी, वहाँ कर्मबंध कैसे होगा? तब कर्मबंध के अभाव में यह जीवात्मा संसार में किस कारण से भटकेगा? अर्थात् नहीं भटकेगा;

क्योंकि कारण का अभाव होने पर कार्य का अभाव निश्चित हो जाता है। 'कषायभावशून्योऽहम्।'

भावकर्म के रोध से द्रव्यकर्म रुकता है

भावकम्मस्स रोहे, हि दव्वकम्मस्स णिरोहणं होदि।
दोण्हं पि णिरोहेण य, जीवो मोक्खं खु पप्पोदि॥19॥

अन्वयार्थ—(भावकम्मस्स रोहे) भावकर्म का रोध होने पर (हि) निश्चित ही (दव्वकम्मस्स णिरोहणं होदि) द्रव्यकर्म का निरोध होता है (य) और (दोण्हं पि णिरोहेण) दोनों के रुक जाने से (खु) वस्तुतः (जीवो) जीव (मोक्खं) मोक्ष को (पप्पोदि) प्राप्त करता है।

अर्थ—भावकर्म का निरोध होने पर निश्चित ही द्रव्यकर्म का निरोध होता है और दोनों के निरोध से ही जीव मोक्ष प्राप्त करता है।

व्याख्या—राग-द्वेषादि तो भावकर्म हैं ही, प्रत्येक कर्म भी द्रव्य व भाव रूप से दो प्रकार का होता है। आचार्य नेमिचन्द्र सिद्धांतचक्रवर्ती ने गोम्मटसार (कर्मकांड) में कहा है—

कम्मत्तणेण एक्कं, दव्वं भावोत्ति होदि दुविहं तु।
पोग्गल-पिंडो दव्वं, तस्सत्ती भावकम्मं तु॥6॥

अर्थात् कर्मरूप से कर्म एक प्रकार का, तथा द्रव्य व भाव रूप से दो प्रकार का है। पुद्गल पिंड को द्रव्यकर्म तथा उसकी शक्ति को भावकर्म कहते हैं। कर्म के आठ, एक सौ अड़तालिस व असंख्यात भेद होते हैं। घाति-अघाति की अपेक्षा भी दो भेद होते हैं।

शुभ-अशुभ कर्मों के उदय में राग-द्वेषादि नहीं करना तथा स्थिरता रखने से भावकर्मों का निरोध हो जाता है। भाव कर्मों का निरोध होने से शनै—शनैः कर्मों के संवर रूप द्रव्य कर्मों का निरोध हो जाता है। द्रव्य व भाव कर्मों का पूर्णरूपेण निरोध (संवर) हो जाने से उदय में आते हुए कर्मों का साम्यभाव से फल भोगते हुए, उनकी निर्जरा करते हुए; जीव निश्चित ही मोक्ष प्राप्त करता है। 'भावसंवर-स्वरूपोऽहम्।'

प्रयत्न पूर्वक प्रवृत्ति करो

णयणुग्घाडे पावं, गमणे सयणे य भोयणे पावं।
मिच्चू सिरे य अत्थि, पयत्तचित्तो पवट्टेज्जा॥20॥

अन्वयार्थ—(णयणुग्घाडे पावं) आँख खोलने में पाप है, (गमणे सयणे य भोयणे पावं) गमन में, शयन में तथा भोजन में पाप है [जबकि] (मिच्चू सिरे य अत्थि) मृत्यु सिर पर है [इसलिए] (पयत्तचित्तो पवट्टेज्जा) प्रयत्नचित्त होकर प्रवृत्ति करो।

अर्थ—आँख खोलने में, गमन में, शयन में व भोजन करने में भी पाप होता है; जबकि मृत्यु सिर पर मँडरा रही है, इसलिए प्रयत्नपूर्वक प्रवृत्ति करो।

व्याख्या—आँख खोलने पर बाह्य वस्तुएँ देखने से चित्त चलायमान होने से पापास्त्रव होता है। गमन अर्थात् चलने-फिरने से भी पाप होता है, क्योंकि इससे जीवों का घात होता है तथा प्रवृत्ति इच्छापूर्वक होने से भी आस्त्रव होता है। शयन में व्यक्ति मूर्च्छित सा हो जाता है, किन्तु उसकी भावधारा चलती रहती है; शुभाशुभ भावों से आस्त्रव होता है। भोजन करने में भी यदि विवेक नहीं है तो पाप है, क्योंकि प्रथम तो भोजन की प्राप्ति के लिए ही आरंभ करना पड़ता है, फिर उसके रस में आसक्ति होने से आस्त्रव होता है।

ये कुछ ऐसी क्रियाएँ हैं कि जिनके बिना मानव जीवन असंभव है। अतः यहाँ यह कहा जा रहा है कि आयु का भरोसा नहीं है, इसलिए पूरी सावधानी तथा विवेकपूर्वक प्रवृत्ति करो, जिससे कर्मबंध न हो। 'अमरस्वरूपोऽहम्।'

आत्मा भावों का कर्त्ता है

रागादिभावाणं कत्ता आदा पुणो णिमित्तेण।
पुग्गलदव्वं पि सयं, परिणमदे कम्मभावेण॥21॥

अन्वयार्थ—(आदा) आत्मा (रागादिभावाणं) रागादि भावों का कर्त्ता है (पुणो) पुनः [इस] (णिमित्तेण) निमित्त से (पुग्गलदव्वं पि सयं) पुद्गल द्रव्य भी कर्मरूप परिणमित होता है।

अर्थ—यह संसारी आत्मा रागादि भावों का कर्त्ता है, इसके निमित्त से पुद्गल द्रव्य भी कर्मरूप परिणमित होता है।

व्याख्या—यह संसारी जीवात्मा अज्ञानवश राग-द्वेषादि भावों का कर्त्ता बना हुआ है। इन भावों के निमित्त से पुद्गलाणु भी कर्मरूप से परिणमन कर जाते हैं। पुरुषार्थसिद्ध्युपाय में कहा है—

जीवकृतं परिणामं निमित्तमात्रं प्रपद्यपुनरन्ये।
स्वमेव परिणमन्तेऽत्र पुद्गलाः कर्मभावेन॥12॥

द्रव्यसंग्रह (8) में कहा है कि यह जीव व्यवहारनय से पुद्गल कर्मादि का कर्त्ता है, अशुद्ध निश्चयनय से रागादि अशुद्धभावों का तथा शुद्ध निश्चयनय से शुद्धभावों का कर्त्ता है।

वस्तुतः यह जीव अज्ञान व अस्थिरतावश राग-द्वेषादि भावों का कर्त्ता होता है। जैसे-जैसे ज्ञान व स्थिरता बढ़ती है, वैसे-वैसे रागादि का अभाव होता जाता है। रागादि का अभाव होने पर पुद्गलाणु भी कर्मरूप परिणत नहीं होते। अतः रागादिभावों से बचो। 'रागादिभावरहित ज्ञानस्वरूपोऽहम्।'

रागादि भावों का त्याग करो

वेरग्गो बहिरादो, वट्टदि रागो दु अंतरे बहुलं।
भस्साछाइय अग्गि व, णाणि! णाऊण तं मुंच॥22॥

अन्वयार्थ—(वेरग्गो बहिरादो) बाहर से वैराग्य है (दु) किन्तु (अंतरे बहुलं) भीतर में बहुत (रागो) राग (वट्टदि) वर्तता है [तो यह] (भस्साछाइय अग्गि व) भस्माच्छादित अग्नि के समान (णाणि) हे ज्ञानी (णाऊण) जानकर (तं मुंच) उसे छोड़ो।

अर्थ—हे ज्ञानी! यदि बाहर से वैराग्य प्रकट किया जाता है; किन्तु अंतर में बहुत राग वर्तता है; तो यह भस्माच्छादित अग्नि के समान हानिकारक है। अत: इसे जानकर छोड़ो।

व्याख्या—हे ज्ञानी! बाह्यवस्तुओं के त्याग तथा बाहिरी संयत चेष्टा से बाहर से तो वैराग्य झलकता है, तू अपने को वैरागी प्रदर्शित करता है, किन्तु अंतरंग (भावों) में पर-सम्मेलन, पूजा-प्रतिष्ठा, धन-वैभव के प्रति बहुत राग विद्यमान है तो इसे भस्माछादित आग के समान समझो। यह आग कभी भी सम्पूर्ण संयम और बाह्य वैराग्य रूपी संपत्ति को जलाकर राख कर देगी। अत: इसे भली प्रकार जानकर छोड़ दो। विशुद्ध अंतरंग-बहिरंग वैराग्य प्रगट करो। 'अंत:बाह्यवैराग्यसंपन्नोऽहम्।'

वैराग्य रहित कौन है

कोही माणी माई, लोही रागी तहेव ईसालू।
रुद्दो खुद्दो दुट्ठो, जीवो वेरग्ग उम्मुक्को॥23॥

अन्वयार्थ—(कोही माणी माई लोही रागी) क्रोधी, मानी, मायावी, लोभी, रागी (रुद्दो खुद्दो दुट्ठो) रुद्र, छुद्र व दुष्ट (तहेव) उसी प्रकार (ईसालू) ईर्ष्यालु (जीवो) जीव (वेरग्ग उम्मुक्को) वैराग्य से रहित है।

अर्थ—अत्यन्त क्रोधी, मानी, मायावी, लोभी, रागी, रुद्र, छुद्र, दुष्ट तथा ईर्ष्यालु जीव वैराग्य से रहित है।

व्याख्या—जिसमें अनंतानुबंधी कषाय विद्यमान है, ऐसा जीव स्वरूप बोध के बिना, आत्मज्ञान के अभाव में वैभाविक भावों से एकमेक होकर अत्यन्त क्रोधी होता है। सबसे सम्मान चाहने वाला, किन्तु ज्येष्ट गुणीजनों का भी सम्मान न करने वाला, ख्याति पूजा प्रतिष्ठा की तीव्र लालसा रखने वाला मानी है। छल-कपट करने वाला मायावी है। धन, पद, वैभव की तृष्णा रखने वाला लोभी है। स्त्री, धन, शिष्यादि में अतिस्नेह करने वाला रागी है। अत्यन्त क्रूर कर्म करने/करवाने वाला रुद्र है। छोटी-छोटी सी बातों को लेकर विषाक्त वातावरण बनाने वाला छुद्र है। दूसरे के दोष ही देखने वाला, दूषित मन वाला दुष्ट है। किसी का उत्थान न देख सकने

वाला, चुगलखोर, ईर्ष्यालु है। इन दोषों वाले जीव भेदविज्ञान रूप सम्यग्दर्शन के अभाव में यदि त्यागी-व्रती भी बन जाते है, तो भी वे वैराग्य से रहित हैं। इसलिए इन खोटे भावों का त्याग करो। 'क्रोधादि दुर्भावरहितोऽहम्।'

पुण्य-पाप दोनों संसार के कारण हैं

पुण्णापुण्णभावं, दुण्णिवि संसारस्स हेदुणो संति।
तम्हा य तं विमुत्ता, कमेण चिट्ठेज्ज सुद्धप्पे ॥24॥

अन्वयार्थ—(पुण्णापुण्णभावं) पुण्य-अपुण्य भाव (दुण्णिवि संसारस्स हेदुणो संति) दोनों संसार के कारण हैं (तम्हा) इसलिए (कमेण) क्रम से (तं) उन्हें (विमुत्ता) अच्छी तरह छोड़कर (सुद्धप्पे) शुद्धात्मा में (चिट्ठेज्ज) चेष्टा करो।

अर्थ—पुण्य-अपुण्य भाव दोनों ही संसार के कारण हैं, इसलिए क्रम से उन्हें अच्छी तरह छोड़कर निज शुद्धात्मा में चेष्टा करो [रमो]।

व्याख्या—पुण्य अर्थात् शुभभाव (शुभकर्म) तथा अपुण्य अर्थात् पापभाव (अशुभकर्म) ये दोनों ही कर्म हैं तथा संसार में जीव को भ्रमाते हुए सुख-दुःख प्राप्त कराने वाले हैं। अतः इनमें से कोई भी अच्छा नहीं हैं। दोनों ही सोने एवं लोहे की बेड़ी के समान बंधन कारक होने से त्याज्य हैं। जैसा कि आचार्य श्री कुन्दकुन्द देव ने समयसार में कहा है—

सोवण्णियं पि णियलं, बंधदि कालायसं पि जह पुरिसं।
बंधदि एवं जीवं सुहमसुहं वा कदं कम्मं ॥146॥

वस्तुतः पुण्य व पाप दोनों ही त्याज्य हैं, फिर भी प्रथम क्रम में पापकर्म का बुद्धिपूर्वक त्याग तथा व्रत-नियमों का पालन किया ही जाता है। भेदविज्ञान होने पर आत्मानुभव के काल में पुण्यकर्म का भी संवर हो जाता है। यह जीव आत्मानुभव रूप स्थिरता बढ़ने पर पुण्यकर्मों का भी त्याग करता हुआ मुक्तदशा को उपलब्ध होता है। शुद्धात्मा में रमण करने की चेष्टा करने पर यह स्थिति प्राप्त होती है।

अशुभकर्मों से बचने के लिए यह जीव अस्थिरता के काल में पुण्यवर्धक देवपूजा गुरुउपासना, स्वाध्याय आदि क्रियाएँ करता तो अवश्य है, पर उन्हें सर्वथा उपादेय नहीं मानता, शुद्धात्मा में रमण को ही उपादेय मानता है। 'पुण्य-पापरहितोऽहम्।'

बंधुता कब तक रहती है

जाव हि अप्पडिणीयं, कज्जं सिज्झदि बहुविहं विविहं च।
ताव तह बंधुभावो, पच्छा को बंधू किं मित्तं ॥25॥

अन्वयार्थ—(जावं) जब तक (अप्पडिणीयं) अप्रतिकूलता है (बहुविहं विविहं) बहुत प्रकार के विविध (कज्जं सिज्झंति) कार्य सिद्ध होते हैं (तावं) तब तक (हि)

ही (बंधुभावो) बंधुभाव है (पच्छा) पश्चात (को बंधू किं मित्तं) कौन बंधु है? कौन मित्र है?

अर्थ—जब तक अप्रतिकूलता है तथा बहुत प्रकार के विविध कार्य सिद्ध होते हैं, तब तक ही बंधुभाव है, अन्यथा कौन किसका बंधु या मित्र है?

व्याख्या—जब तक आपस में किसी प्रकार की प्रतिकूलता नहीं होती है अर्थात् सब प्रकार से मन मिलता है अथवा जब तक बहुत प्रकार के विविध कार्य सिद्ध होते हैं,तब तक ही बंधुभाव अर्थात कौटुंबिक सम्बन्ध तथा मित्रभाव होता है। अन्यथा कौन किसका बंधु है और कौन किसका मित्र? धन नहीं कमाने वाले बेटे को माँ-बाप भी स्नेह नहीं करते अन्य सम्बन्धों का तो कहना ही क्या? संसार के सारे सम्बंध स्वार्थ के कंधों पर चलते हैं। इसलिए संसार के सम्बन्धों में मत उलझो। आचार्य वट्टकेर ने मूलाचार में कहा है—

संजोग मूलं जीवेण, पत्तं णंत परंपरं।
तम्हा संयोग सम्बन्धं, सव्वं तिविहेण वोसरे॥49॥

अर्थात् संयोग-सम्बन्ध दुःख के मूल हेतु हैं, संसार की अनंत परंपरा को करने वाले हैं, इसलिए संयोग-सम्बन्धों को मन-वचन-काय से छोड़ो। एकत्व-विभक्त निज आत्मा का चिंतन करो। 'संयोग सम्बन्ध शून्योऽहम्।'

आयु व देह निरंतर क्षीण हो रही है

हायदि आऊ णिच्चं, छिज्जदि देहो य इंदिया णिच्चं।
मोही दु हवदि मूढो, णाणी णाणेण सिज्झेदि॥26॥

अन्वयार्थ—(आऊ णिच्चं) आयु निरंतर (हायदि) कम होती है (देहो य इंदिया) देह व इन्द्रियाँ (णिच्चं) निरंतर (छिज्जदि) क्षीण होती हैं, [ऐसे में] (मूढो) मूढ (मोही हवदि) मोही होता है (दु) जबकि (णाणी णाणेण सिज्झदि) ज्ञानी ज्ञानसे सिद्ध होता है।

अर्थ—आयु निरंतर कम होती जा रही है, देह व इन्द्रियाँ निरंतर क्षीण होती जा रहीं हैं। ऐसे में मोही मूढ़ होता है, जबकि ज्ञानी ज्ञानसे सिद्ध होता है।

व्याख्या—आयुकर्म के उदय से इस देह धारी को जितनी आयु प्राप्त हुई है, वह निरंतर कम होती जा रही है। शरीर व इन्द्रियाँ भी एक अवस्था तक पुष्ट होती हैं, फिर वे भी क्षीण होने लगती हैं। आत्मा तो वह का वही रहता है। ऐसे में अज्ञानी मोही प्राणी मूढ़ बना रहता है अर्थात् कुछ भी आत्महित का विचार नहीं करता; जबकि ज्ञानीजन निज ज्ञान से मोक्ष की साधना कर सिद्ध तक हो जाते हैं। 'इन्द्रिया-युरहित ज्ञानस्वरूपोऽहम्।'

निज आत्मा ही परमात्मा है

णिय अप्पा परमप्पा, अप्पा अप्पम्मि अत्थि संपुण्णं।
तो किं गच्छदि बहिरं, अप्पा अप्पम्मि सव्वदा झेयो॥27॥

अन्वयार्थ—(णिय अप्पा परमप्पा) निज आत्मा परमात्मा है (अप्पा अप्पम्मि अत्थि संपुण्णं) आत्मा आत्मा में सम्पूर्ण है (तो किं गच्छदि बहिरं) तो [तू] बाहर क्यों जाता है (अप्पा अप्पम्मि सव्वदा झेयो) आत्मा आत्मा में सर्वदा ध्येय है।

अर्थ—निज आत्मा ही परमात्मा है, आत्मा अपने आप में सम्पूर्ण है; तो फिर तुम बाहर क्यों जाते हो, आत्मा में आत्मा का हमेशा ध्यान करो।

व्याख्या—संसार की प्रत्येक आत्मा बीजभूत परमात्मा है। प्रत्येक आत्मा ध्रौव्यात्मक निज द्रव्य की अपेक्षा अपने अनंत गुणों से परिपूर्ण है। किन्तु अपने स्वरूप से विचलित होने के कारण संसार दशा में वह कर्मोदय से उत्पन्न अपूर्ण-दशा का भोग कर रहा है, जो कि स्वभाव नहीं है।

हे जीव! तुम बाह्य-दृष्टि क्यों करते हो! अंतर्दृष्टि करो और अपने अनंत वैभव को प्राप्त करने के लिए आत्मा से आत्मा में ही सर्वदा निवास करो, निज शुद्धात्मा का ध्यान करो। 'शुद्धोऽहम्।'

पर अपना नहीं होता

णत्थि परो अप्पुल्लो, णिय अप्पा वि परस्स णत्थित्ति।
ण वि होहिदि ण वि आसी, तम्हा मुंचेह परभावं॥28॥

अन्वयार्थ—(परो) पर-पदार्थ (अप्पुल्लो) अपना (णत्थि) नहीं है (णिय अप्पा वि परस्स णत्थित्ति) निज आत्मा भी पर नहीं है (ण वि होहिदि) न होगा (ण वि आसी) न था (तम्हा) इसलिए (परभावं) परभावों को (मुंचेह) छोड़ो।

अर्थ—कोई भी पर-पदार्थ आत्मा का नहीं है, आत्मा भी पर का नहीं है, न होगा और न ही था। इसलिए पर-वस्तुओं में आत्मबुद्धि का त्याग करो।

व्याख्या—विश्व में छह द्रव्य हैं। सबकी स्वतंत्र सत्ता है। एकमेक होकर भी वे अपने-अपने स्वभाव को नहीं छोड़ते हैं। आचार्य कुन्दकुन्द ने पंचास्तिकाय ग्रन्थ में कहा है—

अण्णोण्णं पविसंता, दिंता ओगास-मण्णमण्णस्स।
मेलंता वि य णिच्चं, सग-सग भावं ण विजहंति॥7॥

वस्तुतः जब कोई भी वस्तु बदलकर अन्यवस्तु रूप नहीं हो जाती है, तब कोई अन्य पदार्थ इस जीव का न था, न ही है और न भविष्य में होगा ही। इसलिए हे आत्मन्! पर वस्तुओं में एकत्वबुद्धि का त्याग करो। 'एकत्वस्वरूपोऽहम्।'

वस्तुतः सभी जीव निर्दोष हैं

सव्वे वि हि णिद्दोसा, जीवा संति अणंत-गुणजुत्ता।
किंतु य कम्मवसेहिं, कुणंति मोहेण कम्माणि ॥29॥

अन्वयार्थ—(हि) वस्तुतः (सव्वे) सभी (जीवा) जीव (णिद्दोसा) निर्दोष हैं (य) और (अणंत गुणजुत्ता संति) अनंत गुण युक्त हैं (किंतु) किन्तु (कम्मवसेहिं) कर्मों के वश से (मोहेण) मोह से (कम्माणि) कर्मों को (कुणंति) करते हैं।

अर्थ—वस्तुतः सभी जीव निर्दोष हैं और अनंतगुण युक्त हैं, किन्तु कर्मों के वशवर्ती होकर मोह से नए कर्म करते हैं।

व्याख्या—शुद्ध निश्चय से एकेन्द्रियादि समस्त जीव निर्दोष व अनंत गुण वाले हैं, किन्तु कर्मों की अनादि संतति के वशवर्ती होकर मोह (मिथ्यात्व) से अनेक तरह के कर्म करते हैं एवं उनका फल भोगते हैं। स्व-स्वरूप के बोध बिना यह जीव उसी प्रकार दुःखी है, जिस प्रकार किसी के पास चिंतामणि रत्न हो और वह अज्ञानतावश भीख मांगता फिरे। 'निर्दोषोऽहम्।'

क्रोधादि भाव आत्मा के शत्रु हैं

कोहादिणो जे भावा, परस्स किंवि य करेंति णो घादं।
अत्तणो चेव सत्तू, णच्चा मुंचेसु सण्णाणी! ॥30॥

अन्वयार्थ—(सण्णाणी) हे संज्ञानिन्! (जे) जो (कोहादि भावा) क्रोधादि भाव हैं [वे] (परस्स) पर वस्तु का (किंवि) कुछ भी (घादं) घात (णो करेंति) नहीं करते (य) किन्तु (अत्तणो चेव सत्तू) आत्मा के ही शत्रु हैं [ऐसा] (णच्चा) जानकर [इन्हें] (मुंचेसु) छोड़ो।

अर्थ—हे सम्यग्ज्ञानी! जो क्रोधादि भाव हैं, वे पर पदार्थों का कुछ भी घात नहीं करते अपितु आत्मा के ही शत्रु हैं, ऐसा जानकर उन्हें छोड़ दो।

व्याख्या—हे सम्यग्ज्ञानधारी महानुभाव! क्रोध, मान, माया, लोभ, राग, द्वेष, हास्य, रति, अरति, शोक, भय, जुगुप्सा, स्त्रीवेद, पुंवेद, नपुंसकवेद आदि के जो भी भाव हैं, वे सभी आत्मा के ही विभाव परिणाम हैं, जो कि कर्मों से उत्पन्न हुए हैं।

वस्तुतः ये जीव के शुद्धभाव नहीं हैं, किन्तु इन्हें अपना मानता हुआ यह जीव नए-नए कर्मों का आस्रव-बंध करता हुआ, निज का ही घात करता है। परवस्तु यदि अचेतन है, तब तो यह उसका कुछ भी नहीं कर सकता; किन्तु यदि चेतन है तो भी उसका बिगाड़ या सुधार उसके भावों से होगा। यह जीव तो सिर्फ निमित्त बनेगा। इसलिए इन विभाव भावों को आत्मा का अहितकारी जानकर छोड़ देना चाहिए। 'क्रोधादिवर्जितोऽहम्'।

आस्रव अशुभ व दुःखदायी है

आसवो अत्थि असुहो अथिरो दुक्खस्स हेदु पोग्गलिओ।
आदा तव्विवरीओ णादा-दट्ठा य सुहजुत्तो॥31॥

अन्वयार्थ—(आसवो) आस्रव (असुहो अथिरो दुक्खस्सहेदु पोग्गलियो अत्थि) अशुभ, अस्थिर, दुःख का हेतु व पौद्गलिक है (आदा तव्विवरीयो) आत्मा उससे विपरीत (णादा-दट्ठा य सुहजुत्तो) ज्ञाता-दृष्टा व सुखयुक्त है।

अर्थ—आस्रव अशुभ, अस्थिर, दुःख का कारण व पौद्गलिक है, जबकि जीव उससे विपरीत तथा ज्ञाता-दृष्टा व सुखादि गुणों से संयुक्त है।

व्याख्या—जब तक यह जीव आत्मा व आस्रवों में भेद नहीं जानता, तब तक अज्ञानी होता हुआ क्रोधादि में प्रवर्तकर कर्मों का आस्रव करता है। जब इसे आस्रव व आत्मा में भेद ज्ञात होता है, तब आस्रव-बंध नहीं होता है। (समयसार गाथा 69-72 का भाव)

अतः यह जानना परम आवश्यक है कि कर्मास्रव अशुभ अमंगलकारी,अस्थिर अर्थात् नाशवान, दुःख का कारण व स्पर्श-रस-गंध-वर्ण वाला पौद्गलिक है। जबकि आत्मा इससे विपरीत शुभ अर्थात् मंगलमय, स्थिर अर्थात् शाश्वत, चैतन्यमय, ज्ञाता-दृष्टा तथा सुख आदि अनंतगुणों का गोदाम है। इसलिए आस्रवों से बचो व आत्मस्वभाव में रचो-पचो। 'आस्रवरहितचैतन्यस्वरूपोऽहम्।'

दोषी पर भी क्रोध मत करो

जस्स असुह-भविदव्वं, तेहिंतो होदि दुक्कडं बहुगं।
तेसिं मा कुण कोहं, कम्मेहि दु पेरिदं किच्चं॥32॥

अन्वयार्थ—(जस्स) जिसका (असुह भविदव्वं) अशुभ भवितव्य है (ताहिंतो) उससे (बहुगं) बहुत (दुक्कडं) दुष्कृत (होदि) होते हैं (तेसिं) उनपर (कोहं) क्रोध (मा) मत (कुण) करो (दु) क्योंकि (कम्मेहि) कर्मों से (पेरिदं) प्रेरित (किच्चं) कृत्य हैं।

अर्थ—जिसकी होनहार बुरी है, उससे बहुत दुष्कृत्य होते हैं, उन पर क्रोध मत करो; क्योंकि उसके वे कर्मों से प्रेरित कृत्य हैं।

व्याख्या—जब किसी जीव पर क्रोध आता है, तब ज्ञानीजन उसकी दुष्चेष्टाओं पर इस प्रकार विचार करते हैं कि प्रत्येक जीव तो वस्तुतः निश्चयनय से निर्दोष ही है किन्तु जिसकी भवितव्यता खराब है; उनसे इच्छा/अनिच्छा पूर्वक दुष्कृत्य हो ही जाते हैं, क्योंकि ये उसके कर्म द्वारा प्रेरित कृत्य हैं। इसलिए किसी जीव पर क्रोध मत करो। कषायभाव करके पहले ही वह दुःखी होता हुआ नए कर्मबंध कर रहा है, तब तुम कषाय करके अपना तथा दंड देने-दिलाने रूप उसका अहित क्यों करते हो।

यदि ज्यादा ही किसी का अहित या ईर्ष्या करने का प्रसंग आता है तो यह अज्ञान का उदय है, तब यह विचारो—

बुरा जो मैं देखन चला, बुरा न मिलिया कोय।
जो हिय खोजा आपना, मुझसे बुरा न कोय॥

जिसकी होनहार भली है

भवितव्वं जस्स सुहं, तेहिंतो होदि सुक्कडं बहुगं।
सुही-जणाणं संगं, धरेदि सच्चं च सो धम्मो॥33॥

अन्वयार्थ—(जस्स) जिसका (भवितव्वं) भवितव्य (सुहं) शुभ है (तेहिंतो) उससे (सुक्कडं) सुकृत (बहुगं) बहुत (होदि) होते हैं (सो) वह (सुहीजणाणं संगं) सुधीजनों की संगति (सच्चं) सत्य (च) और (धम्मं) धर्म को (धरेदि) धारता है।

अर्थ—जिसकी होनहार अच्छी है, उससे बहुत सुकृत होते हैं। वह सुधीजनों की संगति, सत्य और धर्म को धारण करता है।

व्याख्या—जब किसी धर्मात्मा जीव पर भी अत्यधिक वात्सल्य उमड़े तब ऐसा विचार करना चाहिए कि जिसकी होनहार अच्छी है, उस जीव से बहुत सुकृत्य होते ही हैं। ऐसा जीव सज्जनों की संगति, सत्यादि गुण तथा आत्मानुभवरूप धर्म को धारण करता ही है। 'भव्याभव्यभावशून्योऽहम्'।

कर्मोदय में मोही मोहित होते हैं

कम्मस्स णोकम्मस्स, परिणदिं दट्ठूण सुहासुहं विविहं।
मोही मुज्झदि णिच्चं, सण्णाणी ण मुज्झदि कदा वि॥34॥

अन्वयार्थ—(कम्मस्स णोकम्मस्स) कर्म व नोकर्म की (सुहासुहं विविहं) शुभाशुभ विविध (परिणदिं) परिणतियाँ (दट्ठूण) देखकर (मोही) मोही जीव (णिच्चं) सदा (मुज्झदि) मोहित होता है (दु) किन्तु (सण्णाणी) सम्यग्ज्ञानी (कदावि) कभी भी (ण मुज्झदि) मोहित नहीं होता है।

अर्थ—कर्म व नोकर्म की शुभाशुभ विविध परिणतियाँ देखकर मोही जीव नित्य ही मोहित होता है, किन्तु सम्यग्ज्ञानी कभी भी मोहित नहीं होता है।

व्याख्या—अज्ञानी जीव ज्ञानावरणादि कर्म व औदारिकशरीरादि नोकर्मों की शुभ-अशुभ उदयादि विविध परिणतियों को देखकर उनमें अहं व मम बुद्धि होने के कारण नित्य ही मोहित होता हुआ नए-नए कर्मों का आस्रव-बंध करता है। जबकि ज्ञानी ज्ञान के बल से वस्तु स्थिति को जानता हुआ कर्म-नोकर्म की विविध दशाओं में मोहित नहीं होता है। इस कारण आस्रव-बंध भी नहीं करता हुआ कालांतर में सिद्धावस्था को पा लेता है।

जड़ जड़ है, चेतन चेतन

जडवत्थुं च जडत्तं,चेदा चेयणत्तं ण मुयदि कदा।
इणं भेदविण्णाणं, किच्चा चिट्ठेसु णियरूवे॥35॥

अन्वयार्थ—(जडवत्थुं जडत्तं) जड़वस्तु जड़ता को (य) तथा (चेदा चेयणत्तं) चेतन वस्तु चेतनत्व को (कदा) कभी (ण मुयदि) नहीं छोड़ती (इणं भेदविण्णाणं किच्चा) यह भेदविज्ञान करके (णियरूवे) निजरूप में (चिट्ठेसु) बैठो।

अर्थ—जड़वस्तु जड़ता को व चेतनवस्तु चेतनता को कभी नहीं छोड़ती है, यह भेदविज्ञान करके निजात्मस्वरूप में चेष्टा करो।

व्याख्या—प्रत्येक द्रव्य में दो प्रकार के गुण पाए जाते हैं—1. सामान्यगुण, 2. विशेष गुण।

1. **सामान्य गुण**—जो गुण सभी द्रव्यों में समान रूप से पाए जाते हैं वे सामान्य गुण कहलाते हैं। ये मुख्यत: छह हैं। यथा-

(1) अस्तित्त्व गुण के कारण द्रव्य सदा अस्तित्त्व (सत्ता) में रहता है।

(2) वस्तुत्वगुण के कारण द्रव्य में प्रयोजनभूत क्रिया होती है।

(3) द्रव्यत्वगुण के कारण द्रव्य की अवस्थाएँ निरन्तर बदलती हैं।

(4) प्रमेयत्वगुण के कारण द्रव्य किसी न किसी ज्ञान का ज्ञेय जरूर बनता है। विश्व में ऐसा कोई द्रव्य नहीं, जो किसी ज्ञान का ज्ञेय न बनता हो।

(5) अगुरुलघुत्वगुण के कारण एक द्रव्य दूसरे द्रव्य रूप नहीं होता तथा बिखर कर छिन्न-भिन्न नहीं हो जाता।

(6) प्रदेशत्वगुण के कारण द्रव्य का कोई आकार अवश्य रहता है।

2. **विशेष गुण**—जो विवक्षित द्रव्य में ही पाए जाते हैं, अन्य में नहीं। जैसे- ज्ञान, दर्शन, सुख आदि गुण जीव में ही पाए जाते हैं। स्पर्श, रस, गंध, वर्ण पुद्गल में ही पाए जाते हैं। गति हेतुत्व गुण धर्म द्रव्य में, स्थिति हेतुत्व गुण अधर्म द्रव्य में, अवगाहन हेतुत्व गुण आकाश द्रव्य में तथा वर्तना हेतुत्व गुण काल द्रव्य में ही होता है, अन्य द्रव्यों में नहीं।

जीव में चेतनत्व गुण है, इसलिए वह चेतन है। शेष सभी द्रव्य अचेतन (जड़) हैं। यह उनके विशेष गुण हैं, अत: अपने-अपने में ही रहते हैं; एक-दूसरे में नहीं मिल जाते हैं। ऐसा भेदविज्ञान करके निज चैतन्यद्रव्य में ही तल्लीन होना चाहिए, जिससे सिद्धत्व की उपलब्धि हो।

गुणों के समूह को अथवा गुण-पर्यायवान को द्रव्य कहते हैं। वस्तु, तत्त्व, सत्, सत्ता, अर्थ, पदार्थ, अन्वय, प्रमेय आदि द्रव्य के दूसरे नाम हैं। प्रत्येक द्रव्य अनादि-अनन्त, स्वत: सिद्ध हैं, अत: द्रव्यों तथा लोक का कोई कर्त्ता-धर्त्ता-हर्त्ता नही है। प्रत्येक द्रव्य में अनंत गुण शाश्वत् सिद्ध हैं, वे हीनाधिक या परिवर्तित नहीं

किए जा सकते हैं। एक गुण या एक पर्याय को नहीं, अपितु अनंत गुण वाली तथा प्रतिसमय परिणमन-शील वस्तु को द्रव्य कहते हैं। ऐसा जानकर अपने जीव द्रव्य की महिमा का विचार करना चाहिए। 'चैतन्यज्योतिस्वरूपोऽहम्'।

ज्ञानी की पहचान

लघुणिद्दामिदवयणं, वदं च णिच्चं धरेदि सण्णाणं।
अकसाओ सुहवित्ती, णिस्संगो णाणिणो चिण्हं॥36॥

अन्वयार्थ—(लघुणिद्दामिदवयणं) थोड़ी निद्रा, मित वचन (वदं) व्रत (सण्णाणं) सम्यग्ज्ञान (अकसाओ) अकषाय (सुहवित्ती) शुभवृत्ति (च) और (णिस्संगो) निस्संगता (णिच्चं) नित्य (धरेदि) धारण करना ये (णाणिणो) ज्ञानी के (चिण्हं) चिह्न हैं।

अर्थ—थोड़ी निद्रा लेना, मितवचन, सम्यग्ज्ञान, व्रत, अकषायभाव, शुभवृत्ति व निस्संगता नित्य धारण करना ये ज्ञानी के चिह्न हैं।

व्याख्या—अल्पनिद्रा लेना, हित-मित-प्रिय वचन बोलना, व्रतधारी होना, सम्यग्ज्ञानी होना, अकषायवान अथवा मंदकषायी होना, शुभ प्रवृत्ति करना व नित्य ही अंतरंग-बहिरंग परिग्रह के त्याग रूप निस्संगता धारण करना, ये ज्ञानी-जनों की बाहिरी पहचान है। इनमें से जिसमें एक भी गुण नहीं है, वह मोक्षमार्गी नहीं है। उपरोक्त गुणों से युक्त ज्ञानी कर्मों के फल को भोगता हुआ भी वैराग्यवश नए कर्मों का आस्रव-बंध नही करता, क्योंकि ज्ञानियों के पापकर्मों का उदय तो होता है, पर पापभावों का नहीं। 'सम्यग्ज्ञानस्वरूपोऽहम्'।

भेदज्ञान की महिमा

अज्ज जाव जित्तियं जे, पत्ता संसार-सायरं तीरं।
भेदणाण णावाए चडिऊण मोत्तूण सव्वुवहिं॥37॥

अन्वयार्थ—(अज्ज जाव) आज तक (जित्तियं) जितने (जे) जो जीव (संसार-सायरं तीरं) संसार सागर के तीर को (पत्ता) प्राप्त हुए हैं [वे] (सव्वुवहिं) सभी उपाधियों को (मोत्तूण) छोड़कर (भेदणाण-णावाए) भेदज्ञानरूपी नाव पर (चडिऊण) चढ़कर हुए हैं।

अर्थ—आज तक जितने व जो भी जीव संसार-सागर के पार को प्राप्त हुए हैं, वे सभी उपाधियों को छोड़कर भेदज्ञानरूपी नाव पर चढ़कर हुए हैं।

व्याख्या—अंतरंग व बहिरंग समस्त औपाधिक भावों को छोड़कर तथा भेदविज्ञान रूपी नौका पर चढ़कर ही अनन्त जीवात्माएँ सिद्धदशा को प्राप्त हुई हैं, जैसा कि आचार्य अमृतचन्द्र ने समयसार कलश में कहा है—

भेद विज्ञानतः सिद्धाः, सिद्धाः ये किल केचन।
अस्यैवाभावतो बद्धाः, बद्धाः ये किल केचन॥

आत्मा का स्वरूप

णिग्गंधो णिव्वण्णो, णिप्फासो णीरसो अवत्तव्वो।
चेदणगुण-संजुत्तो, णिम्मोहो णिक्कलो अप्पा॥38॥

अन्वयार्थ—(अप्पा) आत्मा (णिग्गंधो णिव्वण्णो णिप्फासो णीरसो अवत्तव्वो चेदणगुण-संजुत्तो णिम्मोहो णिक्कलो) गंधरहित, वर्ण रहित, स्पर्श रहित, रस रहित, अवक्तव्य, चेतनगुण युक्त, निर्मोह व निष्कल है।

अर्थ—आत्मा गंधरहित, वर्ण रहित, स्पर्श रहित, रस रहित, अवक्तव्य, चेतनगुण युक्त, मोह रहित तथा शरीर रहित है।

व्याख्या—पुरुषार्थ सिद्ध्युपाय (9) में आचार्य अमृतचन्द्र ने आत्मा को चैतन्यगुण युक्त, स्पर्श, रस, गंध, वर्ण से रहित, गुण-पर्याय युक्त तथा उत्पाद, व्यय, ध्रौव्य संयुक्त कहा है। आचार्य कुन्दकुन्द स्वामी ने समयसार (49 से 55) में उपरोक्त विषय पर खुलकर लिखा है, जो टीका सहित मूलतः पठनीय है।

स्पर्श, रस, गंध व वर्ण ये पुद्गल के गुण हैं, किन्तु संसारी दशा में कर्म-बद्ध होने से वह शरीरादि को धारण करने वाले जीव के दिखते हैं। वस्तुतः जीव इनसे रहित चैतन्य द्रव्य है। 'स्पर्शरसगंधवर्णादिरहितोऽहम्'।

आत्मा में हास्यादि नहीं हैं

रागो दोसो मोहो ण वि हासो णेव विज्जदे जोगो।
ण दु कम्मं णोकम्मं, जीवे णाणादि अत्थि त्ति॥39॥

अन्वयार्थ—(जीवे) आत्मा में (ण वि रागो दोसो मोहो) राग द्वेष मोह नहीं है (हासो णेव विज्जदे जोगो) हास्य व योग विद्यमान नहीं है (ण कम्मं णोकम्मं) न कर्म नोकर्म हैं (दु) किन्तु (णाणादि अत्थि त्ति) ज्ञानादि हैं।

अर्थ—आत्मा में राग-द्वेष, मोह, हास्य, योग, कर्म, नोकर्म आदि विद्यमान नहीं हैं; किन्तु ज्ञानादि गुण हैं।

व्याख्या—यह चैतन्य आत्मा राग-द्वेष, मोह, हास्यादि नोकषाय, ज्ञानावरणादिकर्म तथा शरीरादि नोकर्म से रहित है। वस्तुतः ये आत्मा में नहीं हैं, किन्तु यह सभी कर्मकृत हैं। जीव का स्वभाव तो ज्ञान-दर्शन आदि अनंतगुणों को धारण करना है। समयसार (38-43) में इसे विशेष रूप से पढ़ें। 'रागद्वेष-कर्मनोकर्मादिभावशून्योऽहम्'।

पानी पीने से सरल है आत्मानुभव

पाणी पाणाहिंतो, अदिसरलं णिय-सहावाणुहवं।
अप्पाण-मजाणंतो, णिरत्थयं कालं खवेदि ॥40॥

अन्वयार्थ—(पाणी पाणाहिंतो) पानी पीने से (अदिसरलं णिय सहावणुहवं) अतिसरल निज-स्वभावानुभव है (अप्पाणमजाणंतो) किन्तु निज को नहीं जानता हुआ (णिरत्थयं कालं खेवेदि) निरर्थक काल-क्षेप करता है।

अर्थ—पानी पीने से भी सरल निज आत्मा का अनुभव है; किन्तु निज को न जानने से यह जीव व्यर्थ समय गंवाता है।

व्याख्या—निज आत्मा निजद्रव्य है, स्वयं तू ही है, वह कहीं बाहर से नहीं लाना है; इसलिए राग-द्वेषादि विभावों से रहित निज शुद्धात्म-तत्त्व का अनुभव करना पानी पीने से भी सरल है, क्योंकि यदि पानी पीना है, तो भरना, छानना, बर्तन मुँह तक ले जाना आदि अनेक श्रम करना पड़ते हैं, जबकि आत्मानुभव में तो "मैं यह राग-द्वेषादि सकल विभावों से रहित ज्ञान-दर्शनादि गुणों वाला चैतन्य आत्मा हूँ" इस प्रकार की तल्लीनता मात्र चाहिए। किन्तु वस्तुस्वरूप का सम्यग्ज्ञान न होने से यह जीव व्यर्थ में कालक्षेप अर्थात् समय की बर्बादी करता है। 'निजानुभवसंपन्नोऽहम्'।

आत्मा निजस्वरूप से तो प्रगट ही है

णिच्चं हि लेंति जीवा, आदसरूवस्स पयडिदं सादं।
णादूण लेंति णाणी, मोही मोहेण बिब्भमइ ॥41॥

अन्वयार्थ—(हि) वस्तुतः (जीवा) जीव (आदसरूवस्स पयडिदं सादं) निजस्वरूप के प्रकटित स्वाद को (णिच्चं) हमेशा (लेंति) लेते हैं, (णाणी णादूण लेंति) ज्ञानी जानकर लेते हैं [जबकि] (मोहेण मोही बिब्भमई) मोह से मोही भ्रमित होते हैं।

अर्थ—वस्तुतः सभी जीव निजस्वरूप के प्रगटित स्वाद को हमेशा लेते हैं, ज्ञानी जानकर लेते हैं, जबकि मोहीजन मोह से भटकते हैं।

व्याख्या—संसार के समस्त जीव वस्तुतः जितने अंशों में उनके ज्ञान का क्षयोपशम है, उतने अंशों में प्रगट हुए निजस्वरूप के स्वाद को ही हमेशा लेते हैं। जीव का स्वभाव ज्ञान-दर्शन है। संसार का ऐसा कोई जीव नहीं है जिसमें ज्ञान न हो; प्रत्येक जीव को कम से कम अक्षर का अनंतवाँ भाग ज्ञान तो रहेगा ही, जो कि हमेशा निरावरण ही रहता है। जैसा कि गोम्मटसार जीवकांड में कहा है—

सुहुम णिगोद अपज्जत्तयस्स जादस्स पढम समयम्हि।
हवदि हु सव्वजहण्णं, णिच्चुग्घाडं णिरावरणं ॥319॥

अर्थात् सूक्ष्मनिगोदिया अपर्याप्तक जीव को उत्पत्ति के प्रथम समय में नित्योद्घाटित निरावरण सबसे कम ज्ञान होता है।

यदि कभी किसी जीव के ज्ञान का अभाव मान लिया जाए तो जीव का भी अभाव मानना पड़ेगा। अमृतचन्द्रसूरि ने समयसार कलश में कहा है—

जीवादजीवमिति लक्षणतो विभिन्नं, ज्ञानी जनोऽनुभवती स्वयमुल्लसन्तम्।
अज्ञानिनो निरवधिप्रविजृंभतोऽयं, मोहस्तु तत्कथमहो बत नानटीति॥

अर्थात् जीव और अजीव लक्षण से विभिन्न हैं, ऐसा ज्ञानीजन अतंरंग में उल्लसित होते हुए अनुभव करते हैं, बड़े आश्चर्य की बात है कि अज्ञानी अर्मादित मोह के वश संसार में ही नृत्य करते हैं।

जीव अपने ज्ञान से पदार्थों को जानता है। ज्ञानी ज्ञान व ज्ञेय को पृथक् मानने से आत्मानुभव करते हैं, जबकि अज्ञानी ज्ञान और ज्ञेय में एकत्वकर मोहवश दु:खी होते हैं। 'भेदविज्ञानसंपन्नोऽहम्'।

ज्ञानी आत्मानुव कर मोक्ष पाते हैं

णाणी करेंति णिच्चं, णाणसरूवस्स सुहरसं पाणं।
स-पर-भेद-णाणेण य सिग्घं पावेंति णिव्वाणं॥42॥

अन्वयार्थ—(णाणी) ज्ञानी (णिच्चं) नित्य (णाणसरूवस्स सुहरसं पाणं) ज्ञानस्वरूप सुखरस का पान (करेंति) करते हैं (य) तथा (स-पर-भेद-णाणेण) स्व-पर भेद विज्ञान से (सिग्घं) शीघ्र (णिव्वाणं) निर्वाण (पावेंति) पाते हैं।

अर्थ—ज्ञानीजन नित्य ही ज्ञानस्वरूप निजसुखरस पान करते हैं तथा स्व-पर भेदज्ञान की दृढ़ता से शीघ्र निर्वाण पाते हैं।

व्याख्या—ज्ञान जीव का स्वभाव है। ज्ञेयों को जानना ज्ञान का स्वभाव है, किन्तु ज्ञेयों में एकत्व करना यह मोह का कार्य है। जब जीव मोह व ज्ञान को पृथक्-पृथक् अनुभव करता है, तब अपने ज्ञानमय सुख स्वभाव में लीन होता हुआ स्व-पर भेद विज्ञान की दृढ़ता से थोड़े समय में ही मोक्ष पा लेता है। 'ज्ञायकस्वरूपोऽहम्'।

मोही मोहित होते हैं

जीवो पुग्गलवत्थुं, फासदि जिग्घदि रसेदि पस्सदि य।
मोही मुज्झदि अस्सिं, अप्पसरूवं च विसरित्ता॥43॥

अन्वयार्थ—(जीवो) जीव (पुग्गलवत्थुं) पुद्गलवस्तु को (फासदि जिग्घदि रसेदि पस्सदि य) स्पर्श करता है, सूंघता है, रस लेता है, व देखता है (मोहि) मोहि (अप्पसरूवं विसरित्ता) स्वकीय आत्मस्वरूप को भूलकर (अस्सिं मुज्झदि) इसमें

ही मोहित होता है।

अर्थ—जीव पुद्गल वस्तु को स्पर्श करता है, सूंघता है रस लेता है तथा देखता है, इसलिए आत्मस्वरूप को भूलकर मोहि इसमें ही मोहित होता है।

व्याख्या—यह जीव अपने ज्ञान गुण से पौद्गलिक स्थूल वस्तुओं के स्पर्शादि में सुख गुण से सुख-दुःख रूप वेदन करता हुआ, अपने अमूर्तस्वरूप को कुछ नहीं समझता हुआ, अपने से पृथक् बाह्य वस्तुओं में ही मोहित होता हुआ दुःखी होता है। जबकि यह अज्ञानता है। 'सुज्ञानसंपन्नोऽहम्'।

समभाव के बिना सब कुछ निरर्थक

झाणज्झयणं च तहा, वणवासो तवं चाग-उवगारो।
जदि णत्थि समभावो, तो सव्वं इच्छुफुल्ल समं॥44॥

अन्वयार्थ—(जदि णत्थि समभावो) यदि समभाव नहीं है (तो) तो (झाणज्झयणं) ध्यानाध्ययन (वणवासो तवं चाग उवगारो च) वनवास तप त्याग व उपकार (सव्वं इच्छुफुल्ल समं) सब ईख के फूल के समान है।

अर्थ—यदि समभाव नहीं है तो ध्यान-अध्ययन, वनवास, तप-त्याग तथा उपकार आदि सब कुछ ईख के फूल के समान है।

व्याख्या—वस्तु स्वभाव को समझे बिना सम्यक् समता नहीं आ सकती है। समताभाव के बिना ध्यान-अध्ययन, वनवास, तप-त्याग तथा उपकार आदि सब कुछ उसी प्रकार निरर्थक है, जिस प्रकार ईख (गन्ने) का फूल। फूल तो होता है पर काम कुछ भी नहीं आता। 'सार्थकोऽहम्'।

कैसा समभावी निर्वाण पाता है

सत्तुं मित्तं च तहा, वणं च भवणं च जीविदं मरणं।
कणयं लोट्ठं च समं, जो जाणेदि सो य णिव्वादि॥45॥

अन्वयार्थ—(सत्तुं मित्तं च) शत्रु और मित्र को (वणं च भवणं) वन और भवन को (जीविदं च मरणं) जीवन और मरण को (तहा) तथा (कणयं च लोट्ठं) सोना और पत्थर को (जो) जो (समं जाणेदि) समान जानता है (सो य णिव्वादि) वह ही निर्वाण पाता है।

अर्थ—जो शत्रु और मित्र को, वन और भवन को, जीवन और मरण को, कनक और पत्थर को समान जानता है, वह ही निर्वाण पाता है।

व्याख्या—वस्तु-स्वभाव का सम्यक् बोध होने से जिसे सम्यक् चारित्र प्रगट हुआ है, ऐसा महान योगी प्रत्येक परिस्थिति में स्थिरता धारण करता है और वह ही निर्वाण का भागी होता है। इस प्रकार की गाथा प्रवचनसार में आई है—

सम सत्तु-बंधुवग्गो, सम सुह-दुक्खो, पसंस-णिंद-समो।
सम लोट्ठ-कंचणो पुण, जीविद-मरणे समो समणो॥240॥

समता ही सब कुछ है

समदा चिय सण्णाणं, समदा हि अत्थि धणं च सज्झाणं।
समदा वद-चारित्तं, समदादो सिज्झदि जीवो॥46॥

अन्वयार्थ—(समदा चिय सण्णाणं) समता ही सम्यग्ज्ञान है (समदा हि अत्थि धणं च सज्झाणं) समता ही धन और सुध्यान है (समदा वद-चारित्तं) समता व्रत-चारित्र है (समदादो सिज्झदि जीवो) समता से जीव सिद्ध होता है।

अर्थ—समता ही सम्यग्ज्ञान है, समता ही धन व सुध्यान है, समता ही व्रत व चारित्र है, क्योंकि समताभाव से ही जीव सिद्ध होता है।

व्याख्या—षट्द्रव्यों का पर्यायादि सहित जो विशिष्ट ज्ञान है, उससे भेदविज्ञान प्रगट होता है और भेदविज्ञान से समताभाव। वस्तुतः समता ही सम्यग्ज्ञान का फल होने से सम्यग्ज्ञान, निजस्वभाव होने से निजधन, सद्ध्यान, व्रत चारित्र है; क्योंकि समता के आश्रय से ही जीव सिद्ध होता है।

आत्मध्यान सर्वश्रेष्ठ है

अप्पज्झाणं सेट्ठं, परमेट्ठीणं च मज्झिमं झाणं।
लोगिगज्झाणमधमं, विसयाणं वा महाधमं भणिदं॥47॥

अन्वयार्थ—(अप्पज्झाणं सेट्ठं) आत्मा का ध्यान श्रेष्ठ है, (परमेट्ठीणं मज्झिमं झाणं) परमेष्ठियों का ध्यान मध्यम है (लोगिगज्झाणमधमं) लौकिक ध्यान अधम है (च) तथा (विसयाणं वा) विषय व कषायों का ध्यान (महाधमं भणिदं) महाअधम कहा गया है।

अर्थ—आत्मा का ध्यान श्रेष्ठ, परमेष्ठियों का ध्यान मध्यम, लौकिक ध्यान अधम तथा विषय-कषायों का ध्यान महा-अधम कहा गया है।

व्याख्या—आत्मा के निजभावों से ही कर्मों का आस्रव-बंध अथवा संवर-निर्जरा होती है। यह भी ध्यानाश्रित है। जैसा ध्यान अर्थात् भावों की एकाग्रता होगी वैसा बंध या मोक्ष होगा। यहाँ पर मोक्ष का साक्षात् कारण होने से आत्मध्यान को श्रेष्ठध्यान, परंपरा से मोक्ष का कारण होने से परमेष्ठियों के ध्यान व तत्त्वचिंतन को मध्यम ध्यान; स्त्रीकथा, भोजनकथा, राजकथा आदि लौकिक ध्यान को अधम तथा विषय-कषाय के पापबंधक ध्यान को महा-अधम ध्यान कहा गया है।

एक विषय पर एकाग्र हुआ ज्ञान ही ध्यान है। जैसा ज्ञान वैसा ध्यान। अतः ज्ञान की दशा व दिशा सुधारते ही ध्यान की दशा सुधर जाएगी। ध्यान की दशा सुधरते ही जीव की दशा-दिशा सुधर जाएगी।

किसी भी स्थिति में भाव मत बिगाड़ो

छिज्जदु भिज्जदु अंगो, सिर-पुट्ठी हत्थ-पाय इच्चादि।
तो वि णिय-संत-भावं, सुद्धोवजोगं मा हणह॥48॥

अन्वयार्थ—(सिर-पुट्ठी हत्थ-पाय इच्चादि अंगो) सिर, पीठ, हाथ, पैर इत्यादि अंग (छिज्जदु भिज्जदु) छिद जावे भिद जावे (तो वि) फिर भी (णिय-संत-भावं) निज शांतभाव को (च) और (सुद्धोवजोगं) शुद्धोपयोग को (मा हणह) नष्ट मत करो।

अर्थ—सिर, पीठ, हाथ-पैर इत्यादि शरीर के अवयव कदाचित छिद-भिद जावे तो भी अपने शांतभाव व शुद्धोपयोग को नष्ट मत करो।

व्याख्या—किसी कारण से शरीर के अंग-उपांग कदाचित छिद-भिद जावे, अस्त-व्यस्त हो जावे तब भी ज्यादा चिंता मत करो, क्योंकि ऐसा होने से आत्मा का कुछ भी नहीं बिगड़ता; किन्तु किसी परिस्थिति में अपने शांतभाव व शुद्धोपयोग (शुभोपयोग) को नष्ट मत करो, क्योंकि इससे आत्मा का सब कुछ बिगड़ता है। तन बिगड़े तो ज्यादा फर्क नहीं पड़ता किन्तु मन बिगड़ जाये तो सब कुछ बिगड़ जाता है।

जनसंसर्ग से बचो

जेत्तिय-जीवा लोए, तेत्तिय तेसिं च होंति हि सहावा।
तम्हा जणसंसग्गं, मुत्ता आदेहि णिवसेज्जा॥49॥

अन्वयार्थ—(जेत्तिय जीवा लोए) लोक में जितने जीव हैं (तेत्तिय तेसिं च होंति हि सहावा) उतने ही उनके स्वभाव होते हैं (तम्हा जणसंसग्गं मुत्ता) इसलिए जनसंसर्ग छोड़कर (आदेहि णिवसेज्जा) आत्मा में ही निवास करो।

अर्थ—लोक में जितने जीव हैं, उतने उनके स्वभाव हैं, इसलिए जनसंसर्ग छोड़कर आत्मा में ही निवास करो।

व्याख्या—प्रत्येक जीव के भाव (परिणाम) पृथक-पृथक होते हैं। कुछ जीवों को छोड़कर किसी के परिणाम किसी से भी नहीं मिलते, ऐसे में राग अथवा द्वेष की संभावना अधिकतम होती है। राग-द्वेष से आस्रव-बंध होता है और इससे संसार।अत: जगज्जनों का संसर्ग त्यागकर आत्मस्थित होने का पुरुषार्थ करना चाहिए। इस आशय का एक श्लोक समाधितंत्र (72) में आया है। नियमसार में भी कहा है—

णाणा जीवा णाणा कम्मा णाणाविहं हवे लद्धी।
तम्हा वयण विवादं, सग-पर समएहिं वज्जेजा॥156॥

अर्थात् लोक में नाना प्रकार के जीव हैं, नाना प्रकार के कर्म हैं, नाना प्रकार की लब्धियाँ हैं; अत: स्व-पर के विषय में वचन-विवाद का त्याग करो।

कोई मेरा कुछ नहीं

को वि मम किंचि णत्थि, अहमवि कस्स य किंचि णो अत्थि।
एगत्तं कुणदु आदे, जेण दु सिग्घं हि सिज्झेज्जा ॥50॥

अन्वयार्थ—(को वि मम किंचि णत्थि) कोई मेरा कुछ भी नहीं है (अहमवि कस्स य किंचि णो अत्थि) मैं भी किसी का कुछ नहीं हूँ [ऐसा विचारकर] (आदे एगत्तं कुणदु) आत्मा में एकत्व करो (जेण दु सिग्घं हि सिज्झेज्जा) जिससे शीघ्र ही सिद्ध हो जावे।

अर्थ—हे जीव! कोई मेरा कुछ नहीं है और मैं भी किसी का कुछ नहीं हूँ, ऐसा विचार कर निज आत्मा में एकत्व करो, जिससे शीघ्र ही सिद्ध हो जावे।

व्याख्या—हे चैतन्यात्मन्! सतत् इस प्रकार का विचार करो कि जगत का अन्य कोई जीव-अजीव पदार्थ तो ठीक यह देह, वचन और मन भी मेरे नहीं है, और वस्तु स्वभाव से मैं भी किसी का नहीं हूँ। ऐसा विचारकर निज ज्ञायक स्वभाव में स्थिर होओ। इससे शीघ्र ही सिद्धि हो जावेगी।

यह मोक्षमार्ग है

तव दिट्ठी जत्थ अत्थि, तत्थ करेह णियल्लपुट्ठी य।
णाणेण सव्वचेट्ठं, करसु एसो हि मोक्खपहो ॥51॥

अन्वयार्थ—(तव दिट्ठी जत्थ अत्थि) तुम्हारी दृष्टि जहाँ है (तत्थ करेह णियल्लपुट्ठी) वहाँ अपनी पीठ करो (य) और (णाणेण सव्व चेट्ठा, करसु) ज्ञान पूर्वक सब चेष्टा करो (एसो हि मोक्खपहो) यह ही मोक्षमार्ग है।

अर्थ—जहाँ तेरी दृष्टि है, वहाँ अपनी पीठ करो और सब चेष्टा ज्ञानपूर्वक करो, यह ही मोक्षमार्ग है।

व्याख्या—हे जीव! निज स्वरूप से विपरीत विषय-कषाय और राग-द्वेष की ओर से दृष्टि हटाकर ज्ञायक स्वभाव की ओर दृष्टि तथा जगत के पदार्थों की ओर पीठ करो। ज्ञान पूर्वक संसारी-जनों से विपरीत समस्त चेष्टाएँ करो। यही मोक्षमार्ग है।

आत्मा ज्ञानस्वभाव संपन्न है

धण-धण्णादि अण्णा, इत्थीपुत्तादिकुडुंबसम्बन्धा।
देहो कम्मं च तहा, अत्तादो णाणसंपण्णा ॥52॥

अन्वयार्थ—(णाण संपण्णा) ज्ञान संपन्न (अत्तादो) आत्मा से (धण-धण्णादि) धन धान्यादि (इत्थीपुत्तादिकुडुंबसम्बन्धा) स्त्री पुत्रादि कुटुम्ब संबन्ध (च) और (देहो तहा कम्मं) देह तथा कर्म (अण्णा) अन्य हैं।

अर्थ—ज्ञान-संपन्न आत्मा से धन-धान्यादि, स्त्री-पुत्रादि और देह तथा कर्म अन्य हैं।

व्याख्या—ज्ञान-दर्शन आदि गुण वाले चैतन्य आत्मा से लोक प्रचलित धन-धान्यादि, स्त्री-पुत्रादि तथा देह व कर्मादि के सम्बन्ध पृथक हैं। ऐसा निरंतर विचार करो। यदि ऐसा आचरण में आ जाए तब तो बहुत अच्छा है। यदि वैसा संभव न हो तो वस्तु स्वभाव का ज्ञानकर श्रद्धान तो करना ही चाहिए। इससे अहंकार आदि नहीं बढ़ते हैं।

मोहभाव का त्याग ही वैराग्य है

असणं वसणं कणगं, चागं अत्थि दु बाहिरो चागो।
मोहभावस्स चागे, उप्पज्जदि सेट्ठ-वेरग्गो ॥53॥

अन्वयार्थ—(असणं वसणं कणगं चागं) अशन, वस्त्र, स्वर्ण त्याग (बाहिरो चागो अत्थि) बाहिरी त्याग है (दु) किन्तु (मोहभावस्स चागे उप्पज्जदि सेट्ठ-वेरग्गो) मोहभाव का त्याग होने पर श्रेष्ठ वैराग्य उत्पन्न होता है।

अर्थ—भोजन, वस्त्र, स्वर्ण आदि का त्याग बाहिरी त्याग है, जबकि मोहभाव के त्याग से श्रेष्ठ वैराग्य होता है।

व्याख्या—लोक में कुछ लोग केवल बाहिरी त्याग को ही त्याग मानते हैं, जबकि आचार्य कुंद-कुंद देव कहते है—'भावविरदो दु विरदो, ण दव्वविरदस्स सुग्गदी होदि।' अर्थात् भावों से विरक्त ही विरक्त है, केवल द्रव्य-त्यागी की सुगति नहीं होती।

बाहरी त्याग तो होना ही चाहिए, किन्तु उसके साथ अंतरंग मोह (मिथ्यात्व) अर्थात् विपरीत मान्याताओं का भी त्याग होना चाहिए। ऐसा होने पर ही श्रेष्ठ वैराग्य उत्पन्न होता है। इससे स्वात्मोपलब्धि होती है।

परमात्मा समान मनुष्य

अब्भिंतरादो जस्स, मोहग्गंठी य विगलिदा जादा।
विसय-कसाय विरहिदो, सो परमप्पा समो मणुसो ॥54॥

अन्वयार्थ—(जस्स) जिसके (अब्भिंतरादो) भीतर से (मोहग्गंठी विगलिदं जादं) मोह-दुर्ग्रन्थी गल गयी है (य) और [जो] (विसय-कसाय विरहिदो) विषय-कषाय विरहित है (सो) वह (परमप्पा समो मणुसो) परमात्मा के समान मनुष्य है।

अर्थ—जिसके भीतर से मोह की गांठ गल गयी है और जो विषय-कषाय से रहित है, वह मनुष्य परमात्मा के समान है।

व्याख्या—इस हीन काल में भी जिसने भेदविज्ञान के बल से वस्तुस्वभाव को भली प्रकार जानकर मोहरूपी अनादिकालीन खोटी गांठ को गला डाला है तथा जो पंचेन्द्रिय के विषयों से व क्रोधादि कषायों से अच्छी तरह अलग हो गया, वह

परमात्मा के समान मनुष्य है। क्योंकि इन दोषों के पूर्णत: नष्ट हो जाने पर मनुष्य ही परमात्मा होता है।

शुद्धोपयोग ही निजधर्म है

जोगवित्तीइ कम्मं, अतच्चणाणेण होदि मिच्छत्तं।
सुहासुहेहि य बंधो, सुद्धुवओगेण णियधम्मो ॥55॥

अन्वयार्थ—(जोगपवित्तीए कम्मं) योगप्रवृत्ति से कर्म (अतच्चणाणेण मिच्छत्तं) अतत्त्वज्ञान से मिथ्यात्व (सुहासुहेहिं बंधो) शुभाशुभ से बंध (य) और (सुद्धुवओगेण) शुद्धोपयोग से (णियधम्मो होदि) निजधर्म होता है।

अर्थ—योग प्रवृत्ति से कर्म, अतत्त्व ज्ञान से मिथ्यात्व, शुभाशुभभाव से बंध तथा शुद्धोपयोग से जिनधर्म होता है।

व्याख्या—मन-वचन-कायरूप योगों की चंचलता से कर्मों का आस्रव होता है। तत्त्व की सच्ची समझ न होने से मिथ्यात्व बना रहता है। शुभोपयोग व अशुभोपयोग से क्रमश: पुण्य-पाप का आस्रव-बंध होता रहता है। जबकि धर्म तो निज शुद्धोपयोग का आश्रय लेने पर ही होता है। जैसा कि प्रवचनसार में कहा है—

सुहपरिणामो पुण्णं असुहो पावं ति भणिदमण्णेसु।
परिणामा णण्णगदं दुक्खक्खय कारणं समए॥181॥

शुभपरिणामों से पुण्य होता है, अशुभ से पाप होता है; जबकि आत्मा से अनन्यगत परिणाम अर्थात् शुद्धोपयोग जिनशासन में दु:ख-क्षय का कारण कहा है।

मन, वचन, काय की शुभ परिणति ही धर्म नहीं है, अपितु उपयोग की शुद्धि में कारण होने से इन्हें धर्म कहा जाता है। शुभपरिणति के साथ आत्म-केन्द्रित दृष्टि ही कल्याणकारी है।

हे जीव! चूको मत

देसं कालं जम्मं, कुलं च धम्मं सुदेवगुरुसत्थं।
पाऊण य पुण्णेण, मा चुक्कह कुणह आदहिदं॥ 56॥

अन्वयार्थ—(पुण्णेण) पुण्य से (देसं कालं जम्मं कुलं च धम्मं सुदेवगुरुसत्थं) देश, काल, जन्म, कुल, धर्म और सच्चे देवशास्त्रगुरु को (पाऊण) प्राप्तकर (मा चुक्कह) चूको मत (आदहिदं) आत्महित (कुणह) करो।

अर्थ—पुण्य से देश, काल, जन्म, कुल, धर्म और सच्चे देवशास्त्रगुरु प्राप्तकर, हे जीव! चूको मत, आत्महित करो।

व्याख्या—विशिष्ट पुण्य कर्म के उदय से राजा-मंत्री आदि से व्यवस्थित देश, पंचम किन्तु अनुकूल काल, मानव जन्म, श्रेष्ठ कुल, वीतराग दिगम्बर जैन

धर्म, तथा सच्चे देव, शास्त्र, गुरु को प्राप्तकर हे आत्मन्! चूक मत करो। इस पर्याय में आत्महित निश्चित ही कर लो, नहीं तो पछताना पड़ेगा।

अहिंसा की परिभाषा

परं अहिंसा धम्मो, अत्थि रागादि-दोस-परिचागं।
जीवाण-रक्खणं च, पसंत-भावो वदं च ववहारो॥57॥

अन्वयार्थ—(परं अहिंसा धम्मो) परम अहिंसा धर्म (रागादि-दोस-परिचागंअत्थि) रागादि दोष के त्यागरूप है (च) तथा (जीवाण-रक्खणं) जीवों की रक्षा (पसंत-भावो य वदं) प्रशांतभाव व व्रत (ववहारो) व्यवहार अहिंसा है।

अर्थ—रागादि दोषों के त्यागरूप निश्चय अहिंसा धर्म है तथा जीवों की रक्षा, प्रशांतभाव व व्रतधारणरूप व्यवहार अहिंसा धर्म है।

व्याख्या—रागादिभावों की उत्पत्ति होना ही हिंसा है तथा रागादि भावों की उत्पत्ति न होना ही वस्तुतः अहिंसा है। जैसा कि अमृतचंद सूरि ने पुरुषार्थ सिद्ध्युपाय में कहा है—

अप्रादुर्भावः खलु रागादीनां भवत्यहिंसेति।
तेषामेपोत्पत्ति हिंसेति जिनागमस्य संक्षेपः॥4॥

जीव की आत्मस्थदशा निश्चय अहिंसा है तथा षट्काय के जीवों की रक्षा करना, प्रशमभाव व्रतादिधारण करना व्यवहार अहिंसा है। व्यवहार अहिंसा कारण है, इसके बिना निश्चय अहिंसा नहीं सध सकती।

कैसी उपेक्षा अहिंसा है

सकसायत्त उवेक्खा, इमा हि हिंसा अणंतकोहो वा।
समवित्तीइ उवेक्खा, इमा अहिंसा य मोक्खपहो॥58॥

अन्वयार्थ—(हि) वस्तुतः (सकसायत्त उवेक्खा) कषाय सहित उपेक्षा (इमा हि हिंसा वा अणंतकोहो) यह हिंसा अथवा अनंत क्रोध है और (समवित्तिए उवेक्खा) समवृत्ति की उपेक्षा (इमा अहिंसा य मोक्खपहो) यह अहिंसा अथवा मोक्षपथ है।

अर्थ—कषाय सहित उपेक्षा ही हिंसा अथवा अनंत क्रोध है, जबकि समभावों की उपेक्षा अहिंसा अथवा मोक्षपथ है।

व्याख्या—किसी को अपना शत्रु मानकर उसे बुरा समझना तथा उससे दूर रहना, बात नहीं करना, मन में गांठ बाँधे रखना आदि यह जो कषायभाव पूर्वक उपेक्षावृत्ति बनाई गयी है; यह ही हिंसा अथवा अनंतानुबंधी क्रोध है, क्योंकि अपने परिणामों में निरंतर कठोरता, द्वेष अथवा कषायलापन भरा हुआ है। जबकि समभावपूर्वक समस्त बाह्य व्यक्ति व वस्तुओं के प्रति कि ये मेरे नहीं है, इनका परिणमन इनके

अधीन है, मैं दूसरे के और दूसरा मेरे परिणमन का कर्त्ता-हर्त्ता नही हैं, तब मैं राग-द्वेष क्यों करूँ; ऐसी जो उदासीनता पूर्ण सहज प्रवृत्ति है, वह ही अहिंसा व मोक्षमार्ग है।

पद आपद सहित हैं

आपद-सहिदं हि पदं, भवस्स मूलं दुक्ख-हिंसा वा।
णियपदं आपदरहिदं, तम्हा णाणपदं तु तं पेक्ख॥59॥

अन्वयार्थ—(पदं) पद (हि) वस्तुतः (आपद-सहिदं) आपद सहित (भवस्स मूलं दुक्ख-हिंसा वा) संसार के कारण दुःख अथवा हिंसा हैं (तु) किन्तु (णियपदं आपदरहिदं) निजपद आपद रहित है (तम्हा) इसलिए (तं) उस (णाणपदं) ज्ञानपद को (पेक्ख) देखो।

अर्थ—संसार के पद आपद सहित हैं, संसार के कारण, दुःख अथवा हिंसा हैं, किन्तु निजपद आपदरहित है, इसलिए उसे देखो।

व्याख्या—हे प्रभु आत्मन्! संसार के जितने भी सामाजिक, राजनैतिक, शासकीय, प्रशासकीय पद हैं, वे सब आपद (आपत्ति) के ही कारण हैं। इन पदधारियों को दूसरों से खतरा व द्वेष प्रायः रहता है, जिससे परिणामों में निरंतर चल-विचलता बनी रहती है। यह परिणामों की अशुद्धि संसार का मूलकारण है, मानसिक व दैहिक दुःख तथा हिंसा का भी मूल यही है। जबकि आत्मा का निज ज्ञानपद समस्त आपत्तियों से रहित मोक्ष, सुख व अहिंसा का मूलकारण है। अतः भो आत्मन्! अपने ज्ञानपद पर दृष्टि दो। क्षायोपशमिक ज्ञान व किंचित् पुण्य के बल से प्राप्त बाह्यपदों का तेरे निजपद के सामने क्या मूल्य है? कुछ भी नहीं। निजपद शाश्वत व आनंद सहित है, जबकि लौकिक पद अशाश्वत व दुःख सहित हैं।

आत्मघाती कौन है

परजीवेसु करुणा, कसायभावे हि अप्पणो घादं।
करेदि सो अण्णाणी, जीवो पोसेदि मिच्छत्तं॥60॥

अन्वयार्थ—[जो] (परजीवेसु करुणा) अन्य जीवों पर करुणा [व] (कसायभावे हि अप्पणो घादं करेदि) कषायभावों से अपना घात करता है (सो अण्णाणी) वह अज्ञानी जीव (मिच्छत्तं) मिथ्यात्व को (पोसेदि) पोषता है।

अर्थ—जो अन्यजीवों पर तो करुणा तथा कषायभावों से अपनी आत्मा का घात करता है, वह अज्ञानी जीव मिथ्यात्व को पोषता है।

व्याख्या—वस्तुस्वरूप के ज्ञान बिना यदि कोई अन्यजीवों की तो रक्षा करता है, इतने मात्र को ही धर्म मानता है तथा कषायभावों के वशीभूत हो निरंतर क्रोधादि करने रूप आत्मघात करता है, वह अज्ञानी जीव मिथ्यात्व का ही पोषण करता है;

क्योंकि उसे वस्तुतः जीव व कषायभावों की अलग-अलग पहचान नहीं है। यहाँ जीवों की रक्षा करने में जो अहंकार का अभिनिवेश तथा कषायभावों में एकत्वबुद्धि है, उसे आत्मघात तथा मिथ्यात्व का पोषक कहा गया है।

मिथ्यात्व पोषक कौन है

कोहादिकसाये हु, मंदे कादूण होदि संतुट्ठो।
तस्सिं चिय सामित्तं, करेदि पोसेदि मिच्छत्तं ॥61॥

अन्वयार्थ—[जो] (कोहादिकसाये हु मंदे कादूण) क्रोधादि कषायों को मंद करके (संतुट्ठो) संतुष्ट (होदि) होता है [तथा] (तस्सिं चिय सामित्तं करेदि) उसमें ही स्वामित्व करता है [वह] (मिच्छत्तं पोसेदि) मिथ्यात्व को पोषता है।

अर्थ—जो क्रोधादि कषायभावों को मंद करके संतुष्ट होता है तथा उसमें ही स्वामित्व करता है, वह भी मिथ्यात्व का पोषण करता है।

व्याख्या—जो क्रोधादि कषायों को आत्मा से पृथक और अग्राह्य नहीं समझता हुआ। क्रोधादि की मंदता धारण करके उसमें ही अहंभाव धारण करता है अथवा क्रोधादि की हीनता में ही स्वामित्व करता है। वह भेदविज्ञानी न होने से मिथ्यात्व का ही पोषण करता है।

धन-पद को ऊँचा मानने वाला भी मिथ्यात्वी

णियअप्पा परमप्पा, सव्वुक्कट्ठं च जादि णिव्वाणं।
धण-पद-वपुं जो सेट्ठं, मण्णदि पोसेदि मिच्छत्तं ॥62॥

अन्वयार्थ—(णियअप्पा परमप्पा) निज आत्मा परमात्मा [च] और (सव्वुक्कट्ठं) सर्वोत्कृष्ट है [क्योंकि] (णिव्वाणं जादि) निर्वाण को जाता है [किन्तु] (धण-पद-वपुं जो सेट्ठं मण्णदि) धन, पद व शरीर आदि को जो श्रेष्ठ मानता है [वह] (मिच्छत्तं पोसेदि) मिथ्यात्व को पोषता है।

अर्थ—निज आत्मा ही परमात्मा है, सर्वोत्कृष्ट है, क्योंकि वह निर्वाण को प्राप्त करता है। जो धन, पद या शरीरादि को श्रेष्ठ मानता है, वह मिथ्यात्व को पोषता है।

व्याख्या—'अप्पा सो परमप्पा।' बीजभूत यह संसारी आत्मा ही परमात्मा होता है। इन संसारी जीवों में जो स्व-रूप का बोध पा लेते हैं, वे पुरुषार्थ के बल से परमात्मा हो जाते हैं। निम्नपर्याय में स्थित भी आत्मा अन्य सब पदार्थों से उत्कृष्ट है। क्योंकि किसी भी समय योग्य पर्याय पाकर तीव्र पुरुषार्थ के बल से यह जीव निर्वाण को जाता है। जो व्यक्ति अपने ज्ञायक स्वभाव को कुछ नहीं समझकर धन, पद, वैभव अथवा देहादि को आत्मद्रव्य से श्रेष्ठ समझता है, मानता है, वह मिथ्यात्व का पोषण करता है। क्योंकि वह अचेतन जड़ पदार्थों में आसक्तिपूर्ण एकत्व रखे हुए है

और उसे अपने स्वरूप की जरा भी खबर नहीं। अपना ज्ञानधन, ज्ञानपद व ज्ञानशरीर ही सम्यग्दृष्टि को अपना अनुभवमें आता है। बाकी तो सब धूल-धानी और हवा-पानी है, उसमें क्या निजत्व करना।

श्रेष्ठतम पुरुषार्थ

णियरूवम्मि थिरत्तं, इणमो सेट्ठो य अत्थि पुरिसत्थो।
दुक्खं खणे हि णस्सदि, णाणसहावे थिरत्तेणं॥63॥

अन्वयार्थ—(णियरूवम्मि थिरत्तं) निजरूप में स्थिरता (इणमो) यह (सेट्ठं) श्रेष्ठ (पुरिसत्थो) पुरुषार्थ (अत्थि) है (य) और (णाणसहावे थिरत्तेणं) ज्ञानस्वभाव में स्थिर होने से (दुक्खं खणे णस्सेदि) दुःख क्षण में नष्ट हो जाता है।

अर्थ—निजस्वरूप में स्थिरता यह श्रेष्ठ पुरुषार्थ है, क्योंकि ज्ञानस्वभाव में स्थिर होने से क्षणभर में दुःख नष्ट हो जाता है।

व्याख्या—ज्ञान-दर्शन स्वभाव वाले निजात्मतत्त्व को अच्छी तरह जानकर उसमें ही स्थिरता धारण करना, यह श्रेष्ठ पुरुषार्थ है। क्रोधादि के उदय में कषायभावों का होना, रागादि के उदय में परपदार्थों में ममत्व होना अनादिकाल से चल रहा है, जबकि यह जीव का स्वभाव नहीं, अपितु कर्मरूप पुद्गल द्रव्य से प्रेरित जीव की विभाव परिणति है। विभावों में स्थिरता तो खोटा पुरुषार्थ है, जबकि निजरूप में स्थिरता सच्चा और श्रेष्ठ पुरुषार्थ है। ऐसा करने से क्षणभर में ही आकुलता-व्याकुलतारूप दुःखों का अभाव हो जाता है। बस इसकी लगन, पकड़ व सही पहचान होना चाहिए।

ज्ञानी परमार्थ साधते हैं

लोगिगजणा लोगिगं, करेंति भवब्भमणकारीपुरुसत्थं।
पत्ता देह-धम्मं च, णाणी साहेंति परमत्थं॥64॥

अन्वयार्थ—(लोगिगजणा लोगिगं) लौकिकजन लौकिक (भवब्भमणकारी पुरुसत्थंकरेंति) भव-भ्रमणकारी पुरुषार्थ को करते हैं [जबकि] देह-धम्मं च पत्ता) देह व धर्म को पाकर (णाणी) ज्ञानी (परमत्थं) परमार्थ को (साहेंति) साधते हैं।

अर्थ—लौकिकजन भव-भ्रमणकारी पुरुषार्थ को करते हैं, जबकि ज्ञानी देह व धर्म को पाकर परमार्थ साधते हैं।

व्याख्या—संसारी लोकजन धन कमाना, मकान बनाना, गाड़ी खरीदना, बच्चों का विवाह करना आदि तरह-तरह के लौकिक पुरुषार्थ करते हैं। इनमें निरंतर राग-द्वेष होते हैं, आत्म-अस्थिरता बढ़ती है; जिससे कर्मबंध होता है और कर्मबंध से संसार भ्रमण जारी रहता है, इसलिए इसे सांसारिक पुरुषार्थ कहा है। इसके

विपरीत जो भेद-विज्ञानी जीव हैं, वे इस उत्तम मानव देह तथा महान जैनधर्म को पाकर निरंतर स्वरूप में रमणकर परमार्थ साधते हैं अर्थात् मोक्ष के लिए पुरुषार्थ करते हैं। जो यहीं छूट जाना है, उसके लिए क्यों जीवन खराब करना।

प्रथम ही आत्महित करो

कुज्जा अप्पस्स हिदं, जदि सक्कदि परहिदं पि करेज्ज।
दोण्हं मज्झे णियगं, सुद्धसरूवं हि साहेज्जा॥65॥

अन्वयार्थ—(अप्पस्स हिदं) आत्मा का हित (कुज्जा) करो (जदि सक्कदि परहिदं वि करेज्ज) यदि शक्य हो तो दूसरों का भी हित करो (दोण्हं मज्झे णियगं, सुद्धसरूवं च साहेज्जा) दोनों में से निज शुद्धस्वरूप को साधो।

अर्थ—आत्मा का हित करो, यदि संभव हो तो परहित भी करो, दोनों में निज शुद्ध-स्वरूप को ही साधो।

व्याख्या—हे आत्मन्! यह मानव पर्याय पाकर निश्चित ही आत्मकल्याण की दिशा में पुरुषार्थ करो। तुम्हारी स्थिरवृत्ति बनी रहने के बाद यदि संभव हो तो अन्य जीवों के कल्याण के लिए प्रवचन, शिक्षा-दीक्षा देनेरूप परहित करो। लेकिन दोनों के बीच में अपना हित साधना मुख्य है। अपना घर जलाकर दूसरों की सर्दी मिटाना कोई बुद्धिमानी का कार्य नहीं है।

आत्महित आज ही करो

आदहिदं जदि इच्छसि, करिज्ज णियमेण तं पि अज्जेव।
पुव्वं च तच्चणाणं, पच्छा धारेज्ज जिणरूवं॥66॥

अन्वयार्थ—(आदहिदं जदि इच्छसि) आत्महित यदि चाहते हो (तं) वह (णियमेण) णियम से (अज्जेव) आज ही (करिज्ज) करो (पुव्वं तच्चणाणं) पहले तत्त्वज्ञान (च) और (पच्छा जिणरूवं धारेज्ज) बाद में जिनरूप धारण करो।

अर्थ—हे जीव! यदि तुम आत्महित चाहते हो तो वह नियम से आज ही कर डालो, उसमें भी पहले तत्त्वज्ञान और पश्चात् जिनरूप धारण करो।

व्याख्या—आचार्य कुन्दकुन्द देव ने प्रवचनसार (201) में कहा है—पडिवज्जदु सामण्णं, इच्छदि जदि दुक्खपरिमोक्खं। यदि दुःखों से छूटने की इच्छा है, तो दीक्षा धारण करो। असंयम और कषाय भावों से छूटकर व्रतादि धारण करना व्यवहार आत्महित है तथा निजात्म में तल्लीन होना, यह निश्चय आत्महित है।

व्रत-संयम धारण करने के पूर्व तत्त्वज्ञान अवश्य ही होना चाहिए।

तत्त्वज्ञान की श्रद्धा सम्यग्दर्शन तथा तत्त्वज्ञान का आचरण सम्यक् चरित्र है। श्रद्धानात्मक तत्त्वज्ञान होने पर जो चारित्र होता है, वह जीव के कर्मबंधनों को छेदकर

मोक्षप्रदान करने वाला होता है। छहढाला में कहा है—'सम्यग्ज्ञानी होय, बहुरि दृढ़ चारित लीजे।'

परदोष दृष्टा आत्महित कैसे साधेगा

परदोसे चिय उच्चदि, णियदोसं ण किमवि पस्सेदि।
अतच्चणाणी मूढो, सो किह साहेदि अप्पहिदं ॥67॥

अन्वयार्थ—[जो] (परदोसे चिय उच्चदि) दूसरे के दोष ही कहता है (च) और (णियदोसं ण किमवि पस्सेदि) निजदोष को कुछ भी नहीं देखता (सो) वह (अतच्चणाणी मूढो) अतत्त्वज्ञानी मूढ़ (अप्पहिदं) आत्महित (किह साहेदि) कैसे साधेगा।

अर्थ—जो दूसरे के दोष ही कहता है और अपने दोष कुछ भी नहीं देखता, वह अतत्त्वज्ञानी मूढ़ आत्महित कैसे साधेगा।

व्याख्या—जो दूसरों के छोटे-छोटे दोष देखने में जागते रहते हैं तथा अपने हाथी जैसे बड़े दोष देखने में आँख बंद करके रखते हैं। हे भगवान! वे तपस्वी क्या करेंगे? वे तो आपके शासन में अपात्र हैं। स्वयंभूस्त्रोत में यह बात आचार्य समंतभद्र ने लिखी है—

ये परस्खलितोन्निद्राः, स्व-दोषेभ-निमीलिनः।
तपस्विनस्ते किं कुर्यु-रपात्रं त्वन्मश्रियाः ॥99॥

यह सटीक तथ्य है कि जिसकी दृष्टि परपदार्थ, परदोषों पर है, वह बहिर्मुख है तथा बहिर्मुख (बहिरात्मा) व्यक्ति कभी आत्महितैषी नहीं हो सकता है। यदि आत्महित करना है, तो अन्तर्दृष्टि करो। अपने ही दोषों को देखो और निर्दोष बनो। एक प्रसिद्ध दोहा है—

दोष पराए देखकर, चला हसत-हसंत।
अपने याद न आवहि, जिनका आदि न अंत॥

ज्ञाता-दृष्टा भाव कर्मों को धोता है

णाऊण य परवत्थुं, रागद्दोसा जदि णो उट्ठेंति।
एसो णादा-दट्ठा-, भावो य धुणेदि बहुकम्मं ॥68॥

अन्वयार्थ—(परवत्थुं णाऊण) परवस्तु को जानकर (जदि) यदि (रागद्दोसा णो उट्ठेंति) राग-द्वेष नहीं उठते हैं [तो] (एसो णादा-दट्ठा-भावो) यह ज्ञाता-दृष्टाभाव है (य) और यह (बहुकम्मं) बहुत कर्मों को (धुणेदि) धुनता है।

अर्थ—परवस्तुओं को जानकर भी यदि राग-द्वेष नहीं उठता तो यह ज्ञाता-दृष्टाभाव है तथा यह बहुत कर्मों को धुनता है।

व्याख्या—पर-वस्तु अथवा व्यक्ति में गुण अथवा दोष देखकर भी यदि राग-द्वेष की उत्पत्ति नहीं होती है तो यह उस जीव का ज्ञाता-दृष्टा भाव है। यह ज्ञाता-दृष्टाभाव वीतरागता को वृद्धिंगत कर अत्यन्त स्थिरता बढ़ाने वाला है। इससे अनंतानंत कर्मों का नाश होता है तथा आगामी कर्मों का आस्रव-बंध रुकता है। अतः यह चारित्रसंपन्न सम्यक्दृष्टि ही आदरणीय और अनुकरणीय है।

ज्ञानी अपनी कथा अपने से करते हैं

णाणी सकहालावं, करेंति णिच्चं णिएण संगेणं।
सण्णाणीहि वि णियदं, अण्ण-जणेहिं दु किं कज्जं ॥69॥

अन्वयार्थ—(णाणी सकहालावं) ज्ञानी स्वकथालाप (णियेण संगेणं) निज के साथ(णिच्चं) नित्य (करेंति) करते हैं (सण्णाणीहि वि णियदं) सम्यग्ज्ञानियों से भी नियत (दु) तब (अण्ण-जणेहिं किं कज्जं) अन्यजनों से क्या कार्य?

अर्थ—ज्ञानीजन स्वकथालाप निज के साथ नित्य करते हैं, सम्यग्ज्ञानियों से भी नियत तत्त्वचर्चा करते हैं, तब अन्यजनों की क्या बात?

व्याख्या—आत्मज्ञानी महानुभाव अन्तर्मुख होकर चिन्तन-मननरूप तत्त्वचर्चा अथवा आत्मानुभव रूप वार्ता निज आत्मा के साथ ही करते हैं अर्थात् स्व-स्वरूप में ही प्रायः तल्लीन रहते हैं अथवा स्वभावस्थ रहने का तीव्र पुरुषार्थ करते हैं। वे सम्यग्ज्ञानधारी सधर्मी बंधुओं से भी व्यवस्थित, कल्याणकारी, सीमित तत्त्वचर्चा करते हैं, विनय-व्यवहार करते हैं; फिर अन्य जनों की क्या बात? अर्थात् जब वे संयमी व अकषायी जनों से भी आगमानुसार निर्धारित, व्यवस्थित व अल्प वार्ता-व्यवहार करते हैं, तब असंयमी व कषायी-जनों से क्यों वार्ता-व्यवहार करेंगे? आवश्यक होने पर लौकिकजनों से भी कदाचित् किंचित वार्ता-व्यवहार कर लेते हैं।

ज्ञानी परमें सुख नहीं मानते

पिबिऊण परमप्परसं, णाणीओ पर-रसं च विम्हरंति।
किंचि ण परेसु य सुहं, आदसहावे बहुसुह-मत्थि ॥70॥

अन्वयार्थ—(परं णियरस-पीऊण) श्रेष्ठ निजरस को पीकर (णाणीओ पर-रसं च विम्हरंति) ज्ञानी पर-रस को भूल जाते हैं [क्योंकि] (परेसु) पर में (किंचि ण सुहं) कुछ भी सुख नहीं है [जबकि] (आदसहावे बहुसुहं अत्थि) आत्मस्वभाव में बहुत सुख है।

अर्थ—श्रेष्ठ निजात्मरस को पीकर ज्ञानीजन पर-रस को भूल जाते हैं, क्योंकि पर में कुछ भी सुख नहीं है, जबकि आत्मस्वभाव में सुख है।

व्याख्या—राग-द्वेष, कषायादि के अनुदय या अवेदक रूप निज शुद्धात्मानुभव रूप आनंद रस को पीकर ज्ञानीपुरुष पर-रस को भूल जाते हैं। वस्तुतः भूल नहीं जाते अपितु वस्तु-स्वभाव समझ में आ जाता है कि बाह्य वस्तुओं में सुख नहीं हैं, क्योंकि अचेतन वस्तुओं में सुख गुण नहीं है। यदि किसी चेतन स्त्री-पुत्रादि से सुख की मान्यता रही हो तो अब यह समझ में आ जाता है कि उनका सुख गुण उनका है, उससे मुझे क्या सुख होगा। मुझे तो मेरे आत्मीय स्वभाव में रमने पर ही बहुत सुख (आनंद) होता है। तब पर-पदार्थों की ममता स्वतः मिट जाती है।

ज्ञानी निज में रमते हैं

गणंति रागं रोगं, पर-संगं बहुविहं च तावकरं।
णिए रमंति दु णाणी, सव्वं कम्मं विणासंति॥71॥

अन्वयार्थ—(णाणी) ज्ञानीजन (रागं रोगं) राग को रोग के समान (च) और (पर-संगं बहुविहं तावकरं) परसंग को बहुविध तापकर (गणेंति) गिनते हैं (दु) इसलिए (णिए रमंति) निज में रमते हैं (च) तथा (सव्वं कम्मं विणासंति) सभी कर्मों का विनाश कर डालते हैं।

अर्थ—ज्ञानीजन राग को रोग के समान और परसंगति को बहुविध तापकारी मानते हैं, इसलिए निज में रमते हैं तथा सब कर्मों का नाश कर देते हैं।

व्याख्या—जिन्हें भेदविज्ञान उपलब्ध हुआ है। उस भेदज्ञान के बल पर जिन्होंने राग-द्वेष, क्रोधादि समस्त वैभाविक भावों को अपने स्वरूप से अन्य जान लिया है, श्रद्धान कर लिया है। ऐसे महानुभाव राग को रोग के समान दुःखदायी मानते हैं। भले ही उन्हें कदाचित रागपूर्ण प्रवृत्ति करनी पड़ती हो, तब भी वे राग को उपादेय तो नहीं ही मानते।

मनुष्यादि चेतन व गृहादि अचेतन वस्तुओं की संगति कदाचित उन्हें करनी भी पड़े, तो भी वे पर-संग को रागादि रूप ताप का कारण होने से बहुविध संतापकारी मानते हैं। इसलिए वे आनंदस्वभाव वाले निजात्म सरोवर में ही रमते हैं, क्रीड़ा करते हैं। ऐसा करने से अनायास ही वे समस्त कर्मबंधन का नाश कर डालते हैं और सदा के लिए निज में ही रम जाते हैं, सिद्ध हो जाते हैं।

यदि समता चाहते हो तो पर में आदर छोड़ो

जदि इच्छसि समभावं, तो पर-वत्थूसु आदरं मुंच।
धणदारादिं जाव, रुच्चदि ताव च दुक्ख-संघादो॥72॥

अन्वयार्थ—(जदि) यदि (समभावं इच्छसि) समभाव को चाहते हो (तो पर-वत्थूसु आदरं मुंच) तो पर-वस्तुओं में आदर छोड़ो [क्योंकि] (धणदारादिं जाव रुच्चदि) धन व स्त्री आदि जब तक रुचता है (ताव दुक्खसंघादो) तब तक दुःखसमूह है।

अर्थ—यदि समभाव चाहते हो तो पर-वस्तुओं में आदर करना छोड़ दो, क्योंकि जब तक धन व स्त्री आदि रुचता है, तब तक दुःखसमूह है।

व्याख्या—हे जीव! यदि तुम्हें भी समतारस का आनंद चाहिए हो, तो समस्त पर-वस्तुओं में ममत्वपूर्ण आदरभाव छोड़ो। क्योंकि अज्ञानतावश जब तक धन अर्थात् सोना-चांदी, रुपया-पैसा, दुकान-मकान आदि तथा स्त्री व पुत्र-पौत्रादि कुटुंबीजनों में आसक्ति मूलक राग है, तब तक दुःखों का समूह है।

दुःखों का समूह इसलिए है, कि इस जीव को अपने स्वरूप की तो कुछ खबर नहीं है और धन-दारादि में एकत्व करके, हाय मेरा धन! हाय मेरी स्त्री! इत्यादि आकुलतारूप भाव अथवा भोगने रूप संक्लेशित भाव रखता है। इनके पीछे वह अपने आनंद गुण को भूलकर रात-दिन पशुओं की तरह मेहनत करके धन कमाता है, स्त्री आदि भोगता है और इसी मूढ़ता में अपने जीवन का अमूल्य समय और मानव तन खो देता है। अंततः हाथ कुछ भी नहीं आता।

दर्शन-सुखादि जीव में है

दंसण-सुह-णाणादि, जीव-सरूवम्मि वत्थुदो अत्थि।
पुग्गलधम्माधम्म-कालायासेसु णत्थि त्ति ॥73॥

अन्वयार्थ—(वत्थुदो) वस्तुतः (दंसण-सुह-णाणादि जीव सरूवम्मि अत्थि) दर्शन, सुख, ज्ञानादि जीव में हैं (पुग्गलधम्माधम्म कालायासेसु णत्थि त्ति) पुद्गल धर्म अधर्म आकाश काल में नहीं है।

अर्थ—दर्शन, सुख, ज्ञानादि वस्तुतः जीव के स्वरूप में हैं; पुद्गल, धर्म, अधर्म, आकाश, काल में नहीं हैं।

व्याख्या—'चैतन्य लक्षणो जीवः'। जीव चैतन्य लक्षण वाला है। जीव के अलावा शेष द्रव्य अजीव हैं। ज्ञान, दर्शन, सुख, वीर्य आदि जीवद्रव्य के विशेषगुण हैं। समस्त जीवों में इन गुणों का अंश अवश्य होता है क्योंकि गुणों का सर्वथा अभाव नहीं होता। पुद्गल, धर्म, अधर्म, आकाश व काल में ये गुण कदापि नहीं पाए जाते, क्योंकि उनके विशेष गुण अन्य हैं। ऐसा जानकर पुद्गलादि द्रव्यों में नहीं, निजात्मा के ज्ञान-दर्शनादि गुणों में ही एकत्व करना चाहिए। जीव का स्वभाव तो जानना है तथा पदार्थों का स्वभाव जानने में आना है।

पर से अथवा ज्ञान से बंध नहीं होता

परदो य णत्थि बंधो, णाणसहावेण णत्थि बंधो त्ति।
बज्झदि रागेण य तहा, चेयण! तम्हा तु तं मुंच अ॥74॥

अन्वयार्थ—(परदो य णत्थि बंधो) पर से बंध नहीं होता है (णाणसहावेण णत्थि बंधो त्ति) और न ही ज्ञानस्वभाव के द्वारा ही बंध होता है (तु) किन्तु (रागेण य बज्झदि) राग से बंधता है (तम्हा) इसलिए (चेयण!) हे जीव! (तं मुंच अ) उसे छोड़ो।

अर्थ—हे जीव! पर से बंध नहीं होता है और न ज्ञानस्वभाव से ही बंध होता है, अपितु राग से बंध होता है, इसलिए उस राग को छोड़ो।

व्याख्या—पर-पदार्थों से अर्थात् अन्य व्यक्ति या वस्तुओं से कर्मबंध नहीं होता, और न ही निज ज्ञानस्वभाव से ही बंध होता है। क्योंकि यदि वस्तुओं से बंध माना जाए तो वीतरागी मुनियों को भी बंध होगा और यदि ज्ञान से बंध माना जाए तो सिद्धों के भी बंध होगा? अतः यह सुनिश्चित है कि वस्तुएँ या ज्ञान बंध का कारण नहीं है, अपितु जो राग सहित ज्ञान (अध्यवसान) है, उससे बंध होता है, अतः हे जीव! तुम ज्ञानस्वभाव का आश्रय करो और राग भाव से ज्ञान के एकत्व का त्याग करो।

निज-स्वरूप की शरण लो

सरूवस्स सरण-गहणं, जीवा कज्जं इणं कुणह सेट्ठं।
जदि इत्तियं पि सिज्झदि, तो सिज्झंति हि असेसयं कज्जं॥75॥

अन्वयार्थ—(जीवा) हे जीवों! (सरूवस्स सरण-गहणं) स्वरूप की शरण ग्रहण (इणं) इस (सेट्ठं) श्रेष्ठ (कज्जं कुणह) कार्य को करो (जदि इत्तियं पि सिज्झदि) यदि इतना ही सिद्ध हो गया (तो) तो (असेसयं कज्जं) सम्पूर्ण कार्य (हि) निश्चित ही (सिज्झंति) सिद्ध हो जाते हैं।

अर्थ—स्व-स्वरूप की शरण ग्रहण रूप इस श्रेष्ठ कार्य को करो, यदि इतना यह सिद्ध हो जाता है तो सभी कार्य निश्चित ही सिद्ध हो जाते हैं।

व्याख्या—हे जीव! निजात्म-स्वरूप की शरण ग्रहण करो, क्योंकि निजात्मा के आलंबन से ही विशुद्धि, सम्यग्दर्शन, सम्यग्ज्ञान, सम्यक्चारित्र, संवर, निर्जरा व मोक्ष आदि गुण प्रकट होते हैं। तुम केवल वर्तमान में स्वरूप की शरण लो, बाकी सारे कार्य स्वतः सिद्ध हो जाते हैं।

साधकतम कारण की विशुद्धि का हेतु होने से अरिहंत, सिद्ध, साधु व जिनोपदिष्ट धर्म भी शरणभूत है, किन्तु कब तक? जब तक आत्म-स्थिरता नहीं बन पा रही है। इस जीव का पुरुषार्थ केवल वर्तमान की एक समय वाली पर्याय पर ही

चल सकता है, वह भी निजभावों पर, अतः आत्मकेन्द्रित होकर हर वर्तमान समय में आत्मानुभव करने का पुरुषार्थ करना चाहिए।

जो दिखता, सो मैं नहीं

जो दिस्सदि ण वि सो हं, अहं तु णिच्चं अमुत्त-मविगारो।
णादा-दट्ठा चेदा णिच्छयदो सेसो य ववहारो॥76॥

अन्वयार्थ—(जो दिस्सदि ण वि सो हं) जो दिखता है वह मैं नहीं हूँ (तु) किन्तु (णिच्छयदो) निश्चय से (अहं) मैं (णिच्चं अमुत्त-मविगारोणादा-दट्ठा चेदा) नित्य, अमूर्त, अविकार, ज्ञाता-दृष्टा, चेता हूँ (सेसा य ववहारो) शेष सब व्यवहार है।

अर्थ—जो दिखता है वह मैं नहीं हूँ, किन्तु मैं तो निश्चय से अमूर्त्त, अविकार, ज्ञाता-दृष्टा, चेता हूँ, शेष सब व्यवहार है।

व्याख्या—जो-जो कुछ पौद्गलिक पदार्थ इन चर्मचक्षुओं से दिखते हैं, वे मैं नहीं हूँ; क्योंकि वे स्पर्श, रस, गंध, वर्णमय पुद्गल द्रव्य की संरचना हैं। मैं तो ध्रुवदृष्टि से अमूर्त्त, अविकार, ज्ञाता-दृष्टा, चेतन द्रव्य हूँ। शेष देह, वचन आदि पदार्थ व्यवहार से जीव के कहे जाते हैं।

मोक्षपाहुड (29) तथा समाधितंत्र (18) में इस आशय की एक गाथा आई है। समयसार (49) व प्रवचनसार की सुप्रसिद्ध गाथा में भी कहा है—

अरस-मरूव-मगंधं, अव्वत्तं चेयणागुण-मसद्दं।
जाण अलिंगगहणं, जीवमणिदिट्ठ संठाणं॥172॥

आत्मरूप के बोध से त्याग स्वयं होता है

अप्परूवस्स बोहे, चागो सहजं सयं च पयडेदि।
सयलसंगचागेण, जीवो य सयं खु सिज्झेदि॥77॥

अन्वयार्थ—(अप्परूवस्स बोहे) आत्मरूप का बोध होने पर (चागो सहजं सयं च पयडेदि) त्याग सहज स्वयं ही प्रकट होता है (य) तथा (सयलसंगचागेण) सकल संग त्याग से (जीवो) जीव (सयं खु सिज्झेदि) स्वयं ही सिद्ध होता है।

अर्थ—जीव को आत्मस्वरूप का बोध होने पर त्याग स्वयं ही सहज प्रगट होता है तथा सकल-संग के त्याग से जीव स्वयं ही सिद्ध हो जाता है।

व्याख्या—'त्याग करने का नहीं, त्याग होने का महत्त्व है।' त्याग करना मतलब कर्त्तृत्व बुद्धि से वस्तु का त्याग करना, उसके अभाव में संक्लेशरूप भाव संभव है, किन्तु त्याग होने का मतलब वस्तुस्वरूप का सम्यक् बोध होने पर परपदार्थ का अन्यरूप श्रद्धान तथा उसके ग्रहण का अभाव इसके साथ गुरुसाक्षी

पूर्वक पाप व पदार्थों के त्याग का संकल्प भी आवश्यक है।

यह ज्ञान-दर्शन स्वभावी आत्मा मेरी है, शेष सब अन्य है; ऐसा भेदज्ञान होने पर सम्पूर्ण बाह्य पदार्थ व अंतरंग विभाव तथा कर्म-समूह का स्वतः ही त्याग होता है। ऐसा होने पर यह जीव स्वयं ही सिद्ध हो जाता है। आत्मसिद्धि के लिए कहीं से कुछ लाना-जोड़ना नहीं है, अपितु आत्मकेन्द्रित होना है। सो यह कार्य यदि लक्ष्य दिया जावे तो बहुत कठिन नहीं है।

आत्मरूप के बोध से साम्य प्रगटता है

जाणदि जदा सहावं, जीवो पावदि य सेट्ठ-संतोसं।
तदा सरूवे चिट्ठदि, तेण दु पावेदि सिद्धत्तं॥78॥

अन्वयार्थ—(जीवो) जीव (जदा सहावं जाणदि) जब स्वभाव को जानता है (तदा) तब (सेट्ठ-संतोसं) श्रेष्ठ संतोष (पावदि) पाता है (य) और (सरूवे चिट्ठदि) स्वरूप में चेष्टा करता है (तेण दु सिद्धत्तं पावेदि) उससे सिद्धत्व प्राप्त करता है।

अर्थ—जब जीव निज स्वभाव को जानता है तब श्रेष्ठ संतोष पाता है, जिससे स्वरूप में चेष्टा होती है और उससे सिद्धत्व प्राप्त होता है।

व्याख्या—यह जीव जब सम्यक् प्रकार से निज ज्ञायक स्वभाव को जानता है, तब पर-पदार्थों के कारण होने वाली आकुलता के मिटने से अत्यन्त साम्यभाव को प्राप्त करता है, पर में एकत्व व आसक्ति न रहने से संतोष को प्राप्त होता है। स्थिरता रूप सम्पूर्ण संतोष की प्राप्ति के लिए निजस्वरूप में चेष्टा करता है। जिससे यह जीव सिद्धत्व को पाता है।

सभी द्रव्यों के गुण-पर्याय, कार्य पृथक-पृथक हैं। इस तथ्य को भली प्रकार जान लेने से पर वस्तु में फेर-फार करने की बुद्धि नष्ट हो जाने से आकुलता नष्ट हो जाती है। आकुलता नष्ट होने से आस्रव-बंध नष्ट हो जाता है, संवर-निर्जरा शुरू हो जाने से मोक्ष प्राप्त होता है।

वस्तु उत्पाद व्यय ध्रौव्यात्मक है

उप्पज्जदि सो णस्सदि, पज्जय-रूवेण चेदणं इदरं।
तम्हा रागं मुंचह, विराग-संतोसं च धारेज्ज॥79॥

अन्वयार्थ—(पज्जयरूवेण) पर्यायरूप से (चेदणं इदरं) चेतन-अचेतन [जो] (उप्पज्जदि) उत्पन्न होता है (सो णस्सदि) वह नष्ट होता है (तम्हा) इसलिए (रागं मुंचह) राग को छोड़ो (विराग-संतोसं च धारेज्ज) वैराग्य व संतोष को धारण करो।

अर्थ—पर्यायरूप से जो चेतन-अचेतन पदार्थ उत्पन्न होता है, वह नष्ट होता है, इसलिए राग को छोड़कर वैराग्य व संतोष धारण करो।

व्याख्या—विश्व में छह द्रव्य व्याप्त हैं। द्रव्यों में गुण व पर्याय रहते हैं। बिना द्रव्य के गुण, बिना गुण के द्रव्य, बिना पर्याय के द्रव्य-गुण व बिना गुण के द्रव्य-पर्याय नहीं होती है। प्रत्येक द्रव्य में प्रतिपल उत्पाद, व्यय, ध्रौव्यत्व जारी है।

पर्यायरूप से जो-जो नया उत्पन्न होता है, वह नाश को अवश्य प्राप्त होता है, क्योंकि किसी भी द्रव्य की कोई भी पर्याय शाश्वत नहीं है। इसलिए पर्यायदृष्टि छोड़कर द्रव्यदृष्टि करो। पर पदार्थों के राग को छोड़ो और उदासीनता धारण करो।

राग-द्वेष से सुख-दुःख स्वयं भोगता है

कस्सत्थि तइ णेहो ? तुज्झ चिंतावियप्पो कस्सत्थि ?।
किच्चा रागद्देसं, सयं पि भुंजेसि सुह-दुक्खं ॥80॥

अन्वयार्थ—(कस्सत्थि-तइ णेहो) तुमसे किसको स्नेह है (य) और (कस्स) किसको (तुज्झ) तेरा (चिंतावियप्पो अत्थि) चिंता विकल्प है (सयं) स्वयं (रागद्देसं किच्चा) राग-द्वेष करके (सुह-दुक्खं) सुख-दुःख (भुंजेसि) भोगता है।

अर्थ—हे जीव! किसको तुमसे स्नेह है और किसको तेरी चिंता है? तू स्वयं ही राग-द्वेष करके सुख-दुःख भोगता है।

व्याख्या—वस्तुतः किसी को किसी से स्नेह नहीं हैं। किसी को किसी की चिंता नहीं है। अपने-अपने स्वार्थवश कार्य सिद्धि हेतु एक-दूसरे से राग देखा जाता है। प्रत्येक जीव ध्रुव-दृष्टि से आनंदस्वरूप है किन्तु स्वभाव की विस्मृति होने से राग-द्वेष करता है। यह जीव जब राग-द्वेष त्याग कर स्व-स्वरूप में रमें तब वास्तविक सुख हो। तत्त्वज्ञान प्राप्त कर चारित्र धारण करे तब स्थिरता प्राप्त हो।

तत्त्वज्ञान सारभूत है

जोव्वण-सत्ती अरुग्गं, बुद्धी य बलं च माणुसं सारं।
तेसिं पि परं सारं, सुतच्चणाणं च आयारो ॥81॥

अन्वयार्थ—(जोव्वण-सत्ती अरुग्गं बुद्धी य बलं) यौवन शक्ति, आरोग्यता, बुद्धि और बल (माणुसं सारं) मनुष्य जीवन का सार है (तेसिं पि परं सारं) उसमें भी परमसार (सुतच्चणाणं च आयारो) सुतत्त्वज्ञान व आचार है।

अर्थ—यौवनशक्ति, आरोग्य, बुद्धि और बल मनुष्यजीवन का सार है, उसमें भी परमसार श्रेष्ठ तत्त्वज्ञान व आचरण है।

व्याख्या—मनुष्य पर्याय में युवावस्था की शक्ति, स्वस्थता, बुद्धि की विशेषता और शारीरिक बल सारभूत कहे गए हैं, किन्तु यह सब होने के बाद भी तत्त्वज्ञान व आचरण के बिना ये निरर्थक हैं। ज्ञान वही तत्त्वज्ञान है, जिससे जीवन में संयम व स्थिरता की वृद्धि होती हो। तत्त्वज्ञान अर्थात् वस्तुस्वरूप का वास्तविक बोध। मनुष्य पर्याय की श्रेष्ठता बतलाते हुए कार्त्तिकेयानुप्रेक्षा में लिखा है—

मणुवगदीए झाणं, मणुवगदीए महव्वदं सयलं।
मणुवगदीए वि तवो, मणुवगदीए वि होदि णिव्वाणं॥

अर्थात् इस मनुष्यगति में ही ज्ञान, सकल महाव्रत, श्रेष्ठ तप व मनुष्यगति में ही निर्वाण संभव है, अन्यत्र नहीं।

केवल पाठ करने से लाभ नहीं

पाठो ण करेदि गुणं, लेहो सिस्सादि य खादि वक्खाणो।
साणुहव-णाणेण, कल्लाणं होई जीवाणं॥82॥

अन्वयार्थ—(पाठो) पाठ (लेहो सिस्सादि य खादी वक्खाणो) लेख, शिष्यादि, ख्याति या व्याख्यान (ण करेदि गुणं) गुणकारी नहीं है [क्योंकि] (जीवाणं) जीवों का (कल्लाणं) कल्याण (साणुहव-णाणेण होई) स्वानुभव ज्ञान से होता है।

अर्थ—केवल पाठ, लेख, शिष्यादि, ख्याति अथवा व्याख्यान गुणकारी नहीं है, क्योंकि जीवों का कल्याण स्वानुभव ज्ञान से होता है।

व्याख्या—आत्मानुभव के बिना मात्र पाठ करने से, ग्रन्थ कंठस्थ कर लेने से, सुंदर लेख (पुस्तकें) लिख लेने से, दिग्गज शिष्यों की लंबी पंक्ति से अथवा अत्यन्त प्रभावक व्याख्यान (प्रवचन) दे लेने से ही जीव का कल्याण नहीं हो सकता। आत्मकल्याण की शुरुआत तो स्वानुभव ज्ञान से होती है। इसलिए आत्मकल्याणेच्छुओं को आत्मानुभूति की ओर लक्ष्य देना चाहिए।

विषय-कषायों को जीतो

दम-समदासत्थेण य, विसय-कसायं जयेज्ज सुभडव्व।
बोहीए समाहीए, तरेज्ज भवसायरं घोरं॥83॥

अन्वयार्थ—(दम-समदासत्थेण य) दमन व समतारूपी शस्त्र से (सुभडव्व) सुभट के समान (विसय-कसायं जयेज्ज) विषय-कषायों को जीतो (य) और (बोहीए समाहीए) बोधि व समाधि से (घोरं भवसायरं तरेज्ज) घोर भवसागर तरो।

अर्थ—दमन व समतारूपी शस्त्र से सुभट के समान विषय-कषायों को जीतो और बोधि तथा समाधि से संसार सागर तर जाओ।

व्याख्या—पंचेन्द्रिय दमन करने से, मन को वश में करने से विषय-वासनाओं पर विजय प्राप्त होती है तथा समता भाव धारण करने से कषाएँ जीती जाती हैं। अतः यहाँ ऐसा अलंकार किया है कि शमन व दमन रूपी शस्त्र से विषय व कषायरूपी सेना को जीतो। रत्नत्रयरूप बोधि तथा साम्यभावरूप समाधि के बल से भयंकर संसार रूपी समुद्र को तर जाओ, पार कर लो।

आचार्य कुन्दकुन्द देव ने प्रवचनसार (7) में चारित्र को ही धर्म कहा है। धर्म

समभाव से युक्त है और समभाव मोह तथा क्षोभ से रहित परिणामों की स्थिरता को कहा है। ऐसे चारित्र से ही जीव को स्वात्मोपलब्धि होती है और स्वात्मोपलब्धि ही सिद्धि है।

साम्यभाव उत्कृष्ट चारित्र है

उक्किट्ठं चारित्तं, समदा मोक्खस्स अत्थि आधारो।
समदा जेण य सिद्धा, पावदि सो सासदं सोक्खं ॥84॥

अन्वयार्थ—(समदा) समता (उक्किट्ठं चारित्तं) उत्कृष्ट चारित्र है (मोक्खस्स आधारो अत्थि) मोक्ष का आधार है (य) और (जेण) जिसने (समदा सिद्धा) समता साध ली (सो) वह (सासदं सोक्खं) शाश्वत सुख को (पावदि) पाता है।

अर्थ—समता उत्कृष्ट चारित्र है, मोक्ष का आधार है और जिसने समता साधली, वह शाश्वत सुख को पाता है।

व्याख्या—भेदविज्ञान पूर्वक जो साम्यभाव प्रगट होता है, वह जीव की मोह व क्षोभ से रहित वीतराग अवस्था है। यह वीतरागता ही मोक्ष का आधार है, विषय-कषायों से ग्रसित व्यक्ति नहीं। जिसने सम्यक्समता को भली प्रकार सिद्ध कर लिया है, वह शाश्वत सुखधाम मोक्ष को प्राप्त करता है। इसलिए समता-साधने का प्रयत्न प्रत्येक आत्मार्थी को करना चाहिए।

परद्रव्य में नहीं ज्ञान में सुख है

परदव्वे णत्थि सुहं, इंदिय-दारेहिं भासदे दु सुहं।
णाणसरूवे हि सुहं, सो जीवस्स णियगुणो अत्थि ॥85॥

अन्वयार्थ—(परदव्वे णत्थि सुहं) परद्रव्य में सुख नहीं है, (दु) किन्तु (इंदिय-दारेहिं) इन्द्रिय द्वारों से (सुहं भासदे) सुख भासता है (णाणसरूवे हि सुहं) ज्ञानस्वरूप में ही सुख है, (सो) वह (जीवस्स णियगुणो अत्थि) जीव का निजगुण है।

अर्थ—परद्रव्य में सुख नहीं है, इन्द्रियों से सुख भासता है। वस्तुतः सुख तो ज्ञान स्वरूप में है, क्योंकि वह जीव का निजगुण है।

व्याख्या—इन्द्रिय द्वारों से पर-पदार्थों के ग्रहण करने पर जो सुख महसूस होता है, वस्तुतःवह वस्तु से उत्पन्न नहीं हुआ, अपितु सुख गुण तो जीव का निजगुण है। परपदार्थों में रागयुक्त प्रवृत्ति होने पर सुख तथा द्वेषयुक्त प्रवृत्ति होने पर दुःख भाषित होता है। ये सुख व दुःख दोनों आत्मा के सुखगुण की वैभाविक पर्याएँ है। आत्मानुभव अथवा अरहंत-सिद्ध दशा का सुख स्वाभाविक पर्याय है।

यह जीव जब तक पर-पदार्थों से सुख-दुःख की मान्यतारूप बुद्धि का त्याग

नहीं करता, तब तक मिथ्यादृष्टि होने से आत्मोत्थ सुख का वेदन नहीं कर सकता। यह सुखगुण जीव का स्वभाव है, ऐसी बुद्धि होने पर आत्मानुभूति के काल में अतीन्द्रिय आनंद अनुभव में आता है।

जो एक को जानता है, वह सबको जानता है

जे एगं जाणेंति हि, णादा-दिट्ठा य सुहमयं आदं।
ते सव्वं जाणेंति दु, आदपधाणो जिणक्खादे ॥86॥

अन्वयार्थ—(हि) वस्तुतः (जे एगं) जो एक (णादा-दिट्ठा य सुहमयं आदं) ज्ञाता-दृष्टा, सुखमय आत्मा को (जाणेंति) जानते हैं (ते सव्वं जाणेंति) वे सब जानते हैं (दु) क्योंकि (जिणक्खादे) जिनेन्द्र के कथन में (आदपधाणो) आत्मा प्रधान है।

अर्थ—निश्चय से जो महानुभाव एक ज्ञाता-दृष्टा सुखमय आत्मा को जानते हैं, वे सब जानते हैं, क्योंकि जिनेन्द्र के कथन में आत्मा प्रधान है।

व्याख्या—छह द्रव्यों के सम्यग्ज्ञान पूर्वक हेय-उपादेय का बोध रखने वाले जो महानुभाव एक निज ज्ञाता-द्रष्टा, सुखमय आत्मा को जानते हैं, वे सब जानते हैं। क्योंकि एक तो उन्होंने श्रुतज्ञान के बल से षट्द्रव्यों को भली प्रकार जानकर उसमें से निज ज्ञायक आत्मतत्त्व को ग्रहण किया है। दूसरे जिनेन्द्र देव के कथन में आत्मा ही प्रधानभूत है, सो उस आत्मतत्त्व के ज्ञायक होने से वे सब जानते हैं, ऐसा कहा गया है।

जो अनेक ज्ञेयों (शास्त्रों) को जानता हुआ भी यदि निज ज्ञायक आत्मा को नहीं जानता है, तो उसका वह जानना, न जानने के बराबर ही है। अष्टप्रवचन-मातृका का ज्ञान रखने वाला आत्मज्ञानी भी सिद्ध हो जाता है, जबकि आत्मबोध के अभाव में ग्यारह अंग का पाठी भी संसार में भटकता रहता है।

देह व धन में राग हो तो आत्मचिंतन करो

देहे धणे य रागो, जदा हवेज्ज तदा विचिंतेह।
असरण-मसासदं वा, अहमेक्को सासदो अप्पा ॥87॥

अन्वयार्थ—(देहे धणे य रागो जदा हवेज्ज) देह व धन पर राग जब हो (तदा) तब [ये] (असरण-मसासदं वा) अशरण व अशाश्वत है [जबकि] (अहमेक्को सासदो अप्पा) मैं एक शाश्वत आत्मा हूँ [ऐसे] (विचिंतेह) चिंतवन करो।

अर्थ—देह या धन पर जब राग हो, तब ऐसा विचारो कि ये अशरण व अशाश्वत हैं; जबकि मैं एक शाश्वत आत्मा हूँ।

व्याख्या—स्व अथवा पर शरीर तथा धनादि पर जब राग हो तब यह विचार

करो कि ये सब पुद्गल की संरचनाएं हैं। ये न तो स्वयं शरण-भूत हैं और न शरण देने में सक्षम। ये निरंतर विनाशशील अशाश्वत है, जबकि मैं स्वयं के लिए शरणभूत तथा शाश्वत आत्मतत्त्व हूँ। जब मैं धन या देहादि हूँ ही नहीं, तब उन पर ममत्व भी क्या करना; ऐसा विचार करो।

निजभावों से जीव का बंध-मोक्ष

भववड्ढी भवहाणी, णियल्लभावेण होदि बंधो वा।
रयणत्तयभावेण दु, जीवो मोक्खं च पावेदि ॥88॥

अन्वयार्थ—(णियल्लभावेण) निज के भावों से (भववड्ढी भवहाणी) भववृद्धि भवहानी (वा) अथवा (बंधो) बंध (होदि) होता है (दु) किन्तु (रयणत्तयभावेण) रत्नत्रय भाव से (जीवो मोक्खं च पावेदि) जीव मोक्ष पाता है।

अर्थ—जीव निजभावों से भववृद्धि, भवहानि अथवा बंध करता है, किन्तु रत्नत्रयात्मक भावों से मोक्ष पाता है।

व्याख्या—यह जीव निज के संक्लेश रूप अशुभभावों से अशुभकर्मों का बंध करके अशुभ फलरूप भववृद्धि कर लेता है। विशुद्धि रूप शुभभावों से शुभकर्मों का बंध करके शुभ फल रूप भव हानि अर्थात् संसार की अल्पता कर लेता है। इन शुभाशुभ भावों से यह जीव हीनाधिक रूप में कर्मबंध ही करता है। जबकि निश्चय-रत्नत्रयात्मक भाव से यह जीव मोक्ष पाता है।

योग व कषायों को छोड़ो

जदि णो इच्छसि बंधं, जोग-कसायं च विभावणं मुंच।
इच्चेव जदि सिज्झदि, तो सिज्झहिदि य सयलकज्जं ॥89॥

अन्वयार्थ—(जदि) यदि (बंधं) बंध को (णो इच्छसि) नहीं चाहते हो [तो] (जोग-कसायं च विभावणं मुंच) योग और कषायरूप विभावों को छोड़ो (जदि) यदि (इच्चेव) इतना यह (सिज्झदि) सिद्ध हो जाता है, (तो) तो (सयलकज्जं) समस्त कार्य (सिज्झज्जीय) सिद्ध हो जाएंगे।

अर्थ—हे जीव! यदि तुम बंध को नहीं चाहते हो तो योग व कषायरूप विभावों को छोड़ो। यदि यह इतना कार्य सिद्ध हो जाता है तो समस्त कार्य सिद्ध हो जाएंगे।

व्याख्या—हे चैतन्यात्मन! यदि तुम ज्ञानावरणादि कर्मों के बंध से बचना चाहते हो, तो मन, वचन, कायरूप योगों की चंचलता तथा क्रोध, मान, माया, व लोभ युक्त भावों की मलिनतारूप कषायों का त्याग करो। क्योंकि कषायों से रंजित चित्त वाला मनुष्य तत्त्व को नहीं जानता, ठीक उसी प्रकार जिस प्रकार कि काले

कपड़े पर दूसरा रंग नहीं चढ़ता। यदि योग व कषाय भावों के त्यागरूप यह कार्य सिद्ध हो गया, तो संवर, निर्जरा व मोक्षादि कार्य स्वयं सिद्ध हो जाएँगे।

भूत-भविष्य नहीं, वर्तमान में जियो

आदा! गदं ण चिंतह, अणागदं वि णो किंचि चिंतेज्जा।
णाणमए भावेसु य, रमेज्ज णिच्चं विगद-संकप्पा॥90॥

अन्वयार्थ—(आदा!) हे आत्मन्! (गदं ण चिंतह) गए हुए की चिंता न करो (अणागदं वि णो किंचि चिंतेज्जा) भविष्य की भी किंचित् चिंता मत करो (य) और (विगद संकप्पा) संकल्परहित होकर (णाणमए भावेसु) ज्ञानमय भाव में (णिच्चं) नित्य (रमेज्ज) रमण करो।

अर्थ—हे चैतन्य! बीते हुए की चिंता मत करो, भविष्य की भी कुछ चिंता न करो अपितु संकल्प रहित होकर ज्ञानमय निजभावों में नित्य रमो।

व्याख्या—जो बीत गया वह सपना है, जो भविष्य है वह कल्पना है; एक वर्तमान समय ही अपना है। क्योंकि बीते हुए काल में जो कुछ हो चुका है, उसमें कुछ भी फेर-फार नहीं किया जा सकता है। भविष्य की सिर्फ योजनाएँ बनाई जा सकती हैं, होगा वहीं जो द्रव्य-क्षेत्र-कालादि की अपेक्षा रखते हुए निमित्त-नैमित्तिक सम्बंध होंगे। किन्तु वर्तमानकाल की एक समयवर्ती जो पर्याय है, वह हमारे हाथ में है; उसमें हम जैसे चाहे वैसे भाव करके भविष्य में भी परिवर्तन कर सकते हैं। इसलिए भूत का कभी जिक्र न करो, भविष्य की फिक्र न करो; और वर्तमान को नष्ट न करो।

भूतकाल की वैराग्यप्रद, आत्मकल्याणकारी वस्तु अथवा व्यक्तियों का, अपनी दीक्षा काल की आत्मपरिणति का अथवा शुभसंयोगों का स्मरण भी उचित है। भविष्य की श्रेष्ठ भावनाएँ, आत्मकल्याण की उत्कृष्ट योजनाएँ भी निषेधनीय नहीं हैं। यहाँ तो व्यर्थ के संकल्प-विकल्प त्याग कर ज्ञानमय निजभावों में नित्य रमण करने की प्रेरणा दी गयी है।

इच्छा ही आकुलता है

पंचेंदियविसयाणं, जा इच्छा सा हि अत्थि वाउलदा।
वाउलदा चिय दुक्खं, तत्तो खेदं वा आयरदि॥91॥

अन्वयार्थ—(पंचेंदियविसयाणं जा इच्छा) पंचेन्द्रिय विषयों की जो इच्छा है (सा हि वाउलदा अत्थि) वह ही व्याकुलता है (वाउलदा चिय दुक्खं) व्याकुलता ही दुःख है (तत्तो) उससे (खेदं वा) खेद अथवा हर्ष (आयरदि) आचरण करता है।

अर्थ—पंचेन्द्रिय-विषयों की जो इच्छा है, वह व्याकुलता है और व्याकुलता ही दुःख है, उससे यह जीव खेद या हर्षरूप आचरण करता है।

व्याख्या—स्पर्शनादि पंचेन्द्रिय-विषयों की सामग्री की प्राप्ति संरक्षण, संवर्धन व भोगने की जो इच्छा है, वह व्याकुलता है। यह व्याकुलता दुःख ही है। इससे अज्ञानतावश मोही जीव दुःख या प्रसन्नता का अनुभव करता हुआ खेद अथवा हर्षरूप वर्तता है। अपने सुख स्वभाव पर कुछ भी दृष्टि नहीं देता, जबकि सुख वस्तुओं में नहीं निजात्मा में ही है।

खेद व हर्ष को छोड़ो

चत्ता खेदं हरिसं, णियप्परूवस्स पुण विचिंतेज्जा।
किं आसि किं होहिमि, अप्पसरूवं च विसरित्ता ॥92॥

अन्वयार्थ—(खेदं हरिसं चत्ता) खेद-हर्ष को छोड़कर (पुण) पुनः (णियप्परूवस्स) निजात्मरूप का (विचिंतेज्जा) चिंतन करो [कि] (अप्पसरूवं) आत्मस्वरूप को भूलकर (किं आसि) क्या था (च) और (किं होहिमि) क्या होऊँगा?

अर्थ—हे जीव! खेद व हर्षकारक व्याकुलता को छोड़कर निजात्मस्वरूप का विचार करो, विचारो कि आत्मस्वरूप को भूलकर मैं क्या था और क्या होऊँगा।

व्याख्या—हे चैतन्य प्रभु आत्मन्! पंचेन्द्रिय विषयों की हर्ष या खेद कारक व्याकुलता को छोड़कर निजात्मस्वरूप का चिंतन करो। क्योंकि पंचेन्द्रियों के भोग जब तक न मिलें तब तक तो आकुलता रहती ही है, प्राप्त हो जाने पर, भोगते समय भी आकुलता रहती है। जबकि आत्मस्वभाव में सदा अनाकुलता ही है। आकुलता हमारे अज्ञान की संतान है। अनाकुलता वाले आत्मस्वरूप को भूलकर यह जीव क्या-क्या नहीं बना? और भविष्य में क्या-क्या नहीं बनेगा? इसका विचार करो।

हे जीव! यदि तुम भूत की दुःखदायक अवस्थाओं का विचार कर भविष्य में सुख चाहते हो, तो वर्तमान में नित्य ही आत्मस्वरूप का लक्ष्य करो।

आत्मा ज्ञानस्वभाव वाला है

धण-धण्णादि अण्णा, इत्थीपुत्तादिकुडुंबसम्बन्धा।
अण्णो देहो कम्मं, अप्पा णाणादिभावसंपण्णो ॥93॥

अन्वयार्थ—(धण-धण्णादि) धन-धान्यादि (इत्थीपुत्तादिकुडुंबसम्बन्धा) स्त्री पुत्रादि कुटुब सम्बन्ध (अण्णा) अन्य हैं (अण्णो देहो कम्मं) देह व कर्म अन्य हैं [जबकि] (अप्पा णाणादि भाव संपण्णो) आत्मा ज्ञानादि भाव वाला है।

अर्थ—धन-धान्यादि, स्त्री पुत्रादि कुटुम्बसम्बन्ध तथा देह व कर्म भी आत्मा से अन्य हैं, क्योंकि आत्मा ज्ञानादिगुणों से संपन्न है।

व्याख्या—धन-धान्य आदि पुद्गल द्रव्य ज्ञान रहित होने से अजीव हैं, स्त्री-

पुत्रादि जीव व अजीव के मिश्र रूप होने से असमानजातीय पर्याय वाले हैं, यह देह व कर्म भी आत्मा से भिन्न पुद्गल की संरचना हैं। अत: उपरोक्त सभी इस जीवात्मा से अत्यन्त पृथक पदार्थ हैं, जबकि यह आत्मा ज्ञान-दर्शन-सुखादि अनंत गुणों का गोदाम है। इसलिए निजात्मद्रव्य में एकत्व करके पर-पदार्थों से होने वाली आकुलता का त्याग करो। वस्तु-तत्त्व का भेदज्ञान होने पर आकुलता स्वयमेव मिट जाती है।

परद्रव्य से भिन्न आत्मरुचि सम्यग्दर्शन है

परदव्वादो भिण्णं, अप्पसरूवस्स जो रुची अत्थि।
सो णिच्छय सम्मत्तं, ववहारो पंचगुरु-भत्ती ॥94॥

अन्वयार्थ—(परदव्वादो भिण्णं) परद्रव्य से भिन्न (अप्पसरूवस्स) आत्मस्वरूप की (जो रुची अत्थि) जो रुचि है (सो) वह (णिच्छय सम्मत्तं) निश्चय सम्यक्त्व है (पंचगुरु भत्ती) पंचगुरुभक्ति (ववहारो) व्यवहार सम्यग्दर्शन है।

अर्थ—परद्रव्यों से भिन्न आत्मस्वरूप की जो रुचि है, वह निश्चय सम्यग्दर्शन है तथा पंचगुरुभक्ति व्यवहार सम्यग्दर्शन है।

व्याख्या—षट्द्रव्यों का भली प्रकार बोध करके उनमें से निज आत्मतत्त्व की पहचान कर उस ही में रुचि करना। मैं ज्ञायक स्वभाव वाला आत्मा हूँ, ऐसी श्रद्धा से विचलित न होना निश्चय सम्यग्दर्शन है। पंच परमेष्ठी की भक्ति तथा अनुकंपा आदि गुणों का होना व्यवहार सम्यग्दर्शन है।

निजज्ञान स्वरूप को जानना सम्यग्ज्ञान है

मुत्ता सयलपदत्थं, णादूण य णाणमेव णियभावं।
णाणसरूव-णियप्पं, णाणब्भासेण पावेज्जा ॥95॥

अन्वयार्थ—(सयलपदत्थं मुत्ता) सकल पदार्थों को छोड़कर (य) और (णाणमेव णियभावं) ज्ञान को ही निजभाव (णादूण) जानकर (णाणसरूव-णियप्पं) ज्ञानस्वरूप निजात्मा को (णाणब्भासेण पावेज्जा) ज्ञानाभ्यास से प्राप्त करो।

अर्थ—समस्त पदार्थों को छोड़कर और ज्ञान को ही निजस्वभाव जानकर ज्ञानस्वरूप निजात्मा को ज्ञानाभ्यास से प्राप्त करो।

व्याख्या—पुद्गलादि तथा अन्य जीव पदार्थों को छोड़कर ज्ञान-दर्शनादि गुणों को ही निज स्वभाव जानकर निजात्मा को ही ज्ञानाभ्यास के बल से प्राप्त करो। यह ही निश्चय से सम्यग्ज्ञान है। व्यवहार से स्वाध्याय, तत्त्वचर्चा आदि को सम्यग्ज्ञान कहा जाता है।

राग-द्वेष का त्याग सम्यक्चारित्र है

वत्थूणं जाणित्ता, उप्पादव्वयधुवत्त-संजुत्तं।
रागद्देस-विजहणं, सम्मचरित्तं च जाण णिच्छयदो ॥96॥

अन्वयार्थ—(उप्पादव्वय धुवत्त-संजुत्तं) उत्पाद व्यय ध्रुवत्व संयुक्त (वत्थूणं जाणित्ता) वस्तुओं को जानते हुए (रागद्देस विजहणं) राग-द्वेष त्यागना (णिच्छयदो) निश्चय से (सम्मचरित्तं च जाण) सम्यक्चारित्र जानो।

अर्थ—उत्पाद, व्यय, ध्रौव्य संयुक्त समस्त वस्तुओं को जानते हुए भी राग-द्वेष का त्याग करना निश्चय से सम्यक्चारित्र है।

व्याख्या—वस्तु की नई पर्याय की उत्पत्ति होना उत्पाद है, पुरानी पर्याय का नाश होना व्यय है तथा वस्तु का वस्तुरूप से बने रहना ध्रौव्य है। उत्पाद, व्यय, ध्रौव्य युक्त वस्तुओं को जानते हुए भी राग-द्वेष का त्याग करना निश्चय सम्यक्चारित्र है। व्रत-संयम आदि धारण करना व्यवहार चारित्र है।

रत्नत्रय जयवंत हो

भव-भुयग णागदमणी, दुक्ख-महादावसमणजलवुट्ठी।
मुत्तीसुहामिदजलही, जयदु य रयणत्तयं सम्मं ॥97॥

अन्वयार्थ—(भव-भुयण णागदमणी) भवभुजग नागदमनी, (दुक्ख महादावसमणजलवुट्ठी) दुःख महातापशमन जलवृष्टि (य) और (मुत्ती-सुहामिद-जलही) मुक्ति सुखामृत जलधि (सम्मं) सम्यक् (रयणत्तयं) रत्नत्रय (जयदु) जयवंत हो।

व्याख्या—जो संसार रूपी सर्प के लिए निर्बिष करने में नागदमनी के समान है, दुःखरूपी महाताप को शांत करने में शीतल जलवृष्टि के समान है तथा मुक्तिसुखरूपी अमृत की उत्पत्ति के लिए जो समुद्र के समान है, ऐसा सम्यग्दर्शन, सम्यग्ज्ञान, सम्यक्चारित्र का एकत्रित रूप रत्नत्रय जयवंत होवे।

मोक्ष के लिए यह करो

दुक्खं सह जयणिद्दं, थोवं भुंजेह मा बहुं जंप।
झाणज्झयणे य रदिं, कुणिज्ज णिच्चं विमोक्खस्स ॥98॥

अन्वयार्थ—(विमोक्खस्स) मोक्ष के लिए (दुक्खं सह) दुःख सहो (णिद्दं जय) निद्रा को जीतो (थोवं भुंजेह) थोड़ा खाओ (मा बहुं जंप) बहुत मत बोलो (च) और (णिच्चं) नित्य (झाणज्झयणे रदिं कुणिज्ज) ध्यान-अध्ययन में रति करो।

अर्थ—मोक्ष प्राप्ति के लिए दुःखों को सहो, निद्रा को जीतो, भोजन थोड़ा जीमो, बहुत मत बोलो और निरंतर ध्यान-अध्ययन में रत रहो।

व्याख्या—सहजता से प्राप्त किया गया ज्ञान दुःख आने पर काम नहीं देता। अतः मोक्ष प्राप्ति के लिए दुःख सहते हुए भी ज्ञान प्राप्त करो, निद्रा कम लो, दिन में मत सोओ, रात में भी सीमित निद्रा लो, भोजन सात्विक व सीमित ग्रहण करो, बहुत नहीं बोलो तथा निरंतर ध्यान-अध्ययन में तल्लीन रहो। उपयोग को मैला मत होने दो।

आत्म भावना बिना व्रतादि निरर्थक हैं

जह पत्तविणा दाणं, पुत्तविणा बहुधणं च चित्तविणा।
भत्ती तह आदभावण-विणा, वदादि य णिरत्थयं जाणे ॥99 ॥

अन्वयार्थ—(जह पत्त विणा दाणं) जैसे पात्र बिना दान (पुत्त विणा बहुधणं) पुत्र बिना बहुत धन (च) और (चित्त विणा भत्ती) चित्त बिना भक्ति है (तह) उसी प्रकार (आदभावण-विणा वदादि य णिरत्थयं जाणे) आत्मभावना बिना व्रतादि निरर्थक जानो।

अर्थ—जिस प्रकार पात्र बिना दान, पुत्र बिना बहुत धन और चित्त बिना भक्ति निरर्थक है, उसी प्रकार आत्मभावना बिना व्रतादि निरर्थक जानो।

व्याख्या—प्रस्तुत गाथा में भव्यजीवों को आत्मभावना भाने की तीव्र प्रेरणा देते हुए कहा कि यदि तुम निजात्मतत्त्व की भावना नहीं करते हो, तो तुम्हारे व्रत, संयम, तप व अध्ययन आदि उसी प्रकार निरर्थक है, जिस प्रकार मोक्षमार्गी पात्रों के बिना दान, श्रेष्ठ पुत्रके बिना धन-संपदा तथा चित्त के बिना पूजा-भक्ति या जाप्य निरर्थक है। यदि जीवन व व्रत-संयम को सार्थक करना चाहते हो तो आत्मभावना भाओ। वैसे जैनशासन के व्रत-चारित्र का इतना अधिक महत्त्व है कि यदि अभव्य भी पूरी शक्तिसे धारण-पालन करे, तो वह भी नौवें ग्रैवेयक तक जा सकता है, किन्तु ग्रैवेयक की आयु पूर्ण होने पर पुनः संसार परिभ्रमण प्रारंभ हो जाता है।

आत्मानुभव का फल

जो वेददि अप्पाणं, तक्काले हणदि सोग-संतावं।
खविदूण सव्वकम्मं, अंते पावेदि मोक्ख सुहं ॥100 ॥

अन्वयार्थ—(जो) जो (अप्पाणं वेददि) आत्मा का वेदन करता है [वह] (तक्काले) तत्काल (सोग-संतावं) शोक-संताप को (हणदि) नष्ट करता है (अंते) अंत में (खविदूण सव्वकम्मं) सर्व कर्मों को नष्टकर (मोक्ख सुहं पावेदि) मोक्षसुख को पाता है।

अर्थ—जो आत्मा का वेदन करता है, वह तत्काल ही शोक-संताप को नष्ट करता है और अंततः सभी कर्मों को नष्ट कर मोक्षसुख को पाता है।

व्याख्या—समयसारादि आत्मतत्त्व के व्याख्याता विशिष्ट शास्त्रों का नय-निक्षेप पूर्वक अध्ययन करने से जिसे सच्ची समझ प्रगट हुई है। ऐसा ज्ञानी जब आत्मतत्त्व का वेदन करता है, तब तत्काल ही उसके शोक व संताप आदि का अभाव होता है। इस आत्मभावना के बल से वह आत्मस्थिरता के काल को बढ़ाता हुआ, अंततः कुछ ही भवों में सर्वकर्मों को नष्ट कर अक्षय सुखधाम निज विमुक्त आत्मा (मोक्ष) को उपलब्ध हो जाता है।

वह सीखो जिससे कर्म क्षय हो

सुदस्स णत्थि अंतो य, आऊ.-अप्पं बलं पि दुम्मेहा।
तं चेव दु सिक्खेज्जा, जं जर-मरणं खयं कुणदि ॥101॥

अन्वयार्थ—(सुदस्स णत्थि अंतो) श्रुत का अन्त नहीं है (आऊ-अप्पं) आयु अल्प है (बलं पि) बल भी अल्प है (दुम्मेहा) मेधा मंद है (दु) इसलिए (तं चेव सिक्खेज्जा) वह ही सीखो (जं जर-मरणं खयं कुणदि) जो जन्म-मरण का क्षय करता है।

अर्थ—श्रुतज्ञान का अंत नहीं है, आयु अल्प है, बल भी अल्प है, मेधा मंद है, इसलिए वह ही सीखो जो जन्म-मरण का क्षय करता है।

व्याख्या—जितने कहने योग्य पदार्थ हैं, उनका अनन्तवाँ भाग भगवान जिनेन्द्र ने कहा है। जितना दिव्यध्वनि में कहा है, उसका अनंतवां भाग शास्त्रों में लिखा गया है। श्रुतज्ञान की परम्परा में अनेक शास्त्र लुप्त हो गए। कालान्तर में अनेक शास्त्र धर्मोन्मादी जनों के द्वारा नष्ट किए गए। इतना सब होने के बाद भी जो सारभूत श्रुत अवशिष्ट है, वह अत्यन्त विस्तृत है। इसलिए इस थोड़ी आयु वाले जीवन में, अल्पक्षमता व बुद्धि की मंदता को देखते हुए वह ही ज्ञान (शास्त्र) सीख लेना चाहिए, जो जन्म-मरण का क्षय करता है। शेष व्यर्थ के वचनालाप (थोथे ज्ञान) से क्या लाभ?

यह ग्रन्थ स्व-पर के कल्याण के लिए लिखा है

अज्झप्पसारो किदो, णियप्पसुद्धीए जणाणबोहत्थं।
पागद वित्थारत्थं, इणं सोधयंतु सण्णाणी ॥102॥

अन्वयार्थ—(णियप्पसुद्धीए) निजात्मशुद्धि (जणाण-बोहत्थं) मनुष्यों के बोध (वा) तथा (पागदवित्थारत्थं) प्राकृत-विस्तार के लिए (अज्झप्पसारो किदो) अध्यात्मसार किया गया है (सण्णाणी) सम्यग्ज्ञानी (इणं सोधयंतु) इसे शोधें।

अर्थ—यह अध्यात्मसार ग्रन्थ निजात्मशुद्धि, मनुष्यों के बोध तथा प्राकृतभाषा के विस्तार के लिए लिखा गया है, सम्यग्ज्ञानी विद्वान् इसका शोधन करें।

व्याख्या—जिसमें कुन्दकुन्द, योगेन्दु, पूज्यपाद आदि महान आचार्यों के ग्रन्थों का सार आया है, ऐसा यह अध्यात्मसार नामक ग्रन्थ आचार्य श्री आदिसागर जी (अंकलीकर) के पट्टशिष्य आचार्य श्री महावीरकीर्ति जी के पट्टाधीश तपस्वी-

सम्राट आचार्यश्री सन्मतिसागर जी के पट्टाधीश प्राकृताचार्य सुनीलसागर जी ने आत्मशुद्धि, भव्यजीवों के बोध तथा शौरसेनी प्राकृतभाषा के विस्तार के लिए लिखा है। शौरसेनी प्राकृत प्राचीन शास्त्रों की मूलभाषा है, इसे जैनों की भाषा भी कह सकते हैं। इस कृति का सम्यग्ज्ञानी विद्वज्जन शोधन करें।

। आइरिय-सुणीलसागर किदो अज्झप्पसारो समत्तो।

। आचार्य सुनीलसागर कृत अध्यात्मसार समाप्त हुआ।

आइरिय सुणीलसायरेण विरइदो

णियप्पज्झाण-सारो

(निजात्मध्यानसार)

णियप्पज्झाण-सारो
(निजात्मध्यानसार)

मंगलाचरण

वंदित्तु सव्व-सिद्धे य, णाणादि-गुणसंजुदे।
णियप्पज्झाण-सारं च, णियझाणत्थं वोच्छमि॥1॥

अन्वयार्थ—(णाणादि-गुणसंजुदे) ज्ञानादि गुण संयुक्त (सव्व-सिद्धे य) सभी सिद्धों के लिए (वंदित्तु) वंदना करके (णियप्पज्झाणसारं) निजात्मध्यानसार को (णियज्झाणत्थं वोच्छमि) आत्मध्यान की सिद्धि के प्रयोजन से कहूँगा।

भावार्थ—ज्ञानादि अनंतगुणों से सहित सभी सिद्धों के लिए नमस्कार करके आत्मध्यानरूप प्रयोजन की सिद्धि के लिए मैं निजात्मध्यानसार नामक ग्रंथ को कहूँगा।

ध्यान की परिभाषा

जं णाणं तं चिय झाणं, चिंता एयग्गरोहणं।
अंतो मुहुत्त-कालं च, तंवा सव्वत्थ वट्टदे॥2॥

अन्वयार्थ—(जं णाणं तं चिय झाणं) जो ज्ञान वही ध्यान है [अथवा] (चिंता एयग्गरोहणं) एकाग्रचिंता का निरोध ध्यान कहलाता है [वह] (अंतोमुहुत्तंकालं च) अंतर्मुहूर्त काल तक होता है (तंवा) अथवा (सव्वत्थ वट्टदे) सभी को सदैव होता है।

भावार्थ—जो स्थिरता रूप ज्ञान है, वही ध्यान है, अथवा एकाग्रचिंता निरोध रूप ध्यान कहलाता है। वह ध्यान अंतर्मुहूर्त काल तक होता है अथवा सब जीवों को कथंचित हमेशा होता है।

ध्यान के भेद

झाणं चउव्विहं अत्थि, अट्ट-रुद्दं च धम्मयं।
सुक्कं पुव्वे य दुक्खस्स, परे मोक्खस्स हेदुओ॥3॥

अन्वयार्थ—(झाणं चउव्विहं अत्थि) ध्यान चार प्रकार का है (अट्ट-रुद्दं च धम्मयं सुक्कं च) आर्त्त रौद्र, धर्म व शुक्ल (पुव्वे य दुक्खस्स) शुरु के दो दुःख के

तथा (परे मोक्खस्स हेदुओ) बाद वाले दो ध्यान मोक्ष के हेतु हैं।

भावार्थ—ध्यान के चार भेद हैं—आर्त्तध्यान, रौद्रध्यान, धर्मध्यान तथा शुक्लध्यान। इनमें से पूर्व के दो ध्यान दुःख के तथा बाद वाले दो ध्यान मोक्ष के हेतु हैं। चार प्रकार के आर्त ध्यान दुःख तथा चार प्रकार रौद्रध्यान क्रूरता से परिपूर्ण होने के कारण संसार परिभ्रमण के कारण हैं, जबकि शुभ व शुद्ध भावरूप धर्म, शुक्ल ध्यान मोक्ष के कारण हैं।

धर्मध्यान के भेद

आणापाय-विवागा य, संठाणं विचया चऊ।
धम्मज्झाणस्स भेदा य, सुह-सुद्धेहि संजुदा ॥4॥

अन्वयार्थ—(आणापाय विवागा य संठाणं विचया चऊ) आज्ञा अपाय विपाक संस्थान विचय ये चार (धम्मज्झाणस्स भेदा) धर्मध्यान के भेद हैं (सुह-सुद्धेहिसंजुदा) ये शुभ व शुद्ध भावों से संयुक्त हैं।

भावार्थ—आज्ञा विचय, अपाय विचय, विपाक विचय और संस्थान विचय ये धर्मध्यान के चार भेद हैं, ये शुभ शुद्ध भावरूप होते हैं।

संस्थान विचय के भेद

पिण्डत्थं च पयत्थं च, रूवत्थं च अरूवियं।
संठाण-विचयज्झाणं, कल्लाणत्थं परूविदं ॥5॥

अन्वयार्थ—(पिण्डत्थं च पयत्थं च रूवत्थं च अरूवियं) पिण्डस्थ, पदस्थ रूपस्थ व रूपातीत के भेद से (संठाण-विचयज्झाणं, कल्लाणत्थं परूविदं) संस्थान विचय धर्मध्यान के चार भेद जीवों के कल्याण के लिए आचार्यों ने कहे हैं।

भावार्थ—पिण्डस्थ, पदस्थ, रूपस्थ व रूपातीत के भेद से संस्थान विचय धर्मध्यान के चार भेद जीवों के कल्याण के लिए आचार्यों ने कहे हैं।

पिण्डस्थ आदि की परिभाषा

पिंडत्थं अप्पचिंता य, पयत्थं मंतसुत्तयं।
रूवत्थं चेयणारूवं, रूवादीदं णिरंजणं ॥6॥

अन्वयार्थ—(अप्प-चिंता) आत्मचिंता (पिंडत्थं) पिण्डस्थ (मंतसुत्तयं) मंत्रसूत्रात्मक(पयत्थं) पदस्थ (चेयणारूवं) चेतनारूप (रूवत्थं) रूपस्थ (य) और (णिरंजणं) निरंजन का चिंतन (रूवादीदं) रूपातीत ध्यान है।

भावार्थ—आत्मचिंतन रूप पिण्डस्थ, मन्त्र सूत्रात्मक पदस्थ व चेतनारूप अर्थात् शुद्धात्म-स्वरूप को प्राप्त अरिहंत आदि के रूप का चिंतन रूपस्थ तथा

रूपातीत निरंजन सिद्धस्वरूप का ध्यान करना रूपातीत संस्थान विचय धर्मध्यान कहलाता है।

पिंडस्थ ध्यान के भेद

पुढवी तेज-वाऊ य, वारुणी तच्च-धारणा।
पंचविहं च पिण्डत्थं, णियझाणत्थं भासिदं ॥7॥

अन्वयार्थ—(पुढवी तेज-वाऊ य, वारुणी तच्च-धारणा) पृथ्वी, अग्नि, वायु, जल तथा तत्त्वरूपवती धारणा के भेद से (पिण्डत्थं) पिंडस्थ ध्यान (पंचविहं) पाँच प्रकार का (अप्पझाणत्थ-भासिदं) आत्मध्यान के प्रयोजन से कहा गया है।

भावार्थ—पृथ्वी, अग्नि, वायु जल तथा तत्त्वरूपवती धारणा के भेद से धारणा के पाँच भेद बताये गये हैं। इसको साधते हुए क्रमशः आत्मध्यान साधना चाहिए।

ध्यान से आत्मा की परमात्मता

जहा लोहो सुवण्णत्तं, पावदि जोग्ग-जोगदो।
अप्पज्झाणादि जोगेण, अप्पा परमप्पा हवे ॥8॥

अन्वयार्थ—(जहाँ लोहो) जैसे लोहा (जोग्गजोगदो) योग्य योग से (सुवण्णत्तं) स्वर्णता को (पावदि) प्राप्त करता है (उसी प्रकार) (अप्पज्झाणादि जोगेण) आत्मध्यान आदि योग से (अप्पा परमप्पा हवे) आत्मा परमात्मा हो जाता है।

भावार्थ—जैसे योग्य संयोग मिलने पर लोहा भी सोना हो जाता है, वैसे ही आत्मध्यान आदि योग से आत्मा परमात्मा हो जाता है।

आत्मा का स्वरूप

वण्ण-ठाणादि-हीणं च, कम्म-णोकम्मं वज्जिदं।
णाणादिगुणजुत्तं च, णियप्पं चिंतदे बुहो ॥9॥

अन्वयार्थ—(वण्ण-ठाणादि हीणंच) वर्ण और गुणस्थान आदि से रहित (कम्म-णोकम्मं वज्जिदं) कर्म-नोकर्म वर्जित (णाणादिगुणजुत्तं च) तथा ज्ञानादि गुणयुक्त (णियप्पं) आत्मा का (बुहो) बुद्धिमान (चिंतदे) चिंतन करता है।

भावार्थ—वर्णादि और गुणस्थानादि से रहित, कर्म और नोकर्म से वर्जित तथा ज्ञान आदि अनंतगुणों से सहित निजात्मा का बुद्धिमान चिंतन करते हैं।

आत्म चिंतन से लाभ

छुहा-माण-भयक्कोहा, माया लोहा य मूढदा।
णिद्दा कामो य ईसादि, णस्संति अप्प-चिंतणे ॥10॥

अन्वयार्थ—(छुहा-माण-भयक्कोहा) क्षुधा मान भय क्रोध (माया लोहा य मूढदा) माया, लोभ और मूढ़ता (णिद्दा कामो ईसादि य) तथा निद्रा, काम व ईर्ष्या आदि दोष (अप्प-चिंतणे) आत्म चिंतन करने पर (णस्संति) नष्ट हो जाते हैं।

भावार्थ—क्षुधा, मान, भय, क्रोध, माया, लोभ मूढ़ता, निद्रा, काम, तथा ईष्या आदि दोष आत्म चिंतन करने पर नष्ट हो जाते हैं।

आत्मानुभवी वंदनीय है

चिम्मयं केवलं सुद्धं, णिच्चाणंदं णिरंजणं।
जो झाएदि णियप्पं हि, सो मुत्त व्व य वंदिमो ॥11॥

अन्वयार्थ—(चिम्मयं केवलं सुद्धं) चिन्मय, केवल, शुद्ध (णिच्चाणंदं णिरंजणं) नित्यानंद निरंजन (णियप्पं हि) निजात्मा को ही (जो झाएदि) जो ध्याता है (सो मुत्त व्व य) वह मुक्त के समान है (वंदिमो) उसे हम नमस्कार करते हैं।

भावार्थ—जो चिन्मय, केवल, शुद्ध, नित्यानंद, निरंजन, निजात्म को ही ध्याता है, वह मुक्त के समान है, उसे हम वंदन करते हैं।

शुद्धात्मा के स्मरण से शुद्धि

सुद्धोहं चिंतदि णिच्चं, मोत्तूण परदव्वयं।
कम्म-णोकम्म-णासिता, पप्पोदि सुह-मप्पगं ॥12॥

अन्वयार्थ—(परदव्वयं) परद्रव्यों को (मोत्तूण) छोड़कर (सुद्धोहं चिंतदि णिच्चं) जो नित्य ही मैं शुद्ध हूँ ऐसा चिंतन करता है (वह) (कम्म-णोकम्मणा-सित्ता) कर्म-नोकर्मों का नाशकर (पप्पोदि सुह-मप्पगं) आत्मीय सुख को पाता है।

भावार्थ—परद्रव्यों से ममत्व छोड़कर जो नित्य ही मैं शुद्ध हूँ ऐसा चिंतन करता है वह कर्म-नौकर्म का नाशकर आत्मीय सुख को पाता है।

हर दशा में आत्मचिंतन

सुहे दुक्खे महारोगे, छुहादीणं उवद्दवे।
उवसग्गे य दुब्भिक्खे, णाणी झाएदि अप्पणं ॥13॥

अन्वयार्थ—(सुहे दुक्खे महारोगे) सुख में, दुःख में, महाव्याधि होने पर (छुहादीणं उवद्दवे) क्षुधा आदि का उपद्रव होने पर (उवसग्गे य दुब्भिक्खे) उपसर्ग तथा दुर्भिक्ष होने पर (णाणी झाएदि अप्पणं) ज्ञानी आत्मा को ध्याता है।

भावार्थ—सुख में, दुःख में, महारोग होने पर क्षुधा आदि का उपद्रव होने पर, उपसर्ग तथा दुर्भिक्ष होने पर ज्ञानी आत्मा को ध्याता है।

आत्मध्यान से दुःखों का नाश

सरित्ता अप्परूवं च, दुक्खं पापं च णस्सदे।
जहा चंदोदए तावो, तिमिरो य पणट्ठदे ॥14॥

अन्वयार्थ—(अप्परूवं सरित्ता) आत्मस्वरूप का स्मरण करने पर (दुक्खं पापं च णस्सदे) दुःख व पाप नष्ट हो जाते हैं (जहा) जैसे (चंदोदए) चंद्रोदय होने पर (तावो) ताप (य) और (तिमिरो) तिमिर (पणट्ठदे) प्रनष्ट हो जाता है।

भावार्थ—आत्मस्वरूप का स्मरण करने पर दुःख व पाप उसी तरह नष्ट हो जाते हैं, जिस तरह चंद्रमा के उदित होने पर संताप और अंधकार नष्ट हो जाता है।

संसार सागर सूख जाता है

अप्प-दव्वस्स झाणादो, दिग्घ-संसार-सागरो।
णीसंसयं हवे सुद्ठू, जीवाणं चुलुगोपमो ॥15॥

अन्वयार्थ—(अप्प-दव्वस्स झाणादो) आत्मद्रव्य के ध्यान से (जीवाणं) जीवों का (दिग्घ संसार सागरो) दीर्घ संसार सागर (णीसंसयं) निःसंशय (चुलुगोपमो) चुलुक प्रमाण रह जाता है।

भावार्थ—आत्मस्वरूप का ध्यान करने से जीवों का संसाररूपी सागर सूखकर चुलुक (चुल्लू) प्रमाण रह जाता है।

आत्मतत्त्व को भूलने वाले मूढ़ हैं

अप्पदव्वे समीवत्थे, जो परदव्वे मुज्झदि।
णाणज्झाण-विहीणो सो, मूढो अत्थि हि गद्दहो ॥16॥

अन्वयार्थ—(अप्पदव्वे समीवत्थे) आत्मद्रव्य के समीप होने पर (जो परदव्वे मुज्झदि) जो परद्रव्य में मोहित होता है (णाणज्झाण-विहीणो सो) ज्ञान-ध्यान से विहीन वह (मूढ) मूढ़ (हि) वस्तुतः (गद्दहो) गधा (अत्थि) है।

भावार्थ—आत्मद्रव्य के समीप होने पर भी उसे न जानकर जो परद्रव्यों में ही मूर्च्छित रहता है, वह ज्ञान-ध्यान से विहीन मूढ़ गधे के समान है।

परद्रव्य विरक्त सुखी होता है

परदव्वे णिरासत्तो, झाणब्भासरदो सुही।
विभावभावं णासित्ता, सो पसू वि सुहायदे ॥17॥

अन्वयार्थ—(सुही) जो सुधी (परदव्वे णिरासत्तो) परद्रव्य में निरासक्त (झाणब्भासरदो) ध्यानाभ्यास रत है (सो पसू वि) वह पशु भी (विभावभावं णासित्ता) विभावभाव नाशकर (सुहायदे) सुखी होता है।

भावार्थ—जो सुधी परद्रव्य में निरासक्त, ध्यानाभ्यास में लीन है, वह पशु भी हो तो भी विभावभावों का क्रमशः नाशकर सुखी होता है।

क्लेश से बंध, विशुद्धि से मोक्ष

किलिट्ठे कम्म-बंधो य, असुहो दुहदायगो।
विसोहीए खओ तेसिं, बंधो वा सुहकम्मणं ॥18॥

अन्वयार्थ—(किलिट्ठे) संक्लेश होने पर (असुहो दुहदायगो) अशुभ दुःखदायी(कम्म-बंधो)कर्म बंध होता है (य) और (विसोहीए खयं तेसिं) विशुद्धि से उनका क्षय (वा) अथवा(सुहकम्मणं बंधो) शुभकर्मों का बंध होता है।

भावार्थ—परिणामों में संक्लेश होने पर अशुभ दुःखदायी कर्मबंध होता है, जबकि शुद्ध विशुद्धि से कर्मों का क्षय तथा शुभ विशुद्धि से शुभकर्मों का बंध होता है।

विशुद्धि के लोभी क्या करते हैं

विसोही सेवणासत्ता, वसंति गिरि-कोडरे।
चत्ता अणोवमं रज्जं, सुहाणि धण-धण्णयं॥19॥

अन्वयार्थ—(विसोही सेवणासत्ता) विशुद्धि सेवनासक्त महापुरुष (अणोवमं रज्जं) अनुपम राज्य (सुहाणि) सुख (धण-धण्णयं) धन धान्य आदि को (चत्ता) छोड़कर (गिरि-कोडरे) गिरि-कोटर में निवास करते हैं।

भावार्थ—विशुद्धि सेवनासक्त महापुरुष अनुपम राज्यसुख, धन-धान्य आदि को छोड़कर गिरि-कोटर में निवास करते हैं।

आत्मध्यान से परमानंद

सो कोई परमाणंदो, अप्पझाणेण होदि हि।
जेण णासेदि कम्माणि, सेट्ठं सुहं च जायदे॥20॥

अन्वयार्थ—(सो कोई परमाणंदो) वह कोई परमानंद (अप्पझाणेण होदि हि) आत्मध्यान से होता है (जेण णासदि कम्माणि) जिससे दुष्कर्मों का नाश (च) और (सेट्ठं सुहं जायदे) श्रेष्ठ सुख होता है।

भावार्थ—आत्मध्यान से वह कोई परमानंद होता है, जिससे दुष्कर्मों का नाश और श्रेष्ठ आत्मीय सुख उत्पन्न होता है।

मूढ़ सुखाभास में जीते हैं

साहीणं च सुहं णाणं, हवे अत्तस्स चिंतणे।
मूढा इच्छंति तं मुत्ता, सुहाभासं च दुक्खदं॥21॥

अन्वयार्थ—(अत्तस्स चिंतणे) आत्मा के चिंतन करने पर (साहीणं च सुहं णाणं) स्वाधीन सुख व ज्ञान (हवे) होता है, किंतु (तं मुत्ता) उसे छोड़कर (मूढ) मूढ़जन (दुक्खदं) दुःखदायक (सुहाभासं) सुखाभास को (इच्छंति) चाहते हैं।

भावार्थ—आत्मा के चिंतन करने पर स्वाधीन सुख व ज्ञान होता है। किंतु उसे छोड़कर मोहीजन दुःखदायक सुखाभास में ही रमते हैं।

मोही की दशा

चत्ता णियप्पझाणं च, परवत्थुम्मि मुज्झदि।
सो मूढो रयणं चत्ता, संचीयंते हि पत्थरे ॥22॥

अन्वयार्थ—(णियप्पझाणं) निजात्मध्यान को (चत्ता) छोड़कर (जो) (परवत्थुम्मि) परवस्तुओं में (मुज्झदि) मोहित होता है (सो मूढो) वह मूढ़ (रयणं चत्ता) रत्न को छोड़कर (संचीयंते हि पत्थरे) पाषाणखंड संचित करता है।

भावार्थ—निजात्मध्यान को छोड़कर जो परवस्तुओं में मोहित होता है, वह मूढ़ पाषाणखंडों का संचय करता है ऐसा मानना चाहिए।

वस्तुतः वस्तुएँ मेरी हैं नहीं

णाहं कस्स ण मे कोई, अस्सिं जगे य वत्थुदो।
तम्हा अण्णत्थ मे चिंता, णिप्फला हि पवट्टदे ॥23॥

अन्वयार्थ—(वत्थुदो) वस्तुतः(अस्सिं जगे) इस जगत में (णाहं कस्स ण मे कोई) न मैं किसी का हूँ और न मेरा कोई है (तम्हा) इसलिए (अण्णत्थ मे चिंता) अन्यत्र मेरी चिंता (णिप्फलं हि पवट्टदे) निष्फल ही वर्तती है।

भावार्थ—वस्तुतः इस जगत में कोई वस्तु या व्यक्ति मेरा नहीं, और न ही मैं किसी का हूँ, ऐसे में आत्मा के अलावा अन्य का चिंतन मेरे लिए निष्फल ही है।

निश्चित बुद्धि वाले ही सिद्ध होते हैं

जे जादा जंति जाहिंति, णिव्वुदिं पुरिसोत्तमा।
पयत्थणिण्णयं किच्चा, अप्परूवे अवट्ठिदा ॥24॥

अन्वयार्थ—(जे) जो (पुरिसोत्तमा) पुरुषोत्तम (णिव्वुदिं) निर्वाण को (जादा) गये हैं (जंति) जा रहे हैं (जाहिंति) जायेंगे वे सब (पयत्थणिण्णयं किच्चा) पदार्थों का निर्णय करके (अप्परूवे अवट्ठिदा) आत्मरूप में अवस्थित होकर के।

भावार्थ—जो पुरुषोत्तम निर्वाण (मोक्ष) को गए हैं, जा रहे हैं अथवा जायेंगे, वे सब पदार्थों का निर्णय कर व आत्मस्वरूप में स्थिर होकर ही सिद्ध हुए हैं, हो रहे हैं, तथा होंगे, बिना भेद विज्ञान के मोक्षमार्ग प्रारंभ नहीं होता।

आत्मध्यान ही उत्तम ध्यान है

उत्तमं अप्पझाणं हि, परमेट्ठीण मज्झिमं।
अधमं देह-झाणं च, कामादीणं जहण्णयं ॥25॥

अन्वयार्थ—(अप्पझाणं हि उत्तमं) आत्मध्यान ही उत्तम ध्यान है, (परमेट्ठीणं मज्झिमं) परमेष्ठियों का ध्यान मध्यम है,(देह झाणं अधमं) शरीर का ध्यान अधम है (च) और (कामादीणं जहण्णयं) कामादि का ध्यान जघन्य है।

भावार्थ—आत्मध्यान ही वस्तुतः उत्तम ध्यान है, परमेष्ठियों का ध्यान मध्यम ध्यान है, शरीर का ध्यान जघन्य ध्यान है, जबकि काम-क्रोधादि का ध्यान जघन्यतम दुःखदायक ध्यान है।

वे कल्याणार्थी हैं

परदव्वेसु जम्मंधा, इत्थीमत्तेसु संडगा।
परणिंदासु मूगा जे, कल्लाणत्थी य ते णरा ॥26॥

अन्वयार्थ—(परदव्वेसु जम्मंधो) परद्रव्यों में जन्मांध(इत्थीमत्तेसु संडगा) स्त्रीमात्र में नपुंसक तुल्य तथा (जे परणिंदासु मूगा) जो परनिंदा में मूक के समान हैं (ते) वे (कल्लाणत्थी णरा) कल्याणार्थी मनुष्य हैं।

भावार्थ—जो पर-पदार्थों में अंधे के समान, स्त्रीमात्र में नपुंसक के समान तथा परनिंदा में गूंगे के समान प्रवृत्ति करते हैं, वे कल्याणार्थी मनुष्य हैं।

वे कल्याणार्थी नहीं हैं

जे मयंधा ण जाणंति, हिदाहिदं च अप्पगं।
विज्जाविणयहीणा य, कल्लाणत्थी ण ते णरा ॥27॥

अन्वयार्थ—(जे मयंधा) जो मदांध (अप्पगं) अपने (हिदाहिदं) हिताहित को (ण जाणंति) नहीं जानते हैं (च) तथा (विज्जा विणयहीणं य) विद्या और विनय विहीन हैं, (ते) वे (कल्लाणत्थी) कल्याणार्थी (णरा) मनुष्य (ण) नहीं हैं।

भावार्थ—जो मदांध मनुष्य अपना हित-अहित नहीं जानते तथा विद्या और विनय विहीन हैं, वे कल्याणार्थी (हितेच्छुक मुमुक्षु) नहीं हैं।

क्योंकि कषायी स्वहित को नहीं जानते

कोह- माणादि-संजुत्तो, माया-लोह-विडंविदो।
सहिदं णेव जाणादि, जिणदेवेण भासिदं ॥28॥

अन्वयार्थ—(कोह-माणादि संजुत्तो) क्रोध मानादि से संयुक्त (मायालोह-विडंविदो) माया लोभ से विडंवित जीव (जिणदेवेण भासिदं) जिनेन्द्र देव द्वारा भाषित (सहिदं णेव जाणादि) स्वहित को नहीं ही जानते।

भावार्थ—क्रोध व मान कषाय संयुक्त, माया व लोभ से विडंबना को प्राप्त जीव जिनदेव के द्वारा कहे गये आत्महित को नहीं जानते। तब वे कल्याण कैसे कर सकते हैं।

मान किसका रहा

कस्स माणो हि संसारे, जंतु-संघ-बिडंबगे।
जत्थ जीवा णिवो होत्ता, बिट्ठामज्झे किमी हवे ॥29॥

अन्वयार्थ—(जंतु-संघ -बिडंबगे) जीवसमूह की विडंबना करने वाले (संसारे) संसार में (कस्स माणो हि) किसका मान रहा (जत्थ जीवा णिवो होत्ता) जहाँ कि जीव नृप होकर (बिट्ठा मज्झे किमी हवे) विष्टा में कृमि हो जाता है।

भावार्थ—जीव समूह की विडंबना करने वाले संसार में वस्तुतः किसका मान रहा, जहाँ कि जीव राजा होकर विष्टा (मल) में कृमि हो जाता है।

जीवन उसी का सार्थक है

धम्मज्झाणं धणं जेसिं, सहलं तेसिं जीविदं।
धम्मज्झाणादु हीणाणं, किं धणेणं च आउसा ॥30॥

अन्वयार्थ—(धम्मज्झाणं धणं जेसिं) धर्मध्यान ही जिनका धन है (सहलं तेसिं जीविदं) उनका जीवन सफल है (धम्मज्झाणादु हीणाणं) धर्मध्यान से रहित मनुष्यों के (किं धणेणं च आउसा) क्या तो धन से होगा और क्या आयु से।

भावार्थ—धर्मध्यान ही जिनका धन है, उनका जीवन सफल है, धर्मध्यान से रहित मनुष्यों के क्या तो धन से लाभ और क्या आयु से?

संक्लेशयुक्त जीवन से मरना भला

वरं पाण-परिच्चागो, संकिलिट्ठादु जीविदा।
मरणे खणिगं दुक्खं, भावभंगे पदे-पदे ॥31॥

अन्वयार्थ—(संकिलिट्ठादु जीविदा) संक्लिष्टता के जीवन से (पाण परिच्चागो) प्राण परित्याग (वरं) श्रेष्ठ है (मरणे खणिगं दुक्खं) मरने में तो क्षणिक दुःख होता है, जबकि (भावभंगे पदे-पदे) भावभंग होने पर पद-पद पर दुःख होता है।

भावार्थ—संक्लिष्टता अर्थात् पाप व दुःखयुक्तता, संक्लिष्ट जीवन जीने की अपेक्षा मर जाना भला, क्योंकि ऐसा अज्ञानपूर्ण जीवन निरर्थक है। मरने पर तो क्षणभर को ही दुःख होता है, जबकि अज्ञानवश कषायादि से युक्त जीवन में पल पल भावभंग (आत्मअशुद्धि) रूप दुःख होता है।

यह शरीर भी नाशवान है

सरीरमिणमच्चंतं, पूदिं बीभच्छ-णस्सरं।
रोयायरं दुहट्ठाणं, देहत्थं को किलिस्सदि॥32॥

अन्वयार्थ—(इणं सरीरं) यह शरीर (अच्चंतं) अत्यन्त (पूदिं बीभच्छ-णस्सरं) दुर्गंधित, वीभत्स, नश्वर है (रोयायरं दुहट्ठाणं) रोगों का घर और दुःखोंका स्थान है (देहत्थं को किलिस्सदि) ऐसे शरीर के लिए कौन क्लेश करता है।

भावार्थ—यह शरीर अत्यन्त दुर्गंधित, वीभत्स, नश्वर रोगों का घर व दुःखों का स्थान है, इस देह के लिए कौन ज्ञानी संक्लेश करता है? अर्थात् कोई नहीं।

शरीर का संसर्ग भी बुरा

णवं च सुंदरं वत्थुं, पूदं वा जं णिसग्गदो।
देहसंसग्गमेत्तेणं सिग्घं हि असुहं हवे॥33॥

अन्वयार्थ—(णवं च सुंदरं वत्थुं) नई और सुंदर वस्तु (वा) अथवा (जं) जो (णिसग्गदो) निसर्ग से (पूदं) पवित्र है, वह भी (देहसंसग्गमेत्तेणं) देह संसर्ग मात्र से (सिग्घं हि असुहं हवे) शीघ्र ही अशुचि हो जाती है।

भावार्थ—जो नई और सुंदर अथवा स्वभाव से ही पवित्र वस्तु है, वह भी देह के संसर्ग मात्र से शीघ्र ही अशुचि हो जाती है, ऐसा यह शरीर है।

विषय कौन चाहता है?

को इच्छेदि सरीरत्थं, विसेव विसए अहो।
उवभुत्तं विसं हंति, विसया सरणादो य॥34॥

अन्वयार्थ—(अहो) अहो! (सरीरत्थं) शरीर के लिए (विसेव विसए) विष के समान विषयों को (को इच्छेदि) कौन चाहता है (दु) जबकि (उवभुत्तं विसं हंति) विष खाए जाने पर मारता है (य) और (विसया सरणादो) विषय स्मरण मात्र से।

भावार्थ—विष के समान विषयों को ऐसे शरीर के लिए कौन बुद्धिमान चाहता है? जहाँ विष तो खाए जाने पर मारता है, जबकि विषय स्मरण मात्र से भी मारते हैं।

विषयेच्छा से नुकसान

अच्चंतं वड्ढदि गिद्धी, णस्संति संति-धम्मणो।
विवेगो विलयं जादि, विसएहिं वंचिदप्पणं॥35॥

अन्वयार्थ—(विसएहिं वंचिदप्पणं) विषयों से वंचित आत्माओं के (अच्चंतं) अत्यन्त (गिद्धी) गृद्धता (वड्ढदे) बढ़ती है (संति धम्मणो णस्संति) शांति और

धर्म नष्ट हो जाता है तथा (विवेगो विलयं जादि) विवेक बुद्धि भी विलय को प्राप्त हो जाती है

भावार्थ—विषयों से ठगे गये जीवों के गृद्धता (तृष्णा) खूब बढ़ती है, शांति (संतोष) व धर्मभावना नष्ट हो जाती है तथा विवेक बुद्धि भी विलय (नाश) को प्राप्त हो जाती है।

उच्छिष्ठ हैं सभी भोग

अदिट्ठं किं अपुट्ठं वा, अणग्घादं किमस्सुदं।
जं ण अस्सादियं वत्थुं, णवमिव-किमिच्छसि॥36॥

अन्वयार्थ—हे जीव! (अदिट्ठं किं) क्या अदृष्ट रहा (किं अपुट्ठं) क्या अस्पृष्ट रहा (अणग्घादं किमस्सुदं) क्या अनघ्रात व अश्रुत रहा (वा) अथवा (जंण अस्सादियं वत्थुं) कौनसी वस्तु अस्वादित रही? फिर (णवमिव-किमिच्छसि) पुनः नए के समान क्यों चाहते हो।

भावार्थ—हे जीव! इस संसार में वह कौनसी वस्तु शेष है, जो बीत चुकी अनंत पर्यायों में तुमने देखी न हो, स्पर्श न की हो, सूंघी न हो, सुनी न हो और चखी न हो? अर्थात् कोई भी नहीं। फिर उनमें नये के समान इच्छा (प्रवृत्ति) क्यों करते हो।

जीव मोहवश उच्छिष्ट को भोगता है

अत्थि अणादिदो जीवो, संसारे परिवट्टणे।
चत्तं पि परिभुंजेदि, मोहादीहिं मुहू अहो॥37॥

अन्वयार्थ—(अहो) अहो! (परिवट्टणे संसारे) परिवर्तनशील संसार में (जीवो) जीव (अणादिदो) अनादि से (अत्थि) है (और वह) (मोहादीहिं) मोह आदि से वश हो (मुहू) बार-बार (चत्तं वि परिभुंजेदि) त्यागकर भी भोगता है।

भावार्थ—अहो! पंच परिवर्तन रूप इस संसार में जीव अनादि काल से परिभ्रमण कर रहा है और वह मोह आदि विकारों के वश होकर पुनः-पुनः उच्छिष्ट के समान भोगे हुए भोगों को ही भोग रहा है।

विषयजाल में मोही बंधते हैं

आसाजुत्तेण वा दीणा, बज्झंते विहगा जहा।
तहा विसयजालेण, बज्झंते मोहिणो जणा॥38॥

अन्वयार्थ—(आसाजुत्तेण) आशायुक्त हो (जहा) जैसे (दीणा) दीन (विहगा) पक्षी (बज्झंते) बंध जाते हैं(तहा) उसी प्रकार (विसयजालेण) विषय जाल से (मोहिणो जणा) मोही जन (बज्झंते) बंध जाते हैं।

भावार्थ—दाने (चुग्गा) की आशावश हो जैसे दीन पक्षी जाल में फँस जाते हैं, वैसे ही सुख की आशा से मोही जन विषयरूपी जाल में बँध जाते हैं।

वस्तुतः आशा ही दुःखदायी है

जीवाणं विंतरी आसा, आसा हि बिसमंजरी।
आसा हि जुण्णमइरा, णिरासो परमो सुही ॥39॥

अन्वयार्थ—(जीवाणं विंतरी आसा) जीवों के लिए आशा ही व्यंतरी है (आसा हि बिसमंजरी) आशा ही विषमंजरी है (य) और (आसा हि जुण्णमइरा) आशा ही पुरानी मदिरा है (णिरासो परमो सुही) आशा रहित जीव ही परम सुखी है।

भावार्थ—वस्तुतः संसारी जीवों के लिए आशा व्यंतरी है, आशा ही विषमंजरी है, आशा ही पुरानी मदिरा है, आशा रहित जीव ही परम सुखी है।

आशा तजो, निज को भजो

विसएसु जहा चित्तं, जीवाणं सुट्ठु संजुदं।
तहा जादे णियप्पम्मि, सिग्घं को णत्थि सिज्झहि ॥40॥

अन्वयार्थ—(जहा) जैसे (जीवाणं) जीवों का (चित्तं) चित्त (विसएसु) विषयों में (सुट्ठु संजुदं) अच्छी तरह लगा है (तहा) वैसे ही यदि (णियप्पम्मि) निजात्मा में (जादे) हो जाए तो (सिग्घं को णत्थि सिज्झहि) शीघ्र ही कौन सिद्ध नहीं हो जायेगा।

भावार्थ—जैसे संसारी जीवों का चित्त विषयों में अच्छी तर लग जाता है, वैसे ही यदि निजात्मा में लग जाए तो कौन-सा जीव शीघ्र सिद्ध नहीं हो जायेगा?

मूढ़जन ही विषयासक्त होते हैं

दुक्खमूलं च विच्छिण्णं, अण्णावेक्खं भयप्पदं।
अणिच्चं इंदिय-गेज्झं, विसयं सेवदे जणो ॥41॥

अन्वयार्थ—(जणो) मनुष्य (दुक्खमूलं) दुःख के मूल (विच्छिण्णं) विच्छिन्न होने वाले (अण्णावेक्खं) अन्य की अपेक्षायुक्त (भयप्पदं) भयप्रद (अणिच्चं) अनित्य (च) और (इंदिएगेज्झं) इंद्रियग्राह्य (विसयं सेवदे) विषयों का सेवन करते हैं।

भावार्थ—दुःख के मूल कारण, विच्छिन्न होने वाले, अन्य की अपेक्षा रखनेवाले, भयप्रद, अनित्य और इंद्रियग्राह्य विषयों को मूढ़ मनुष्य सेवन करते हैं।

संसारसुख निष्पक्ष नहीं है

जम्म-जोव्वण-संजोगो, सुहाणि जदि देहिणं।
णिप्पक्खाणि तहा णिच्चं, को संसार सुहं चए ॥42॥

अन्वयार्थ—(जम्म-जोव्वण-संजोगो) जन्म यौवन संयोग (य) और (सुहाणि) सुख (देहिणं) देह धारियों के (जदि) यदि (णिप्पक्खाणि) निष्पक्ष (तहा) और (णिच्चं) नित्य हों तो (को संसार सुहं चए) संसारसुखों को कौन छोड़े?

भावार्थ—जन्म, यौवन, संयोग आदि के सुख यदि देहधारी संसारी जनों के निष्पक्ष (पक्षरहित) हों तो फिर इन सब संसार सुखों को कौन छोड़े? अर्थात कोई नहीं। लेकिन तीर्थंकर जैसे महापुरुषों ने भी संसार सुखों को छोड़ा है इससे सिद्ध होता है कि उपरोक्त सभी सपक्ष ही हैं।

सब कुछ परिवर्तन शील है

देह-आरुग्ग-ईसत्तं, जोव्वणं सुह- संपदा।
गेह-वाहण-बंधू य, इंदचावो व अत्थिरा॥43॥

अन्वयार्थ—(देह-आरुग्ग-ईसत्तं) शरीर, आरोग्य, ऐश्वर्य (जोव्वणं सुह-संपदा) यौवन, सुख-संपदा (गेह-वाहण-बंधू य) गृह (घर), वाहन तथा बंधुजन आदि सभी (इंदचावो व अत्थिरा) इंद्रधनुष के समान अस्थिर हैं।

भावार्थ—शरीर, आरोग्य, ऐश्वर्य, यौवन, सुखसंपदा, गृह (घर), वाहन तथा बंधुजन आदि सभी इंद्रधनुष के समान अस्थिर (चंचल) हैं।

निर्ममत्व ही शरणभूत है

सरणं णिम्ममत्तं हि, इंदियरोहणं तदो।
तदो चागो तवं झाणं, तेहिं मोक्खो य णिच्चलो॥44॥

अन्वयार्थ—(हि) वस्तुतः (णिम्ममत्तं शरणं) निर्ममत्व ही शरणभूत है (तदो) उससे (इंदियरोहणं) इंद्रियरोधन (तवं चागो झाणं) तप, त्याग, ध्यान (च) और (मोक्खो णिच्चलो) निश्चल मोक्ष (हवे) होता है।

भावार्थ—इस संसार में वस्तुतः निर्ममत्व ही शरणभूत है, सम्यक् निर्ममता (वीतरागता) से पंचेन्द्रिय रोध, उससे तप, त्याग, ध्यान, और इससे निश्चल मोक्ष प्राप्त होता है।

निर्ममत्व मोक्षार्थी के गुण

सहावसुचिदा मित्ती, चागो सच्चं अणालसं।
सुशीलं सूरदा आदि, णिम्ममत्तेसु होंति हि॥45॥

अन्वयार्थ—(सहावसुचिदा) स्वभावशुचिता (मित्ती) मैत्री (चागं सच्चं अणालसं) त्याग, सत्य, अनालस्य (सुसीलं सूरदा आदि) सुशील शूरता आदि (णिम्ममत्तेसु) निर्ममत्वों में (होंति हि) होते ही हैं।

भावार्थ—स्वभावशुचिता, सहजमैत्री, सहजत्याग, सत्य, आलस्यरहितता, सुशीलता, शूरवीरता आदि अनेक गुण निर्ममत्व (वीतरागी) साधकों में प्रगट होते हैं।

निर्ममता से ध्यान

जहा बलाहगे वुट्ठे, जायंते हरिदंकुरा।
तहा सुद्धप्पझाणं च, णिम्ममत्तस्स चिंतणे ॥46॥

अन्वयार्थ—(जहा) जैसे (बलाहगे वुट्ठे) मेघों के बरसने पर (हरिदंकुरा) हरे अंकुर (जायंते) उत्पन्न हो जाते हैं (तहा) वैसे ही (णिम्ममत्तस्स चिंतणे) निर्ममत्व का चिंतन करने पर (सुद्धप्पझाणं) शुद्धात्मध्यान उत्पन्न होता है।

भावार्थ—जैसे मेघों के बरसने पर हरे अंकुर (घास) उत्पन्न होते हैं वैसे ही सम्यक् निर्ममत्व (वीतरागता) से शुद्धात्मध्यान तथा मोक्ष उत्पन्न हो जाता है।

ममता से गुणों का नाश होता है

वदं तवं जसो विज्जा, सूरत्तं च दमो दया।
विणस्सेंति ममत्ताए, कुढारेण जहा लदा ॥47॥

अन्वयार्थ—(वदं तवं जसो विज्जा, सूरत्तं च दमो दया) व्रत, तप, यश, विद्या, शूरता, इंद्रियदमन और दया, आदि गुण (ममत्ताए) ममत्व से (विणस्सेंति) विनष्ट हो जाते हैं (जहा) जैसे (कुढारेण) कुल्हाड़ी से (लदा) लता।

भावार्थ—ममता (राग) से अहिंसा आदि सभी व्रत, उत्तम तप, यश विद्या, शूरवीरता, पंचेन्द्रिय दमन और दया आदि महानगुण उसी प्रकार आसानी से नष्ट हो जाते हैं जैसे कुल्हाड़ी (परसु) से कोमल लता। इसलिए ममत्व का त्याग करो।

वे धन्य हैं

जहा चित्तं तहा वाचो, जह वाचो कज्जं तहा।
धण्णा ते तिजगे जेसिं, णिम्ममत्तं हि वट्टदे ॥48॥

अन्वयार्थ—(जहा चित्तं तहा वाचो) जैसा चित्त वैसा वचन (जह वाचो कज्जं तहा) जैसा वचन वैसा कार्य जो करते हैं तथा (जेसिं) जिनके (णिम्ममत्तं हि वट्टदे) निर्ममता (समता) ही वर्तती है (ते) वे (तिजगे) त्रिलोक में (धण्णा) धन्य हैं।

भावार्थ—जो जैसा मन में है, वैसा वचन बोलते हैं।, जैसा वचन बोलते हैं। वैसी योग्य क्रिया करते हैं। तथा जिनके सदैव निर्ममता अर्थात् समता प्रवर्तती है, वे महाशय धन्य हैं।

इन्हें थोड़ा भी शेष मत छोड़ो

अग्गी बाही रिणं थोवं, ममत्तं काम-कालुसं।
एदे सिग्घं हि वड्ढंते, इणं सेसं ण मुंचह ॥49॥

अन्वयार्थ—(थोवं) थोड़ा सा(अग्गी बाही रिणं) अग्नि रोग कर्ज (ममत्तं काम-कालुसं) ममत्व काम व कषाय ये (एदे सिग्घं हि वड्ढंते) शीघ्र ही बढ़ जाते हैं (इणं सेसं ण मुंचह) इन्हें थोड़ा भी शेष मत छोड़ो।

भावार्थ—हे ज्ञानी! थोड़ी सी भी आग, व्याधि, कर्ज, ममता, काम वासना की कलुषता अथवा कषाय वृत्ति शीघ्र ही बढ़ जाती है, अत: इन्हें थोड़ा-सा भी शेष मत छोड़ो।

वे जीवित भी मरे के समान है

मण्णे मडं व जीवंतं, देहिणं धम्मवज्जिदं।
मडं धम्मेण संजुत्तं, मण्णे दु दीहजीविणं॥50॥

अन्वयार्थ—(धम्मवज्जिदं) धर्मरहित (देहिणं) देहधारियों को (जीवंतं) जीते हुए भी (मडं व मण्णे) मरे हुए के समान मानता हूँ (दु) किंतु (धम्मेण संजुत्तं) धर्म से संयुक्त (मडं) मरे हुए को भी (दीहजीविणं) दीर्घजीवी के समान (मण्णे) मानता हूँ।

भावार्थ—धर्मरहित मनुष्यादि देहधारियों को मैं जीते हुए भी मरे हुए के समान मानता हूँ तथा धर्म से सहित मरे हुए पुरुष भी दीर्घजीवी के समान माने जाते हैं। अत: धर्म धारण करो।

वह सीखना चाहिए

णत्थि सुदस्स अंतो य, कालो थोवा वदं मदी।
अज्जेव सिक्खिदव्वं तं, जेण मरणं णस्सदि॥51॥

अन्वयार्थ—(सुदस्स अंतो) श्रुत का अंत (णत्थि) नहीं है (य) और (कालो) काल (वदं) व्रत (मदी) मति (थोवा) थोड़ी है (इसलिए) (तं) वह (अज्जेव) आज ही (सिक्खिदव्वं) सीखना चाहिए (जेण) जिससे (मरणं) मरण (णस्सदि) नष्ट होता है।

भावार्थ—श्रुत अर्थात् शास्त्रों का पार नहीं है, काल (समय), व्रत (संयम) तथा मति (बुद्धि) थोड़ी है, ऐसी दशा में वह तत्त्व आज ही सीख लेना चाहिए जिससे मरण का नाश होता है।

इसलिए इनमें जुड़ जाओ

समभावेण को दड्ढो, जिणवक्केण को हदो।
धम्मज्झाणेण को णट्ठो, तम्हा एदम्हि जुंजह॥52॥

अन्वयार्थ—(समभावेण को दड्ढो) समभाव से कौन जला है (जिणवक्केण को हदो) जिन वचन से कौन आहत हुआ है (धम्मज्झाणेण को णट्ठो) धर्मध्यान से कौन नष्ट हुआ है? (तम्हा एदम्हि जुंजह) इसलिए इनमें जुड़ जाओ।

भावार्थ—बताओ समताभाव से कौन जला है? जिनवचन से कौन आहत हुआ है? और कौन धर्मध्यान से नष्ट हुआ है? अर्थात् कोई नहीं, इसलिए इनसे भलीभाँति जुड़ जाओ।

अंत्य भावना

सम्मत्त-णाण-चारित्त-धम्मज्झाणेहि जीविदं।
अंते समाहिमिच्चुं च, देऊ सिद्धत्थणंदणो ॥53॥

अन्वयार्थ—(सम्मत्त-णाण-चारित्त-धम्मज्झाणेहि जीविदं) सम्यक्त्व ज्ञान चारित्र व धर्मध्यान से युक्त जीवन (च) और (अंते समाहिमिच्चुं) अंत में समाधिमरण को (सिद्धत्थणंदणो) सिद्धार्थनंदन(देऊ) देवें।

भावार्थ—सिद्धार्थनंदन भगवान महावीर स्वामी मुझे सम्यक्दर्शनज्ञानचारित्र व धर्मध्यान सहित जीवन तथा अंत में समाधिपूर्वक मरण प्रदान करें।

प्रशस्ति

णाधपुत्ते चउम्मासे, धम्मप्पेहिं च संजुदे।
णियप्पज्झाणसारो य, पुण्णो जादो सुहप्पदो ॥54॥

अन्वयार्थ—(धम्मप्पेहिं च संजुदे) धर्मात्माओं से संयुक्त(णाधपुत्ते चउम्मासे) नातेपूते नगर के चातुर्मास में (सुहप्पदो) यह सुखप्रद (णियप्पज्झाणसारो य) निजात्मध्यानसार नामक ग्रन्थ (पुण्णो जादो) पूर्ण हुआ।

भावार्थ—धर्मात्माओं से संयुक्त नातेपूते नगर के चातुर्मास में यह सुखप्रद निजात्मध्यानसार नामक ग्रंथ पूर्ण हुआ। बौद्ध ग्रंथों में महावीर स्वामी का 'निगंठणाथपुत्त' नाम से उल्लेख हुआ है, संभवतः उन्हीं के नाम पर इस गाँव का नाम णाथपुत्ते रखा गया होगा, जो अब अपभ्रंश होकर नातेपूते (महाराष्ट्र) हो गया है।

गुरु-स्मरण

आदिसायर-सूरिं च, महावीरकित्तिं गुरुं।
सम्मदिसायरं वंदे, सुणीलो बोधि-दायगं ॥55॥

अन्वयार्थ—(आदिसायर-सूरिं) श्री आदिसागर सूरि (महावीरकित्तिं गुरुं) श्री महावीरकीर्ति गुरु (सुणीलो बोधि-दायगं) तथा गंभीर बोधिप्रदाता (सम्मदिसायरं वंदे) आचार्य श्री सन्मतिसागर जी को वंदन हो।

भावार्थ—श्री आदिसागर सूरि, श्री महावीरकीर्ति गुरु तथा गंभीर बोधिप्रदाता आचार्य श्री सन्मतिसागर जी को वंदन हो।

। इति णियप्पज्झाण-सारो समत्तो।

। इस प्रकार आचार्य सुनीलसागर रचित निजात्मध्यानसार समाप्त हुआ।

आइरियसुणीलसागरकिदा

भावालोयणा

(भावालोचना)

भावालोयणा

(भावालोचना, उपजाति छन्द)

नवदेवता-स्मरण

घादीविमुत्तं अरिहंत-देवं, सिद्धं विसुद्धं च पणट्ठकम्मं।
सूरिं उवज्झाय-मुणिं सुधम्मं, जिणालयं चेइयं वा णमामि॥1॥

अन्वयार्थ—(घादीविमुत्तं) घातिकर्म रहित (अरिहंत-देवं) अरिहंत देव को (पणट्ठकम्मं) अष्टकर्म रहित (विसुद्धं सिद्धं) विशुद्ध सिद्ध को (सूरिं उवज्झाय-मुणिं सुधम्मं) आचार्य, उपाध्याय साधु सुधर्म को (जिणालयं) जिनालय को (च) और चैत्य तथा जिनागम को (णमामि) मैं नमन करता हूँ।

अर्थ—इस छन्द में जिनशासन कथित नव देवताओं को नमन किया गया है। चार घातिया कर्मों से विमुक्त अरिहंत प्रभु, आठ कर्मों से रहित विशुद्ध सिद्ध प्रभु आचार्य, उपाध्याय, साधु, सुधर्म, जिनालय, जिन चैत्य तथा 'च' शब्द से जिनागम को मैं नमन करता हूँ।

जिनागम-स्मरण

वीरा गिरित्तो य विणिग्गदा जा, गोदमगणिंदादिगंथिदा तां।
सूरीहि लिहिदा वाणिं च णत्ता, भावालोयणं वोच्छामि सुहदं॥2॥

अन्वयार्थ—(जा) जो (सम्मदिगिरीए) सन्मति भगवान रूपी पर्वत से (विणिग्गदा) विनिर्गत है, (गोदम गणिंदादि गंथिदा) गौतम गणधर आदि द्वारा ग्रंथित है (य) और (सूरिहि लिहिदा) आचार्यों द्वारा लिखित है (तां) उस (वाणिं) वाणी को (णत्ता) नमन करके (मैं) (सुहदं) सुखद (भावालोयणं) भावालोचना को (वोच्छामि) कहता हूँ।

अर्थ—जो सन्मति अर्थात् महावीर रूपी पर्वत से निकली है, गौतम आदि गणधरों द्वारा गूंथी गई है तथा आचार्यों द्वारा लिखी गई है, उस जिनवाणी को नमन करके मैं सुख प्रदायक भाव-आलोचना नामक सामायिक पाठ को कहता हूँ (कहूँगा)।

प्रतिज्ञा वाक्य

लहू वि बालो अदिचंचलो य, मादासमीवे य कहेदि दोसे।
तहेव सच्चं भयवं! कहेमि, मणे ठिदं साणुणयं तवग्गे॥3॥

अन्वयार्थ—[जैसे] (अदिचंचलो) अतिचंचल (लघू वि बालो) छोटा बालक भी (मादा समीवे) माता के समीप (दोसे) दोषों को (कहेदि) कहता है (तहेव) वैसे ही (भयवं) हे भगवान! (मणे ठिदं) मन में स्थित (सच्चं) सत्य को (साणुणयं) अनुनय पूर्वक (तवग्गे) आपके सामने (कहेमि) कहता हूँ।

अर्थ—हे भगवन्! जैसे कोई अत्यन्त चपल छोटा बालक माता के पास सभी दोष कह देता है, वैसे ही मैं भी मन में स्थित सत्य बात को आपके सामने विनय पूर्वक कहता हूँ।

मैं कषायों से पीड़ित हूँ

कोहग्गिणा अइतिव्वेण दड्ढो, माणेण गहिदो कूरेण हं च।
बद्धो य मायाइ भयंकराए, दड्ढो य लोहेण भुयंगमेण ॥4॥

अन्वयार्थ—[हे भगवन्] (हं) मैं (अइतिव्वेण) अतितीव्र (कोहग्गिणा) क्रोधाग्नि से (दड्ढो) दग्ध हूँ (णिच्चं) नित्य (कूरेण माणेण) क्रूर मान से (गहिदं) ग्रहीत हूँ (भयंकराए मायाए) भयंकर माया से (बद्धं) बंधा हूँ (च) तथा (लोहेण भुयंगमेण) लोभरूपी सर्प से (दंठो) डसा गया हूँ।

अर्थ—हे भगवन्! मैं अत्यन्त तीव्र क्रोधरूपी अग्नि से दग्ध हूँ, नित्य ही क्रूर मान से गृहीत हूँ, भयंकर माया से बंधा हूँ तथा भयंकर लोभ रूपी सर्प से काटा (डसा) गया हूँ।

हिंसादि पापों से भवभ्रमण

हिंसादिपावेसु मणाणुरत्तो, मिच्छत्तचागो ण किदो मणेण।
पंचक्खलोहो ण मए विमुत्तो, तदो तिलोए भयवं! भमामि ॥5॥

अन्यवयार्थ—(हिंसादि पावेसु मणाणुरत्तो) हिंसादि पापों में मन अनुरक्त है (मिच्छत्त चागो) मिथ्यात्व त्याग (मणेण) मन से (ण किदो) नहीं किया है (ण) न (पंचक्ख लोहो) पंचेन्द्रियों के लोभ को (मए) मैंने (विमुत्तो) छोड़ा है (तदो) इसीलिए (भयवं) हे भगवन्! (तिलोए) त्रिलोक में (भमामि) भ्रमण करता हूँ।

अर्थ—हे भगवन! मेरा मन हिंसादि पापों में अनुरक्त है, मन से मैंने मिथ्यात्व का त्याग नहीं किया और न ही पंचेन्द्रियों के लोभ को भी छोड़ा, इसीलिए मैं ऊर्ध्व-अधो व मध्य लोक रूप तीन लोक में परिभ्रमण कर रहा हूँ।

पाप किए सो फल भोगा

किदं विहो! अत्थ पुण्णं ण किंचि, तदो हि लोए सुसुहं ण लद्धं।
पावं किदं तस्स फलं च भुत्तं, गदं ममं णिप्फलमेव जम्मं ॥6॥

अन्वयार्थ—(विहो) हे विभु! (अत्थ) यहाँ (मैंने) (किंचि) कुछ भी (पुण्णं) पुण्य (ण किदं) नहीं किया (तदो हि) इसलिए ही (सुसुहं ण लद्धं) श्रेष्ठ सुख

नहीं प्राप्त हुआ (पावं किदं) पाप किए (च) और (तस्स फलं भुत्तं) उनका फल भोगा (इस तरह) (ममं) मेरा (जम्मं) जन्म (णिप्फलमेव) निष्फल ही (गदं) गया।

अर्थ—हे विभु! यहाँ मैंने कुछ भी पुण्य नहीं किया इसलिए श्रेष्ठ सुख भी प्राप्त नहीं हुआ, पाप किया और उसका फल भोगा; इस तरह मेरा जन्म निष्फल ही गया।

सुकृत नहीं किए मैंने

दाणं ण दिण्णं ण तवं हि तत्तं, ण सत्थसज्झायरदो भवो हं।
जिणिंद-पूयं वि किदा ण देव! सब्भावजुत्तं हि मणं च णत्थि॥7॥

अन्वयार्थ—[मैंने] (दाणं ण दिण्णं) दान नहीं दिया (तवं ण तत्तं) तप नहीं तपा, (ण सत्थ सज्झाय रदो भवो हं) न ही मैं शास्त्र स्वाध्याय में रत हुआ हूँ (जिणिदं पूयं वि ण किदा) न जिनेन्द्र पूजा की (च) और (देव) हे देव! (मणं) मन (सब्भावजुत्तं णत्थि) सद्भावयुक्त नहीं है।

अर्थ—हे देव! मैंने दान नहीं दिया, तप भी नहीं तपा, न शास्त्र स्वाध्याय में मैं लीन रहता हूँ, मैंने न जिनेन्द्र पूजा की और न ही मेरा मन विनय संयुक्त है।

कुकृत्यों की आलोचना

मिच्छोवदेसा सवणेण सोत्तं, देहो मदीयो परपीडणेण।
एइंदियादि-दलणेण पादा, जादा कुकिच्चेण करा सदोसा॥8॥

अन्वयार्थ—[हे प्रभु!] (मिच्छोवदेसा सवणेण) मिथ्योपदेश के श्रवण से (मदीयो) मेरे (सोत्तं) कान (परपीडणेण) पर पीड़न से (देहो) शरीर (एइंदियादि दलणेण) एकेन्द्रियादि के दलने से (पादा) पैर (और) (कुकिच्चेण) कुकृत्य से (करा) हाथ (सदोसा) दूषित (जादा) हुए हैं।

अर्थ—हे प्रभो! मिथ्या उपदेश सुनने से मेरे कान, पर पीड़न अर्थात् अन्य जीवों को दुःखी करने से मेरा शरीर, एकेन्द्रिय आदि जीवों को कुचल डालने से मेरे पैर और अनेक अकरणीय कार्य करने से मेरे हाथ दूषित (सदोष) हुए हैं।

और भी कहते हैं

मुहं सदोसं परदूसणेण, णेत्तं परत्थी-मुह-वीक्खणेण।
चित्तं पराणिट्ठ-विचिंतणेण, कधं भविस्सामि विहो! विदोसो॥9॥

अन्वयार्थ—(विभु!) हे प्रभु! (मुहं) मुख (परदूसणेण) परदोष कहने से (णेत्तं) नेत्र (परत्थी मुह-वीक्खणेण) परस्त्री के मुख वीक्षण से (चित्तं) चित्त (पराणिट्ठविचिंतणेण) पर का अनिष्ट चिंतन से (सदोसं) सदोष है [तब]

(विदोसो) निर्दोष (कधं भविस्सामि) कैसे होऊँगा।

अर्थ—और हे प्रभु! मुख दूसरों के दोष कहने से, नेत्र परस्त्रियों के मुख वीक्षण से, मन दूसरों के अनिष्ट चिंतन से दोषपूर्ण है, ऐसी स्थिति में मैं निर्दोष कैसे होऊँगा।

सुमार्ग में चित्त नहीं लगा

कुदेव-पूया हि मया कुधीए, कुसत्थसज्झाय-सदा-मणेण।
सेवा किदा चावि कुसाहुवग्गो, दत्तं ण चित्तं च तहा सुमग्गे ॥10॥

अन्वयार्थ—(जिणिंद!) हे जिनेन्द्र! (मया कुधीए) मुझ कुबुद्धि ने (सदा मणेण) सदा मन से (कुदेव-पूया) कुदेव पूजन (कुसत्थसज्झाय) कुशास्त्र स्वाध्याय (च) और (कुसाहुवग्गोसेवा) कुसाधु वर्ग की सेवा को (चावि) भी (किदा) किया (किण्णु) किंतु .(सुमग्गे) सुमार्ग में (चित्तं ण दत्तं) चित्त नहीं दिया।

अर्थ—हे जिनेन्द्र! मुझ कुबुद्धि ने सदा ही मनपूर्वक कुदेवों का पूजन, कुशास्त्रों (अशास्त्रों) का स्वाध्याय तथा कुसाधुओं की सेवा को भी किया है किंतु सुमार्ग में चित्त नहीं लगाया।

भव-भव की कहानी

देहे गिहे वा विहवेसु लित्तं, चित्तं विचित्तं कलुसेहि जादं।
भवे-भवे वा भवरोग-वेज्ज! पावेमि दुक्खं णिरए जगम्मि ॥11॥

अन्वयार्थ—(देहे गिहे वा विहवेसु लित्तं) देह गृह और विभव में लिप्त होकर (कलुसेहि) कलुषताओं से (चित्तं) चित्त (विचित्तं) विचित्र (जादं) हो गया है [इसीलिए] (भवरोग वेज्जं) हे भवरोग वैद्य! (भवे-भवे) भव-भव में (जगम्मि णिरए) संसार रूपी नरक में (दुक्खं) दुःखों को (पावेमि) पा रहा हूँ।

अर्थ—शरीर, घर-परिवार और वैभव-समृद्धि में लिप्त होकर कलुषताओं से मेरा चित्त विचित्र हो गया है इसीलिए हे भवरोग के वैद्य के समान जिनेश्वर! मैं भव-भव में संसार रूपी नरक में दुःखों को पा रहा हूँ।

प्रभुदर्शन में चित्त नहीं रमा

सीमंतणीए य णेत्तेण बिद्धं, तीए ज्ज होदि विउलं णिमग्गं।
तहा जिणिंद! तव दंसणेसु, अज्जावि चित्तं हि मग्गं ण जादं ॥12॥

अन्वयार्थ—(जिणिंद!) हे जिनेन्द्र! (सीमंतणीए णेत्तेण विद्धं) स्त्री के नेत्रों से बिंधा हुआ (चित्तं) चित्त (तीए ज्ज) उसमें ही (विउलं) विपुलता से (णिमग्गो) निमग्न होता है [किन्तु] (तहा) उस प्रकार (तव दंसणेसु) आपके दर्शन में

(अज्जावि) आज तक (मग्गं ण जादं) मग्न नहीं हुआ।

अर्थ—हे जिनेन्द्र! सुंदर स्त्रियों के कटाक्षरूपी बाणों से बिंधा हुआ यह चित्त जिस तरह उसमें ही निमग्न हो जाता है, उस तरह आपके दर्शन में आज तक मग्न नहीं हुआ।

अविशेषता में भी अभिमान

ण ईसरत्तं विभुदा ण मज्झं, ण कंचणं दिव्व-तणू य देव!
ण णिम्मलण्णाण-बलप्पदिट्ठा, तहा वि माणेण वसीकिदो हं॥13॥

अन्वयार्थ—(देव!) हे देव! (मज्झं) मुझमें (ण ईसरत्तं) न ईश्वरत्व है (ण विभुदा) न विभुता है [मेरे पास] (ण कंचणं) न कंचन है (ण दिव्व देहो) न दिव्य देह है (य) और (ण णिम्मलण्णाण-बलप्पदिट्ठा) न निर्मल ज्ञान, बल या प्रतिष्ठा है (तहा वि) फिर भी (हं) मैं (माणेण वसीकिदो) मान से वशीकृत हूँ।

अर्थ—हे देव! मेरे पास न ऐश्वर्य है, न विभुता है, न स्वर्ण है, न सुंदर शरीर है, न निर्मलज्ञान, उत्तम बल या श्रेष्ठ प्रतिष्ठा ही है, फिर भी मैं मान कषाय के वशीभूत हूँ।

यत्न की विपरीतता

भोगस्स जदणं सदा मया य, किदं ण जोगस्स जदणं जिणेस।
धणस्स जदणं सदा किदं पि, धम्मस्स जदणं ण किदं कदा वि॥14॥

अन्वयार्थ—(जिणेस) हे जिनेश! (मया) मेरे द्वारा (सदा) सदा (भोगस्स जदणं) भोग का यत्न (किदं) किया गया (य) किंतु (जोगस्स जदणं) योग का यत्न (ण) नहीं [किया गया] (धणस्स जदणं सदा किदो वि) धन का यत्न सदा करते हुए भी (धम्मस्स जदणं) धर्म का यत्न (कदा वि) कभी भी (ण किदं) नहीं किया।

अर्थ—हे जिनेश! मेरे द्वारा सदा भोग का यत्न किया किंतु योग का यत्न नहीं किया गया। धन का यत्न करते हुए भी धर्म का यत्न (पुरुषार्थ) नहीं किया गया।

श्रेष्ठ कार्यों में भी यत्न नहीं किया

धिदं मए णाध! ण साहुवित्तं, किदं मया णावि परोवयारं।
धम्मामिदं णो य पीदं कुधीए, किदं ण तित्थुद्धरणादि-कज्जं॥15॥

अन्वयार्थ—(णाध!) हे नाथ! (मए) मेरे द्वारा (साहुवित्तं) श्रेष्ठ चारित्र (ण) नहीं(धिदं) धारण किया गया (णावि) न ही (परोवयारं किदं) परोपकार किया गया (मया कुधीए) मुझ कुबुद्धि के द्वारा (णो धम्मामिदं पीदं) न धर्मामृत पिया गया (य) और (ण तित्थुद्धरणादि कज्जं) न तीर्थोद्धार [जीर्णोद्धार] आदि कार्य (किदं) किया

गया।

अर्थ—हे नाथ! मुझ कुबुद्धि के द्वारा न श्रेष्ठ चारित्र धारण किया गया, न परोपकार किया गया, न धर्मामृत पिया गया और न ही जीर्णोद्धार, तीर्थवंदना आदि श्रेष्ठ कार्य किए गए।

अनेक भव निरर्थक गए

उवज्जिदं णो य दाणेण पुण्णं, दया-दमं णत्थि भावेण किच्चं।
किलेसजुत्ता हि जादा दसा मे, सव्वे भवा मे विगदा णिरत्था॥16॥

अन्वयार्थ—मैंने (दाणेण पुण्णं) दान से पुण्य (ण) नहीं (उवज्जिदं) उपार्जित किया, (भावेण) भाव से (दया-दमं) दया-दम (ण) नहीं (किच्चं) किया (इसलिए) मे मेरी (दसा) दशा (किलेसजुत्ता हि) क्लेशयुक्त ही (जादा) हो गई है (य) और (मे) मेरे (सव्वे भवा) सभी भव (णिरत्था) निरर्थक (विगदा) गए।

अर्थ—हे प्रभु! मैने सुपात्रों में दान देकर पुण्य नही कमाया, न ही भावपूर्वक जीवों पर दया की और न ही इंद्रियों का दमन किया, इसलिए मेरी दशा क्लेशयुक्त हो रही तथा मेरे सभी भव निरर्थक गए।

फिर भव पार कैसे होगा?

गुरुवदेसेसु मणं ण दिण्णं, विरत्तिभावो ण कदा गहीदो।
पंचक्खतण्हा जरढा ण जादा, पारं कधं होमि भवादो देव!॥17॥

अन्वयार्थ—(देव!) हे देव! [मैंनें] (गुरुवदेसेसु मणो ण दिण्णं) गुरु के उपदेशों में मन नहीं लगाया (कदा वि) कभी भी (विरत्ति भावं ण धत्तं) विरक्ति भाव धारण नहीं किया (पंचक्खं तण्हा जरढा ण जादा) [मेरी] पाँच इंद्रियों की तृष्णा पुरानी नहीं हुई [तब] (भवादो) भवसागर से (कधं) कैसे (पारं) पार (होमि) होऊँगा।

अर्थ—हे देव! मैंने गुरु के उपदेशों में मन नहीं लगाया, न कभी विरक्ति भाव धारण किया और न ही मेरी पाँच इन्द्रियों की तृष्णा ही नष्ट (बूढ़ी) हुई, ऐसी स्थिति में संसार से मैं कैसे पार हो पाऊँगा।

आपसे अपना चरित्र क्या कहूँ

मुहा सकीयं चरिदं तवग्गे, जंपेमि सव्वण्हु! विमोहिदो हं।
तियालगोयर-तुदीयणाणे, सव्वं विभादि करुणाणिहाण!॥18॥

अन्वयार्थ—(सव्वण्हू) हे सर्वज्ञ! (विमोहिदो) विमोहित हुआ (हं) मैं (मुहा) व्यर्थ ही (तवग्गे) आपके सामने (सकीयं चरिदं) स्वकीय चरित्र (जंपेमि) कहता हूँ [क्योंकि] (करुणा णिहाण) हे करुणा निधान! (तियालगोयर-तुदीयणाणे) त्रिकालगोचर आपके ज्ञान में (सव्वं विभादि) सब प्रतिभासित होता है।

अर्थ—हे सर्वज्ञ! मैं विमोहित हुआ व्यर्थ ही आपके सामने अपना चरित्र कहता हूँ, क्योंकि हे करुणा निधान! त्रिकालगोचर आपके ज्ञान में सभी कुछ स्पष्ट झलकता है।

आप ही रक्षा करो

कूरेहि भावेहि णिपीडिदोहं, भवे-भवे दुक्ख-परंपराए।
विभो! णिगोदादि दुहं च भुत्तं, हत्थावलंबं दच्चा य रक्ख॥19॥

अन्वयार्थ—(देव) हे देव! (हं) मैं (कूरेहिं भावेहिं) क्रूर भावों के कारण (भवे-भवे दुक्ख परंपराए) भव भव में दुःख परंपरा से (णिपीडितो) पीड़ित हूँ (णिगोदादि दुहं च भुत्तं) और मैंने निगोदादि दुःख भोगे हैं (अब आप) (हत्थावलंबं दच्चा य रक्ख) हस्तावलंबन देकर रक्षा करें।

अर्थ—हे देव! मैं क्रूर भावों के कारण भव भव में दुःख परंपरा से पीड़ित हूँ और मैंने निगोदादि पर्याय के दुःख भी भोगे हैं अब आप ही हस्तावलंबन देकर रक्षा करें।

मैं निजात्मशुद्धि चाहता हूँ

अहं ण जाचेमि देविंदभोगं, णाइंदसोक्खं ण य पत्थयामि।
णरिंदरज्जं च ण भावयामि, णियप्पसुद्धिं भयवं भजामि॥20॥

अन्वयार्थ—(भयवं) हे भगवन्! (अहं) मैं (देविंदभोगं) देवेन्द्र के भोग (ण जाचेमि) नहीं मांगता हूँ (णाइंद सोक्खं) नागेन्द्र के सुख (णो पत्थयामि) नहीं प्रार्थता हूँ (ण य) और न ही (णरिंदरज्जं) नरेन्द्र के राज्य की (भावयामि) भावना करता हूँ [अपितु] (णियप्पसुद्धिं भजामि) निजात्मा की शुद्धि चाहता हूँ।

अर्थ—हे भगवन्! मैं आपसे देवेन्द्र के भोग नहीं मांगता हूँ, नागेन्द्र के सुख की प्रार्थना नहीं करता हूँ और न ही चक्रवर्तित्व प्राप्ति की भावना करता हूँ अपितु निजात्मशुद्धि की वांछा करता हूँ।

व्यवहार भावना

सव्वेसु जीवेसु य मित्तीभावो, पमोदभावो हि गुणाहिगेसु।
दीणेसु कारुण्ण होदु य देव! मज्झत्थभावो पडिकूलवित्ते॥21॥

अन्वयार्थ—(देव) हे देव! मेरा (सव्वेसु जीवेसु य मित्तीभावो) सभी जीवों में मैत्रीभाव (गुणाहिगेसु) गुणाधिकों में (पमोदभावो) प्रमोदभाव (दीणेसु कारुण्ण) दीनों में करुणाभाव (य) और (पडिकूलवित्ती) प्रतिकूलवृत्ति वाले जीवों पर (मज्झत्थभावो) मध्यस्थभाव (होदु) होवे।

अर्थ—हे देव! मेरा सभी जीवों में मैत्रीभाव, गुणाधिकजनों में प्रमोद (आदर) भाव, दीन-दुखियों में करुणा भाव और विपरीत प्रवृत्ति करने वालों में सदा मध्यस्थभाव बना रहे।

निश्चय भावना

चराचरा जे य पयत्था के वि, णत्थी ममं ते दु णिरंजणो हं।
चेयण्णरूवो य रागादिहीणो, वण्णादिसुण्णो विचिणोमि णिच्चं ॥22॥

अन्वयार्थ—(जे) जो (केवि) कोई भी (चराचरा) चर-अचर (पयत्था) पदार्थ हैं [ते] वे (ममं णत्थि) मेरे नहीं हैं (दु) अपितु (हं) मैं (णिरंजणो) निरंजन (चेयण्णरूवो) चैतन्य रूप (रागादिरहीणो) रागादि रहित (वण्णादि सुण्णो) वर्णादि रहित हूँ [ऐसे] (णिच्चं) नित्य (विचिणोमि) चिंतन करता हूँ।

अर्थ—चराचर अथवा चेतन-अचेतन जो कोई भी पदार्थ हैं वे मेरे नहीं हैं अपितु मैं निरंजन चैतन्य रूप रागादि रहित, वर्णादि रहित आत्मा हूँ, ऐसा नित्य चिंतन करता हूँ।

लोकपूजा आदि कल्याण के साधन नहीं हैं

खादी य लाहो ण य लोगपूया, संघो विसेसो ण हि संथरो वा।
कल्लाणहेदू ण उत्तं जिणेण, कल्लाणहेदू खु णियप्पझाणं ॥23॥

अन्वयार्थ—(जिणेण) जिनेन्द्र भगवान ने (लोगपूया) लोक पूजा (खादी य लाहो) ख्याति लाभ (संथरो) संस्तर (वा संघो विसेसो) अथवा संघ विशेष (हि) वस्तुतः (कल्लाणहेदू) कल्याण का हेतु (ण वुत्तं) नहीं कहा है (दु) अपितु (णियप्पझाणं) निजात्मध्यान (कल्लाणहेदू) कल्याण का हेतु कहा है।

अर्थ—जिनेन्द्र भगवान ने लोकपूजा, ख्याति लाभ की चाह, संस्तर अथवा संघ विशेष वस्तुतः कल्याण का हेतु नहीं कहा है अपितु निजात्मध्यान को कल्याण का हेतु कहा है।

समता धारण करता हूँ

जीवे य मरणे सुहे वा दुक्खे, लोट्ठे सुवण्णे णयरे वणे वा।
मित्ते अमित्ते य ममत्तबुद्धिं, वज्जामि सम्मं च धरेमि देव ॥24॥

अन्वयार्थ—(जीवे य मरणे) जीवन व मरण में (सुहे व दुक्खे) सुख व दुःख में (लोट्ठे सुवण्णे) पत्थर व सुवर्ण में (णयरे वणे वा) नगर व वन में (मित्ते अमित्ते य) मित्र व शत्रु में (देव) हे देव! (ममत्तबुद्धी) ममत्वबुद्धि (वज्जामि) छोड़ता हूँ [और](सम्मं च धरेमि) समता धारण करता हूँ।

अर्थ—हे देव! जीवन व मरण में, सुख व दुःख में, पत्थर व स्वर्ण में, नगर व वन में, मित्र व शत्रु में, मैं ममत्वबुद्धि का त्याग करता हूँ और समता धारण करता हूँ।

अन्तिम भावना

पादारविंदं तव भो जिणिंद! चित्ते मदीये चिट्ठदु हि ताव।
बोही समाही परिणामसुद्धी, णिव्वाणलाहो खलु मे ण जाव॥25॥

अन्वयार्थ—(भो जिणिंद) हे जिनेन्द्र! (तब पादारविंदं) आपके चरणकमल (मदीयं) मेरे (चित्ते) चित्त में (ताव) तब तक (चिट्ठदु) स्थित रहें (जाव) जब तक (मे) मुझे (बोही समाही परिणामसुद्धी णिव्वाणलाहो) बोधि समाधि, परिणामशुद्धि व निर्वाण लाभ (ण) न होवे।

अर्थ—हे जिनेन्द्र! आपके चरणकमल मेरे हृदय में तब तक स्थित रहें जब तक कि मुझे बोधि, समाधि, परिणामशुद्धि व निर्वाणलाभ अर्थात् मोक्ष की प्राप्ति न हो जावे।

। इति भावालोयणा समत्ता।

। इस प्रकार आचार्य सुनीलसागर कृत भावालोचना समाप्त हुई।

आइरियसुणीलसायरकिदो

वयणसारो

(वचनसार)

वयणसारो

(वचनसार)

मंगलाचरणम्

वड्ढमाणं जिणं णत्ता, णाणादिगुण-संजुदं।
वोच्छे वयणसारं च, लोगकल्लाण हेदुगं ॥1॥

अन्वयार्थ—(णाणादिगुण संजुदं) ज्ञानादिगुणसहित (वड्ढमाणं जिणं णत्ता) वर्धमान जिनेन्द्र को नमस्कार करके (लोगकल्लाण हेदुगं) लोककल्याण हेतु (वयणसारं) वचनसार को (वोच्छे) मैं कहूँगा।

भावार्थ—ज्ञानादिगुणों से सहित वर्धमान जिन को नमस्कार करके मैं अर्थात् भारतराष्ट्रविख्यात प्राकृताचार्य श्री सुनीलसागर महाराज महोदय लोककल्याणकारी वा विश्वजीवकल्याणकारी 'वचनसार' नामक अर्थात 'दिव्यध्वनिसार' नामक ग्रन्थ को संक्षिप्त रूपसे कहूँगा।

उत्तरोत्तर दुर्लभता

दुल्लहं माणुसत्तं हि, धम्मो जिणोवदेसिओ।
दुल्लहो संजमो सुद्धो, मोक्खुवलद्धी दुल्लहा ॥2॥

अन्वयार्थ—(माणुसत्तं) मनुष्यता(दुल्लहं) दुर्लभ है (धम्मो जिणोवदेसियं) जिनेन्द्र उपदिष्ट धर्म दुर्लभ है (संजमं सुद्धं दुल्लहं) शुद्धसंयम दुर्लभ है (च) और(मोक्खुवलद्धी दुल्लहा) मोक्ष की उपलब्धि बहुत दुर्लभ है।

भावार्थ—मनुष्यता दुर्लभ है। उससे दुर्लभ है जिनेन्द्रदेव द्वारा कहा गया मंगलमय जिनधर्म। उससे दुर्लभ है शुद्धसंयम और उससे दुर्लभ है मोक्ष प्राप्ति।

परमार्थ अति दुर्लभ है

देहत्थो सुगमो लोगे, परत्थो दुग्गमो मदो।
धम्मत्थो दुल्लहो लोए, परमत्थो सुदुल्लहो ॥3॥

अन्वयार्थ—(देहत्थो सुगमो लोगे) लोक में देह का उपकार करना सुगम है (परत्थो दुग्गमो मदो) दूसरों का उपकार कठिन माना गया है (धम्मत्थो दुल्लहो) धर्मार्थ दुर्लभ है (परमत्थो सुदुल्लहो) परमार्थ अतिदुर्लभ है।

भावार्थ—इस संसार में अपने शरीर का उपकार करना सुगम है, सरल है किन्तु दूसरों का उपकार कठिन माना जाता है। धर्म का आचरण दुर्लभ है और परमार्थ तो अत्यन्त दुर्लभ है।

सफलता का सूत्र

पढमो पुण्ण-वीसासो, संकप्पो सुदढो तहा।
तदियो सददब्भासो, सहलो होदि माणुसो ॥4॥

अन्वयार्थ—(पढमो पुण्ण-वीसासो) प्रथम पूर्ण विश्वास (संकप्पो सुदढो तहा) फिर संकल्प की दृढता (तदियो सददब्भासो) तीसरा सतत अभ्यास हो तो (माणुसो सहलो होदि) मनुष्य कार्य में सफल होता है।

भावार्थ—सबसे प्रथम पूर्ण विश्वास फिर संकल्प की दृढ़ता फिर सतत अभ्यास हो तो मनुष्य किसी भी कार्य में सफल हो सकता है।

जीवन की शोभा

विज्जब्भासो य बालत्तं, जोव्वणं उज्जमेण हि।
विवेगादो य वुड्ढत्तं, इह लोगे हि सोहदे ॥5॥

अन्वयार्थ—(विज्जब्भासो य बालत्तं) विद्याभ्यास से बालपन (जोव्वणं उज्जमेण) उद्यम से यौवन (विवेगादो य वुड्ढत्तं) और विवेक से वृद्धपन (इह लोगे) इस लोक में (सोहदे) शोभा पाते हैं।

भावार्थ—विद्याभ्यास से बाल्यावस्था, उद्यमसे युवावस्था और विवेक से वृद्धपन-वृद्धावस्था की शोभा होती है।

लोक उन्नतिकर सूत्र

कहणादो कज्जं सेट्ठं, सहिण्हुत्तं परोप्परं।
मित्ती य जीवमत्तेसु, सुत्तं लोगुण्णदीकरं ॥6॥

अन्वयार्थ—(कहणादो कज्ज सेट्ठं) कहने से करना श्रेष्ठ है। (परोप्परं सहिण्हुत्तं) परस्पर सहिष्णुता (मित्ती य जीवमत्तेसु) जीव मात्र में मैत्री भाव(ये) (लोगुण्णदीकरं सुत्तं) ये लोक उन्नतिकर सूत्र हैं।

भावार्थ—कहने की अपेक्षा करना श्रेष्ठ है। परस्पर मैत्रीभाव और सहिष्णुता ये लोकोन्नतिकर सूत्र हैं।

शान्ति का सूत्र

विरोधे वि विणोदप्पा, पमोदप्पा य सग्गुणे।
कोहे वि णिरोहप्पा, संती फुरदि सव्वदो ॥7॥

अन्वयार्थ—यदि लोग (विरोधे वि विणोदप्पा) विरोध में भी विनोदी (सग्गुणे पमोदप्पा) सद्गुणों में प्रमोदी (य) और (कोहे वि णिरोहप्पा) क्रोध में भी निरोधी बने रहे तो (संती फुरदि सव्वदो) सब तरफ शांति फैल जाती है।

भावार्थ—यदि हम विरोध में भी विनोदी रहे, सद्गुणों में प्रमोदी और क्रोध के अवसर पर भी शांत बने रहे तो सब तरफ शांति फैल जाती है।

धर्म का आचरण करो

णरसत्ती समाजो हि, सो णरो जो य सग्गुणी।
सग्गुणी खलु धम्मप्पा, तम्हा तेसिं हि आयर॥8॥

अन्वयार्थ—(णर सत्ती समाजो ही) मनुष्य शक्ति समाज है (य) और (सो णरो जो य सग्गुणी) मनुष्य वह है जो सद्गुणी है (सग्गुणी खलु धम्मप्पा) जो सद्गुणी है वही धर्मात्मा है, (तम्हा) इसलिए (तेसिं हि आयर) उसका ही आचरण करो।

भावार्थ—मनुष्य शक्ति से समाज बनता है। मनुष्य वह है जो सद्गुणी है। और सद्गुणी ही धर्मात्मा है इसलिए सद्गुणों का आचरण करो।

ज्ञान से सब कुछ

णाणेण अंतरं सुद्धं, णाणेण कज्जकोसलं।
णाणेण जीवणं रम्मं, णाणेण संतिणिम्मला॥9॥

अन्वयार्थ—(णाणेण अंतरं सुद्धं) ज्ञान से अंतरंग शुद्धि होती है, (णाणेण कज्जकोसलं) ज्ञान से ही कार्यकुशलता होती है, (णाणेण जीवणं रम्मं) ज्ञान से जीवन रमणीय बनता है, (णाणेण संतिणिम्मला) ज्ञान से निर्मल शान्ति होती है।

भावार्थ—ज्ञान से अंतरंग शुद्धि होती है। ज्ञान से कार्य कुशलता आती है। ज्ञान से जीवन रमणीय-सुंदर बनता है और ज्ञान से ही निर्मल शान्ति की प्राप्ति होती है।

शान्ति का क्रम

पढमो अप्पसंती त्ति, परसंती दुतीयगो।
तदियो लोगसंती त्ति, संती पाढक्कमो इमो॥10॥

अन्वयार्थ—(पढमो अप्पसंती त्ति) प्रथम आत्मशान्ति होनी चाहिए (परसंती दुतीयगो) दूसरे क्रम पर दूसरों की शान्ति (तदियो लोगसंती त्ति) तीसरी लोकशान्ति (संती पाढक्कमो इमो) यह शान्ति का पाठ क्रम है।

भावार्थ—सबसे पहले आत्मशान्ति अर्थात् आत्मसन्तोष होना चाहिए। फिर दूसरे क्रम पर दूसरों की शान्ति फिर तीसरे क्रम पर विश्वशांति। यह शांति का पाठक्रम है।

सद्‌गुणों से महत्त्व प्राप्त होता है

ईसरत्ता महत्तं णो, महत्तं णण्ण-सासणा।
पइट्ठादो ण माहप्पं, माहप्पं सग्गुणेहि य॥11॥

अन्वयार्थ—(ईसरत्ता महत्तं णो) ऐश्वर्य से महत्त्व नहीं आता। (महत्तं णण्ण-सासणा) अन्य पर शासन करने से महत्त्व नहीं प्राप्त होता (य) और (पइट्ठादो ण माहप्पं) प्रतिष्ठा से भी महत्त्व नहीं आता है, (माहप्पं सग्गुणेहि) सद्‌गुणों से महत्त्व प्राप्त होता है।

भावार्थ—ऐश्वर्य से मनुष्य का महत्त्व नहीं होता है, अन्य पर शासन करने से महत्त्व प्राप्त नहीं होता और न ही प्रतिष्ठा पा लेने से महत्त्व प्राप्त होता है, महत्त्व प्राप्त होता है सद्‌गुणों से।

उत्तम पुरुष ऐसा जीवन नहीं चाहते

जीवणं णिक्किरियं च, सुविधाजुत्तं च तहा।
परावलंबणं जुत्तं, णेच्छंति पुरिसोत्तमा॥12॥

अन्वयार्थ—(पुरिसोत्तमा) उत्तम पुरुष (णिक्किरियं) निष्क्रिय (सुविधाजुत्तं) सुविधायुक्त (तहा) तथा (परावलंबणं) परावलंबन युक्त (जीवणं) जीवन (णेच्छंति) नहीं चाहते।

भावार्थ—उत्तमपुरुष निष्क्रिय, सुविधायुक्त तथा परावलंबन युक्त जीवन नहीं चाहते।

कुशलव्यक्ति सफल होता है

सफलं वस्सिदे काले, अकाले विफलं जहा।
कुसलो खेत्तकालण्हू, सफलो होदि सव्वदा॥13॥

अन्वयार्थ—(जहा) जैसे (वस्सिदे काले) सुयोग्य समय पर बरसने पर मेघ (सफलं) सफल होते हैं। व (अकाले विफलो) अयोग्यकाल में बरसने पर विफल होते हैं वैसे ही (कुसलो खेत्तकालण्हू) कुशल क्षेत्र कालज्ञ व्यक्ति (सव्वदा) हमेशा (सफलं) सफल (होदि) होता है।

भावार्थ—जैसे सुयोग्य समय पर बरसने पर मेघ सफल होते हैं और अयोग्य अकाल में बरसने पर मेघ विफल होते हैं। वैसे ही क्षेत्र काल को अच्छी तरह जानने वाले व्यक्ति हमेशा सफल होते हैं।

वह पुरुष उत्तम है

पसण्णो ण पसंसाए, विसण्णो ण विरोधगे।
खिण्णो हवे ण वेफल्ले, सो पुरिसो हि उत्तमो॥14॥

अन्वयार्थ—(पसण्णो ण पसंसाए) जो प्रशंसा में प्रसन्न नहीं होता है (विसण्णो ण विरोधगे) विरोध में जो विषण्ण नहीं होता (तथा खिण्णो हवे ण वेफल्ले) विफलता में खिन्न नहीं होता (सो पुरिसो हि उत्तमो) वह पुरुष ही उत्तम है।

भावार्थ—जो प्रशंसा में प्रसन्न नहीं होता, विरोध में विषाद युक्त नहीं होता, विफलता में खिन्न नहीं होता वह पुरुष श्रेष्ठ पुरुष है।

युग नहीं भाव बदलो

कलिजुगो कलुस्सेहि, सच्छभावेहि सज्जुगो।
णवजुगो णवीणेहि भावेहि वट्टदे जुगो॥15॥

अन्वयार्थ—(कलिजुगो कलुस्सेहि) कलुष भावों से कलियुग (सच्छभावेहि सज्जुगो) स्वच्छ भावों से सतयुग और (णवीणेहि णवजुगो) नये भावों से नवयुग है वस्तुतः (भावेहि वट्टदे जुगो) भावों से युग वर्तता है।

भावार्थ—कलुषभावों से कलियुग बनता है। स्वच्छ भावों से सतयुग बनता है और नये भावों से नवयुग समझना चाहिए। वस्तुतः अपने भावों पर ही कलयुग सतयुग या नवयुग निर्भर करता है।

ज्ञानियों का चिन्तन

संजमं अप्पसेयत्थं, परत्थं च परक्कमं।
सव्वस्स सेयचिंताउ, णाणी करोदि सव्वदा॥16॥

अन्वयार्थ—(णाणी) ज्ञानी (सव्वदा) हमेशा (अप्पसेयत्थं संजमं) आत्मकल्याण के लिए संयम (परत्थं च परक्कमं) परोपकार के लिए पराक्रम (च) और (सव्वस्स सेय चिंताउ) सबके कल्याण हेतु चिंतन करता है।

भावार्थ—ज्ञानी धर्मात्मा पुरुष हमेशा आत्मकल्याण के लिए संयम धारण करता है और परोपकार के लिए पराक्रम का सहारा लेता है और सबका कल्याण हो ऐसा चिंतन करता है।

चारित्र से आदर्श

आयरिसो चरित्तादो, णिक्कस्सो गुज्झ-चिंतणा।
संघस्सो वि णवल्लादो, आसि अत्थि य होहिदि॥17॥

अन्वयार्थ—(चरित्तादो आयरिसो) चारित्र से आदर्श (गुज्झ-चिंतणा) गम्भीर चिन्तन करने पर (णिक्कस्सो) निष्कर्ष,(णवल्लादो) नये प्रस्तुतिकरण में (संघस्सो) संघर्ष (आसि अत्थि य होहिदि) होता था, होता है और होता रहेगा।

भावार्थ—चारित्र से आदर्श बनता है, चिन्तन करने पर निष्कर्ष निकलता है और किसी भी नयी शुरुआत में संघर्ष होता ही है, होता था और होता रहेगा।

निर्मोहता से शुद्धि होती है

णिम्मोहे हवदि सुद्धी, णिद्दोहे संतिणिम्मला।
सदोहे वड्ढदि सत्ती, अत्तलीणेहि मुत्ती य॥18॥

अन्वयार्थ—(णिम्मोहे) निर्मोह होने पर (सुद्धी) शुद्धि, (णिद्दोहे) निर्द्रोह होने पर (संतिणिम्मला) निर्मल शान्ति (सदोहे) स्वद्रोह होने पर (सत्ति) शक्ति (वड्ढदि) वृद्धिंगत होती है (य) और (अत्तलीणेहि मुत्ती) आत्मलीन होने से मुक्ति (होदि) होती है।

भावार्थ—निर्मोह होने पर शुद्धि, निर्द्रोह अर्थात् विरोध रहित होने पर निर्मल शान्ति बढ़ती है, स्वद्रोह अर्थात् सन्मार्ग में पुरुषार्थ होने पर शक्ति बढ़ती है और आत्मलीन होने पर मुक्ति मिलती है।

मूल पर ध्यान दो

मूलुच्छेदो य रोगस्स, मूलसेको तरुस्स य।
मूलप्फासो समस्साणं, समाधाणं च होदि हि॥19॥

अन्वयार्थ—(रोगस्स) रोग के (मूलुच्छेदो) मूल का उच्छेद (तरुस्स) वृक्ष के (मूलसेको) मूल का सिंचन (मूलप्फासो समस्साणं) समस्यों का मूल का स्पर्श होना चाहिए (समाधाणं च होदि हि) समाधान निश्चित होता है।

भावार्थ—रोग के मूल का नाश हो तो आरोग्य अच्छा होगा, वृक्ष के मूल पर सिंचन हो तो उसका विकास होगा और समस्याओं के मूल पर ध्यान दिया जाय तो समाधान होगा।

पहले देख लें

भग्गादो पुव्व-पोरुस्सं, कज्जा पुव्व-मणो-ठिदी।
सहाया पुव्व-ससत्ती, पासेज्जंति मणीसिणो॥20॥

अन्वयार्थ—(भग्गादो पुव्व-पोरुस्सं) भाग्य से पूर्व पुरुषार्थ (कज्जा पुव्व-मणो-ठिदी) कार्य से पूर्व मनस्थिति (सहाया पुव्व-ससत्ती) सहायकों से पूर्व स्वशक्ति (मणीसिणो) मनीषियों को (पासेज्जंति) देख लेना चाहिए।

भावार्थ—बुद्धिमानों को केवल भाग्य भरोसे पड़े रहने की अपेक्षा पुरुषार्थ की तरफ ध्यान देना चाहिए। कार्य के पूर्व मानसिक स्थिति पर ध्यान देना योग्य है और सहायक इकट्ठा करने से पूर्व स्वशक्ति भी परख लेना चाहिए।

दृष्टि का फेर

मिच्छत्ती सुहदो दुक्खं, सम्मत्ती दुक्खदो सुहं।
णिक्कासेइं सहावेण, वीतरागी समं हवे॥21॥

अन्वयार्थ—(सम्मत्ती दुक्खदो सुक्खं) सम्यक्त्वी जीव दुःख में से सुख, (मिच्छत्ती सुहदो दुहं) मिथ्यात्वी जीव सुख में से दुःख (सहावेण) स्वभाव से ही (णिक्कासेइं) निकाल लेता है। (वीतरागी समं हवे) वीतरागी समभावी होता है।

भावार्थ—सम्यक्त्वी जीव दुःख में से सुख, मिथ्यात्वी जीव सुख में से दुःख स्वभाव से ही निकाल लेता है। वीतरागी समभावी होता है।

अज्ञानी आनन्द नहीं पाता

अण्णाणी रंजिदो रागा, होदि य दोस-दूसिदो।
कसायमोहसंजुत्तो, आणंदं लहदे कहं?॥22॥

अन्वयार्थ—(अण्णाणी रंजिदो रागा) अज्ञानी राग से रंजित (दोस दूसिदो) द्वेष से दूषित (य) और (कसायमोहसंजुत्तो) कषायमोह संयुक्त (होदि) होता है, (आणंदं लहदे कहं) वह आनन्द कैसे प्राप्त कर सकता है?

भावार्थ—अज्ञानी व्यक्ति राग से रंजित, द्वेष से दूषित और मोह से संयुक्त होता है, ऐसे में वह आनन्द कैसे प्राप्त कर सकता है?

चिन्ता नहीं चिन्तन करो

चिंतणं कुरु णो चिंतं, कज्जं कुणह णो कहा।
पदंसणं च णो कुज्जा, कुज्जेह अप्पदंसणं॥23॥

अन्वयार्थ—(चिंतणं कुरु णो चिंतं) चिंतन करो चिंता नहीं (कज्जं कुणह णो कहा) कार्य करो कथा नहीं (पदंसणं च णो कुज्जा) प्रदर्शन भी मत करो (कुज्जेह अप्पंदसणं) आत्मदर्शन करो।

भावार्थ—चिंतन करो चिंता नहीं, कार्य करो कथा नहीं, और सदा व्यर्थ का प्रदर्शन मत करो, अपितु आत्मदर्शन करो।

व्रतों का पालन करो

असंजमो विणासस्स, विगासस्स अणुव्वदो।
महव्वदो पयासस्स, तम्हा वदाणि पालह॥24॥

अन्वयार्थ—(असंजमो विणासस्स) असंयम विनाश के लिए है (अणुव्वदो विगासस्स) अणुव्रत विकास के लिए है (और) (महव्वदो पयासस्स) महाव्रत प्रकाश के लिए है (तम्हा वदाण पालह) इसलिए व्रतों का पालन करो।

भावार्थ—असंयम विनाश का कारण है, अणुव्रतरूप संयम विकास का कारण है, और महाव्रत आत्मप्रकाश सिद्धि का कारण है।

आनन्द, सुख व दुःख

अप्पाणुभूदी आणंदो, खणिगं वत्थुजं सुहं।
पमादप्पभवं दुक्खं, जं रुच्चइ तं चिंतह॥25॥

अन्वयार्थ—(अप्पाणुभूदी आणंदो) आत्मानुभूति आनन्द है (खणिगं वत्थुजं सुहं) वस्तुजन्य सुख क्षणिक है (पमादप्पभवं दुक्खं) प्रमादजनित दुःख है, अब तुम्हें (जं रुच्चइ तं चिंतह) जो रुचे वह चिंतन करो।

भावार्थ—आत्मानुभूति आनन्द है, वस्तुजन्य सुख क्षणिक है, इन्द्रियसुख क्षणिक है, प्रमाद से दुःख होता है। तुम्हें जो अच्छा लगे वह पाने हेतु चिंतन करो।

समस्या व दुःख में अन्तर

समस्सा बज्झलोगत्था, दुक्खं अंतम्मणो-ठिदं।
दुक्खमण्णं समस्सण्णा, दुवे चत्ता सुही हवे॥26॥

अन्वयार्थ—(समस्सा बज्झलोगत्था) समस्या बाह्य लोकस्थ है (दुक्खं अंतम्मणो ठिदं) दुःख अन्तर्मनस्थित है वस्तुतः (दुक्खमण्णं समस्सण्णा) दुःख अन्य है और समस्या अन्य है (दुवे चत्ता सुही हवे) दोनों को छोड़कर सुखी होओ।

भावार्थ—जो बाहिरी लोक सम्बधी प्रतिकूलता हैं वे समस्याएँ कहलाती हैं और दुःख भीतरी मन में पैदा होता है। इसलिए समस्या और दुःख दो अलग चीजें हैं। दोनों को छोड़ सुखी होओ।

महानता दुर्लभ है

महंतं णो महत्तेच्छुं, बलवंतं णो सोसगो।
बुहवंतं विवादी णो, दुल्लहो तारिसो णरो॥27॥

अन्वयार्थ—(महत्तेच्छुं महंतं णो) महत्त्वेच्छुक महान नहीं है (सोसगो) शोषक (बलवंतं णो) बलवान नहीं है (विवादी) विवाद करनेवाला (बुहवंतं) बुद्धिमान नहीं है (दुल्लहो तारिसो णरो) उस प्रकार का मनुष्य दुर्लभ है।

भावार्थ—जो महत्त्व पाना चाहता है वह महान नहीं है। जो अन्य का शोषण करता है वह बलवान नहीं है और जो विवाद करता है वह बुद्धिमान नहीं है। वस्तुतः इन गुणों सहित निर्दोष मनुष्य मिलना दुर्लभ है।

मर्यादा आवश्यक है

मज्जादिदो महागासो, मज्जादिदो महोदही।
मज्जादिदो महामेरू, मज्जादं धारउ सदा॥28॥

अन्वयार्थ—(मज्जादिदो महागासो) महाकाश मर्यादित है (मज्जादिदो महोदही) महोदधि मर्यादित है (य) और (मज्जादिदो महामेरू) महामेरु मर्यादित है इसलिए (सदा) हमेशा (मज्जादं धारउ) मर्यादा धारण करो।

भावार्थ—महान आकाश मर्यादित है, महासागर मर्यादित है, महामेरु पर्वत भी मर्यादित है, अर्थात् महापुरुष मर्यादित होते हैं, हमें भी मर्यादा धारण करना चाहिए।

श्रेष्ठतीर्थ है मन:शुद्धि

सेट्ठतित्थं मणोसुद्धी, सेट्ठसत्थं मणोसमं।
सेट्ठदेवो सदाचारो, अप्पा सव्वेसु सेयसो॥29॥

अन्वयार्थ—(सेट्ठ तित्थं मणोसुद्धी) मनः शुद्धि श्रेष्ठ तीर्थ है (सेट्ठसत्थं मणोसमं) मन की समता श्रेष्ठ शास्त्र है (सेट्ठदेवो सदाचारो) सदाचार ही श्रेष्ठ देव है (अप्पा सव्वेसु सेयसो) आत्मा सबसे श्रेष्ठ है।

भावार्थ—मन की शुद्धि श्रेष्ठ तीर्थ है, मन की समता श्रेष्ठ शास्त्र है, सदाचार श्रेष्ठ देव है और आत्मा सबसे श्रेष्ठ है।

तो कार्य सफल होता है

चिंतणं चेतसा कुज्जा, पण्णाए णिण्णओ वरं।
किरिया पोरुसत्थेण, कज्जं खु सहलं हवे॥30॥

अन्वयार्थ—(चेतसा चिंतणं) जागृत मन से चिंतन (पण्णाए णिण्णओ वरं) प्रज्ञा से श्रेष्ठ निर्णय (किरिया पोरुसत्थेण) पुरुषार्थ पूर्वक क्रिया (कुज्जा) करे (कज्जं खु सहलं हवे) कार्य निश्चित सफल होता है।

भावार्थ—जागृत मन से चिंतन, प्रज्ञा से श्रेष्ठ निर्णय, पुरुषार्थ पूर्वक क्रिया करे तो निश्चितरूप से सफलता प्राप्त होती है।

कैसा व्यक्ति सम्मान पाता है?

पसण्णो मणसा होज्जा, कोमलो वचसा तहा।
कज्जसीलो सरीरेण, माणं पावेज्ज सव्वदा॥31॥

अन्वयार्थ—(पसण्णो मणसा) मन से प्रसन्न (कोमलो वचसा) वचन से कोमल (कज्जसीलो सरीरेण) शरीर से कार्यशील (होज्जा) होओ तो (माणं पावेज्ज सव्वदा) हमेशा सम्मान पाओगे।

भावार्थ—मन से प्रसन्न, वचन से कोमल तथा शरीर से कार्यशील बनो तो हमेशा सब जगह सम्मान पाओगे॥

सिद्धि अन्यथा नहीं होती

मुत्तग्गहो हवे दिट्ठी, चिंतणं सम्मभावणा।
णाणब्भासं च चारित्तं, सिद्धी होदि ण अण्णहा ॥32॥

अन्वयार्थ—(मुत्तग्गहो दिट्ठी) आग्रहमुक्त दृष्टि (चिंतणं सम्मभावणा) साम्यभावना का चिंतन (णाणब्भासं च चारित्तं) ज्ञानाभ्यास व चारित्र (हवे) हो तो(सिद्धी होदि) सिद्धि होती है (ण अण्णहा) अन्य प्रकार से नहीं।

भावार्थ—आग्रहमुक्त दृष्टि, आत्मभावना का चिंतन, ज्ञानाभ्यास व चरित्र होता है तो सिद्धि होती है, अन्य प्रकार से नहीं।

योग को साधो

महप्पा सुहजोगेण, दुरप्पासुहजोगदो।
परमप्पा अजोगेण, तम्हा जोगं च साधय ॥33॥

अन्वयार्थ—(सुहजोगेण महप्पा) शुभयोग से महात्मा (दुरप्पासुहजोगदो) अशुभयोग से दुरात्मा (च) और (अजोगेण परमप्पा) अयोग से सदा परमात्मा होता है (तम्हा) इसलिए (जोगं) योग को (साधय) साधो।

भावार्थ—शुभ योग से महात्मा, अशुभ योग से दुरात्मा और अयोग दशा से जीव परमात्मा होता है। इसलिए योग को सम्हालो।

अल्प व शुद्ध भोजन हो

सादत्थं भोयणं मूढं, जीवणत्थं अवस्सगं।
साहणत्थं किदो धम्मो, अप्पं सुद्धं तु भुंजह ॥34॥

अन्वयार्थ—(सादत्थं भोयणं मूढं) स्वाद के लिए किया हुआ भोजन मूढ़ता है (जीवणत्थं अवस्सगं) जीवन के लिए आवश्यक है (साहणत्थं किदो धम्मो) साधना के लिए किया गया भोजन धर्म है (तु) किन्तु (अप्पं सुद्धं) अल्प व शुद्ध ही (भुंजह) खाओ।

भावार्थ—स्वाद के लिए भोजन करना मूढ़ता है, जीवित रहने के लिए भोजन करना आवश्यक है और साधना के लिए भोजन करना धर्म है। किन्तु भोजन अल्प और शुद्ध ही करना चाहिए।

आश्चर्य की बात

धम्मत्थं विग्गह-कज्जं, धम्मत्थं धणसंगहो।
दुरग्गहो च धम्मत्थं, तदो किमच्छेरं परं ॥35॥

अन्वयार्थ—(धम्मत्थं विग्गहकज्जं) धर्म के लिए विग्रह कार्य (धम्मत्थं

धणसंगहो) धर्म के लिए धनसंग्रह (च) और (धम्मत्थं दुरग्गहो) धर्म के लिए दुराग्रह करना (तदो किमच्छेरं परं) इससे बड़ा आश्चर्य और क्या होगा?

भावार्थ—धर्म के लिए विग्रहकार्य, धर्म के लिए धनसंग्रह और धर्म के लिए दुराग्रह करना। इससे बड़ा आश्चर्य और क्या होगा? क्योंकि धर्म में इन बातों के लिए कोई स्थान नहीं।

किससे किसकी शुद्धि

भावणादो मणोसुद्धी, वदेहि कज्ज-सुद्धी य।
देहसुद्धी दिवाहारो, सिक्खासुद्धी सयं हवे ॥36॥

अन्वयार्थ—(भावणादो मणोसुद्धी) भावना से मनोशुद्धि, (वदेहि कज्जसुद्धी) व्रत से कार्यशुद्धि (देहसुद्धी दिवाहारो) दिवस भोजन से देहशुद्धि (य) और (सिक्खासुद्धी सयं हवे) शिक्षाशुद्धि स्वयं होती है।

भावार्थ—श्रेष्ठ भावना से मनशुद्धि, व्रतों से कार्यशुद्धि, दिवाभोजन से कायशुद्धि होती है तथा शिक्षाशुद्धि समय पकने पर स्वयं होती है।

धर्मात्मा की प्रवृत्ति

धम्मप्पा बीहइ पावा, पुण्णादो य पफुल्लदि।
तच्चरुई य संसग्गं, धम्मप्पाणं च इच्छदे ॥37॥

अन्वयार्थ—(धम्मप्पा) धर्मात्मा (पावा) पाप से (बीहइ) डरता है (पुण्णादो य पफुल्लदि) पुण्य से प्रफुल्लित होता है (तच्चरुई) तत्त्वरुचि (य) तथा (धम्मप्पाणं) धर्मात्माओं का(संसग्गं) संसर्ग (इच्छदे) चाहता है।

भावार्थ—धर्मात्मा पाप से डरता है, पुण्य से प्रफुल्लित होता है, तत्त्वरुचि रखता है तथा धर्मीजनों का संग चाहता है।

परतंत्र-स्वतंत्र

परतंतो पदत्थत्थी, जंतेव किरिया हवे।
सहावत्थी सुतंतो य, णाणी धम्मरदो हवे ॥38॥

अन्वयार्थ—(पदत्थत्थी) पदार्थ के प्रयोजनवाला (परतंतो हवे) परतंत्र है। (जंतेव किरिया हवे) उसकी क्रिया यंत्र के समान होती है। (य) और (सहावत्थी सुतंतो य) स्वभाव के प्रयोजन वाला स्वतंत्र (णाणी धम्मरदो हवे) ज्ञानी धर्मरत होता है।

भावार्थ—पदार्थों में आसक्त व्यक्ति परतंत्र है, उसकी क्रिया सदा यंत्र समान होती है और स्वभाव के प्रयोजनवाला व्यक्ति स्वतंत्र है क्योंकि वह ज्ञानी धर्मरत होता है।

आचार सर्वोपकारी है

आयारो सव्वभोमो य, पुज्जो य सव्वकालिगो।
भूदाणं तु उवयारी, मोक्खस्स कारणं हवे॥39॥

अन्वयार्थ—(आयारो) आचार (सव्वभोमो) सार्वभौम (पुज्जो) पूज्य (सव्वकालिगो) सार्वकालिक (य) और (भूदाणं तु उवयारी) जीवमात्र का उपकारी (य) तथा (मोक्खस्स कारणं हवे) मोक्ष का कारण है।

भावार्थ—श्रेष्ठ सदाचार सार्वभौम, पूज्य, सार्वकालिक और जीवमात्र का उपकारी तथा मोक्ष का कारण है। इसलिए श्रेष्ठ आचरण करना चाहिए।

सद्भावना श्रेष्ठ है

णिक्काम भावदो धम्मो, कज्जं णिण्णाम भावदो।
णिम्माण भावदो दाणं, उवयारो य सेट्ठगो॥40॥

अन्वयार्थ—(णिक्काम भावदो धम्मो) निष्काम भाव से धर्म (णिण्णाम भावदो कज्जं) निर्नामभाव से कार्य (णिम्माण भावदो दाणं उवयारो य सेट्ठगो) निर्मान भाव से दान व उपकार श्रेष्ठ है।

भावार्थ—निष्काम भाव से धर्म, निर्नाम भाव से कार्य और निर्मान भाव से दान व उपकार करना श्रेष्ठ है।

सच्चा सुख आत्मस्थित है

छुद्दं सुहं पराघादं, तुच्छं सुहं परासिदं।
मणोसुहं सुचिंतादो, अप्पासिदं परं सुही॥41॥

अन्वयार्थ—(पराघादं) परघात (छुद्दं सुखं) क्षुद्र सुख है, (परासिदं) पराश्रित (तुच्छं सुहं) तुच्छ सुख है, (सुचिंतादो) श्रेष्ठचिंतन से (मणोसुहं) मनसुख होता है, (अप्पासिदं परं सुही) आत्माश्रित परं सुख होता है।

भावार्थ—जो परघात से प्राप्त हो वह क्षुद्र सुख है, जो पराश्रय से प्राप्त हो वह तुच्छ सुख है, जो श्रेष्ठ चिंतन से प्राप्त हो वह मनसुख है, लेकिन जो आत्माश्रित हो वह परमसुख है।

वह वांछित फल नहीं पाता

धम्मिगो णीदिगो णत्थि, परेक्खी णप्पदंसगो।
संतीच्छुगो समी णत्थि, सो किं पावेइ वंछिदं?॥42॥

अन्वयार्थ—(धम्मिगो णीदिगो णत्थि) धार्मिक यदि नैतिक नहीं है। (परेक्खी णप्पदंसगो) दूसरों को देखता है पर अपने को नहीं (संतीच्छुगो समी णत्थि) शांति

का इच्छुक है किन्तु समभाववाला नहीं, (सो किं पावेइ वंछिदं?) वह क्या वांछित फल को पाएगा?

भावार्थ—धार्मिक व्यक्ति यदि नैतिक नहीं है, दूसरों के दोष देखता है पर अपने नहीं, शांति का इच्छुक है, किन्तु समभाव वाला नहीं है, तो क्या वह वांछित फल को पाएगा? अर्थात् नहीं पाएगा।

पहले नैतिक बनो

णीदिगो भोदिग-पुव्वं, भाविगो बुद्धिग पुरा।
सविगासं पुरा-अण्ण-विगासं कुणदु सुधि!॥43॥

अन्वयार्थ—(सुधि!) हे ज्ञानी! (णीदिगो भोदिग-पुव्वं) भौतिक बनने के पूर्व नैतिक बनो (बुद्धिग पुरा भाविगो) बुद्धिजीवी बनने के पूर्व भाविक बनो (अण्ण-विगासं पुरा) दूसरों के विकास से पूर्व (सविगासं) स्वविकास करो।

भावार्थ—हे ज्ञानी! भौतिक बनने के पूर्व नैतिक बनो। बुद्धिजीवी बनने के पूर्व भाविक बनो। दूसरों के विकास के पूर्व आत्मविकास करो।

सिद्धि के बिना प्रसिद्धि से क्या लाभ?

सिद्धिं विणा पसिद्धी किं, धिदिं विणा धियाए वि।
सुद्धिं विणा समिद्धी किं, सामं विणा तवेण य॥44॥

अन्वयार्थ—(सिद्धिं विणा पसिद्धी किं?) सिद्धि बिना प्रसिद्धि से क्या लाभ? (धिदिं विणा धियाए वि) धृति बिना बुद्धि से क्या लाभ? (सुद्धिं विणा समिद्धी किं) शुद्धि बिना समृद्धि से क्या लाभ? (सामं विणा तवेण य) और साम्यभाव के बिना तप से क्या लाभ?

भावार्थ—सिद्धि बिना प्रसिद्धि से क्या लाभ? धैर्य बिना बुद्धि से क्या लाभ? शुद्धि बिना समृद्धि से क्या लाभ? और साम्यभाव बिना तप से क्या लाभ?

प्रवृत्तियों की वृत्ति

णिबुद्धी य पसुवुत्ती, कुबुद्धी दाणवी दसा।
सुबुद्धी माणुसी वुत्ती, परा बुद्धिइ सिज्झदे॥45॥

अन्वयार्थ—(णिबुद्धी पसुवुत्ती) निर्बुद्धि पशुवृत्ति है (कुबुद्धी दाणवी दसा) कुबुद्धि दानवी दशा है (सुबुद्धी माणुसी वुत्ती) सुबुद्धि मनुष्यवृत्ति है (य) और (परा बुद्धिइ सिज्झदे) श्रेष्ठ बुद्धि से सिद्ध होता है।

भावार्थ—बुद्धिरहित प्रवृत्ति पशुवृत्ति के समान है, कुबुद्धिपूर्ण प्रवृत्ति दानवी

दशा के समान है। सुबुद्धिपूर्ण प्रवृत्ति मनुष्यप्रवृत्ति के समान है और श्रेष्ठ बुद्धि से जीव सिद्ध होता है।

आत्मधर्म सुखप्रद है

समभावेण उप्पण्णो, विवेगेण ववत्थिदो।
पइट्ठिदो जिणण्णाए, अप्पधम्मो सुहावहो ॥46॥

अन्वयार्थ—(समभावेण उप्पण्णो) सम-शमभाव से उत्पन्न (विवेगेण ववत्थिदो) विवेक से व्यवस्थित (जिणण्णाए पइट्ठिदो) जिनाज्ञा से प्रतिष्ठित (अप्पधम्मो सुहावहो) आत्मधर्म सुखप्रद है।

भावार्थ—शमभाव से उत्पन्न आत्मधर्म सुखप्रद है। विवेक से व्यवस्थित आत्मधर्म सुखप्रद है। जिनाज्ञा से प्रतिष्ठित आत्मधर्म सुखप्रद है। अन्त में आत्मधर्म ही सुखप्रद है।

धर्म आदेय है

धम्मो सव्वजणीणो दु, सव्वभोमो सुहंकरो।
सव्वकालिय आदेज्जो, गिण्हेज्ज सज्जणा जणा ॥47॥

अन्वयार्थ—(धम्मो) धर्म (सव्वजणीणो) सर्वजनीन (सव्वभोमो) सार्वभौम (सुहंकरो) सुखकर (सव्वकालिय आदेज्जो) सर्वकालिक आदेय है (दु) इसलिए इसे (सज्जणा जणा) सज्जनजन(गिण्हेज्ज) ग्रहण करें।

भावार्थ—धर्म सर्वजनीन, सार्वभौम, सुखकर, सार्वकालिक आदेय है। इसलिए इसे सज्जनजन ग्रहण करें, जीवन में धारण करें।

बिन्दुओं से सिन्धु भर जाता है

बिंदूहिं पूरदे सिंधू, खणेहिं जीवणं तहा।
णरेहिं च समाजो य, गुणेहिं अप्पपुण्णदा ॥48॥

अन्वयार्थ—(बिंदूहिं पूरदे सिंधू) बूंदों से सागर भरता है (खणेहि जीवणं तहा) क्षणों से जीवन(णरेहिं समाजो) मनुष्यों से समाज (य) और (गुणेहिं अप्पपुण्णदा) गुणों से आत्मपूर्णता होती है।

भावार्थ—बूंद-बूंद से घड़ा भर जाता है। क्षण-क्षण से जीवन बन जाता है। मनुष्यों से समाज बनता है। और एक एक गुण की पूर्णता होने से आत्मा परमात्मा बन जाता है।

ध्यान के लिए शान्तचित्त चाहिए

जाणत्थं वाहगो जोग्गो, गाणत्थं गायगो परो।
णाणत्थं गाहको पत्तो, झाणत्थं संतचित्तता ॥49॥

अन्वयार्थ—(जाणत्थं वाहगो जोग्गो) यान के लिए योग्य वाहक (गाणत्थं गायगो परो) गान के लिये श्रेष्ठ गायक (णाणत्थं गाहको पत्तो) ज्ञान के लिए ग्राहक पात्र और (झाणत्थं संतचित्तता) ध्यान के लिए शांत चित्तता चाहिए।

भावार्थ—यान के लिए योग्य वाहक, गान के लिए श्रेष्ठ गायक, ज्ञान के लिए श्रेष्ठ ग्राहक पात्र और ध्यान के लिए शान्तचित्तता चाहिए।

संयम सर्वथा लाभकारी है

संजमसाहणा अत्थि, स-पर-संतिकारणं।
उत्थाणत्थं समाजस्स, मोक्खत्थं अप्पसुद्धीए॥50॥

अन्वयार्थ—(संजमसाहणा अत्थि स-पर-संतिकारणं) संयमसाधना स्व-पर शान्ति का कारण है (समाजस्स उत्थाणत्थं) समाज के उत्थान के लिए (मोक्खत्थं) मोक्ष के लिए तथा (अप्पसुद्धीए) आत्मशुद्धि के लिए है।

भावार्थ—संयमसाधना स्व-पर शान्ति का कारण है, समाज के उत्थान के लिए, मोक्ष के लिए और आत्मशुद्धि के लिए है।

सहिष्णुता से एकता होती है

ववत्थादो समाजस्स, रट्ठुण्णदी विहाणदो।
अणुसासणदो संती, सहिण्हुत्ताअ एगया॥51॥

अन्वयार्थ—(ववत्थादो समाजस्स) व्यवस्था से समाज की (विहाणदो रट्ठुण्णदी) विधान-कानून से राष्ट्रोन्नति (अणुसासणदो संती) अनुशासन से शान्ति तथा (सहिण्हुत्ताअ एगया) सहिष्णुता से एकता होती है।

भावार्थ—व्यवस्था से समाज की व संविधान-कानून से राष्ट्र की उन्नति सदा होती है, अनुशासन से शान्ति तथा सहिष्णुता से एकता होती है।

लक्ष्यनिर्धारण के पूर्व

लक्खणिद्धारणं पुव्वं, चिंतव्वो सत्तिसाहसो।
तदत्थं जोग्गसाहिच्चं, संकप्पं सिद्धी होहिदि॥52॥

अन्वयार्थ—(लक्खणिद्धारणं पुव्वं) लक्ष्य निर्धारण से पूर्व (सत्तिसाहसो) शक्ति व साहस का (चिंतव्वो) विचार करना चाहिए (तदत्थं जोग्गसाहिच्चं) उसके योग्य साहित्य (व) (संकप्पं) संकल्प हो तो (सिद्धी) सिद्धी (होहिदि) होगी।

भावार्थ—लक्ष्य निर्धारण से पूर्व शक्ति व साहस का विचार करना चाहिए, फिर उसके योग्य साहित्य (साधन) तथा संकल्प हो तो सिद्धि होती ही है।

किससे क्या होता है?

चिंतादो णस्सदे बुद्धी, दुक्खादो णासदे तणू।
आलस्सेण हि लच्छी य, पावेहिं पुण्ण खिज्जदि ॥53॥

अन्वयार्थ—(चिंतादो बुद्धी णस्सदे) चिंता से बुद्धि नष्ट हो जाती है। (दुक्खादो तणु णासदे) दुःख से देह नष्ट हो जाती है। (आलस्सेण हि लच्छी) आलस्य से लक्ष्मी (य) और (पावेहिं पुण्ण खिज्जदि) पाप से पुण्य क्षय हो जाता है।

भावार्थ—चिंता से बुद्धि नष्ट हो जाती है, दुःख से देह नष्ट हो जाता है, आलस्य से लक्ष्मी और पाप से पुण्य का क्षय हो जाता है।

यही धर्मप्रभावना है

ससत्ती सत्तिवं लोगं, साभाए भासवं परं।
सोदएणुदितं कुज्जा, एसा धम्मप्पहावणा ॥54॥

अन्वयार्थ—(ससत्ती सत्तिवं लोगं) स्वशक्ति से लोक को शक्तिवान (साभाए भासवं परं) स्वप्रकाश से दूसरों को प्रकाशवान (सोदएणुदितं) स्व-उदय से दूसरों का उदय (कुज्जा) करे (एसा धम्मप्पहावणा) यही धर्मप्रभावना है।

भावार्थ—स्वशक्ति से लोक को शक्तिवान, स्वप्रकाश से दूसरों को प्रकाशवान तथा स्व-उत्थान के साथ दूसरों का भी उत्थान करें, यही सच्ची धर्म प्रभावना है।

शान्ति का साधन

चरणं करणं सम्मं, अप्पं वा जिणदंसणं।
सवणं सेट्ठ-सद्दस्स, वत्थुदो संति-साहणं ॥55॥

अन्वयार्थ—(सम्मं चरणं करणं) सम्यक् आचार विचार (अप्पं वा जिणदंसणं) आत्मदर्शन व जिनदर्शन (सेट्ठसद्दस्स) श्रेष्ठ शब्द का (सवणं) सुनना (वत्थुदो) वस्तुतः (संति-साहणं) शान्ति का साधन है।

भावार्थ—सम्यक् आचार-विचार, आत्मदर्शन अथवा जिनदर्शन, श्रेष्ठ शब्द का श्रवण वस्तुतः शान्ति का साधन है।

मनुष्य ही धर्म योग्य है

देवदा बिसयासत्ता, णारया दुक्खदूसिदा।
णाणहीणा य तेरिच्छा, धम्मजोग्गा हि माणवा ॥56॥

अन्वयार्थ—(देवदा विसयासत्ता) देवता विषयासक्त हैं (णारया दुक्खदूसिदा) नारकी दुःख से दूषित हैं (णाणहीणा य तेरिच्छा) तिर्यंच ज्ञानहीन हैं (धम्मजोग्गा हि माणवा) मनुष्य ही धर्म योग्य हैं।

भावार्थ—देवता विषयासक्त हैं, नारकी दुःख दूषित हैं, तिर्यंच ज्ञानहीन हैं, मात्र मनुष्य ही धर्म योग्य हैं।

जैन शासन वर्धमान हो

लोगे वड्ढदु संती, तहा वच्छल्लभावणा।
वड्ढदु अत्तिया संती, वड्ढदु जिणसासणं ॥57॥

अन्वयार्थ—(लोगे वड्ढदु संती तहा वच्छल्लभावणा) लोक में शान्ति तथा वात्सल्यभावना बढ़े (अत्तिया संती वड्ढदु) आत्मिक शांति बढ़े तथा (वड्ढदु जिणसासणं) जैनशासन वर्धमान हो।

भावार्थ—लोक में शांति वात्सल्यभावना तथा आपसी प्रेम बढ़े। आत्मिक शांति बढ़े और जिनशासन वर्धमान हो।

।इदि आइरिय सुणीलसायरकिदो वयणसारो समत्तो।

।इस प्रकार आचार्य सुनीलसागर कृत वचनसार समाप्त हुआ।

आइरिय-सुणीलसायर-पणीदा

सम्मदि-सदी

(सौ अनुष्टुप छन्दों में आचार्यश्री सन्मतिसागरजी की स्तुति)

सम्मदि-सदी

(सन्मति-शती, अनुष्टुप-छन्द)

णमो रिसहदेवस्स, कम्मभूमि-पवट्टगो।
सव्व-विज्जा-कला जेणं, पवट्टिदो महीयले॥1॥

अन्वयार्थ—(जेण) जिनने, (सव्व, विज्जा-कला) सभी विद्या व कलाएँ, (महीयले पवट्टिदो) भूमितल पर प्रवर्तित की, (कम्मभूमि पवट्टगो) जो कर्मभूमि के प्रवर्तक हैं (उन) (रिसहदेवस्स) ऋषभदेव के लिए (णमो) नमस्कार हो।

अर्थ—जिनने सभी विद्या व कलाएँ भूमितल पर प्रवर्तित की, जो कर्मभूमि के प्रवर्तक हैं उन ऋषभदेव के लिए नमस्कार हो।

सम्मदि-भयवं सेट्ठं, सम्मदि-भारदिं सुहं।
सम्मदि-पमुहं सूरिं, वंदे सम्मदिसासणं॥2॥

अन्वयार्थ—(सेट्टं सम्मदिभयवं) श्रेष्ठ सन्मति भगवान्, (सुहं सम्मइ-भारदिं) सुधास्वरूप सन्मति भारती, (सूरिपमुहं सम्मदिं) सूरि प्रमुख सन्मतिसागर को [तथा] (सम्मदिसारणं वंदे) सन्मतिशासन को वंदन करता हूँ।

अर्थ—श्रेष्ठ सन्मति भगवान्, सुधास्वरूप सन्मति भारती अर्थात् जिनवाणी, सूरि प्रमूख सन्मतिसागर तथा सन्मतिशासन को वंदन करता हूँ।

आदिसूरिस्स वंसे य, विमले सोहिदे सुहे।
महावीरकित्ती पट्टे, जादो सम्मदिसायरो॥3॥

अन्वयार्थ—(विमले सोहिदे सुहे) विमल सुशोभित शुभ, (आदिसूरिस्स वंसे) आदिसागर आचार्य के वंश में (महावीरकित्ती पट्टे) महावीरकीर्तिजी के पट्ट पर (सम्मदिसायरो) सन्मतिसागर (जादो) हुए।

अर्थ—विमल सुशोभित शुभ, आचार्य आदिसागर के वंश में, महावीरकीर्ति के पट्ट पर सन्मतिसागर हुए।

अत्थि गामो फफोदू य, सेट्ठे एटा जणवदे।
भारहे उत्तर-देशे, तम्हि अत्थि बहुजणा॥4॥

अन्वयार्थ—(भारहे उत्तर-देसे) भारत देश के उत्तर प्रदेश में, (सेट्ठे एटा जणवदे) श्रेष्ठ एटा जनपद में (फफोदू गामो अत्थि) फफोतू ग्राम है (तम्हि अत्थि य बहुजणा) उसमें बहुत लोग रहते हैं।

अर्थ—भारत देश के उत्तरप्रदेश में, श्रेष्ठ एटा जनपद में, फफोतू ग्राम है। उसमें बहुत लोग रहते हैं।

पियारेलाल-जणगो, जयमाला सगेहिणी।
सकुडंबो णिवासेदि, संतुट्ठो तत्थ सग्गिहे ॥5॥

अन्वयार्थ—(तत्थ) वहाँ, (सगिहे) स्व-ग्रह में, (संतुट्ठो) संतुष्ट, (पियारे-लाल-जणगो जयमाला सगेहिणी) प्यारेलाल पिता अपनी पत्नी जयमाला (सकुडुंबो णिवासेई) तथा कुटुंब सहित निवास करते थे।

अर्थ—वहाँ स्वगृह में संतुष्ट पिता प्यारेलाल अपनी पत्नी जयमाला तथा कुटुंब सहित निवास करते थे।

तेसिं गेहे समुप्पण्णा, पंचपुत्ती तिपुत्तओ।
ओमप्पयास सण्णामो, जादो सम्मदिसायरो ॥6॥

अन्वयार्थ—(तस्स) उनके, (गेहे) घर में, (पंचपुत्ती तिपुत्तओ) पाँच पुत्री, तीन पुत्र, (समुप्पण्णा) उत्पन्न हुए, (ओमप्पयास सण्णामो) ओमप्रकाश श्रेष्ठ नाम वाले (सम्मदिसायरो जादो) सन्मतिसागर हुए।

अर्थ—उनके घर में पाँच पुत्री, तीन पुत्र उत्पन्न हुए। ओमप्रकाश श्रेष्ठ नामवाले सन्मतिसागर हुए।

विमलसूरिणा दिक्खं, मेरठे तह खुल्लगं।
सम्मेदसिहरे तित्थे, मुणिदिक्खं च गिण्हिदं ॥7॥

अन्वयार्थ—(विमलसूरिणा) विमलसागर आचार्य द्वारा (मेरठे) मेरठ में, (खुल्लगं दिक्खं) क्षुल्लक दीक्षा (तहा) तथा (सम्मेदसिहरे तित्थे) सम्मेदशिखर तीर्थ पर (मुणिदिक्खं गहीयवं) मुनिदीक्षा को ग्रहण किया।

अर्थ—आचार्य विमलसागर से मेरठ में क्षुल्लक दीक्षा तथा सम्मेदशिखर तीर्थ पर मुनिदीक्षा को ग्रहण किया।

दो सयाहिय-दिक्खं च, दायारं सुसिक्खगं।
पालेदि पंचहाचारं, पालवेदि य अण्णयं ॥8॥

अन्वयार्थ—(दो सयाहिय-दिक्खं) दो सौ से अधिक दीक्षाएँ (दायारं) देनेवाले, (च) और (सुसिक्खगो) सुशिक्षक, (पंचहाचारं पालेदि) पंचविध आचार को पालते हैं (य) और (अण्णयं) अन्यों से (पालवेदि) पालन कराते हैं।

अर्थ—दो सौ से अधिक दीक्षाएँ देनेवाले, सुशिक्षक, पंचविध आचार को पालते हैं और अन्यों से पालन कराते हैं।

पण्णासं च चदुम्मासं, किदो देसे पदेसए।
धम्मप्पहावणा पुण्णो, चागुववास-संजुदो ॥9॥

अन्वयार्थ—(देसे पदेसए) देश-प्रदेश में, (पण्णासं चदुम्मासं) पचास चातुर्मास (धम्मप्पहावणा पुण्णो) धर्म प्रभावना पूर्ण (चागुववास-संजुदो) त्याग उपवास सहित (किदो) किए।

अर्थ—देश-प्रदेश में पचास चातुर्मास धर्म प्रभावना पूर्ण व त्याग उपवास सहित किए।

पढमो मेरठे णयरे, वीयो य ईसरीपुरे।
बाराबंकीइ तदियं, तं पच्छा बावणगजे ॥10॥

मांगीतुंगीअ् तदियं, हुम्मचे कुंथलगिरी।
गजपंथे य तुंगीए, उज्जंते महुरापुरे ॥11॥

सम्मेदे पुण रांचीए, कलकत्ता पुरे दुवे।
इटावाणयरे भिंडे, जब्बालिपुर-दूरुगे ॥12॥

णागपुरे य दाहोदे, डूंगरपुर-लोहारिए।
पारसोला पदावे य, उदए बंसवाड़ए ॥13॥

सागवाडाए इंदोरे, रामगंजमंडीसुहे।
किसणगडे-वागंजे, जयपुरे य दिल्लीए ॥14॥

फिरोजाबाद-णयरे, टीकमगढ़-चंपए।
कासीए छत्तरपूरे, बड़वाणी णरवालिए ॥15॥

उदयपुरे खम्मेरे, मुंबईए य लासुणे।
सेट्ठे कुंजवणे दोण्हं, इच्चले कोल्हापुरे ॥16॥

अन्वयार्थ—(पढमो) प्रथम चातुर्मास (मेरठे णयरे) मेरठ नगर में, (वीयो य ईसरी गामे) दूसरा सम्मेदशिखर के सम्मुख ईसरी बाजार में, (तदियो) तीसरा (बाराबंकीइ) बाराबंकी में (तं पच्छा) उसके बाद (बावणगजे) बावनगजा, (बेलगोले) श्रवणबेलगोला, (हुम्मचे) हुम्मचा, (कुंथलगिरी) कुंथलगिरी (गजपंथे) गजपंथा, (तुंगिए) मांगीतुंगी, (उज्जंते) गिरनारजी, (महुरापुरे) मथुरा, (सम्मेदे) सम्मेदशिखर, (रांचीए) रांची, (कलकत्तापुरे दुवि) कलकत्ता में दो (पुण) फिर (इटावा णयरे)

इटावा नगर, (भिंडे) भिण्ड, (जब्बालिपुर-दूरुगे) जबलपुर दुर्ग (णागपुरे) नागपुर, (दाहोदे) दाहौद, (डूंगरपुर-लोहारिए) डूंगरपुर, लोहारिया (पारसोला पदावे य) पारसोला और प्रतापगढ़ (उदये) उदयपुर (बंसवाड़ए) बांसवाड़ा, (सागवाड़ाए) सागवाड़ा, (इंदोरे) इन्दौर, (रामगंजमंडी सुहे) शुभ रामगंजमंडी, (किसणगडे) किसनगढ़, (कालूए) कालू, (जयपुरे) जयपुर, (दिल्लीए) दिल्ली, (फिरोजाबाद णयरे) फिरोजाबाद नगर, (टीकमगढ़-चंपापुरे) टीकमगढ़, चंपापुर (कासीए) काशी-वाराणसी, (छत्तरपुरे) छतरपुर (बडवाणी णरवालिए) बड़वानी, नरवाली, (उदयपुरे) उदयपुर (खम्मेरे) खमेरा, (मुंबईए) मुंबई, (लासुण्णे) लासुर्णे, (सेट्ठे कुंजवणे दोण्हं) श्रेष्ठ कुंजवन में दो (इच्चले) इंचलकरंजी (य) और कोल्हापुर में चातुर्मास संपन्न हुए।

अर्थ—प्रथम चातुर्मास मेरठ नगर में दूसरा सम्मेदशिखर के सम्मुख ईसरी बाजार में, तीसरा बाराबंकी में उसके बाद बावनगजा, श्रवणबेलगोला, हुम्मचा, कुंथलगिरी, गजपंथा, मांगीतुंगी, गिरनारजी, मथुरा, सम्मेदशिखर, रांची, कलकत्ता में दो फिर इटावा नगर, भिण्ड, जबलपुर, दुर्ग, नागपुर, दाहौद, डूंगरपुर, लोहारिया, पारसोला और प्रतापगढ़, उदयपुर, बांसवाड़ा, सागवाड़ा, इन्दौर, शुभ रामगंजमंडी, किसनगढ़, कालू, जयपुर, दिल्ली, फिरोजाबाद नगर, टीकमगढ़, चंपापुर, काशी-वाराणसी, छतरपुर, बड़वानी, नरवाली, उदयपुर, खमेरा, मुंबई, लासुर्णे, श्रेष्ठ कुंजवन में दो, इंचलकरंजी और कोल्हापुर में चातुर्मास संपन्न हुए।

आसणे कायसिद्धी य, मणो सिद्धी य सासणे।
वयणं भासणे सिद्धी, वंदे सम्मदिसायरं ॥16॥

अन्वयार्थ—जिन्हें (आसणे कायसिद्धी) आसन में कायसिद्धि (सासणे) शासन में (मणोसिद्धी) मनसिद्धी (य) और (भासणे वयणं सिद्धी) बोलने में वचन सिद्धि रहीं उन (सम्मदिसायरं)) सन्मति को (वंदे) वंदन करता हूँ।

अर्थ—जिन्हें आसन में कायसिद्धि, शासन में मनसिद्धि और भाषण में वचनसिद्धि रही उन आचार्यश्री सन्मतिसागर को वंदन करता हूँ।

अज्झप्पजोग-संपण्णं, सुदसिद्धंत पारगं।
इंदियग्गाम-दंतं च, वंदे सम्मदिसायरं ॥18॥

अन्वयार्थ—(अज्झप्पजोग संपण्णं) अध्यात्मयोग संपन्नं, (सुदसिद्धंतपारगं) श्रुत सिद्धांत पारंगत (इंदिग्गाम दंतं च) और इंद्रिय समूह का दमन करने वाले (सम्मदिसायरं) सन्मतिसागर को (वंदे) वंदन करता हूँ।

अर्थ—अध्यात्मयोग संपन्न, श्रुत सिद्धांत पारंगत और इंद्रियसमूह का दमन करने वाले श्री सन्मतिसागर को वंदन करता हूँ।

दिक्खा सिक्खा य दायारं, पंचाचारादि संजुदं।
वच्छल्लपुण्णहिदयं, वंदे सम्मदिसायरं ॥19॥

अन्वयार्थ—(दिक्खा सिक्खा य दायारं) दीक्षा व शिक्षा देनेवाले (पंचाचारादि संजुदं) पंचाचार आदि संयुत (वच्छल्लपुण्णहिदयं) वात्सल्यपूर्ण हृदयवाले, (सम्मदिसायरं) सन्मतिसागर को (वंदे) वंदन करता हूँ।

अर्थ—दीक्षा व शिक्षा देनेवाले, पंचाचार आदि से संयुक्त, वात्सल्यपूर्ण हृदयवाले श्री सन्मतिसागर को वंदन करता हूँ।

णिवसेज्ज दयाणेत्ते, वदणे सुदसंपदा।
हिदए जिणदेवा य, वंदे सम्मदिसायरं ॥20॥

अन्वयार्थ—जिनके (णेत्ते) नेत्रों में (दया) दया (वदणे सुदसंपदा) मुख में श्रुत संपदा (य) तथा (हिदए) हृदय में (जिणदेवा) जिनदेव (णिवसेज्ज) रहते हैं उन (सम्मदिसायरं) सन्मतिसागर को (वंदे) वंदन करता हूँ।

अर्थ—जिनके नेत्रों में दया, मुख में श्रुत संपदा तथा हृदय में जिनदेव रहते हैं उन श्री सन्मतिसागर को वंदन करता हूँ।

णिद्दंदं णिम्ममं णिच्चं, णिव्वेदग-णिरालसं।
मोक्खमग्गरदं पुज्जं, वंदे सम्मदिसायरं ॥21॥

अन्वयार्थ—(णिद्दंदं णिम्ममं णिच्च) नित्य निर्द्वंद्व निर्मम (णिव्वेदग-णिरालसं) निर्वेदक निरालस्य (मोक्खमग्गरदं) मोक्षमार्गरत (पुज्जं) पूज्य (सम्मदिसायरं) सन्मतिसागर को (वंदे) वंदन करता हूँ।

अर्थ—नित्य निर्द्वंद्व, निर्ममत्व, निर्वेदक निरालस्य, मोक्षमार्गरत पूज्य श्री सन्मतिसागर को वंदन करता हूँ।

दूरदंसी गहीरं च झाणज्झयण-संजुदं।
सुज्जव्वभव्व-पोम्माणं वंदे सम्मदिसायरं ॥22॥

अन्वयार्थ—(दूरदंसी) दूरदर्शी (गहीरं) गंभीर (च) और (झाणज्झयण संजुदं) ध्यानाध्ययन संयुक्त (भव्वपोम्माण सुज्जवं) भव्यरूपी कमलों के लिए सूर्य के समान सम्मदिसायरं) सन्मतिसागर को (वंदे) वंदन करता हूँ।

अर्थ—दूरदर्शी, गंभीर, ध्यानाध्ययन से संयुक्त, भव्यरूपी कमलों के लिए सूर्य के समान श्री सन्मतिसागर को वंदन करता हूँ।

महोवसग्गजेदारं, णंतवीरिय-थावगं।
तक्क-णीरासगं-जोइं, वंदे सम्मदिसायरं ॥23॥

अन्वयार्थ—(महोवसग्गजेदारं) महान उपसर्गों को जीतनेवाले (णंतवीरिय-थावगं) अनंतवीर्य की स्थापना करनेवाले (तक्क-णीरासगंजोइं) छाछ पानी का आहार लेनेवाले योगी, (सम्मदिसायरं) सन्मतिसागर को (वंदे) वंदन करता हूँ।

अर्थ—महान उपसर्गों को जीतनेवाले, अनंतवीर्य भगवान की स्थापना करने वाले छाछ पानी का आहार लेनेवाले योगी श्री सन्मतिसागर को वंदन करता हूँ।

महाधीरं महामोणिं, सुदिग्घ-तवसिं-तहा।
धण-धण्णं रसं चागिं, वंदे सम्मदिसायरं ॥24॥

अन्वयार्थ—(महाधीरं) महाधैर्यवान (महामोणिं) महामौनी (सुदिग्घतवसिं) दीर्घ तपस्वी (तहा) तथा (धण-धण्णं रसं चागिं) धन-धान्य व रसों के त्यागी (सम्मदिसायरं) सन्मतिसागर को (वंदे) वंदन करता हूँ।

अर्थ—महाधैर्यवान, महामौनी, दीर्घ तपस्वी तथा धन-धान्य व रसों के त्यागी श्री सन्मतिसागर को वंदन करता हूँ।

सदा चिंतेदि भावेणं, जेण्हं जयदु सासणं।
धम्मप्पहावगं सूरिं, वंदे सम्मदिसायरं ॥25॥

अन्वयार्थ—(सदा चिंतेदि भावेण) जो सदा भावपूर्वक चिंतन करते हैं कि (जेण्हं जयदु सासणं) जैन शासन जयवंत हो ऐसे (धम्मप्पहावगं) धर्म प्रभावक (सूरिं) आचार्य (सम्मदिसायरं) सन्मतिसागर को (वंदे) वंदन करता हूँ।

अर्थ—जो सदा भावपूर्वक चिंतन करते हैं कि जैन शासन जयवंत हो ऐसे धर्मप्रभावक आचार्यश्री सन्मतिसागर को वंदन करता हूँ।

गंगा णाणमयी जस्सिं, जमुणा जोगसाहिणी।
बंभपुत्त व्व बंभाभा, वंदे सम्मदिसायरं ॥26॥

अन्वयार्थ—(जस्सिं) जिनमें (णाणमयी गंगा) ज्ञानमयी गंगा, (जोगसाहिणी) योगसाधिनी (जमुणा) जमुना और (बंभपुत्तं व बंभाभा) ब्रह्मपुत्र के समान ब्रह्माभा है उन (सम्मदिसायरं) सन्मतिसागर को (वंदे) वंदन करता हूँ।

अर्थ—जिनमें ज्ञानमयी गंगा, योगसाधिनी जमुना और ब्रह्मपुत्र के समान ब्रह्माभा है उन सन्मतिसागर को वंदन करता हूँ।

णवीणं सिविणं दिट्ठं, णवीणं तवजोयगं।
णवीणं सिहरप्फासं, वंदे सम्मदिसायरं ॥27॥

अन्वयार्थ—(णवीणं सिविणं दिट्ठं) नवीन सपनों को देखने वाले, (णवीणं तवजोयगं) नवीन तप योजक, (णवीणं सिहरप्फासं) नवीन शिखर का स्पर्श करने वाले (सम्मदिसायरं) सन्मतिसागर को (वंदे) वंदन करता हूँ।

अर्थ—नवीन स्वप्नों को देखनेवाले, नवीन तप योजक, नवीन शिखर का स्पर्श करनेवाले श्री सन्मतिसागर को वंदन करता हूँ।

मेहावी बुद्धिए अत्थि, मणस्सी मणसा तहा।
वचस्सी णिम्मलो वाचा, वंदे सम्मदिसायरं ॥28॥

अन्वयार्थ—(मेहावी बुद्धिए अत्थि) जो बुद्धि से मेधावी (मणस्सी मणसा तहा) मन से मनस्वी है तथा (वचस्सी णिम्मलो वाचा) निर्मल वचन से वचस्वी हैं उन (सम्मदिसायरं) सन्मतिसागर को (वंदे) वंदन करता हूँ।

अर्थ—जो बुद्धि से मेधावी, मन से मनस्वी, निर्मल वचन से वचस्वी हैं उन श्री सन्मतिसागर को वंदन करता हूँ।

धम्माणुसासणे सत्था, हिदाणुपोसणे पिदा।
सत्तिदाणे गुरु सत्ती, वंदे सम्मदिसायरं ॥29॥

अन्वयार्थ—(धम्माणुसासणे सत्था) धर्मानुशासन में शास्ता (हिदाणुपोसणे पिदा) हित का पोषण करने में पिता व (सत्तिदाणे) शक्ति देने में (गुरु सत्ती) जो गुरु शक्ति समान हैं उन (सम्मदिसायरं) सन्मतिसागर को (वंदे) वंदन करता हूँ।

अर्थ—धर्मानुशासन में शास्ता, हित का पोषण करने में पिता व शक्ति देने में जो गुरु शक्ति समान हैं उन श्री सन्मतिसागर को वंदन करता हूँ।

दिव्वामिदज्झरं चंदं, दिव्वजोदि-धरं रविं।
दिव्वसत्तिभरं कोसं, वंदे सम्मदिसायरं ॥30॥

अन्वयार्थ—(दिव्वामिदज्झरं चंदं) दिव्य अमृत झरानेवाले चन्द्रमा (दिव्वजोदि-धरं रविं) दिव्य ज्योति को धारण करने वाले सूर्य (दिव्वसत्तिभरं कोसं) दिव्य शक्ति भरनेवाले खजाने (सम्मदिसायरं) सन्मतिसागर को (वंदे) वंदन करता हूँ।

अर्थ—दिव्य अमृत झरानेवाले चन्द्रमा, दिव्य ज्योति को धारण करने वाले सूर्य, दिव्य शक्ति भरनेवाले खजाने श्री सन्मतिसागर को वंदन करता हूँ।

जेण्ह-संघ-महाधीसं, भारहगोरवं मुणिं।
विभूदि-विस्स-वीसासं, वंदे सम्मदिसायरं ॥31॥

अन्वयार्थ—(जेण्ह-संघ-महाधीसं) जैन संघ के महास्वामी (भारहगोरवं मुणिं) भारत गौरव मुनि (विभूदि-विस्स-वीसासं) विश्व की विश्वसनीय विभूति (सम्मदिसायरं) सन्मतिसागर को (वंदे) वंदन करता हूँ।

अर्थ—जैन संघ के महास्वामी, भारत गौरव मुनि, विश्व की विश्वसनीय विभूति श्री सन्मतिसागर को वंदन करता हूँ।

संकप्पे पव्वयं तुल्लं, धीरं धेये धरोवमं।
गंभीरं सिंधुवं भावे, वंदे सम्मदिसायरं ॥32॥

अन्वयार्थ—(संकप्पे पव्वयं तुल्लं) संकल्प में पर्वत के समान कठोर (धीरं धेये धरोवमं) धैर्य धारण में धरा के समान (भावे) भावों में (सिंधुवं) समुद्र के समान (गंभीरं) गंभीर (सम्मदिसायरं) सन्मतिसागर को (वंदे) वंदन करता हूँ।

अर्थ—संकल्प में पर्वत के समान कठोर, धैर्य धारण में धरा के समान, भावों में समुद्र के समान गंभीर श्री सन्मतिसागर को वंदन करता हूँ।

सच्चं विभासदे वाणी, सिवं धत्ते हिदालये।
सुंदरं चरियं सम्मं, वंदे सम्मदिसायरं ॥33॥

अन्वयार्थ—(सच्चं विभासदे वाणी) जो सत्य वाणी बोलते हैं, (सिवं धत्ते हिदालये)हृदय में मोक्ष को धारण करते हैं तथा जिनकी (सुंदरं सम्मं चरियं) सुंदर सम्यक् चर्या है उन (सम्मदिसायरं) सन्मतिसागर को (वंदे) वंदन करता हूँ।

अर्थ—जो सत्य वाणी बोलते हैं, हृदय में मोक्ष को धारण करते हैं तथा जिनकी सुंदर सम्यक् चर्या है उन श्री सन्मतिसागर को वंदन करता हूँ।

कंति-कलाधरं कंतं, संति-सुधाकरं ससिं।
भंति तमोहरं सुज्जं, वंदे सम्मदिसायरं ॥34॥

अन्वयार्थ—(कंतिकलाधरंकंतं) क्रांति कलाओं के धारक क्रांता (संति सुधाकरं ससिं) शांति सुधा को बरसाने वाले शशि (भंति तमोहरो सुज्जं) भ्रांतिरूपी अंधकार को हरने वाले सूर्य (सम्मदिसायरं) सन्मतिसागर को (वंदे) वंदन करता हूँ।

अर्थ—क्रांति कलाओं के धारक क्रांता, शांति सुधा के बरसाने वाले शशि, भ्रांतिरूपी अंधकार को हरनेवाले सूर्य श्री सन्मतिसागर को वंदन करता हूँ।

दीवंव्व दीवगं अण्णं, समीरंव्व समीरगं।
णीरंव्व सोधगं सुद्धं, वंदे सम्मदिसायरं ॥35॥

अन्वयार्थ—(दीवंव्व दीवगं अण्णं) दीपक के समान अन्य को प्रकाशित करने वाले (समीरंव्व समीरगं) वायु के समान दूसरों को प्रभावित करने वाले (णीरंव्व सोधगो सुद्धं) नीर के समान शोधक शुद्ध (सम्मदिसायरं) सन्मतिसागर को (वंदे) वंदन करता हूँ।

अर्थ—दीपक के समान अन्य को प्रकाशित करनेवाले, वायु के समान दूसरों को प्रभावित करनेवाले, नीर के समान शोधक शुद्ध श्री सन्मतिसागर को वंदन करता हूँ।

सिसू व्व सहजाणंदं, उच्छाहं जोव्वणंविव।
बुड्ढो तुल्लणुभूदी य, वंदे सम्मदिसायरं ॥36॥

अन्वयार्थ—(सिसू व्व सहजाणंदं) शिशु के समान सहजानंद (उच्छाहं जोव्वणंविव) युवक के समान उत्साह (य) और (बुड्ढो तुल्लणुभूदी) वृद्ध के तुल्य अनुभूतिवाले (सम्मदिसायरं) सन्मतिसागर को (वंदे) वंदन करता हूँ।

अर्थ—शिशु के समान सहजानंद, युवक के समान उत्साह और वृद्ध के तुल्य अनुभूतिवाले श्री सन्मतिसागर को वंदन करता हूँ।

णेव जुण्णस्स-णिव्वाही, णव्वाचीण-पवाहगो।
समीचीणं समुव्वाही, वंदे सम्मदिसायरं ॥37॥

अन्वयार्थ—जो केवल (णेवजुण्णस्स णिव्वाही) पुराने का निर्वहन करनेवाले नहीं हैं (णव्वाचीण-पवाहगो) और न केवल अर्वाचीन-नए के प्रवाहक हैं अपितु (समीचीणं समुव्वाही) समीचीन का समुद्वहन करनेवाले (सम्मदिसायरं) सन्मतिसागर को (वंदे) वंदन करता हूँ।

अर्थ—जो केवल पुराने का निर्वहन करनेवाले नहीं है और न केवल अर्वाचीन-नए के प्रवाहक हैं, अपितु समीचीन का समुद्वहन करने वाले हैं, उन श्री सन्मतिसागर को वंदन करता हूँ।

पगदि-पालगो पण्णो, वेज्जो विक्किदिवारणे।
संकदिरक्खणे दक्खो, वंदे सम्मदिसायरं ॥38॥

अन्वयार्थ—(पगदि पालगो पण्णो) प्रकृति के पालने में प्रज्ञ (विक्किदिवारणे वेज्जो) विकृति का निवारण करने में वैद्य (संकदिरक्खणे दक्खो) संस्कृति का रक्षण करने में दक्ष (सम्मदिसायरं) सन्मतिसागर को (वंदे) वंदन करता हूँ।

अर्थ—प्रकृति के पालने में प्रज्ञ, विकृति का निराकरण करने में वैद्य, संस्कृति के रक्षण में दक्ष श्री सन्मतिसागर को वंदन करता हूँ।

सव्वेसिं गुण-संपेक्खिं, सुगुरु-गुणगायकं।
सदोसवारणे सेट्ठं, वंदे सम्मदिसायरं ॥39॥

अन्वयार्थ—(सव्वेसिं गुण-संपेक्खिं) सबके गुण देखनेलवाले (सुगुरु गुणगायकं) सुगुरुओं के गुण गानेवाले (सदोसवारणे सेट्ठं) स्वदोष दूर करने में श्रेष्ठ (सम्मदिसायरं) सन्मतिसागर को (वंदे) वंदन करता हूँ।

अर्थ—सबके गुण देखनेवाले, सुगुरुओं के गुण गानेवाले, स्वदोष दूर करने में श्रेष्ठ श्री सन्मतिसागर को वंदन करता हूँ।

मणो मुत्तो रुसावेगा, मदी मुत्ता दुरग्गहा।
सया मुत्तो परासत्ती, वंदे सम्मदिसायरं ॥40॥

अन्वयार्थ—(रुसावेगा) रोष और आवेग से जिनका (मणो मुत्तो) मन मुक्त है, (मदी मुत्तो दुरग्गहा) दुराग्रह से मति मुक्त है (सयामुत्तो परासती) जो सदा पर की आसक्ति से मुक्त हैं उन (सम्मदिसायरं) सन्मतिसागर को (वंदे) वंदन करता हूँ।

अर्थ—रोष और आवेग से जिनका मन मुक्त है, दुराग्रह से मति मुक्त है, जो सदा पर की आसक्ति से मुक्त हैं उन श्री सन्मतिसागर को वंदन करता हूँ।

बोहगं जणसंबोहिं, दिट्ठि-दायं सुदंसणिं।
चागिं चाग-समुद्देसिं, वंदे सम्मदिसायरं ॥41॥

अन्वयार्थ—(जणसंबोहिं) जन संबोधन करनेवाले (बोहगं) बोधक (दिट्ठि दायं) दृष्टि देनेवाले (सुदंसणि) सम्यकग्दर्शन युक्त (चाग-समुद्देसी) त्याग का उपदेश देनेवाले (चागिं) त्यागी (सम्मदिसायरं) सन्मतिसागर को (वंदे) वंदन करता हूँ।

अर्थ—जन संबोधन करनेवाले, बोधक दृष्टि देनेवाले सम्यग्दर्शन युक्त, त्याग का उपदेश देनेवाले त्यागी श्री सन्मतिसागर को वंदन करता हूँ।

सयं परिक्खगं चित्ते, परिक्खगं तेजसा परं।
अप्पाणंद-सरे मग्गं, वंदे सम्मदिसायरं ॥42॥

अन्वयार्थ—(चित्ते) चित्त में (सयं परिक्खगं) स्वयं की परीक्षा करने वाले (परं तेजसा परिक्खगं) दूसरे की तेज से परीक्षा करनेवाले (अप्पाणंद सरे मग्गं) आत्मानंद सरोवर में मग्न (सम्मदिसायरं) सन्मतिसागर को (वंदे) वंदन करता हूँ।

अर्थ—चित्त में स्वयं की परीक्षा करनेवाले, दूसरे की तेज से परीक्षा करनेवाले, आत्मानंद सरोवर में मग्न श्री सन्मतिसागर को वंदन करता हूँ।

विगदं-विगदं अत्थि, आसण्णिदं अणागदं।
वट्टमाणं विगासेज्ज, वंदे सम्मदिसायरं ॥43॥

अन्वयार्थ—(विगदं-विगदं अत्थि) विगत विगत है (आसण्णिदं अणागदं) अनागद आशान्वित है, इसलिए (वट्टमाणं विगासेज्ज) वर्तमान का विकास करो, ऐसा बतानेवाले (सम्मदिसायरं) सन्मतिसागर को (वंदे) वंदन करता हूँ।

अर्थ—विगत विगत है, अनागत आशान्वित है इसलिए वर्तमान का विकास करो ऐसा बतानेवाले श्री सन्मतिसागर को वंदन करता हूँ।

पसंसाए पराकट्ठं, सोत्ता णिंदं अकप्पिगं।
दुवे संतुलिदं चित्तं, वंदे सम्मदिसायरं ॥44॥

अन्वयार्थ—(पसंसाए पराकट्ठं) प्रशंसा की पराकाष्ठा व (अकप्पिदं णिंदं सोत्ता) अकल्पित निंदा सुनकर भी जो (दुवे) दोनों में (संतुलिदां चित्तां) संतुलित चित्त हैं उन (सम्मदिसायरं) सन्मतिसागर को (वंदे) वंदन करता हूँ।

अर्थ—प्रशंसा की पराकाष्ठा व अकल्पित निंदा सुनकर भी जो दोनों में संतुलित चित्त हैं उन श्री सन्मतिसागर को वंदन करता हूँ।

अकिंचणं परं दिण्णं, णिप्पिहं णिहिलेसरं।
अप्पाराम-रदं विण्हुं, वंदे सम्मदिसायरं ॥45॥

अन्वयार्थ—(अकिंचणो परं दिण्णं) अंकिचन किन्तु श्रेष्ठ दाता (णिप्पिहं णिहिलेसरं) निस्पृह किंतु निखिलेश्वर (अप्पाराम रदो विण्हुँ) आत्माराम में रत विष्णु (सम्मदिसायरं) सन्मतिसागर को (वंदे) वंदन करता हूँ।

अर्थ—अकिंचन किंतु श्रेष्ठ दाता, निस्पृह किंतु निखिलेश्वर, आत्माराम में रत विष्णु श्री सन्मतिसागर को वंदन करता हूँ।

दयामुत्तिं दयासिंधुं, मिच्छारोग विवज्जियं।
संतमुत्तिं दंतमुत्तिं, वंदे सम्मदिसायरं ॥46॥

अन्वयार्थ—(दयामुत्तिं) दयामूर्ति (दयासिंधुं) दयासिंधु (मिच्छारोग-विवज्जियं) मिथ्यात्वरोग से रहित (संतिमुत्तिं) शांतिमूर्ति (दंतमुत्तिं) दांतमूर्ति (सम्मदिसायरं) सन्मतिसागर को (वंदे) वंदन करता हूँ।

अर्थ—दयामूर्ति, दयासिंधु, मिथ्यात्व रोग से रहित, शांतिमूर्ति, दांतमूर्ति श्री सन्मतिसागर को वंदन करता हूँ।

सज्झाय-झाणसंजुत्तं, तवोपूदं तवस्सिणं।
चारित्तभूसणं पुज्जं, वंदे सम्मदिसायरं ॥47॥

अन्वयार्थ—(सज्झाय-झाणसंजुत्तं) स्वाध्याय व ध्यान युक्त (तवोपूदं) तपोपूत (तवस्सिणं) तपस्वी, (चारित्तभूसणं पुज्जं) चारित्रभूषण पूज्य (सम्मदिसायरं) सन्मतिसागर को (वंदे) वंदन करता हूँ।

अर्थ—स्वाध्याय व ध्यान युक्त, तपोपूत, चारित्रभूषण पूज्य श्री सन्मतिसागर को वंदन करता हूँ।

जिदरागं जिदं दोसं, जिदवक्कं च माणसं।
जिददेहं विकारं च, वंदे सम्मदिसायरं ॥48॥

अन्वयार्थ—(जिदरागं) जितराग, (जिदं दोसं) जितद्वेष, (जितवक्कं च माणसं) जितवाक्य व जितमन (जिददेहं विकारं च) जितदेह व जितविकार (सम्मदिसायरं) सन्मतिसागर को (वंदे) वंदन करता हूँ।

अर्थ—जिन्होंने राग, द्वेष, वचन, मन, देह व विकारों को जीत लिया है, ऐसे श्री सन्मतिसागर को वंदन करता हूँ।

संगसुण्णं महापण्णं, भोगाकंखा विज्जियं।
अप्पावलोगणे लीणं, वंदे सम्मदिसायरं ॥49॥

अन्वयार्थ—(संगसुण्णं) संगसून्य (महापण्णं) महाप्रज्ञ (भोगाकंखा विवज्जियं) भोगाकांक्षा से रहित (अप्पावलोगणे लीणं) आत्मावलोकन में लीन (सम्मदिसायरं) सन्मतिसागर को (वंदे) वंदन करता हूँ।

अर्थ—संगशून्य, महाप्रज्ञ, भोगाकांक्षा से रहित, आत्मावलोकन में लीन श्री सन्मतिसागर को वंदन करता हूँ।

सोममुत्तिं सुहासिंधुं, साहुसेट्ठं मणोहरं।
संतिधामं खमारामं, वंदे सम्मदिसायरं ॥50॥

अन्वयार्थ—(सोममुत्तिं) सोममूर्ति (सुहासिंधुं) सुधासिंधु, (साहुसेट्ठं) साधु श्रेष्ठ (मणोहरं) मनोहर, (संतिधामं) शान्तिधाम, (खमारामं) क्षमा के उद्यान स्वरूप (सम्मदिसायरं) सन्मतिसागर को (वंदे) वंदन करता हूँ।

अर्थ—सोममूर्ति, सुधासिंधु, साधुश्रेष्ठ, मनोहर, शान्तिधाम, क्षमा के उद्यान स्वरूप श्री सन्मतिसागर को वंदन करता हूँ।

संसारसायरं सेट्ठं, महापोदव्व तारगं।
करुणागुण-जुत्तं च, वंदे सम्मदिसायरं ॥51॥

अन्वयार्थ—(संसारसायरं) संसार सागर में (सेट्ठो महा-पोदव्व तारगं) श्रेष्ठ महापोत के समान तारने वाले (करुणागुण-जुत्तं च) और करुणागुण युक्त (सम्मदिसायरं) सन्मतिसागर को (वंदे) वंदन करता हूँ।

अर्थ—संसार सागर में श्रेष्ठ महापोत के समान तारनेवाले और करुणागुण युक्त श्री सन्मतिसागर को वंदन करता हूँ।

सूरिसेट्ठं महाविण्णं, जेण्हमग्गप्पहावगं।
समणिंदं खमापुण्णं, वंदे सम्मदिसायरं ॥52॥

अन्वयार्थ—(सूरिसेट्ठं) सूरिश्रेष्ठ, (महाविण्णं) महाविज्ञ, (जेण्हमग्गप्प-हावणं) जैनमार्ग प्रभावक (समणिंदं) श्रमणेन्द्र (खमापुण्णं) क्षमापूर्ण (सम्मदिसायरं) सन्मतिसागर को (वंदे) वंदन करता हूँ।

अर्थ—सूरिश्रेष्ठ, महाविज्ञ, जैनमार्ग प्रभावक, श्रमणेन्द्र, क्षमापूर्ण श्री सन्मतिसागर को वंदन करता हूँ।

सम्मदंसण-संजुत्तं, विमलण्णाण-संजुदं।
खीणमोहं जिदाणंगं, वंदे सम्मदिसायरं॥53॥

अन्वयार्थ—(सम्मदंसण-संजुत्तं) सम्यग्दर्शन संयुक्त(विमलण्णाणसंजुदं) विमलज्ञान सहित (खीणमोहं) क्षीणमोह (जिदाणंगं) कामजयी (सम्मदिसायरं) सन्मतिसागर को (वंदे) वंदन करता हूँ।

अर्थ—सम्यग्दर्शन संयुक्त, विमलज्ञान सहित, क्षीणमोह, कामजयी श्री सन्मतिसागर को वंदन करता हूँ।

जुगधम्मपवत्तारं, विस्ससंतिं पवट्टगं।
विस्सकल्लाणकत्तारं, वंदे सम्मदिसायरं॥54॥

अन्वयार्थ—(जुगधम्म पवत्तारं) युगधर्म प्रवर्तक (विस्ससंति पवट्टगं) विश्वशांति को बढ़ानेवाले (विस्सकल्लाणकत्तारं) विश्वकल्याण करनेवाले (सम्मदिसायरं) सन्मतिसागर को (वंदे) वंदन करता हूँ।

अर्थ—युगधर्म प्रवर्तक, विश्वशांति को बढ़ानेवाले, विश्व कल्याण करनेवाले श्री सन्मतिसागर को वंदन करता हूँ।

सुधम्मरयणाधारं, णाणामियप्पदायगं।
णाणजोदिं तवोपूदं, वंदे सम्मदिसायरं॥55॥

अन्वयार्थ—(सुधम्मरयणाधारं) श्रेष्ठ धर्मरूपी रत्न के आधार (णाणामि-यप्पदायगं) ज्ञानामृत प्रदायक (णाणजोदिं) ज्ञानज्योति (तवोपूदं) तपोपूत (सम्मदिसायरं) सन्मतिसागर को (वंदे) वंदन करता हूँ।

अर्थ—श्रेष्ठ धर्मरूपी रत्न के आधार, ज्ञानामृत प्रदायक, ज्ञानज्योति, तपोपूत श्री सन्मतिसागर को वंदन करता हूँ।

णिस्संगिणं णिजाणंदं, आसंबरं महागुणिं।
सत्ततच्चाण-णादारं, वंदे सम्मदिसायरं॥56॥

अन्वयार्थ—(णिस्संगिणं) निस्संग (णिजाणंदं) निजानंद, (आसांबरं) दिगंबर, (महागुणिं) महागुणी, (सत्ततच्चाण-णादारं) सप्ततत्त्व के ज्ञाता (सम्मदिसायरं) सन्मतिसागर को (वंदे) वंदन करता हूँ।

अर्थ—निस्संग, निजानंद, दिगंबर, महागुणी, सप्ततत्त्व के ज्ञाता श्री सन्मतिसागर को वंदन करता हूँ।

संताघकल्मसं सोम्मं, तिविहा-ताव-हारिणं।
जोगणिट्ठं महोजोगिं, वंदे सम्मदिसायरं॥57॥

अन्वयार्थ—(संताघकल्मसं) शांत हो गए हैं पापरूप कल्मष जिनके (तिविहा ताव हारिणं) दैहिक, दैविक व मानसिक ताप को हरनेवाले (जोगणिट्ठं) योगनिष्ठ (महाजोगिं) महायोगी (सम्मदिसायरं) सन्मतिसागर को (वंदे) वंदन करता हूँ।

अर्थ—शांत हो गए हैं पापरूप कल्मष जिनके, दैहिक, दैविक व मानसिक ताप को हरनेवाले महायोगी श्री सन्मतिसागर को वंदन करता हूँ।

तवोणिहिं महाधीरं, सम्मं बुद्धं सुजोगिणं।
बंभयारिं सदायारिं, वंदे सम्मदिसायरं ॥58॥

अन्वयार्थ—(तवोणिहिं) तपोनिधि (महाधीरं) महाधीर (सम्मं बुद्धं) सम्यक् बुद्ध (सुजोगिणं) सुयोगी (बंभयार) ब्रह्मचारी, (सदायारी) सदाचारी (सम्मदिसायरं) सन्मतिसागर को (वंदे) वंदन करता हूँ।

अर्थ—तपोनिधि, महाधीर, सम्यक् बुद्ध, सुयोगी, ब्रह्मचारी, सदाचारी श्री सन्मतिसागर को वंदन करता हूँ।

देवपुज्जं महापुज्जं, खगेहिं माणुसेहि य।
सव्वपुज्जं सदापुज्जं, वंदे सम्मदिसायरं ॥59॥

अन्वयार्थ—(देवपुज्जं) देवपूज्य, (खगेहिं माणुसेहि य) विद्याधरों व मनुष्यों से (महापुज्जं) महापूज्य (सव्वपुज्जं) सर्वपूज्य (सदापुज्ज) सदापूज्य (सम्मदिसायरं) सन्मतिसागर को (वंदे) वंदन करता हूँ।

अर्थ—देवपूज्य, विद्याधरों व मनुष्यों से महापूज्य, सर्वपूज्य, सदापूज्य श्री सन्मतिसागर को वंदन करता हूँ।

मणस्सीणं मणोपूदं, विमलं कित्तिसालिणं।
विज्जाहरं च सण्णाणिं, वंदे सम्मदिसायरं ॥60॥

अन्वयार्थ—(मणस्सीणं) मनस्वी (मणोपूदं) मन:पूत (विमलं) विमल (कित्तिसालिणं) कीर्तिशाली (विज्जाहरं) विद्याधर (च) और (सण्णाणिं) सम्यग्ज्ञानी सन्मतिसागर को (वंदे) वंदन करता हूँ।

अर्थ—मनस्वी, मन:पूत, विमल, कीर्तिशाली, विद्याधर और सम्यग्ज्ञानी श्री सन्मतिसागर को वंदन करता हूँ।

सुधीरं सच्चरूवं च, णाणम्मिद-वरिसिणं।
संतोसपुण्ण-चित्तं च, वंदे सम्मदिसायरं ॥61॥

अन्वयार्थ—(सुधीरं) सुधीर, (सच्चरूवं) सत्यरूप, (णाणम्मिद-वरिसिणं) ज्ञानामृत बरसाने वाले (संतोसपुण्ण-चित्तं च) संतोषपूर्ण चित्तवाले (सम्मदिसायरं) सन्मतिसागर को (वंदे) वंदन करता हूँ।

अर्थ—सुधीर, सत्यरूप, ज्ञानामृत बरसानेवाले, संतोषपूर्ण चित्तवाले सन्मतिसागर को वंदन करता हूँ।

वयोवुड्ढं तवोवुड्ढं, णाणवुड्ढं मणोजयिं।
तहा अणुभवं वुड्ढं, वंदे सम्मदिसायरं ॥62॥

अन्वयार्थ—(वयोवुड्ढं) वयोवृद्ध, (तवोवुड्ढं) तपोवृद्ध, (णाणवुड्ढं) ज्ञानवृद्ध, (मणोजयिं) मनोजयी (तहा) तथा (अणुभवंवुड्ढं) अनुभववृद्ध (सम्मदि-सायरं) सन्मतिसागर को (वंदे) वंदन करता हूँ।

अर्थ—वयोवृद्ध, तपोवृद्ध, ज्ञानवृद्ध, मनोजयी तथा अनुभव वृद्ध श्री सन्मति-सागर को वंदन करता हूँ।

णेगभासा-कलाविण्णं, तच्चविण्णाणभूसणं।
धम्मसंसाहणं वीरं, वंदे सम्मदिसायरं ॥63॥

अन्वयार्थ—(णेगभासा कलाविण्णं) अनेकभाषा व कलाविज्ञ (तच्चविण्णाण-भूसणं) तत्त्वविज्ञानभूषण, (धम्मसंसाहणं वीरं) धर्म संसाधन में वीर (सम्मदिसायरं) सन्मतिसागर को (वंदे) वंदन करता हूँ।

अर्थ—अनेकभाषाविज्ञ व कलाविज्ञ, तत्त्वविज्ञान-भूषण, धर्म संसाधन में वीर श्री सन्मतिसागर को वंदन करता हूँ।

सत्थेसु वायणे पण्णं, पडिहावित्त-धारिणं।
मुणीहिं वंदिदं सेट्ठं, वंदे सम्मदिसायरं ॥64॥

अन्वयार्थ—(सत्थेसु वायणे पण्णं) शास्त्रों के वाचन में प्रज्ञ (पडिहावित्तधारिणं) प्रतिभारूपी धन के धारी (मुणीहिं वंदिदं) मुनियों से वंदित (सेट्ठं) श्रेष्ठ (सम्मदिसायरं) सन्मतिसागर को (वंदे) वंदन करता हूँ।

अर्थ—शास्त्रों के वाचन में प्रज्ञ, प्रतिभारूपी धन के धारी, मुनियों से वंदित श्रेष्ठ श्री सन्मतिसागर को वंदन करता हूँ।

दीणबंधुं दयागारं, ववहारे वियक्खणं।
दिगंबरं मणिं रम्मं, वंदे सम्मदिसायरं ॥65॥

अन्वयार्थ—(दीणबंधुं दयागारं) दीनबंधु दया के भंडार (ववहारे वियक्खणं) व्यवहार में विचक्षण (दिगंबरं मणि रम्मं) रमणीय दिगम्बर मणि (सम्मदिसायरं) सन्मतिसागर को (वंदे) वंदन करता हूँ।

अर्थ—दीनबंधु दया के भंडार, व्यवहार में विचक्षण, रमणीय दिगम्बर मणि श्री सन्मतिसागर को वंदन करता हूँ।

संगहीणं णिजाणंदिं, भव्वजीवाणुरागिणं।
मंगलकारिणं मुत्तिं, वंदे सम्मदिसायरं ॥66॥

अन्वयार्थ—(संगहीणं णिजाणंदिं) संगहीन निजानंद (भव्वजीवाणुरागिणं) भव्यजीवानुरागी (मंगलकारिणं मुत्तिं) मंगलकारी मूर्ति (सम्मदिसायरं) सन्मतिसागर को (वंदे) वंदन करता हूँ।

अर्थ—संगरहित, निजानंद, भव्यजीवानुरागी, मंगलकारी मूर्ति, श्री सन्मतिसागर को वंदन करता हूँ।

णियप्पज्झाणसंपण्णं, भव्वजीव-हितंकरं।
सूरिसेट्ठंतवोजुत्तं, वंदे सम्मदिसायरं ॥67॥

अन्वयार्थ—(णियप्पज्झाणसंपण्णं) निजात्मध्यान संपन्न (भव्यजीवहितंकरं) भव्य जीवों का हित करनेवाले (सूरिसेट्ठं) सूरिश्रेष्ठ (तवोजुत्तं) तपोयुक्त (सम्मदिसायरं) सन्मतिसागर को (वंदे) वंदन करता हूँ।

अर्थ—निजात्मध्यान संपन्न भव्य जीवों का हित करनेवाले सूरिश्रेष्ठ तपोयुक्त श्री सन्मतिसागर को वंदन करता हूँ।

तित्थजत्ता य कत्तारं, तित्थरूवं पदादुवं।
तित्थखेत्ते किदावासं, वंदे सम्मदिसायरं ॥68॥

अन्वयार्थ—(तित्थजत्ता य कत्तारं) तीर्थयात्रा करनेवाले (तित्थरूपं पदादुवं) तीर्थरूप पदद्वयवाले (तित्थखेत्ते किदावासं) तीर्थक्षेत्र में आवास करनेवाले (सम्मदिसायरं) सन्मतिसागर को (वंदे) वंदन करता हूँ।

अर्थ—तीर्थयात्रा करनेवाले, तीर्थरूप चरण युगलवाले, तीर्थक्षेत्र में आवास करनेवाले श्री सन्मतिसागर को वंदन करता हूँ।

सुहमग्गं पदंसेदि, गुरुगोरव-वड्ढगं।
संतिजुत्तं दयापुण्णं, वंदे सम्मदिसायरं ॥69॥

अन्वयार्थ—(सुहमग्गं पदंसेइ) सुखमार्ग का प्रदर्शन करनेवाले (गुरुगोरव-वड्ढगं) गुरु गौरव वर्द्धक, (संतिजुत्तंउ दयापुण्णं) शांतियुक्त दयापूर्ण (सम्मदिसायरं) सन्मतिसागर को (वंदे) वंदन करता हूँ।

अर्थ—सुखमार्ग का प्रदर्शन करनेवाले, गुरु के गौरव वर्द्धक, शांतियुक्त, दयापूर्ण श्री सन्मतिसागर को वंदन करता हूँ।

अणेगंतीं महाणाणीं, सियावायिं सुभासणिं।
आगमणेत्त-संजुत्तं, वंदे सम्मदिसायरं ॥70॥

अन्वयार्थ—(अणेगंती) अनेकांती (महाणाणी) महाज्ञानी (सियावायिं) स्याद्वादी (सुभासणिं) सुभाषणी (आगमणेत्त-सुजुत्तं) आगमनेत्र संयुक्त (सम्मदिसायरं) सन्मति-सागर को (वंदे) वंदन करता हूँ।

अर्थ—अनेकांती, महाज्ञानी, स्याद्वादी, सुभाषणी, आगमनेत्र संयुक्त श्री सन्मतिसागर को वंदन करता हूँ।

तिसंझे-साहणामग्गे, विहिदाचार-चारिणं।
समदा-णायगं सम्मं, वंदे सम्मदिसायरं ॥71॥

अन्वयार्थ—(तिसंझे-साहणामग्गे विहिदाचार-चारिणं) तीनों संध्याओं में साधना में आगमानुसार चलनेवाले (सम्मं समदा णायगं) सम्यक् समता के नायक (सम्मदिसायरं) सन्मतिसागर को (वंदे) वंदन करता हूँ।

अर्थ—तीनों संध्याओं में साधना में आगमानुसार चलनेवाले, सम्यक् समता के नायक श्री सन्मतिसागर को वंदन करता हूँ।

सज्झायेसु सदालीणं, सत्थोवदेसदेसिणं।
अभिक्खणाणिणं सुद्धं, वंदे सम्मदिसायरं ॥72॥

अन्वयार्थ—(सज्झायेसु सदालीणं) स्वाध्याय में सदालीन (सत्थोवदेसदेसिणं) शास्त्रोपदेश देनेवाले, (अभिक्खणाणिणं) अभीक्ष्णज्ञानी (सुद्ध) शुद्ध (सम्मदिसायरं) सन्मतिसागर को (वंदे) वंदन करता हूँ।

अर्थ—स्वाध्याय में सदालीन, शास्त्रोपदेश देनेवाले, अभीक्ष्णज्ञानी श्री सन्मति-सागर को वंदन करता हूँ।

दंसण-णाण-चारित्तं, तवं वीरिय-संजुदं।
पंचायारादि-संजुत्तं, वंदे सम्मदिसायरं ॥73॥

अन्वयार्थ—(दंसणं णाण चारित्तं तवं वीरियसंजुदं) दर्शन ज्ञान चारित्र तप व वीर्याचार सहित (पंचायारादि-संजुत्तं) पंचविध आचार संयुक्त (सम्मदिसायरं) सन्मतिसागर को (वंदे) वंदन करता हूँ।

अर्थ—दर्शन, ज्ञान, चारित्र, तप व वीर्याचार सहित पंचाचार संयुक्त श्री सन्मतिसागर को वंदन करता हूँ।

कसाय-वासणातीदं, जीवाणं तावहारिणं।
संतं तवस्सिणं सोम्मं, वंदे सम्मदिसायरं ॥74॥

अन्वयार्थ—(कसाय-वासणातीदं) कषाय वासनातीत (जीवाणं तावहारिणं) जीवों का ताप हरने वाले (संतं तवस्सिणं) शांत तपस्वी (सोम्मं) सौम्य (सम्मदिसायरं) सन्मतिसागर को (वंदे) वंदन करता हूँ।

अर्थ—कषाय वासनातीत जीवों का ताप हरनेवाले, शांत, तपस्वी, सौम्य श्री सन्मतिसागर को वंदन करता हूँ।

किण्हं-णीलं च कावोदं, लेस्सा असुह-वज्जिदं।
पीय-पोम्म-सिदं जुत्तं, वंदे सम्मदिसायरं ॥75॥

अन्वयार्थ—(किण्हं-णीलं च कावोदं, लेस्सा असुह-वज्जिदं) कृष्ण नील कापोत तीन अशुभ लेश्याओं से रहित पीत पद्म शुक्ल लेश्या युक्त (सम्मदिसायरं) सन्मतिसागर को (वंदे) वंदन करता हूँ।

अर्थ—कृष्ण नील कापोत तीन अशुभ लेश्याओं से रहित पीत पद्म शुक्ल लेश्या युक्त श्री सन्मतिसागर को वंदन करता हूँ।

णिरातंकं तवे दक्खं, चदुसंघस्स णायगं।
सव्वलोगे सुरम्मं च, वंदे सम्मदिसायरं ॥76॥

अन्वयार्थ—(णिरातंकं) निरातंक (तवे दक्खं) तप में दक्ष (चदुसंघस्स णायगं) चतुर्विध संघ के नायक (सव्वलोगे सुरम्मं च) सर्वलोक में सुरम्य (सम्मदिसायरं) सन्मतिसागर को (वंदे) वंदन करता हूँ।

अर्थ—निरातंक, तप में दक्ष, चतुर्विध संघ के नायक, सर्वलोक में सुरम्य श्री सन्मतिसागर को वंदन करता हूँ।

संघसेव्वं जगस्सेव्वं, समणसेव्वं पंडिदं।
जगप्पसिद्ध-जोईसं, वंदे सम्मदिसायरं ॥77॥

अन्वयार्थ—(संघसेव्वं) संघ सेव्य (जगस्सेव्वं) जगत सेव्य (समणसेव्वं) श्रमणसेव्य (पंडिदं) पंडित मनस्वी (जगप्पसिद्ध) जगत् प्रसिद्ध योगीश्वर (सम्मदि-सायरं) सन्मतिसागर को (वंदे) वंदन करता हूँ।

अर्थ—संघ सेव्य, जगत सेव्य, श्रमण सेव्य, पंडित, जगत प्रसिद्ध योगीश्वर श्री सन्मतिसागर को वंदन करता हूँ।

थिरबुद्धि महासंतं, धीरं वीरं सुपत्तयं।
संसारभूसणं मुक्खं, वंदे सम्मदिसायरं ॥78॥

अन्वयार्थ—(थिरबुद्धिं) स्थिरबुद्धि (महासंतं) महाशांत (धीरं वीरं सुपत्तयं) धीर वीर सुपात्र (संसारभूसणं मुक्खं) संसार भूषण मुख्य (सम्मदिसायरं) सन्मतिसागर को (वंदे) वंदन करता हूँ।

अर्थ—स्थिरबुद्धि, महाशांत, धीर-वीर, सुपात्र, संसारभूषण व मुख्य श्री सन्मतिसागर को वंदन करता हूँ।

संबोधिमंत-संजुत्तं, संसोहितच्च-णायगं।
महव्वदिं महामोणिं, वंदे सम्मदिसायरं॥79॥

अन्वयार्थ—(संबोधिमंत-संजुत्तं) संबोधि मंत्र संयुक्त, (संसोहितच्च णायगं) संशुद्धि तत्त्वनायक (महव्वदिं) महाव्रती (महामोणिं) महामौनी (सम्मदिसायरं) सन्मतिसागर को (वंदे) वंदन करता हूँ।

अर्थ—संबोधिमंत्र संयुक्त, संशुद्धि तत्त्वनायक, महाव्रती, महामौनी श्री सन्मतिसागर को वंदन करता हूँ।

णिरालस्सं चिदाणंदं, रयणत्तय-लंकिदं।
तवस्सीरयणं लोए, वंदे सम्मदिसायरं॥80॥

अन्वयार्थ—(णिरालस्सं) निरालस्य (चिदाणंदं) चिदानंद (रयणत्तयालंकिदं) रत्नत्रय से अलंकृत (लोगे) लोक में (तवस्सीरयणं) तपस्वीरत्न (सम्मदिसायरं) सन्मतिसागर को (वंदे) वंदन करता हूँ।

अर्थ—निरालस्य, चिदानंद, रत्नत्रय से अलंकृत, लोक में तपस्वीरत्न श्री सन्मतिसागर को वंदन करता हूँ।

महामंतिं महातंतिं, महाजंतिं महेसिणं।
महासंतिं महाखंतिं, वंदे सम्मदिसायरं॥81॥

अन्वयार्थ—(महामंतिं) महामंत्री (महातंतिं) महातंत्री (महाजंतिं) महायंत्री (महेसिणं) महर्षि (महासंतिं) महाशांति (महाखंतिं) महाक्षांति युक्त (सम्मदिसायरं) सन्मतिसागर को (वंदे) वंदन करता हूँ।

अर्थ—महामंत्री, महातंत्री, महायंत्री, महर्षि, महाशांति, महाक्षांति युक्त श्री सन्मतिसागर को वंदन करता हूँ।

विज्जाणंदं दयाणंदं, विवेगाणंद माणसं।
तवसाणंद णंदेदिं, वंदे सम्मदिसायरं॥82॥

अन्वयार्थ—(विज्जाणंदं) विद्यानंद (दयाणंदं) दयानंद (विवेगाणंद माणसं) विवेकानंद मानस (तवसाणंदणंदेदि) तप के आनंद से आनंदित होने वाले (सम्मदिसायरं) सन्मतिसागर को (वंदे) वंदन करता हूँ।

अर्थ—विद्यानंद, दयानंद, विवेकानंद, माणस तप के आनंद से आंनंदित होने वाले श्री सन्मतिसागर को वंदन करता हूँ।

सोम्ममुत्तिं सुसोमप्पं, चरित्तुज्जल-धारिणं।
भव्वजीवाण तादारं, वंदे सम्मदिसायरं॥83॥

अन्वयार्थ—(सोम्ममुत्तिं) सौम्यमूर्ति (सुसोमप्पं) सुसौम्यात्मा (चरित्तुज्जल-धारिणं) उज्ज्वल चारित्र को धारण करने वाले (भव्वजीवाण तादारं) भव्य जीवों के त्राता (सम्मदिसायरं) सन्मतिसागर को (वंदे) वंदन करता हूँ।

अर्थ—सौम्यमूर्ति, सुसौम्यात्मा, उज्ज्वल चारित्र को धारण करनेवाले, भव्य जीवों के त्राता श्री सन्मतिसागर को वंदन करता हूँ।

झाण-णाणवदं-मुत्तिं, किरियामुत्तिं जाणगं।
अज्झप्पजोगमुत्तिं च, वंदे सम्मदिसायरं॥84॥

अन्वयार्थ—(झाण-णाणवदं-मुत्तिं) ध्यान-ज्ञान-व्रत-मूर्ति (किरियामुत्तिं) क्रियामूर्ति (जाणगं) ज्ञायक (अज्झप्पजोगमुत्तिं च) और अध्यात्मयोग मूर्ति (सम्मदिसायरं) सन्मतिसागर को (वंदे) वंदन करता हूँ।

अर्थ—ध्यानमूर्ति, ज्ञानमूर्ति, व्रतमूर्ति, क्रियामूर्ति और अध्यात्मयोग मूर्ति श्री सन्मतिसागर को वंदन करता हूँ।

भव्वणिसेव्वं णिस्संगं, जहाजादं सरूविणं।
दिव्वजोदिधरं सुज्जं, वंदे सम्मदिसायरं॥85॥

अन्वयार्थ—(भव्वणिसेव्वं) भव्यजन निसेव्य (णिस्संगं) निःसंग (जहाजादस-रूविणं) यथाजात स्वरूप (दिव्वजोदिधरं सुज्जं) दिव्यज्योतिधर सूर्य (सम्मदिसायरं) सन्मतिसागर को (वंदे) वंदन करता हूँ।

अर्थ—भव्यजन निसेव्य, निःसंग, यथाजात स्वरूप, दिव्य ज्योतिर्धर, सूर्य श्री सन्मतिसागर को वंदन करता हूँ।

अणसणादि-माहप्पं, जाणगं धारगं तहा।
संजमभूसिदं सम्मं, वंदे सम्मदिसायरं॥86॥

अन्वयार्थ—(अणसणादि माहप्पं) अनशन आदि के महत्त्व को (जाणगं) जानने वाले (तहा) तथा (धारगं) धारण करनेवाले (संजमभूसिदं सम्मं) सम्यक् संयम से भूषित श्री (सम्मदिसायरं) सन्मतिसागर को (वंदे) वंदन करता हूँ।

अर्थ—अनशन आदि के महत्त्व को जानने वाले धारण करनेवाले सम्यक् संयम से भूषित श्री सन्मतिसागर को वंदन करता हूँ।

सुदंसिं सम्मसंजुत्तं, सम्ममुत्तिं विरागिण।
लोगप्पवादहीणं च, वंदे सम्मदिसायरं॥87॥

अन्वयार्थ—(सुदंसि) श्रुतांशी (सम्मसंजुत्तं) सम्यग्दर्शन संयुक्त (सम्ममुत्तिं)

साम्य मूर्ति (विरागिणं) वैरागी (लोगप्पवादहीणं च) और लोकप्रवाद से रहित (सम्मदिसायरं) सन्मतिसागर को (वंदे) वंदन करता हूँ।

अर्थ—सुदेशन, सम्यग्दर्शन संयुक्त, साम्यमूर्ति, बैरागी और लोकप्रवाद से रहित श्री सन्मतिसागर को वंदन करता हूँ।

जुगमुक्खं मुणिमुक्खं, लोगमुक्खं गुणाकरं।
जेण्हसासण-मुक्खं च, वंदे सम्मदिसायरं ॥88॥

अन्वयार्थ—(जुगमुक्खं) युगमुख्य (मुणिमुक्खं) मुनिमुख्य (लोगमुक्खं) लोकमुख्य (गुणाकरं) गुणाकर (जेण्हसासण मुक्खं च) और जैनशासन में मुख्य (सम्मदिसायरं) सन्मतिसागर को (वंदे) वंदन करता हूँ।

अर्थ—युगमुख्य, मुनिमुख्य, लोकमुख्य, गुणाकर और जैनशासन में मुख्य श्री सन्मतिसागर को वंदन करता हूँ।

कप्परुक्खं व्व दायारं, णाण-णेयप्पगासगं।
आगमवारिहिं सेट्ठं, वंदे सम्मदिसायरं ॥89॥

अन्वयार्थ—(कप्परुक्खं व्व दायारं) कल्पवृक्ष के समान दाता (णाण-णेयप्पगासगं) ज्ञान-ज्ञेय का प्रकाशन करनेवाले (आगमवारिहिं सेट्ठं) श्रेष्ठ आगमवारिधि (सम्मदिसायरं) सन्मतिसागर को (वंदे) वंदन करता हूँ।

अर्थ—कल्पवृक्ष के समान दाता, ज्ञान-ज्ञेय का प्रकाशन करनेवाले श्रेष्ठ आगमवारिधि श्री सन्मतिसागर को वंदन करता हूँ।

कुलज्जोदिं कुलाधारं, कलाजुत्तं कलाधरं।
कल्लाणकंखि-कल्लाणं, वंदे सम्मदिसायरं ॥90॥

अन्वयार्थ—(कुलज्जोदिं) कुल का उद्योत करनेवाले (कुलाधारं) कुल के आधार (कलाजुत्तं) कलायुक्त (कलाधरं) कलाधर (कल्लाणकंखि-कल्लाण) कल्याणकांक्षी कल्याणरूप (सम्मदिसायरं) सन्मतिसागर को (वंदे) वंदन करता हूँ।

अर्थ—कुल का उद्योत करनेवाले, कुल के आधार, कलायुक्त, कलाधर, कल्याणकांक्षी, कल्याणरूप श्री सन्मतिसागर को वंदन करता हूँ।

समदिट्ठिं खमादिट्ठिं, दिव्वदिट्ठिं अलोगिगं।
दूरदिट्ठिं महादिट्ठिं, वंदे सम्मदिसायरं ॥91॥

अन्वयार्थ—(समदिट्ठिं) समदृष्टि (खमादिट्ठिं) क्षमादृष्टि (दिव्वदिट्ठिं) दिव्यदृष्टि (अलोगिगं) अलौकिक (दूरदिट्ठिं) दूरदृष्टि (महादिट्ठिं) महादृष्टिवाले (सम्मदिसायरं) सन्मतिसागर को (वंदे) वंदन करता हूँ।

अर्थ—समदृष्टि, क्षमादृष्टि, दिव्यदृष्टि, अलौकिक, दूरदृष्टि, महादृष्टिवाले श्री सन्मतिसागर को वंदन करता हूँ।

कित्तिजुत्तं धिदीजुत्तं, चागजुत्तं तवस्सिणं।
सम्मचारित्त-संपुण्णं, वंदे सम्मदिसायरं ॥92॥

अन्वयार्थ—(कित्तिजुत्तं) कीर्तियुक्त (धिदीजुत्तं) धृतियुक्त (चागजुत्तं) त्याग-युक्त (तवस्सिणं) तपस्वी (सम्मचारित्त संपुण्णं) सम्यक्चारित्र से संपूर्ण (सम्मदिसायरं) सन्मतिसागर को (वंदे) वंदन करता हूँ।

अर्थ—कीर्तियुक्त, धृतियुक्त, त्यागयुक्त, तपस्वी सम्यक्चारित्र से सम्पूर्ण श्री सन्मतिसागर को वंदन करता हूँ।

जिणागमे सदारत्तं, सदारत्तं सुचिंतणे।
विरागभाव-संजुत्तं, वंदे सम्मदिसायरं ॥93॥

अन्वयार्थ—(सोम्ममुत्ति) सौम्यमूर्ति (सुसोमप्पं) सुसौम्यात्मा (चरित्तुज्जल-धारिणं) उज्ज्वल चारित्र को धारण करने वाले (भव्वजीवाण तादारं) भव्य जीवों के त्राता (सम्मदिसायरं) सन्मतिसागर को (वंदे) वंदन करता हूँ।

अर्थ—सौम्यमूर्ति, सुसौम्यात्मा, उज्ज्वल चारित्र को धारण करनेवाले, भव्य जीवों के त्राता श्री सन्मतिसागर को वंदन करता हूँ।

धम्माधारं तवागारं, अज्झप्पतंतसाधगं।
मग्गप्पहावगं जेट्ठं, वंदे सम्मदिसायरं ॥94॥

अन्वयार्थ—(धम्माधारं तवागारं) धर्माधार तवागार (अज्झप्पतंतसाधगं) अध्यात्मतंत्र साधक (मग्गप्पहावगं) मार्ग प्रभावक (जेट्ठं) ज्येष्ठ (सम्मदिसायरं) सन्मतिसागर को (वंदे) वंदन करता हूँ।

अर्थ—धर्माधार, तपागार, अध्यात्म तंत्र साधक, मार्ग प्रभावक ज्येष्ठ श्री सन्मतिसागर को वंदन करता हूँ।

विण्णाणिं झाणतित्थं च, अप्पतित्थं दयाणिहिं।
आयरण-तित्थरूवं च, वंदे सम्मदिसायरं ॥95॥

अन्वयार्थ—(विण्णाणिं) विज्ञानी (झाणतित्थं) ध्यानतीर्थ (अप्पतित्थं) आत्मतीर्थ (दयाणिहिं) दयानिधि (आयरण-तित्थरूवं च) और आचरण तीर्थरूप (सम्मदिसायरं) सन्मतिसागर को (वंदे) वंदन करता हूँ।

अर्थ—विज्ञानी ध्यानतीर्थ, आत्मतीर्थ, दयानिधि और आचरण तीर्थरूप श्री सन्मतिसागर को वंदन करता हूँ।

णिस्संकं च णिरातंकं, णिक्कंखं सिद्धिसाहगं।
विस्सधम्मस्स णेदारं, वंदे सम्मदिसायरं ॥96॥

अन्वयार्थ—(णिस्संकं) नि:शंक (णिरातंकं) निष्कांक्ष (सिद्धिसाहगं) सिद्धिसाधक (विस्स-धम्मस्सणेदारं) विश्वधर्म के नेता (सम्मदिसायरं) सन्मतिसागर को (वंदे) वंदन करता हूँ।

अर्थ—नि:शंक, निरातंक, निष्कांक्ष, सिद्धिसाधक, विश्वधर्म के नेता श्री सन्मतिसागर को वंदन करता हूँ।

णिराकुलं सदासंतं, विस्समंगल-कारिणं।
णिस्संगं च णियप्पेक्खिं, वंदे सम्मदिसायरं ॥97॥

अन्वयार्थ—(णिराकुलं) निराकुल (सदासंतं) सदाशांत (विस्समंगलकारिणं) विश्वमंगलकारी (णिस्संगं) नि:संग (च) और (णियप्पेक्खिं) निजप्रेक्षी (सम्मदिसायरं) सन्मतिसागर को (वंदे) वंदन करता हूँ।

अर्थ—निराकुल, सदाशांत, विश्वमंगलकारी, नि:संग और निजप्रेक्षी श्री सन्मतिसागर को वंदन करता हूँ।

पंच-महव्वदंजुत्तं, पंचिंदियणिरोहगं।
पंच-समिदि-संजुत्तं, वंदे सम्मदिसायरं॥98॥

अन्वयार्थ—(पंच महव्वदंजुत्त) पाँच महाव्रतों में युक्त (पंचिंदियणि-रोहग) पंचेन्द्रिय निरोधक (पंचसमिदि-संजुत्तं) पाँच समिति संयुक्त (सम्मदिसायरं) सन्मतिसागर को (वंदे) वंदन करता हूँ।

अर्थ—पाँच महाव्रतों में युक्त पंचेन्द्रिय, रोधक, पाँच समिति संयुक्त श्री सन्मतिसागर को वंदन करता हूँ।

समदादि-छडावस्सं, जुत्तं सत्तविसेसगं।
जिणधम्मस्स णेदारं, वंदे सम्मदिसायरं ॥99॥

अन्वयार्थ—(समदादि छडावस्सं) समता आदि षडावश्यक (सत्तविसेसगं) सप्त विशेषगुण (जुत्तं) युक्त (जिणधम्मस्सणेदारं) जिनधर्म के नेता (सम्मदिसायरं) सन्मतिसागर को (वंदे) वंदन करता हूँ।

अर्थ—समता आदि षडावश्यक, सप्त विशेष गुण युक्त जिनधर्म के नेता श्री सन्मतिसागर को वंदन करता हूँ।

पंचाचाराण गुत्तीणं, दहधम्म-तवाण य।
आधारं व्व गुणिं सूरिं, वंदे सम्मदिसायरं ॥100॥

अन्वयार्थ—(पंचाचाराण) पंचाचारों के (गुत्तीणं) गुप्तियों के (दहधम्माण-तवाण य) दशधर्मों व तपों के (आधारं व्व) आधार के समान (गुणिं सूरिं) गुणवान आचार्य (सम्मदिसायरं) सन्मतिसागर को (वंदे) वंदन करता हूँ।

अर्थ—पंचाचारों, तीन गुप्तियों, दश धर्मों व बारह तपों के आधार स्वरूप गुणवान आचार्य श्री सन्मतिसागर को वंदन करता हूँ।

मुणिणाहं जदिसेट्ठं, मुत्तिमग्गस्स साहगं।
णाणसुज्जं सुणीलोहं, वंदे सम्मदिसायरं॥101॥

अन्वयार्थ—(मुणिणाहं) मुनिनाथ (जदिसेट्ठं) यतिश्रेष्ठ (मुत्तिमग्गस्स-साहगं) मुक्तिमार्ग के साधक (णाणसुज्जं) ज्ञानसूर्य (सम्मदिसायरं) सन्मतिसागर को (अहं) मैं (सुणीलो) सुनीलसागर (वंदे) वंदन करता हूँ।

अर्थ—मुनिनाथ, यतिश्रेष्ठ, मुक्तिमार्ग के साधक, ज्ञानसूर्य, अत्यन्त शीतल स्वभाव वाले आचार्यश्री सन्मतिसागरजी को मैं आचार्य सुनीलसागर वंदन करता हूँ।

अप्पणाणी गुणाकंखी, मोक्खमग्गी सुणीलओ।
सम्मदी सम्मदी इच्छुं, वंदे सम्मदिसायरं॥

॥ समत्ता सम्मदी-सदी ॥

आइरिय-सुनीलसायरप्पणीदं

भद्दबाहु-चरियं

(भद्रबाहु-चरित)

आइरिय-सुणीलसायरप्पणीदं

भद्दबाहु-चरियं

(भद्रबाहु-चरित)

उसहादि-जिणवराणं, णमिऊण य गोम्मटेस-जिणणाहं।
वोच्छामि भद्दबाहु-चरियं च पुव्वाइरिय-कमेण॥

अत्थि अणाहिणिहणो जेणधम्मो। उवसप्पिणी-अवसप्पिणी काल-रूवेण पवट्टंतम्मि कालम्मि अणंत-चउवीसी जादा। पवट्टमाणे अवसप्पिणीकाले वि चउवीसतित्थयरा संजादा। ताण णामाणि वि उवलद्धाणि। जहा य वुत्तं पडिक्कमणसुत्ते सिरी गोदमसामिणा—

उसह-मजियं च वंदे, संभव-मभिणंदणं च सुमइं च।
पउमप्पहं सुपासं, जिणं च चंदप्पहं वंदे॥1॥
सुविहिं च पुप्फयंतं, सीयल-सेयं च वासुपुज्जं च।
विमल-मणंतं भयवं, धम्मं संतिं च वंदामि॥2॥
कुंथुं च जिणवरिंदं, अरं मल्लिं सुव्वयं च णमिं।
वंदामि रिट्ठणेमिं, तह पासं वड्ढमाणं च॥3॥

ऋषभादि चौबीस तीर्थंकरों (जिनवरों) के लिए और गोम्मटेश्वर जिननाथ के लिए नमस्कार करके, पूर्वाचार्यों के क्रम से आगत भद्रबाहु चरित्र को कहता हूँ।

जैनधर्म अनादिनिधन है। उत्सर्पिणी-अवसर्पिणी कालरूप प्रवर्तित काल में अनंत चौबीसी हुई हैं। प्रवर्त्तमान अवसर्पिणी काल में भी चौबीस तीर्थंकर हुए हैं। उनके नाम भी उपलब्ध हैं। जैसे प्रतिक्रमण सूत्र में भी गौतम स्वामी ने कहा—

वृषभ,अजित, संभव, अभिनंदन, सुमति, पद्मप्रभ, सुपार्श्वनाथ, चन्द्रप्रभ, सुविधिनाथ (पुष्पदंत), शीतलनाथ, श्रेयांसनाथ, वासुपूज्य, विमलनाथ, अनंतनाथ, धर्मनाथ, शान्तिनाथ, कुन्थुनाथ, अरनाथ, मल्लिनाथ, सुव्रतनाथ, नमिनाथ, अरिष्टनेमि (नेमिनाथ), पार्श्वनाथ और वर्धमान (महावीर)भगवान की मैं वंदना करता हूँ।

भयवंतो वड्ढमाणो महावीर-जिणेसरो अंतिमो तित्थयरो जादो। तस्स अणंतरं ण हु जादो कोवि तित्थेसरा, किण्णु तस्स सिस्स-परंपराए तिय अणुबद्ध-केवलिणो संजादा। तं जहा-सिरी इंदूभदि-गोदमो, सुहम्माइरियो तह य जंबू सामी।

तस्स अणंतरं पंचसुदकेवलिणो जादा। तं जहा-विण्हूणंदी, णंदीमित्तो अवराजिदो, गोव-इढणो, भद्दबाहुसामी य।

सिरी भद्दबाहु-सामी अंतिमो सुदकेवली आसी। तं अणंतरं केवि संपुण्ण-सुदण्हू सुदकेवली ण जादो। तस्स भद्दबाहूसामिस्स चरियं संखेवेण भव्वजीवाण कल्लाणहेदुं वोच्छामि-

जम्मं : अस्सिं जंबूदीवस्स भरहखेत्ते कोडिणयर-णाम णयरं अत्थि। तत्थ सूर-वीर-साहससंपण्णो राया पोम्मधरो रूप-सोहग्ग-कला-लावण्ण-संपुण्णाए भारियाए पोम्मसिरीए सह रज्जं करीअ। तस्स रज्जम्मि सुधम्म-परायणो सोमसम्मा णामं पुरोहिदो वि सगेहिणी सुलक्खणा-पइव्वदाए सोमसिरीए सह णिवसीअ।

भगवान वर्धमान-जिनेश्वर महावीर अंतिम तीर्थंकर हुए हैं। उनके बाद कोई भी तीर्थंकर नहीं हुए, किन्तु उनकी शिष्य परम्परा में तीन अनुबद्ध केवली हुए। वह इस प्रकार हैं—श्री इन्द्रभूति गौतम, सुधर्माचार्य और जंबूस्वामी। उसके बाद पाँच श्रुतकेवली हुए। वह इस प्रकार हैं—विष्णुनंदी, नंदीमित्र, अपराजित, गोवर्धन और भद्रबाहु स्वामी।

श्री भद्रबाहु स्वामी अंतिम श्रुतकेवली थे। उनके बाद कोई भी संपूर्ण श्रुत के ज्ञाता केवली नहीं हुए। उन भद्रबाहु स्वामी के चरित को संक्षेप में भव्यजीवों के कल्याण हेतु मैं कहता हूँ—

जन्म : इस जम्बूद्वीप के भरतक्षेत्र में कोटिनगर नाम का नगर हैं। वहाँ पर शूर-वीर-साहस आदि गुणों से सम्पन्न राजा पद्मधर (पद्मरथ) रूप-सौभाग्य, कला-सौन्दर्य से परिपूर्ण धर्मपत्नी पद्मश्री के साथ राज्य करता था। उस राज्य में सम्यक् धर्मपरायण सोमशर्मा नाम का पुरोहित भी अपनी गृहिणी सुलक्षणा-पतिव्रता सोमश्री के साथ निवास करता था।

एगाए रत्तीए सोमसिरीए सुसिविणाणि दिट्ठाणि। पहाए णिय-सामी-सोमसम्माणं सा सिविणफलं पुच्छइ। सिविणसत्थाणुसारं सोमसम्मो सिविणस्स फलं वच्चइ। तं सोच्चा सोमसिरी अच्चंत-संतुट्ठा जादा। गब्भकालं बोलिऊण सा सुहतिहिणक्खत्त-मुहुत्ते एगं सुंदरं बालगं जणयदि। सुरूव-सुलक्खण-बालगं पाऊण पुरोहिद-दंपदी अदिसंतुट्ठो जादो। इंदतुल्ल-सुरूवं, चेट्ठं, बालकीडं च दट्ठूण परिजणेहिं तस्स बालगस्स णामं भद्दबाहु त्ति ठविदं। तस्स जादि-महुच्छवं, जिणदंसण-महुच्छवं च अदि-उच्छाहेण संपण्णं किदं। इमम्मि अवसरम्मि सेट्ठजणेहिं विसिट्ठ-जिणाराहणा, जिणसत्थकहिद-सुदाणस्स सत्तखेत्तम्मि य दीण-दलिद्देसु सुवण्ण-वत्थादि दाणं कदं।

बालत्तणं : बीया-तिहीए चंदोव्व वड्ढंतो सो बालो सव्व-पियजणाणं चित्तं पफुल्लं करेइ। गुरुजणाणं, अज्झावयवग्गाणं पि सो आणंदस्स कारणं

जादो। खणं पढंतो, खणं कीडंतो, खणं हसंतो, खणं अइमणोहरं चेट्ठं कुव्वंतो, खणं गहीररूवं धारंतो सो सव्वणयरजणस्स पिओ जादो।

वियक्खणदा : एगदा बालगो भद्दबाहू मित्तेहिं सह विविह-खेलं खेलंतो आसी, गेंदुअकीडाए तेण एक्कमेक्कस्स उवरि गेंदुअं ठवेंतं एगारहं गेंदुआणि पइट्ठाविदं दट्ठूण सव्वे मित्ता अच्छेरजुत्ता जादा। इमम्मि अवसरे चउत्थो सुदकेवली गोवड्ढणाइरियो णियमुणिसंघेण सह विहरंतो तत्थ आगदो। बालगस्स कीडाए इमं दिव्वकज्जं दट्ठूण सो वि अच्छेरजुत्तो संजादो। सदिव्व-णिमित्त-णाणेण तेण जाणियं इमो बालगो सुद-तव-तेय-सत्त-संपण्णो पंचमो सुदकेवली होहिदि।

अणंतरं तं सेट्ठं पणमंतं बालगं ससमीवे बोलाविऊण आयरियो पुच्छदि-भो वच्छ! तव णाम किं?

सो बालगो उच्चदि-भयवं! मम णाम भद्दबाहू अत्थि। अहं माहणो (बंभणो) म्हि। सावय-चूणामणि-सिरि-सोमसम्मा मम पिदा वच्छल्लपुण्णा य सोमसिरी मम मादा अत्थि। समीवत्थे इमम्मि कोडि-णयरे णिवसामि।

बालगस्स पडिहं, वयणकलं, विणयवुत्तिं पण्णासीलदं च दट्ठूण आयरियो अच्चंत-पमुदिद-भावेण पुच्छदि-भो पण्ण! अहं तुमं अणेगाणि सेट्ठ-सत्थाणि सिक्खाहिमि। तुमं सिक्खिस्ससि वा?

भद्दबाहू पसण्णचित्तेण सुवीकरोदि।

आयरियो पुणो पुच्छदि—वच्छ! संपडि तव मादा-पिदा कत्थ संति?

भद्दबाहू—ते घरे संति। भयवं! मम गेहं आगच्छदु।

एक रात्रि में सोमश्री ने कुछ स्वप्न देखे। प्रातः अपने स्वामी सोमशर्मा के पास जाकर वह स्वप्नों का फल पूछती है। स्वप्नशास्त्र के आधार से सोमशर्मा स्वप्न का फल कहता है। उनको सुनकर सोमश्री अत्यन्त संतुष्ट हुई। गर्भकाल बिताकर वह शुभतिथि, शुभनक्षत्र व शुभ मुहूर्त में एक सुन्दर बालक को जन्म देती है। सुंदर एवं सुलक्षण संपन्न बालक को पाकर पुरोहित दंपत्ति अत्यधिक संतुष्ट हुए। इन्द्र के समान रूप, चेष्टा और बालक्रीड़ा को देखकर परिजनों के द्वारा उस बालक का नाम भद्रबाहु रखा गया। उसके जाति-महोत्सव और जिनदर्शन महोत्सव अति उत्साहपूर्वक सम्पन्न किये गये। इस अवसर पर बड़े बुजुर्गों ने विशिष्ट जिनाराधना (जिनेन्द्रपूजा), जिनशास्त्रकथित सम्यक् दान के सातक्षेत्रों में और दीन-दरिद्रों में स्वर्ण वस्त्रादि दान किये।

बचपन : द्वितीया-तिथि के चन्द्रमा की तरह वह बालक वृद्धिंगत होते हुए सभी प्रियजनों के चित्त को प्रफुल्लित करने लगा। गुरुजनों एवं अध्यापक वर्गों के लिए वह आनंद का कारण हुआ। क्षणभर में पढ़ता, क्षणभर में खेलता, क्षणभर में

हँसता, क्षणभर में अतिमनोहर चेष्टा करता हुआ, क्षणभर में गम्भीररूप धारण करता हुआ, वह सभी नगरवासियों का प्रिय हो गया।

विचक्षणता : एक बार बालक भद्रबाहु अपने मित्रों के साथ अनेक प्रकार के खेलों को खेलता था। कंदुक-क्रीडा में उसके द्वारा एक गेन्द के ऊपर एक गेन्द रखकर (एक साथ) ग्यारह गेंद (गोल पत्थर) रखे गए देखकर सभी मित्र आश्चर्यचकित रह गए। इसी समय चतुर्थ श्रुतकेवली गोवर्धनाचार्य अपने मुनिसंघ के साथ विहार करते हुए वहाँ आये। अपने दिव्यनिमित्त ज्ञान से उन्होंने यह जाना कि—यह बालक श्रुत-तप-तेज-सत्व से सम्पन्न पंचम श्रुतकेवली होगा।

अनन्तर प्रणाम करते हुए उस श्रेष्ठ बालक को अपने पास बुलाकर आचार्य पूछते हैं—हे वत्स! तुम्हारा नाम क्या है?

वह बालक कहता है—भगवन्! मेरा नाम भद्रबाहु है। मैं ब्राह्मण हूँ। श्रावक-चूड़ामणि श्री सोमशर्मा मेरे पिता और वात्सल्यपूर्णा सोमश्री मेरी माता हैं। समीप स्थित यह कोटिनगर मेरा गृहनगर है।

बालक की प्रतिभा, वचनकला, विनयवृत्ती तथा प्रज्ञाशीलता को देखकर आचार्य अत्यन्त प्रसन्नभावपूर्वक कहते हैं—हे प्रज्ञ! मैं तुमको अनेक श्रेष्ठ शास्त्रों को सिखाऊँगा। तुम सीखोगे?

भद्रबाहु प्रसन्न भाव से स्वीकार करता है।

आचार्य—वत्स! अभी तुम्हारे माता-पिता कहाँ हैं?

भद्रबाहु—घर पर, भगवन्! मेरे घर पर चलिए।

भद्दबाहुणा सह गच्छंतो गोवड्ढणाइरियो ससंघं तस्स गिहं पत्तो। मुणिसंघं दट्ठूण सोमसम्मा परियणेण सह विणयोवयारं किच्चा पुच्छदि-अहो महप्पा! केण कारणेण अम्हाणं दुवारं पवित्तं किदं तुम्हेहिं।

आयरिओ कहेदि—तव पुत्तेण अम्हे एत्थ आणीया। अहं इमं सत्थाणि सिक्खेदुं इच्छामि। अस्स कल्लाणत्थं सो सिक्खिदव्वो। जइ तुमं इच्छसि तो अहं इमस्स सत्थसिक्खं दाहामि।

किंचि चिंतिऊण तस्स मादु-पिदुहि सम्मदी पदत्ता।

तयणंतरं भद्दबाहुं सरक्खणे घेत्तूण आयारादि बारस-अंगपरिपुण्णो, महामहिमो, छत्तीस-गुण-संपण्णो, भव्वजीवाण हिदकरो, मुणिणायगो गोवड्ढणारियो तत्तो ससंघो णिग्गदो!

सिक्खा : ववहार-पडू, वियक्खणबुद्धी संपण्णो सो कुमरो भद्दबाहू आइरिय-पसादेण थोवकालेण सत्थ-पुराण-सिद्धंत-कव्व-आयार-सत्थेसु पारंगदो जादो। सच्चं अत्थि, सेट्ठ-गुरुणो पसादेण विणेया सिग्घं चिय सत्थ-पारंगदा होंति। उत्तं च मूलाचारे—

भत्तीए जिणवराणं, खीयदि जं पुव्वसंचिदं कम्मं।
आइरिय-पसाएण य, विज्जा मंता य सिज्झंति॥571॥

सयलसत्थाणि अज्झेदूण आइरियेण उत्तं- भो वच्छ! अज्झयणं पुण्णं जादं, अदो गेहं गच्छ।

सखेदेंणं भद्दबाहु भणदि- तव जुअलचरणं चत्ता, णाहं गंतुमिच्छामि। भयवं! दिक्खं देउ।

आइरियो कधेदि-पढमं पिऊणं समीवे गच्छ।

भद्दबाहू उच्चदि-भयवं! तव पसादेण अहं सम्मं णाणी जादो। अदो अहं गेहं गंतुं णेच्छामि। असारे संसारे का कस्स मादा? को कस्स पिदा? को कस्स कुडुंबो बंधुवग्गो वा।

वच्छल्लभावेण आइरियो पुणो तस्स कधेदि-वच्छ! जिणपरंपराणुसारं तुमए घरं गंतव्वं। आणं च गहिऊण आगंतव्वं।

विणएण भद्दबाहु भणदि-भयवं! तव जारिसी आणा...।

भद्रबाहु के साथ जाते हुए गोवर्धनाचार्य ससंघ उसके घर पहुँचे। मुनिसंघ को देखकर सोमशर्मा अपने परिजनों के साथ विनय-उपचार करके पूछता है- अहो महात्मा! किस कारण से आपने हमारे द्वार को पवित्र किया?

आचार्य कहते हैं—तुम्हारा यह बालक हमें यहाँ लाया है। मैं इसको शास्त्रों का अध्ययन कराना चाहता हूँ। इसके कल्याण के लिए इसे शीघ्र ही शिक्षा दिलाना चाहिए। मैं इसको पढ़ाऊँगा, अत: आप लोग स्वीकृति दीजिए।

कुछ चिंतन करके उसके माता-पिता ने सहमति प्रदान की।

उसके बाद भद्रबाहु को अपने संरक्षण में लेकर आचारांगादि बारह अंग से परिपूर्ण, महामहिम, छत्तीस गुणों से सम्पन्न, भव्यजीवों के हितकारी मुनिनायक श्री गोवर्धनाचार्य ससंघ वहाँ से निकल गये।

शिक्षा : व्यवहारपटु, विलक्षणबुद्धि सम्पन्न वह कुमार भद्रबाहु आचार्य के प्रसाद से अल्पकाल में ही शास्त्र, पुराण, सिद्धान्त, काव्य, आचार शास्त्रों में पारंगत हो गया। सच है, श्रेष्ठ गुरु की कृपा से शिष्य शीघ्र ही शास्त्र पारंगत हो जाते हैं। मूलाचार में कहा हैं—

गाथार्थ- जिनवर की भक्ति से पूर्व संचित कर्मों का नाश होता है और आचार्य की कृपा से विद्या व मंत्रों की सिद्धि होती है॥571॥

सम्पूर्ण शास्त्रों का अध्ययन कराकर आचार्य ने कहा—हे वत्स! अध्ययन पूर्ण हो गया, अब घर जाओ।

खेदपूर्वक भद्रबाहु कहते हैं—आपके युगल-चरणों को छोड़कर मैं जाने की इच्छा नहीं करता। भगवन्! दीक्षा दीजिए।

आचार्य कहते हैं—एक बार माता-पिता के पास जाओ।

भद्रबाहु—भगवन्! आपके प्रसाद से मुझको सम्यग्ज्ञान हुआ है। अतः मुझे घर जाने की इच्छा नहीं है। असार संसार में किसकी कौन माता? कौन किसका पिता? कौन किसका कुटुम्ब और बंधुवर्ग?

पुनः स्नेहपूर्वक आचार्य उसको कहते हैं- वत्स! जिनशासन की परंपरा अनुसार तुमको घर जाना चाहिए। पश्चात् आज्ञा ग्रहणकर आ जाना।

विनयपूर्वक भद्रबाहु कहते हैं- भगवन्! आपकी जैसी आज्ञा।

दिक्खाहेदुं आणा : णाण-विण्णाणेण, सरूव-सोहग्गेण य संपण्णं भद्दबाहुं दट्ठूण मादा-पिदरो परियणा य अदिहरिसिदा संतुट्ठा य जादा। भद्दबाहुं विज्जा-कला तहा वाद-सत्थपारंगदं दट्ठण णयरस्स रण्णा वि तस्स बहुमाणं किदं।... परियणेसुं णाणिसु कंचि कालं बोलिऊण तेसिं धम्मं देसिऊण भद्दबाहुणा पिदुणो कहिदं-भो पिदा! अप्पकल्लाणत्थं जिणदिक्खाहेदुं तव आणं वंछामि।

इणं वयणं सुणिदूण सव्वे परियणा दुक्खिदा जादा। सव्वेसिं पि भद्दबाहुस्स विओगो अइकट्ठकरो जादो। तदा भद्दबाहुणा सम्मुवदेसेण, कल्लाणयारी वेरग्ग-वयणेहिं सव्वे पडिबुज्झा किदा।... तं पच्छा मादि-पिदु-परेयणेहिं जहजोग्गं आणत्तो भद्दबाहू गुरु-समीवं गदो।

सव्वं वुत्तंतं कहिदूण अइविणएण गुरुं भद्दबाहू एवं पत्थेदि-भयवं! कल्लाणकारिणिं, सव्वसंतावहारिणिं, आयासव्व णिरुवलेवं, खिदिव्व गहिरं, एगंतविरदिरूवं, देविंद-विंद-पत्थणिज्जं णिग्गंथदीक्खं ममं देहि।

जिणेसरिं दिक्खं दाऊण आइरिय-गोवड्ढणेण भद्दबाहू किदत्थो किदो। मुणिसंघे सत्थाणुसारेण पवट्टमाणो, पंचाचार-पालणं कुव्वंतो कमेण भद्दबाहू सुदकेवली जादो। आउअवसाणकालं जाणित्ता भद्दबाहु-सुदकेवलिम्मि संघभारं समप्पिऊण, सेट्ठ-सल्लेहणं साधिऊण मुणिणाहो गोवड्ढणसामी सग्गं गदो।

अट्ठंगणिमित्तधारी सुदकेवली भद्दबाहूसामी मुणिसंघेण सह देस-देसंतरं विहरंतो धम्मोवदेसं, दिक्खं-सिक्खं च कुव्वंतो अइप्पसिद्धो जादो।

चंदगुत्तस्स दिक्खा : एगदा ससंघं विहरंतो आइरियो भद्दबाहू पाडलीपुत्तणयरं पत्तो। तम्मि काले तस्स णयरस्स राया जिणधम्म-परायणो, अदिसूरो, णीदि-णिउणो, णिग्गंथगुरु-भत्तो चंदगुत्तो आसी। तेण अइउच्छाहेण सामंत-सेट्ठीवग्ग-सहिदं मुणिसंघस्स सागदं किदं।...सो राया सुदकेवलिणो गुरुराइणो मुणिसंघस्स य भत्तीए तल्लीणो जादो।

एगाए रत्तीए भारहाधीस-महाराय-चंदगुत्तेण सोलस कुसुविणाणि दिट्ठाणि। पादो पच्चूसकाले सगुरुणो भद्दबाहुसामिणो विहिणा वंदणं कादूण

अइविणएण तेण सुविणाणं सव्वो वुत्तंत्तो णिवेदिदो।

धीर-वीर-गहीरो, छिण्ण-सद्द-भूम-वंजण-अंग-सर-अंतरिक्ख-सिविणादि अट्ठंगणिमित्त- कुसलो भद्दबाहूसामी सिविणाण फलं एवं पगडेदि।

दीक्षा हेतु आज्ञा : ज्ञान-विज्ञान, स्वरूप-सौभाग्य सम्पन्न भद्रबाहु को देखकर माता-पिता और परिजन अत्यधिक हर्षित और संतुष्ट हुए। भद्रबाहु को विद्या-कला (कौशल) और न्यायशास्त्र प्रवीण देखकर नगर के राजा ने भी उनका बहुमान किया। परिजनों में, विद्वानों में कुछ काल व्यतीतकर उनको सम्यक्धर्म का ज्ञान देकर एक बार भद्रबाहु पिता से बोले- हे पिताजी! स्व कल्याणार्थ जिनदीक्षा हेतु आपकी आज्ञा चाहता हूँ।

यह वचन सुनकर सभी परिजन दुःखी हुए। सभी को भद्रबाहु का वियोग अतिकष्टकर भासित होता है। तब भद्रबाहु ने सभी के लिए सम्यक् उपदेश और कल्याणकारी वचनों से प्रतिबुद्ध किया। अनन्तर माता-पिता और परिजनों की यथायोग्य आज्ञा ग्रहण करके भद्रबाहु अपने गुरु के पास पहुँच गये।

सम्पूर्ण वृतान्त अतिविनयपूर्वक कहकर भद्रबाहु गुरु से इस प्रकार प्रार्थना करते हैं—भगवन्! कल्याणकारी, सर्वसंतापहारी, आकाश के समान निर्लेप, पृथ्वी के तुल्य गम्भीर, एकांत विरतिरूप और देवेन्द्र- वृन्द प्रार्थनीय निर्ग्रन्थ दीक्षा मुझे दीजिए।

गोवर्धनाचार्य ने जैनेश्वरी दीक्षा देकर भद्रबाहु के लिए कृतार्थ किया। मुनिसंघ में शास्त्रानुसार प्रवर्तित होते हुए, पंचाचार का पालन करते हुए, भद्रबाहु क्रमशः श्रुतकेवली हुए। आयु अवसान काल को समीप जानकर भद्रबाहु श्रुतकेवली को संघभार देकर, श्रेष्ठ सल्लेखना धारण करके मुनिनाथ गोवर्धन स्वामी स्वर्ग सिधारे।

अष्टांगनिमित्तधारी श्रुतकेवली भद्रबाहुस्वामी मुनिसंघ के साथ देश-प्रदेश में विहार करते हुए धर्मोपदेश और दीक्षा तथा शिक्षा करते हुए अतिप्रसिद्ध हुए।

चन्द्रगुप्त की दीक्षा : एक बार अपने संघ सहित विहार करते हुए आचार्य भद्रबाहु पाटलिपुर (पाटलिपुत्र) पहुँचे। उस समय उस नगर का राजा जिनधर्म परायण, अत्यधिक बलवान्, नीतिनिपुण, निर्ग्रन्थ गुरुभक्त चन्द्रगुप्त था। उसने अति उत्साहपूर्वक सामंत, श्रेष्ठी वर्ग सहित मुनिसंघ का स्वागत किया। वह राजा श्रुतकेवली गुरुराज की और मुनिसंघ की भक्ति में तल्लीन हो गया।

एक रात्रि में भारत के अधिपति (सम्राट) महाराज चन्द्रगुप्त ने सोलह बुरे स्वप्नों को देखा। प्रातःकाल (ब्रह्ममुहूर्त) में अपने गुरु भद्रबाहु स्वामी के समीप जाकर विधिपूर्वक वंदना करके अतिविनयपूर्वक गुरु के सम्मुख उसने सभी स्वप्नों का वृतान्त निवेदन किया।

धीर-वीर-गम्भीर, छिन्न-शब्द-भूमि-व्यंजन-अंग-स्वर-अंतरिक्ष-स्वप्न आदि अष्टांग निमित्त कुशल भद्रबाहु स्वामी स्वप्नों का फल इस प्रकार प्रकट करते हैं—

1. भो राय! कप्पतरुणो भग्गसाहादंसणेण, भाविकाले कोवि रायपुरिसो वेरग्गं ण धारेहिदि।
2. अत्थं गच्छंतस्स सूरस्स दंसणेण, अंग-पुव्वस्स णाणं कमेणं खीणं होहिदि।
3. चंदमंडले बहु-छिद्दस्स दंसणेण, जिणसासणे अणेग-भेदप्पभेदाणि होहिंति।
4. बारहफणजुत्तसप्पस्स दंसणेण, बारहवरिसपेरंतं दुब्भिक्खं होहिदि।
5. परिवट्टमाणस्स देवविमाणस्स दंसणेण, पंचमकाले देवदा चारणमुणी, विज्जाहरा य पुढवीयले ण आगमिस्संति।
6. दूसियत्थले पफुल्लियस्स कमलस्स दंसणेण, सेट्ठ-कुलीण-पबुद्धा जणा वि कुधम्मं सेविस्संति।
7. भूद-पिसायस्स णच्च-दंसणेण, कलिकाले मणुस्सा बाहुल्लेण कुदेवे सद्धं करिस्संति।
8. खज्जोदस्स उज्जोय-दंसणेण, जिणधम्माराहगा थोवा भविस्संति कुधम्माराहगा बहुगा होहिंति।
9. कत्थइ सुक्कस्स च कत्थइ अप्पजल-भरिदस्स-तडायस्स दंसणेण, तित्थखेत्तेसु धम्मो ण होहिदि, अहवा थोवं होहिदि।
10. सुवण्णपत्ते साणं खीर-खायणस्स दंसणेण, पासंडी णीयपुरिसा य लक्खीए उवभोगं करिस्संति।
11. गयराये उवविट्ठस्स वाणरस्स दंसणेण, णीय-पुरिसा रज्जं करिस्संति।
12. सागरस्स सीमोल्लंघणस्स दंसणेण, सासणं सासणाहियारी य सच्छंदा होहिंति।
13. जुअल-गोवच्छेहिं रह-संचालणस्स दंसणेण जणा जोवत्तणे हि संजमधम्मं गेण्हिस्संति। वुड्ढत्तणे समत्था ण होहिंति।
14. उट्टं आरोहमाण-रायपुत्तस्सदंसणेण, रायाणो कुमग्गिणो णिस्सीला धम्महीणा य होहिंति।
15. रयजुत्तरयणरासि-दंसणेण णिग्गंठ-मुणी परोप्परं णिस्सिणेहा होहिंति।
16. किण्ह-गयाणं जुद्धदंसणेण कलिकाले पज्जत्तं मेहा ण वरिसिस्संति।

णिय-सोलह-सिविणाणं फलाण सुणिऊण राया संसार-सरीर-भोगेहिंतो अदि-विरत्तो जादो। णियपुत्तस्स बिंदुसारस्स रज्जसिंहासणं दाऊण तेण महाराएण सिरी-भद्दबाहु-सामित्तो भवभयमहिणी-अपुव्वसंतिदाइणी-एगंत-विरदिरूवा-जिणदिक्खा पत्ता।

1. हे राजन्! कल्पतरू की भग्नशाखा देखने से भविष्य में कोई भी राजपुरूष वैराग्य धारण नहीं करेगा।
2. अस्त होते हुए सूर्य को देखने से अंगपूर्व का ज्ञान क्रमशः क्षीण होगा।
3. चन्द्रमण्डल में बहुछिद्र देखने से जिनशासन में अनेक भेद-प्रभेद होंगे।

4. बारह फण युक्त सर्प को देखने से बारह वर्ष का दुर्भिक्ष होगा।
5. देव के विमान को उल्टा जाता हुआ देखने से पंचमकाल में देवता, चारण ऋद्धि-मुनि और विद्याधर इस पृथ्वी पर नहीं आयेंगे।
6. दूषित स्थान पर विकसित कमल देखने से श्रेष्ठ-कुलीन प्रबुद्ध लोग भी कुधर्म की सेवा करेंगे।
7. भूतपिशाच का नृत्य देखने से कलिकाल (कलयुग) में मनुष्य बहुलता से कुदेवों (अस्त्र-शस्त्रधारी देवों) में श्रद्धा करेंगे।
8. खद्योत (जुगनूं) का उद्योत देखने से जिनधर्म आराधक थोड़े, किन्तु कुधर्म आराधक बहुत होंगे।
9. कहीं सूखे, कहीं थोड़ा जल भरे सरोवर को देखने से तीर्थक्षेत्रों पर धर्म नहीं होगा या थोड़ा होगा।
10. स्वर्ण पात्र में कुत्ते को खीर खाते हुए देखने से पाखंडी और नीचपुरुष लक्ष्मी का उपभोग करेंगे।
11. गजराज (हाथी) पर बैठे हुए बन्दर को देखने से नीच पुरुष राज्य करेंगे।
12. सागर के द्वारा सीमा का उल्लंघन देखने से शासन और शासन अधिकारी स्वच्छंद होंगे।
13. युगल बछड़ों (बैलों) द्वारा रथ-संचालन देखने से लोग युवावस्था में संयम ग्रहण करेंगे। वृद्धावस्था में समर्थ नहीं होंगे।
14. ऊँट पर चढ़े हुए राजपुत्र को देखने से राजा अमार्गी, निश्शील, धर्मरहित होंगे।
15. धूल से अभिभूत (धूलसहित) रतनराशि को देखने से निर्ग्रन्थ मुनि परस्पर वात्सल्य हीन होंगे।
16. कृष्ण (काले) हाथियों का युद्ध देखने से कलिकाल (कलियुग) में यथायोग्य मेघ नहीं बरसेंगे।

अपने सोलह स्वप्नों का फल सुनकर राजा (चन्द्रगुप्त) संसार, शरीर और भोगों से अत्यधिक विरक्त हुए। अपने पुत्र बिंदुसार के लिए राज्य-सिंहासन देकर उन्होंने श्री भद्रबाहु स्वामी से संसार के भय को मथने वाली, अपूर्व शांतिदायिनी, एकान्त विरतिरूपा जिनदीक्षा प्राप्त की।

उत्तरावहे दुब्भिक्खो : एगदा सिरीभद्दबाहुसामी आहारत्थं कस्सइ सावगस्स गिह-अंगणं पविट्ठो। तत्थ डोलाए डोलमाणो अच्चंत-लहुसिसू अकम्हा—

'... गच्छ, गच्छ,' त्ति भासंतो दिट्ठो।

तदा णिमित्तणाणी आयरिओ किंचि चिंतिऊण पुणो पुच्छदि-कियंत काल-पज्जंतं,

सिसुणा उत्तं-बारस-वरिस-पज्जंतं, बारसवरिसपज्जंतं।

इअ सुणिऊण णिराहारं पडिगच्छंतेण आइरिएण णिमित्तणाणेण सम्मं णादं- इम्मम्मि उत्तरभारधे बारसबरिस-पज्जंतं भीसणं दुब्भिक्खं होहिदि।... एवं चिंतेंतो सो मुणिठाणं आगदो। संघं च एवं भणदि-

भो संजमाराहगा भव्ववरपुंडरीया! सुणह, इमम्मि उत्तरावह-खंडम्मि बारह वरिस-पज्जंतं अइभीसणं दुब्भिक्खं होहिदि। धण-धण्णेण संपण्णो इमो देसो दुक्कालगसिओ होहिदि। अणावुट्ठि पहावेण सयलजीवसमूहा खुहा-तण्हाउरा, दीण- दुहिदा होहिंति। धम्मणिव्वहणं, संजमपरिपालणं च असंभवं होहिज्जइ। किमहियं, संजमाराहगाणं इणं देसो महाकट्ठकरो भट्ठकरो य होहिज्जइ। एरिसे देसे संघस्स णिवासो जोग्गो णत्थि। तदा एदम्मि देसादो संघस्स दक्खिणदिसाए विहारं होहिदि।

इणमो समायारो जदा सावगेहिं सुदो तदा ते दुक्खिदा जादा। तहा विणएण सणिवेदणं एवं भाणिदं-भयवं। इहेव तिट्ठध, एत्थ ज्जेव णिवसध। विहारं मा कुणध। अम्हे सव्वे समत्था। दुब्भिक्ख-काले वि संघस्स सव्वपयारेण णिव्वहणं करिस्सामो। अम्हाणं कोढारा धण-धण्णेण परिपुण्णा संति। किवं कुणध, अस्सिं खेत्ते चिट्ठह।

आयरिओ उच्चदि- साहु, तुम्हे सव्वे समत्था किन्तु दुब्भिक्खं अइदुक्करं होहिदि। जे एत्थ णिवसेहिंति ते धम्मभट्टा, मग्गभट्टा य होहिंति। अदो अम्हे दक्खिणदिसाए विहरामो।

भद्दबाहुणो समाही : तं पच्छा सुदकेवलीदेवेण संघेण सह दक्खिणाभिमुहं विहरदि। सावगाणं अग्गहवसा थूलभद्दादि मुणिगणा आयरिय-आणं अवगणिय तत्थ उत्तरावहे एव परिवसिउं पयत्ता।

उत्तरापथ में दुर्भिक्ष : अन्य कोई दिन श्री भद्रबाहु स्वामी आहार के प्रयोजन से एक श्रावक के घर के आँगन में प्रविष्ट हुए। वहाँ झूले में झूलते हुए शिशु को—

'जाओ, जाओ, जाओ' इस प्रकार बोलते हुए देखा।

तब निमित्तज्ञानी आचार्य कुछ चिंतन करके पुनः पूछते हैं- कितने काल पर्यन्त, कितने काल पर्यन्त, कितने काल पर्यन्त।

शिशु ने कहा बारह वर्ष पर्यन्त, बारह वर्ष पर्यन्त, बारह वर्ष पर्यन्त।

इस प्रकार सुनकर निराहार लौटते हुए आचार्य ने अपने निमित्तज्ञान से यह स्पष्ट जाना कि—इस उत्तरभारत में बारह वर्ष तक दुष्कर दुर्भिक्ष होगा। इस प्रकार सोचते हुए वे मुनियों के स्थान पर आ गये। सम्पूर्ण संघ को बुलाकर उन्होंने इस प्रकार कहा—

हे संयम आराधकों भव्यवर पुण्डरीकों! सुनो, इस उत्तरापथ खण्ड में (उत्तरभारत में) बारह वर्ष तक अतिभीषण दुर्भिक्ष होगा। धन-धान्य से सम्पन्न यह देश शून्य हो

जायेगा। अनावृष्टि के प्रभाव से सम्पूर्ण जीव समूह क्षुधा-तृषातुर, दीन-दु:खी होयेंगे। धर्म निर्वहन, संयम परिपालन असंभव हो जायेगा। अधिक क्या कहें, संयम आराधकों के लिए यह देश महाकष्टकर तथा भ्रष्टकर हो जायेगा। ऐसे देश में संघ का निवास योग्य नहीं है। अत: यहाँ से संघ का दक्षिण में विहार होगा।

यह समाचार जब श्रावकों के लिए ज्ञात हुआ तब वे दु:खित हुए। तथा विनयपूर्वक निवेदन करते हुए इस प्रकार बोले-भगवन्! यहीं पर ठहरो, यहीं पर निवास करो। विहार मत करो। हम सभी समर्थ हैं। दुर्भिक्षकाल में भी संघ की हर प्रकार से सेवा करेंगे। हमारे कोठार धन-धान्य से परिपूर्ण हैं। कृपा करो, इस क्षेत्र में ही ठहरो।

आचार्य कहते हैं— अच्छी बात है, तुम सभी समर्थ हो, किन्तु दुर्भिक्ष अत्यधिक दुष्कर होगा। जो यहाँ ठहरेंगे, वे धर्मभ्रष्ट और मार्गभ्रष्ट होंगे। अत: हम दक्षिण-दिशा में विहार करेंगे।

भद्रबाहु की समाधि : अनन्तर श्रुतकेवली देव ने संघ के साथ दक्षिण-दिशा की ओर विहार किया। श्रावकों के आग्रहवश स्थूलभद्रादि कई मुनिगण आचार्य की आज्ञा का उल्लंघन करके वहीं उत्तरापथ में ही ठहर गये।

कमेण विहरमाणो, ससंघो आयरिओ भद्दबाहू एगंतं सुरम्मं सवणबेलगोलं (कटवप्पं) णामं सुप्पसिद्धं जेण तित्थखेत्तं परिपत्तो।... तत्थ णिमित्तणाणेण णिय आयुं थोवं जाणिऊण तेण सल्लेहणापुव्वगं समाहिमरणं णिण्णीयं।

सयल-संघं आकारेऊण मुणिणाहेण सव्वविसओ फुडी कदो। तेण जिणधम्म-पसारणत्थ, मुणिसंघ-परिपालणत्थं जेट्ठ-सेट्ठमुणिराय-विसाखं आयरियपदे परि-ट्ठविऊण सयलसंघस्स महत्तपुण्णं उवदेसं दाऊण अग्गे वि दक्खिणदिसाए विहारहेदुं आणा पदत्ता।

तदा विसाहायरिएण उत्तं- भो संघस्स पाण! तुमं अम्हे एगल्लं चइऊण कत्थ गच्छामो। अम्हाणं साहसो णत्थि। जत्थ तुमं वसिस्स, तत्थ अम्हे वि वसिस्सामो। तव चरणं छंडिऊण कत्थ वि ण गमिस्सामो।

विसाहायरियस्स वयणं सोच्चा अइवच्छलेण भद्दबाहुसामिणा भणिदं- भो वच्छ! सम्मं बुज्झसु, तुमं सव्वसमत्थो असि, संपदि अहं आराहणं आराहेमि, तुमं संघस्स परिपालणं, परिवड्ढणं सिक्खा-दिक्खा-जिणधम्मपसारणं च कुणसु।

गुरु-आणं सोच्चा सव्वे सीसा अधोमुहा जादा। तदा चंदगुत्त (पहाचंद) मुणिणा कहिदं—भो सेट्ठ-विसाहायरिय! गुरु-आणं पमाणं किच्चा तुमं संघेण सह विहारं धम्मप्पसारं च कुरु, अहं अत्थ गुरचरण-समीवे वेज्जावच्चणिमित्तं चिट्ठामि।

तदा भद्दबाहूसामी चंदगुत्तं पि भणदि-भो भद्द! तुमं वि गच्छ।... संघस्स

विहारो पउत्तो, किंतु अविचलभत्ती तहा विणयवसा चंदगुत्तो मुणी ण गदो।

सिरी भद्दबाहु-सामिणा विहिणा सल्लेहणा गहिदा तहा अइपसंतभावेण सो गिरिगुहाए णियप्पझाणे तल्लीणो जादो।... सो चिय णिराहारो अत्थि किंतु वणे सावगाणं अभावेण चंदगुत्तमुणिरायस्स वि अणेग-उववासा जादा। तदा सामी उच्चदि- भो वच्छ! अकारणं अणसणं उचिदं णत्थि। जिणिंदाणाणुसारेण विहिणा वणम्मि वि आहारत्थं गच्छ।

गुरु-आणाणुसारेण तं णमंसित्ता चंदगुत्त-मुणिराओ आहारत्थं गदो किंतु तं तियदिवसं विहिणा आहारो ण पत्तो। तियदिवसा-णंतरं सो पुणो अण्णदिसाएआहारत्थं गदो तदा तं जिणाणाणुरत्तो-पवित्त-बुद्धी-सेट्ठ-तवस्सी जाणिदूण वणदेवीए, तम्मि दिसाए एगं सुदरं णयरं विरइदं।

क्रमशः विहार करते हुए, ठहरते हुए ससंघ भद्रबाहु स्वामी एकान्त, सुरम्य श्रवणबेलगोला (कटवप्र) नाम से सुप्रसिद्ध जैन तीर्थक्षेत्र पहुँचे। वहाँ निमित्तज्ञान से अपनी आयु को थोड़ा जानकर उन्होंने सल्लेखनापूर्वक समाधिमरण का निश्चय किया।

सकल संघ को बुलाकर मुनिनाथ ने सभी विषय स्पष्ट कर दिये। उन्होंने जिनधर्म के प्रसार हेतु, मुनिसंघ के परिपालन हेतु ज्येष्ठ-श्रेष्ठ मुनिराज विशाख को आचार्य पद पर प्रतिष्ठित करके सम्पूर्ण संघ को किंचित् महत्त्वपूर्ण उपदेश देकर आगे भी दक्षिण-दिशा में विहार हेतु आज्ञा प्रदान की।

तब विशाखाचार्य ने कहा- हे संघ के प्राण! आपको अकेला छोड़कर हम लोग कहाँ जावें। हमारा साहस नहीं है। जहाँ आप रहोगे वहीं पर हम सभी भी रहेंगे। आपके चरण छोड़कर कहीं भी नहीं जावेंगे।

विशाखाचार्य के वचन सुनकर अत्यधिक वात्सल्य से भद्रबाहु स्वामी बोले- हे वत्स! अच्छी तरह समझो, तुम सर्वसमर्थ हो। अभी (सम्प्रति) मैं आराधना करूंगा, तुम संघ का परिपालन, परिवर्धन, शिक्षा, दीक्षा और जिनधर्म के प्रसारण के लिए विहार करो।

गुरु की आज्ञा सुनकर सभी शिष्यों ने नीचे मुँह कर लिया। तब चन्द्रगुप्त (प्रभाचन्द्र) मुनि ने कहा—हे श्रेष्ठ विशाखाचार्य! गुरु आज्ञा प्रमाण करके आप संघ के साथ विहार करके धर्म प्रचार करो, मैं यहाँ गुरु चरणों के समीप वैयावृत्ति के निमित्त ठहरता हूँ।

तब भद्रबाहु स्वामी चन्द्रगुप्त से भी बोले—हे भद्र! तुम भी जाओ।... संघ का विहार हो गया, किन्तु अविचलित भक्ति एवं विनयवश चन्द्रगुप्त मुनि नहीं गये।

श्री भद्रबाहु स्वामी ने विधिपूर्वक सल्लेखना ग्रहण की और अति प्रशांतभाव से वह पर्वत की गुफा में निजात्म ध्यान में तल्लीन हुए। वह तो निराहार थे ही किन्तु

वन (जंगल) में श्रावकों का अभाव होने से चन्द्रगुप्त मुनिराज के भी अनेक उपवास हो गये। तब स्वामी ने कहा- हे वत्स! अकारण उपवास उचित नहीं हैं। जिनेन्द्रदेव की आज्ञानुसार विधिपूर्वक वन में भी आहार के लिए जाओ।

गुरु-आज्ञानुसार उनको नमस्कार करके चन्द्रगुप्त मुनिराज आहार के लिए गये किन्तु उनको तीन दिवस विधिपूर्वक आहार नहीं प्राप्त हुआ। तीन दिवस के बाद वह पुनः अन्य दिशा में आहार के लिए गए, तब उनको जिनआज्ञा में रत, पवित्रबुद्धि, श्रेष्ठ तपस्वी जानकर वनदेवी के द्वारा उस दिशा में एक सुन्दर नगर का निर्माण किया गया।

तत्थ तस्स विहिणा आहारो संजादो। तेण णिरंतराय-आहारस्स सव्वो वुतंत्तो गुरुणो कधिदो। किवालू गुरुदेवो सम्मं संतुट्ठो जादो। पडिदिणं तम्मि णयरम्मि आहारं किच्चा चंदगुत्तमुणिराओ गुरुसेवाए तल्लीणो जादो। कालंतरेण समाहिपुव्वगं देहं चइऊण अंतिमो सुदकेवली भगवंतो भद्दबाहू मुणिणाहो सग्गे अइसय-संपण्णं देवत्तं पत्तं।

संघभेदो : तत्थ पाडलिपुत्ते कालक्कमेण दुब्भिक्खो परिवड्ढमाणो पसरइ। खुहाए बालगा करुण-कंदणं करेंति, लोगा उम्मगगामी जादा, पसु-पक्खिणो पाणे चइउं पयत्ता। तदा तेण दुब्भिक्खेण तत्थ णिवसमाणो मुणिसंघो वि पीडिओ। एगदा आहारं कादूण परिवट्टमाणस्स मुणिसंघस्स एगस्स मुणीणो उयरं फाडिऊण खुहापीडियजणेहिं भुत्तं अण्णं भुत्तं। तदा सव्वंसि मुणिसंघ-सावगसंघे य अइखोहं जादं। एवं भीसणं उवसग्गं दट्ठण सावगेहिं मुणिसंघस्स णिवेदणं किदं-हे सामि! अइदुक्करं कालो आगदो। अओ तुम्हे उज्जाणं (वणं) मुंचिऊण णयरे णिवसध, जेण अम्हाणं चित्ते संतोसो संचरेज्ज तहा साहुसंघस्स वि रक्खा भवेज्ज।

परिट्ठिदिवसा संघो णयरं आगदो तहा सावगेहिं णिद्दिट्ठे ठाणे ठिदो।... कालक्कमेण दुब्भिक्खो भीसणदरो जादो। मुणिणा सावगाणं अग्गहेण रत्तीए आहारं आणेऊण पादो परोप्परं परिभुंजित्था।

एगदा अध्दरत्तीए एगो मुणी सावद-णिवारणत्थं लट्ठिं, भोयण-परिरक्खणत्थं भायणं, पिच्छी-कमंडलुं च गेण्हिअ भयंकरो णिसायरोव्व दीसमाणा कस्सइ सावगस्स गेहं पविट्ठो। तस्स भयंकर-णग्गरूवं दट्ठूण एगाए-महिलाए गब्भो पडिओ। इणं घडणं सुणिदूण सावगेहिं मुणिसंघस्स पुणो णिवेदणं किदं भो सामि! अस्सिं भीसणकाले इणमो णग्गो विसमरूवो भय-कारणं अत्थि तम्हा कंबलं धारध।... इत्थं मुणिसंघो सणियं-सणियं दिगंबरत्तादो परिभट्ठो जादो। केहिंचि मुणीहिं सत्थाणुसारेण देहा चत्ता।

तत्थ बारहवरिस-पच्छा सिरि विसाहायरियो ससंघो दक्खिणदो उत्तरदिसाए विहरंतो गुरुसमाहिणो दंसणत्थं सवणबेलगोलं आगदो। तत्थ चंदगुत्तमुणिराएण

आयरिय-विसाहाणं णमोत्थु त्ति किदं किंतु सावगरहिद-ठाणे चंदगुत्तस्स चारित्तो कहं णिद्दोसं भवेज्ज ति चिंतिऊण तेण पडिणमोत्थु त्ति ण किदं। तत्थेव सावगाणं अभावं जाणिऊण उववासं कुणंतं संघं चंदगुत्तो एवं वयासी-भो रयणत्तयाराहगा! उववासं मा कुणध, समीपेज्जेव सेट्ठ-सावगेहिं परिपुण्णो एगो गामो अत्थि, तत्थ आहारत्थं गच्छध।

वहाँ उनका विधिपूर्वक आहार हुआ। तब निरन्तराय आहार का सब वृतान्त उन्होंने गुरु को कहा। कृपालु गुरुदेव सम्यक्रूप से संतुष्ट हुए। प्रतिदिन उस नगर में आहार करके चन्द्रगुप्त मुनिराज गुरुसेवा में तल्लीन हुए। कुछ काल पश्चात् समाधिपूर्वक देह को त्यागकर अंतिम श्रुतकेवली भगवान् भद्रबाहु मुनिनाथ ने स्वर्ग में अतिशय सम्पन्न देवत्व को प्राप्त किया।

संघभेद : वहाँ पाटलिपुर में कालक्रम से दुर्भिक्ष, चारों ओर बढ़ते हुए फैलता है। क्षुधा से पीड़ित बालक करुण क्रन्दन करते हैं, लोग उन्मार्गी हो जाते हैं, पशु-पक्षी प्राण छोड़ने लगते हैं। तब उस कारण से वहाँ निवास करता हुआ मुनिसंघ भी पीड़ित हुआ। एक बार आहार करके लौटते हुए मुनिसंघ के एक मुनि का क्षुधा से पीड़ित लोगों ने पेट फाड़कर वह अन्न खाया। तब सम्पूर्ण मुनिसंघ और श्रावक संघ में अतिक्षोभ हुआ। इस प्रकार भीषण उपसर्ग देखकर श्रावकों ने मुनिसंघ को निवेदन किया-हे स्वामी! अतिदुष्कर काल आ गया। अतः आप लोग उद्यान (वन) को छोड़कर नगर में निवास करो, जिससे हमारे मन में संतोष का संचरण हो और साधुसंघ की भी रक्षा होगी।

परिस्थितिवश संघ नगर में आ गया और श्रावकों द्वारा निर्देशित स्थान पर ठहर गया।... कालक्रम से दुर्भिक्ष अतिभीषण हो गया। तब मुनि श्रावकों के आग्रह पर रात्रि में आहार लाकर प्रातःकाल परस्पर खाने लगे।

एक बार अर्द्धरात्रि में एक मुनि पशुओं का निवारण करने के लिए लाठी, भोजन की सुरक्षा के लिए भाजन (पात्र) तथा पिच्छी-कमण्डलु हाथ में लेकर भयंकर निशाचर की तरह दिखते हुए एक श्रावक के घर में प्रविष्ट हुए। यह भयंकर विचित्र नग्नरूप देखने से एक गर्भवती महिला का गर्भपात हो गया। यह भयंकर वार्ता सुनकर श्रावकों ने मुनिसंघ से निवेदन किया—हे स्वामी! इस भीषण काल में यह विषम नग्नरूप भय का कारण है, इस कारण से कम्बल धारण करो। इस प्रकार धीरे-धीरे मुनिसंघ दिगम्बर रूप से भ्रष्ट हो गया। कुछ मुनियों द्वारा शास्त्रानुसार देह का त्याग किया गया।

वहाँ बारह वर्ष पश्चात् श्री विशाखाचार्य ससंघ दक्षिण-दिशा से उत्तरदिशा की ओर विहार करते हुए गुरुसमाधि के दर्शनार्थ श्रवणबेलगोला आये। वहाँ चन्द्रगुप्त मुनिराज ने आचार्य विशाख को नमोस्तु किया किन्तु श्रावक रहित स्थान पर चन्द्रगुप्त

का चारित्र कैसे निर्दोष रहा होगा, यह चिन्तन करके उन्होंने प्रति-नमोस्तु नहीं किया। वहाँ पर श्रावकों का अभाव जानकर उपवास करते हुए संघ को चन्द्रगुप्त ने इस प्रकार कहा—हे रत्नत्रय- आराधको! उपवास मत करो, समीप में श्रेष्ठ-श्रावकों से परिपूर्ण एक ग्राम है, वहाँ आहार के लिए चलो।

चंदगुत्तस्स वयणं पमाणं किच्चा अच्छेरजुत्तो मुणिसंघो तत्थ आहारत्थं गदो। तत्थ सावगेहिं सव्वसंघस्स सविहिं आहारो दिण्णो। आहाराणंतरं सव्वे मुणी जहट्ठाणं गया। एगो खुल्लगो तत्थेव अप्पणो कमंडलुं चत्ता आगदो। पुणो सो कमंडलुं आणेदुं तत्थ गदो किंतु तत्थ णयरं ण दिट्ठा अच्छेरजुत्तो जादो। एगस्स पादवस्स साहाए पलंबंतं णिय-कमंडलुं गहिऊण सो सट्ठाणं आगदो। आइरियस्स समीवे तेण सव्वो वुत्तंतो कहिदो।

किंचि चिंतिऊण विसाहायरिएण भणिदं-अहो, इणं चंदगुत्तस्स गुरुभत्ती तवस्स माहप्पं च संति। अस्सेव पहावेण देवेहिं इमो अदिसओ किदो। तयणंतरं चंदगुत्तस्स पडिवंदणा काऊण एवं भणदि-भो चंदगुत्त! तवप्पहावेण तुमए तहा अज्ज सव्वसंघस्स देवकप्पिओ आहारो पाविओ त्ति णवरि उचिदं णत्थि, अदो पायच्छित्तं घेतव्वं।

सव्वेहिं पायच्छित्तं किदं। तदो समाहिसाहणत्थं चंदगुत्तमुणी तत्थेव ठिदो तहा सव्वसंघो उत्तरदिसाए विहारं कुव्वंतो कमेण पाडलीपुरं (पाडलीपुत्तं) णयरं आगदो।

पाडलिपुरम्मि ससंघं सिरी विसाहायरिओ आगदो त्ति जाणिऊण थूलभद्दादि मुणओ तस्स दंसणत्थं आगदा तेहिं च णमोत्थु त्ति किदं किंतु आयरिएण पडिवंदणा ण किदा, अविदु पुच्छिदं—तुम्हेहि इणं किं सासणं गहिदं?

तदा बुड्ढो थूलभद्द-मुणी अप्पणो संघस्स दोसं सिढिलायारं च चिंतिऊण णियसंघस्स विसए एवं भणदि—भो गुणग्गाहि! तुम्हे इमं कुमग्गं, अणायारं च छंडिऊण छेदोवट्ठावणं कुणध। जदि एवं ण करिहित्था तो घोरसंसारसायरे परिब्भमणं करिस्सध।

केहिंचि साहूहिं सम्मग्गो गहिदो, किंतु केसिंचि सिढिलायरणाणं इणं कहणं ण रुचिदं। अइ-अग्गहं कुव्वंतो थूलायरिओ केहिंचि कुद्धेहिं साहूहिं गत्तम्मि पाडिदो। तत्थ अट्टझाणेण मरिऊण सो देवगदिं पत्तो।

ओहिणाणेण पुव्व-वुत्तंत्तं जाणिऊण तेण कुमग्गरदेसु घोर-उवसग्गं कुव्वंतेण भणिदं-अणायारं मुंचध, सम्मग्गं गेण्हध।

तं देवस्स वयणं सोच्चा सव्वे कुमग्गरदा सविणयं एवं उच्चंति- भयवं! णिग्गंथमग्गो अइदुक्करो अत्थि, तं पालेदुं अम्हे असमत्था।

चन्द्रगुप्त के वचन को प्रमाण मानकर आश्चर्ययुक्त मुनिसंघ वहाँ आहार के

लिए गया। वहाँ श्रावकों द्वारा सर्वसंघ के लिए विधि सहित आहार दिया गया। आहार के बाद सभी मुनि अपने स्थान को आ गये, किंतु एक क्षुल्लक वहाँ पर अपना कमंडलु भूलकर आ गये। पुनः वह कमंडलु प्राप्ति के लिए वहाँ गये, किन्तु वहाँ नगर न देखकर आश्चर्यचकित हुए। एक वृक्ष की शाखा पर लटकता हुआ कमंडलु ग्रहण करके अपने स्थान पर आ गये। आचार्य के समीप उन्होंने (क्षुल्लक ने) सभी वृतान्त कहा।

किञ्चित् चिन्तन करके विशाखाचार्य ने कहा—अहो! यह चन्द्रगुप्त की गुरुभक्ति तथा तप का महात्म्य है। इनके प्रभाव से देवों द्वारा यह अतिशय किया गया। अनन्तर चन्द्रगुप्त को प्रतिवंदना करके इस प्रकार कहते हैं—हे चन्द्रगुप्त! तप के प्रभाव से तुम्हें और आज सर्वसंघ को देवकल्पित आहार प्राप्त हुआ है किन्तु वह उचित नहीं है, अतः प्रायश्चित ग्रहण करना चाहिए।

सभी के द्वारा प्रायश्चित किया गया। उसके बाद समाधि साधना के लिए चन्द्रगुप्त मुनिराज यहीं पर स्थित हुए तथा सकल मुनिसंघ उत्तरदिशा की ओर विहार करते हुए क्रमशः पाटलिपुर नगर पहुँचा।

पाटलिपुर में ससंघ श्री विशाखाचार्य को आये हुए जानकर स्थूलभद्रादि मुनि उनके दर्शनार्थ आये और नमोस्तु किया किन्तु आचार्य ने प्रतिवंदना नहीं दी, अपितु पूछा- तुम लोगों ने यह कौन सा शासन ग्रहण किया है?

तब वृद्ध स्थूलभद्र मुनि अपने संघ के दोष और शिथिलाचार का चिन्तन करके अपने संघ के प्रति इस प्रकार कहते हैं- हे गुणग्राही! सभी लोग यह कुमार्ग और अनाचार छोड़कर छेदोपस्थापना करो। यदि इस प्रकार नहीं किया गया तो घोर संसार सागर में परिभ्रमण होगा।

कुछ लोगों के द्वारा सुमार्ग ग्रहण किया गया, किन्तु कुछ शिथिलाचारियों को यह कथन अच्छा नहीं लगा। अति आग्रह करते हुए स्थूलाचार्य को कुछ क्रोधित लोगों के द्वारा खड्डे में गिरा दिया गया। वहाँ आर्तध्यानपूर्वक मरकर वह देवगति को प्राप्त हुए।

अवधिज्ञान से पूर्व वृत्तान्त जानकर कुमार्गरतों पर घोर उपसर्ग करते हुए कहा- अनाचार छोड़ो, सुमार्ग ग्रहण करो।

देव के वचन सुनकर सभी कुमार्गगामी अतिविनय से इस प्रकार कहने लगे- भगवन्! निर्ग्रन्थ मार्ग अतिदुष्कर (कष्टसाध्य) है, उसके निर्वहन (परिपालन) में हम समर्थ नहीं हैं।

तुमं अम्हाणं गुरू अत्थि। अम्हे भत्तिपुव्वगं तव पूया-वंदणं करिस्सामो। उवसग्गं मा कुणध... उवसग्गं मा कुणध.... उवसग्गं मा कुणह। अम्हे सव्वे तव सरणागदा।

एवं तं देवं उवसमित्ता तस्स अट्ठिम्मि गुरु-बुद्धिं कादूण तस्स पूयं कादुं

पयत्ता। तयणंतरं विविहं मणोणुकूलं सिद्धंतं रइऊण तेण सेयंबरो संपदाओ पवट्टिओ।... कालंतरे तम्हा अणेगा उवसंपदाया वियसिया।

जिणधम्मस्स मूलसंघो दिगंबरो अत्थि। तम्हा अण्णं संपदायं छंडिऊण अप्पकल्लाणत्थं दिगंबर-णिग्गंथ-मग्गो हि गणहीयो।

पसत्थी

भद्दबाहू मुणिणाहो, सुद-पुण्णो आसि संघखेमकरो।
गुरुभत्तिजुत्तसिस्सो, सिरिचंदगुत्तो मुणी जयदु ॥1॥

वंदित्तु गोम्मटेसं, चंदगिरीए य भद्दबाहु-पदं।
सवणबेलगुलखित्ते, रचिदं इमं भद्दबाहु-चरियं ॥2॥

आदिसायरसूरिं, सूरिं महावीरकीत्ति-मुणिपवरं।
तवसिं सम्मदिसूरिं, अप्पहिदस्स य पणिवडामि ॥3॥

वर-अंगं व्व वरंगा, तत्थ य जादो वरंग-संपण्णो।
रयणो व रयण-वम्मा, चारुकित्ती य कित्तिओ होदु ॥4॥

॥ इदि आयरिएण सुणीलसायरेण विरइदं भद्दबाहुचरियं ॥

तुम हमारे गुरु हो, इस कारण हम सभी भक्तिपूर्वक आपकी पूजा-वंदना करेंगे। उपसर्ग मत करो, उपसर्ग मत करो, उपसर्ग मत करो। हम सभी आपकी शरण में आये हैं।

इस प्रकार उन्होंने उस देव को उपशांत करके उसकी हड्डियों को लेकर उसमें गुरुबुद्धि करके उसकी पूजा आरम्भ कर दी। उसके पश्चात् मनोनुकूल सिद्धान्त की रचना करके उन्होंने श्वेतपट (श्वेताम्बर) मत स्थापित किया। कालान्तर में उसमें अनेक मत प्रस्फुटित हुए।

मूलसंघ दिगम्बर है। अतः सभी कुमत छोड़कर अपने कल्याण के लिए निर्ग्रन्थ मार्ग ही ग्रहण करना चाहिए।

प्रशस्ति

1. परिपूर्ण श्रुत के ज्ञाता, संघ का क्षेम करने वाले, मुनिनाथ भद्रबाहु-स्वामी एवं गुरुभक्ति में रत शिष्य श्री चन्द्रगुप्त मुनिराज जयवंत हों।
2. गोम्मटेश (भगवान् बाहुबली) और चन्द्रगिरि पर स्थित भद्रबाहु स्वामी के

चरणकमल (चरणचिह्न) की वंदना करके श्री श्रवणबेलगोला क्षेत्र में इस भद्रबाहु चरित की रचना की गयी।

3. आचार्य आदिसागर, आचार्य महावीरकीर्ति मुनि प्रवर, और तपस्वी आचार्य सन्मतिसागर गुरुदेव की अपने हित के लिए वंदना करता हूँ।
4. श्रेष्ठ अंग की तरह वरंग (नगर) है, वहीं श्रेष्ठ अंगों से सम्पन्न रत्न के समान रत्नवर्मा का जन्म हुआ (वही चारुकीर्ति भट्टारक नाम से प्रख्यात हुआ) ऐसे चारुकीर्ति स्वामी कीर्तिमान होवें।

॥ आचार्य सुनीलसागर विरचित भद्रबाहुचरित समाप्त ॥

वंदे जिणिंद-गोम्मटं

गोम्मट जिनेन्द्र को नमस्कार

(5 फरवरी 2009, गोम्मटेश्वर के प्रथम दर्शन पर आचार्यश्री सुनीलसागर जी महाराज द्वारा रचित स्तुति)

आदि-जिणिंद-पुत्तगं सुणंदा-णेत्त-रम्मगं।
सुरिंदविंद-सेविदं, वंदे जिणिंद-गोम्मटं ॥1॥

कंदोट्ट-पुप्फ-लोयणं, सुकिण्हसप्प-कुंतलं।
घाणा-अपुव्व-चंपगं, वंदे जिणिंद-गोम्मटं ॥2॥

गइंद-सुड्ढ-बाहुगं, सुकंठ-पुट्ठी-कंधगं।
णियंबसेट्ठ-पादुगं, वंदे जिणिंद-गोम्मटं ॥3॥

णिगंठरम्म-मुद्दगं, णिगंठपंथ-दायगं।
अपुव्वसंति-संजुदं, वंदे जिणंद-गोम्मटं ॥4॥

मणोय-मोह-मारगं, सुभव्वजीव-कप्पगं।
विमोक्ख-मग्ग-आरसं, वंदे जिणिंद-गोम्मटं ॥5॥

उवास-वास-संजुदं, लदादि-विट्ठ-साहगं।
णियप्प-लीण-धीरगं, वंदे जिणिंद-गोम्मटं ॥6॥

सु-सत्ततच्च-घोसगं, कसाय-सल्ल-मोचगं।
विमुक्किमग्ग-पोसगं, वंदे जिणिंद-गोम्मटं ॥7॥

अणंत-णाण-दंसणं, सुहादि सव्व धारगं।
तिलोय-पुज्जभूसणं, वंदे जिणिंद-गोम्मटं ॥8॥

गोम्मट जिनेन्द्र को नमस्कार

(5 फरवरी 2009, गोम्मटेश्वर के प्रथम दर्शन पर रचित स्तुति)

1. आदि जिनेन्द्र ऋषभदेव के पुत्र, माता सुनंदा के नेत्रों को आनन्द देने वाले सुरेन्द्र समूह से सेवित गोम्मट (गोम्मटेश्वर बाहुबली स्वामी) जिनेन्द्र को नमस्कार हो।
2. नीलकमल पुष्प के समान लोचन, श्रेष्ठ कृष्ण सर्प के समान केशराशि, चंपक पुष्प से भी अपूर्व नासिका वाले गोम्मट जिनेन्द्र को नमस्कार हो।
3. गजेन्द्र की सूँड़ के समान बाहु, श्रेष्ठ कंठ, पृष्ठभाग, कंधे, मध्यभाग और चरणों वाले गोम्मट जिनेन्द्र को नमस्कार हो।
4. निर्ग्रन्थ मनोहर मुद्राधारी, त्याग के मार्ग के प्रदाता, अपूर्व शांति के पुंज गोम्मट जिनेन्द्र को नमस्कार हो।
5. मनोज (कामदेव) होते हुए भी मोह के नाशक, श्रेष्ठ भव्यजीवों को कल्पवृक्ष समान, मोक्षमार्ग के आदर्श गोम्मट जिनेन्द्र को नमस्कार हो।
6. एक वर्ष के उपवास युक्त, लता आदि से आविष्ट साधक, निजात्मलीन, धीर-गंभीर गोम्मट जिनेन्द्र को नमस्कार हो।
7. श्रेष्ठ सप्त तत्त्वों के उपदेशक, कषाय व शल्य को छोड़ने वाले तथा विमुक्ति मार्ग का पोषण करने वाले गोम्मट जिनेन्द्र को नमस्कार हो।
8. अनंत ज्ञान, दर्शन, सुख आदि सभी गुणों के धारक, तीन लोकों के पूज्य आभूषण रूप श्री गोम्मटेश्वर बाहुबली स्वामी को नमस्कार हो।

। इति ।

आइरिय-सुणीलसायर-पणीदा

बारह-भावणा

(बारह-भावना)

बारह-भावणा

(बारह भावना, बसंततिलका छन्द)

आऊ य अंजलि जलं व्व गलेदि णिच्चं,
सोक्खं धणं सुद-सुदा-पिदरा कुडुंबी।
मित्ताणि णाम सरिदा व पुरित्थी तुल्लं,
संझासिरी सुरधणुव्व अणिच्च-मत्थि ॥1॥

अन्वयार्थ—(आऊ य अंजलि जलं व्व गलेदि) आयु अंजलि के जल के समान नित्य गलती है। (सोक्खं धणं सुद-सुदा-पिदरा कुडुंबी मित्ताणि य णाम) सुख, धन, पुत्र, पुत्री, माता, पिता, कुटुंबी, मित्र और नाम (सरिदा व पुरित्थी तुल्ल संझासिरी सुरधणुव्व) नदी, वेश्या, संध्या की शोभा और इंद्रधनुष के समान (अणिच्च-मत्थि) अनित्य है।

अर्थ—आयु अंजलि के जल के समान नित्य गलती है। सुख, धन, पुत्र, पुत्री, माता, पिता, कुटुंबी, मित्र और नाम; नदी वेश्या, संध्या की शोभा और इंद्रधनुष के समान अनित्य है।

देहो गलेदि समयादु य एदि मिच्चू,
इंदो वि णत्थि सरणं मणी ओसहं वि।
जे मे भणंत सजणा परिदिस्सएंति,
रक्खंति को मरणकाल-उवट्ठिदे हि ॥2॥

अन्वयार्थ—(समयादु) समय से (देहो गलेदि) देह गलती है (य) और (मिच्चू) मृत्यु (एदि) आती है (इंदो वि णत्थि सरणं मणी ओसहं वि) इन्द्र भी शरण नहीं है और न ही मणि या औषध ही शरण है (जे) जो (मे) मेरा (भणंत सजणा परिदिस्सएंति) कहते हुए स्वजन दिखते हैं (मरणकाल-उवट्ठिदे) मरणकाल उपस्थित होने पर (को रक्खंति) कौन रक्षा करते हैं?

अर्थ—प्रतिसमय देह गलती है और मृत्यु आती है, उस समय इन्द्र भी शरण नहीं है और न ही मणि या औषध ही शरण है, जो मेरा कहते हुए स्वजन दिखते हैं मरणकाल उपस्थित होने पर कौन रक्षा करते हैं?

चादुग्गदीइ भम्माण इमो हि जीवो,
दुक्खं सुहं च विविहं अणुपत्तएदि।
दव्वे य खेत्त-समये भव-भावरूवे,
वट्टेदि पंच-परिवट्टणरूवलोगे ॥3॥

अन्वयार्थ—(इमो) यह (जोवो) जीव (चादुग्गदीइ भम्माण) चतुर्गति में भ्रमण करता हुआ (विविहं) विविध (दुक्खं सुहं च विविहं अणुपत्तएदि) दुःख और सुख को प्राप्त करता है। (दव्वे य खेत्त-समये भव-भावरूवे) द्रव्य, क्षेत्र, काल व भाव रूप (पंच-परिवट्टणरूवलोगे) पंचपरिवर्तन रूप लोक में (वट्टेदि) परिवर्तन करता है।

अर्थ—यह जीव चतुर्गति में भ्रमण करता हुआ विविध दुःख और सुख को प्राप्त करता है। द्रव्य, क्षेत्र, काल व भाव रूप पंचपरिवर्तनरूप लोक में परिवर्तन करता है।

जीवो दु जम्मदि मरेदि जगम्मि एक्को,
दुक्खं सुहं च परिभुंजदि एगजीवो।
एक्को गदिं अणुगदिं च सुहासुहं च,
एक्को हि गच्छदि सिवं रयणत्तएण ॥4॥

अन्वयार्थ—(जगम्मि) जग में (जीवो) जीव (एक्को जम्मदि मरेदि) अकेला ही जन्मता मरता है (दुक्खं सुहं च परिभुंजदि एगजीवो) एक ही जीव दुःख-सुख को भोगता है, (एक्को गदिं अणुगदिं च सुहासुहं च) एक ही गति-अनुगति व शुभ-अशुभ को पाता है (च) और (एक्को हि) अकेला ही (रयणत्तएण) रत्नत्रय से (सिवं) मोक्ष को जाता है।

अर्थ—जग में जीव अकेला ही जन्मता मरता है, अकेला ही जीव दुःख-सुख को भोगता है। अकेला ही गति-अनुगति व शुभ-अशुभ को पाता है और अकेला ही रत्नत्रय से मोक्ष को जाता है।

जीवो पुधत्ति तणु अण्ण-इणं मुणेंज्जा,
मादा-पिदुत्ति भगिणी य कुडुंब संगं।
देहो मणो य वयणं पुण अण्णरूवो,
जे मे भणंति हि कुणंति णिरत्थ-जम्मं ॥5॥

अन्वयार्थ—(जीवो पुधत्ति तणु अण्ण-इणं मुणेंज्जा) जीव पृथक् है तन अन्य है यह जानो (मादा-पिदुत्ति भगिणी य कुडुंब संगं) माता-पिता, बहिन व कुटुंब संग (य) और (देहो मणो य वयणं पुण अण्णरूवो) देह मन व वचन भी अन्य हैं (जे) जो (मे) मेरे (भणंति) कहते हैं (णिरत्थ-जम्मं) वे जन्म निरर्थक (कुणंति) करते हैं।

अर्थ—जीव पृथक् है तन अन्य है यह जानो, माता-पिता, बहिन व कुटुंब संग

और देह, मन व वचन भी अन्य हैं। जो लोग इन्हें अपना कहते हैं वे जन्म निरर्थक करते हैं।

रोगादि-पुण्ण-मल-मुत्त-गिहं हि देहो,
दुग्गंध-सत्त-घिण-धादु-असार-छिण्णो।
वाऊदु घुल्लदि इमो ण हि णीर-सुद्धो,
कम्माण हेदु वि विसुज्झदि संतवेहिं ॥6॥

अन्वयार्थ—(देहो) शरीर (रोगादि-पुण्ण-मल-मुत्त-गिहं हि) रोग-शोकादि से पूर्ण मल-मूत्र का घर ही है (दुग्गंध-सत्त-घिण-धादु-असार-छिण्णो) दुर्गंधित सप्त घिनावनी धातुवाला असार व छिन्न होने वाला है (इमो) यह (वाऊदु घुल्लदि) वायु से घुलता है (ण हि णीर-सुद्धो) नीर से शुद्ध नहीं होता (कम्माण हेदु वि) कर्मों का कारण है (संतवेहिं) श्रेष्ठ तप से (विसुज्झदि) विशुद्ध होता है अर्थात् विशुद्ध दशा को प्राप्त करता है।

अर्थ—शरीर रोग शोकादि से पूर्ण मल-मूत्र का घर ही है। दुर्गंधित, सप्त घिनावनी धातुवाला, असार व छिन्न होने वाला है, यह वायु से घुलता है, नीर से शुद्ध नहीं होता। कर्मों का कारण है, श्रेष्ठ तप से विशुद्ध होता है अर्थात् विशुद्ध दशा को प्राप्त करता है।

मिच्छत्त-जोग-अवदं च कसाय-इंदिं,
कम्मासवाण हवदे विविहा य हेदू।
तत्तो हि लक्ख चउरासि-कुजोणि मज्झे,
जीवो भमेदि अणुभुंजदि दुक्ख-सोगं ॥7॥

अन्वयार्थ—(मिच्छत्त-जोग-अवदं च कसाय-इंदिं) मिथ्यात्व, योग, अव्रत, कषाय और इन्द्रियां (कम्मासवाण) कर्मास्रव के (विविहा) विविध (हेदु) हेतु (हवदे) होते हैं (तत्तोहि) उससे ही (लक्ख चउरासि-कुजोणि मज्झे) चौरासी लाख कुयोनियों में (जीवो भमेदि) जीव भ्रमण करता है (य) और (दुक्ख-सोगे) दुःख व शोक को (अणुभुंजदि) भोगता है।

अर्थ—मिथ्यात्व, योग, अव्रत, कषाय और इन्द्रियां कर्मास्रव के विविध हेतु होते हैं उससे ही चौरासी लाख कुयोनियों में जीव भ्रमण करता है और दुःख व शोक को भोगता है।

मिच्छत्त-जोग-अवदं च कसायरोहे,
इंदी-णिरोहसहिदे य हवेदि झाणं।
धम्मेहि भावण-चरित्त-तवेहि णिच्चं,
कुव्वंति संवर-मसेस-मुणी गुणी वि ॥8॥

अन्वयार्थ—(मिच्छत्त-जोग-अवदं च कसाय रोहे) मिथ्यात्व, योग, अव्रत और कषाय निरोध होने पर (इंदी-णिरोह सहिदे) इंद्रिय निरोध सहित होने पर (हवेदि झाणं) ध्यान होता है (च) तथा (धम्मेहि भावण-चरित्त-तवेहि णिच्चं) दशधर्मों, भावनाओं, चारित्र व तपों के द्वारा (असेस-मुणी गुणी वि) सभी गुणवान मुनि (संवरं कुव्वंति) संवर करते हैं।

अर्थ—मिथ्यात्व, योग, अव्रत और कषाय निरोध होने पर, इंद्रिय निरोध सहित होने पर ध्यान होता है तथा दशधर्मों, भावनाओं, चारित्र व तपों के द्वारा सभी गुणवान मुनि संवर करते हैं।

गच्छंति जे हि तव-झाण-पहाणमग्गे,
ते णिज्जरंति हि बलेण कठोरकम्मे।
कालेण जीरदि ण किंचि करेदि लाहं,
पाचेदि जो सयल सुक्ख-सयं लहेदि ॥9॥

अन्वयार्थ—(जे) जो (तव-झाण-पहाणमग्गे) तप ध्यान प्रधान रत्नत्रय मार्ग में (गच्छंति) चलते हैं (ते) वे (बलेण) बलपूर्वक (कठोर कम्मे) कठोर कर्मों को (णिज्जरंति) निर्जरित करते हैं (कालेण जीरदि) कालानुसार जो कर्मनिर्जरा होती है (ण किंचि लाहं करेदि) वह कुछ लाभ नहीं करती (जो पाचेदि) जो अकाल में कर्मों को पका देता है (सयं) वह स्वयं (सयलसुक्खं) सकल सुख को (लहेदि) प्राप्त करता है।

अर्थ—जो तप, ध्यान प्रधान रत्नत्रय मार्ग में चलते हैं वे बलपूर्वक कठोर कर्मों को निर्जरित करते हैं। कालानुसार जो कर्मनिर्जरा होती है वह कुछ लाभ नहीं करती। जो अकाल में कर्मों को पका कर अविपाक निर्जरा करता है वह स्वयं सकल सुख को प्राप्त करता है।

संसारसायर-घणे ण हि केई ठाणं,
जादो मदो ण पदिदो इणमो हि जीवो।
उड्ढं अधं तिरियरूव-विचित्त-लोगं,
लोगित्त लोगदु सुरूव-सरूवसच्छं ॥10॥

अन्वयार्थ—(संसारसायर-घणे ण हि केई ठाणं) घने संसार में ऐसा कोई स्थान नहीं है जहां (जादो मदो ण पदिदो इणमो हि जीवो) यह जीव जन्म-मरण व पतन को प्राप्त न हुआ हो। (उड्ढं अधं तिरियरूव-विचित्त-लोगं लोगित्त) ऊर्ध्व-अधो व तिर्यक्रूप लोक को देखकर (सुरूव-सरूव-सच्छं) सुरूप स्वच्छ स्वरूप को (लोगदु) देखो।

अर्थ—घने संसार में ऐसा कोई स्थान नहीं है जहां यह जीव जन्म-मरण व

पतन को प्राप्त न हुआ हो। ऊर्ध्व-अधो व तिर्यक्रूप लोक को देखकर सुरूप, स्वच्छ स्वरूप को देखो।

एइंदियाए तसकाय सुदुल्लहोत्थि,
तम्हा मणुस्सभव-सेट्ठकुले य जम्मं।
सम्मत्त-देसवय-सुद्ध-मुणिंदरूवो,
मोक्खो य दुल्लह-तमो विरमेज्ज णाणे॥11॥

अन्वयार्थ—(एइंदियाए तसकाय सुदुल्लहोत्थि) एकेन्द्रिय से त्रसकाय बहुत दुर्लभ है (तम्हा मणुस्सभव-सेट्ठकुले य जम्मं) उससे मनुष्यभव श्रेष्ठ कुल में जन्म (सम्मत्त-देसवय-सुद्ध-मुणिंदरूवो) सम्यक्त्व, देशव्रत, शुद्ध मुनीन्द्ररूप और मोक्ष (दुल्लह-तमो) दुर्लभतम है (दु) इसलिए (विरमेज्ज णाणे) ज्ञानस्वरूप में रमण करो।

अर्थ—एकेन्द्रिय से त्रसकाय बहुत दुर्लभ है। उससे मनुष्यभव, श्रेष्ठ कुल में जन्म सम्यक्त्व, देशव्रत, शुद्ध मुनीन्द्ररूप और मोक्ष दुर्लभतम है, इसलिए ज्ञानस्वरूप में रमण करो।

धम्मो दया य रयणत्तय-जुत्त-सेट्ठो,
धम्मो वि तेरहविहो चरिदं तवं च।
धम्मो तरेदि भवसायर-दुत्थरत्तं,
धम्मो हि कामदुह धेणु समो त्ति लोए॥12॥

अन्वयार्थ—(धम्मो दया य रयणत्तय-जुत्त-सेट्ठो) धर्म दया व रत्नत्रय युक्त श्रेष्ठ है (धम्मो वि तेरहविहो चरिदं तवं च) धर्म तेरह प्रकार का चारित्र व तप भी है (धम्मो तरेदि भवसायर-दुत्थरत्तं) धर्म दुस्तर भवसागर से तारता है (धम्मो हि कामदुह धेणु समो त्ति लोए) लोक में धर्म ही कामदुहा धेनु के समान सर्वफलदायी है, इसलिए धर्म की आराधना करो।

अर्थ—धर्म दया व रत्नत्रय युक्त श्रेष्ठ है, धर्म तेरह प्रकार का चारित्र व तप भी है। धर्म दुस्तर भवसागर से तारता है। लोक में धर्म ही कामदुहा धेनु के समान सर्वफलदायी है, इसलिए धर्म की आराधना करो।

बारहभावणं सेट्ठं, सव्व-कल्लाण कारगं।
पढेदि जो य चिंतेदि, पावेदि सासयं सुहं॥

अन्वयार्थ—(सव्व-कल्लाण कारगं) सर्व कल्याण कारक (सेट्ठं बारहभावणं) श्रेष्ठ बारहभावना को (जो) जो (पढेदि) पढ़ता है (य) और (चिंतेदि) चिंतन करता है, वह (सासयं सुहं) शाश्वत सुख को (पावेदि) पाता है।

अर्थ—सर्व कल्याण कारक श्रेष्ठ बारहभावना को जो पढ़ता है और चिंतन करता है, वह शाश्वत सुख को पाता है।

। आयरियसुणीलसागर किदा बारह भावणा समत्ता।

। आचार्य सुनीलसागरकृत बारहभावना समाप्त हुई।

卐 समत्तो सुणील-पागिद-समग्गो 卐

भगवान महावीर स्वामी की श्रमण परंपरा के महान संत बीसवीं सदी के ज्येष्ठ आचार्य आदिसागर (अंकलीकर) के पट्टाधीश आचार्य महावीरकीर्ति के पट्टाधीश आचार्य सन्मतिसागर के पट्टशिष्य आचार्य सुनीलसागर द्वारा रचित प्राकृत ग्रन्थों का संग्रह 'सुनील-प्राकृत-समग्र' सामाप्त हुआ।

□□□

णाणं

पयासयं

वी.नि.सं. 2470

भारतीय ज्ञानपीठ

ई.सन् 1944